VOYAGE

PITTORESQUE

EN ITALIE

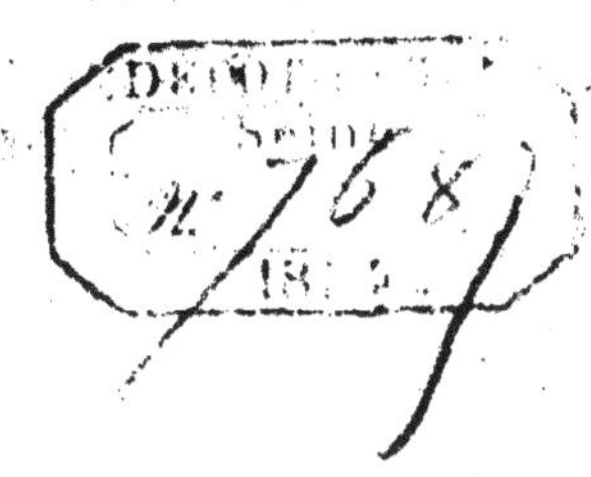

Paris. — Imprimerie de G. Gratiot, rue Mazarine, 30.

VOYAGE
PITTORESQUE
EN ITALIE

PARTIE SEPTENTRIONALE

PAR

M. PAUL DE MUSSET

ILLUSTRATIONS DE MM. ROUARGUE FRÈRES

PARIS

BELIN-LEPRIEUR ET MORIZOT, ÉDITEURS

RUE PAVÉE-SAINT-ANDRÉ-DES-ARTS, 3

1855

INTRODUCTION

Lorsqu'on suit, dans l'histoire du monde, la marche de la civilisation, des Indes en Égypte, d'Égypte en Grèce et de Grèce en Italie, une époque critique se présente bientôt, où on la voit s'abîmer tout à coup au milieu d'un désordre affreux. La translation du siége de l'empire à Constantinople, et l'invasion des barbares qui en fut la conséquence, ont plongé l'Italie, et avec elle la terre entière, dans une nuit profonde. Mais après huit siècles d'obscurité, le flambeau se rallume à l'endroit même où une grande catastrophe l'avait éteint; l'Italie se place pour la seconde fois à la tête des nations, et je ne sais si les deux siècles de Nicolas V et de Léon X ne lui font pas plus d'honneur que ceux d'Auguste et de Marc-Aurèle. En aucun pays, hormis en Grèce, l'esprit humain n'a produit de si beaux fruits et en si grande abondance. C'était alors qu'il faisait bon vivre. S'il était donné à l'homme de choisir son temps, j'aurais mieux aimé broyer les couleurs de Michel-Ange que de parler aujourd'hui des peintures de la chapelle Sixtine. A la fin du seizième siècle, lorsque la France se prépare à s'élever à son tour au-dessus des autres nations, c'est de l'Italie qu'elle reçoit la lumière, comme autrefois les Romains l'avaient apportée d'Athènes. On nous apprend au collége ce que nous ont légué la Grèce et Rome antique; mais on oublie trop de nous dire ce que nous devons à cette sœur aînée qui nous a précédés et montré le chemin.

Un temps viendra où nous sentirons la nécessité de connaître mieux l'Italie, son histoire, sa littérature, ses arts et sa langue. Un voyage dans ce beau pays deviendra le complément indispensable d'une bonne éducation.

Chaque grande époque de la civilisation a son caractère particulier. En Égypte c'est l'architecture qui domine, et tout ce qu'on retrouve de ce monde étrange paraît monumental. Malgré la supériorité des Grecs en toutes choses, la plus haute expression de leur génie se manifeste dans l'art statuaire. Les Italiens, avec des aptitudes générales, ont excellé surtout dans la peinture. Leurs poëtes eux-mêmes procèdent comme des peintres, et les plus belles pages de Dante, du Tasse et de l'Arioste sont de véritables tableaux. Le plus moderne des arts, le plus cultivé aujourd'hui, la musique, est encore un des priviléges de ce peuple heureusement doué. L'Italie est le seul pays où l'on n'entende jamais une voix fausse; on n'y rencontre pas davantage ce danseur trop connu qui, dans les bals, fait rire la galerie en sautant à contre-mesure.

Le Midi m'a toujours attiré plus que le Nord, l'Italie plus qu'aucune autre contrée méridionale, et cette prédilection a fini par devenir une sorte de passion dont je crains fort de ne plus me guérir. Je soupirais après l'Italie avant de la connaître. Un premier voyage d'un an, au lieu de me calmer, ne me donna qu'un désir ardent de la revoir. Au second voyage, je la quittai comme une amie; au troisième, je crus me séparer d'une maîtresse chérie. La meilleure consolation de l'absence étant de s'entretenir de ce qu'on aime, je saisis avec joie l'occasion de parler d'*elle*. Ce sera comme un quatrième voyage, dégagé des petites misères de la vie, car la mémoire a cela d'heureux qu'elle conserve précieusement les bons souvenirs et rejette le reste. Au milieu de ces grands débris du monde antique, de ces merveilleuses productions de la renaissance, de ces populations gaies, sympathiques et artistes, qui vous accueillent d'un air ouvert et cordial, comme si vous étiez attendu, de ce climat enivrant où l'on respire avec l'air le bien-être, la bonne humeur et l'enthousiasme, j'ai vécu dans un ordre de sensations tout particulier; un moment de rêverie suffit pour m'y transporter encore. Le charme se réveille : je crois fouler aux pieds les marbres du Campo-Vaccino; je rôde sous les galeries de Saint-Marc; je vois le ciel bleu de Naples; j'entends les chants des lazzaroni et je pousse le cri du poëte : *Italiam! Italiam!*

Le lecteur m'excusera si je ne prends pas l'engagement de lui parler de tout. Je choisirai ce qui m'aura particulièrement frappé; je donnerai mon opinion et non celle de mon voisin. Lorsque je dirai : « Telle chose est, » il faudra donc sous-entendre cette restriction : « selon mon sentiment. » Je compte faire un peu d'histoire, car on ne saurait juger le présent sans jeter un coup d'œil sur le passé. Je n'abuserai point de la description, et comme la topographie ne m'a jamais intéressé, je l'oublierai volontairement. Quant aux chefs-d'œuvre des arts, je tâcherai de les apprécier sans engouement et sans parti pris. N'ayant point de préjugés d'école, mon admiration pour Léonard de Vinci ne me rendra pas injuste envers Paul Veronèse, quoique je préfère les peintres de Florence à ceux de Venise et la beauté des formes à l'éclat du coloris. Je demande encore au lecteur la permission d'insister de temps à autre sur les détails de mœurs et de raconter des anecdotes, lorsque l'envie m'en prendra. On trouve en Italie des caractères originaux et fortement accentués, des organisations intelligentes, passionnées ou pittoresques, dont on ne peut donner une idée juste que par des récits et des historiettes. Les deux traits les plus vulgaires, ceux qu'on rencontre à chaque pas, sont un amour-propre excessif et une bienveillance extrême. La plus légère épigramme est prise pour une offense, la plus simple avance touche le cœur. En critiquant la couleur d'un gilet, on se brouille avec celui qui le porte; au théâtre, en prêtant sa lorgnette à son voisin, on fait l'acquisition d'un ami. Je ne me dissimule point la difficulté de poser la plume sur des épidermes si chatouilleux sans les blesser; mais j'aime trop les Italiens, leurs qualités brillantes et jusqu'à leurs défauts, pour leur servir de fades adulations; les vérités que je pourrai avoir à leur dire ne seront pas d'ailleurs bien sévères, et l'on ne doit d'encens qu'à la divinité.

Octobre 1854.

VOYAGE PITTORESQUE

EN ITALIE

I

PASSAGES DES ALPES

Le mont Cénis. — Suse. — Coutume populaire. — Route du Simplon. — Sion. — Galerie des glaces. — L'Enfer du Dante. — Inscription des ingénieurs italiens. — Domo-d'Ossola. — Les îles Borromées. — Le peintre Tempesta. — Route du Saint-Gothard. — Le pont du Diable. — Les traîneaux. — Avalanches et accidents. — La douane de Chiasso.

Tout le monde sait avec quelle précaution jalouse la nature a enfermé l'Italie derrière un vaste rempart de montagnes, comme une terre promise où l'on n'arrive pas sans danger; mais ce n'est point sur une carte que l'on peut juger de la grandeur des obstacles : il faut les avoir mesurés avec ses jambes, en guise de compas. La Carniole, le Frioul, le Tyrol, la Suisse et la Savoie offrent partout une barrière sans aucune solution de continuité. Au bord même de la Méditerranée, les masses de pierres, soulevées par le travail intérieur du globe pendant ces grands cataclysmes dont Cuvier a surpris le secret, se précipitent tout à coup dans les flots, et séparent le Provençal du Ligurien par d'immenses murailles à pic. Inutile précaution! L'homme a creusé le roc, sillonné le flanc des monts et imprimé son pied vainqueur sur les neiges éternelles. Partout les Alpes ont vu leurs cimes envahies, les hardis traîneaux glisser sur leurs pentes vertigineuses, et, dans certaines circonstances, l'artillerie et les caissons monter et descendre au milieu des précipices. Lors même que le marteau n'avait pas encore troublé le silence de ces déserts, Annibal s'y était aventuré avec toute une armée, un matériel de guerre, et jusqu'à des éléphants. On ne sait point ce qu'il fit dans ce dédale formidable; mais, un beau jour, la cavalerie numide s'avança rangée en bataille au milieu des plaines de la Lombardie, tant il est vrai que l'homme arrive toujours où l'attirent l'ambition, la guerre, l'industrie, ou simplement la curiosité.

La description des sites alpestres appartenant au voyage pittoresque en Suisse, je parlerai brièvement des passages principaux qui mènent en Italie, sans m'écarter du droit chemin. Ceux que je connais le mieux pour les avoir franchis récemment, soit en allant, soit au retour, sont la Corniche, le Saint-Gothard, le Splügen et le Brenner. Je pourrais dire du mont Cénis que c'est du plus loin qu'il m'en souvienne, et cependant je lui dois ces vives émotions du premier voyage, aussi durables que celles du premier amour. Il y a bien longtemps, par une nuit de juillet, léger d'années, de bagage et d'argent, j'avais dormi dans la diligence de Lyon à Chambéry, lorsqu'en m'éveillant au point du jour j'aperçus pour la première fois les montagnes, les véritables montagnes! Ce n'était encore que les *Échelles de Savoie*, mais il n'en fallait pas davantage pour exciter les transports de joie d'un voyageur novice.

Après un mois de séjour aux bains d'Aix, je partis en nombreuse compagnie pour Saint-Jean-de-Maurienne, en suivant la rivière d'Arc, qui prend sa source dans le mont Venoise : là, je commençai à comprendre l'énormité de cette barrière naturelle qui enferme l'Italie, et devant laquelle n'ont pourtant reculé ni les hordes barbares, ni les légions romaines. Les montagnes, groupées par degrés, ne se mesurent point d'un coup d'œil. De leur base, le regard trompé n'embrasse qu'un premier échelon, et s'étonne déjà de sa grandeur; mais parvenu au point que vous preniez pour le terme de votre ascension, vous découvrez comme un second rang de montagnes superposées qu'il faut franchir pour trouver encore de nouvelles difficultés. Chaque fois que vous levez la tête, le mont semble grandir, comme si les étages se multipliaient à mesure que vous avancez. Telle est l'impression fantastique qu'on éprouve, en montant de Modane à Vernay, de Vernay à Lans-le-Bourg et de Lans-le-Bourg à l'hospice du mont Cénis; et lorsque enfin le passage s'ouvre au milieu de ces masses gigantesques, c'est encore au pied de quelque dernier mamelon, dont le chamois seul connaît les solitudes.

Par une précaution politique bien éloignée des idées modernes, le gouvernement de Piémont ne voulait point, jusqu'au commencement de ce siècle, que le mont Cénis fût d'un abord trop facile. Même après la fonte des neiges, on ne trouvait à Lans-le-Bourg qu'un sentier praticable pour les mulets. On démontait les voitures pour les transporter sur le versant oriental de la montagne. Le premier consul Bonaparte fit tailler dans le roc cette dernière partie du chemin qui s'élève en forme de rampe jusqu'au lac, et redescend ensuite à Suse. Le mont Cénis est aujourd'hui le passage de France en Italie le plus sûr, le plus commode et le plus court, lorsqu'on part de Lyon, celui que choisissent de préférence le commerce et l'exportation; mais, pour l'artiste et le voyageur aventureux, le Simplon, le Splügen, le Saint-Gothard, auront toujours plus d'attrait.

C'était par le mont Cénis que les Romains se rendaient dans les Gaules. Marius y conduisit l'armée qui sauva l'Italie de l'invasion des trois cent mille Teutons. On voit encore à Suse quelques fragments d'un arc de triomphe élevé par Cottius en l'honneur de César, et dont les gens du pays ont eu la sottise d'employer les matériaux à construire un pont sur la Dora. Pepin le Bref et Charlemagne passèrent le mont Cénis lors de leurs conquêtes en Lombardie, et c'était sur cette route que Prosper Colonna s'attendait à rencontrer François Ier avant la bataille de Marignan. Le général italien, qui était fanfaron, disait hautement que pas un Français ne lui échapperait, et il fixait d'avance les rançons de ses illustres prisonniers. Trivulce, qui connaissait le pays, mena l'armée par le col de l'Argentière. Prosper Colonna n'était encore qu'au bourg de Villefranche lorsque les avant-postes des Français, sortant des montagnes derrière lui, le surprirent dans une maison où il jouait aux cartes avec ses officiers. Ce fut lui qui mit bas les armes sans avoir combattu, et Trivulce, qui était railleur, ne lui épargna pas les plaisanteries.

Il existe à Suse une ancienne coutume qui mérite d'être rapportée. Lorsqu'une jeune fille se marie, on la conduit, après la bénédiction nuptiale, hors de la ville, dans quelque site sauvage des montagnes, et là, en présence des gens de la noce et des curieux dont l'affluence est toujours considérable, elle déclare au marié son intention de retourner chez ses parents. L'époux lui représente que le devoir d'une femme est de quitter sa famille pour suivre l'homme auquel l'Église et les lois viennent de l'unir, et comme la nouvelle mariée insiste, l'époux choisit parmi les invités un garçon jeune et robuste qu'il charge de surveiller la jeune fille et d'empêcher sa fuite. A partir de ce moment, l'épousée emploie toutes sortes de ruses et d'efforts pour échapper à son gardien, et d'abord elle prend sa course à travers les montagnes, grimpe sur les rochers, ou descend dans le lit des torrents, toujours suivie de son garde-du-corps, qui ne doit pas la quitter d'une semelle. Si la fille est plus leste que le gardien, ou si par malice elle réussit à tromper sa vigilance, la pudeur de la mariée obtient un délai de vingt-quatre heures, et la noce se termine par un charivari au surveillant maladroit. Quant à l'époux, dont le bonheur est retardé, on respecte son dépit, mais il ne rentre que le lendemain en possession de sa femme. Ce jeu allégorique, par lequel on met en action d'une manière délicate les derniers combats d'un cœur virginal, tire son origine d'une ancienne anecdote. Une jeune mariée du moyen âge, qui peut-être n'était pas fort satisfaite de l'époux qu'on lui donnait, s'enfuit de la maison conjugale le soir de ses noces, et retourna chez sa mère. Comme elle fut applaudie pour ce coup de tête, les autres filles de la province, afin de prouver que leur pudeur n'était pas moins farouche, jugèrent à propos de suivre cet exemple, et tous les mariages se terminèrent par des fugues. Ce fut d'abord une mode, et puis une tradition qui se perpétua sous la forme d'un badinage.

De Suse à Saint-Antonin, le penchant du mont Cénis devient un peu moins rapide, et par la riante vallée de la Dora on arrive promptement à Rivoli, lieu de délices des princes de Savoie : c'est là que commence la vaste plaine au centre de laquelle on aperçoit les dômes, le *castello* et l'immense citadelle de Turin.

La route du Simplon, plus longue et moins facile que celle du mont Cénis, est, à mon goût, bien préférable pour celui qui n'attache pas d'importance à quelques heures de retard. Les occasions de s'arrêter ne manquent pas à l'artiste ou au voyageur enthousiaste : Nantua et son charmant petit lac ; Genève, assise au bord du Léman, et dont les bateaux à vapeur vous invitent à la promenade ; Lausanne, Vevey, Chillon ; les souvenirs de Bonnivard, de lord Byron, de Jean-Jacques Rousseau ; le mont Blanc et la vallée de Chamounix ! Qu'il faut être pressé pour passer en courant devant tout cela ! Cependant, avançons, car c'est en Italie, et non en Suisse, que nous avons affaire. Disons adieu au beau lac de Genève, et remontons le cours du Rhône jusqu'à Saint-Maurice et Martigny, comme pour faire une ascension au mont Blanc. Saluons en passant la tête blanche du colosse, et tournons à gauche pour arriver à Sion, la ville proprette de ces grands évêques du Valais, dont la puissance temporelle est encore attestée par les châteaux en ruines, mais que les assemblées politiques et les chapitres de chanoines réduisirent à coups d'encensoir à l'état inoffensif de doges.

En sortant de Sion, le voyageur qui prétend arriver en Italie pourrait se croire embarqué dans une entreprise impossible. Autour de lui, le Saint-Bernard, le mont Rosa, le Simplon, le mont Cervin, le Yung-Frau, le Saint-Gothard, se dressent et l'enveloppent comme une ronde de géants qui se tiennent par la main. Du haut de ces monts, des torrents par centaines se précipitent de rocher en rocher dans les eaux du Rhône, dont le cours marque à l'homme le chemin qu'il doit suivre, et le Rhône lui-même n'est qu'un torrent qui saute de cascade en cascade jusqu'au Léman, où il se jette écumant de fureur. C'est encore l'empereur Napoléon qui décréta l'achèvement de la route du Simplon sur une largeur de vingt-quatre pieds, avec le *maximum* d'inclinaison de six pouces par toise. Après deux ans de travaux non interrompus, le maître demandait déjà aux ingénieurs si le canon pourrait bientôt passer. Les ouvriers étaient alors à cinq mille deux cents pieds au-dessus du niveau de la mer. A partir de Briegg, l'ancien chemin serpentait sur des pentes fort dangereuses; on évita ces difficultés en jetant des ponts et en creusant des galeries souterraines. Avant de s'y enfoncer du haut de la pointe de Leria, le voyageur qui regarde derrière lui découvre d'un coup d'œil tout le Valais. Le nombre des cascades augmente encore dans la vallée du Ganther, comme si ces énormes montagnes n'étaient que des écluses envahies par les eaux d'un nouveau déluge. On traverse une grande forêt de mélèses, et le chemin s'enfonce dans une caverne capable d'étonner Dante lui-même. Cependant *ne laissez pas toute espérance, vous qui entrez dans cet enfer;* l'obscurité se dissipera tout à l'heure, et la lumière vous montrera d'autres obstacles à surmonter. Bientôt les arbres deviennent plus rares; les plantes manquent d'air et se traînent étiolées parmi les rochers; quelques pins contrefaits vivent encore dans ce désert, comme des nains malades, et puis l'hiver perpétuel commence. Dans les flancs du Schonhorn se présente une galerie de cent trente pieds creusée sous la glace. De la voûte de cette grotte pendent des cristaux légers formés par l'eau qui filtre à travers les fentes, et qui gèle goutte à goutte sans tomber jusqu'à terre.

Le point le plus élevé du Simplon est un vallon de roches absolument nues, domaine de la mort, où l'homme seul ose s'aventurer. Les tourmentes, les ouragans et la neige s'en disputent l'empire. Autrefois on y avait construit une tour qui servait d'abri aux voyageurs dans les moments de péril. Napoléon ordonna l'érection d'un couvent. Quinze moines courageux se détachèrent de l'hospice du Saint-Bernard pour venir habiter cette solitude et y remplir leurs pieuses fonctions. Plus loin, lorsque vous avez déjà commencé à descendre, vous rencontrez le pauvre hameau de Simplon, qui a du moins l'honneur de donner son nom à cet affreux chaos. Par la vallée du Krumbach vous arrivez sur les bords de la Doveria, et une grotte de deux cent quinze pieds vous introduit dans le défilé du Gondo, si étroit que les pics semblent se toucher à leur sommet. En trois bonds la Doveria se plonge au fond de l'abîme avec un vacarme effroyable. Il n'y a place entre les deux murailles de rochers que pour elle et pour la route taillée en corniche sur le flanc du précipice. Tout au bas de cette cave, à l'endroit le plus sombre, vous trouvez pourtant un passage; c'est une galerie de six cents pieds de longueur qui traverse un énorme bloc de granit, et qui a coûté dix-huit mois d'efforts à deux mille ouvriers. Les ingénieurs italiens, ayant seuls dirigé les travaux sur tout le versant oriental du Simplon, se sont crus autorisés à graver ces mots sur l'une des entrées de la galerie : « ÆRE ITALO MDCCCV. » Je ne partage point l'opinion de ceux qui ont accusé ces ingénieurs de présomption et de vanité ridicule. Cet orgueil, au contraire, me paraît bien placé. D'autres ne se seraient point contentés d'attribuer à l'Italie l'honneur d'un si grand travail et y auraient inscrit leurs noms et prénoms. Rien n'empêchait d'ailleurs les ingénieurs français de revendiquer la part de gloire qui revenait à leur pays; mais le mieux à mon sens eût été de graver au sommet de la montagne et au point de jonction des deux routes : *Ære collato* (aux frais communs de la France et de l'Italie).

Près de la magnifique cascade de Zischberg, au-dessus de laquelle des géologues croient avoir observé des traces de mines aurifères, une chapelle indique la transition du Valais au royaume de Piémont. A la grotte d'Issel, la douane sarde vous rappelle, en fouillant vos bagages avec rigueur, que vous rentrez dans un pays civilisé. Vous passez la Doveria sur un pont dont les deux arches sont soutenues par un pilier de cent pieds de hauteur. Une dernière galerie vous introduit dans les riantes vallées de l'Ossola; avec l'air tiède, reviennent la vigne et le figuier. Une suite non interrompue de jardins, de maisons de plaisance, de constructions à l'italienne et de jolis villages, vous mène jusqu'à Domo-d'Ossola, où vous voyez les Madones ornées de rubans et de dorures, premier signe des mœurs méridionales. Par les bords fleuris de la Tosa, vous arrivez au lac Majeur, et, en poussant jusqu'à Baveno, vous jouissez de la perspective du lac entier et de la vue des îles Borromées.

Un bateau à vapeur, qui part de Sesto-Calende, vous permettra d'aborder en quelques heures aux rives du Piémont, de la Lombardie et de la Suisse. Il n'est pas besoin de recommander l'excursion à l'*Isola-Bella*, dont les terrasses, les bois d'orangers, les parterres de fleurs, offrent la réalisation de ces îles enchantées que les romans de chevalerie inventent pour le bonheur des amants et des preux. Une galerie de tableaux où figurent Raphaël, le Titien, Schidone, Tempesta et le Français Lebrun, ajoute encore aux beautés féeriques de la villa Borromée. Cependant au milieu de ce paradis on rencontre les traces d'une histoire tragique, celle du peintre Tempesta.

Pierre Molyn, de l'école hollandaise, s'étant embarqué, dans son enfance, sur un navire de son pays, essuya une tempête si terrible, que son imagination, préoccupée de ce souvenir, se plut à représenter souvent sur la toile les accès de fureur de la mer; de là lui vient le surnom de *Tempesta*. Pendant la seconde moitié du dix-septième siècle, il fit un voyage en Italie et s'arrêta longtemps à Gênes, où il finit par se marier. Soit qu'il eût pris les mœurs de son pays d'adoption, soit que sa femme lui donnât des sujets de jalousie, Pierre Molyn ne fut point préservé de cette triste passion par le flegme du sang hollandais; d'où l'on serait tenté de conclure que si les Italiens sont jaloux, c'est un peu la faute de leurs femmes. Dans un moment d'égarement, Tempesta poignarda la sienne aussi vertement qu'un Génois l'aurait pu faire. Il fut condamné à la prison pour le reste de sa vie; mais une circonstance imprévue lui rendit la liberté. En 1684, pendant le bombardement de Gênes par l'amiral Duquesne, les portes de la forteresse s'ouvrirent, et Tempesta, profitant du désordre, sortit de la ville et des États de la république. Les seigneurs de la famille Borromée consentirent à le recevoir dans leur villa et lui donnèrent un vaste appartement. Il paya cette généreuse hospitalité avec son pinceau, en couvrant les murs de tableaux d'un grand prix. On remarque, entre autres curiosités, son portrait et celui de cette belle Génoise, qu'apparemment il regrettait après l'avoir assassinée. Le nombre considérable d'ouvrages que Pierre Molyn a laissés à la villa Borromée donnerait à penser qu'il n'en sortit plus; cependant quelques biographes le font mourir à Plaisance au commencement du dix-huitième siècle.

Vous aborderez aussi à l'*Isola-Madre*, dont les bosquets de lauriers sont habités par des bandes innombrables d'oiseaux qui n'interrompent leur concert qu'à la nuit. L'*Ile-des-Pêcheurs*, d'un aspect plus sévère, contraste avec les délices du voisinage. Ici travaille une population active et pauvre; là-bas on se repose et on jouit de la vie. Vous irez certainement à Arona voir la statue colossale de saint Charles Borromée tenant un livre d'une main, et de l'autre donnant au pays sa bénédiction épiscopale. Cette figure, haute de soixante-dix pieds, montée sur un piédestal de quinze mètres, renferme un escalier large et commode par lequel on monte jusque dans la tête du personnage, et vous ne résisterez pas au plaisir d'aller vous asseoir dans le nez de bronze du saint prélat, pour regarder par ses yeux le paysage du lac Majeur. Cette statue, ouvrage du sculpteur Siro Vanella de Pavie, fut élevée en 1697 aux frais des habitants et du cardinal Caccia.

Une fois revenu à Sesto-Calende, vous n'aurez plus que cinq heures de route par les plaines unies de la Lombardie pour arriver à Milan, ou une journée de marche pour gagner Turin par Novarre et Verceil.

De Paris à Milan, la poste aux lettres, qui prend toujours le chemin le plus court, a adopté le passage du Saint-Gothard, et ce n'est pas le moins pittoresque. La vapeur abrégeant l'ennui des plaines blanches de la Champagne, vous arriverez en un seul jour à Bâle, la cité calviniste et sérieuse. La beauté des monuments, l'église cathédrale, le palais de ville et les peintures de Jean Holbein vous engageront à vous y arrêter. Une diligence conduit en neuf heures de Bâle à Lucerne par une vallée bordée de chalets, de maisons de campagne, de jardins soigneusement entretenus, de petites prairies et de collines verdoyantes où l'on placerait volontiers les bergères en souliers de satin de Fontenelle et de Florian. C'est seulement à Lucerne que la nature helvétique se montre tout à coup dans sa beauté sauvage. Des fenêtres de l'hôtel du *Cygne* on voit devant soi le lac étroit et sinueux des Quatre-Cantons, profondément encaissé dans les hautes montagnes du Rotsberg, du Brisenberg et du Tetlis aux glaces éternelles. Le Saint-Gothard, dont le pied touche la pointe opposée du lac, ferme cette sombre vallée en lui donnant l'apparence d'une impasse.

Le bateau à vapeur de Lucerne à Fluelen arrive en moins de trois heures d'un bout à l'autre du lac des Quatre-Cantons. On aperçoit à gauche sur la montagne une petite chapelle élevée à l'endroit où se réunirent les conspirateurs qui avaient entrepris l'affranchissement de la Suisse, et sur la droite un bras du lac qui s'étend dans la direction de Berne. A Fluelen, que les Italiens appellent *Fiora,* une voiture attend les voyageurs et les dépêches. On traverse, sans s'y arrêter, la petite ville d'Altorf, où les souvenirs de Souvarow et de Masséna se mêlent à ceux de Guillaume Tell, et l'ascension commence. Quatre forts chevaux traînent au pas une diligence légère, qui ne contient que sept personnes. Après le village d'Amsteg, le bruit des cascades va croissant comme dans le Simplon, et la route prend l'aspect d'un antre cyclopéen. A travers mille circuits, vous vous dirigez vers une muraille. On distingue à une hauteur prodigieuse un pont d'une seule arche, jeté sur l'abîme, au fond duquel on chemine lentement; c'est le célèbre pont du Diable, dont la courbe hardie s'élève de soixante-quinze pieds pour livrer passage au torrent de la Reuss, et, après bien du temps et des efforts, on atteint ce pont merveilleux, où l'on peut se donner l'amusement de connaître sans danger les effets du vertige, en regardant au-dessous de soi, tranquillement accoudé sur le parapet.

Le jour que je passai le pont du Diable,— c'était au mois de mai, — la Reuss, enflée par les neiges fondantes, faisait de vains efforts pour sortir de son lit et battait avec fureur les parois de rocher. De tous côtés, par les ouvertures et les fentes, des ruisseaux écumants venaient encore grossir ses eaux. A peu de distance, la route s'enfonça dans une caverne de soixante mètres de longueur, et bientôt après on ne vit plus que de la neige. La voiture s'arrêta par force majeure, et l'on nous mit en traîneaux. Six montagnards robustes nous attendaient le fouet à la main. On plaça les bagages et le courrier sur trois traîneaux, et les autres furent occupés par les voyageurs. Ces traîneaux sont étroits et ressemblent à des nacelles. Deux personnes s'y trouvent assises en face l'une de l'autre. En montant, la place la plus agréable est celle de l'arrière; mais en descendant, pour les femmes et les gens impressionnables, il vaut mieux aller à reculons que de voir glisser sur le bord des précipices cette frêle coquille d'amande.

Afin de nous épargner l'éblouissement insupportable causé par les neiges, nos guides nous offrirent des petits voiles en gaze verte, et, quand tout le monde fut bien installé, on se mit en route. Les traîneaux, attelés chacun d'un seul cheval et menés par un guide assis sur la *proue*, montèrent à la suite les uns des autres, en suivant la route indiquée par des perches de trente pieds de hauteur, dont la pointe sortait à peine de la neige. Sous la couche épaisse et fondante qui nous portait, nous entendions couler des rivières qu'on ne voyait pas. Par moments, des détonations sourdes, que les échos répétaient, nous annonçaient des affaissements subits dans les masses de neige. Plusieurs fois, les chevaux s'enfoncèrent jusqu'au ventre et se relevèrent sans s'effrayer de sentir le terrain leur manquer. Tout à coup les guides étendirent le bras en nous disant de regarder : une avalanche descendait bien loin de nous sur le penchant d'un pic, en tourbillonnant comme un nuage. Au bout d'une minute, le bruit arriva jusqu'à nous ; c'était un étrange froissement mêlé d'explosions semblables à celles du tonnerre. Le calme de mon guide, qui sifflait une chanson en fouettant son cheval, me rassura complétement.

Nous arrivâmes ainsi sans encombre jusqu'à l'auberge qui remplace l'hôpital. Une collation proprement servie sur une table de sapin, et la chaleur d'un feu clair, nous procurèrent un quart d'heure de bien-être délicieux. Le courrier nous pria bientôt de remonter en traîneaux. Alors commença une opération capable d'effrayer les voyageurs timides. On détela les chevaux, et les guides, s'asseyant au bord des nacelles, du côté qui regardait l'abîme, nous lancèrent sur le penchant de la montagne, en nous recommandant de fermer les yeux.

— Est-ce qu'il y a du danger? demanda une dame assise en face de moi.

— Je ne le pense pas, répondit le guide. Nous avons sondé la neige ce matin; mais le soleil et le vent l'ont bien travaillée depuis deux heures. Le traîneau des bagages prendra la tête du convoi, et *s'il lui arrive quelque chose*, nous nous arrêterons.

Le montagnard chargé du rôle périlleux d'éclaireur partit en avant, et nous le suivîmes un à un, lancés par la vitesse croissante de la pesanteur, que les guides savaient modérer en effleurant la neige avec leurs talons. Malgré la consigne, je ne pouvais me résoudre à fermer les yeux. Nous rasions, par instants, le bord du précipice; mais la grosse jambe du pilote, garnie d'une guêtre de cuir, remplissait l'office d'un gouvernail, et la précision de ses manœuvres m'inspirait une entière confiance. Tout à coup le traîneau des bagages disparut; la neige fondante s'était affaissée sous son poids. Le convoi s'arrêta, non sans peine, et les guides coururent au secours de leur compagnon. Ils le trouvèrent dans un trou de six ou sept pieds, dans l'eau jusqu'au genou, et jurant comme un possédé; fort heureusement pour lui, son traîneau s'était placé en travers d'une espèce d'égout que les ruisseaux souterrains avaient ouvert dans la neige. Sans cela, le courant aurait pu l'entraîner en quelques secondes au fond de la vallée. Au moyen de cordes qu'on lui jeta et dont il se servit pour attacher le traîneau, le sauvetage fut opéré avec prestesse. Ce petit accident n'eut d'autre inconvénient que le bain des bagages. Un quart d'heure après, nous arrivions à la limite des neiges; une voiture attelée nous y attendait, qui nous mena promptement au village d'Airolo, où les armées russe et française se livrèrent un combat acharné, à quatre mille pieds au-dessus du niveau de la mer, et à la suite duquel le Tessin, qui borde la route, emporta des cadavres jusqu'au lac Majeur. De ce côté de la montagne, on parle italien, et les types de visage changent aussi bien que la langue. On nous montra les restes d'un hameau, qu'un débordement du Tessin a détruit radicalement. En cet endroit, la route, chef-d'œuvre des ingénieurs italiens, s'abîme dans un véritable gouffre; le torrent se brise avec un bruit terrible. Hormis au mois de juin et pendant quelques heures, la lumière du soleil ne pénètre jamais au fond de ce puits, dont on sort étourdi et suffoqué pour retrouver, aux environs de Dazio-Grande, la vigne, les noyers et quelques traces de la végétation méridionale.

Les différends entre l'Autriche et la Suisse, qui se sont envenimés depuis, commençaient alors. En arrivant à Bellinzona, nous vîmes un rassemblement où l'on interrogeait avec vivacité des marchands qui venaient de Lombardie. On entoura notre voiture pour nous regarder de près; mais d'un air qui n'avait rien d'hostile, et comme le courrier aurait pu conduire des Autrichiens à Milan, je remarquai qu'on s'abstenait de toute parole malsonnante pour des oreilles allemandes. Après Bellinzona, nous découvrîmes, à l'un des détours du chemin, la pointe septentrionale du lac Majeur. Les derniers vestiges de la nature alpestre s'effacent à mesure qu'on descend à l'abri du vent du nord. A Lugano, on nous fit mettre pied à terre pour traverser le lac dans un bac qui se meut au moyen d'une sorte d'hélice à bras. Un bateau à rames nous précédait, et une bande joyeuse chantait en chœur des ariettes italiennes. Une grande et belle fille, la tête nue, avec des épingles à la milanaise dans ses cheveux, fumait un cigare de l'air le plus naturel, en personne habituée à ce passe-temps. Lorsqu'elle s'interrompait pour prendre part au chant, sa voix de contralto complétait l'harmonie par des sons pleins et veloutés d'un effet charmant. Tandis que nous abordions à l'autre rive, le chœur chanta en italien un couplet probablement improvisé, qui s'adressait aux passagers du bac, et dont voici le sens :

A nos amis, sur la terre étrangère,
Portez nos saluts et nos vœux;
Rappelez-leur le chant et la prière
Qu'au ciel nous adressons pour eux.
Du haut des monts, la Suisse, libre et fière,
Ouvre ses bras aux malheureux.

Le lac de Lugano serait plus estimé si le voisinage du lac Majeur et de celui de Côme ne lui faisait tort. Sur ses bords moins fréquentés, et qui ont pourtant le même caractère, il y aurait place pour bien des maisons de délices, mais on en voit peu. De Lugano à Chiasso, la route ressemble à une allée de parc, et les collines dont elle suit la base sont les mêmes que baigne le lac de Côme sur le versant opposé. A Chiasso, village frontière de Lombardie, on change de voiture et de courrier, ce qui cause un retard d'une demi-heure. Après avoir exhibé mon passe-port, qui était en règle, au lieu d'entrer à l'auberge en attendant le départ, je me crus autorisé à circuler dans le pays, et je pris au hasard un sentier qui menait au bord d'un ruisseau. Je m'y promenais depuis dix minutes, lorsque j'entendis le feuillage s'agiter des deux côtés du chemin : le canon d'une carabine brilla tout à coup devant mes yeux, et je me trouvai cerné par trois hommes bien armés.

— *Chi è lei?* me demanda le chef d'une voix émue.

— Je suis, répondis-je, un des voyageurs qui vont partir tout à l'heure pour Milan.

— *Il suo passa-porto?*

— On me l'a pris pour y mettre le visa.

— Venez au bureau de la *polizia*.

— Très-volontiers. Mais pour qui donc me prenez-vous?

— Je ne sais. Votre seigneurie pourrait être un de ces contumaces qui essaient tous les jours de se glisser à l'intérieur, ou de sortir du pays.

— De bonne foi, si j'étais un contumace, est-ce que je m'en irais *passegiando* aussi tranquillement?

— Possible.

— Vous avez raison; allons au bureau.

Il me fallut exécuter ma rentrée dans le village entre les trois gendarmes, comme un malfaiteur. Un jeune officier, blondin d'une jolie figure, me fit asseoir dans le bureau de la *polizia*, et me reconnut tout de suite pour une des personnes dont il avait pris les papiers.

— Vous avez fait une imprudence, me dit-il, en vous promenant sur cette frontière, qui est gardée en ce moment avec une vigilance particulière; on aurait pu tirer sur vous si vous eussiez marché dans la direction du Tessin. Permettez-moi de vous adresser une question : je ne vous demande pas ce qui vous attire dans ce pays, on voit bien que ce n'est pas une affaire de commerce; je vous demanderai seulement si vous connaissez quelqu'un à Milan.

— J'y ai plusieurs amis, répondis-je, mais, entre autres, le comte Neipperg, dont j'ai appris la nomination au grade de commandeur de Malte avec cent mille livres de traitement.

— Et vous venez tout exprès pour le complimenter; cela est trop juste. J'espère, monsieur, que vous ne vous plaindrez pas au comte Neipperg de votre réception à Chiasso.

— Si je lui en parle, ce sera pour lui dire que la frontière est bien gardée, mais qu'on y sait allier le devoir et la politesse.

Le jeune officier me pria d'excuser le zèle de ses hommes, et m'accompagna jusqu'à la voiture avec une courtoisie parfaite. Une demi-heure après, nous étions à Côme, d'où la poste, admirablement servie, nous mena en quatre heures à Milan, malgré un soleil de plomb.

II

PASSAGES DES ALPES

Des eaux de Baden à Milan par le Splügen. — Forêt Noire. — Constance. — Ragaz. — Coire. — Les Grisons. — Les ruines de Felsberg. — Lenz. — Le Septimer. — Légende. — La Cerrito dans les montagnes. — La *Via mala*. — Splügen. — Accidents. — Chiavenna. — Le lac de Côme. — Monza. — Arrivée à Milan.

Les eaux de Baden sont peuplées de Parisiens indécis qui font de grands projets de voyage, et qui, après avoir hésité entre l'Allemagne et la Suisse, finissent par retourner chez eux. Un jour du mois de septembre, je me trouvais à Baden au milieu de ces gens irrésolus, et je voyageais comme eux en paroles. J'avais échappé par miracle aux râteaux de la roulette : le jeu n'avait voulu me faire ni bien ni mal, ce qui doit être considéré comme une insigne faveur. Une promenade dans la Forêt Noire n'engage à rien : je m'enrôlai dans une compagnie qui partait pour Offenburg. Il y avait un jeune artiste allemand, pianiste excellent, que George Sand a immortalisé sous le nom de *Puzzi*, et qui depuis s'est fait carme déchaussé. Nous composions une voiturée nombreuse et de bonne humeur.

La Forêt Noire n'a qu'un défaut, c'est de n'être ni forêt ni noire. On y voit des collines, des prés, beaucoup de champs de blé, des métairies, des villages propres, des maisonnettes peintes en jaune ou en rose, avec le grand toit à l'allemande, les fenêtres sur le pignon et le pignon sur la rue. C'est un assez joli parc, où l'on porte encore les costumes du temps de Werther, la culotte courte, les grandes bottes, la redingote fendue par derrière jusqu'à la hauteur des épaules, le chapeau à larges bords, et le parapluie sous le bras en toutes saisons. Les paysannes ont la taille si large et si informe, que, sans les prendre précisément pour des hommes, il est impossible de les regarder comme des femmes. Les jeunes filles deviennent bossues à l'âge de douze ans, et n'ont plus rien d'humain que le visage.

Dans tous les pays du monde on a un objet de curiosité à vous montrer, ne fût-ce qu'un moulin. On nous engagea donc beaucoup à voir le château d'Ortenberg, construction neuve exécutée sur le modèle exact d'un château féodal, avec ses poternes, tourelles, ponts-levis, fenêtres en ogives, meubles gothiques et armures anciennes. Ce fief appartenait à un tailleur badois, qui, ayant fait une grande fortune à Londres, revint fonder des hôpitaux dans son pays, et reçut des lettres de noblesse gagnées à la pointe de l'aiguille. Le tailleur mourut, et comme ses enfants n'avaient pas figuré à Pavie ni à Marignan, ils ne se crurent pas obligés de trôner dans leur domaine. Ce morceau curieux fut acheté par un seigneur russe, qui le garde sans doute comme un joujou onéreux. En sortant de là, nous traversâmes la vallée de Kinzig : les ruines du château d'Hornberg se montrèrent à travers le brouillard du matin comme un monument ossianique ; nous entendîmes le murmure de la cascade de Tryberg, et nous arrivâmes le soir à Donau-Eschingen, dont il paraît que le nom signifie en allemand Source du Danube.

Donau-Eschingen est une petite ville agréablement située sur une rivière qui devrait s'appeler *le Danube,* dont la source est fort éloignée. On montre aux curieux une autre source dans le jardin du château, et on s'amuse à dire que c'est là le point de départ du fleuve.

Si les pays beaux et intéressants ont l'inconvénient de vous retenir longtemps, ceux qui manquent d'intérêt ont le défaut de vous mener loin, parce qu'on se presse d'aller en avant jusqu'à ce qu'on trouve du plaisir. C'est ainsi que le nom trompeur de Forêt Noire nous égara jusqu'à Schaffouse, où nous n'avions point le projet d'aller en sortant de Baden. La seule vue de la chute du Rhin ne suffisait pas pour défrayer des gens gourmands de belles choses : le lac de Constance n'était qu'à une journée de route; nous partîmes pour Constance.

La salle où s'est tenu le fameux concile offre aujourd'hui l'aspect d'une grange : on y vend du drap et de la toile. Pour vingt sous par personne, on pénètre derrière une cloison où sont réunis les restes curieux du grand procès de Jean Hus, à savoir : la boîte au scrutin, un vieux fauteuil, un bout de tapisserie déchirée, et une grosse pierre transportée de l'ancienne prison. Trois affreux automates de bois, couverts d'oripeaux, représentent au naturel l'empereur Sigismond, Jean Hus et le pape Martin V. Le grand hérésiarque, dont le bûcher n'a pu vaincre l'orgueil, serait un peu étonné s'il voyait son procès réduit aux proportions d'un spectacle de village. Un empereur et un pape se sont déplacés, ainsi qu'une foule d'évêques; quarante mille Bohémiens sont morts pour les doctrines de Jean Hus, et il ne reste de tout cela que trois mannequins, un fauteuil, un pavé et quelques pages sanglantes de l'histoire, que bien d'autres hérésies et bien d'autres massacres ont fait oublier.

Le lac de Constance est comme un vaste carrefour qui touche à cinq pays différents : à droite, on découvre les montagnes de Saint-Gall et d'Appenzell; au fond, les glaciers du Tyrol; à gauche, les plaines de la Bavière et du royaume de Wurtemberg. Le bateau à vapeur, en parcourant trente-cinq lieues dans une journée, aborda dans chacune de ces contrées, et l'embarras du choix nous fit rentrer avec lui à Constance. L'appétit des voyages vient en marchant; nous délibérions sérieusement pour savoir à quel port nous irions descendre, lorsqu'une berline de poste, qui partait pour Zurich, nous détermina en faveur d'une sixième contrée à laquelle nous ne songions pas. Le postillon, vêtu de jaune, avec son cor de chasse à glands, nous séduisit au premier regard : en moins de six heures, nous nous trouvâmes à Zurich. Le lendemain, la cloche du bateau à vapeur nous éveilla, et nous descendîmes précipitamment, comme les moines qui vont à matines. Le ciel était beau ; c'était un dimanche : la ville s'éveillait en belle humeur. Nous nous embarquâmes au milieu de promeneurs en habits neufs, sans avoir eu le temps de regarder sur la carte où aboutissait le lac de Zurich. Sauf l'agrément de l'eau, qui était d'un grand prix, le paysage offrait encore les proportions délicates du duché de Baden. Les pics élevés que nous apercevions depuis plusieurs jours ne faisaient que nous irriter contre les collines. Les bords du lac de Zurich ont un air de luxe minutieux qui sent le propriétaire, l'acte de vente, l'enclos et le mur mitoyen. On voit que chaque brin de terre figure dans les cartons d'une étude sous la forme de paperasses notariées. Nous avions soif d'une terre libre et non enregistrée, qui n'eût d'autre propriétaire que Dieu et les chamois, et il faut monter haut pour trouver cela. Cependant les maisons de plaisance du lac de Zurich présentent quelques tableaux séduisants. Dans ces petites allées de jardin ratissées avec soin, derrière des jalousies vertes, l'imagination place volontiers le bonheur et la tranquillité. Pour peu qu'on aperçoive une femme à la fenêtre, un jeune mari assis sur le banc et des enfants qui jouent dans le parterre, on croit avoir sous les yeux l'épilogue d'un roman de madame Cottin, une Malvina quelconque unie à son Edgar après deux volumes de tribulations romanesques. Heureusement, le bateau marche et vous emporte bien loin, car si on s'avisait de descendre, on trouverait dans la maisonnette les tracasseries d'intérieur, les bouderies, la mauvaise humeur et les préoccupations d'argent.

A l'extrémité du lac de Zurich, des omnibus attendaient les voyageurs pour Saint-Gall ou Wallenstadt. Le capitaine du bateau avait d'excellentes raisons pour nous engager à retourner avec lui à Zurich. Il nous dissuadait fort d'aller à Wallenstadt, où commençaient, disait-il, des montagnes si grandes qu'on n'y voyait plus le ciel. Cet avertissement nous détermina aussitôt à continuer notre route : un omnibus nous mena en deux heures à Wesen ; un second bateau à vapeur nous fit traverser le petit lac de Wallenstadt, bordé de rochers nus et gigantesques. La diligence de Coire nous attendait au pied de ces grands pics si méprisés du capitaine ; nous nous enfonçâmes avec elle dans l'Oberland oriental, et, après avoir parcouru sans fatigue près de trente lieues, nous arrivâmes le soir à Ragaz, sur la limite des Grisons, où le murmure d'un torrent nous berça fort agréablement jusqu'au matin.

Ragaz est un village nouveau dont les vieux dictionnaires géographiques ne font pas mention ; il est situé à l'entrée d'une gorge étroite d'où la Tamina sort en mugissant. Cette gorge devient une impasse par le rapprochement de deux montagnes qui s'appuient l'une sur l'autre. Un chemin taillé dans le roc le long du torrent conduit jusqu'à l'impasse, d'où s'échappe une source d'eaux thermales près de laquelle on a bâti un établissement de bains appelé *Pfeffers*. Les eaux minérales de Pfeffers guérissent toutes les maladies, et même la vieillesse ; c'est le véritable élixir de vie, et la nature, effrayée de sa vertu toute-puissante, l'avait soigneusement caché au fond d'une caverne inabordable où l'on ne pénètre qu'à l'aide d'un échafaudage, encore la source précieuse va-t-elle se jeter immédiatement dans la Tamina en sortant du rocher, ce qui montre combien le génie du mal est plus actif, plus jaloux et plus fort que celui du bien. Dans tout l'univers, on est sollicité de cent façons à la fois de dépenser sa vie et sa santé ; on ne les retrouve qu'à Pfeffers, dans un antre profond d'un aspect si terrible, que les poltrons n'oseraient approcher, et viendraient mourir à deux pas du bonheur, si on n'avait pas détourné pour eux la source de son cours naturel.

Tout était désert à l'établissement thermal. Depuis huit jours, baigneurs, bateliers, médecins et malades s'étaient dispersés de peur d'être surpris par le froid, et le gardien lui-même cherchait sans doute au cabaret un autre élixir que la carbonate de chaux et le sulfate de magnésie. En parcourant les corridors et les salles abandonnées, et en escaladant une fenêtre, nous trouvâmes le sentier factice qui pénètre dans la caverne. Après dix minutes de marche, nous tombâmes dans une obscurité profonde. La Tamina en fureur bouillonnait à quarante pieds au-dessous de nous, et ses mugissements, répétés par l'écho des voûtes, produisaient un bruit assourdissant. L'eau s'irritait contre les poutres qui soutenaient notre sentier de bois, et la rampe qui nous guidait frémissait dans nos mains. Les fissures des rochers qui nous apportaient un peu de lumière éclairaient un abîme qu'il était dangereux de regarder. Notre situation devint bientôt fâcheuse. De petits torrents qui sortaient des rochers tombaient sur notre chemin, pour se jeter dans la Tamina. On avait bien formé une espèce de toit avec des planches; mais les jointures laissaient passer des jets d'eau glacée qui constituaient une demi-douzaine de douches complètes à subir. Le gardien accourut à propos avec des manteaux de toile cirée, à l'aide desquels nous fûmes seulement mouillés jusqu'à la chemise inclusivement. Nous arrivâmes enfin à la source, et plusieurs verres d'eau chaude nous guérirent de toutes sortes de maladies.

Pendant bien des siècles, l'élixir de vie de Pfeffers ne coula que pour donner des maux d'estomac aux truites, à qui les ingrédients minéraux sont malsains. Toutes choses restant dans leur état naturel, aborder la source est physiquement impossible. Le sentier de bois une fois bâti, il faut encore avoir les jambes fermes, les nerfs en bon état et la tête calme pour exécuter le trajet sans accident ni vertige; d'où il résulte que pour aller se guérir d'une maladie mortelle il est nécessaire d'avoir toutes ses forces et d'être parfaitement sain de corps et d'esprit.

En redescendant à Ragaz, nous rencontrâmes une bonne femme qui portait un panier de cerises. Nous étions au 25 septembre, et ces fruits commençaient à mûrir; d'où l'on peut conclure que le soleil est discret dans cette vallée. Nous demandâmes à cette paysanne le chemin de l'abbaye de Pfeffers. Elle nous montra une planche jetée sur le torrent, un sentier de chèvres qui serpentait au milieu des précipices, et elle nous dit tranquillement :

— L'abbaye est tout près d'ici, derrière ce paravent.

Le paravent était une montagne à pic dont on ne voyait pas le sommet, et qui, pour l'instant, nous servait d'ombrelle. Nous préférâmes rester à l'abri du vent plutôt que nous lancer dans le sentier de chèvres, où le vertige aurait bien pu nous prendre. Le soleil disparut avant quatre heures, et l'ombre de la montagne enveloppa toute la vallée dans un crêpe noir. Après le dîner, nous avisions aux moyens de tuer le temps jusqu'à dix heures, lorsqu'on entendit claquer des fouets de poste. Deux berlines de voyage s'arrêtèrent devant le perron du Hof-Ragaz. Le maître de l'hôtel était aussi le maître de poste, et par conséquent il se garda bien d'avoir des chevaux. Par l'une des portières de la première berline sortit la tête d'un Anglais, qui, après s'être fait dire douze fois qu'on ne pouvait pas partir, répéta douze fois qu'il voulait absolument aller coucher à Coire. Le flegme anglais était aux prises avec le calme allemand; cette conversation pouvait durer fort longtemps. Les postillons avaient dételé les deux voitures; le patron de l'hôtel, sa chandelle à la main, attendait avec la patience d'un honnête Grison que le gentleman se lassât de rester à la belle étoile. Ce fut alors que la seconde berline s'éveilla. La glace s'ouvrit. On vit paraître le museau d'un petit chien, et quatre personnes se mirent à parler à la fois en italien. Le chien rentra, et l'on vit à sa place le visage souriant et frais de Mlle Cerrito. Nous aurions plutôt coupé les jarrets aux chevaux et postillons que de manquer cette heureuse aubaine. La jolie danseuse prit gaiement son parti de passer la nuit à Ragaz. Elle sauta sur le marchepied avec la grâce et la légèreté qu'on devait attendre d'elle, et les Anglais la suivirent en murmurant.

Vers dix heures du soir, le réfectoire du Hof-Ragaz présenta un coup d'œil assez bizarre. Trois soupers différents étaient servis sur la même table à trois compagnies distinctes, séparées par des démarcations établies à dessein. A l'un des bouts mangeait une société allemande, qui croassait, échauffée par le vin du Rhin ; à l'autre bout, les Anglais prenaient le thé en silence : jamais je ne vis de si petites bouches ni de nez si pincés que ceux de cette famille anglaise. Au centre étaient les Français et Mlle Cerrito. La charmante danseuse nous raconta toute l'histoire de sa rivalité avec Mlle Taglioni, histoire que je connaissais et que j'écoutai par conséquent avec une grande curiosité. Elle nous fit ensuite l'énumération des cadeaux superbes qu'elle venait de recevoir à Londres d'une foule de puissants lords, et puis elle nous donna un échantillon de son génie en nous récitant le plan d'un ballet entièrement de son invention : c'était celui de *la Vivandière.* Vers onze heures, le jeune Puzzi se mit au piano et joua tout son répertoire d'airs de danse; une polka de sa composition plut tellement à la Cerrito, qu'elle voulut l'emporter pour la danser à Bologne, où elle allait. Ce morceau fut baptisé aussitôt Cerrito-polka. Au milieu des accords du piano, des cris des Allemands et du vacarme du groupe italien-français, où tout le monde parlait à la fois, l'un des Anglais se dérida un peu, son nez parut moins pincé qu'auparavant, et il s'emporta jusqu'à dire qu'il était content de n'avoir pas trouvé de chevaux. Depuis longtemps, ce gentleman n'avait pas prononcé un si grand *speech,* et de longtemps le Hof-Ragaz ne reverra dans son réfectoire une tablée aussi hétérogène et aussi animée.

Le lendemain, au point du jour, les berlines étaient parties pour Coire et Milan, et au déjeuner, nous étions en face de la grasse famille allemande, que je me mis à regarder attentivement pour m'occuper à quelque chose. Cet examen me confirma dans l'opinion où j'étais déjà que le caractère particulier de chaque nation porte en lui-même son contraire : nulle part on n'a autant de naturel et de cordialité qu'en France, et nulle part autant de fatuité et d'impertinence. En Italie, le mensonge et la fourberie sont à côté de la crédulité la plus stupide. En Angleterre, l'homme le plus raide et le plus anguleux deviendra tout à coup le plus rond et le plus hospitalier. La bonhomie et la douceur allemandes sont proverbiales, et il n'y a personne d'affecté ni de susceptible comme un Allemand. A Baden, j'avais habité pendant huit jours chez un honnête bourgeois de la ville, à qui je n'avais pas parlé trois fois. Le jour de mon départ, il se cache coquettement dans sa chambre pour voir si je viendrai lui faire mes adieux. Je le croyais sorti, et comme j'avais réglé mes comptes avec sa femme, je montais en voiture, lorsqu'il vint à moi d'un air tout à fait piqué pour me dire qu'apparemment, s'il ne se fût montré, je serais parti sans songer à lui, et c'était la vérité. A Offenburg, l'hôtelier de *la Fortune* nous offre très-obligeamment ses services pour trouver un moyen d'aller à Donau-Eschingen. Par hasard, nous rencontrons dans la rue un cocher avec lequel nous nous accommodons tout de suite. Voilà notre hôtelier furieux : il se retire dans son appartement, et, quand nous demandons à lui parler, il nous fait dire qu'il est malade. Cependant, le soir, il arrive au souper avec la serviette sous le bras. Au premier mot que nous lui adressons, il nous répond que nous n'avons pas besoin de ses avis, puisque nous savons nous passer de lui. J'attribuais déjà son dépit à la perte d'un bénéfice sur le contrat du voiturier; mais il devine mon soupçon, et la carte à payer devient un reproche accablant par l'excès du bon marché; les prix étaient impossibles à force de modération. Plût au ciel que tous les hôteliers eussent ce désintéressement plein d'amertume!

A Ragaz, j'étais donc à table en face d'un père de famille allemand. Par politesse, il se met à parler français. Nous causons ensemble, et je l'appelle Monsieur comme tout le monde. Son visage se contracte à l'instant. Il s'agite sur son siége d'un air fâché. La voix s'altère; le ton devient celui d'une civilité susceptible. Mon homme ne parle plus; il chante une espèce de récitatif diplomatique, et passe dans une seule phrase par toutes les notes de la gamme. Le maître d'hôtel, qui était derrière moi, se penche et me dit à l'oreille que l'étranger est baron. J'aurais dû le deviner à sa redingote percée au coude. Sans me faire prier, j'appelle mon homme monsieur le baron. Aussitôt l'affectation diminue, le récitatif rentre dans son ton naturel, les manières deviennent franches, et j'ai devant moi un honnête père de famille parfaitement bienveillant. Savez-vous quel était ce personnage si éminent, à cheval sur sa noblesse? Le livre de l'hôtel, où il a eu soin de s'inscrire en arrivant, va nous l'apprendre et nous pénétrer de respect; un seul mot composé, qui tenait à lui seul trois lignes du large registre, révèle à l'univers que le baron est tout uniment greffier d'un petit tribunal dans une toute petite ville du royaume de Wurtemberg. Si l'étiquette n'existait pas, l'Allemagne l'inventerait demain matin.

Dans le Grison, il n'est pas plus difficile de trouver les contrastes. Regardez-le venir de loin sur la route, sa besace sur le dos et son bâton à la main. Il a l'air sombre, les sourcils froncés, le front chargé d'un gros nuage et le regard fixe; il s'inquiète pour sa vache ou son fromage. Il est grand, bien fait et robuste comme un Hercule. Sa démarche est seulement un peu pesante, comme celle de l'ours qui habite avec lui la montagne; mais, en arrivant auprès de vous, il sourit et vous salue. Vous avez toujours le chapeau à la main dans ce pays-là, tant les passants paraissent bonnes gens. Si vous vous asseyez sous une tonnelle, à l'ombre d'un arbre ou devant une porte pour vous reposer, on vous offre aussitôt du vin. On vous excite à boire, et si vous vous grisez, on le trouve bien, pourvu que le vin soit payé. Cependant vous apercevez quelque jolie fille à sa fenêtre, et vous revenez exprès pour elle le lendemain; les voisins en ont déjà fait la remarque; une demi-douzaine d'ours, redevenant aussitôt féroces, rôdent autour de vous, et comme vous n'y prenez pas garde, vous êtes, sans vous en douter, en danger d'être assommé dans un coin, ou bien suivi à votre prochaine promenade, attaqué dans un chemin désert et jeté dans quelque trou. Quant à la pauvre fille, pour avoir eu un peu de coquetterie, elle a encore les yeux rouges quinze jours après votre départ. A Coire, des Français à qui on avait servi force bouteilles de vin de la Valteline, touchés sans doute de la politesse naïve des Grisons, avaient voulu tenir tête à leur hôte. Ils chantèrent de tous leurs poumons, et on n'y fit aucune attention. Des musiciens ambulants passaient; on les appela dans la salle à manger de l'auberge, et la symphonie s'évertua jusqu'à dix heures du soir; un air de valse, qu'elle s'avisa de jouer, mit en danse les consommateurs. A l'instant, l'aubergiste accourut d'un air effrayé, en suppliant ses hôtes de ne point danser.

— La population, leur dit-il, s'ameuterait contre vous, et il se pourrait que vous fussiez massacrés. On ne danse ici qu'en carnaval.

— Bah! répondit un des convives, nous ne sommes pas du pays, et chez nous on a le droit de danser en toutes saisons. D'ailleurs, nous fermerons la maison, s'il faut soutenir un assaut, et on trouvera bien quelque part un commissaire de police pour nous protéger.

— Le commissaire, reprit l'hôtelier, vous mettrait immédiatement en prison.

Cet avertissement n'aurait peut-être pas suffi; mais l'orchestre, en voyant danser son monde, avait plié bagage et pris la fuite, de peur des accidents.

Le Grison vous salue et vous fait bonne mine à cause de l'argent que vous apportez dans le pays. Il vous accorde pour votre argent une certaine liberté dont on ne distingue la limite que par l'expérience; mais il ne faut pas se méprendre à ces apparences de politesse et d'amitié; au fond, le Grison déteste l'étranger et le surveille d'un œil jaloux, le chapeau à la main.

Une voiture de passage nous mena en trois heures à Coire. La capitale des Grisons est une jolie petite ville de six mille âmes, étouffée de tous côtés par des montagnes si énormes, qu'il faut se tordre le cou pour voir le ciel. Un torrent traverse la ville en bouillonnant pour aller se jeter dans le Rhin, qui descend dans cette vallée par le Splügen. On était fort inquiet à Coire à cause des éboulements de rochers de Felsberg. Pendant la nuit précédente, on avait entendu des craquements et des roulements lointains semblables au bruit du tonnerre; on craignait que le village ne fût entièrement détruit. Heureusement, les habitants, avertis par les préludes du désastre, s'étaient levés à la hâte et avaient déserté leurs maisons. Felsberg est à une heure de marche de Coire; nous y allâmes sur-le-champ. Ce village est situé sur un terrain étroit, entre la rive gauche du Rhin et le pied d'une montagne. Au sommet de cette montagne, on voit une couronne de rochers, dont un seul suffirait pour bâtir tout un autre village. La terre manquant peu à peu par l'effet des pluies, il faut que la couronne entière finisse par s'écrouler. Les éboulements ont commencé en 1834; mais le danger augmente tous les jours, et la destruction complète de Felsberg est inévitable. Le matin, les habitants vont aux champs, et emmènent avec eux enfants, chevaux et bestiaux. La nuit, on veille à tour de rôle, et si on entend le craquement des rochers qui se fendent, le tambour sonne l'alarme; on se jette en bas du lit, et on court précipitamment à travers la campagne.

Lorsque nous entrâmes dans Felsberg, les rues étaient désertes et les maisons fermées; on n'entendait que le bruit de la fontaine qui coule au milieu de la place. La moitié du village qui touche à la montagne n'est plus qu'un amas de ruines; les plus gros quartiers de rochers ont renversé des maisons entières d'un seul coup, et demeurent installés sur les débris dans des postures bizarres qui leur donnent une physionomie irritée; d'autres quartiers moins gros ont roulé plus loin, et, après plusieurs bonds, sont venus percer des murailles aussi nettement qu'un boulet de canon; d'autres ont frappé une maison à sa base et ont disparu sous les ruines; d'autres se sont arrêtés parmi des arbres qu'ils ont couchés par terre. Une pierre ronde de neuf à dix pieds cubes, lancée par un trajet d'une lieue sur une pente rapide, a sauté par-dessus l'église, en a entamé le toit, et s'est plongée dans une habitation comme une bombe. A l'endroit le plus dévasté, où l'œil ne découvre qu'un chaos incompréhensible de rochers, d'arbres, de plâtre et de charpentes, il reste encore une maison parfaitement intacte; le jardin, la cour et le mur d'enceinte ont été respectés; la ruelle même qui conduit jusqu'à la porte n'est pas tellement obstruée que le propriétaire ne puisse entrer chez lui. Quand la montagne s'apaise pour huit jours, cette maison est encore habitée. Une vieille femme, qui se trouvait seule dans le village, vint nous faire les honneurs du désastre, et nous assura qu'à la nuit tout le monde rentrerait à Felsberg pour dormir. Je demandai à cette femme pourquoi elle n'avait pas encore émigré depuis que la mort était suspendue sur sa tête.

— Mon bon monsieur, me répondit-elle, je sais bien que je pourrais vivre à Coire avec mon fils, qui est un ouvrier robuste. Le village d'Ems, situé à un quart de lieue d'ici, nous offre des terrains et des matériaux pour bâtir, ce qui nous permettrait de venir encore cultiver nos champs, vu la petite distance; mais, à ce compte-là, nous deviendrions habitants d'Ems ou de Coire; le nom de Felsberg périrait, et nous n'aurions plus notre voix à la diète des Grisons. Nous perdrons nos maisons, nous coucherons dans de méchantes cabanes de bois, mais nous aurons part aux affaires du pays, et nous resterons citoyens de Felsberg.

En rentrant à Coire, édifié par le patriotisme de cette bonne femme, je remarquai aux portes de la ville une jolie route qui montait en serpentant dans un bois de sapins. Les dames et les promeneurs se dirigeaient de ce côté pour goûter la fraîcheur du bois. En arrivant au sommet de la première montée, le pays qui se découvrit était si beau, qu'il nous fut impossible de retourner en arrière avec les autres promeneurs. De la vallée on n'embrasse que la première marche de ces escaliers prodigieux : le regard désorienté perd le sentiment des distances, et tel sommet qui vous paraît tout proche est à une journée de voyage. Une fois arrivés sur la rampe qui domine la ville de Coire, au lieu des déserts que nous nous attendions à trouver, nous apercevons des fermes, des pâturages pleins de bestiaux, des villages, de nouvelles séries de montagnes; c'était tout un monde dont nous n'avions pas soupçonné l'existence. Nous continuons à monter par une pente moins rude. Après trois heures de marche, les sommets couverts de neige se montrent clairement. Nous passons par les villages de Malix, Churwalden et Parpane, et nous entrons alors dans un désert tout à fait sinistre. Un vieux Grison, en culotte courte, nous engage à marcher encore pendant deux petites heures, et à coucher à Lenz, dans l'endroit le plus sauvage du canton. Comme il nous aurait fallu cinq heures pour retourner à Coire, le conseil nous parut bon. La nuit tombait lorsque nous entrâmes à Lenz, aux sons de l'*Angélus*. La porte de l'hôtel de la *Couronne* était ouverte, mais on n'y attendait assurément personne, et le plus profond silence régnait dans la maison. Après avoir appelé, cherché notre chemin à l'aveugle et sondé le terrain avec nos cannes, nous trouvons enfin le patron de l'auberge. A notre grande surprise, les chambres étaient garnies de meubles de Boule et les lits magnifiquement sculptés. La cuisine se ranimait; un feu clair commençait à flamber pour nous. Les préparatifs du souper répandaient des odeurs exquises; c'était le moment de faire jaser notre hôte pour prendre patience.

— Comment appelez-vous, lui dis-je, cette montagne couverte de neige qu'on aperçoit à gauche de la route, et dont le soleil rougit encore le sommet?

— C'est le pic de la Mine-d'Or, répondit le patron, un endroit maudit où l'on ne va jamais.

— Et pourquoi maudit? repris-je. S'il existe une légende sur cette montagne, racontez-nous cela bien vite.

— Il y a cent ans, reprit l'aubergiste, on voyait, à quatre lieues d'ici, un petit village si misérable, que les habitants vivaient comme des ours, les uns dans les carrières, les autres dans des huttes de paille. Quelques pauvres gens essayèrent de cultiver la vigne; au bout de dix ans ils récoltèrent du vin passable. On construisit une demi-douzaine de maisons de bois, et le village devint une commune à laquelle la diète accorda mille arpents dans la montagne pour en faire ce qu'elle pourrait. Dans ces mille arpents, on trouva tout à coup une mine d'or : la mine fut exploitée; le partage se fit exactement entre dix-huit familles dont se composait le village, et au bout de deux ans on avait déjà tiré de la terre près d'un million en or de bonne qualité. On commença par appeler des architectes de Coire et par bâtir des maisons superbes à deux étages, avec des terrasses, des jardins et des écuries. On fit venir des chevaux et plus de cinq cents têtes de bétail. On défricha la terre tout en continuant à exploiter la mine, et en moins de six ans les trois plus habiles gens du village possédaient déjà entre eux cent mille livres de rentes sur les gouvernements étrangers. Le fils d'un de ces trois hommes fit un voyage à Milan, et il en ramena des femmes galantes qu'il installa chez lui. D'autres garçons voulurent l'imiter : le mauvais exemple gagna le reste de la commune, et bientôt on passa le temps en orgies, à faire de la nuit le jour, à danser en carême et manger de la viande le vendredi. Cela ne pouvait pas durer : le bon Dieu se fâcha. Un jour, au mois d'avril, un bloc énorme de rocher tomba du haut de la montagne sur le village, et l'écrasa d'un seul coup; pas un habitant n'eut le temps de se sauver : ils y moururent tous, et depuis un an on a eu beau sonder, creuser la terre, chercher partout, jamais on n'a pu retrouver trace de la mine d'or. Ces malheureux, qui sont morts sans confession, reviennent errer la nuit au milieu des bois; ils chantent leurs chansons à boire et font leur sabbat. Quand le vent d'ouest souffle à travers les sapins, on entend leurs voix, et comme nous n'aimons pas ce monde-là, nous ne passons jamais du côté de la mine d'or.

Le narrateur nous aurait sans doute amusés par d'autres histoires, si la servante ne fût entrée portant le potage. Le lendemain, notre hôte nous guida jusqu'à un petit sentier qui mène au pont de Solis. Ce pont est jeté sur un torrent à une hauteur de trois cent soixante pieds. Il y a quelques années, lord S***, étant dans son cabinet de travail à Londres, ouvrit le *Guide en Suisse*, qui parlait de ce pont merveilleux. Le livre lui parut suspect et le chiffre exagéré. Milord sonne ses gens, demande des chevaux de poste, et part à l'instant. Il arrive à Coire, puis à Lenz. Il rassemble des ouvriers, les emmène avec lui au pont de Solis, et leur ordonne de mesurer sous ses yeux le précipice. Le pont s'étant bien trouvé à trois cent soixante pieds au-dessus du torrent, lord S***, satisfait de son voyage, retourne immédiatement à Londres, où sans doute il fait relier en maroquin le véridique *Guide en Suisse.* Au sommet de la montagne de Solis, on aperçoit un petit village perché comme un nid d'aigle et habité par des Mannuttes, qui ont des lois et des tribunaux particuliers, ne fréquentent jamais avec leurs voisins, et finissent, à force de vivre séparés du monde, par se créer un patois à leur usage, que personne n'entendra plus dans cinquante ans.

Un chemin de traverse nous ramena dans la route de Coire au Septimer. Nous étions sur les confins de l'Engaddinn. Au premier village qui se présenta, le langage changea tout à coup : on parlait la langue romane, qui est facile à comprendre à l'aide de l'italien. Les paysans refusèrent sèchement de nous vendre du lait, et se montrèrent aussi revêches que les bons Allemands avaient été polis ; mais nous admirions beaucoup leurs tailles colossales et leurs figures d'hommes primitifs. A voir ces airs athlétiques, ces épaules d'Hercule Farnèse, ces mains larges, ces sourcils épais et ces yeux farouches, on ne devinerait jamais quel instinct éminent la nature a répandu dans cette vallée. Ces hommes naissent tous avec le génie du confiseur. Il y a des peuples guerriers, d'autres anthropophages; l'habitant de l'Engaddinn a la vocation incontestable de confire les fruits, mais il n'exerce pas dans son pays. La vallée ne contient pas une livre de sucre, et cependant, de Saint-Pétersbourg à New-York, tous les bons confiseurs viennent de ces montagnes. Lorsqu'on mange de la gelée de pomme de Rouen, des abricots de Clermont ou des groseilles de Bar, on s'imagine que cela est préparé par les mains des Normands, des Auvergnats ou des Lorrains; erreur complète : le Normand ne sait pas mettre en gelée ses pommes ; il fait venir de l'Engaddinn ses meilleurs artistes en confitures. Il fallait la découverte de la canne à sucre pour que cette race antique et oubliée vînt se rattacher à la civilisation moderne par son côté le plus doux. Peut-être la Providence a-t-elle accordé ce don particulier à des hommes primitifs, afin de tempérer la rudesse de leurs mœurs et de leur caractère. L'habitant de l'Engaddinn dédaigne les friandises qu'il apprête pour les générations efféminées; il mange de préférence des farineux, et, de retour dans son pays, il reprend avec amour les goûts simples des peuples pasteurs. A Lenz, on envie aux voisins ce talent qui les disperse sur le globe et les ramène riches dans leur patrie; mais on a peu de relations avec eux, et on parle d'un village situé à trois lieues de la ville comme si c'était une société groënlandaise.

Le Septimer était devant nous; encore un pas, et nous étions en Italie. Cette idée nous rendit tout à fait rêveurs, et fit singulièrement pâlir dans notre esprit les belles montagnes des Grisons. Si nos papiers et nos bagages n'avaient pas été à Coire, j'aurais voulu coucher en Lombardie; mais comme la douane autrichienne nous aurait arrêtés, et que d'ailleurs nos jambes refusaient de nous servir, une voiture passa fort à propos pour nous ramener à Lenz, où nous arrivâmes fort tard.

Le lendemain, nous partîmes de Lenz comme nous étions venus, c'est-à-dire sur nos jambes et sans nous presser, en nous reposant dans les villages pour convertir le voyage en promenade. Il faisait nuit noire quand nous arrivâmes au sommet de la rampe qui descend à Coire. Mille petites lumières brillaient au fond de la vallée; quelques-unes s'agitaient comme des étincelles sur la cendre d'un papier; d'autres, placées sur la montagne opposée, se mêlaient aux étoiles. Nous n'arrivâmes qu'à dix heures à Coire, où le souper nous attendait au joli hôtel du Steinbock. Le crieur de nuit avait annoncé quatre heures du matin lorsque mes compagnons sautèrent en bas du lit, fermèrent les bagages, et vinrent me dirent qu'ils avaient retenu des places dans le courrier de Chiavenna, qui partait à cinq heures. Nous montâmes en voiture par une pluie battante, mais pleins de joie et d'espérance à l'idée de revoir la Lombardie.

Le courrier passa devant les rochers titaniques de Felsberg; puis, auprès de Reichenau, devant la petite et simple maison que le roi Louis-Philippe habita pendant sa jeunesse, et, après avoir traversé Tusis, nous entrâmes dans le Splügen par la Via-Mala. Les chemins tracés dans les montagnes offrent toujours la même situation : une muraille de rochers à perte de vue d'un côté de la route, et de l'autre un abîme au fond duquel bouillonne un torrent. Les rochers sont plus ou moins élevés, nus ou garnis d'arbres; le torrent est plus ou moins furieux et profond. On voit la perspective d'un point de vue à la montée, d'un autre à la descente; mais lorsqu'on parcourt les montagnes depuis quinze jours, on finit par y trouver de la monotonie. Heureusement, la nature a établi avec art une progression croissante dans la beauté des sites. C'est à la dernière chaîne, au moment de franchir le dernier pas, que les Alpes déploient tous leurs charmes sauvages.

La pluie nous mena toujours battant jusqu'au haut de la Via-Mala; un orage nous y attendait pour éclater; nous étions au centre même du combat des éléments, comme on disait autrefois, et les détonations électriques nous partaient aux oreilles comme des coups de canon. Le bras du Rhin dont nous remontions le cours s'enflait visiblement. A travers les nuages qui nous enveloppaient, les vastes forêts de sapins se montraient vaguement comme des paysages imaginaires. De tous les passages des Alpes, le Septimer et le Splügen sont incomparablement les plus riches en arbres séculaires. L'exploitation du bois sur une grande échelle n'éclaircit pas les rangs d'une manière sensible; même au dernier échelon de ces belles montagnes la végétation résiste encore à la rareté de l'air, et des arbustes pleins de séve poussent leurs racines jusque dans les pores du rocher.

A Spluga, la collation se trouva servie d'avance et le feu allumé. La frontière d'Autriche étant au sommet de la montagne, on visita scrupuleusement passe-ports et bagages, et la pluie toujours redoublant, nous commençâmes à descendre au trot le versant méridional du Splügen. Les ruisseaux étaient devenus des torrents qui tombaient sur la route et la traversaient pour se jeter dans le précipice. Un de ces torrents avait roulé de grosses pierres; nous y restâmes engravés tout à coup sans pouvoir faire un pas ni en arrière ni en avant. L'eau bouillonnait entre les jambes des chevaux et la voiture penchait du côté de l'abîme. Il nous fallut descendre à la hâte dans l'eau, qui n'avait pas moins d'un mètre de profondeur. Les cantonniers ont l'ordre de surveiller ces passages difficiles les jours d'orage, et de les débarrasser des pierres à mesure qu'elles tombent. Du côté des Grisons, nous avions vu chacun à son poste; mais le cantonnier italien n'aime pas à se faire mouiller et ne recherche pas avidement les situations *pericolose*. Il avait déserté. Pour être juste, il faut dire aussi que sa présence n'eût pas été fort utile, puisque dix hommes n'auraient point suffi à écarter de la voie les quartiers de roche amenés par le torrent. Ceux que l'eau poussait jusqu'au bord du précipice tombaient à cinq ou six cents pieds dans une vallée dont les nuages cachaient le fond. Nous attendions à dix pas, la pluie sur le dos, le bloc de pierre qui devait prendre la voiture en flanc et l'emporter sous nos yeux avec les bagages. Heureusement, une charrette attelée de six chevaux arriva en montant : le charretier consentit à nous prêter du renfort, et son attelage eut bientôt dégagé notre légère voiture du mauvais pas où elle était. Ce contre-temps se répéta deux fois avant la fin du trajet. Nous arrivâmes enfin trempés jusqu'aux os à Chiavenna par une nuit noire qui devançait le coucher du soleil, et le feu, le souper, de bons lits fort propres nous rétablirent promptement. Pour la première fois, depuis quinze jours, je ne m'endormais pas à côté d'un torrent, et le silence me parut aussi délicieux que le murmure de l'eau m'avait semblé charmant en arrivant à Ragaz. Le lendemain matin, le ciel était purgé, le soleil éclatant; un omnibus nous mena au petit port de Colico, où nous attendait le bateau à vapeur. Nous traversâmes le lac de Côme. Des deux rives on nous saluait gaiement en tirant de petits canons de cuivre. Sur notre gauche, dans une anse profonde, nous vîmes la belle villa Pliniana, où dormait encore un couple d'amoureux connu de toute l'Europe. Sur l'autre rive se montra la villa Sommariva, dont les persiennes commençaient à s'ouvrir; du haut d'une terrasse des gens matineux agitèrent leurs mouchoirs. J'aurais mis volontiers pied à terre pour revoir les sculptures de Canova, et notamment le groupe de *l'Amour et Psyché*, si mon compagnon n'eût été pressé d'arriver à Milan. Nous déjeunâmes à Côme, et nous montâmes dans la première voiture qui partit pour Monza. On peut s'étonner qu'une petite ville prise d'assaut et ravagée trente fois renferme encore d'anciens monuments. Les habitants de Monza étaient Guelfes du temps des guerres civiles; ils furent massacrés par les Gibelins; s'ils eussent été Gibelins, les Guelfes les auraient exterminés. Plus tard, comme ils tenaient pour le parti du roi de France, l'armée de Charles-Quint vint les assiéger. S'ils eussent été partisans de l'Empereur, ils auraient eu affaire au roi de France. Les Visconti trouvèrent mauvais qu'ils fussent attachés aux Sforza; mais, assurément, les Sforza les auraient punis de préférer les Visconti. De tant d'ennemis, le seul qu'ils aient repoussé victorieusement est le tyran Ezzelino, et bien leur en prit, car celui-là eût été le plus cruel de tous.

La cathédrale de Monza est un des monuments purement gothiques les plus anciens et les plus curieux de l'Italie septentrionale. La fondation de cet édifice remonte au règne de Théodoric. La façade, achevée deux cents ans plus tard, porte bien le cachet du huitième siècle. On reconnaît dans la coupe et l'élégante ornementation de cette façade le beau style de Saint-Germain-l'Auxerrois, mais adouci et moins sévère. Cette nuance se retrouve dans la plupart des églises de la même époque élevées au delà des monts. Outre la noirceur de nos pierres et les sombres enduits que dépose notre climat brumeux, le style de nos vieux monuments se ressent du caractère sérieux de la France au moyen âge. Le tempérament italien se prête moins volontiers que le nôtre aux impressions mélancoliques. La clémence du ciel, l'éclat de la lumière, la blancheur du marbre et des pierres de construction invitent l'artiste à charmer les sens plutôt qu'à frapper l'imagination. La gravure ci-jointe reproduit à merveille le monument gracieux que Monza doit à la piété de la reine Théodelinde. Il est aisé de reconnaître que la moitié supérieure du campanile appartient à une époque où le gothique avait disparu. Dans l'intérieur de l'église, entièrement restauré, on tombe en plein quatorzième siècle.

Malgré les assauts et pillages, la cathédrale de Monza renferme encore des richesses considérables, et entre autres une couronne d'empereur d'Allemagne qui pourrait bien avoir été portée par Frédéric Ier. Ce qui attire les Milanais et les étrangers à Monza, c'est l'immense parc de la villa impériale, où, dans un espace de quatre lieues de circonférence, les bois, les bosquets, les eaux artificielles offrent à chaque pas des points de vue variés. Comme Paris, la capitale de la Lombardie possède son Versailles, et les bons bourgeois de Milan y viennent chercher l'air pur et les amusements de la *villegiature*.

Vers six heures du soir, nous prîmes le chemin de fer, et nous exécutâmes notre entrée à Milan, au fond d'un omnibus où seize personnes entassées criaient à la fois et se querellaient avec le conducteur sur le prix de leur place. A ce tapage, nous reconnaissions notre chère Italie. Deux heures après, nous étions assis à l'orchestre de la *Scala*, et nous écoutions l'*Ernani* du maestro Verdi.

III

LA CORNICHE

Hyères — Les malades. — Antibes. — Nice. — Les mendiants. — Monaco. — Oneille. — Embellissements de la ville. — Albenga. — Le pont romain. — Chaos et paradis. — Savone. — Le poëte Chiabrera. — Les *machines*. — Grégoire VII et Pie VII. — Albissola. — Arrivée à Gênes.

Michel de Montaigne, qui était, comme on sait, *choliqueux* et maladif, a dû passer par la Corniche lorsqu'il partit pour l'Italie ; c'est, en effet, la seule route où l'on n'ait à redouter ni les neiges, ni l'air âpre et froid des Alpes, et par conséquent celle qui convient aux malades. Les difficultés du terrain y sont du moins compensées par la chaleur et la lumière, ces deux grands éléments de tout bien-être. On a donné avec raison le nom de *Petite-Provence* à ce recoin du jardin des Tuileries où les enfants et les vieillards viennent se réchauffer en hiver, quand notre ciel avare daigne permettre au soleil de nous envoyer quelques pâles rayons. La terrasse des *Feuillants*, qui représente la grande chaîne des Alpes maritimes, préserve les promeneurs du vent du nord, et leur procure, dans un espace de quelques mètres, une douceur de température trop rare sous notre degré quarante-neuvième, et qui donne une bien faible idée du climat de la Provence.

La seconde fois que je me rendis de Marseille à Gênes, c'était dans la diligence de Toulon, qui partait le soir, à mon grand regret, les messageries ayant l'habitude de tout faire pour le commerce, et rien pour le touriste. Quiconque n'a point de marchandise à vendre ne mérite aucun égard ; et comme ce n'est pas une

affaire d'or que de regarder le pays, les heures de départ sont réglées dans l'intérêt des colis et des sacoches. Il me fallut donc passer de nuit par les gorges d'Olioules, que j'aurais pourtant voulu voir. J'arrivai à Toulon vers six heures du matin, et, après avoir fait la visite obligée aux forçats du bagne, à l'arsenal et au vaisseau de ligne en rade, qui était alors *le Montebello*, je pris une voiture à volonté pour Hyères. Pendant ce court trajet de cinq lieues, on remarque un changement notable dans le climat : le mistral, ce fléau de Marseille, souffle encore à Toulon, quoique avec moins de force; mais, un peu plus loin, il cesse tout à coup. Le printemps perpétuel commence : d'une plaine aride, où les arbres sont rachitiques, on passe dans un jardin oriental couvert de plantes robustes ; le palmier frileux s'épanouit à l'abri du vent et arrondit avec élégance ses branches monumentales : c'est l'ornement de la grand'place d'Hyères, et dans la plaine qui conduit au rivage de la mer, les pins d'Italie, comme de grands parasols, vous engagent à venir vous asseoir à leur ombre.

Les habitants d'Hyères, ennuyés sans doute de l'invasion des étrangers, se sont retirés dans la ville haute pour y conserver avec soin la tradition de la malpropreté, que les exigences des Anglais et des Parisiennes menaçaient d'une destruction complète. Si l'envahissement de la mode continue, dans peu la ville entière court le risque d'être nettoyée, remise à neuf, meublée, garnie et louée à ces maniaques du Nord qui font un usage scandaleux et immodéré de l'eau froide et du savon. Déjà vous ne rencontrez dans la ville basse que des dames en chapeau, l'ombrelle à la main, que des jeunes gens gantés, le lorgnon sur l'œil, comme au boulevard des Italiens. Par les fenêtres ouvertes s'échappent les accords d'un piano d'Érard; des équipages de luxe sortent des maisonnettes aux jalousies vertes, et dans la cuisine de l'excellent hôtel des *Iles d'Or* on ne sent point le puissant parfum de l'ail, ce qui prouve que nul Provençal n'y descend ; en revanche, l'antique saleté se maintient sur la hauteur avec une noble persévérance.

A Hyères, tout étranger s'appelle *malade*. Eussiez-vous l'encolure d'Hercule et l'embonpoint de Silène, vous êtes un malade pour les gens du pays. Quand une voiture s'arrête à la porte d'un hôtel, la servante court annoncer à sa maîtresse que des malades sont arrivés, ce qui n'empêche pas le cuisinier d'allumer ses fourneaux et de servir des dîners de Cocagne. En sortant de cette maison de santé, dont les pensionnaires font bombance, je me rendis à Antibes par Fréjus et Cannes, deux petits ports peu distants l'un de l'autre, et dans lesquels Napoléon mit pied à terre au commencement et au déclin de sa fortune. La première fois, le général de vingt-huit ans revenait d'Égypte à l'improviste, préoccupé, muet et mystérieux, environné d'une auréole de gloire que les hommes n'avaient vu briller que deux fois, sur la tête d'Alexandre et celle de César. Son étoile l'avait guidé miraculeusement à travers une croisière anglaise. Un mois plus tard, il rompait le silence au château de Saint-Cloud, et changeait en un jour les destinées de la France. La seconde fois, le proscrit de l'île d'Elbe revenait prendre possession de l'Empire, sans autre secours que le prestige de son nom. Du village de Cannes, l'aigle vainqueur ouvrait ses ailes pour ne les replier qu'au palais des Tuileries, après avoir accompli, par ce voyage triomphal, un prodige politique sans exemple dans l'histoire du monde.

Antibes est une jolie petite ville dont Martial a parlé sous le nom d'*Antipolis*, et où ce poëte, qui était gourmand, avait, à ce qu'il paraît, mangé d'excellent poisson. Quelques antiquités grecques et romaines permettent de lui supposer une origine aussi ancienne que celle de Marseille. Henri IV eut le bon esprit d'acheter ce joyau à la maison de Grimaldi pour la bagatelle de deux cent cinquante mille livres tournois. On y parle un jargon qui participe de l'italien et du provençal, mais qui s'éloigne fort du français. Le même phénomène se reproduit sur toutes nos frontières. Vous n'avez pas besoin de traverser le Rhin pour tomber dans un pays où l'on ne parle que l'allemand. Aux Pyrénées, on ne sait guère que le basque et l'espagnol. Nous sommes Germains à Strasbourg, Catalans à Port-Vendres et Piémontais à Antibes; mais si nous parlons comme nos voisins, c'est peut-être afin qu'ils nous écoutent, et avec les mots dont ils se servent nous leur communiquons nos idées, si bien qu'un jour arrive où ils demandent notre code, nos lois, nos libertés, et parfois notre appui contre ceux qui les gênent. — D'Antibes, un omnibus, qui passe par la frontière sarde, conduit les voyageurs à Nice, comme autrefois les *gondoles* menaient le Parisien à Saint-Germain.

Près de l'embouchure du Var, les fondateurs de la colonie de Marseille, ayant défait les Liguriens en bataille rangée, élevèrent sur un rocher battu par la mer une petite citadelle qu'ils appelèrent en grec *Nikè*, c'est-à-dire *Victoire*, en commémoration de leur fait d'armes. La langue italienne, qui ne corrompt les mots que pour les adoucir, en fit *Nizza*, et les Lombards, qu'une invasion amena plus tard dans cette province, frappés de la beauté du pays, lui donnèrent le nom de *Bella-Landa.*

Ce qui fait aujourd'hui la gloire et la fortune de Nice, c'est l'immense et magnifique terrasse élevée au-dessus de la plage. De tous les coins de l'Europe on se donne rendez-vous pour l'hiver en cet endroit. On y monte par des escaliers larges et commodes, et que la mer soit calme ou irritée, on y jouit d'un spectacle si beau, qu'il devient difficile de s'en arracher. Tel voyageur, qui pensait y jeter un coup d'œil, s'est fixé à Nice pour plus d'années qu'il n'y comptait passer de jours. Cette terrasse fut achevée vers la fin du siècle dernier, après trente-cinq ans de travaux non interrompus. Il y manquait d'abord un garde-fou, ce qui devint l'occasion de plusieurs accidents; mais une des premières personnes qui s'y laissa choir ayant été le président du sénat de Nice, on s'empressa de construire un parapet. Un seul et grave inconvénient gâte le charme de cette promenade, c'est la fumée qui sort des maisons situées au-dessous de la terrasse. Cinquante cheminées, fonctionnant avec ensemble, obscurcissent l'air de leurs nuages infects, ce qui trouble fort la quiétude des spectateurs quand la brise de mer rejette la fumée de leur côté. La terrasse aboutit au rocher qui supportait l'ancienne forteresse phocéenne, aujourd'hui changée en casino. Un passage, taillé dans le roc, conduit au port, qu'on appelle la *Limpia*.

La ville neuve contient la plupart des édifices publics et les habitations des étrangers. Dans les rues du *Corso* et de Saint-François sont les hôpitaux, le théâtre, la poste, l'église du Saint-Suaire et le palais du sénat. Comme à Hyères, la ville haute est laide, irrégulière et négligée. Nous aurons tant d'églises et de monuments à examiner en Italie, que je ne m'arrêterai pas à ceux de Nice. Le seul palais vraiment beau est l'ancien palais ducal; mais tout à l'heure, nous en verrons bien d'autres à Gênes. Au théâtre *Nuovo*, qui date de vingt ans à peine, on chante l'opéra italien. Deux ponts jetés sur le *Paglione* réunissent à la ville les faubourgs de Saint-Jean-Baptiste et de la Croix-de-Marbre. La juste reconnaissance des Israélites a orné un de ces ponts d'un obélisque dédié à Charles-Félix, protecteur du commerce.

Aux approches de l'hiver, l'affluence des mendiants devient prodigieuse à Nice. Les populations misérables des Alpes maritimes descendent par bandes des montagnes pour venir chercher la chaleur et fournir aux *malades* plus d'occasions d'exercer leur charité qu'ils n'en peuvent malheureusement accepter. C'est une véritable irruption de besaces. Une fondation pieuse du roi Victor-Emmanuel, dont le but est de secourir ces émigrants d'hiver, contribue à grossir leur nombre chaque année, en leur donnant l'espoir de trouver des vivres. Il y aurait péril à leur retirer cette subvention, et je ne serais pas étonné si l'intervention du gouvernement piémontais devenait quelque jour nécessaire.

Laissons cette ville charmante se débattre avec ses mendiants, et sortons par la belle porte de Victor-Amédée, construite avec les débris de celle des *Calderai*, dont il ne reste qu'un arc de style gothique. Nous arrivons au promontoire stérile du mont Boron,

qui fut jadis la retraite d'un pieux ermite. Au sommet de la montagne s'élève le fort *Montalbano*, et sur le versant occidental le fort *Thaon*, qu'une poignée de braves soldats sardes défendit héroïquement contre un régiment espagnol. A droite du mont Boron s'avance dans la mer la petite péninsule de Saint-Hospice, où l'on voit, le soir, briller un phare. Au fond de l'anse est le port de *Villa-Franca*, qui fut ravagé, dit-on, par les Sarrasins; mais, Charlemagne ayant expulsé ces mécréants de la Provence, dans le neuvième siècle, il n'y paraît plus.

Après *Villa-Franca*, nous entrons dans la principauté de Monaco, dont la route royale laisse la petite capitale sur la droite. Peu de voyageurs daignent s'écarter du chemin pour une ville de douze cents âmes, qu'on aperçoit d'ailleurs à vol d'oiseau. Monaco, située au milieu d'une vaste terrasse de granit, s'élève de cent mètres au-dessus du niveau de la mer. Un petit isthme unit le cap à la terre ferme, et la vue dont on jouit des bords de cette terrasse naturelle ne le cède en rien à celle de Nice. Le palais ducal ressemble à une citadelle. L'intérieur contenait de belles peintures que les garnisons et les vicissitudes de la guerre ont endommagées. Hormis la grande place et la rue principale, le reste de la ville est mal entretenu.

Les Grimaldi ont toujours été seigneurs de Monaco depuis le treizième siècle jusqu'à l'époque de la révolution française. Après la mort du trop célèbre César Borgia, pour qui Louis XII eut la faiblesse de constituer le duché de Valentinois, les Saint-Vallier, qu'on avait dépouillés, réclamèrent leur patrimoine. Il y eut procès, et François Ier, pensant que l'arrêt ne sortirait pas de longtemps, accorda l'usufruit du duché contesté à Diane de Poitiers, qui était une Saint-Vallier. Le cardinal de Richelieu, qui faisait mieux que François Ier les affaires du pays, annexa le duché de Valentinois à la couronne; mais il en donna le titre au prince de Monaco, pour le remercier d'avoir expulsé les Espagnols de son domaine. Un Grimaldi épousa ensuite la fille du maréchal de Grammont, qui devint ainsi duchesse de Valentinois. L'État de Monaco, enclavé dans la province de Nice, devait finir par être réuni au Piémont. Cette réunion vient de s'exécuter récemment; mais elle a donné lieu à une tentative presque guerrière et à peu près politique. L'affaire en litige paraît être celle-ci : Le prince actuel de Monaco aurait cédé sa principauté au roi de Sardaigne, moyennant une pension annuelle dont le chiffre serait devenu le sujet d'un débat. Monaco était occupé par les troupes piémontaises, lorsque le duc dépossédé voulut tenter un *retour de l'île d'Elbe*. Moins heureux que Napoléon, il s'est vu saisi et incarcéré, mais sans avoir à craindre le sort terrible de Murat en Calabre. Le prisonnier a été relâché, et son procès prendra sans doute les proportions moins dramatiques d'un jugement de première instance. La ville de Monaco n'a d'autre inconvénient que de manquer d'eau; deux citernes et une petite fontaine sont des ressources suffisantes contre la soif, mais le ciel seul y est chargé de l'arrosement, et pendant quatre mois de l'année, il s'en dispense absolument.

Après Menton, qui fait partie de l'ex-duché de Monaco, on passe le pont de Saint-Louis, construit sur un torrent qui se jette dans la mer à trois cents pieds au-dessous de la route. Une suite d'énormes rochers semblables à des écueils conduit au bourg de *Ventimiglia*, où l'on suppose que les Romains avaient élevé un temple à Junon, parce qu'une pierre de l'église de l'*Assomption* porte encore distinctement gravé le nom de la reine des dieux. Les seigneurs de Ventimiglia opposèrent une résistance longue et honorable à la république de Gênes, eu égard à l'infériorité de leurs moyens de défense contre un ennemi si puissant. Après cette petite ville, on rencontre un nouveau promontoire qui s'avance dans la mer, et sur lequel un ermite des premiers siècles de l'Église avait établi sa demeure. Les cénobites de ce temps-là étaient des gens de goût, qui choisissaient de beaux sites et une nature splendide et clémente pour se livrer à la vie contemplative. Le rivage en cet endroit forme cinq pointes avancées dans la mer, sur lesquelles on avait bâti cinq tours crénelées, ce qui donne à cette langue de terre l'apparence d'un château fort. Entre ces tours, on a construit peu à peu des maisons, et de là est sortie la petite ville de *Bordighera,* dont l'église, dédiée à sainte Madeleine, contient une belle statue de la patronne par le sculpteur Parodi.

Dans un véritable jardin, nous trouvons, après Bordighera, le bourg de *San-Remo,* dont le nom est une de ces bizarres fantaisies populaires où la justice et le bon sens n'ont aucune part. Le vénérable évêque Romulus de Gênes mourut en ce pays, et sa *villa* fut appelée *terre de Romulus.* On y bâtit un bourg que les Sarrasins ravagèrent, et quand on le releva, ce bourg prit, sans qu'on sût pourquoi, le nom de Saint-Remus (en italien *San-Remo*). On n'y voit, d'ailleurs, rien de beau que son admirable climat.

Passons San-Stefano, San-Lorenzo, et même Port-Maurice, ville tortueuse et laide, à laquelle le commerce donne seul quelque importance. Une chaussée d'un kilomètre sépare Port-Maurice d'*Oneglia,* située à l'embouchure d'un torrent. Une faute grave des habitants de cette ville devint la cause d'un désastre. En 1792, l'amiral Truguet avait débarqué sur la côte un parlementaire, qui fut massacré par des fanatiques. L'amiral tira vengeance de cet acte de barbarie en jetant sur la ville tant de bombes qu'il n'en resta pas une maison debout. Oneille, autrefois aussi laide que Port-Maurice, eut ainsi l'occasion de réparer le désordre et l'alignement défectueux de ses constructions, comme ce quartier de Rome que Néron brûla pour le refaire sur de nouveaux plans. La ville de Paris, à qui ses embellissements coûtent si cher, est moins expéditive, mais plus libérale. Les deux grandes rues parallèles qui traversent *Oneglia* d'un bout à l'autre sont aujourd'hui bordées d'édifices réguliers. On respire librement sur des places spacieuses le bon air qui se corrompait dans les anciens cloaques.

Arrivons aux promontoires du Cap-Vert et du Cerf, qui se rapprochent l'un de l'autre dans la direction du nord et forment une sorte de bassin. Le pin de montagne et celui d'Italie vivent en bons voisins dans ces pays d'une sauvagerie admirable. On aperçoit des villages de tous côtés, les uns nichés sur le penchant de quelque pic de granit, où l'on a peine à comprendre comment les maisons se tiennent en équilibre ; les autres assis dans quelque vallon riant. La route traverse deux de ces villages pour arriver à Albenga, en passant devant l'île Gallinara. Sur le torrent de la Centa, les Romains avaient construit un pont magnifique, dont les piliers sont ensevelis sous les alluvions. La Centa, changeant de lit brusquement, s'est jetée dans la mer d'un autre côté. Dix arches du pont, que l'on peut mesurer, font évaluer sa longueur totale à cent cinquante mètres. On suppose que ce bel ouvrage date du règne d'Adrien. Albenga jouissait alors d'une certaine splendeur. De riches patriciens de Rome y possédaient des terres, comme on le voit par des inscriptions conservées dans quelques maisons de la ville. Les tours dont elle est comme hérissée sont du moyen âge et lui donnent un aspect sévère, qui n'est pas sans charme. Albenga a tous les caractères de ces cités autrefois florissantes où le nombre et la grandeur des monuments ne sont plus en rapport avec le chiffre de la population, et qui s'en vont mourant de leur belle mort. Une forte odeur de marécages et de chanvre qu'on sent aux environs a peut-être contribué plus que le temps à sa décadence. Masséna y avait établi son quartier général pendant la brillante campagne qui se termina par la prise de Gênes. On y voit un petit baptistaire dans lequel on n'entre qu'en descendant un escalier, et dont la voûte est soutenue par huit colonnes élégantes d'ordre corinthien. Une mosaïque dégradée porte les restes inintelligibles d'une inscription que l'on a cru romaine, mais qui date des premiers siècles de l'Église.

Au delà d'Albenga, la nature, combattue entre l'élément alpestre et l'élément méridional, prend un aspect plus grandiose et plus varié. Tantôt la terre végétale se couvre de plantes luxuriantes, favorisées par la chaleur, tantôt des masses énormes de rocs sombres et nus ramènent l'image de la désolation et du chaos, mais d'un chaos lumineux, comme si la main du Créateur eût interrompu son ouvrage après un commencement d'exécution. La chaîne du mont *Calvo*, qui se rapproche du rivage, étend vers la mer la base de ses grands cônes de granit noir. Par instants, on croirait voir les ossuaires de quelque armée de géants; mais dans les intervalles reparaissent les jardins, la vigne et les bois d'oliviers. La famille de Fiesque avait un château et des terres dans cette contrée pittoresque. Les Doria ne se firent point scrupule d'accepter les dépouilles de leur rival Jean-Louis de Fiesque. Après les villages de Loano et de Pietra, se présente le grand promontoire de *Caprazoppa*, que nous appellerions en français le cap de la *Chèvre-Boiteuse*. Du faîte de ce mastodonte de pierre, toujours battu des vagues, on sourirait volontiers de l'impuissance des flots, si on ne savait qu'à la base du rocher sont d'immenses cavernes presque inaccessibles, lentement creusées par la Méditerranée, et dont les stalactites bizarres n'ont d'autres spectateurs que les mouettes et les éperviers de mer. L'ancien marquisat de *Finale*, où l'on entre ensuite, se composait de trois petits bourgs du même nom, environnés de terrains d'une fertilité particulière. *Finale-Marina* est celui que traverse la route en passant sur un torrent. La forteresse est d'un aspect original; la grande rue paraît belle, et l'église collégiale, dessinée par le Bernin, a quelque chose de fastueux qui ne déplaît pas, malgré l'abus des ornements et le style corrompu du siècle d'Urbain VIII.

De Finale à Noli, on s'éloigne un peu de la mer en passant sur un promontoire situé à la base de la montagne des *Sette-Pani*, d'où Masséna, par une manœuvre audacieuse, délogea l'armée austro-sarde en 1794. Sur les confins de la province de Savoie, on peut descendre jusqu'au rivage et visiter les grottes creusées par la mer. La plus curieuse est celle située en face de l'île Bergesi. Les stalactites affectent les formes de monstres marins et d'animaux pétrifiés. Un gouffre, dans lequel les vagues se jettent, produit un bruit sourd qui ne laisse jamais reposer les échos de cette caverne. La grotte principale conduit à une autre plus petite, d'où l'on passe dans une galerie spacieuse que soutient un énorme pilier élégamment façonné, chef-d'œuvre de patience du temps et de la nature. A mesure qu'on s'approche de Savone, la route, plus resserrée entre la mer et les Alpes liguriennes, devient moins sûre et d'un entretien plus difficile. Des torrents qui se précipitent du haut des montagnes et qui débordent souvent pendant les orages et les pluies d'automne, brisent tout ce qui s'oppose à leur course, et se creusent à l'improviste des lits nouveaux. On peut retrouver dans ce passage des épisodes de voyage pareils à ceux du Splügen ; mais j'avais payé mon tribut aux mauvais esprits des montagnes, et je ne les ai point rencontrés sur la Corniche.

Après Gênes et Nice, Savone est la ville la plus considérable de l'ancienne Ligurie. La cathédrale, pour l'achèvement de laquelle Jules II avait donné quinze mille écus d'or, était un fort beau monument; mais, en 1542, la république de Gênes fit démolir quatre églises de Savone, un couvent, trois hôpitaux, un arsenal et quantité d'immeubles particuliers, pour élever sur le terrain, ainsi déblayé, une grande citadelle. On posa, il est vrai, dans le même temps, la première pierre d'une nouvelle cathédrale, dans laquelle on reporta les sculptures de l'ancienne église, les bois ciselés du chœur, quelques fragments d'architecture et des bas-reliefs de marbre. On orna les chapelles de tableaux de Lanfranc et de l'Albane; mais, malgré tant de frais, la supériorité des morceaux conservés fait assez comprendre combien l'ancien dôme est regrettable.

On commence à trouver dans ce pays les premières traces des peintres de l'école génoise, Dominique Piola, Ratti, le Castello. Nous citerons un autre artiste moins éminent, qui appartient à la ville même de Savone. Un certain Maraggiano, sculpteur populaire, qui mériterait plutôt le titre d'artisan, imagina de faire des groupes de statues de grandeur naturelle, en bois, et représentant des scènes du Nouveau Testament. A une époque de pleine décadence, ces ouvrages, dont le seul mérite était la vérité des attitudes, furent accueillis avec quelque faveur dans les couvents de Gênes et de

Savone, qui avaient perdu les traditions du goût. Les morceaux qui représentent le *Couronnement d'épines* et la *Prière au jardin des Olives* passent pour les chefs-d'œuvre de Maraggiano, si l'on peut donner ce nom à des figures d'où l'idéal est soigneusement écarté.

A l'ordinaire, on les regarde peu; mais dans la nuit du vendredi saint, par un ancien usage, ces figures, que le peuple appelle *machines,* sont fêtées et promenées triomphalement dans les rues. Il ne faut pas moins de trente personnes pour soutenir un seul groupe, au moyen de bâtons et de tréteaux. Ce jour-là, les couvents de Savone exhibent avec émulation les ouvrages de Maraggiano à la lueur des flambeaux et au bruit des fanfares, ce qui produit une véritable émeute, à laquelle viennent prendre part les habitants des villes voisines. Il est difficile de juger le mérite des *machines,* tant elles sont couvertes d'oripeaux, de dorures et de banderoles; mais leur toilette ne nuit pas à l'effet qu'elles produisent sur la foule pendant ces courses nocturnes. Il est certain qu'elles sont infiniment supérieures aux affreux automates qu'on promène en Belgique, en Flandre et à Douai, les jours de fêtes patronales. Quant à l'appareil des processions de Savone, les Italiens s'entendent merveilleusement à le rendre solennel et fantastique. Des feux du Bengale, des torches, des musiciens accompagnent le cortége des *machines,* tandis que les escortes des mannequins flamands ne sont que des mascarades plus ou moins grotesques, qui ne disent rien à l'imagination.

La ville de Savone tirera plus de gloire du poëte Chiabrera que du sculpteur Maraggiano. Gabriel Chiabrera, surnommé en son temps le Pindare italien, fut l'ami d'Urbain VIII. Il était fort laid, et les dames romaines, moins touchées de son génie que de son visage repoussant, ne lui donnèrent jamais le baiser charmant que Marguerite d'Écosse, femme de Louis XI, déposa sur les lèvres d'Alain Chartier. Ses poëmes héroïques et lyriques sont admirables par la pureté du style; mais les principaux traitent de sujets si éloignés de nous, et dont l'intérêt a si fort diminué, que je n'ai pu les lire, — je le confesse à ma honte. Il faut Homère pour chanter les combats d'Hector et les vicissitudes d'Ulysse; le Tasse nous captive encore par le récit de la première croisade. Heureux celui qui peut prendre plaisir à la lecture de l'*Amadéide* de Chiabrera, qui célèbre la délivrance de Rhodes par le duc Amédée de Savoie! Je m'incline devant ce lecteur courageux comme devant ce Romain dont parle Juvénal, qui mangeait à son dîner un paon tout entier. Le paon est un bel oiseau, mais indigeste.

Sur la place de San-Francesco, à Savone, se trouve un grand café qui servait autrefois de cercle à la noblesse de cette ville; sur les murailles de la salle, on voit les figures des hommes célèbres dont Savone a la prétention d'avoir été le berceau. Parmi ces grands hommes, on remarque l'empereur Pertinax, Christophe Colomb, dont personne, jusqu'à ce jour, ne connaissait au juste la ville natale, les deux papes Sixte IV et Jules II, et enfin Grégoire de Soane, dont le nom seul aurait dû avertir les Savoniens de leur erreur, à moins pourtant qu'ils n'aient pris Soane en Toscane pour Savone en Ligurie. Sans doute il est bien aux habitants d'une ville de rendre hommage à leurs compatriotes illustres; mais en accaparant tant de célébrités contre toute vraisemblance, on laisse voir qu'on ne connaît de ces personnages que le nom. Si Grégoire VII, l'un des plus vastes esprits qui se soient assis sur le trône de saint Pierre, était né à Savone, il s'appellerait Grégoire de Savone, et non pas de Soane. D'abord, il n'est pas permis à des Italiens d'ignorer l'existence de Soane, quoique la *malaria* ait rendu cette ville presque déserte aujourd'hui; et ensuite, ce n'est guère connaître le grand pontife qui entreprit à la fois de purger l'Église de ses vices et de soumettre les empereurs d'Allemagne à l'autorité du saint-siége, que de le faire naître à une extrémité de la péninsule qu'il ne vit jamais. Grégoire VII, fils d'un charpentier de Soane, se rendit fort jeune à Rome, où ses vertus l'élevèrent au trône pontifical. Il n'en sortit que pour aller mourir à

Salerne, près de Naples, consumé par les chagrins que lui avait procurés son ambition. En voyant ces bévues si naïvement étalées sur les murs, on peut croire les Savoniens capables de tout en fait d'anachronismes, et se demander si, par hasard, ils n'auraient pas confondu un pape du onzième siècle avec Pie VII, qui demeura par force dans leurs murs pour avoir résisté à l'empereur Napoléon, mais qui n'était pas un enfant de la Ligurie.

A cinq milles de Savone, par un chemin qui serpente sur le flanc des Apennins, on arrive au petit village de Saint-Bernard, où la piété des fidèles a fondé deux hospices et une église dédiée à la Madone de Miséricorde. Au quatorzième siècle, un vieux cénobite, nommé Jean Botta, retiré dans ce lieu sauvage, eut un jour la fantaisie de descendre à Savone, et d'y prêcher la dévotion particulière à la sainte Vierge. Il fit des enthousiastes qui le suivirent dans sa retraite et lui portèrent des offrandes. Le saint vieillard érigea une chapelle à la Madone; mais, par la suite, les dons s'élevèrent si haut, que le conseil des anciens de la municipalité de Savone résolut de faire construire une église dans laquelle fut enveloppée la modeste chapelle de Jean Botta. On appela des architectes et un sculpteur de Milan, qui se distinguèrent médiocrement. La façade de cette église ne brille pas par le goût et la correction; mais à l'intérieur sont des tableaux de grands maîtres, entre autres une *Ascension* du Tintoret, une *Présentation au Temple* du Dominiquin, qui ne le cède en rien aux plus belles pages de l'Académie de Bologne, et des fresques de Bernard Castello, peintre charmant de l'école génoise, ami de Torquato Tasso, et qui a laissé des dessins précieux sur les sujets de la *Jérusalem délivrée*. Ces fresques sont effacées par le temps, mais on distingue encore la grâce et l'élégance un peu maniérées de la composition. Dans une chapelle souterraine est conservée la statuette de la Madone de Miséricorde, objet de la vénération des pèlerins, et à laquelle Pie VII donna un riche collier. Dans une quête qu'on fit un jour à cette église, un habitant de Savone offrit la somme énorme de cent mille francs. On conçoit que le trésor de la Madone, conservé dans la sacristie, devait être considérable lorsqu'il fut pillé en 1797. Voilà bien l'Italie ! Vous vous enfoncez par un sentier dans les montagnes ; vous découvrez un village, une église assez mal bâtie, et vous y trouvez des chefs-d'œuvre de peinture, en vous demandant ce que viennent faire dans ce désert le Tintoret, le Dominiquin et Bernard Castello ! Des deux côtés de l'église sont les deux hospices, dont l'un sert d'auberge aux pèlerins, et l'autre de refuge aux enfants trouvés, aux orphelins pauvres et aux incurables. La place du village est ornée d'une belle fontaine de marbre.

De Savone à Voltri, la route creusée dans le roc présentait d'énormes difficultés; c'est au gouvernement français impérial que revient l'honneur d'avoir terminé ce grand travail. Au village d'Albissola naquit Jules II, le plus vaillant de tous les papes, le seul qui ait porté cuirasse et monté, le pot en tête, à l'assaut d'une place de guerre. Le chevalier Bayard raconte dans ses *Mémoires* qu'il poursuivit Jules II sur la route de Ferrare l'épée dans les reins, et qu'il pensa le faire prisonnier, ce qui eût été, dit-il, une belle prise. Nous retrouverons ailleurs ce personnage énergique, à qui les beaux-arts sont aussi obligés qu'à Léon X lui-même, et nous publierons un document curieux, extrait des archives de Venise, touchant cette question, qui a été le sujet d'une grande controverse historique : Jules II a-t-il, oui ou non, entretenu à sa solde un escadron de cavaliers musulmans, pendant la guerre de la sainte ligue?

L'église collégiale et celle de Saint-Joseph doivent à la libéralité de ce pontife la richesse de leurs décorations.

Au delà d'Albissola, les noms illustres du sénat de Gênes vous annoncent l'approche de la ville des doges. Près d'Arenzona, une magnifique maison de plaisance appartient aux Palavicini ; à Voltri, sous les ombrages des parcs et des jardins de luxe, viennent en été les Durazzo et les Brignole. Bientôt la pente des montagnes s'adoucit. Le rivage de la mer décrit une courbe; vous touchez le fond du golfe, et au détour de la route vous apercevez en face de vous une énorme colonne blanche; c'est le grand phare de Gênes; les hauteurs qui le dominent prennent ces formes anguleuses auxquelles on reconnaît les travaux de défense. Encore un pas, et la grande cité déroule devant vous son magnifique panorama. Vous touchez au faubourg de Saint-Pierre; un large quai formant le demi-cercle s'ouvre à la porte *Lanterna;* vous passez devant les terrasses du palais Doria, et tout à coup une muraille vous prive du spectacle de la mer; le quai se rétrécit, les maisons vous couvrent de leur ombre, et vous ne voyez plus qu'une fourmilière turbulente s'agitant dans un Capharnaüm de petites rues où manquent l'air, l'espace et la lumière. Vous êtes dans Gênes la Superbe.

IV

TURIN

La maison ducale de Savoie. — Ses traditions. — L'ordre du *Collier*. — Commentaires. — La couronne fermée. — Notice sur Vincent Gioberti. — Son caractère et sa mort. — Aspect des rues de Turin.

Jusqu'au onzième siècle, la maison de Savoie ne posséda que le territoire montueux et peu fertile enfermé entre l'Isère et le mont Cénis. L'héritage d'Adélaïde de Suse, en lui livrant une des portes de l'Italie, l'obligea de prendre part aux événements de la péninsule. Il lui fallut du temps pour acquérir la souveraineté du marquisat de Saluces. Elle reçut en don le comté de Nice, et acheta le val d'Ossola, le pays de Tende et le territoire d'Oneille. Au dix-huitième siècle, elle s'agrandit prodigieusement par la cession du Montferrat, d'Alexandrie et de l'île de Sicile, qu'elle échangea prudemment contre celle de Sardaigne. Enfin, au commencement de ce siècle, elle put ajouter à ces belles possessions la ville et les États de Gênes, qui s'étendent jusqu'aux frontières de la Toscane, superbe bague que des événements imprévus et les malheurs de la France lui ont mise au doigt tout à coup.

Ce fut Victor-Amédée II, d'abord l'allié, ensuite l'ennemi de Louis XIV, qui se crut assez puissant pour fermer la couronne de la maison de Savoie, c'est-à-dire pour prendre le titre de roi. Cette mesure était habile et sage dans un temps où les duchés devenaient la proie des royaumes, tandis qu'un royaume, si petit qu'il fût, avait des chances d'accroissement et de durée; tant un mot qui implique une certaine grandeur exerce d'empire sur l'esprit des hommes! Que de combats pour arriver à ce résultat! que de mariages, que d'alliances, que de traités signés et rompus! que d'armées en campagne, tour à tour auxiliaires de la France, de l'Autriche et de l'Espagne, tantôt décidant la victoire, tantôt partageant les revers de ces trois puissances, pour parvenir enfin à constituer ces États qui méritent bien le titre de royaume par leur importance et leur étendue! L'histoire du Piémont offre un spectacle curieux. Placée entre trois grands ennemis toujours en guerre, la maison de Savoie se débat sans cesse contre ces trois colosses, négocie avec l'un, fait des promesses à l'autre, attaque le troisième, et manque de parole à tous trois aussi souvent qu'elle le peut sans se perdre. Comme il arrive en pareille occasion, elle mécontente trois partis; mais elle se tire des grandes luttes souvent plus forte, quelquefois plus faible qu'avant le conflit, toujours habile à profiter de la générosité du vainqueur ou de l'abattement du vaincu. Entre Louis XI et Charles le Téméraire, elle se prononça pour le roi de France, et la perfidie de son allié faillit lui coûter plus cher que la brutalité de son ennemi. Entre François Ier et Charles-Quint, ce fut bien pis encore : si ces deux adversaires acharnés eussent été sincèrement d'accord un seul jour, ils auraient injustement sacrifié un allié qui ne pouvait rester fidèle ni à l'un ni à l'autre. Entre le cardinal de Richelieu et la maison d'Autriche, et sous Louis XIV, pendant la guerre de la succession d'Espagne, la même situation se reproduit avec les mêmes conséquences, ce qui faisait dire aux ministres français que les alliances de la maison de Savoie se pouvaient compter par le nombre de ses défections. Ce n'est point dans le caractère des princes de cette maison, parmi lesquels il y eut quantité de grands hommes, qu'on doit chercher les causes de leur versatilité, mais bien dans la position géographique de leurs États, dans la complication et les difficultés des circonstances, et dans la nécessité, qui, comme on sait, n'a point de loi. Avec un peu de complaisance, on pourrait trouver les traditions de la maison de Savoie dans une vieille devise. Le plus ancien ordre du Piémont est celui du *Collier*, aujourd'hui de l'*Annonciade*. Cet ordre, fondé en 1360 par Amédée VI, a fourni matière à de nombreux commentaires : les uns lui assignent une origine chevaleresque, les autres une origine politique. Sans suivre les commentateurs dans leurs conjectures généralement hasardées, nous penchons pour l'origine galante, malgré la réputation de sagesse du comte Amédée, parce que le collier d'or ressemble par la forme à ces emblèmes galants que l'on appelait au moyen âge *lacs d'amour*. Amédée VI était jeune lorsqu'il créa l'ordre du Collier, et probablement ce symbole d'amour et de fidélité reçut une destination plus grave quand le prince conçut la pensée de le sanctifier en fondant une abbaye de quinze moines chargés de prier sans cesse pour les chevaliers du Collier, dont le nombre se bornait à quinze. Chaque chevalier honoré de cette distinction avait ainsi un moine toujours en prières pour le salut de son âme, ce qui était alors une faveur extraordinaire.

Mais ce qui a le plus éveillé l'esprit des commentateurs, c'est le mot *fert* gravé sur le collier, et dont on ignore le sens mystérieux. Un des érudits qui ont consacré leur temps à l'éclaircissement de cette énigme a traduit plus que librement le mot *fert* par *bon augure*, ce qui me paraît fort arbitraire. Un autre voit dans ces quatre lettres les initiales de quatre mots faisant allusion au courage déployé par Amédée le Grand devant l'île de Rhodes, dont il avait forcé les barbares à lever le siége : *Fortitudo ejus Rhodum tenuit*. Par malheur pour cette explication, le mot *fert* se trouvait gravé, dans la cathédrale d'Aoste, sur un collier que portait un lion de marbre sculpté sur la tombe du duc Thomas, père d'Amédée le Grand, ce qui faisait remonter plus haut que l'assaut de Rhodes la création de la devise symbolique. Cette remarque suggéra aussitôt à un autre commentateur l'idée que le lion portant un collier représentait les ennemis de la Savoie, et que le mot *fert* leur devait rappeler le signe allégorique de leur esclavage, supposition plus flatteuse que les premières, mais non moins invraisemblable.

Pour user à notre tour du droit imprescriptible de commenter, nous dirons que le mot *fert*, considéré comme le premier d'une phrase interrompue, prête un vaste champ aux hypothèses, et qu'on peut s'amuser à lui donner les sens les plus variés. Par exemple, si vous l'accompagnez du mot *arma*, vous faites dire au comte Amédée : *Il prend les armes.* Si vous ajoutez *manum*, vous avez : *Il combat.* Si vous dites : *Fert pedem choris*, le sens devient : *Il va danser*, ce qui est fort différent. S'il vous convient de penser qu'il faut dire : *Fert in oculis amicam*, vous avez : *Il aime sa maîtresse comme ses yeux*, selon le langage de Cicéron. Vous plaît-il de dire : *Fert fallaciam ?* vous êtes forcé de le traduire ainsi : *Il trompe*, avec l'autorité de Pline. On pourrait donc composer cent légendes différentes. Pour en adopter une qui puisse offrir un sens admissible, j'inclinerais volontiers vers le mot *auxilium* : *Il porte secours.* Cette devise sied à la maison de Savoie, qui, dans les grands événements et les guerres des siècles passés, a toujours rempli, avec le juste sentiment des intérêts de son pays, le rôle épineux d'auxiliaire. L'accroissement de forces du Piémont et les changements survenus en Europe depuis soixante ans appellent cette puissance à jouer à l'avenir un rôle plus considérable, et par conséquent plus beau.

Turin, comme une sentinelle avancée de l'Italie, eut toujours à souffrir des invasions de l'étranger. Après Annibal, qui, le premier, l'abandonna au pillage, peu de grandes armées passèrent les monts sans exercer des ravages, sinon sur la ville, au moins dans les belles provinces qui l'environnent. Mais ce qui a fait tant de fois la ruine de Turin peut devenir une des causes de sa prospérité, à présent que la civilisation a remonté vers le Nord, et que les lumières arrivent par les chemins que prenait autrefois la barbarie. Une ère nouvelle a déjà commencé pour le Piémont, et le fondateur de cette ère nouvelle est Vincent Gioberti, le plus grand homme de l'Italie moderne. Comme je n'ai point de goût pour la politique, et que nous ne voyageons pas à sa poursuite, je me bornerai à donner ici une courte notice sur le célèbre publiciste piémontais, en laissant au lecteur le soin de juger et d'examiner ses doctrines.

Vincent Gioberti, né à Turin en 1801, se fit recevoir docteur après de brillantes études, et choisit l'état ecclésiastique par vocation et par les conseils de sa mère. L'éclat de ses examens et de sa thèse, son éloquence, son caractère et ses mœurs simples, le firent remarquer du roi Charles-Félix, qui le voulut avoir pour chapelain. Gioberti, uniquement amoureux de l'étude, songea si peu aux avantages d'une telle position, qu'il n'hésita pas à donner sa démission pour le seul plaisir de travailler et de penser plus librement. Ce mépris de la fortune, qu'on retrouve à chaque pas dans sa courte carrière, est un symptôme d'élévation qui ne trompe jamais. Le roi Charles-Albert, qui venait de monter sur le trône, considéra ce désintéressement comme une bizarrerie suspecte : c'était alors une mauvaise note et le signe d'un esprit dangereux que de s'enfermer avec des livres et de préférer une solitude laborieuse à des émoluments et à des loisirs. En 1833, un de ces semblants de conspiration, qui avortaient souvent en Italie avant d'être formés, fut découvert à Turin. Gioberti, quoique étranger à tout complot, avait des connaissances parmi les gens compromis : on l'arrêta, on le mit en prison, et au bout de quatre mois on le tira de la citadelle, mais ce fut pour l'exiler. Le roi Charles-Albert fit escorter jusqu'à la frontière, comme un malfaiteur, celui qui devait être son premier ministre seize ans plus tard. Cet homme dangereux se rendit à Bruxelles, et il y enseigna l'histoire et le catéchisme à des enfants dans un pensionnat.

Si loin de l'Italie, du fond de son obscurité, Gioberti, dont les vastes connaissances avaient mûri, voulut consacrer à son pays les fruits de son travail et de ses réflexions. Pour obtenir seulement la permission de se faire lire des Italiens, il fallait subir des conditions fort dures à un écrivain. Gioberti, parfaitement orthodoxe en matière de religion, n'avait rien à craindre sur cet article; mais comment toucher à la politique? Le plan qu'il imagina, et qu'on peut accuser d'un certain machiavélisme, éluda ces difficultés, qui semblaient insurmontables : non-seulement il fut lu de tout le monde dans son pays, mais le pape et les princes approuvèrent ses ouvrages. Afin de faire accepter à la cour de Rome le principe de l'unité italienne, il se fit guelfe, en adressant au saint-père la prière de prendre en main la cause de l'Italie, la défense de ses droits et de ses libertés, par les moyens pacifiques qui conviennent à un pontife. Après avoir désigné Rome comme la capitale de l'Italie régénérée, le savant publiciste indiquait au roi de Piémont son rôle de défenseur et de gardien armé de la mère patrie; aux autres princes, il conseillait une confédération d'États; au peuple, il prêchait le respect, la patience, l'oubli des vieilles rancunes, le mépris des anciens préjugés municipaux, la concorde et l'union.

Ce que nous venons d'exposer trop brièvement, Vincent Gioberti employa dix ans à le formuler peu à peu, ne découvrant d'abord ses idées qu'avec précaution, comme les vœux et les espérances d'un philosophe solitaire, parfois incidemment dans des ouvrages qui semblaient étrangers au sujet de ses préoccupations constantes, souvent avec une obscurité calculée, mais toujours éloquemment, noblement, et dans ce style coloré dont la plus harmonieuse des langues vivantes rend la lecture entraînante et facile. Enfin, ce fut en 1843 que sa pensée apparut tout entière dans son grand ouvrage du *Primato dell' Italia*, qui eut un retentissement immense, et ne trouva que ces obscurs détracteurs dont les attaques donnent plus d'éclat au succès. Trois ans plus tard, Gioberti publia le *Gesuita moderno*, où, en se défendant contre ces attaques, il émettait de nouvelles idées plus hardies que les premières, mais qu'on ne songea point à censurer. L'enthousiasme se communiqua rapidement d'un bout à l'autre de la péninsule. C'est alors que, suivant son expression, Gioberti put dire que « le cadavre était galvanisé. »

En 1846 et 1847, l'avénement de Pie IX, la conversion singulière du roi Charles-Albert, préparèrent la rénovation de l'Italie, et il ne faut pas oublier que l'Autriche allait accorder aux provinces lombardes l'autorisation de prendre une certaine part à ce grand mouvement, lorsque la révolution de Février vint étouffer la résurrection pacifique et la changer en levée de boucliers. Les événements qui en résultèrent sont connus de tout le monde.

Il est à remarquer que l'apogée de la fortune de Vincent Gioberti date du moment même où son œuvre avortait. Son retour en Italie fut une marche triomphale. Partout sur son passage les villes s'illuminèrent. Il fut embrassé par les princes, les rois et le pape. Dans un pays où l'auteur d'un opéra et la *prima donna* qui le chante sont honorés comme des dieux, qu'on juge des hommages que le peuple dut rendre à celui qu'il appelait son sauveur et son Messie! Gioberti fut élu député dans dix colléges à la fois. Il devint ministre et président du conseil. Nous ne raconterons point les vicissitudes parlementaires qui l'obligèrent à donner sa démission. Après la bataille de Novare, il vint à Paris comme ministre plénipotentiaire, et quand il eut sollicité et obtenu son remplacement, il rentra dans la vie privée, joyeux comme un enfant de retrouver ses livres et ses papiers. Il sentait probablement que là était sa véritable force, et qu'il avait fait bien plus pour l'Italie du fond de son pensionnat de Bruxelles que sur son fauteuil de président du conseil. Il travaillait avec ardeur à un nouvel ouvrage, lorsque la mort le vint surprendre à cinquante et un ans, dans toute la plénitude de son talent. On trouva sur son lit les *Promessi sposi* de Manzoni, et l'*Imitation de Jésus-Christ*. Les Italiens, qui ont attribué sa fin subite et prématurée à l'action du poison, ne savent pas qu'à Paris on ne meurt point empoisonné sans que la justice s'en émeuve. La médecine a constaté que Vincent Gioberti avait succombé à une attaque d'apoplexie séreuse. La ville de Turin réclama son corps et lui fit de magnifiques funérailles, comme elle le devait.

Voici le portrait qu'a tracé de cet homme remarquable son ami le plus intime, M. le docteur Cerise : « Gioberti avait une taille élevée, une physionomie ouverte et animée ; sa tête, admirablement conformée, avait un volume considérable ; elle était couverte d'une chevelure blonde et abondante, qu'il ne laissait jamais descendre sur son vaste front. D'une santé délicate, il travaillait toujours et trop. Impressionnable, passionné, ardent à la polémique, il ne cessait jamais d'être généreux et loyal. Voici un trait qui peint admirablement ce caractère. Ayant appris un jour qu'un de ses adversaires était gravement malade, il fit détruire immédiatement toute l'édition d'une brochure qui allait paraître, et où cet adversaire était vivement attaqué. Ce qu'il était pour ses adversaires donne à penser ce qu'il devait être pour ses amis. Sa constance dans les attachements était remarquable, au milieu des travaux qui remplissaient si bien sa vie. Son savoir était prodigieux, sa conception prompte et sa mémoire excellente... La littérature française lui était familière ; il lisait surtout Pascal. Sa société était aimable, car, à la gravité habituelle de ses pensées, il savait allier toutes les grâces légères de la conversation et la plus exquise politesse. »

Comme un complément de ce beau caractère, ajoutons au trait de bonté que cite M. le docteur Cerise les preuves certaines d'un désintéressement assez rare parmi les hommes de notre génération cupide. Sur la fin de son exil devenu volontaire, Gioberti reçut du roi Charles-Albert l'offre d'une décoration accompagnée d'une pension de deux mille livres, d'une autre pension de six mille francs sur la cassette du roi, et d'un bénéfice de onze mille francs sur une abbaye. Il refusa le tout, et dans ce moment son budget de philosophe s'élevait à la somme de cent vingt francs par mois ! Cependant, par un scrupule plein de délicatesse, et afin de donner à la libéralité du prince la satisfaction de l'obliger, il accepta une pension de quinze cents livres, dont il disposa aussitôt en faveur d'un hôpital nouvellement fondé à Turin. Il est inutile de dire qu'après le temps de ses grandeurs, Gioberti rentra dans la vie privée aussi pauvre qu'auparavant. On me le montra un soir d'été chez un traiteur de l'avenue de Neuilly, où il dînait sur une terrasse avec un de ses compatriotes. Un mendiant qui jouait d'un orgue de Modène s'approcha de lui. Gioberti, se doutant que cet homme était un Italien, l'interrogea dans sa langue et finit par lui jeter une pièce de deux francs. Son dîner ne lui coûtait pas si cher. Joseph Massari, qui l'a beaucoup connu, et que j'ai souvent entendu professer une admiration exaltée pour Gioberti, publiera sans doute, tôt ou tard, quelque travail sérieux et complet sur le régénérateur de l'Italie, et particulièrement du Piémont.

On conçoit sans peine que les princes de la maison de Savoie aient adopté Turin pour capitale de leurs États aussitôt qu'ils devinrent maîtres de cette grande ville. La première fois que je vis Turin, je fus frappé et ravi de la beauté des édifices, de la largeur de ses rues et de ses places spacieuses, bordées de palais symétriquement alignés, où tout respire l'aisance et le luxe d'une véritable capitale. Cette impression agréable ne dura pas longtemps. Au rebours des autres villes d'Italie, dont je n'ai pu m'arracher qu'avec peine, Turin non-seulement ne m'a pas laissé de regret, mais j'avouerai que j'avais hâte d'en sortir. Cette régularité, qu'on prend d'abord pour une perfection, change bientôt de nom et s'appelle monotonie. Ces rues que d'un coup d'œil on mesure dans toute leur longueur, et qui se coupent à angles droits, ces trois places principales auxquelles on est toujours ramené, quelque chemin qu'on prenne, ces palais si pareils entre eux qu'on se croirait partout devant la même façade, et dont l'architecture un peu lourde charme médiocrement le regard, tout cela n'inspire à la longue qu'un ennui et une sorte de découragement auxquels on n'échappe qu'en formant la résolution de partir. Du haut du Castello ou de l'église Saint-Philippe, le panorama de Turin représente exactement un échiquier, tant les groupes de maisons sont égaux entre eux et découpés avec symétrie. Turin est la seule ville d'Italie que l'on ait raison de parcourir à la hâte, avec un programme fait d'avance, un *Guide* à la main, et un domestique de place ou un fiacre à l'heure. Point d'incident à espérer; point de morceau d'architecture antique ou moderne de quelque valeur à rencontrer par hasard; point de fragment inattendu à glaner en passant; rien enfin de ce qui fait le bonheur de l'artiste, et qu'on trouve perpétuellement sous ses pas à Florence, à Venise, à Rome surtout; car, en Italie, le plaisir le plus constant, le moins coûteux, c'est cette flânerie, ce *far-niente* intelligent, qui consiste à s'arrêter des heures entières en face d'un monument qui vous plaît, ou d'un marbre cassé qu'on restaure, et qu'on remet debout en imagination. Turin ne vous offre point ce délassement. Le lecteur m'excusera donc si je le mène un peu vite et par le chemin le plus court dans ces rues parfaitement droites.

V

TURIN

Le Musée des antiquités. — Le Musée égyptien. — L'Observatoire. — L'établissement hydraulique. — L'Académie des beaux-arts. — Le Musée de peinture. — Les théâtres. — L'œuvre des *Rosines*. — Rose Govona. — Le *Valentino* et la *Superga*. — Souvenir du Tasse. — Le maréchal de Marchin. — Mouvement intellectuel en Piémont.

Le Musée des antiquités de Turin était un des plus considérables de l'Europe avant qu'on eût divisé ses richesses en deux parts, pour composer le Musée spécial égyptien. La collection des médailles en est excellente. Il contient des objets d'art grecs et romains, d'autres du moyen âge, et beaucoup de morceaux de sculpture, parmi lesquels on peut citer une tête de Cyclope, une tête d'Antinoüs parée comme une figure de bacchante, une statue colossale de l'empereur Adrien et une de l'empereur Claude, un Jupiter foudroyant, un Bacchus, un Amour dormant sur les attributs d'Hercule, et un autre Amour couché sur une peau de lion, qu'on reconnaît aisément pour une des précieuses reliques de l'art grec, au milieu d'une quantité de statues fort belles aussi. On voyait, il y a quelques années, dans ce Musée, une mosaïque découverte dans un faubourg de Cagliari en 1766, représentant un Orphée de grandeur colossale, la tête ornée du bonnet phrygien, entouré d'animaux attentifs à ses chants et aux sons de sa lyre. Cette mosaïque, d'un dessin aussi beau que celui de Pompéia, est enclavée aujourd'hui dans le pavé du Musée égyptien. La collection des vases étrusques est si riche, que nous devons renoncer à l'examiner en détail. Les pièces les plus curieuses en sont l'Hercule combattant

les Amazones, et un vase de cuivre couvert de figures qui donnent une haute idée du génie de l'artiste étrusque, dont l'œuvre a duré si longtemps et la gloire si peu d'années, puisqu'on ne le connaît pas. Quant à la section des bronzes, elle m'a paru contenir en grand nombre ces *dieux lares* et ces figurines informes que les Liguriens et les Romains estimaient plus que nous, à cause de la puissance protectrice qu'ils leur attribuaient. Hormis un beau Faune et une tête de Méduse, le reste ne me semble avoir d'autre prix que celui de l'ancienneté.

Arrivons maintenant au Musée égyptien, le plus complet et le plus précieux qui soit au monde, puisque cette magnifique collection ne contient pas moins de huit mille morceaux de tous genres. Le *cavaliere* Drovetti, chargé de ce grand travail, y a employé quinze années en recherches infinies; aussi le résultat est-il satisfaisant. Le culte, les coutumes, les mœurs des Égyptiens, leurs procédés aratoires, leur vie publique et privée, y sont représentés par une foule de bas-reliefs, d'objets d'art et d'ustensiles, les uns sacrés, les autres d'un usage domestique; les parures de femmes, les momies, les papyrus, tout ce qui peut servir enfin de renseignements à l'histoire se trouve à profusion dans ce vaste musée, où règne un ordre excellent. C'est là qu'il faut aller pour voir les images gigantesques des Pharaons, en granit de diverses espèces et de diverses couleurs; les *Thoutmosis* et le célèbre Osimandias (le Memnon de la tradition grecque), en bronze égyptien. La plus remarquable de ces statues, au point de vue de l'art, est incomparablement celle de Rhamsès-Sésostris, tant pour la majesté du style que pour l'habileté de l'exécution.

Tous les animaux de l'Égypte posent dans cette collection, les uns sous leur forme exacte, les autres idéalisés ou mêlés par ces accouplements bizarres qu'une pensée religieuse et fantastique dirigeait. Le cerf, le cheval, le crocodile, et son mortel ennemi l'ichneumon, l'ibis, l'épervier, le chacal, les reptiles et les animaux aquatiques de toutes sortes y sont réunis, à côté d'un nombre considérable de statuettes, en bronze, en or, en argent, en albâtre, en bois. Le polythéisme égyptien descendait jusque dans la fange du Nil pour y puiser une divinité marécageuse, qu'il adorait non-seulement en sa personne, mais dans sa reproduction par l'art. Près de ces divinités sont les instruments qui servaient aux sacrifices et qui sont fort intéressants pour la science. Mais ce qui arrête et captive davantage le curieux et l'artiste, c'est la réunion d'une vingtaine de peintures sur bois, où l'on voit la vie et le mouvement en Égypte. Plusieurs de ces peintures, encore brillantes et vivement coloriées, représentent des cérémonies religieuses ou funéraires, entre autres une adoration du soleil, dont les personnages donnent une idée de l'homme au siècle de Sésostris, de ses attitudes, de son costume et de sa physionomie, renseignement rare qu'il faut se dépêcher de recueillir, car, de tous les arts, la peinture est le plus fragile.

Chose incroyable lorsqu'on songe combien les étoffes sont de peu de durée, on trouve encore dans ce musée des draps à faire des vêtements, des toiles, des tissus d'une finesse extrême, des maroquins, des peaux de bêtes, des chaussures diverses. Pour la curiosité des femmes, il y a d'amples sujets d'amusement, comme des colliers, bracelets, anneaux et pendants d'oreilles, des miroirs de métal, des objets de toilette, et jusqu'à des *bobines* d'ivoire sur lesquelles on voit encore un reste de fil roulé. Les reliques touchant aux métiers ont aussi beaucoup de prix. On remarque les tablettes des scribes, la palette d'un peintre avec les pinceaux et la boite à couleurs. Cet artiste, probablement célèbre en son temps, vivait à la cour de Rhamsès le Grand. Les instruments tranchants sont nombreux; il y a enfin des charrues, des harnais de chevaux de guerre, un carquois garni de ses flèches. Ces objets furent trouvés dans les tombeaux, où les parents déposaient à côté du personnage mort les insignes de sa profession et ce qu'il avait aimé ou touché pendant sa vie, par un sentiment de piété qui a tourné au profit de la science.

J'avouerai sans scrupule que les momies ne m'ont jamais intéressé. Malgré le génie conservateur des embaumeurs égyptiens, la mort fait toujours sentir sa puissance destructive sur ces misérables dépouilles d'où l'âme s'est envolée. L'œil déconcerté ne reconnaît plus rien d'humain dans cet effroyable mannequin noirci et comme calciné par le temps. Le moindre portrait, l'image la plus imparfaite, donnerait une idée plus vraie de l'homme que ces cadavres rongés par une décomposition ralentie, mais non absolument suspendue; aussi, dans les monuments réunis à Turin, c'est aux sculptures qu'il faut chercher les traces de l'antique habitant des bords du Nil. Deux cents bas-reliefs nous en donnent une idée assez nette. On y voit un des Pharaons, accompagné de la reine sa femme, recevant les hommages de plusieurs groupes de gens prosternés; ces adorateurs qui environnent le roi représentent, il est vrai, dix générations de ses descendants; mais l'artiste, en les groupant autour de leur aïeul, a dû puiser dans les usages de la cour, dans les attitudes et les gestes habituels de ses contemporains, les modèles de ses personnages, et en prêtant un sens mystique à son œuvre, il a dû subir, malgré lui, l'influence de la réalité qu'il avait sous les yeux. Tous les artistes en sont là. Parmi ceux mêmes qui n'ont point pratiqué l'anachronisme volontairement, on trouve encore des signes évidents de l'époque et du milieu où ils ont vécu, comme des vierges habillées en femmes du seizième siècle, des apôtres en robes du moyen âge, des Hébreux plus ou moins Italiens, Espagnols ou Flamands. Il est donc probable que ces deux cents bas-reliefs contiennent le meilleur et le plus sûr document sur les mœurs et coutumes de l'Égypte : celui, par exemple, où des jeunes gens présentent à un vieillard du pain et des fruits, avec un air de respect religieux, ne laisse point de doute sur le culte qu'on avait à Thèbes pour la vieillesse et l'autorité paternelle.

Parmi les papyrus on trouve un éloge d'un Rhamsès, neveu de Sésostris, où les savants peuvent chercher à découvrir le degré d'éloquence des panégyristes de ce temps-là; un autre contient une invocation religieuse à plusieurs dieux et aux âmes des princes défunts. La série des annales historiques est certainement la plus antique collection de manuscrits qui soit au monde, et c'est à la ville de Turin que revient l'honneur de cette rare trouvaille.

L'impression que laisse une visite à ces débris d'une civilisation éteinte est un mélange singulier de grandeur et de puérilité. La pensée de la mort paraît avoir exercé sur l'esprit de ces peuples une terreur profonde. La crainte de profaner ou d'irriter la Divinité qui se mêle à toutes choses inspire à l'Égypte entière un respect religieux et timide; mais l'expression de son culte pour des objets que nous jugeons indignes de la moindre attention a tous les caractères d'un grandiose saisissant. Le génie égyptien est architectural; c'est dans les monuments et les masses de pierres qui semblent groupées par la main des Titans que cette nation patiente et industrieuse poursuivait l'idéal: les ustensiles vulgaires affectent des formes monumentales, et l'homme lui-même ressemble à un morceau de granit taillé au ciseau sur le dessin d'un architecte; d'où il résulte, comme nous le disions avant d'entrer en matière, que l'architecture est le premier en date de tous les arts, et que l'Égypte a été son berceau.

Nous ne nous arrêterons pas au Musée d'histoire naturelle situé dans le grand palais appelé *Collége des nobles*, parce que toutes les capitales de l'Europe en possèdent des équivalents. Quant au jardin botanique qui se trouve dans le parc de la villa *del Valentino*, je confesse que je ne saurais dire si les plantes en sont plus ou moins précieuses, car je n'y ai cherché d'autre plaisir que celui d'une charmante promenade. J'aime extrêmement les plantes et les fleurs, mais à la place où la nature les a fait naître, et non dans ces plates-bandes où elles s'étiolent appuyées sur un bâton, comme des infirmes, et garnies de l'étiquette qui porte leur nom en latin barbare. Un jardin botanique m'a toujours produit l'effet pénible d'un hôpital de fleurs déportées pour quelque faute politique, malades de la nostalgie, et pleurant la patrie lointaine, comme la pauvre Mignon.

Le cabinet de physique de Turin, à l'usage des élèves de l'université, a été fondé par un religieux minime, le père Roma, vers l'année 1720, et non par l'abbé Nollet, qui, dans la préface d'un livre publié en 1743, usurpe le titre de fondateur de cet établissement. Il faut rendre non-seulement à César, mais à chacun, ce qui lui appartient. Les plus belles pièces de ce cabinet sont les appareils destinés aux expériences sur l'électricité, cette puissance mystérieuse qui détrônera tôt ou tard la vapeur.

Sur le palais de l'Académie des sciences on avait établi un observatoire, qui se trouva trop petit et d'une solidité douteuse, lorsque le célèbre astronome Plana eut obtenu, en 1822, du roi Victor-Emmanuel, l'acquisition d'instruments pareils à ceux de l'observatoire de Paris. Plana fut autorisé à prendre possession d'une des quatre grandes tours du palais *Madama*, autrement dit *Castello*. Cependant, malgré son isolement et sa hauteur, ce nouvel observatoire est encore gêné par les collines des environs de Turin, qui lui dérobent l'horizon. Les instruments les plus remarquables sont le cercle méridien, un pendule indiquant le temps sidéral, construit à Paris, et des télescopes venus de Londres. L'ancien observatoire sert encore, mais seulement aux observations météorologiques.

A deux kilomètres de Turin, sur la route de Rivoli, près du point de jonction de la rivière de Dora et du canal des Molini, est un établissement consacré particulièrement aux exercices hydrauliques. Ce monument unique au monde, si je ne me trompe, et d'une utilité incontestable, consiste en une tour vaste à trois étages, et surmontée d'un réservoir d'où l'eau du canal, amenée par une machine, se précipite à volonté dans les étages inférieurs. Pendant l'été, on conduit à cet établissement les jeunes gens qui aspirent à la carrière d'ingénieurs hydrographes, et on leur fournit, avec tous les instruments nécessaires, une masse d'eau considérable qu'ils peuvent remuer et précipiter d'étage en étage, ce qui leur permet de se livrer à des études pratiques, que les livres et les cours de leurs professeurs ne sauraient remplacer. Ils sont en cela plus favorisés que les élèves ingénieurs des autres pays, qui ne peuvent voir tourner les turbines et autres machines hydrauliques que dans des établissements où on ne leur accorderait point la liberté de se livrer à des essais.

Laissons à présent les établissements consacrés aux sciences pour nous occuper de ceux dédiés aux beaux-arts. L'Académie de peinture et de sculpture de Turin est de fondation peu ancienne ; elle remonte à l'année 1778, et ne fut régie par les statuts actuels qu'en 1824 ; aussi ne doit-on pas s'étonner que l'école piémontaise n'ait pas fait autant de bruit que les autres dans le monde des arts. Les classes de cette Académie sont divisées en deux : l'une prépatoire et l'autre spéciale. Tous les trois ans un concours est ouvert pour la peinture et la sculpture, et les lauréats sont envoyés à Rome comme ceux de Paris ; le gouvernement sarde leur donne six cents livres pour leurs frais de voyage et une pension de douze cents livres par an durant leur séjour à Rome. Le concours d'architecture n'est ouvert que tous les six ans, aux mêmes conditions. Les élèves sont tenus d'envoyer chaque année un échantillon de leurs travaux, sur lequel l'Académie juge de leurs progrès.

Il y a vingt-deux ans, il n'existait pas de musée public de peinture à Turin. C'est le roi Charles-Albert qui, le premier, eut la pensée heureuse de faire réunir dans les salles du *Castello* les tableaux et statues qui ornaient les appartements et les châteaux de ses ancêtres, de classer ces ouvrages, d'en commander le catalogue, et d'ouvrir cette collection au public et à l'étude. L'inauguration solennelle du musée de Turin eut lieu en septembre 1832. Quelques particuliers riches, imitant la générosité du souverain, offrirent divers tableaux à cette galerie, qui s'accrut encore par les acquisitions. Quelques ouvrages de l'école flamande, qui avaient été détournés dans les temps de guerre ou de révolution, furent rapportés fidèlement par les acquéreurs. La ville de Turin se trouve ainsi en possession d'un musée qui fait honneur au patriotisme des Piémontais et à la libéralité du feu roi. Cependant, comme tous les grands noms qui figurent dans cette galerie appartiennent à d'autres villes d'Italie, et que nous les rencontrerons ailleurs dans le cours de ce voyage, nous nous bornerons à citer seulement les meilleurs échantillons des différentes écoles réunis au musée de Turin.

Celle de Rome est représentée par la *Vierge à la tente*, de Raphaël; on y retrouve ce caractère de pureté sublime, ce mélange de tendresse maternelle et de piété qui va au cœur en charmant les yeux, et qui élève ce divin maître au-dessus de tous les autres; mais les Vierges de Saint-Sixte, de Foligno, du palais Pitti, etc., restent supérieures à celle-ci. Une Madone de Sasso-Ferrato et un portrait historique de Côme de Médicis, par Jules Romain, sont tout ce que Rome a fourni de remarquable. L'école florentine est représentée par une belle Vierge de Fra-Bartolomeo, une *Rebecca* de Pierre de Cortone et une *Annonciation* de Carlo Dolce. Le morceau capital de cette galerie appartient à l'école vénitienne, c'est la *Madeleine aux piéds du Christ*, de Paul Véronèse, sujet charmant tant aimé des artistes, parce qu'il est passionné. Les Vénitiens le traitaient souvent, et avec une supériorité incontestable. Philippe de Champagne en a fait, à mon goût, un chef-d'œuvre, qu'on peut voir au musée du Louvre.

Chaque peintre a ses sujets de prédilection : ceux que Paul Véronèse préfère sont les repas, les *cènes* ou les noces. Sous le prétexte de présenter Jésus-Christ à table dans la maison de Lazare, cet artiste, amoureux de la richesse, ne manque jamais de faire la peinture des festins de Venise, avec tout le luxe de mobilier, de tentures, de vaisselle et d'étoffes que déployaient les patriciens de cette ville féerique. Si on l'en croyait, Simon et Lazare auraient vécu comme les nobles marchands du *Livre d'or*, Marthe et Marie comme des *gentildonne* de la place Saint-Marc, et la Madeleine, pour essuyer les pieds du Christ, se serait parée d'atours orientaux, comme Catherine Cornaro partant pour son royaume de Chypre. A côté de ce magnifique tableau se trouvent quelques toiles du Titien, parmi lesquelles est un portrait de ce grand maître. Deux *Vues* de Canaletti, d'un aspect froid comme tous les ouvrages de cet artiste, complètent l'échantillon de l'école vénitienne. L'école milanaise n'a d'autre représentant qu'un Luini et quelques toiles des élèves de Léonard de Vinci. En revanche, celle de Bologne figure avec avantage en la personne du Dominiquin, d'Annibal Carrache, du Guide et du Guerchin, dont on peut citer un très-bel *Enfant prodigue;* un Rubens, quelques portraits de Van Dyck et plusieurs tableaux de Gérard Dow, Miéris, Breughel de Velours, etc., donnent une idée de ces écoles fécondes de Flandre et de Hollande qu'on retrouve dans tous les pays du monde. L'école génoise, que je pensais trouver sur son terrain, n'a presque rien fourni au musée de la capitale. Il manque aussi quelques toiles de Rembrandt, sans lesquelles les effets de lumière et de clair-obscur, à leur plus haute puissance, demeurent absents. Quant au Poussin, qui représente l'école française, et dont une seule toile ne permet pas d'apprécier tout le génie, c'est à Paris et à Rome qu'on apprend à le connaître. Mais nous parlerons de tous ces grands hommes séparément, lorsque nous entrerons dans leurs villes natales ou sur le théâtre de leurs merveilleux travaux, et Nicolas Poussin trouvera sa place à Rome, sa patrie d'adoption. En somme, le musée de Turin, fondé depuis vingt ans, contient déjà un noyau d'excellents ouvrages, que la commission, chargée de veiller à l'agrandissement et à la conservation des collections d'objets d'art, saura bien augmenter. Les autres villes de l'Italie, qui regorgent de chefs-d'œuvre, n'ont plus rien à gagner : avec du temps, une bonne administration et quelques sacrifices, Turin peut acquérir beaucoup.

Dans l'intérêt du progrès et de la dignité de l'art dramatique en Piémont, le feu roi avait créé une commission nombreuse dont les membres choisis dans la noblesse participaient à la direction du théâtre de Turin, comme autrefois en France les commissaires du roi. Cette commission, dite des *cavalieri*, déléguait dix personnes, qu'on renouvelait tous les trois ans, à l'administration du théâtre de la cour et des autres compagnies royales. Elle était encore en fonction avant les événements de 1848; mais j'ignore si elle existe aujourd'hui. Hormis le théâtre Carignan, les autres salles de spectacle de Turin n'ont pas de façades remarquables; celle du Théâtre-Royal, qu'un bâtiment rattache au palais du roi, n'est qu'une entrée particulière ouverte au coin de la place du *Castello*. On pourrait faire le tour de cette place sans se douter qu'on passe devant le premier théâtre de la capitale. L'intérieur de la salle, au contraire, offre un coup d'œil agréable par la grandeur, la forme élégante du vaisseau, la richesse de la décoration et la distribution simple et commode. L'Italie est le seul pays où l'on sache établir dans les théâtres cette facilité de circulation qui permet au spectateur de changer de place sans déranger ses voisins. A Paris, l'infortuné qui a payé son billet et s'est logé imprudemment dans une stalle, n'a plus le droit d'en bouger avant la chute du rideau : que le spectacle l'amuse ou l'ennuie, qu'il ait ou non des amis dans la salle, il appartient au siége étroit dont il porte le numéro, et il demeure cloué, sous peine de troubler la représentation et de mériter les huées du parterre et le courroux du commissaire, s'il s'avise de se lever. En Italie, au contraire, la liberté de circuler est le premier droit du spectateur : tout est combiné avec soin pour lui en faciliter les moyens; et afin qu'il sache bien où il veut aller, s'il a des visites à faire dans la salle, il peut lire le numéro de chaque loge écrit à l'intérieur aussi bien que sur les portes des couloirs. Cet usage commode se pratique à Milan, à Venise et dans toute l'Italie.

Après les salles de la Scala et de San-Carlo, celle du théâtre royal de Turin est une des plus grandes de l'Europe, ce qui ne lui donne, à mon sens, qu'un avantage de peu d'importance ; quelques pieds de plus ou de moins en largeur ou en profondeur ne font pas le mérite d'un monument. Sous le feu roi, le théâtre de la cour n'était ouvert qu'une partie de l'année, pendant le carnaval et après les fêtes de Pâques. Le théâtre Carignan, beaucoup plus petit, mais où l'on remarque un vestibule fort beau et orné de colonnes, interrompait moins souvent le cours de ses représentations. Lorsque je passai à Turin pour la seconde fois, on y chantait avec succès le *Scaramouche* de Ricci, compositeur napolitain, qui donnait alors de grandes espérances, et qui se laisse oublier depuis longtemps. La ville entière fredonnait les motifs de cet opéra plein de verve comique et de gaieté italienne; mais l'année suivante, un autre ouvrage eut la vogue, et fut remplacé à son tour : peut-être est-ce à peine si l'on se souvient aujourd'hui, à Turin, du *Scaramouche* et de son auteur.

Les institutions pieuses et de bienfaisance sont très-nombreuses en Piémont, et particulièrement à Turin. Nous ne tenterons pas d'en faire l'énumération, mais nous en citerons une seule, à cause de son nom gracieux : on l'appelle l'œuvre des *Rosines*. Voici son origine : une jeune fille de Mondovi, nommée Rose Govona, sans aucune fortune, mais riche de vertus, conçut le projet de fonder une maison de refuge pour les orphelines pauvres et abandonnées, et de leur créer des occupations qui pussent leur fournir des moyens d'existence. C'était en 1740. Elle ouvrit une toute petite salle d'asile à Mondovi, dans le quartier de Carassone. Cette idée, qui n'avait rien de ridicule, excita pourtant contre la fondatrice les railleries des oisifs et des mauvais plaisants. Rose Govona ne se découragea point, et, quelques années plus tard, à force d'économie et de travail, elle parvint à ouvrir un plus vaste local à ses brebis, qui s'élevèrent bientôt au nombre de soixante-dix. Elle leur enseigna la seule industrie qu'elle connût, qui était de préparer de la laine pour la fabrication des draps. En peu de temps, son école devint un véritable atelier auquel les grands fabricants de draps firent des commandes. Rose Govona se rendit alors à Turin et se jeta aux pieds du roi, en lui demandant sa protection pour la fondation d'un établissement semblable dans la capitale de ses États. Les Pères de l'Oratoire offrirent gratuitement une salle de leur couvent; le roi Charles-Emmanuel III donna les métiers et ustensiles nécessaires au travail des jeunes filles, et baptisa l'œuvre du nom de *Rosines*, que cette institution porte encore.

C'était un véritable triomphe pour Rose Govona. A l'industrie de la laine elle ajouta celles de la soie et du coton, et aujourd'hui encore, les Rosines font avec une grande perfection les rubans, les percales et les draps. Elles sont en relation d'affaires avec des maisons de commerce et avec l'administration du Piémont. Leur nombre n'est point déterminé; on en reçoit autant que le comporte l'accroissement de leur commerce. Le nombre de ces ouvrières s'élevait en 1845 à plus de quatre cents. Il y a des conditions indispensables pour l'admission d'une jeune fille parmi les Rosines; il faut qu'elle soit pauvre et abandonnée, âgée de treize ans au moins, et d'une constitution assez forte pour supporter le travail de l'atelier. Si, dans le cours d'une année, la novice a donné des preuves d'aptitude et de bonne conduite, elle est admise définitivement dans l'œuvre, qui lui assure des moyens d'existence pour toute sa vie

Turin possède ses Champs-Élysées et son bois de Boulogne, représentés par le *Valentino*, le *Clos de la Reine* et la *Superga*. Un château, construit par Valentine de Birague et situé à l'extrémité d'une magnifique avenue, sert de but de promenade au monde élégant. Pendant les soirs d'été, une affluence considérable de carrosses, de cavaliers et de piétons circule dans ces allées d'arbres où de petits ruisseaux entretiennent la fraîcheur de l'air. Au confluent du Pô et de la Dora, le duc Charles-Emmanuel Ier avait fait élever une maison de campagne où l'on se plaît à dire que le Tasse imagina le seizième chant de la *Jérusalem* et le tableau des jardins d'Armide. Aucun document connu ne vient à l'appui de cette conjecture. La vérité est que ce parc est admirable, et que Torquato Tasso accompagna le duc d'Est dans une visite à la cour de Savoie. Que ne l'a-t-on retenu à Turin, et pourquoi faut-il que ces jardins enchantés n'aient point exercé sur le poëte l'influence magique de ceux d'Armide ! On lui eût épargné sept années de prison et de souffrances amères. Pour moi, je croirais volontiers que le chant seizième de la *Jérusalem* fut conçu dans les jardins de la duchesse d'Urbin, sœur d'Éléonore de Ferrare, et la raison, c'est que cet autre lieu de délices était habité par une princesse aimable et séduisante, moins dangereuse pour la gloire du Tasse qu'Armide pour celle du vaillant Renaud.

Au delà du Clos de la Reine (*Vigna della Regina*), on arrive par un chemin montant à l'église des Capucins, où repose un Français, le maréchal de Marchin, tué par sa faute au siége de Turin, en 1706. Marchin n'était pas un mauvais général, et son courage surpassait encore ses talents militaires; mais un orgueil pitoyable l'empêcha de se rendre à l'opinion du Régent dans le conseil de guerre. L'armée du prince Eugène s'approchait, et le maréchal s'obstinait à croire qu'elle ne prendrait pas l'offensive. Il refusa de donner aucun ordre jusqu'au moment où le bruit de la mousqueterie le vint tirer de son erreur. Il se fit tuer bravement, comme Bonnivet à Pavie, et cette fin serait la plus belle du monde si elle eût sauvé l'armée; mais la bataille n'en fut pas moins perdue. Les généraux français ne se pénètrent pas assez de cette vérité, que le soin de leur honneur personnel n'est point une affaire d'État, et qu'on ne rachète pas la honte d'un désastre en périssant avec les vaillants hommes auxquels on commande. C'est en commémoration de la victoire du prince Eugène que le roi de Piémont a fait élever au sommet d'une colline la vaste église de la *Superga,* ornée de marbres splendides, mais trop éloignée de la ville pour qu'on aille y faire ses dévotions.

Avant de dire adieu à Turin, rendons hommage au grand mouvement intellectuel qui se manifeste aujourd'hui dans cette capitale. Les forces vitales de l'Italie semblent s'y concentrer; les sciences et les lettres y prennent un essor prodigieux; des réunions considérables d'écrivains de talent, d'historiens, de littérateurs et d'artistes préparent des œuvres collectives d'une importance réelle; la librairie et l'imprimerie travaillent sans relâche, avec une ardeur qui rappelle cette activité singulière dont la France a donné le spectacle, du temps de la restauration. Les victoires qu'on gagne sur ce terrain-là portent de meilleurs fruits que les conquêtes à main armée, et leur influence sur les destinées d'un pays est d'autant plus sûre et plus solide qu'elle paraît insaisissable et ne produit point d'explosion. A cette heure, le cadavre est si bien galvanisé, qu'on peut le tenir pour ressuscité comme Lazare.

VI

GÊNES

La république de Gênes. — Émeutes et désordres. — André Doria. — Constitution qu'il donne à son pays. — Honneurs extraordinaires rendus aux doges. — Le grison de Sancho Pança. — Orgueil et ridicules de Zanettino Doria.

Nous arrivons enfin à une des villes les plus pittoresques de la vieille Italie. Moins romantique et moins belle que Venise, son ennemie mortelle, Gênes porte encore le cachet d'une originalité profonde. Si c'est aujourd'hui un malheur pour elle que d'avoir eu une existence isolée, des mœurs, des institutions et, par conséquent, une histoire particulières, un passé glorieux qu'elle ne saurait partager avec personne, il faut avouer que ce malheur est bon à quelque chose pour nous autres passants et curieux. Laissons à qui voudra le soin de la plaindre ou de la morigéner. Jouissons plutôt des restes de sa splendeur, et cherchons dans son caractère et sa physionomie ces derniers traits d'originalité que le temps et des conditions nouvelles effaceront bientôt.

Avant le seizième siècle, l'histoire de Gênes n'est qu'une suite lamentable de révolutions, d'émeutes, d'abdications, de dépositions et de guerres civiles. Le gouvernement de cette république inconstante a changé de forme jusqu'à onze fois en moins de trente ans. Les Romains, auxquels on ne résistait pas, ont conservé Gênes aussi longtemps qu'a duré leur empire. Les Goths ne tardèrent pas à s'en emparer, puis ensuite les Lombards, auxquels succédèrent Charlemagne et sa dynastie. Tant de maîtres divers, dont la force seule assurait la domination, ne firent que développer chez les Génois ce goût prononcé pour la rébellion et le changement auxquels le grand André Doria eut le bonheur de mettre un frein.

La république de Gênes fut gouvernée tour à tour par des comtes, des consuls, des podestats, des recteurs et même des abbés élus par le peuple. Les factions qui la déchiraient livrèrent la ville aux princes italiens, à l'Espagne et à la France ; et cependant Gênes se releva toujours plutôt par l'énergie remarquable de ses habitants que par amour sincère de l'indépendance, puisqu'elle fit bon marché de sa liberté en plusieurs rencontres. Elle demanda, en 1396, un gouverneur au jeune roi de France, Charles VI, dans l'espoir qu'un étranger mettrait fin aux discordes civiles. Au rebours des grenouilles de la fable, les Génois semblaient désirer un despote et non pas un soliveau. Ils furent servis à souhait ; Charles VI leur envoya le maréchal de Boucicaut, qui leur fit sentir le poids de son gantelet de fer. Trois chefs des familles les plus indociles furent décapités en place publique, et cette mesure sévère, suivie de quelques actes de bonne administration, rétablit subitement la tranquillité dont cette ville n'avait pas joui un seul jour depuis plusieurs siècles. Pendant douze ans que dura le gouvernement du maréchal, Gênes, occupée du commerce maritime dont elle avait le génie, vit sa richesse presque doublée. Mais Boucicaut n'était pas homme à se contenter d'une vie douce et oisive. L'invasion des Turcs en Orient l'invitait à guerroyer. Il voulut partir pour Chypre, et les Génois ne manquèrent pas de se révolter en son absence et de massacrer les Français, non pour reprendre leur indépendance, mais pour se donner au marquis de Montferrat. Au bout de quatre ans, ils regrettèrent d'avoir changé de maître. Le duc Visconti de Milan, qu'ils invitèrent à les gouverner, ne les rendit pas plus heureux. Ils se révoltèrent encore, et revinrent à la France en 1458. Charles VII n'eut pas le bon esprit de leur envoyer un Boucicaut ; ils le quittèrent pour François Sforza, dont la domination leur parut insupportable. On sait la réponse sage que leur fit Louis XI : « Et moi, je vous donne au diable. » Louis XII, moins prudent, crut devoir s'emparer de Gênes par la force des armes; il la perdit en 1506, et y rentra l'année suivante, pour la reperdre en 1512. Le marquis de Pescaire, ayant poussé jusqu'à Gênes la conquête du Milanais, abandonna la ville au pillage, et François Ier la reprit peu de temps après. C'est alors que parut André Doria, un des plus grands hommes du seizième siècle, qui fut à la fois le libérateur et le législateur de sa patrie.

Capitaine général des flottes de Gênes en 1513, André Doria s'était fait remarquer dans la guerre contre les Corses. Il se signala sur mer en purgeant la Méditerranée des pirates barbaresques. Au milieu des déchirements de son pays, il évita de prendre part aux querelles de factions, en servant le roi de France avec huit galères qu'il avait équipées à ses frais. François Ier lui donna le titre d'amiral et trente-cinq mille livres d'appointements. Un des lieutenants de Doria, qui appuyait dans le golfe de Naples l'expédition de Lautrec contre cette ville, battit la flotte de l'empereur. Le roi de France, pour son malheur, écoutait avec trop de complaisance les insinuations des envieux et les soupçons de ses ministres et de sa mère. Plusieurs fois il lui arriva de commettre de grandes injustices et de perdre d'excellents serviteurs. La trahison du connétable de Bourbon, amenée par des intrigues honteuses que le roi ne sut pas deviner, faillit lui coûter le trône; la rupture de Doria, dans laquelle François Ier eut tous les torts, le priva d'un auxiliaire puissant, et lui enleva la domination de la Méditerranée. André Doria, ayant appris que les ministres de François Ier cherchaient à le rendre suspect, demanda en termes un peu fiers quels sujets de défiance sa conduite avait pu offrir au roi. Il reçut une réponse vague et blessante pour son orgueil, et il ne dissimula point qu'à l'expiration de son traité avec la France, il userait du droit de porter ailleurs ses services, à moins qu'on ne lui donnât satisfaction. Sur ces entrefaites, il fut averti qu'on avait persuadé à François Ier de le faire arrêter. M. de Barbezieux partit en effet de

Marseille avec douze galères pour se saisir de sa personne, et pour s'emparer ensuite des vaisseaux que son lieutenant Philippe Doria commandait à Naples. André se mit en sûreté dans le golfe de la Spezzia, d'où il envoya un navire marchand pour rappeler ses galères. Lorsqu'il eut réuni toutes ses voiles à la Spezzia, son traité avec la France étant expiré, il prêta l'oreille aux offres magnifiques de Charles-Quint; mais Doria, plus ému de l'état de sa patrie que de ses propres intérêts, stipula, pour première condition de son entrée au service de l'empereur, la liberté de Gênes. Charles-Quint le voulait nommer souverain ou gouverneur indépendant de cette ville; Doria refusa le pouvoir, et n'accepta que l'autorisation d'établir dans son pays un gouvernement stable et conforme aux mœurs politiques, aux besoins et au caractère des Génois. C'était en 1528. Les Français occupaient encore la ville. Doria entra dans le port pendant la nuit avec treize galères, et il débarqua sans opposition. Le lendemain, une foule immense le salua du titre de libérateur.

Les anciens sénateurs et les particuliers notables de Gênes, assemblés par André Doria, travaillèrent avec lui à une constitution nouvelle, dont il fut le principal auteur. Les bases de cette constitution étaient un gouvernement aristocratique dans le genre de celui de Venise, mais plus libéral, et dégagé de cet appareil de terreur qui sentait la barbarie et le suranné. On convint de nommer un doge renouvelé tous les deux ans. C'était le moyen de faire une large part au goût des Génois pour le changement, et à l'ambition des patriciens, qui pouvaient espérer, sans l'attendre trop longtemps, la faveur des suffrages. Afin de satisfaire la passion de ces patriciens pour les hommages et le faste, on décida que l'élection du doge serait accompagnée de cérémonies pompeuses, qu'au fond de son âme le sévère Doria devait considérer comme des jeux d'enfant.

Cinquante membres du sénat, désignés au scrutin secret, se réunissaient dans la salle du grand conseil, au palais ducal, et choisissaient vingt candidats à la dignité de doge, tous âgés d'au moins cinquante ans. Le sénat entier réduisait ensuite le nombre de ces candidats à quinze. Toujours à la pluralité des voix, les quinze étaient réduits à six, et enfin le doge était élu par le même procédé, parmi les six derniers candidats qui avaient résisté à toutes ces épreuves du scrutin. L'élu montait alors sur le trône, et recevait les félicitations de tous les magistrats, fonctionnaires, officiers, prélats et supérieurs des ordres monastiques. Le jour du couronnement, une députation du sénat allait chercher le prince à son palais et le conduisait à la cathédrale, où il s'agenouillait devant l'archevêque, qui lui posait la couronne sur le front et lui adressait un discours. A la sortie de l'église, un cortége immense précédait le doge ; sur les marches du palais, un orateur du sénat prononçait l'éloge du prince, déjà saturé de louanges et d'hommages ; on l'en accablait pendant plusieurs jours consécutifs, jusqu'au moment où il se rendait, paré de ses insignes et le sceptre en main, sous un magnifique baldaquin dressé au milieu de la place publique, pour y manger devant le peuple un repas servi en vaisselle d'or. Une fois les fêtes terminées et l'objet de ces adorations rentré dans son palais, le cérémonial s'emparait encore de lui et en faisait nuit et jour sa proie. Le doge ne pouvait avoir aucune communication avec le dehors ; le peuple ne le voyait qu'aux solennités et cérémonies, entouré de son cortége ; jamais il ne sortait de ce palais, converti en prison, sans qu'une délibération du sénat lui en eût accordé la permission. Ce supplice durait deux ans, au bout desquels, à moins d'être fou de vanité, l'ex-doge se devait réjouir d'avoir un successeur.

Dans son admirable livre de *Don Quichotte,* le plus grand et le plus bel esprit que l'Espagne ait produit a montré, au chapitre du Gouvernement de Barataria, le bon Sancho Pança pris tout à coup d'un philosophique dédain pour les grandeurs, traversant à la dérobée les cours de son château et se rendant à l'écurie où son âne, plus heureux que lui, dormait, gorgé d'avoine, sur une litière moelleuse. Sancho baise avec tendresse le fidèle grison, lui remet son bât sur le dos, le sangle paisiblement, et, donnant sa malédiction à l'île de Barataria et aux soucis et dangers du souverain pouvoir, il retourne en silence près de son maître, le vaillant chevalier, pour courir avec lui le pays et les aventures. Autant il en eût fait au bout de huit jours, le bon Sancho, si le sénat de Gênes lui eût infligé le bonnet ducal et les persécutions de l'étiquette, et le grand Doria, touché de son chagrin, lui aurait permis en souriant de donner sa démission; mais les patriciens de Gênes, avec leurs riches palais et leurs flatteurs, ne songeaient qu'à se dominer réciproquement, fût-ce au prix de leur repos et de leur santé, de sorte que pas un d'eux n'eût été assez sage pour retourner à son grison, si par hasard, ce qui n'est guère probable, il eût possédé un âne dans ses écuries.

Encore si le doge eût pris une part active au gouvernement de son pays et à l'expédition des affaires; s'il eût pu au moins se flatter d'être utile à la république! Mais non; qu'il fût homme de sens et même de génie, ou d'un esprit borné, cela était indifférent. Les affaires d'État, les questions de paix ou de guerre appartenaient au *collége,* composé de tous les corps politiques réunis; celles de gouvernement et d'intérieur, aux douze sénateurs gouverneurs, qu'on appelait les *douze sérénissimes.* Huit autres sénateurs *procurateurs* étaient chargés de l'administration des finances, et leur réunion composait la chambre *excellentissime,* qui avait dans ses attributions les affaires générales ou particulières pour lesquelles la convocation du collége n'était pas ordonnée, c'est-à-dire, tout ou à peu près. En outre, deux sénateurs, appelés les *deux de la maison,* sous le prétexte d'assister le doge, ne lui permettaient de se mêler de rien.

Quant à la création de lois nouvelles, réformation des anciennes et distribution des charges publiques, il ne fallait pas songer à y prendre part; c'était le privilége exclusif du grand conseil. Trois *juntes,* de trois sénateurs chacune, se partageaient les juridictions, la garde des frontières et la marine; si bien que le doge n'aurait pu donner un emploi, même de simple expéditionnaire, ni ajouter un matelot à la flotte, sans usurper sur les attributions d'une junte jalouse ou du grand conseil, plus irritable encore. Le citoyen le moins utile de la république était donc ce prince si respecté.

André Doria, dans sa sagesse, avait placé ailleurs qu'entre les mains du chef apparent de l'État la véritable autorité. Pensant qu'il fallait un contre-poids à la puissance des nobles et à l'excès de leur influence, il avait créé une sorte de tribunat, composé de cinq personnes choisies parmi les magistrats du petit conseil, avec le titre de *syndics suprêmes,* et qui veillaient à la rigoureuse exécution des lois. L'autorité de ces syndics s'étendait sur tout le monde indistinctement, et si leur vigilance remarquait un désordre, une prévarication, un abus de pouvoir, ils lançaient une censure publique, qui avait pour effet de désigner le fonctionnaire coupable au mépris de ses concitoyens.

La constitution témoignait de la sollicitude extrême de Doria pour la justice civile et criminelle, sans laquelle il n'y a point de grandeur ni de prospérité à espérer dans un pays. Afin d'assurer l'indépendance des juges, on les prenait hors du territoire de Gênes. La plupart étaient appelés de France ou d'Allemagne, et généreusement rétribués. Sept nobles, sous le nom d'inquisiteurs, veillaient seulement au maintien de la tranquillité publique, et jugeaient les délits de rixes, violences, coups et injures dont l'appréciation exacte réclamait une connaissance des mœurs et de la langue qu'un étranger ne pouvait avoir. Plusieurs commissions en permanence, composées de cinq ou six membres du petit conseil, présidés par un sénateur, étaient chargées de vérifier les fournitures de la guerre et de la marine, d'inspecter l'arsenal, les approvisionnements et les vivres. La commission de l'*abondance* frappait impitoyablement les marchands fripons et les sophistiqueurs ; la commission des malades, des pauvres et des esclaves, stimulait la charité publique et privée en faveur des malheureux, et recueillait les offrandes destinées au rachat des prisonniers qui gémissaient sous le bâton des Turcs ou des Arabes.

Cette organisation complète et mûrement élaborée n'avait qu'un défaut, comme celle du gouvernement de Venise, c'était d'exclure des hauts emplois l'homme sans noblesse, quels que fussent son mérite et ses talents. En cela, elle péchait par le fond, et trahissait visiblement l'égoïsme de l'aristocratie génoise. Il eût été plus digne du beau caractère et de la générosité d'André Doria d'ouvrir l'accès des charges et des grades à tous ses concitoyens, et d'adopter ce précépte du plus vaste génie des temps modernes : « Chaque soldat portera dans sa giberne son bâton de maréchal. » Il aurait centuplé les forces de son pays, au lieu de les borner, en condamnant l'immense majorité des hommes à n'être jamais que les instruments des volontés d'un petit nombre. La constitution de Gênes fut cependant acceptée avec enthousiasme, et quand son auteur eut refusé la première dignité de l'État, pour vivre en simple particulier, le désintéressement du législateur obligea tout le monde au silence et au respect des lois. Le premier doge élu fut un honnête vieillard appelé Cattaneo, à qui Doria rendit hommage et fit sa cour comme les autres, et le gouvernement nouveau fonctionna sans opposition de 1528 à 1547, c'est-à-dire pendant dix-neuf ans.

On conçoit facilement que le crédit et l'influence de Doria devaient être sans bornes. Malgré toute sa modération, cet homme, à qui on avait élevé une statue de son vivant, donnait des conseils qui passaient pour des ordres, et accordait sa protection à des parents et à des amis qui n'avaient besoin d'autre appui que le sien. Doria représentait un pouvoir sans titre, qui rompait l'équilibre des autres pouvoirs. Il eût mieux fait peut-être de s'exiler comme Lycurgue; mais il aimait son ouvrage, et trouvait sans doute à observer le jeu des institutions nouvelles le plaisir d'un artiste et d'un père. Son grand âge, sa gloire et sa figure vénérable, le rendaient d'ailleurs plus propre qu'un autre à ce rôle exceptionnel de Mentor et de conseiller d'une république toute jeune. Le mal n'aurait pas été grand si cette autorité avait dû s'éteindre avec lui; mais André avait un fils adoptif, Jean Doria, son cousin, âgé de vingt-huit ans, fastueux, insolent, plein de vanité, toujours accompagné d'une suite de gentilshommes réglant leurs paroles et leurs manières sur les siennes, et qui se croyaient, non pas les conseillers, mais les protecteurs et les maîtres de la république. Jean Doria, qu'on appelait Zanettino, probablement par dérision, était comblé d'honneurs, de titres, d'emplois et de richesses. Il tenait table ouverte, jouait gros jeu, vivait en prodigue, et aussitôt qu'il eut fait quelques expéditions maritimes où il montra du courage, son orgueil ne garda plus de mesure. Son père d'adoption commit une faute grave en ne lui donnant pas quelque leçon de modestie; ou si André tenta de le corriger, peut-être Zanettino, infatué de lui-même comme il l'était, eut-il la sottise de penser que le bonhomme radotait.

Un personnage de ce caractère est un élément dangereux dans une ville aristocratique, parce qu'en blessant une partie de la noblesse, il provoque une opposition qui se manifeste toujours. Ceux que Jeannetin heurtait par son insolence, après avoir murmuré contre lui, tournaient leurs murmures contre André Doria et contre le gouvernement tout entier. Dès que les mécontents eurent trouvé un autre personnage à opposer à celui qu'ils détestaient, ils se groupèrent autour du nouveau venu, l'adoptèrent pour chef, et composèrent à l'instant une faction considérable. Ce chef se présenta de lui-même; c'était Jean-Louis de Fiesque, comte de Lavagna. Ici commence l'épisode le plus intéressant et le plus romanesque de toute l'histoire de Gênes, comme on le verra au chapitre suivant.

VII

GÊNES.

Portrait de Fiesque. — Pourquoi il a conspiré. — Singularité de cette conspiration. — Secret bien gardé. — La nuit du 2 janvier 1547. — Mort de Jeannetin Doria. — Fuite du vieux André. — Mort de Fiesque. — Mauvaise foi du sénat. — Amnistie. — Exécution des chefs. — Réflexions du cardinal de Retz. — Un professeur en matière de conspiration.

Enfant gâté de la fortune et de la nature, Jean-Louis de Fiesque venait, à vingt-deux ans, d'entrer en possession d'un revenu de deux cent mille écus, somme énorme pour ce temps-là. Doué d'un visage charmant, d'un esprit vif, pénétrant, d'une éloquence aimable et appuyée d'une instruction solide, amoureux de la gloire, généreux avec discernement, et trop homme de goût pour laisser voir son orgueil, Fiesque semblait créé exprès pour faire ressortir par ses qualités brillantes les ridicules de son antagoniste. Zanettino avait des serviteurs, et leur donnait beaucoup; mais Fiesque avait des amis, et volait au devant de leurs besoins; et ce qui ajoutait à ses libéralités et à son commerce un charme particulier, c'est qu'il était séduisant de sa personne, et que la grâce, la jeunesse, la beauté physique surtout, exercent sur l'imagination des peuples de l'Italie un ascendant irrésistible. Dans ses actions et son langage, Fiesque était à la fois noble, fier et doux; on reconnaissait le grand seigneur, mais ce grand seigneur affable, ouvert et bon, semblait descendre de son rang élevé pour s'intéresser aux affaires, aux embarras ou aux plaisirs de ses inférieurs avec une familiarité polie, une simplicité naturelle et une ardeur d'obliger qui lui gagnaient tous les cœurs.

Jamais, selon toute apparence, un homme de ce mérite n'eût songé à conspirer, si le gouvernement lui eût offert l'occasion de déployer ses grandes qualités, et d'acquérir au service de son pays la gloire dont il était avide. André Doria aurait dû comprendre qu'en voulant écarter des affaires cet esprit passionné, on le pousserait à commettre quelque faute par horreur de l'oisiveté. Mais Doria n'eut pas même l'idée qu'on pût méditer le renversement de son ouvrage, et peut-être sa partialité pour Jeannetin avait-elle endormi sa prudence. Quoi qu'il en soit, Fiesque voyant ce Jeannetin cumuler le commandement général des galères avec les plus hauts emplois de l'intérieur, et trouvant partout sur son chemin la puissance et le crédit de cette famille arrogante, se sentit comme étouffé dans son palais, et, pour échapper à une situation intolérable, il fit le voyage de Rome, ayant déjà dans la tête le désir de renverser les Doria. Ce que les vieux sénateurs n'avaient pas compris, François Ier, le pape Paul III et l'archevêque Trivulce avaient bien su le deviner. Aussitôt que Fiesque fut à Rome, il reçut des ouvertures secrètes de tous les ennemis de l'empereur, qui était le protecteur de la république de Gênes. Il est probable que Fiesque, en écoutant ces propositions, ne voulut que s'assurer des secours du dehors, et qu'il n'eut point le dessein de livrer sa patrie à des étrangers. Paul III, qui haïssait les Doria, l'encouragea fort à se défaire d'eux; François Ier lui promit son aide et son protectorat par l'entremise de M. du Bellay, ambassadeur à Rome. Le cardinal Trivulce, voué aux intérêts de la France, attira Fiesque chez lui et le combla d'honneurs et de caresses.

Lorsqu'il revint à Gênes, le jeune comte dissimula parfaitement ses projets et son ambition, en ne se montrant occupé que de divertissements. Il tint table ouverte, et se fit bientôt une cour aussi grosse et non moins dévouée que celle des Doria. Cependant un jour qu'il rencontra Jeannetin, celui-ci ayant pris les airs de hauteur qu'il se donnait avec tout le monde, Fiesque perdit patience et répondit qu'il n'était pas aussi résigné qu'on pouvait le croire à partager l'abaissement de ses concitoyens devant l'orgueil d'un petit tyran. Sans doute il eut regret de cette parole imprudente, car il voulut ensuite se réconcilier avec Jeannetin, et il réussit, à force d'égards et de civilités, à lui faire oublier cette légère querelle. Son ressentiment n'en prit que plus de chaleur, et depuis ce moment il n'hésita plus. On peut trouver avec raison que Fiesque poussa un peu loin la dissimulation en cette circonstance ; mais il venait d'entrer dans son rôle de conspirateur, et l'on ne conspire point sans mentir et tromper.

Mascardi, qui a écrit en italien l'histoire de cette conspiration sur de bons documents, raconte que Fiesque fit part de ses desseins à trois personnes, Vincent Calcagno, Verrina et Raphaël Sacco, qu'il choisit, entre ses amis ou ses serviteurs, comme les plus dignes de sa confiance, et avec lesquels il tint conseil. Calcagno, d'un âge mûr et d'un caractère timide, fut épouvanté de ces ouvertures, et supplia son maître de ne point se jeter dans une entreprise qui pouvait lui coûter l'honneur et la vie. Il représenta que l'excès d'élévation des Doria les conduisait naturellement à leur décadence, et que cette maison n'avait plus qu'à descendre, étant parvenue si haut. Ce raisonnement produisit peu d'effet sur les autres membres du conseil ; mais Calcagno l'appuya d'un argument que les conspirateurs oublient trop souvent, et dont Fiesque parut fort touché. Pour renverser les Doria, il fallait changer le gouvernement de Gênes, et Calcagno demanda au jeune comte ce qu'il mettrait à la place de la constitution consacrée par dix-neuf ans d'exercice. Il ajouta que si l'intention de Fiesque était de s'emparer du pouvoir par le droit de l'épée et du poignard, il serait renversé à son tour par le poignard et l'épée ; que s'il pensait rétablir le gouvernement du peuple, il aurait à la fois contre lui le peuple et l'aristocratie, puisqu'il était le chef de la plus noble et de la plus riche famille de Gênes ; que si, au contraire, il voulait conserver les institutions aristocratiques, la conspiration n'avait plus de but, et se réduisait aux proportions mesquines d'une cabale contre la maison de

Doria, qui le ferait passer pour un traître et l'accablerait comme tel s'il venait à échouer. Vincent Calcagno aurait pu dire encore que dans les affaires de ce genre, on se voit toujours entraîné plus loin qu'on ne pensait aller; cependant Fiesque comprit un moment les dangers du succès même, et son esprit en fut un peu ébranlé.

Verrina, dont Schiller a fait par licence poétique une espèce de Cassius au petit pied, n'était pas en réalité aussi fanatique républicain que l'ami de Brutus; il n'offrait avec cette figure dramatique si bien décrite par Plutarque qu'un seul trait de ressemblance : il était criblé de dettes, et le mauvais état de sa fortune lui rendait insupportable la proposition d'attendre et de prendre patience. Verrina s'irrita de la faiblesse de Calcagno; il flatta l'ambition de Fiesque, dont il était l'ami et l'obligé, jusqu'à le comparer à César, et il le félicita d'avoir à lutter contre la maison des Doria, en disant que César ne serait point arrivé au souverain pouvoir si la puissance de Pompée ne l'eût poussé malgré lui au combat. Le seul sentiment désintéressé que Verrina ait manifesté dans ce conciliabule, c'est le vœu qu'il exprima de ne recourir à l'assistance ni des Français, ni d'aucune puissance étrangère, afin de ne point compromettre l'indépendance du Génois. Quant à Rafaël Sacco, attaché à la famille de Fiesque par sa position de juge dans les domaines de cette maison, il déclara s'en rapporter aux volontés de son maître, dont il voulait suivre la fortune bonne ou mauvaise. Il ne discuta que sur la question du recours aux armes de la France, qu'il n'était point d'avis de négliger. Le résultat de la conférence fut la résolution de donner suite aux projets du comte, et, pour accommoder par un moyen terme le différend de Verrina et de Sacco, on décida que les armes de la France pourraient être employées à la soumission des villes et forteresses du territoire qui tiendraient pour la faction des Doria, mais qu'on ne les introduirait pas dans Gênes.

Une révolution se fait pour ainsi dire toute seule, et quelquefois au grand étonnement, sinon au grand regret de ses acteurs ; mais ce qu'on appelle une conspiration ne réussit jamais. Il y a pour cela de bonnes raisons : le secret d'un complot n'est pas gardé. Si quelque esprit faible ou peureux ne le vend pas, celui-là même qui en est l'âme et le chef le trahit par son agitation et par un changement visible dans sa manière de vivre. La conspiration de Fiesque est peut-être l'unique exemple d'une entreprise politique dans laquelle on ne trouve ni indiscrétion, ni maladresse, ni trahison parmi les instruments, ni hésitation, ni imprudence de la part du chef. Cette affaire fut dirigée et exécutée avec une intelligence, un accord, un secret et un art qui en font une sorte de modèle du genre, et la Providence ne la fit échouer qu'au dernier moment, par un de ces incidents puériles, qui montrent la petitesse de l'homme, afin qu'il ne fût point dit qu'une conspiration avait réussi.

Jean-Louis de Fiesque n'avait qu'un dessein bien arrêté, l'abaissement de la maison de Doria. Hors de là, il ne put donner à ses amis que des prétextes vagues et des considérations générales qui ne supportaient pas la discussion ; mais la haine des Doria suffisait pour lui attirer des partisans plus passionnés que ne l'auraient fait des motifs plus justes. En songeant au grand nombre de personnes qu'il lui fallut mettre dans sa confidence, on est étonné de la discrétion profonde des conjurés. Fiesque eut assez d'empire sur lui-même pour ne donner signe ni de préoccupation d'esprit, ni de nouveauté dans ses habitudes et ses sentiments. Il portait avec une aisance et une liberté admirables le poids énorme d'une affaire où il jouait sa tête. Les ouvriers en soie de Gênes, qui formaient une corporation nombreuse, s'agitaient alors, parce que cette branche du commerce souffrait des guerres européennes. Fiesque leur distribua de l'argent et des vivres, en les exhortant au calme et à la patience, de sorte que sa générosité lui gagna le dévouement de ces ouvriers et l'approbation générale. Sous le prétexte d'envoyer à ses frais une galère contre les pirates de la Méditerranée, il introduisit dans le port un bâtiment de guerre qu'il acheta au duc de Plaisance. Il fit ensuite un voyage dans ses domaines, d'où il envoya un nombre prodigieux de paysans et de serviteurs à lui qui venaient à Gênes contracter des engagements volontaires dans l'armée de terre ou dans les gardes du port. Il s'en glissa même parmi les rameurs et les forçats des galères. Pendant ce temps-là, Verrina parcourait les quartiers populeux et les fabriques des faubourgs, distribuait de l'argent, et disait aux ouvriers de se tenir prêts à prendre la défense du comte de Fiesque, si ses ennemis le voulaient persécuter; et comme ces pauvres gens demandaient quel danger pouvait courir un jeune seigneur si généreux et si charitable, Verrina leur disait sous le sceau du secret que Jeannetin Doria n'attendait, pour usurper le souverain pouvoir et faire assassiner ce jeune seigneur si généreux, que la mort du vieux André Doria. Calcagno et Sacco recrutaient de leur côté des partisans dans la garnison et la marine; ils en enrôlèrent plus de dix mille, tant la morgue des Doria leur avait attiré d'inimitiés, et tant le peuple avait de partialité pour leur adversaire! André reçut quelques avis des symptômes d'agitation qui se manifestaient de toutes parts. Son orgueil lui intercepta la lumière au point qu'il répondit, comme le prince de Condé lorsqu'on l'avertit que le cardinal Mazarin et la reine le voulaient faire arrêter: « Ils n'oseraient! »

Jérôme et Ottobon de Fiesque, frères du comte, plus jeunes et non moins ardents que lui, le pressaient de fixer le jour de l'exécution. Verrina proposait d'inviter la plupart des sénateurs à une messe en musique dans quelque église, où il se chargerait de les faire tuer pendant la cérémonie, disant que la messe de Gênes serait aussi célèbre un jour que les vêpres de Sicile. Fiesque rejeta bien loin cette proposition, ne voulant pas qu'une église devînt le théâtre et l'office divin le prétexte d'une boucherie. Verrina se souvint alors qu'un parent de Jeannetin devait épouser dans peu de jours une jeune fille alliée à la maison de Fiesque, et il pensa que c'était une bonne occasion de réunir les Doria en donnant une fête à l'occasion de ce mariage; mais le comte répondit avec indignation qu'il renoncerait à son entreprise plutôt que d'attirer ses ennemis dans son palais pour leur tendre un guet-apens au nom de l'hospitalité. Ces scrupules peuvent sembler étranges de la part d'un homme qui se préparait à pousser la moitié de ses concitoyens au massacre de l'autre moitié. Fiesque aurait souhaité que la guerre s'engageât sur la place publique, et en plein jour, s'il eût été possible; mais Verrina obtint de lui la concession d'agir pendant la nuit, et l'on choisit celle du 1er au 2 janvier 1547, parce que dans ce moment de l'année les fonctions de l'ancien doge expirant, et le nouveau n'étant pas encore élu, il n'y aurait pour ainsi dire point de chef de la république. L'instant une fois fixé, il fallut bien parler des mesures à prendre pour l'exécution. Verrina dut sourire dans sa barbe en remarquant, parmi ces mesures indispensables, une attaque à main armée contre les Doria et l'ordre de profiter de leur sommeil pour les tuer sans défense, ce dont la générosité du comte ne se révolta pas.

Le matin du 1er janvier, Fiesque fit apporter une grande quantité d'armes chez lui, et cacha dans les salles basses de son palais les plus dévoués de ses serviteurs. Il employa le reste du jour en visites à des amis qu'il engagea tous à souper. Le soir, il se rendit chez les Doria pour étudier leurs visages, et comme il ne remarqua aucune apparence de soupçon, il parla fort gaiement et embrassa les enfants de Jeannetin, dont il devait faire des orphelins quelques heures plus tard. En rentrant chez lui, le comte trouva, outre ses invités, trente gentilshommes que Verrina lui amenait à souper. Tout ce monde fut un peu surpris de voir des armes et des munitions de guerre au lieu d'un festin, et d'entendre le maître du logis commander à ses gens d'ouvrir à qui se présenterait, mais de ne laisser sortir personne. Fiesque prit alors la parole et découvrit aux assistants les motifs de sa conspiration. Si le discours que lui fait tenir Mascardi est conforme à la vérité, on y reconnaît combien l'orateur était à court de bonnes raisons et même de sophismes pour justifier sa conduite, dont le mobile était l'ambition, seul article qu'il n'osa point aborder. Faute de pouvoir donner ce motif, qui eût tout expliqué, il se jeta dans la déclamation et le mensonge, jusqu'à dire que Jeannetin avait tenté trois fois de le faire empoisonner ou assassiner, accusation qui n'avait ni fondement ni vraisemblance. Comme l'assemblée était composée de mécontents, ils ne marchandèrent pas leur approbation lorsque Fiesque parla de vengeance, et la proposition de s'affranchir du joug des Doria excita un enthousiasme général. Deux personnes seulement se levèrent pour protester, et le comte eut assez de courtoisie pour les laisser libres, à la condition de ne sortir de son palais qu'après le départ des conjurés. Fiesque déroula ensuite le plan complet de sa conspiration, donna le chiffre des gens enrôlés dans l'armée et la marine. Quand Verrina eut annoncé que plusieurs équipages du port et beaucoup d'ouvriers des fabriques étaient du complot, et que la galère de Fiesque devait donner tout à l'heure le signal de l'action par un coup de canon, les esprits les plus timides, persuadés du succès, voulurent en avoir leur part et s'empressèrent d'offrir leurs services. On forma quatre bandes principales, commandées l'une par Jérôme et Ottobon, et les autres par Thomas Assereto, homme d'une rare énergie, par Cornelio de Fiesque, fils naturel du feu comte, et par Jean-Louis lui-même. Verrina partit seul pour diriger le mouvement des faubourgs. On convint de répandre l'alarme et le désordre dans toutes les parties de la ville à la fois, de s'emparer par surprise des portes et des corps de garde, et d'assaillir la Darsène, le tout simultanément au signal du canon.

Vers minuit, les quatre bandes sortirent du palais sans bruit, et se rendirent chacune au point qui leur était désigné. Le signal convenu fut suivi d'une explosion de cris au milieu desquels dominaient les mots de *Fiesque* et de *liberté*. Les soldats de la porte de l'Arc, surpris par Cornelio, mirent bas les armes; ceux de la porte Saint-Thomas, commandés par le capitaine Lercaro, ami des Doria, résistèrent d'abord; mais, en reconnaissant Jérôme et Ottobon de Fiesque, ils tournèrent du côté des conjurés. Du palais Doria, qui était à peu de distance, on entendit le tumulte, et Jeannetin, se levant à la hâte, sortit accompagné seulement d'un page, qui tenait un flambeau. Il arriva ainsi à la porte Saint-Thomas et donna dans la troupe de Jérôme et Ottobon. Un des conspirateurs, qui le reconnut, le perça de son épée. Jeannetin tomba mort sans avoir compris ce qui se passait. André Doria dut la vie à cet incident, qui retarda la marche des conjurés sur son palais ; et, comme il fut averti en même temps de la mort de son fils adoptif, de la prise des portes et du soulèvement de la population, jugeant la partie perdue, il se fit seller un cheval, gagna le faubourg de Saint-Pierre-d'Arena sans mauvaise rencontre, et sortit de la ville protégé par la nuit. Sa douleur fut profondé lorsqu'il entendit de loin les échos de cette révolution subite, qui détruisait en quelques heures l'œuvre de toute sa vie, et rejetait dans la confusion et la guerre civile cette patrie d'où il avait su bannir la discorde pendant près de vingt années ; mais il paraît que sa frayeur ne fut pas moins vive que son chagrin, car il se pressa de s'éloigner, et fit quinze milles d'une seule traite, malgré ses quatre-vingts ans.

La bande de Thomas Assereto était chargée de prendre la Darsène, c'est-à-dire un bassin fermé du port dans lequel se trouvaient la galère capitane et la garde chiourme. Ce coup de main, que Fiesque regardait comme le plus important, venait d'être exécuté avec autant d'audace que de bonheur Pendant ce temps-là, Verrina revenait des faubourgs, suivi d'une troupe de gens du peuple qui allait toujours grossissant. Jérôme s'était séparé d'Ottobon et parcourait d'autres quartiers en ramassant beaucoup de monde sur son chemin. Les sénateurs et les amis des Doria s'enfermaient chez eux, en sorte qu'on ne vit plus, d'un bout de Gênes à l'autre, que des partisans de Fiesque. L'ambassadeur de Charles-Quint se rendit au palais ducal pour s'informer des mesures que prenait le gouvernement, et il n'y trouva que deux personnes, le cardinal Doria et Adam Centurione. Quelques instants après arrivèrent les nobles Lomellino, Palavicini, et Nicolas Franco, chef par intérim de la république. Ce petit noyau de gens courageux ne put réunir que soixante soldats fidèles commandés par un officier nommé Calva. Ces soixante hommes furent conduits par Lomellino à la porte Saint-Thomas, où les conjurés les chargèrent si vivement qu'ils prirent la fuite. Tel fut le seul effort tenté par le gouvernement pour résister au mouvement qui entraînait la ville entière.

Une circonstance identique se présenta en ce moment dans les deux partis : celui du sénat cherchait partout André Doria et n'attendait plus que de son crédit sur le peuple le salut de la république; de leur côté, les conjurés, victorieux et maîtres du terrain, appelaient Fiesque à grands cris. Ni l'un ni l'autre ne paraissait. Le bruit commençait à circuler que le comte avait été tué; mais Jérôme de Fiesque disait au peuple d'attendre, et que son frère viendrait bientôt. Le fragment du sénat qui s'était porté au palais ducal, apprenant la mort de Jeannetin et la fuite d'André Doria, perdait courage et ne songeait plus qu'à traiter à l'amiable avec les rebelles. On résolut de leur envoyer une députation avec des paroles de douceur et d'accommodement. Cette députation descendait une rue étroite comme la plupart des rues de Gênes, lorsqu'elle rencontra la bande de Jérôme, et pour l'éviter, elle se réfugia dans la petite église des Théatins. Un sénateur nommé Giustiniani, plus intrépide que les autres, resta seul en face des conjurés et demanda à parler au comte. Jérôme lui répondit qu'il pouvait parler sans crainte, et comme Giustiniani refusa de s'expliquer devant tout autre que Jean-Louis de Fiesque, Jérôme s'écria qu'il était lui-même le comte de Fiesque, l'aîné de sa maison, et qu'il n'en fallait plus chercher d'autre. Ce mot maladroit, qui équivalait à une déclaration de la mort de Jean-Louis, confirmait la nouvelle qu'on hésitait encore à croire. La face des choses changea tout à coup. Le désordre et la crainte se mirent parmi les conjurés, et la députation remporta au palais ducal ses propositions d'accommodement.

Voici ce qui s'était passé : Fiesque, préoccupé de l'expédition confiée à Thomas Assereto, n'avait pu résister à l'envie de s'assurer que la Darsène avait été prise. Il s'était rendu sur le port, et, en y arrivant, il avait eu la satisfaction de trouver la porte de la Darsène enfoncée et la bande d'Assereto en possession de toutes les galères, à l'exception de la capitane, où l'on entendait encore le tumulte causé par la résistance de l'équipage. Pour assister de plus près au débat et pour exciter lui-même ses gens, Fiesque voulut passer sur une planche étroite qui menait du quai au bord d'une galère; cette planche tourna sous son pied; il tomba dans l'eau, qui était bourbeuse, et le poids de sa cuirasse et de ses armes le retint dans la vase, où il se noya. Apparemment quelqu'un l'avait vu tomber, puisque Jérôme avait été informé de la mort de son frère. Dans les moments de fièvre populaire, les événements importants volent d'un bout à l'autre d'une ville avec une rapidité qu'on ne s'explique point, comme si des messagers aériens se chargeaient de les porter. On connut bientôt que le peuple de Gênes, poussé par son inconstance naturelle et par son amour pour Jean-Louis, ne voyait dans toute cette affaire qu'une question de personnes, puisqu'il ne songea plus au renversement de ses institutions dès qu'il eut perdu l'homme qu'il aimait. Jérôme, en voulant se substituer au lieu et place de son frère, ne trouva point la même faveur, et le sénat comprit aussitôt qu'il ne fallait pas désespérer du salut de la république.

Cependant, au palais du gouvernement, où la noblesse accourait de toutes parts depuis que le danger s'était évanoui, on délibérait avec animation. Quelques personnes proposaient d'attaquer le reste des rebelles, et de les poursuivre avec la dernière rigueur; mais on apprit que Jérôme de Fiesque tenait encore dans un quartier du centre de la ville, avec une bande de gens déterminés à mourir les armes à la main, et la proposition de parlementer passa au scrutin. Une seconde députation fut envoyée avec la promesse d'une amnistie. Jérôme demanda cette amnistie par écrit pour lui et tous ses complices, et revêtue du sceau de l'État et de la signature du secrétaire du sénat. Il reçut dans la journée cet écrit en bonne forme, dont il donna lecture à ses amis, et le pardon généreux étant accepté avec reconnaissance, la bande entière sortit de la ville l'arme haute, en prenant la route de Montobio, où elle se mit en sûreté. André Doria rentrait à Gênes le lendemain. Il reprocha durement au sénat sa faiblesse ; dans un discours amer, cet homme sans pitié voulut prouver qu'on n'était point tenu d'observer une capitulation avec des rebelles. La noblesse de Gênes commit la faute de céder à cette remontrance, et de sacrifier l'honneur de sa parole et de sa signature à la rancune personnelle de ce vieillard. André proposa de faire raser le palais de Fiesque, de publier le décret de peine de mort contre tous les chefs, et nominalement contre Jérôme et Ottobon, de confisquer les biens des contumaces, et d'envoyer aux rebelles sommation de remettre immédiatement la citadelle de Montobio. On alla aux voix, et la proposition passa. Toutes ces mesures sévères furent exécutées, hormis celle concernant la reddition de Montobio, pour laquelle un décret et la fureur du vieil André ne suffisaient pas. Tandis qu'on publiait cet arrêt dans la ville, les marins de la Darsène retrouvaient dans la vase le corps du malheureux Fiesque. Toujours à l'instigation de Doria, ce corps fut exposé sur la berge, après quoi une barque le porta en pleine mer, et le rejeta dans l'eau avec une pierre au cou.

Il faut avouer que la conduite du sénat dans la fin de cette affaire donne une pauvre idée de la bonne foi et de la dignité d'une assemblée si grave. En lançant des menaces si terribles aux conspirateurs enfermés à Montobio, on leur faisait une nécessité de se défendre jusqu'à la mort, et par conséquent on devait, pour être logique, les assiéger aussitôt après ; mais comme la citadelle était bien fortifiée, on voulut encore négocier. Une députation, menée par Paul Pansa, qui avait été précepteur du comte de Fiesque, vint offrir aux conjurés de nouvelles propositions d'amnistie. Jérôme, qui commandait dans la place, répondit avec hauteur que le sénat, ayant manqué honteusement à sa parole, ne méritait plus aucune créance. Il demanda en raillant à Paul Pansa sur quoi il fondait l'assurance que cette nouvelle amnistie serait plus fidèlement observée que la première. Il ajouta que ses amis et lui, suffisamment édifiés sur la clémence du sénat de Gênes, mourraient dans leurs retranchements plutôt que de se laisser prendre à des piéges si grossiers, et qu'ils donneraient de la tablature aux serviteurs de l'impitoyable Doria. La garnison de Montobio reçut du renfort après le départ de la députation. Verrina, Ottobon, Calcagno et Sacco, qui s'étaient enfuis de Gênes sur la galère de Fiesque, avaient atteint les côtes de France. Avec une générosité que leurs adversaires n'imitaient point, ils avaient relâché, sans leur faire aucun mal, quatre prisonniers des premières familles de la noblesse, parmi lesquels étaient un Lercaro et un Centurione. Lorsqu'ils apprirent que Montobio était occupé par la faction, ils s'y rendirent, à l'exception d'Ottobon, qui resta en France. Comme le sénat ne se hâtait pas de faire investir la place, dont les fortifications étaient excellentes, l'empereur Charles-Quint envoya dire à Doria qu'il fallait pourtant commencer le siége, de peur que les Français ne vinssent à se rendre maître d'une citadelle importante située si près de Gênes. Il offrit en même temps de l'artillerie et des officiers pour mener les opérations. Le siége fut poussé avec vigueur pendant quarante jours, au bout desquels la brèche étant ouverte, les rebelles se rendirent à discrétion au lieu de se faire tuer, comme ils en avaient pris l'engagement.

On amena les prisonniers à Gênes, où la jeunesse des uns, le courage des autres, et le malheur de tous excitèrent la pitié de la population, et même celle du sénat. Leur grâce était demandée par tout le monde. En ayant égard au vœu du public, les sénateurs auraient effacé le mauvais effet produit par leurs indécisions et leur manque de parole. Lomellino et Giustiniani, qui avaient tenu tête à la sédition seuls et sans armes, représentèrent que la maison de Fiesque était assez punie par la mort de son chef, la perte de toute sa fortune et l'exil d'une partie de ses membres, sans qu'une nouvelle effusion de sang vînt encore attrister une ville qui n'aurait plus désormais de larmes et d'intérêt que pour les coupables. Mais Doria, qui avait fui devant l'insurrection, ne pouvait être satisfait sans qu'un échafaud eût été dressé. Il insista pour la mort avec tant de passion, que le sénat, cédant au vaste appétit de sa vengeance, lui accorda, quoique à regret, les têtes de Jérôme, de Verrina, de Calcagno et d'Assereto. Ces quatre personnes furent exécutées le même jour en place publique. Ottobon de Fiesque, plus heureux et plus prudent que ses frères, fut condamné au bannissement, lui et ses descendants jusqu'à la cinquième génération. Ottobon se trouva bien en France; il y devint le chef d'une famille qui occupa des emplois et rendit des services à sa patrie d'adoption. On la retrouve à la cour de Louis XIII et à celle de Louis XIV, si bien acclimatée, qu'à la sixième génération elle ne songeait plus à rentrer à Gênes, et demeura acquise à la France définitivement et à perpétuité.

Pour pouvoir juger avec impartialité la conspiration de Jean-Louis de Fiesque, il faut avoir lu jusqu'au dernier ces événements, qui se précipitent les uns sur les autres en quelques heures. Tant que l'action n'est pas commencée, on ne voit pas nettement pourquoi le comte veut renverser les institutions de son pays. L'insolence de Jeannetin et l'excès du crédit d'André Doria ne paraissent que des prétextes habilement exploités par l'ambition de leur adversaire. S'il fallait changer la forme du gouvernement toutes les fois qu'un homme arrogant ou vaniteux touche au pouvoir de près ou de loin, on ne sortirait jamais des révolutions, et s'il suffisait, pour s'emparer de l'autorité, d'être riche, généreux et bien fait de sa personne, le nombre des prétendants serait trop considérable. Cependant le succès prodigieux de Fiesque et le concours qu'il obtint du peuple, de la marine et de l'armée, montrent que l'antipathie pour le parti contraire était générale. Sans l'accident de la Darsène et de la chute dans l'eau du port, Fiesque réussissait incontestablement; il devenait duc de Gênes; le sénat n'aurait pas manqué de l'accabler d'éloges, et de se dire soulagé de la tyrannie des Doria ; l'Europe aurait rejeté l'événement sur le compte de l'inconstance des Génois, et l'on n'aurait jamais su si le gouvernement renversé était réellement aussi vicieux que la faction de Fiesque se plaisait à le dire.

Mais une fois le chef mort et la conspiration étouffée, l'obscurité se dissipe ; la conduite déplorable du sénat, sa complaisance pour André Doria, ses indécisions, sa faiblesse et sa déloyauté prouvent combien les mépris et l'irritation de Fiesque étaient fondés. On comprend alors que ce jeune homme avait jugé la situation, les caractères des personnages et l'état des esprits dans la population avec une intelligence et une profondeur au-dessus de son âge. Son énergie, son courage et son habileté dans le moment de l'action, ne seraient que les qualités ordinaires d'un conspirateur, si elles n'étaient relevées par une prudence et une sagacité rares. Fiesque reste dans l'histoire comme une figure poétique et brillante, qu'on plaint volontiers à cause de sa fin brusque et malheureuse, et qui paraît digne d'un sort meilleur, si toutefois on admet le droit que ce jeune aventureux pensait avoir de conspirer, ce qui demeurera toujours sujet à discussion.

Le célèbre cardinal de Retz, n'étant encore que l'abbé de Gondi et à peine âgé de vingt ans, se prit de passion pour Jean-Louis de Fiesque, et publia une traduction abrégée du livre de Mascardi, suivie de réflexions qui rendirent l'écrivain suspect au cardinal de Richelieu. Le ministre ne se trompait pas en disant que ces réflexions annonçaient un esprit dangereux, et il crut détourner M. de Gondi de la vie politique en l'obligeant malgré lui à se faire homme d'Église. Après la mort de Richelieu, le coadjuteur de Retz prit, comme on sait, une grande part aux troubles de la Fronde et devint le plus habile conspirateur d'un siècle où l'on faisait toutes choses avec la dernière perfection. Ses *Mémoires* ne sont qu'un traité savant de l'art des factions et du renversement des pouvoirs, et si cet art périlleux se pouvait égaler à ceux de la guerre, du théâtre ou de la chaire, le coadjuteur de Retz prendrait place à côté des Turenne, des Molière et des Bossuet. Dans son examen des événements de Gênes en 1547, M. de Gondi ne trouve pas une seule faute à reprocher au comte de Fiesque, si ce n'est l'imprudence qu'il fit en s'emportant contre Jeannetin Doria, et encore excuse-t-il cette incontinence de langue, parce qu'elle partait d'une âme justement indignée. Il se montre bien plus sévère pour André Doria, dont la conduite lui semble entachée d'aveuglement et d'obstination dans les préliminaires, de lâcheté dans l'action, et de cruauté dans la suite. Sa fuite à quinze milles de Gênes, au moment où sa présence était nécessaire sur le terrain du combat, n'a point d'excuse aux yeux d'un homme de cœur comme l'abbé de Gondi. Quant aux amis de Fiesque, ils ne commettent plus que des erreurs une fois qu'ils ont perdu leur chef. D'abord Jérôme, en publiant la mort de son frère au lieu de la tenir cachée; ensuite Verrina, en se sauvant par mer et en abandonnant une partie qui n'était pas encore perdue; enfin tous les réfugiés de Montobio, en se fiant à la générosité d'un sénat qui leur avait manqué de parole. Nous n'ajouterons rien à ces réflexions du maître et professeur en l'art des conspirations, et nous donnerons ici la dernière page de son livre, celle qui fit froncer le sourcil au cardinal de Richelieu, et où l'on sent que la prédilection de l'auteur va jusqu'à lui faire pardonner à Fiesque d'avoir rêvé la souveraineté de Gênes.

« Jean-Louis de Fiesque, dit l'abbé de Gondi, que les uns hono-
« rent de grands éloges, que les autres chargent de blâme, et que
« plusieurs excusent, était né dans un petit État, où toutes les
« conditions particulières étaient au-dessous de son cœur et de
« son mérite. L'inquiétude naturelle de sa nation portée de tout
« temps à la nouveauté, l'élévation de son propre génie, sa jeu-
« nesse, ses grands biens, le nombre et la flatterie de ses amis, la
« faveur du peuple, les recherches des princes étrangers, et enfin
« l'estime générale de tout le monde, étaient de puissants séduc-
« teurs pour inspirer de l'ambition à un esprit encore plus modéré

« que le sien. La suite de son entreprise est un de ces coups que « la sagesse des hommes ne saurait prévoir. Si le succès en eût « été aussi heureux que sa conduite fut pleine de vigueur et d'ha- « bileté, il est à croire que la souveraineté de Gênes n'eût pas « borné son courage ni sa fortune, et que ceux qui condamnèrent « sa mémoire auraient été les premiers à lui donner de l'encens « durant sa vie. Les auteurs qui l'ont noirci de tant de calomnies, « pour satisfaire la passion des Doria et justifier la mauvaise foi « du sénat de Gênes, auraient fait son panégyrique par un intérêt « contraire, et la postérité l'aurait mis au nombre des héros de « son siècle : tant il est vrai que le bon ou le mauvais événement « est la règle des louanges ou du blâme que l'on donne aux actions « extraordinaires ! »

VIII

GÊNES

Le bombardement de Gênes en 1684. — Le doge Lercaro à Versailles. — Proverbe injuste et malhonnête. — Origine des loteries. — Les *bourses du hasard*. — Le *Seminario*. — Création de loteries à Rome, Naples et Turin. — Leur entrée en France. — *La Smorfia*. — Prohibitions. — Chances du jeu. — Position pitoyable du ponte.

Tout gouvernement qui survit aux secousses des factions ou de la guerre devient plus fort qu'avant le danger. André Doria goûta sur ses vieux jours le plaisir de voir les institutions qu'il avait données à son pays prendre racine et passer dans les mœurs du peuple le plus variable du monde. Gênes atteignit un état de prospérité qu'elle ne connaissait point encore. Durant le dix-septième siècle, elle évita autant qu'elle put de se prononcer pour aucune des parties belligérantes dans les guerres entre la France, l'Espagne et la maison d'Autriche, et son commerce s'en trouva bien ; mais son esprit industrieux lui attira tout à coup les fléaux qu'elle redoutait. En 1684, lorsque Louis XIV eut résolu le bombardement d'Alger, il apprit que le Dey avait acheté des poudres de guerre à la république de Gênes, et que dans les chantiers du port on construisait quatre galères pour le service de l'Espagne. Le roi fit défense aux armateurs de lancer à l'eau ces galères. Les Génois eurent l'imprudence de ne point obéir, et de répondre que cette défense attentait à la liberté de leur commerce. Duquesne et le marquis de Seignelai partirent de Toulon avec trente-quatre vaisseaux et bombardes, et quinze mille hommes de troupes de débarquement. La ville, attaquée par mer et par terre, n'opposa qu'une faible résistance. Le faubourg de Saint-Pierre-d'Arena fut détruit, et le quart de ces riches palais, tous ornés de noms historiques et garnis d'objets d'art et de tableaux précieux qui faisaient l'orgueil des patriciens, furent renversés par les bombes. Il fallut capituler ; le roi de France exigea que le doge lui-même, accompagné de quatre sénateurs, vînt solliciter son pardon jusque dans le palais de Versailles.

Ce fut une cruelle humiliation pour l'aristocratie génoise que cette nécessité à laquelle on ne pouvait pas songer à se soustraire. Le doge, qui était un Lescaro, quitta les ruines encore fumantes de la ville conquise et se présenta devant le roi, en audience solennelle, pour réciter des paroles de soumission dictées par le marquis de Seignelai. Aussitôt après cette cérémonie, le roi voulut adoucir ce qu'elle avait d'amer en traitant avec magnificence ce doge et ces sénateurs qu'il venait d'accabler. On sait le mot de Lercaro à M. de Seignelai, qui lui demandait avec politesse ce qu'il lui semblait des splendeurs de Versailles : « Ce qui m'étonne le plus, répondit-il, c'est de m'y voir. » En effet, c'était bien la chose la plus singulière, si l'on pense que la constitution défendait expressément au doge de sortir du territoire de la république; mais la colère de Louis XIV n'était pas faite pour s'embarrasser des articles d'une constitution quelconque.

Pendant le dix-huitième siècle, Gênes glissa sur le penchant de la décadence moins rapidement que les autres États méridionaux. Son commerce se soutenait encore, et ses institutions, quoiqu'un peu vieillies, pouvaient lui suffire. La révolution la trouva moins vermoulue que Venise. Elle était trop près de la France pour ne point sentir les secousses de l'explosion. Son gouvernement tomba d'abord, et la ville avec le territoire ligurien furent enveloppés dans les nouvelles circonscriptions. Tout le monde connaît la défense héroïque de Gênes par Masséna contre l'armée austro-russe, en 1800, pendant la campagne de Marengo. La république ligurienne fut reconstituée, peu de temps après, sous le protectorat de Napoléon. En 1814, sur la fin de la première invasion, lord Bentinck vint à Gênes proclamer l'indépendance et la république. On nomma un gouvernement provisoire, et l'on crut un moment à cette indépendance, qui semblait garantie par l'Angleterre; mais, au congrès de Vienne, il fut décidé que Gênes serait annexée au Piémont. Un jour, en 1815, on vit arriver un commissaire du roi de Sardaigne, auquel le colonel Dalrymple, commandant des forces anglaises, remit ses pouvoirs; des vaisseaux emmenèrent le colonel et ses soldats, et la noblesse génoise, trompée dans ses espérances, s'enferma dans ses palais de marbre, où elle bouda contre son gouvernement, contre la cour et contre Turin pendant trente-trois ans de suite avec opiniâtreté. Il est à souhaiter dans son intérêt que les récents événements dont la Péninsule a été le théâtre aient étendu le sentiment du patriotisme au delà du mur d'enceinte de la ville, et que les Génois se soient enfin résolus à devenir Italiens. Par une juste réciprocité, les Piémontais, les Toscans et les Lombards feront bien d'oublier ces préventions cruelles et ces haines mêlées d'envie qu'on retrouve jusque dans les dictons populaires. Quand vous parlez de Gênes à un Milanais, il vous répond avec une grimace de mépris : *Gente senza fede, mare senza pesce, monte senza legno e donne senza vergogna* (gens sans foi, mer sans poisson, collines sans bois, femmes sans vergogne), proverbe aussi faux qu'injurieux. Les Génois sont moins fourbes que beaucoup d'autres Italiens; on mange du poisson à leurs tables comme à Marseille, et sous le charmant voile blanc qu'elles appellent *mezzaro*, les femmes, coiffées comme des madones, ont précisément un air pudique et décent qui ne trompe pas plus souvent à Gênes que dans le reste du monde. Quand donc les Italiens cesseront-ils de se déchirer entre eux, et comment veulent-ils qu'on les estime, s'ils se méprisent eux-mêmes?

Les auteurs qui ont écrit sur les loteries font remonter l'origine de ce jeu au règne de Néron. Cet empereur, à l'occasion d'une fête, distribua des présents par le moyen d'un tirage au sort, et il y a, en effet, une certaine analogie entre ce mode de distribution et le procédé actuel des loteries ; mais le jeu régulier, qui consiste à engager des sommes d'argent sur un ou plusieurs numéros, est une création italienne du quinzième siècle.

En 1448, pendant la guerre entre les Visconti et les Sforza, le duc de Milan, dont le trésor était épuisé, imagina d'ajouter un impôt volontaire aux impôts et emprunts forcés, en créant un jeu public qu'il appela les *bourses du hasard* (borse della ventura). Sept bourses, dont la plus forte contenait trois cents ducats et la plus faible vingt, étaient tirées au sort sur la place Saint-Ambroise, à Milan. L'administration distribuait au public un nombre illimité de billets du prix d'un ducat. On ne procédait, bien entendu, au tirage que quand le contenu des sept bourses était de beaucoup dépassé par les souscriptions. Cet impôt volontaire fut pratiqué avec succès pendant quelques années, et tomba en désuétude lorsque Charles-Quint et François Ier se disputèrent la possession du Milanais.

C'est à Gênes, vers l'année 1550, que la véritable loterie, telle qu'on la joue encore en Italie, fut inventée par le sénateur banquier Benedetto Gentile. En ce temps-là, ce qu'on appelait la *seigneurie* se composait du doge et de huit conseillers, membres du sénat et désignés par la voie du sort. Deux de ces conseillers étaient renouvelés tous les six mois. Le nombre des candidats s'élevait à quatre-vingt-dix, et de là vient que ce nombre est resté la base de toutes les loteries. On mettait dans une urne quatre-vingt-dix billets portant les noms des candidats ; un enfant procédait au tirage de deux billets qui déterminaient les élections semestrielles. La passion du négoce et celle du jeu se tiennent souvent par la main. Le Génois, d'un caractère aventureux, est négociant d'abord et joueur intrépide. On faisait alors des paris sur les chances d'élection des candidats. Le sénateur Benedetto Gentile, qui avait été doge un peu avant la conspiration de Fiesque, eut l'idée d'organiser ces paris sur une grande échelle, et d'en faire une spéculation à son profit. Il publia qu'il recevrait à la caisse de sa maison toutes les sommes qu'on voudrait parier, soit pour un seul, soit pour deux des noms enfermés dans l'urne et dont la liste était connue. Le jeu se bornait encore, comme on le voit, à l'*extrait* et à l'*ambe*. Gentile, en bon spéculateur, établissait une disproportion énorme, à son avantage, entre le gain et les probabilités ; mais comme il existait une disproportion non moins considérable entre la mise du joueur et le bénéfice aléatoire qu'il espérait obtenir, cet appât attira une foule de pontes qui vinrent assaillir la caisse du banquier. Ce jeu s'appela le *seminario*. L'espoir de gagner beaucoup en exposant peu se communiqua de proche en proche en Italie, et y causa une sorte de fièvre. De tous les coins de la péninsule, on envoyait de l'argent au banquier de Gênes, qui s'enrichissait promptement et à coup sûr.

A l'exemple des Génois, les Lombards établirent un *seminario* à Milan, et les patriciens marchands de Venise ne manquèrent pas de les imiter. De Venise la loterie fut importée à Naples par un spéculateur, et finalement à Rome. De graves abus se glissèrent dans ces banques de jeu, où les intérêts du ponte étaient livrés à la bonne foi du caissier. Ces désordres éveillèrent l'attention des gouvernements. Le duc de Savoie, Charles-Emmanuel II, prohiba les loteries dans ses États en mai 1655, par un décret sévère qui condamnait les joueurs à la confiscation et à cinq ans de galères. Cette peine infamante n'empêcha ni les loteries clandestines, ni les envois de fonds aux loteries de Gênes et de Venise. En 1674, le même Charles-Emmanuel, vaincu par la passion de ses sujets, voulut faire une part au mal et consentit à l'établissement d'un *seminario* à Turin, dont le tirage n'avait lieu que tous les trois mois. En avril 1696, son successeur, Victor-Amédée, accorda le privilége des loteries à un certain Carlo Grattapaglia, moyennant une redevance annuelle de sept mille cinq cents livres, à verser dans le trésor et sous la surveillance d'un magistrat. Trois ans après, le privilége passa aux mains du banquier Camille Braggio, qui offrait à l'État vingt mille livres. En 1710, un médecin nommé Anselmo obtint la ferme du *seminario* au prix de vingt-huit mille livres par an. La guerre de la succession d'Espagne, dans laquelle la maison de Savoie avait joué un rôle important, fut enfin terminée par le traité d'Utrecht, et Victor-Amédée, voulant ajouter aux douceurs de la paix les avantages d'une bonne administration, crut devoir fermer la plaie ouverte par la fureur du jeu. Il prohiba les loteries dans ses États, et infligea des peines sévères à ceux de ses sujets qui envoyaient des mises au *seminario* de Milan et à celui de Gênes. Le pape Benoît XIII imita cette mesure prudente. Pendant ce temps-là, le gouvernement de Gênes, au contraire, tirait de la loterie des revenus énormes et stimulait le zèle des joueurs. La ferme annuelle rapportait à l'État trois cent soixante mille livres, et les adjudicataires faisaient encore fortune. Voyant cela, Clément XII et le roi Charles-Emmanuel sentirent moins d'horreur pour la loterie; non-seulement ils la rétablirent en Piémont et dans les États pontificaux, mais ils publièrent que les mises provenant des pays étrangers seraient acceptées avec reconnaissance.

Cette réaction en faveur du jeu devait nécessairement attirer les juifs. Un certain David Pavia offrit au roi de Piémont cent quatorze mille livres par an pour le privilége des loteries. Au bout de trois ans, un autre juif le supplanta, et le gouvernement lui-même écarta les juifs en prenant la banque du jeu à son compte. Le produit s'éleva aussitôt de cent cinquante-huit mille à deux millions de livres. Jusqu'alors on avait suivi la méthode du *seminario*, c'est-à-dire qu'on jetait dans l'urne des noms de grands seigneurs ou de *gentildonne*, pour lesquels les joueurs faisaient ce qu'on appelait une *scommessa* (un pari). L'administration piémontaise apporta un véritable perfectionnement à ce jeu désastreux pour le peuple, en supprimant ces noms, dont la publication devenait une source de difficultés et de frais inutiles, et en les remplaçant par de simples numéros de 1 à 90. Afin d'exciter davantage la cupidité, on résolut de tirer trois numéros au lieu de deux, et on promit à celui qui gagnerait le *terne* une somme qui parut fabuleuse, quoiqu'elle fût bien plus éloignée du juste calcul des probabilités que le gain de l'extrait et celui de l'ambe. Ce fut à peu près en ce temps-là (1745 à 1750) que le célèbre Casanova, ainsi qu'il le raconte dans ses *Mémoires*, ayant ouï parler à Paris de l'embarras où les prodigalités de la cour avaient jeté les finances de l'État, proposa au duc de Richelieu et à madame de Pompadour, qu'il rencontra par hasard au théâtre, d'établir en France *un certain jeu appelé loterie*, dont il eut l'audace de se dire l'inventeur. La favorite en parla au roi, et Louis XV, plus touché du bénéfice probable que du danger d'augmenter la misère, trouva cette invention admirable. C'est ainsi que la loterie reçut des lettres de naturalisation en France, d'où elle fut expulsée au bout de quatre-vingt-dix ans (autant d'années que de numéros). Notre pays, délivré de ce cancer, l'a renvoyé à l'Italie, qu'il continue à ronger avec privilége. A Rome, vous ne pourriez pas acheter une paire de souliers le dimanche, fussiez-vous pieds nus; mais si vous apportez une mise au *lotto*, chemin certain de la fortune (*via sicura ad arrichirvi*), vous trouverez tous les bureaux ouverts.

Au moment de son apparition en France, la loterie eut beaucoup de succès. On avait ajouté à la chance du terne celles du quaterne et du quine. Le quaterne se payait 75,000 fois la mise et le quine un million de fois, ce qui inspira aux imagiers populaires cette caricature connue du chiffonnier vêtu de guenilles, rêvant en face d'un bureau de loterie, et s'écriant avec dépit : « Ce gueux de million ne sortira donc jamais ! » Malgré les chances contraires qui faisaient du quine un véritable leurre, ce million fut pourtant gagné plusieurs fois. Pour donner plus d'éclat et de publicité aux coups heureux de la fortune, des musiciens de carrefour, attachés à l'administration des loteries, venaient sonner de la grosse caisse et souffler dans les clarinettes sous les fenêtres des *vainqueurs*, comme on dit en Italie. Je me souviens d'avoir entendu, sous la Restauration, cet orchestre barbare demandant le salaire de son charivari. Soit pour mettre un frein à la passion du jeu, soit par crainte d'avoir à payer, par impossible, une somme trop considérable, le gouvernement Français supprima le quine. Enfin, quelques années avant la clôture des maisons de jeu publiques, la chambre des députés abolit la loterie en faisant le sacrifice des dix millions de francs qu'elle rapportait au budget.

Dès le milieu du dix-huitième siècle, on publia en Piémont un livre appelé *la Smorfia*, donnant une méthode cabalistique d'interpréter les songes, accidents et rencontres, de manière à les convertir en mises à la loterie. Quiconque avait rêvé d'une vache devait jouer le n° 1, et celui qui rencontrait un chat manquait sa fortune s'il ne plaçait son argent sur le n° 14; c'était ajouter la superstition au goût du jeu, pour abrutir tout à fait celui dont la misère exaltait déjà la cervelle. Un décret de 1755 ordonna la destruction de ce livre stupide; mais on l'imprimait hors du Piémont et on le distribuait sous le manteau. En France, Cagliostro avait fait je ne sais quel mauvais calcul sur les chances de la loterie, qui se vendait un sou par les crieurs des rues, au commencement de ce siècle. Aujourd'hui encore il existe un livre de *la Smorfia*, différent de celui publié en Piémont, mais non moins absurde, et qui jouit d'un grand crédit à Naples. Nous en parlerons plus tard, quand nous aurons affaire à cet être intelligent, artiste et voleur, qu'on appelle le *lazzarone*. Au lieu du livre de *la Smorfia*, il faudrait répandre en Italie le calcul exact des probabilités de la loterie, mis à la portée du lecteur peu éclairé par une démonstration plus simple que celle du binôme de Newton. Mais il y aurait contradiction à favoriser ce jeu de dupes, et à montrer en même temps les raisons qui en doivent détourner tout homme de bon sens.

La loterie italienne paye l'extrait 15 fois, l'ambe 270 fois, le terne 5,500 fois, et le quaterne 60,000 fois la mise. Or, pour que l'équilibre des chances fût établi, on devrait payer l'extrait simple 18 fois, l'ambe 400 fois, le terne 11,748 fois, et le quaterne plus de 511,000 fois. Dans ces conditions, le banquier fait tort au joueur de 3 fois son enjeu seulement sur l'extrait, de 230 sur l'ambe, et de 6,248 sur le terne; mais à celui qui gagne le quaterne il retient injustement plus de 450,000 fois sa mise. Cette progression croissante dans l'inégalité du jeu a pour but de dissimuler aux ignorants leur folie et le ridicule de leur situation. Tout le monde peut compter sur ses doigts les chances de l'extrait; et comme on ne trouve qu'une différence en perte de 3 sur 18, on ne murmure point. L'ambe devient plus difficile à mesurer; à plus forte raison le terne et le quaterne. Ce sont des calculs inabordables autrement que la plume à la main, et on en profite en trompant de pauvres diables pour qui l'arithmétique sera toujours lettres closes. Si un banquier proposait à des joueurs de leur payer quarante centimes seulement, au lieu de un franc, lorsqu'ils auraient gagné sur la *rouge* ou la *noire*, personne ne serait assez fou pour risquer son argent à de pareilles conditions, et cependant ces conditions sont à peu près celles du terne. Un contrat de ce genre, s'il pouvait exister entre des particuliers, serait regardé par les tribunaux comme frauduleux. Les gouvernements des divers États de l'Italie feraient donc sagement de suivre l'exemple de la France, et de sacrifier à des considérations de morale et de justice une part de leurs revenus, qui se retrouverait plus tard dans l'accroissement du bien-être et de la fortune publique [1].

[1] Le parlement de Turin, dans la session de 1854, vient d'abolir la loterie en Piémont. Il en arrivera autant toutes les fois qu'une assemblée délibérera sur cette matière. Discuter publiquement la loterie, c'est la frapper de mort.

IX

GÊNES

Aspect des rues de Gênes. — La ville basse. — Contrastes. — Les barquettes. — La place des Banchi. — Activité du *facchino* génois. — Mercure en habits râpés. — La place de Sarzana. — Un duel entre deux grandes dames. — La ville haute. — Le palais du prince André. — Les portes ouvertes. — Le droit d'asile.

Gênes, construite en amphithéâtre sur le flanc de collines escarpées que couronne le fort de l'Éperon, présente un coup d'œil admirable de quelque point qu'on la regarde, pourvu que ce soit de loin, et peut-être son nom de Gênes la Superbe lui vient-il de son attitude majestueuse autant que du nombre et de la magnificence de ses palais. Ses rues étroites et sombres comme celles d'une ville orientale sont parfois si rapides qu'on y rencontre des escaliers. Dans le labyrinthe de la ville basse, on circule en zigzag, sans voir le ciel que par de rares échappées, et la vue est si bornée que souvent on ne comprend pas où l'on pourra passer. Tantôt vous tournez, pour chercher votre chemin, autour d'une église qui vous barre le passage, tantôt vous tombez à l'improviste sur une place grande comme la main, et dans laquelle aboutissent trois ou quatre ruelles entre lesquelles le choix est difficile. Mais si vous montez un peu, quelque diorama se présente tout à coup, comme par une lucarne. La mer se montre à l'horizon, le faubourg de Saint-Pierre d'Arena et le palais Doria vous apparaissent de loin avec leurs parterres de fleurs et leurs bouquets de bois. Trois pas plus loin, des maisons à six étages vous dérobent non-seulement la vue, mais la lumière ; trois autres pas, et vous débouchez sur quelque grande place, ou bien vous vous trouvez sur le pont de Carignan, qui joint ensemble deux collines, en passant par dessus un quartier de la ville, comme si d'un coup de baguette on vous eût transporté du fond d'une cave au sommet d'un aqueduc cyclopéen.

Beaucoup de ces palais qui font l'orgueil des Génois ont leur façade sur des rues larges de quatre pieds, où deux personnes auraient de la peine à marcher de front, et où il suffit d'un âne ou d'une charrette à bras pour empêcher la circulation. Un habitant de Turin, naturellement enclin à ne rien trouver de beau hors de sa ville natale, et avec lequel je me promenais dans une de ces ruelles, me disait plaisamment qu'on n'y pourrait pas saluer une dame à sa fenêtre sans se heurter au mur d'un côté de la rue, et sans briser son chapeau contre le mur de l'autre côté; à quoi je lui répondis que, dans son cher Turin, les rues étaient si larges qu'en suivant la muraille on ne reconnaîtrait pas même une dame à sa fenêtre, de l'autre côté de la rue, tant la distance serait grande. Il fallait bien que le dédale où nous allions comme à tâtons eût un certain charme, puisque j'y rencontrais perpétuellement le seigneur piémontais, maugréant contre ce quartier pittoresque, d'où il ne pouvait s'arracher.

Si la ville entière n'était composée que de corridors obscurs, elle ne mériterait point sa belle réputation ; mais elle est divisée en deux parties par une large artère qui la traverse dans toute sa longueur. De la porte de l'Arc, jusqu'à la promenade de l'Acquaverde, c'est-à-dire d'un bout de Gênes à l'autre, cette grande rue change cinq fois de nom. Dans tout ce parcours, vous ne voyez que des monuments et des habitations princières. J'ai évalué à cent cinquante pieds la façade de l'ancien palais où les jésuites ont établi leur collége. Cette rue, qu'on peut comparer, en petit, à la ligne des boulevards de Paris, est le lieu de réunion du monde aristocratique, et comme les chevaux et les équipages n'ont pas le choix, c'est là qu'il leur faut nécessairement passer pour se

faire voir; aussi la rue est-elle fort animée, et fort encombrée de piétons et de carrosses jusqu'à l'heure où finit l'opéra.

Le reproche le plus grave, à mon sens, qu'on puisse faire à Gênes, c'est qu'on n'y voit la mer que de loin. Le port y est littéralement muré. Vous vous promenez le long du rivage comme dans le chemin de ronde d'une citadelle. Par dessus la muraille, vous apercevez à peine le bout des mâts de quelques navires qui se balancent dans le port, et vous entendez le clapotement des vagues; mais pour de l'eau vous n'en voyez point, à moins d'aller au port franc ou au palais Doria, qui sont aux deux extrémités de la ville. Quatre portes, à la vérité, sont percées dans la muraille pour l'embarquement et le débarquement des marchandises; mais les quatre petits môles sur lesquels ouvrent ces portes sont occupés par les douaniers, les carabiniers royaux et les portefaix patentés. Le simple curieux n'en franchit point le seuil, excepté le jour où il se présente son passe-port à la main pour s'embarquer sur un bateau à vapeur. A l'hôtel de la *Croix de Malte*, où je demeurais, la vue était masquée par cette fatale muraille jusqu'à la hauteur du troisième étage; c'est pourquoi on se disputait les chambres les plus élevées, et il me fallut attendre huit jours dans un appartement où j'aurais pu donner un bal pour obtenir à grand'peine une mansarde.

La véritable manière de jouir à la fois de la belle vue de Gênes et du spectacle de la mer, c'est d'accepter une place dans ces barquettes à une seule voile et à quatre rames qui sortent du port et suivent les côtes au gré des promeneurs. On n'y est pas mollement assis comme dans les gondoles de Venise; la Méditerranée vous berce plus rudement que la lagune toujours endormie; cependant, en choisissant bien le jour et l'heure, on y peut trouver beaucoup de plaisir.

Près du port, au point de jonction de trois rues étroites et sinueuses, est la célèbre place des Banchi, où se tient la bourse de Gênes. De grandes affaires commerciales, de grandes opérations aléatoires se brassent dans cette espèce de puits, que l'église de Saint-Pierre couvre de son ombre, et dont le soleil ne regarde le fond qu'aux longs jours d'été. Une activité fiévreuse règne sur cette place et dans les rues environnantes. Le Génois est remuant, négociant dans l'âme, banquier entreprenant, armateur plein de hardiesse; il a le génie de la commission et de l'expédition, et se démène comme si l'affaire qui l'occupe ne souffrait pas une minute de retard. Il sort à la hâte de sa maison et coudoie les passants pour venir demander le cours des huiles de Marseille, car les huiles sont entre Gênes et cette ville comme les fonds publics entre Paris et Londres. S'il reçoit un ordre d'expédition, il appelle à grands cris les portefaix, et leur communique son inquiétude. On charge ses tonneaux précipitamment, comme si la ville brûlait, et le *facchino* robuste, courbé sous le poids des colis, descend jusqu'au port au pas de course, en criant : gare ! d'une voix émue et impérieuse, comme s'il portait le trésor de l'État. La paresse proverbiale de l'Italien n'existe pas à Gênes; c'est à la place des Banchi qu'on peut s'en convaincre. Tout ce qui ressemble à une transaction commerciale se traite dans ce bouge sombre. Mercure y travaille dans ses attributions diverses : le matin, protecteur du négoce ou patron des voleurs, et le soir messager discret de quelques divinités mystérieuses, mais non farouches. Sous cette dernière forme, le dieu aux talons ailés devient méconnaissable. Avec sa redingote râpée, son air humble et piteux, son langage obséquieux et emmiellé, il ne représente pas avantageusement le rusé compère qui sut endormir Argus, et l'on voit bien que son trafic ne l'enrichira jamais.

En allant au pont de Carignan, vous rencontrez une autre place plus laide que celle des Banchi, mais dont il est souvent fait mention dans l'histoire populaire de Gênes. La place de Sarzane était, dans le treizième siècle, le théâtre des jugements de Dieu. C'est là qu'un certain Jacques Grillo, accusé d'un crime capital, fut vaincu en duel par son dénonciateur, et passa du champ clos aux mains du bourreau. Sur la place de Sarzane, les chefs du peuple réunis, en 1311, eurent, pour la première fois, la fatale pensée de livrer leur pays à un prince étranger. Trois cents ans plus tard, une bande de factieux, dirigée par Étienne Raggi, se proposa de massacrer le doge et les sénateurs au milieu d'une cérémonie religieuse qui devait attirer toute la noblesse en cet endroit. La conspiration fut découverte et prévenue, comme il arrive à toutes les conspirations. Vers 1669, un épisode romanesque faillit rendre à jamais célèbre la place de Sarzane. Deux grandes dames des premières familles de Gênes, la comtesse Sauli et la marquise Imperiali, échangèrent un cartel d'honneur, et se provoquèrent au combat, à cheval et à l'arme blanche, dans l'ancien champ clos consacré aux duels du moyen âge. Le jour était fixé et les deux *preuses* cavalières en étaient à la veillée des armes, quand Louis Grimaldi, prince de Monaco, tenta un dernier effort pour accommoder le différend, et fut assez heureux pour y réussir. On réconcilia les deux championnes; elles s'embrassèrent aux applaudissements de la noblesse, et depuis ce jour elles furent ennemies mortelles, comme devant.

On ne croirait jamais que les places de la basse ville appartiennent à la même cité que celles de la ville haute; autant les unes ressemblent à des cloaques, autant les autres sont vastes et lumineuses. Celle de Saint-Dominique formerait un carré parfait, si le théâtre Carlo-Felice, construit dans un coin, n'en détruisait la symétrie. Celle des Fontaines-Amoureuses, dont on ne m'a pas su dire l'étymologie, et qui semble à demi-circulaire d'un côté, forme en trois endroits des angles rentrants qui lui donnent une figure géométrique sans nom; mais l'incorrection du dessin est rachetée par la magnificence des monuments dont les façades, ornées de colonnes et de sculptures, lui servent de contour. Tout affecte un air grandiose et pompeux dans cette partie de la ville; la population, comme si elle changeait de caractère, prend des allures aristocratiques, un langage plus grave, un maintien plus posé. Le négociant, habitant de la basse ville, représente le Génois du temps de la démocratie, des assemblées tumultueuses et des guerres intestines. Celui de la rue Nuova est le même personnage passé grand seigneur, et se considérant toujours comme un être privilégié. Il ne se trompe pas tout à fait, car ce que les institutions politiques ne lui accordent plus, il le regagne en partie par les usages et les mœurs. Dans une réunion de vingt personnes, où tout le monde porte des noms comme ceux de Doria, Spinola, Palavicini, Lomellino, comment ne point se croire au temps où l'on gouvernait son pays? Que manque-t-il pour constituer le sénat, pour délibérer, pour rendre des décrets, pour élire un doge sans pouvoirs? Il manque seulement un papier ayant force de loi, la constitution toute prête et toute rédigée du vieux André.

Le lecteur pourrait croire qu'on abuse en Italie du nom de *palais*, et qu'on le prodigue légèrement ou par vanité à des habitations ordinaires; ce serait une erreur. On aurait peut-être quelque peine à établir les signes particuliers auxquels on distingue un palais d'un hôtel ou d'une maison. Le degré de luxe et de beauté que doit avoir une construction pour mériter ce titre pompeux serait difficile à déterminer, et je ne sais pas de définition architectonique du mot *palais*. En France, on ne donne ce nom qu'aux résidences des souverains et à un très-petit nombre de monuments anciens. Les princes eux-mêmes n'ont que des *hôtels*. Ce n'est donc pas du personnage ou de la famille qui l'habite que le bâtiment reçoit son titre. Si André Doria, par originalité ou autrement, eût voulu demeurer dans une maisonnette, on ne l'aurait point appelée *palais Doria*. L'usage n'est pas aussi arbitraire et si dénué de logique et de raison qu'on le pourrait croire. Les plus belles habitations particulières de nos villes du nord ne méritent que le nom d'*hôtels*, tandis qu'à Gênes l'impression que vous recevez devant ces façades ornées de sculptures amène sur vos lèvres le mot *palais*. La plupart de ces édifices, grands ou petits, sont des quinzième et seizième siècles, et du plus beau style toscan de la renaissance. L'ornementation en parait quelquefois un peu recherchée, mais toujours de bon goût. On ne voit point de pierre dans les matériaux;

partout les marbres nuancés de Carrare. Les colonnes sveltes maintiennent dans l'ensemble la symétrie et la gravité nécessaires que le caprice de l'artiste oublie, en évitant à plaisir la ligne droite et le plein-cintre. On sent que l'architecte s'est amusé à façonner les balcons et les corniches, à tailler les balustrades, à poser les chapiteaux et à mettre en faction les cariatides, comme on assemble les fleurs pour enchanter le regard. Ce sentiment indéfinissable, et pourtant si sûr, qui distingue l'homme du barbare, et qu'on appelle le *goût*, a tout dirigé, depuis le soupirail de la cave jusqu'à l'orifice de la gouttière.

Habituellement la grand'porte, toujours ouverte, attend les carrosses qui stationnent dans le vestibule pavé en dalles, ce qui évite les encombrements causés par les voitures arrêtées dans les rues. Les dames peuvent ainsi descendre à couvert au pied des larges escaliers. Dans les fenêtres du vestibule, on voit encore les bancs taillés dans l'épaisseur des murailles, où les estafiers, domestiques et gens de pied s'asseyaient en attendant le grand seigneur qu'ils accompagnaient, car les patriciens ne sortaient qu'avec tout un cortége. Aujourd'hui qu'on n'a plus de suite, les bancs restent vides; la poussière y repose sans qu'on la dérange, l'araignée y tisse sa toile sans craindre que le balai détruise son ouvrage, et, une fois la nuit arrivée, le passant abuse sans pudeur de ces abris hospitaliers jusqu'au moment où un valet vient fermer la porte.

Autrefois l'orgueil des patriciens avait poussé le mépris des lois jusqu'à consacrer le droit d'asile pour les palais des vingt-huit premières familles de la noblesse; ce qui veut dire que quand on s'appelait Doria, Giustiniani, Lercaro, etc., non-seulement on pouvait commettre un crime et se retirer chez soi sans y être inquiété, mais on avait encore la permission de donner asile à un scélérat. La justice à la recherche d'un coupable s'arrêtait sur le seuil de ces maisons, et s'en retournait en voilant son visage. La visite d'une figure si sévère aurait pu importuner le maître du logis, et c'eût été dommage. Cet abus contribua fort au développement de la mode des estafiers et coupe-jarrets; on faisait tuer son ennemi en pleine rue, et on en était quitte pour retenir enfermée à la maison une partie de son domestique, en attendant que l'affaire fût oubliée.

En tous pays, le palais Doria, vulgairement appelé *palais du prince André*, passerait à bon droit pour une résidence princière ou royale, tant par sa position que par sa grandeur et sa richesse. Il est situé à l'extrémité de la courbe que décrit le rivage de la mer, bien au delà de cette muraille chinoise qui dérobe au passant la vue de la Méditerranée; en sorte qu'on y jouit à la fois de la perspective du port, de la pleine mer et de la ville. Le vieux André l'avait acheté, en fort bon état, à la famille de Fregosi; mais il le fit agrandir et décorer par les meilleurs artistes du siècle des arts, et il fut bien servi. On ajouta deux galeries, dont une à colonnes de marbre blanc, surmontée d'une terrasse. L'architecte Montorsoli dirigea les constructions; Alessi dessina le jardin; Pierin del Vaga couvrit les murailles de fresques, dont on voit encore un Jupiter foudroyant les géants; les frères Carlone, peintres et sculpteurs à la fois, se chargèrent des statues. C'est de ce palais que sortit Jeannetin Doria pour aller se faire tuer près de là, devant la porte Saint-Thomas. Charles-Quint y demeura lorsqu'il vint à Gênes; le premier consul s'y reposa de la victoire de Marengo, et avant de s'endormir, étonné de la grandeur de son destin, il put songer avec satisfaction au long chemin qu'il avait pris pour venir d'Ajaccio, en passant par l'Égypte et Paris, jusque dans la chambre à coucher d'André Doria, l'ancien conquérant de la Corse.

Toutes les fois que vous voyez une façade de bonne apparence, vous pouvez entrer hardiment : le vestibule et l'escalier sont considérés comme des lieux publics. Au premier étage seulement, vous trouvez la véritable clôture de la maison; la porte en vieux chêne, quand elle n'est pas de fer, est solidement fermée. Vous tirez la sonnette sans crainte d'être indiscret; si l'on n'ouvre pas, tirez plus fort, plutôt deux fois qu'une : le visage d'un laquais finira par se montrer au guichet. Vous demanderez à voir la galerie de tableaux. — Il y a toujours une galerie. — Et comme votre extérieur n'aura rien d'effrayant si vous n'avez d'autre arme qu'une canne ou un parapluie, on vous accueillera bien. Le domestique, habitué à ces visites, sourit d'avance à la pièce de monnaie blanche qui va passer de votre poche dans la sienne, et votre physionomie lui plaira tout d'abord. Souvent vous trouverez les appartements déserts et poudreux. On ouvrira pour vous les volets. D'autres fois, au contraire, on vous introduira dans des appartements habités, fraîchement restaurés et d'une magnificence incroyable, comme, par exemple, chez la marquise de Serra, où vous aurez des éblouissements. Le salon, soutenu par seize colonnes de marbre, avait besoin de quelques petites réparations : une des marquises de Serra, jugeant avec raison que l'or était un métal de luxe et agréable à l'œil, dépensa un million de francs en dorures; les colonnes, les corniches, les embrasures et les panneaux en sont littéralement couverts, si bien que vous croiriez être enfermé dans quelque pièce de vaisselle à l'usage d'un géant, comme Gulliver sur la table du roi de Brobdingnac.

X

GÊNES

Tournée dans les palais. — La rue Balbi. — Van Dyck à Gênes. — Le palais Durazzo. — La *Via nuova*. — Galeries Brignole, — Doria Tursi, — Cambiaso, — Vivaldi-pasqua. — Portrait et caractère de Béatrix de Ferrare, par Léonard de Vinci. — La rue Carlo Felice. — Galerie Palavicini. — Palais Grillo. — Haute futaie de marbre. — Palais Dongo. — Église San-Lorenzo. — Reliques de saint Jean-Baptiste. — Les perles de la reine de Saba. — L'Annonciade. — Les frères Carlone. — Pierre Puget à Gênes. — Le palais ducal. — Les Marseillais.

Puisque nous entreprenons une tournée dans les rues et les palais de Gênes, suivons une espèce d'itinéraire, et partons du palais d'André Doria, où nous étions tout à l'heure. En rentrant dans la ville par la rue Balbi, nous y serons arrêté par une belle façade d'Antoine Corradi, celle du palais qui a donné son nom à la rue. L'appartement de réception se compose de quatre salles de moyenne grandeur, ornées de trente tableaux des meilleurs maîtres, et parmi lesquels se trouvent réunies quatorze toiles de Van Dyck, savoir treize portraits et une Vierge. Remarquons, avant d'aller plus loin, avec quelle profusion ce maître fécond a inondé Gênes de portraits, pendant un séjour de deux ou trois ans. Il n'y a presque pas d'habitation où il n'ait été laissé des traces de son passage. Tous les noms illustres de l'aristocratie génoise ont posé devant lui. C'était une mode, et je comprends aisément qu'il fût de bon ton de se faire peindre par Van Dyck. Les femmes s'en seront mêlées, car le maître était jeune, beau, spirituel, aimable; pour le retenir plus longtemps, on lui donnait à pourtraire toute la famille, grands parents, oncles et cousins. On ne s'ennuyait pas pendant les séances, et le modèle trouvait à regarder le visage du peintre un plaisir qui ne nuisait pas à la physionomie du portrait. Le chef de la famille ne prenait pas un air dédaigneux pour poser en face de ce bel étranger, aussi grand seigneur que lui, magnifique dans ses mœurs, son train de vie, ses équipages, gentilhomme dans ses manières et son langage, et habitué au commerce des princes. Quand le tour de la dame arrivait, Van Dyck lui offrait le poing, et la conduisait au fauteuil, où, après l'avoir saluée, il lui prescrivait l'attitude qu'elle devait prendre, et puis le galant chevalier s'effaçait; l'inspiration descendait du ciel, et le feu du travail éclairait de lueurs sublimes le visage de l'homme de génie. Le portrait achevé en quatre ou cinq séances au plus, on invitait Van Dyck à dîner; on donnait des fêtes pour lui, et l'on disait à ses amis : « Ne manquez pas de venir ce soir; nous aurons monsieur Van Dyck, et il n'est pas pour longtemps à Gênes. Si vous voulez votre portrait, dépêchez-vous de vous inscrire sur sa liste, car il ne trouvera jamais le temps de tout faire. »

Il existe plusieurs portraits de Van Dyck, peints par lui-même. Celui que nous possédons au Louvre est un document précieux. Le maître était alors entre vingt-cinq et trente ans; l'éclat de la jeunesse est déjà un peu voilé par l'excès du travail, car il n'y eut jamais d'homme si laborieux. Les paupières sont un peu rouges, et cet air de fatigue ajoute un charme de plus à ces traits si purs, à cette physionomie si noble. Que de soupirs ont poussé les jeunes gens devant cet idéal de l'artiste! Tous les bonheurs à la fois, tous les dons réunis sur une seule tête, par un bataillon de fées: la beauté, le génie, la générosité, l'élégance, la distinction, la fortune, celle qu'on se crée par le travail et le talent! Van Dyck représente le succès fait homme, le succès partout, dans tous les genres, sur tous les terrains; et comme si la nature eût craint de voir son ouvrage le plus estimé flétri et endommagé par le temps, elle l'a emporté jalousement avant le jour où la vieillesse serait venue sillonner ce beau front avec la pointe de son burin. Rêvez et soupirez, jeunes gens, en face de cette toile. Il n'y a point de contemplation ni de rêverie plus salutaires. Pour peu que vous soyez infatués de votre figure et de votre mérite, c'est là que vous prendrez une bonne leçon de modestie [1].

Au milieu de ces treize portraits du palais Balbi, les uns graves et majestueux, le poing sur la hanche et le regard fier, les autres moins sévères, on rencontre une Vierge avec l'enfant Jésus, qui m'a bien l'air de quelque belle Génoise, dont le doux visage aura frappé le maître sous les reflets blancs du *mezzaro*. Van Dick, ayant à peindre une jeune femme avec son enfant, l'aura priée de changer peu de choses à sa toilette, et le portrait sera devenu l'emblème divin et si souvent reproduit de la mère chrétienne. Près de cette peinture est un Christ au jardin des Oliviers, du vieux Michel-Ange Buonarotti, dont la manière énergique et puissante fait un contraste bizarre avec l'allure cavalière de Van Dyck. Plus loin, c'est la sainte Catherine du Corrége, où l'on retrouve ce sentiment exquis de la grâce, et cette facilité merveilleuse qui distinguent entre tous le plus aimable des maîtres : « Le Corrége, disait André del Sarto, voilà un peintre ! » Et vous aussi, André, vous étiez un peintre. Nous vous le dirons à Florence. Mais une grande toile de Paul Véronèse nous attire là-bas, et l'on devine que c'est encore une Cène, non pas le mélancolique repas du Sauveur du monde prêt à monter sur la croix, mais un souper comme on en faisait sous le toit de l'orgueilleux Foscari, ou du Crésus Mocenigo, dans ces galeries mauresques de Venise, cousines-germaines des salles de l'Alhambra. J'aperçois deux figures sérieuses du Titien, et deux vieillards, un philosophe et un mathématicien de Ribera, fort bruns de peau, ridés et huileux, amoureux de la science, et qui

[1] Le portrait du Musée de Paris a été gravé récemment, en petit, avec une fidélité parfaite, par M. Pannier. Pour ceux qui ont dans la mémoire les traits de Van Dyck, cette belle gravure est la plus complète et la plus satisfaisante de toutes celles qui ont paru sur le même sujet.

avaient oublié de se laver le visage, le jour que l'Espagnolet vint les relancer dans leur cabinet. Plus loin c'est une Présentation au temple, du Parmesan; un Andromède, du Guerchin; une Madeleine, d'Annibal Carrache, et une Conversion de saint Paul, de Caravage. Il y a bien une Cléopâtre, du Guide; mais ce n'est pas, à mon goût, une des meilleures toiles de ce peintre un peu mou.

Du palais Balbi rendons-nous au palais Durazzo, situé dans la même rue, près l'église de l'Annonciade. Ici Van Dyck a laissé cinq portraits. On peut trouver que ce n'est guère; mais la famille Durazzo n'avait peut-être que cinq modèles à lui offrir en ce moment-là. Entre ces personnages du bon temps des doges, repose une Vierge d'André del Sarto, pressant son enfant dans ses bras, pudique et douce figure, sous les traits de laquelle on reconnaît la femme du peintre, et l'on se demande comment la coquette et frivole Lucrèce, qui a ruiné son mari par ses folles dépenses, a pu se donner cet air tendre et bon. Le pauvre André la voyait ainsi, et sans doute son amour prêtait à Lucrèce des vertus qu'elle n'avait point. Près de cette Vierge du peintre *sans défauts,* comme on l'appelait de son vivant, est une Annonciation du Dominiquin, d'un style tout différent. Il a quelques défauts, celui-ci; ses compositions sont souvent lourdes, ses groupes mal ordonnés; mais je ne sais quoi de pathétique dans l'expression vous trouble et vous remue le cœur. Une toile isolée d'un si grand maître a peu d'importance, si nous songeons que Bologne, où nous arriverons un de ces jours, est remplie de ses ouvrages. Passons aussi devant les frères Carrache et le Guerchin, que nous retrouverons au même endroit, et arrêtons-nous devant une sainte Catherine de Paul Véronèse, belle fille aux yeux vert de mer, aux doigts d'ivoire, vêtue de soie et propre de sa personne. On lui dirait volontiers : « Que vous êtes brave, mademoiselle! » comme on disait, il y a deux cents ans, aux jolies filles parées de leur robe des dimanches. Nous ne ferions pas le même compliment à ces quatre vieillards de Ribera, jaunes et brûlés du soleil comme des grenades, et dont les deux plus beaux représentent Héraclite et Démocrite. La vigueur de pinceau de l'Espagnolet fait grand tort à six tableaux du Guide, parmi lesquels est une Portia, qui ne donne pas une idée assez forte de cette vertu stoïcienne.

Poursuivons notre promenade, et entrons de la rue Balbi dans la *Via Nuova*, qui en est le prolongement. Montons l'escalier du palais Rosso, et sonnons à la porte hospitalière de M. le comte Brignole. Voici d'abord six portraits de Van Dyck, six personnages notables du dix-septième siècle ; nous sommes en bonne compagnie ; mais que d'orgueil sur leurs visages ! On ne s'étonne point si ces gens-là se croyaient tout permis. Nous trouvons ici quelques tableaux de l'école génoise, et entre autres une Vierge de Pellegrino Piola, qui donne une haute idée du talent de ce jeune homme, mort à vingt-deux ans. On l'appelle le Raphaël génois, et je ne vois qu'un inconvénient à ce surnom ambitieux, c'est que l'œuvre de Pellegrino, qu'il ne faut pas confondre avec son père, n'est pas assez considérable pour permettre de lui assigner un rang bien déterminé.

En face des six nobles seigneurs, peints par Van Dyck, de la galerie Brignole, sont deux grands portraits du Titien, plus anciens d'un siècle, et qui regardent les nouveaux venus avec cet air de supériorité que donnent l'âge et l'expérience. On croirait voir sur leurs visages rébarbatifs comme une envie d'apostropher leurs petits-enfants, et de leur dire d'un ton sévère : « Vous n'êtes que des ébauches bâclées par un artiste habile, mais pressé d'en finir. Nous seuls ici, nous sommes des hommes. » Et malgré leur contenance de rodomonts, les Van Dyck pâlissent devant les figures vivantes du vieux maître vénitien. Voici là-bas quatre toiles de Paul Véronèse, une Sainte Famille d'André del Sarto, et un Tobie de notre compatriote Nicolas Poussin, un peu sombre de ton, mais qui dans ses petites proportions a le caractère de la grandeur magistrale. Saluons une belle Assomption du Corrége, une Résurrection du Christ, de l'Albane, et passons devant une multitude de Carrache, de Guido Reni et de David Teniers, pour arriver au saint Jean-Baptiste de Léonard de Vinci, un des pères de la peinture. Ces rencontres sont malheureusement trop rares. Ce maudit homme menait de front tant d'occupations diverses, que dans une carrière de soixante-sept ans, il n'a fait que très-peu de tableaux; mais partout il écrase ce qui l'environne par l'élévation et la pureté de son style. C'est le maître par excellence, et si on avait plus d'occasions de l'admirer, on deviendrait exclusif.

Toujours dans la même rue est un des six palais Spinola, orné de fresques de Bernard Castello, ce peintre inconnu en France, que nous avons déjà rencontré sur une montagne, près de Savone. Nous trouvons dans ce palais quatre toiles fort estimées du Bassano, le peintre des marchés aux poissons, aux fruits et aux légumes. Je ne nie pas ses mérites; mais ses sujets me touchent peu : des choux et des citrouilles, si bien faits qu'ils soient, me laissent indifférents, hormis à table, et cuits à point avec la sauce qui leur convient. Près de là est un Bacchus de Rubens, d'une carnation brillante et d'un bel embonpoint. La Madone de Luc de Hollande serait peut-être mieux à sa place au musée d'Anvers que dans une galerie italienne. Je la tiens volontiers pour une bonne personne, mais roide et guindée dans ses attitudes, comme les femmes d'Albert Dürer. Il y a près d'elle une autre Vierge de Luini, qui mérite bien mieux le nom de Marie *pleine de grâce*. C'est à celle-ci que l'ange apparut; c'est elle qui sentit l'Esprit saint frémir dans ses entrailles, et qui partit pour les montagnes, afin d'aller confier à Élisabeth son inquiétude et ses douleurs. Luini était le meilleur élève de Léonard de Vinci et de la grande école milanaise. Nous le reverrons dans l'atelier de son maître, et bien accompagné. Nous arrivons devant un Tintoret d'un coloris agréable, mais qui laisse à désirer sous le rapport de l'ordonnance et de la composition. Le David roi, du Guide, ne manque pas de majesté. Deux beaux portraits de Van Dyck supportent assez bien le voisinage d'une figure du Titien; mais un peu plus loin trois portraits d'André del Sarto, effacent complétement les autres par leur naturel et leur simplicité. Citons encore un portrait de Sébastien del Piombo, et rendons-nous au palais voisin.

Le plus vaste et le plus beau monument à l'extérieur de la *Via Nuova* est le palais Doria Tursi, où demeura la veuve du roi Victor-Emmanuel. La façade est flanquée de deux longues galeries. Le portique, le vestibule et les escaliers en marbre de Carrare sont de l'architecte lombard Lurago. A l'intérieur nous trouvons plusieurs tableaux de Solimène, le maître napolitain, dont l'animation et la fraîcheur charment singulièrement le regard. L'Aurore éveillant Morphée est une composition gracieuse, où la science de l'artiste se dissimule habilement. L'Alexandre chez les Amazones a un certain entrain. On sent que le peintre appartenait à cette race de gens heureux et bien doués de la baie de Naples, pour qui la tristesse et l'ennui sont des maladies inconnues. Voici une belle Vénus de Lanfranc et deux Musiciens pittoresques du Guerchin. Il faut ôter notre chapeau devant ces deux paysages lumineux de Claude Lorrain. Je ne sais plus qui s'est avisé de reprocher aux ouvrages de Claude Lorrain de se ressembler entre eux. Celui qui a dit cela les a bien peu regardés. Ce sont toujours, il est vrai, des ports de mer, des rivages, ou les jardins de quelque villa italienne, avec des édifices de formes classiques, et des colonnades de temples. Ce sont des effets de soleil, et, nous sommes forcé d'en convenir, le soleil est toujours le même. Mais quelle variété dans les jeux de la lumière! Ceux de ces admirables tableaux qui se ressemblent le plus sont précisément ceux qu'il faudrait réunir pour en apprécier la différence. C'est à dessein que le peintre a choisi des lieux semblables pour y marquer les diverses heures du jour, et faire sentir combien la nature change d'aspect, non-seulement du matin au soir, mais de moment en moment. Ce n'est pas là que se trouve la monotonie; on la sent bien plutôt chez ces paysagistes du Nord, qui traitent de la même manière une vue des Alpes ou un site des Abruzzes, et qui mettent partout leur ciel brumeux, à Florence comme à Copenhague, en Sicile aussi bien qu'en Écosse.

N'oublions pas le palais Cambiaso, toujours dans la rue Nuova, et allons tout droit à la Vierge de Raphaël. Celui-là aussi pouvait être accusé de monotonie. Une jeune mère tenant un enfant dans ses bras, n'est-ce pas toujours la même chose? Et cependant quelle collection de figures idéales! quelle variété de types, entre la Vierge à la Chaise, celle aux Candélabres, celle des ducs d'Albe, celle de Foligno, la Belle Jardinière de Paris, et tant d'autres! — Mais nous aurons ailleurs l'occasion de traiter cette grave question de la monotonie des sujets de piété. Apparemment les maîtres ne songeaient guère à ce reproche-là, car voici, près de la Vierge du palais Cambiaso, deux autres Vierges, l'une de Camille et l'autre de César Procaccini, les deux derniers grands peintres de l'école lombarde. Encore une sainte Famille, par Innocent d'Imola; une Adoration des mages, de Luc de Leyde, et deux Madeleines, une du Corrége et une du Guerchin. Van Dyck n'a laissé au palais Cambiaso qu'un portrait de femme.

Par la rue Nuova nous arrivons à la place des *Fontane-Amorose*, où se trouve le palais Vivaldi-Pasqua, un des plus magnifiques de Gênes, à cause de la richesse incroyable de ses marbres. C'était la résidence des Grimaldi, qui ont fourni tant de prélats à l'Église, tant de fortes têtes au sénat de la république, et tant de femmes aux princes italiens. A l'intérieur est un petit nombre de tableaux, tous remarquables, et nous nous arrêterions à les regarder si je ne savais qu'il existe dans un boudoir un portrait de la duchesse Sforza, par Léonard de Vinci. On l'a mis à part sagement, parce qu'il faisait tort à ses voisins, et qu'il faut veiller à la bonne intelligence entre les personnes de mérite. Léonard ne se pressait pas dans son travail; il employait à faire un portrait plus de mois que Van Dyck ne demandait de jours, et la Joconde, qui n'était pourtant pas une grande dame, lui a donné bien de la peine. Il est donc inutile de remarquer que, pour peindre la duchesse de Milan, le maître n'a pas dû se relâcher de son application habituelle. Je croirais volontiers qu'il mettait moins de temps à faire un tableau

9

qu'un portrait. Pour un homme d'imagination, le portrait a l'inconvénient d'exclure l'idéal. Il faut d'abord chercher la ressemblance, et comme la nature offre toujours quelques défauts, le peintre demeure enfermé dans les bornes de l'exactitude et de la réalité. Mais on ne refusait pas un travail commandé par Ludovic Sforza. Ce bandit, qui avait étranglé et empoisonné ses neveux pour s'emparer de leur héritage, avait sans doute des façons irrésistibles d'inviter un artiste à se mettre à l'ouvrage. D'ailleurs, Léonard était l'ami de Ludovic le More, et la duchesse l'honorait aussi d'une aimable familiarité.

Quand on a vu la Joconde au Musée de Paris, on connaît le modèle. Nous avons tous conversé plus ou moins avec Monna-Lisa. Ne manquez donc pas, si vous passez à Gênes, de rendre vos devoirs à la duchesse de Milan, dans le palais Grimaldi. C'est une belle connaissance à faire. Béatrix de Ferrare, pour peu qu'elle eût ouï parler des Sforza, dut éprouver une émotion pénible, lorsque son père lui annonça que Ludovic le More la demandait en mariage. On pourrait croire que peu de princesses, depuis Iphigénie immolée pour un coup de vent, eurent à se plaindre des sacrifices politiques plus amèrement que cette jeune fille. Depuis deux cents ans, les Sforza étaient des usurpateurs et des assassins, et Ludovic, aussi féroce que ses ancêtres, ne promettait pas de faire un mari d'humeur facile. Cependant à qui se marier en Italie? Si on étranglait à Milan, on empoisonnait à Rome et à Florence, et une femme n'était pas plus en sûreté à la table d'un Borgia ou d'un Médicis, que dans le lit d'un Sforza. Probablement le duc de Ferrare n'aurait pas insisté si sa fille lui eût déclaré en pleurant sa répugnance à entrer dans une famille souillée de sang. Béatrix était une fille courageuse, d'un caractère ferme, de manières douces, mais sans faiblesse. Elle pensa qu'avec de la patience elle réussirait peut-être à apprivoiser son mari. Elle se sentait l'énergie nécessaire pour lui tenir tête, au besoin, sans se laisser intimider, et comme elle était de meilleure maison que lui, attendu que les Sforza descendaient d'un valet de charrue, elle ne supposa point qu'un parvenu pût maltraiter une fille de qualité. Le séjour de Milan avait de quoi la séduire; c'est pourquoi elle accepta résolûment, et s'en trouva bien. Béatrix sut se faire respecter de son rustre d'époux, en lui montrant qu'elle ne le craignait point. Vous verrez tout cela sur le visage de la duchesse, dans ses traits accentués, dans sa physionomie tranquille et son regard ferme. Léonard de Vinci, selon sa coutume, a tracé le caractère de cette femme avec son pinceau. On peut s'en rapporter à lui. Béatrix n'eut pas le chagrin de voir la chute honteuse de son mari. Elle était morte quand M. de La Trémouille arriva en Italie et donna l'ordre d'arrêter Ludovic le More, comme un brigand et non comme un prince vaincu. Le portrait de la duchesse de Milan passa, par suite d'une alliance, dans la famille Grimaldi, où il est resté fort longtemps, et la dernière Grimaldi de la branche génoise l'a porté, en se mariant, dans la maison Doria.

Le palais Vivaldi-Pasqua touche au palais Négroni, où ce qu'on voit de plus remarquable est un vestibule orné de seize colonnes d'ordre dorique; on s'y croirait à l'entrée d'un temple. Dans un autre palais des Spinola, vous trouverez un sarcophage antique, donné par la ville de Gaëte à François Spinola, en 1435. Au palais Mari, qui a deux façades, l'une sur la place Campetto, et l'autre sur la place Sozziglia, vous apercevez en passant, au fond du portique, un Hercule colossal, ouvrage du sculpteur Parodi; mais suivons la *Via-Nuova* jusqu'au point où elle devient la nouvelle rue Carlo-Felice et entrons dans un des palais Palavicini. Tous les tableaux y sont réunis dans le salon principal. L'école allemande y est représentée par deux Albert Durer, une sainte Famille et une Descente de croix.

Comme je suis forcé de donner ici mon sentiment et non celui d'un autre, je confesse avec humilité qu'en général je ne trouve point de charme aux compositions d'Albert Durer. Ses figures ne me semblent pas appartenir au siècle lumineux de la renaissance. Il y avait de beaux visages à Nuremberg, — il faut l'espérer du moins. — Albert Durer fut contemporain des premiers maîtres italiens, et il a survécu de huit ans à Raphaël. D'où vient qu'on le prendrait pour un artiste du moyen âge? Tandis que le Perugin et Léonard de Vinci faisaient une révolution à Florence et à Milan, n'avait-on encore en Allemagne que des notions incomplètes de la grâce et de la beauté? Ce n'est pas dans la nature qu'Albert Durer a pris la roideur, l'air gauche et tout d'une pièce de ses figures. Ses Vierges immobiles posent sans se douter de ce qu'elles font, comme si le modèle eût été stupide, et quand il y a du mouvement dans le sujet, c'est bien pis encore : les personnages agissent avec une maladresse impossible. Si un guerrier veut tirer son épée du fourreau, on croirait, tant il s'y prend mal, qu'il touche une arme pour la première fois de sa vie. Les gens qui détachent le Christ de son gibet vont infailliblement le laisser tomber à terre; on se demande qui a pu charger ces imbéciles d'une besogne qui réclamait un peu d'attention et de dextérité. Quand Albert Durer représente le supplice de la flagellation, ses bourreaux ne savent par quel bout tenir une verge, ou bien ils lèvent leurs bâtons si sottement, qu'ils vont se battre entre eux, ou frapper le patient sur les jambes en voulant le toucher sur les épaules. Tout cela peut être fort savant, si l'on veut; mais je ne saurais comparer cette peinture qu'à la musique de contre-point, qui intéresse beaucoup un petit nombre d'initiés, et qui ennuie la plupart des auditeurs. Je demande donc humblement la permission de préférer à la Vierge d'Albert Durer la Diane au bain de l'Albane. Voici plus loin un gros Silène de Rubens, parfaitement ivre, à la face rubiconde, et qui a fait de son ventre une barrique. Le Mucius Scévola du Guerchin ressemble à un de ces hérétiques courageux qui supportaient sans broncher les tortures de l'inquisition. Dans le tableau de la Naissance de la Vierge par Luc Giordano, on ne s'aperçoit pas trop de la rapidité avec laquelle travaillait cet artiste pétulant. Ce n'était point par cupidité que Luc Giordano faisait promptement, mais par la vivacité naturelle aux Napolitains. La Madeleine d'Annibal

Carrache est une belle fille de Bologne, à laquelle je souhaiterais plus de blancheur et d'éclat. Il faut citer encore le saint Pierre-aux-liens de Rubens, une Allégorie de la musique par Guerchin, deux Saints du même maître, et deux portraits de Van Dyck.

A présent que nous avons parcouru la grande rue de Gênes, nous pouvons aller à la porte Portello, où se trouve le palais Grillo. Le Samson de Paul Véronèse est un des beaux morceaux de ce petit musée. La figure allégorique de la Modestie, par le même peintre, doit être quelque joli modèle de Venise, où les physionomies, quand elles sont modestes, ont un charme particulier, qui n'exclut point la passion. La sainte Agnès d'André del Sarto, traitée avec moins de vigueur que le célèbre tableau du Dominiquin, sur le même sujet, se distingue par une pureté de style dont à Bologne on s'était fort écarté. Une sainte Famille de l'Espagnolet rappelle les figures trop peu idéales du Musée de Madrid, et que les maîtres italiens auraient considérées comme des portraits. Le saint Étienne de Louis Carrache a les qualités et les défauts de l'école bolonaise. Citons encore deux beaux tableaux de Lanfranc, un saint Antoine et un saint Laurent sur le gril; trois Anges de Procaccini, un paysage de Breughel, et un autre de Tempesta. Les portraits sont nombreux. Il y en a un de Jean Bellin, vieux maître dont nous parlerons à Venise, un de Van Dyck, un autre de Rubens, et un Vieillard du Dominiquin; mais le plus remarquable est celui du Titien : l'art ne saurait s'élever plus haut.

Les palais que nous venons de passer en revue sont ceux qu'on ne manque jamais de visiter, et où les *ciceroni* conduisent le touriste pressé de reprendre le bateau à vapeur. Le voyageur qui veut se donner le temps de bien connaître Gênes doit tenter aventure et sonner à d'autres portes, par exemple, à celles du palais Cataldi, d'un palais Spinola, rue de l'Acqua-Sola, du palais Sauli, dont le vestibule, orné de vingt-huit colonnes, ressemble à une haute futaie de marbre blanc, et dont la salle de bains est citée par Vasari dans son *Histoire des peintres*. Notre curiosité ne sera regardée nulle part comme une indiscrétion, excepté pourtant au palais Dongo, où l'on n'aime pas les importuns; c'est une sorte de tradition bourrue consacrée par une légende fantastique, dans laquelle on rapporte qu'un ancien seigneur Dongo se débarrassa d'un huissier incommode en le jetant dans un four chaud. On ne dit point s'il en mangea; mais un huissier cuit au four doit être un mets coriace. Si vous voulez pénétrer dans le palais Dongo, il vous faudra une lettre de recommandation de quelque personne de la ville. Une fois muni de ce passe-port indispensable, vous pourrez interrompre par un coup de sonnette le silence qui règne dans cette maison, et si vous n'êtes pas dévoré par les trois boules-dogues qui gardent l'antichambre, vous verrez une des plus curieuses collections de Gênes, où les places d'honneur sont occupées par Ghérard de la Nuit, le Hoffmann de la peinture, et par Caravage, le peintre des brigands et des coureurs de tripots. Tous les sujets de ces tableaux sont plus ou moins lugubres, apparemment pour servir à la légende de pièces justificatives.

Dans une ville où les maisons particulières contiennent tant de merveilles, on ne s'étonne point que les édifices publics soient richement ornés. L'église métropolitaine de Saint-Laurent, commencée au neuvième siècle et terminée au seizième, offre un mélange de différents styles; mais les disparates n'empêchent pas l'effet imposant de l'ensemble. On y conserve les reliques de saint Jean-Baptiste, pour lequel le peuple professe une grande dévotion. Les tempêtes causées par le sirocco ne durent jamais plus de trois jours à Gênes, parce que, sur le soir du troisième jour, on promène dans les rues et le long du port la châsse qui porte ces reliques. L'orage s'apaise ordinairement dans le cours de la nuit suivante, ce qui est un grand bienfait pour Nice, Toulon, Marseille et les autres villes du golfe de Lyon, quoique fort éloignées de la paroisse. On montre à la sacristie de Saint-Laurent un bassin d'or garni de perles énormes, accordé au duc de Gênes pour sa part de butin à la seconde croisade. Il y a cinquante ans, on voulait que ce bassin eût figuré sur la table des douze apôtres, le soir de la cène, et que le Rédempteur y eût versé le vin de la consécration. Les perles, disait-on, avaient été données au roi Salomon par la reine de Saba. Il n'était guère probable cependant que le jour de la cène un vase d'un si grand prix pût se trouver sur la table du Christ, où la tradition ne place que des ustensiles simples et une nourriture frugale. Un jour, une personne qui se connaissait en métaux et en pierreries conçut des doutes sur la valeur de cette coupe. En l'examinant de plus près, on reconnut qu'elle était de verre, ainsi que les perles. Le duc de Gênes avait été trompé dans le partage du butin des croisades, et il était bien trop tard pour réclamer en son nom. La fabrique de l'église Saint-Laurent ne fut point consolée de cette perte par la découverte du haut degré de perfection auquel l'art du verrier était parvenu chez les anciens.

Au seizième siècle, la famille Lomellino, voulant apparemment que son église paroissiale fût la plus belle de Gênes, fit décorer l'Annonciade avec une richesse incroyable. Le seul reproche qu'on puisse adresser à l'orgueil bien placé de ces patriciens magnifiques est d'avoir poussé jusqu'à l'abus la profusion des dorures. Au commencement du siècle suivant, l'école génoise étant à son apogée, les peintres les plus habiles furent appelés à l'Annonciade, qui avait d'assez beaux revenus pour payer libéralement. On confia aux frères Carlone la plus grosse part des travaux. Mais la fresque de la voûte, où il s'agissait de représenter l'Annonciation, qui était le morceau capital, fut accordée à Piola, père de Pellegrino. Cette faveur engendra des haines mortelles. Le beau temps était passé où la jalousie des artistes se pouvait appeler émulation, et où les querelles de ce genre se vidaient le pinceau à la main. Déjà les Lanfranc et les Ribera, installés à Naples, se débarrassaient à coups d'épée des rivaux qu'on leur envoyait de Bologne. Pour suivre le mauvais exemple que leur donnaient les grands seigneurs, les artistes qui avaient un train de maison entretenaient des estafiers à gages; les autres se contentaient de se faire eux-mêmes spadassins et breteurs.

Sur ces entrefaites, le jeune Pellegrino Piola revint de Rome, et demanda aux églises la survivance de son père. Cette nouvelle concurrence exaspéra la jalousie des Carlone. Un soir de carnaval, ils assassinèrent lâchement leur rival dans la rue, et se réfugièrent au couvent des Théatins, où les bons moines leur accordèrent le bénéfice du droit d'asile, à la condition d'orner de fresques leur église. Les frères Carlone couvrirent de peintures les murailles de San-Siro; car leur crime était si affreux, et l'indignation publique dura si longtemps, qu'ils passèrent trois ans chez les Théatins. Le plus jeune des deux frères, ennuyé de la vie claustrale, dit adieu au couvent et gagna, en voyageant de nuit, la montagne de la Guardia. Un curé de village le reçut sans le connaître, et le cacha, en attendant qu'il pût sortir du territoire de Gênes. Après la mort de son frère aîné, Jean-Baptiste Carlone obtint la permission de rentrer dans son pays. Un matin, le pauvre curé de village de la montagne vit arriver des ouvriers, qui installèrent dans sa petite église un magnifique tableau qui représentait saint Martin partageant son manteau avec un mendiant. Le curé apprit ainsi qu'il avait donné l'hospitalité à un meurtrier, mais aussi à un artiste reconnaissant. Le saint Martin est encore à sa place dans un véritable hameau, dont le nom baroque m'est sorti de la tête.

Si l'on pouvait appeler Pellegrino Piola le Raphaël de Gênes, les deux Carlone en seraient les Michel-Ange. Leur génie a précisément les qualités et surtout les défauts du grand maître de la chapelle Sixtine : la fécondité, la hardiesse, l'invention originale, mais aussi l'excès, l'enflure, et cet abus du raccourci qui précipita la décadence et empoisonna l'école romaine sous le pontificat de Sixte-Quint. Pour revenir à l'Annonciade, nous remarquerons que le maréchal de Boufflers, mort à Gênes en 1647, le lendemain du jour où il avait forcé l'armée autrichienne à lever le siége de cette ville, a été enterré par ordre du sénat dans cette église.

Comme l'Annonciade, Saint-Ambroise doit ses embellissements à la munificence d'une grande famille, celle des Palavicini. Nous y retrouvons encore les frères Carlone; mais leurs fresques sont écrasées par les tableaux des chapelles latérales, où l'on voit un Miracle de saint Ignace par Rubens, une belle Assomption du Guide, et une toile de notre compatriote Vouet, qui s'arrêta probablement à Gênes en revenant de Rome.

Sainte-Marie de Carignan, où l'on va par le pont gigantesque dont nous avons parlé plus haut, eut pour fondateurs la famille Sauli, qui contribua pour deux millions de livres à l'érection de ce vaste édifice. Galéas Alessi, élève de Michel-Ange, en dessina le plan, et j'ai peine à concevoir comment un architecte de ce mérite a pu obstruer l'intérieur de quatre énormes pilastres qui interceptent la vue. Les fresques manquent; mais un des plus beaux et des plus sages tableaux du Guerchin se voit à Sainte-Marie de Carignan. C'est là qu'on trouve aussi la célèbre statue de saint Sébastien de Puget, le premier sculpteur d'un grand siècle dont tout l'éclat vint de la France. Pour avoir été l'ami de Fouquet, Pierre Puget se crut enveloppé dans la disgrâce du surintendant, et il s'en alla travailler à Gênes et à Mantoue; mais on le rappela bientôt dans son pays, où l'on avait besoin de son talent. Pierre Puget ne cessa d'être l'obligé du surintendant Fouquet que pour devenir pensionnaire de M. Colbert.

Le palais ducal, ancienne résidence des doges, fut malheureusement incendié en 1684 par une bombe française qui vint tomber dans l'escalier. Une partie des belles fresques qui ornaient les murs et les plafonds a été détruite. Il reste pourtant encore celle du pillage de Pise, déplorable fait d'armes dont les Génois sont aussi fiers que si Pise était une ville turque. D'excellents tableaux occupent aujourd'hui la place des fresques de la salle du grand conseil.

Le dernier monument qu'il faut visiter, le plus beau et le plus complet de tous, c'est le Palais-Royal (*Palazzo-Reale*), véritable morceau de roi. On ferait un tableau digne de Panini avec la peinture fidèle des escaliers, dessinés par le *cavaliere* Fontana, cet artiste original, qui, pour faire avec son nom un jeu de mots de longue haleine, s'amusa pendant toute sa vie à imaginer des vestibules, des colonnades et des fontaines. Les palais qu'inventent les conteurs arabes, et où le héros se repose de ses périls en plaisant à la princesse, ainsi qu'au roi son père, ne sont rien comparés au *Palazzo-Reale* de Gênes, car l'or et le cristal de roche ne sauraient remplacer les trésors des arts italiens. Après avoir parcouru les terrasses et les jardins, c'est vivre deux fois que de s'asseoir dans ces galeries splendides, en face des grandes pages du Titien, de Rubens, du Tintoret, des Carrache, et de choisir, parmi toutes ces fictions, celle qu'on préfère pour en jouir à son aise dans un séjour enchanteur. Je n'eus pas de peine à faire mon choix. La salle dite de Luc Giordano et de Paul Véronèse, dans laquelle ces deux peintres charmants se livrent un éternel combat avec des armes courtoises, me retint captif jusqu'à la nuit. D'un côté, le maître napolitain a représenté l'épisode dramatique d'Olinde et Sofronie condamnés au feu et sauvés par Clorinde, au deuxième chant de la *Jérusalem délivrée.* La liberté de pinceau, l'aisance, la verve brillante et méridionale de Luc Giordano semblent mettre Paul Véronèse au défi. Mais en regardant de l'autre côté, on voit que le maître vénitien accepte la gageure. La sainte Madeleine dans la maison du pharisien a toutes les qualités de Luc Giordano à un degré supérieur, et relevées encore par une élégance incomparable. Après avoir longtemps contemplé cette beauté touchante de la Madeleine, où respirent la grâce et la passion, si vous retournez à Luc Giordano, vous ne voyez plus qu'un lazzarone plein d'intelligence, qui s'est aventuré dans un duel avec un homme de qualité bien plus savant et plus fort que lui.

Arrêtons-nous ici : notre promenade dans les édifices publics et les maisons particulières a duré assez longtemps. Nous en passons beaucoup, mais non pas des meilleurs. Au risque de fatiguer le lecteur à me suivre, j'ai cru cette longue énumération nécessaire pour lui donner une idée du nombre prodigieux de beaux ouvrages que renferme une ville grande et peuplée à peu près comme Marseille. Les riches marchands d'huile du chef-lieu de la Provence riraient bien si on leur proposait d'orner leurs maisons comme celles de Gênes : « *De tableaux!* diraient-ils avec une grimace dédaigneuse, d'*objets d'art!* pourquoi faire? nous aimons mieux avoir *d'argent* dans l'escarcelle. »

XI

GÊNES

Le domestique de place. — Ses embuscades et manéges. — Comment je tombai dans une suite de guet-apens. — Fourberie opiniâtre. — Recette pour échapper aux importunités du *cicerone*. — Exactitude et zèle du *cameriere*. — Moyen certain de faire parvenir une lettre ou une carte à son adresse.

L'Italie est le pays des extrêmes et des contrastes, celui où l'on rencontre le plus d'organisations passionnées et de caractères faibles, d'esprits vifs et de cerveaux détraqués, d'égoïstes et de cœurs dévoués, d'originaux et de comédiens. L'amoureux l'est à la folie, l'homme dissimulé pousse le déguisement de sa pensée jusqu'à l'absurde, le déclamateur surpasse en emphase tout ce qu'on peut imaginer, le distrait, le maniaque, donnent aux observateurs un divertissement perpétuel; l'amour-propre naïf atteint des proportions énormes. Celui qui se réjouit remplit l'univers des éclats de sa gaieté, celui qui se plaint apostrophe les objets inanimés, et prend la nature entière à témoin de son malheur. L'exagération est dans l'air. L'admiration va aux nues, le blâme entraîne après lui les sifflets. Tout paraît sublime ou exécrable : il n'y a pas de moyen terme. A mesure que nous avancerons vers le Midi, nous verrons cette exagération grandir, l'originalité se développer, les qualités et les travers devenir plus tranchés. Mais il faut reconnaître que dans les relations de toutes sortes, on trouve les Italiens gracieux, ouverts et complaisants. Un grand fonds de bienveillance, une douceur de mœurs charmante et qui résiste à tout, rendent leur commerce le plus agréable du monde, et font aimer jusqu'à leurs défauts. Les filous et les imposteurs eux-mêmes, dont la Péninsule est pavée, vous volent et vous trompent avec une bonhomie affable, ce qui n'empêche qu'on n'ait raison de se prémunir contre leur ruse et leur mauvaise foi.

Défiez-vous d'abord du domestique de place, à l'affût devant la porte de votre hôtel, qui s'empare de l'étranger comme d'une proie, et ne le lâche qu'à la nuit close. N'écoutez jamais ses offres de service, à moins d'avoir bien décidé d'avance où vous voulez aller, car si vous vous abandonnez à lui, Dieu sait où il vous mènera ! J'ai eu la faiblesse de m'y laisser prendre, et cette leçon m'a profité. C'était en sortant de la Croix-de-Malte, après le déjeuner. Le *cicerone* s'approche, le chapeau à la main, et me trace avec une faconde entraînante le programme d'une excursion dans les monuments de la ville. Au milieu de ce flux de paroles, il devine à mes réponses que je suis à Gênes pour longtemps; il me demande la préférence sur tous ses compagnons, qui sont, dit-il, des coquins et des ignorants, et il me prouve que nous sommes liés ensemble par un *contratto* pour toute la durée de mon séjour. Désormais je lui appartiens; j'en serai quitte pour cinq francs par journée. Mon homme me fait signe de le suivre, et part au trot gymnastique, toujours à vingt pas devant moi, pour échapper à mes observations et garder la haute main. Tout en courant, il sent sa fourberie s'éveiller, et il se dit à lui-même : « Voilà un seigneur étranger fort docile, qui donne gentiment dans le panneau, et dont il faut tirer bon parti. S'il n'avait qu'un jour à passer à Gênes, je le mènerais tout de suite aux meilleurs endroits pour l'engager à rester plus longtemps; mais puisque je le tiens pour un mois et davantage, soyons ménager des beaux morceaux, et allongeons la courroie, afin de l'absorber entièrement, de la façon la plus lucrative pour moi. » Ce plan de campagne bien ancré dans sa tête, le *cicerone* me conduit d'abord, pour m'allécher, au Palais-Ducal et à Saint-Laurent, et puis, au lieu d'aller au monument le plus proche, il grimpe tout en haut de la ville, sonne à une petite porte, échange avec un concierge quelques mots en patois de Gênes, dont je ne saisis pas le sens, m'introduit dans une espèce de salle d'étude, où trente personnes réunies paraissent écouter un professeur, me pousse par les épaules vers un banc, où je m'asseois, et interrompt le cours en disant avec emphase que je viens tout exprès de Paris pour assister à la leçon des *sordi-muti*, afin de comparer la méthode d'enseignement de Gênes à celle de la France. J'apprends ainsi que je suis à l'hospice des sourds-muets, et tous les regards se tournent de mon côté.

Monsieur le professeur, enchanté de ma visite, m'adresse en italien un compliment dans lequel mon pays n'est point oublié. Il suppose que je dois connaître le langage des sourds-muets, puisque je viens inspecter son établissement, et il envoie au tableau un de ses élèves, en me priant de l'interroger. Une explication devient nécessaire. Je n'hésite pas à sacrifier le domestique de place, et je réponds que j'ignore absolument le langage par signes, que je ne m'occupe en aucune façon de l'éducation des sourds-muets, que cet imbécile de domestique a pris sous son bonnet tout ce qu'il vient de dire, et que suis entré comme simple curieux. L'assemblée se met à rire, moitié aux dépens *du cicerone*, qui demeure impassible, moitié aux miens, et l'incident étant vidé, la leçon continue. Mais le professeur, agité par la présence d'un étranger, ne s'adresse plus qu'à moi, en sorte que je serais brusque et impoli en me retirant. J'assiste donc par force à la séance. Un écolier dont le front déprimé, les yeux ronds et la bouche béante annoncent un idiot, prend le bâton de craie. Le maître nous avertit qu'il va demander à cet élève ce que c'est qu'un sabre. Aussitôt le jeune idiot dessine un sabre sur le tableau noir, s'escrime des pieds et des mains en poussant des cris sauvages, pour expliquer l'usage de cette arme blanche, et le professeur m'adresse des regards de triomphe. Un autre élève, aussi stupide que le premier, se présente. On lui demande s'il pourrait faire comprendre ce que c'est qu'une horloge. Il trace le dessin grossier d'un cadran; mais comme il ne sait pas écrire, il marque les heures par des signes de fantaisie, et après avoir figuré quelque chose comme un balancier, il se tourne vers l'auditoire, et fait aller le haut de son corps à droite et à gauche, comme une pagode en porcelaine, jusqu'à ce que le professeur, glorieux, l'interrompe dans cet exercice en le priant de céder la place à un autre. Le troisième élève, bien plus savant que les deux précédents, est présenté comme un phénomène d'intelligence. On lui demande un exposé du système solaire. Le jeune prodige dessine au centre du tableau une figure ronde, image parfaite du soleil, et trace un grand cercle qui représente l'orbite de la terre. Sur cette ligne courbe, un gros pâté de craie marque la place de notre pauvre planète. Mais arrivé à la lune, l'écolier s'embarrasse. Au lieu d'en tracer l'orbite autour de la terre, il le décrit autour du soleil même, et donne à notre satellite le rang d'une planète. Le professeur s'évertue à faire des signes que l'élève ne voit pas, parce qu'il tourne le dos en dessinant avec soin, et la lune continue à s'égarer dans l'espace. A la fin, le maître grimpe sur l'estrade, saisit l'écolier par l'épaule, et lui reproche sa faute par le langage des mains avec tant de vivacité, que le jeune homme fond en larmes, et pousse des hurlements de tigre qui épouvantent l'auditoire. Je profite de ce moment de trouble pour m'esquiver, et quand je suis dans la rue, j'accable le domestique de place de reproches plus vifs encore que ceux du maître à son stupide écolier.

— Excellence, me répond le *cicerone*, connaissez-vous rien de plus surprenant que de voir des gens parler avec leurs doigts ?

— Je vous défends, lui dis-je, de sonner à aucune porte, sans m'avertir et me consulter.

— Comme votre seigneurie le commande.

Le drôle me propose une promenade dans le jardin de la villa Palavicini. De là il me conduit par un détour fort long jusqu'à une grande porte, et je le vois saisir le cordon d'une sonnette.

— Où sommes-nous ? lui dis-je, en lui prenant le bras.

— A l'*ospedale di Pammatone*.

— Encore un hôpital ! Lâchez bien vite ce cordon.

— *Ma, signore,* il y a là-dedans plusieurs statues, et, entre autres, une de saint Vincent-de-Paul. Et puis, on reçoit à cet hospice toutes sortes de malades, même des femmes enceintes et des enfants trouvés; et il faut voir comme les lits sont propres! C'est du fer, Excellence, *tutto ferro.*

— Lâchez cette sonnette, vous dis-je.

— Comme le désire votre Excellence. Je suis pour faire sa volonté.

— On ne le dirait pas. Menez-moi dans quelque galerie de tableaux.

— *Subito,* Excellence, à l'instant même.

— Au lieu d'entrer au palais voisin, mon homme me conduit à la rue Carlo-Felice, et se dirige vers la porte de l'Arc. Après une station dans une galerie de tableaux, pensant que mon humeur est calmée, il sort tranquillement de la ville, et s'approche d'un vaste édifice de forme circulaire.

— Qu'est cela? lui dis-je.

— Quelque chose de beau, Excellence, de magnifique, de grandiose, de neuf; un bâtiment commencé en 1835, et achevé depuis peu.

— Comment l'appelez-vous?

— *Casa di ricovero dei pazzi.*

— Une maison de fous! Bien obligé. Je ne la verrai point. Rentrons dans la ville, et laissez-moi. Je n'ai plus besoin de vos services.

— Est-il possible que votre seigneurie n'ait pas de curiosité pour un monument si vaste?

— Allez au diable! ma patience est à bout. Retournez à l'hôtel sans moi; je saurai bien me conduire tout seul.

— Votre Excellence n'y songe pas : elle s'égarera; elle se fatiguera; elle tombera par mégarde dans les rues détournées; elle fera de mauvaises rencontres; il lui arrivera malheur et je ne m'en consolerai jamais.

— Si vous ne partez pas, je vous casse ma canne sur la tête.

Le domestique de place passe derrière moi, et me suit comme mon ombre. J'entre au palais Vivaldi et j'y reste une heure; il m'attend paisiblement dans le vestibule. Pour me débarrasser de lui, je retourne à l'hôtel et je lui paye sa journée.

— Vous pouvez vous dispenser, lui dis-je, de venir me chercher demain. Il est bien entendu que je ne veux plus de vos services.

— Demain, répond le *cicerone*, Votre Excellence sera plus satisfaite.

— Je vous répète que je ne veux plus de vous.

— Excellence, je vais passer la nuit entière à préparer un meilleur itinéraire.

— Comme il vous plaira.

Le lendemain, je le trouve sous la porte de l'hôtel. Il me saisit au passage, et commence une pompeuse description de toutes les merveilles qu'il va me montrer. Je l'interromps en lui défendant expressément de m'accompagner; mais rien au monde ne peut l'empêcher de s'attacher à moi. Le sang me monte aux oreilles, et je m'apprête à employer l'argument du *bastone,* lorsque, en songeant au caractère de cet homme, à son acharnement, à cet appétit naïf du salaire, que rien ne peut ébranler, et qui marche droit à son but, comme dirigé par un instinct, je conçois l'idée d'opposer à cette espèce d'animal une obstination aussi tranquille que la sienne, un égoïsme aussi imperturbable. J'ai une volonté : je deviens sourd et aveugle pour tout ce qui la contrarie; je supprime l'importun de la surface du globe dans ma pensée. Le *cicerone* me parle, je lui tourne les épaules; il se place devant moi, je le pousse et je passe outre. Déjà il commence à comprendre, et me suit lentement à cent pas de distance. J'entre au palais Faragiana; ce n'est plus sous le vestibule qu'il m'attend, c'est au milieu de la place de l'Acqua-Verde, où l'indécision et le découragement le gagnent peu à peu. En sortant, je ne l'aperçois pas; il m'appelle timidement, je regarde d'un autre côté. Il a compris. Cependant tous les matins il m'offre encore ses services, et tente de m'accompagner malgré moi. Au bout de huit jours seulement il abdique et renonce enfin, non sans de vifs regrets, à me gouverner pendant tout mon séjour à Gênes.

Tel est l'expédient que je recommande au voyageur en Italie qui n'a pas une grande provision de patience. Supposez pour un moment que les rôles sont intervertis ; essayez un peu de faire passer l'argent du *cicerone* de sa poche dans la vôtre ; avec quel mépris il regarderait vos misérables manéges ! par quel silence accablant il répondrait à vos torrents d'éloquence ! ou s'il daignait ouvrir la bouche, ce serait pour s'amuser à vos dépens et vous prouver qu'il perce à jour toutes vos ruses les unes après les autres. Imitez-le donc. Empruntez au méridional ses propres armes ; faites votre volonté, rien que votre volonté. Ne vous en laissez distraire sous aucun prétexte, et considérez le fourbe, le fâcheux ou l'importun comme absent. Il a trop d'intelligence pour ne pas voir qu'il perd son temps, et il s'en ira chercher d'autre gibier plus facile à prendre. Pour moi, qui aime passionnément le comique de caractère, je lui ai fait en Italie des concessions auxquelles je confesse que le voyageur tant soit peu irascible ne pourrait point se soumettre. Le voiturier, l'aubergiste, le gondolier, le domestique, le lazzarone, m'ont tant diverti, que je ne regrette point les frais de mon apprentissage, et si je songe aux efforts de diplomatie, aux fleurs de rhétorique, aux inventions, aux mensonges, aux finesses, grimaces et contorsions dont ils m'ont régalé pour m'arracher en somme quelques chétives pièces de monnaie, lorsqu'ils ont réussi à me duper, je trouve, tout compte fait, qu'ils m'en ont donné amplement pour mon argent, et qu'en bonne justice je suis encore leur débiteur.

Il y a pourtant certains désagréments contre lesquels je ne saurais indiquer aucune ressource ; par exemple, l'impossibilité de se fier à qui que ce soit. Vous écrivez à votre famille ; l'heure du courrier vous presse ; vous remettez votre lettre à un domestique en lui disant de la porter à la poste et de se dépêcher; il vous répondra :

— Soyez tranquille, Excellence; je pars à l'instant, et je cours de toutes mes forces. *Non dubiti, signor!* que votre seigneurie n'ait pas le moindre doute.

De peur d'accident, vous répétez vos ordres quatre fois. Cette insistance blesse le domestique. Il proteste de son zèle et se montre peiné du peu de confiance de votre seigneurie, car il se mettrait au feu pour elle et pour tous ses parents, bien qu'il n'ait point l'honneur de les connaître. S'il lui arrivait par la moindre négligence de donner un moment de souci ou d'inquiétude à votre famille, il se couperait le poignet. Tant de protestations vous rassurent. Le domestique part en courant. Vous le voyez passer au galop sous la fenêtre. Vous voilà tranquille. Au détour de la rue, il rencontre un de ses camarades et s'arrête à bavarder. Votre lettre est oubliée; elle demeure trois jours dans sa poche. Il la jettera dans la boîte un de ces matins, à moins qu'il ne la perde. Le domestique italien n'a point de conscience. A cela je ne connais pas de remède.

J'étais chargé de lettres et de commissions pour le marquis di Negro. Je dépose les lettres dans le bureau de l'hôtel avec une carte de visite, en disant à un *cameriere* de les porter à l'adresse indiquée, et je vais me promener dans la ville. Au bout de deux heures, je trouve le *cameriere* devant la porte, et je lui demande quelle réponse on lui a faite.

— Tout de suite après le départ de Votre Excellence, me dit-il, je suis allé à la *villetta*. Le marquis était dans son parterre devant la maison. Je lui ai remis le tout à lui-même. Il attend votre seigneurie.

Sur ce, j'entre dans l'hôtel et je jette, en passant, un coup d'œil sur le bureau; les lettres et la carte de visite s'y trouvent à la place où je les avais déposées. Je les prends et je les mets sous le nez du *cameriere*.

— Excellence, me dit-il, pendant votre absence, il est arrivé trois chaises de poste remplies de monde, six maîtres, quatre femmes de chambre, une nuée d'enfants. Il a fallu monter les bagages, préparer les lits; je n'ai pas eu un moment de liberté.

Avez-vous par hasard l'envie de vérifier la chose? Vous apprendrez qu'il n'est arrivé personne. Dans ces moments critiques, on a quelque peine à retenir sur ses lèvres le mot de canaille. Mais à quoi bon? tous les mots du monde n'entament pas l'épiderme, et par conséquent le *cameriere* les écoutera sans sourciller. Concluons par cet axiome d'une vérité incontestable : pour être certain que des lettres sont parvenues à leur adresse, il faut les porter soi-même.

XII

GÊNES.

La *villetta*. — Les fleurs exotiques. — Improvisation. — Réunion de poëtes. — Défi et gageure. — *Le Loup et le Chasseur*. — Confusion entre le sanglier de La Fontaine et le monstre décrit par Théramène. — Confiscations de la douane. — Fautes et imprudences graves. — Péché par modestie. — Fuite précipitée de Gênes.

De la place des *Fontane-Amorose,* par un chemin taillé en rampe, on arrive en quelques minutes dans un vaste jardin, au milieu duquel s'élève une maison, qui, sous l'apparence d'un *casino,* renferme tous les agréments d'un petit hôtel. C'est la célèbre *villetta*. Le jardin occupe tout un bastion de l'ancienne enceinte fortifiée, d'où l'on découvre un immense panorama, terminé à l'horizon par la pleine mer. Aujourd'hui que la ville s'est étendue bien au delà de ce bastion, la *villetta* se trouve au centre de Gênes. Il faut aller jusqu'à Naples pour rencontrer un lieu de délices capable de soutenir la comparaison avec cette habitation de poëte grand seigneur. Le marquis di Negro n'a rien à envier aux heureux possesseurs de ces maisons de plaisance de Florence et de Rome qu'on a tant vantées. Des plantes rares de tous les pays acceptent l'hospitalité dans le jardin de la *villetta,* sous un ciel doux et clément, et celles des tropiques même se conservent en plein air, comme des convalescents dans une maison de santé. Leur retraite est si belle qu'elles y perdent l'envie de revoir leur patrie, grâce aux petits soins, aux attentions délicates que leur prodigue le bon seigneur marquis. Sans doute le ciel leur paraît quelque peu pâle et le soleil sans ardeur; elles sentent bien dans la moiteur du climat quelque chose de factice comme dans une serre ou une étuve; mais l'automne dure jusqu'à la fin de décembre, et le printemps commence souvent dans le courant de janvier. Quinze jours de fraîcheur sont bientôt passés. Il y a seulement des hivers exceptionnels où des bouffées de vent du nord s'égarent et descendent, malgré le paravent que forment les Alpes et l'Apennin. Dans ces moments d'alarme, le citronnier frissonne, la fleur du cactus penche la tête, l'ananas s'évanouit, le grenadier a la fièvre. Il faut envelopper bien vite le palmier d'une couverture de laine et rentrer les plantes grasses. Cet état pénible ne dure jamais plus d'un mois. Quant aux fleurs indigènes, elles s'épanouissent en toutes saisons, et leurs parures d'hiver sont si riches et en si grande quantité, que du fond de la basse ville on découvre par instants le jardin de la *villetta* posé comme une couronne de roses sur le front de l'antique bastion, à l'endroit où jadis on voyait les créneaux, la pique du soldat et les machicoulis.

C'est grand dommage qu'il ne se soit pas rencontré à Gênes un Virgile et un Horace du vivant du marquis di Negro, car un Mécène les attendait. Les artistes et les écrivains de tous les pays sont fêtés et recherchés à la *villetta* avec cette cordialité, cette aimable facilité de mœurs qu'on ne trouve nulle part comme en Italie. A quatre-vingts ans, le marquis di Negro avait conservé l'entrain d'un jeune homme, une vivacité d'esprit, un goût à toutes choses, qu'on garde bien rarement jusqu'à un si grand âge, et qui plaisent singulièrement dans un vieillard. Il avait joui autrefois d'une brillante réputation d'improvisateur, et lutté avec le célèbre Sgricci lui-même. Un matin, je le priai de se livrer à cet exercice difficile.

— Volontiers, me dit-il; mais je suis comme les vieux bardes écossais; j'ai besoin d'exciter ma fibre par un peu de musique.

Et il prit une harpe sur laquelle il se mit à préluder. Bientôt sa tête s'échauffa; des torrents de vers sortirent de ses lèvres; quelques éclairs de son ancien génie brillèrent çà et là au milieu de tirades sonores, où la mélodie de l'idiome italien charmait encore l'oreille quand l'inspiration se faisait attendre.

On se dispense à Gênes de cette formalité britannique des présentations, à laquelle nous attachons dans le Nord une sotte importance. Par cela seul qu'on se trouve plusieurs ensemble dans un salon, ou assis à la même table, on se considère comme suffisamment présentés les uns aux autres. Un soir, il y eut à la *villetta* une réunion de poëtes. Parmi eux se trouvait l'auteur d'un ouvrage de longue haleine sur la découverte du nouveau monde. Le marquis ayant donné l'exemple, on pria le panégyriste de Christophe Colomb de réciter à son tour des fragments de son poëme. Afin de traiter ce sujet plus *in extenso*, l'auteur le faisait remonter au commencement du monde. De la création au règne de Ferdinand le Catholique, la distance n'est pas peu considérable. Christophe Colomb n'avait pas encore vu le jour quand le poëte s'arrêta. J'avais écouté ce prologue avec le plus vif intérêt, et comme je priais l'auteur de me répéter un passage dont le sens m'avait échappé, un des assistants me lança quelques railleries sur la difficulté qu'éprouvent les Français à saisir les beautés de la langue italienne. Pour l'honneur de mon pays, je me crus obligé de répondre que les Italiens éprouvaient autant de difficulté, sinon plus, à saisir les beautés de la langue française. On se récria; on se vanta d'avoir lu nos classiques, et de n'y avoir rien trouvé de difficile à comprendre. Je ne pus m'empêcher de hocher la tête. On me demanda compte de ce hochement avec tant de vivacité que je regrettai de m'être engagé dans cette discussion; mais il était trop tard pour reculer. On me mit au défi de citer un passage quelconque des poëtes du dix-septième siècle qui ne fût pas compris. Je me vis forcé d'accepter la gageure, et je pariai de réciter trente vers en assez bon français du siècle de Corneille, et qui seraient absolument incompréhensibles pour l'honorable assemblée. Tant d'assurance excita une hilarité générale. On se moqua de moi; on chuchota tout bas; j'entendis qu'on riait de la *prepotenza francese*. On m'offrit un fauteuil au milieu du salon avec une solennité ironique, et l'on se groupa en formant un cercle étroit pour mieux entendre. Je nommai le bonhomme La Fontaine. On me répondit qu'on l'avait lu cent fois. Je parlai de la fable *du Loup et du Chasseur*. On ne s'en souvenait point; mais je n'avais qu'à en dire quatre vers, et l'on verrait bien si ce morceau dépasserait l'intelligence et le savoir de l'assemblée.

— Ne vous y trompez pas, dis-je avant de commencer; ce petit poëme, plein de tours de phrases elliptiques, est un modèle de concision et de narration, mais d'une verve gauloise et d'une forme un peu bizarre. Le génie de notre langue s'y sent à chaque mot et tellement concentré, qu'en France même bien des gens pourraient n'y rien entendre.

Je vis le moment où j'allais être hué; cependant, pour faire beau jeu aux parieurs, je récitai lentement le début de la fable *du Loup et du Chasseur* :

Fureur d'accumuler! Monstre de qui les yeux
Regardent comme un point tous les bienfaits des dieux,
Te combattrai-je en vain sans cesse en cet ouvrage?
Quel temps demandes-tu pour suivre mes leçons?
L'homme sourd à ma voix, comme à celle du sage,
Ne dira-t-il jamais : C'est assez; jouissons.
Hâte-toi, mon ami, tu n'as pas tant à vivre.....

On me pria de m'arrêter et de répéter ces premiers vers. Je les répétai autant de fois qu'on le souhaita. Le mot *fureur* dans le sens de *passion* n'ayant pas été compris, *fureur d'accumuler* devenait de l'hébreu. Le *monstre* rappelait, en passant, aux imaginations impressionnables la mort lamentable d'Hippolyte, et l'on ne devinait pas pourquoi le bon La Fontaine prétendait avoir combattu ce monstre affreux, dont on n'avait pas bien compris le nom. L'image terrible s'adoucissait tout à coup au vers suivant, lorsque l'animal inconnu demandait du temps *pour suivre des leçons*. C'était sans doute un monstre apprivoisé, mais paresseux, qui ne voulait point aller en classe, et qu'il fallait gronder pour faire son éducation.

Les *bienfaits des dieux* à l'état de *point* aux yeux de cet être singulier manquaient absolument de clarté. Apparemment la bête était myope. Quant à la voix *du sage,* qui venait incidemment s'unir à celle du poëte pour conseiller à l'homme de jouir de la vie, si ce n'était pas pour la rime qu'elle arrivait là, on ne savait à quel propos; c'est pourquoi, lorsqu'elle s'écria, par une apostrophe inattendue, qu'il fallait *se hâter,* elle parut s'exprimer dans le chinois le plus pur. Un des assistants, un peu moins dérouté que les autres, soupçonna que ce début pourrait bien être une introduction.

— Nous avouons, me dit-il, que ce préambule philosophique est un peu obscur pour nous. Poursuivez cependant; nous nous rattraperons sur le récit de la fable.

Dès les premiers mots de ce récit, lorsque le chasseur eut d'abord tué un daim, et qu'un faon de biche, atteint d'une seconde flèche, fut *soudain compagnon du défunt,* l'auditoire s'embrouilla. Lorsque le sanglier, blessé à son tour, résista si bien au coup mortel que *la Parque et ses ciseaux avec peine y mordaient,* ce fut de l'hébreu. *La déesse infernale,* hébreu. *L'heure au monstre fatale,* hébreu. Lorsque *l'archer voit le long du sillon une perdrix marcher,* et que le poëte dit de cette perdrix : *Surcroît chétif aux autres têtes,* hébreu.

De son arc toutefois il bande les ressorts.
Le sanglier, rassemblant les restes de sa vie,
Vient à lui, le découd, meurt vengé sur son corps,
Et la perdrix le remercie.

Hébreu depuis le premier mot jusqu'au dernier. Les ténèbres ne se dissipèrent qu'au moment où le loup, survenant, s'extasia au spectacle piteux des quatre corps morts étendus à terre :

O Fortune, dit-il, je te promets un temple !

Cette exclamation méridionale fut enfin comprise. Le loup de cette fable était peut-être des Abruzzes. Quoi qu'il en soit, j'avais gagné mon pari et on en tomba d'accord; mais on voulut me prouver que, parmi les fables de La Fontaine, j'avais choisi à dessein une pièce de peu de valeur. Il fallut encore débattre cette question, sur laquelle il m'était impossible de passer condamnation, ce qui m'imposa le devoir de commenter mot à mot *le Loup et le Chasseur*, et le bon marquis, que je pris pour arbitre, déclara que j'avais gagné la gageure.

A cette époque, les événements de 1848 n'avaient pas encore ému la péninsule. Le feu roi Charles-Albert se préparait tout bas à son rôle de libérateur et de conquérant; mais on n'en savait rien. En attendant cet épisode romanesque, inspiré par des circonstances imprévues, on le croyait encore attaché à une politique bien différente de celle qui a précédé son abdication. La police sarde ne se piquait ni de tolérance ni de mansuétude. Il suffisait d'avoir une tabatière à la charte de 1830, ou un portrait de Voltaire, pour s'exposer à des persécutions. Quant à la douane, elle fouillait avec la rigueur la plus vexatoire les bagages et marchandises qui venaient de France. A mon arrivée, j'avais subi ce véritable pillage, embelli du nom de visite. Trois hommes, surveillés par un officier, s'étaient jetés sur ma malle de voyage pour éplucher tous les objets contenus. Un de ces hommes, trouvant douze paires de gants de Paris, s'écria : *Guanti !* et donna le paquet à l'officier, qui le confisqua. Un moment après, j'entendis la même voix crier : *Tabacco !* et les hectogrammes de Latakye que j'espérais convertir en cigarettes allèrent rejoindre mes gants. Les produits de la régie française traités comme de la contrebande ! Quelle nouveauté ! Tout à coup le douanier, d'une voix terrible et scandalisée, s'écria : *Libri !* Apporter des livres à Gênes, c'était une hardiesse incroyable. L'officier s'avança, suivi de deux carabiniers, comme s'il eût découvert un conspirateur. La visite de mon bagage se changea aussitôt en interrogatoire.

— Quels sont ces livres ? me demanda l'officier d'un ton menaçant.

— Vous le voyez : *De la Formation du dogme catholique*, par Mme la princesse Belgiojoso.

— Quel est votre dessein en les apportant à Gênes ?

— Vous le voyez : ces deux exemplaires sont sous bandes et adressés à deux personnes de cette ville. C'est une commission que l'auteur de l'ouvrage m'a prié de faire.

— Qui sont ces deux personnes ?

— Vous le voyez : les deux noms sont écrits de la main de la princesse : « Monsieur Santa-Rosa et Monsieur Bixio. »

L'officier prit un ton moins brusque :

— Je les connais, dit-il ; ce sont des personnes estimables.

Et il fit signe aux carabiniers de se retirer. Mais les livres prirent le même chemin que les gants et le tabac. Le marquis di Negro avait entendu parler de l'ouvrage de la princesse Belgiojoso. Lorsque je me plaignis à lui de la confiscation des douaniers et de l'interrogatoire que j'avais subi, son impétuosité naturelle ne me laissa pas le temps d'achever mon récit, et quand je voulus lui dire à quelles personnes les volumes étaient destinés, il me laissa nommer la première et me coupa la parole avant que j'eusse prononcé le nom de la seconde, en s'écriant :

— L'autre exemplaire pour moi ! A quoi donc pensez-vous de ne m'avoir pas dit cela plus tôt ? Quel bonheur ! Santa-Rosa est à Turin, et je lirai avant lui cet ouvrage important. Soyez tranquille, mon cher monsieur ; je mettrai le feu aux quatre coins de la ville pour me faire rendre ces livres.

Je n'eus point le courage d'enlever au bon marquis l'illusion et la joie, et je pensais, d'ailleurs, que son zèle me pourrait servir à m'acquitter de mes commissions. Mais quand je le vis appeler son secrétaire et l'envoyer chez les autorités civiles et militaires, je sentis un peu tard mon imprudence, et je commençai à souhaiter que ces démarches n'eussent aucun succès. Au bout de huit jours, je n'y songeais plus, et dans le salon de la *villetta*, j'écoutais un sonnet, lorsqu'un domestique vint déposer sur la table tout mon bagage confisqué.

— Nous avons réussi, s'écrie le bon seigneur. Je savais bien qu'on n'oserait se permettre de retenir mes livres. Prenez d'abord vos gants et votre tabac ; c'est autant de gagné, car sans moi vous ne les auriez jamais retrouvés. Voyons maintenant ces précieux volumes : — A monsieur Santa-Rosa, capitaine au régiment de... ; ce n'est pas le mien. A monsieur Bixio, avocat!.. Que signifie cela?.. C'est impossible... il y a une erreur.

Avec une mobilité qui m'effraya, la physionomie jusqu'alors radieuse du marquis exprima tout à coup un profond désappointement.

— Je ne sais comment cela se fait, dis-je en balbutiant ; il faut donc que la princesse se soit trompée, car il me semble que je l'ai entendue prononcer votre nom.

— Malheureux ! c'est vous qui avez commis quelque méprise. Vous aurez laissé mon exemplaire à Paris !

— J'en ai peur.

— O fatale légèreté des Français ! Il faut absolument que je lise cet ouvrage. Bixio voudra-t-il me céder son exemplaire ? Dois-je écrire une épître de remerciement à la princesse, et puis-je le faire sans savoir si elle a pensé à moi ? Voyez dans quelle perplexité me jette votre étourderie !

Avouer au marquis que la princesse l'avait oublié, c'eût été lui enfoncer un poignard dans le cœur ; je préférai me laisser accuser, et je me rendis chez M. Bixio pour lui raconter ingénument mon embarras. Fort heureusement je trouvai en lui un homme calme et trop occupé de ses affaires pour s'émouvoir d'une dédicace.

— Rassurez-vous, me dit-il ; le marquis peut garder mon exemplaire autant qu'il lui plaira. Je le lirai après lui ; un seigneur de son mérite et de sa qualité doit être servi le premier.

— Et s'il écrit à la princesse ?

— Eh bien ! une épître en vers n'a jamais fait de mal à personne.

Cette réflexion me rendit mon sang-froid. Ainsi finit cet effroyable conflit, dont la vivacité du seigneur marquis était la véritable cause; mais ce fut aux dépens de ma réputation, car j'appris qu'on se plaignait amèrement de mon étourderie.

Un malheur bien plus grand m'était encore réservé dans cette fatale ville de Gênes. Un matin, je vois arriver un domestique en livrée qui m'apporte un *album*. Je m'empresse d'y écrire quelques lignes, et une heure après, je reçois une invitation à dîner pour le jour même. Le soir venu, je me trouve à table avec quinze autres personnes. En dépliant ma serviette, je fais voler en l'air un large papier plié en quatre, qui tombe à mes pieds. Aussitôt un regard de dépit m'avertit que je viens de blesser outrageusement un amour-propre d'auteur. Je m'empresse de ramasser le papier; j'y jette un coup d'œil, et je reconnais une pièce de vers à ma louange et en français. Le rouge me monte au visage. Plutôt que de consentir à donner moi-même lecture de ce morceau, comme on le souhaitait, j'aurais préféré en venir à l'extrémité pénible de demander mon passe-port et de gagner la frontière. Je cachai le papier dans ma poche, et ce fut un second grief. Au dessert, on me somma d'exhiber la pièce de vers, et il me fallut, sous peine d'encourir une disgrâce complète, en écouter la lecture. J'aurais voulu m'abîmer à cent pieds sous terre, comme don Juan dans l'embrassement du commandeur de marbre. Cette poésie, digne d'un meilleur sujet, fut applaudie à triple salve, et méritait cet honneur par la beauté des images et l'élégance fleurie du style, quoiqu'il s'y trouvât plusieurs vers de treize pieds, ce qui n'avait nul inconvénient, puisque je fus le seul à m'en apercevoir.

Hélas! si le succès ferma pour un moment la blessure de l'auteur, il ne fit point excuser ma maladresse et ma résistance. Je connus bientôt que je n'avais de pardon à espérer ni pour le quiproquo des exemplaires, ni pour l'incident funeste du papier que j'avais laissé choir sous la table. En descendant à minuit la rue des Orfèvres, je versais mes tristes pensées dans le sein de M. R..., jeune homme charmant dont la gaieté inaltérable s'évertuait à me consoler.

— A quoi tient, lui disais-je, l'amitié des poëtes ! Dans les griefs qu'on me reproche, je n'ai péché que par complaisance et par modestie. Tout à l'heure, si j'eusse prêté avidement mon nez aux coups d'encensoir, on m'estimerait donc davantage ?

— N'en doutez pas, répondit M. R..., car vous ne pouviez vous dérober aux coups d'encensoir sans en priver votre voisin. Mais aussi que venez-vous faire à Gênes ? Quelle inquiétude, quel besoin de changer de place vous éloigne de ce Paris où j'ai passé deux années de délices, dont ma fortune n'est pas encore guérie ? Être au boulevard de Gand ! ô rage ! n'y pas être ! comme dit le Charles-Quint de Victor Hugo. Entrer au bal de l'Opéra ! s'emporter aux explosions de l'orchestre Musard, comme un bon cheval au bruit du canon ! Souper au café Anglais avec ces bandes joyeuses, ces tablées turbulentes où pétillent l'esprit des hommes, les yeux des femmes et la mousse enivrante du vin de Champagne ! Et dans les douces nuits d'été retrouver encore le plaisir sous les arbres des jardins à la lueur des lanternes chinoises, à Enghien, à Asnières, à la fête des loups ! O Mabile ! ne pourrai-je donc plus fouler en cadence le sable fin de tes allées !

Et en parlant ainsi, M. R... hasardait sur les dalles de la rue des Orfévres ces pas si connus dans la banlieue de Paris et qui excitent au plus haut degré l'admiration et l'étonnement des populations méridionales. Les bonnes gens s'arrêtaient à le regarder, et disaient en riant :

— Voilà un *signor cavaliere* en belle humeur. Mais quelle danse est-ce cela ? je n'ai jamais rien vu de semblable.

— Les barbares ! disait le jeune *cavaliere;* ils ne connaissent pas les danses de Mabile !

— Pas si barbares, répondis-je. Ils ont, au contraire, l'intelligence ouverte et les instincts de l'homme civilisé. Que leur manque-t-il ? un peu de culture.

— Et de l'argent pour s'amuser.

— Le sentiment du plaisir vaut mieux que tout l'argent du monde.

— Au diable le sentiment du plaisir sans l'occasion de se divertir ! Rendez-moi Asnières et Mabile, ou laissez-moi pleurer.

— Pleurez Asnières, lui disais-je, et laissez-moi jouir de ce ciel admirable, des merveilles des arts et du spectacle nouveau que me donne à chaque pas cette population vivace dont vous n'appréciez pas l'excellent caractère. Sans bruit et sans frais, je serais à cette heure le plus heureux des hommes si je n'étais agité par le remords de mes fautes et le désir de les réparer.

— Le temps seul peut en effacer le souvenir, dit M. R... ; à votre place, je ferais une absence de huit jours. Voulez-vous partir demain pour la Spezzia et Sarzane, avec trois originaux qui cherchent un quatrième compagnon ? Il y a une vieille dame un peu *schietta*, un antiquaire fort savant et un curé républicain. En payant votre quart du loyer de la berline et des frais de poste, vous serez agréé avec reconnaissance. Je me charge d'arranger l'affaire.

J'acceptai cette proposition. Le lendemain, vers onze heures, la voiture vint me chercher à la *Croix de Malte*. C'était une bonbonnière du temps de Stradella. On mit mon bagage sur la planche où jadis avaient grimpé les laquais, et je montai à côté de l'antiquaire et du curé pour aller au domicile de la vieille dame. Près de l'église de San-Lorenzo, le carrosse s'arrêta devant une rue bien plus étroite que l'écart des roues. Deux servantes apportèrent une dizaine de paquets, dont on emplit les coffres. La douairière, tout essoufflée, arriva enfin, tenant sous le bras une mauvaise boîte en bois de noyer, qu'elle ne voulut pas même lâcher pour monter en voiture. Après avoir fait aux servantes cent recommandations inutiles, elle prit la place d'honneur que nous lui avions gardée, sa boîte sur les genoux pour plus de sûreté. Le postillon fouetta ses trois haridelles, et je partis le cœur gros, la conscience bourrelée, en donnant à Gênes ma bénédiction.

XIII

DE GÊNES A CHIAVARI

La rivière de Gênes. — Belle dissertation d'un antiquaire. — Nervi. — Un jésuite moderne. — Recco. — Rapallo. — La Madone de Montallegro. — Chiavari. — Les insectes.

On ne songe guère en Italie qu'il existe de l'autre côté de l'océan Atlantique une nation jeune et grande dont l'esprit réagit sur l'ancien monde, et qui a pour précepte d'attacher le même prix au temps qu'à l'argent. Le méridional en voyage compte pour rien les heures, et se dit qu'une fois en voiture on arrive toujours. Nous n'étions pas encore à un kilomètre de Gênes que déjà je m'irritais de la lenteur de notre véhicule gothique. Le postillon prenait le pas aussitôt que la route offrait l'apparence d'une montée. Je mis la tête à la portière pour lui demander s'il se moquait de nous, à quoi il me répondit que le relai était fort éloigné. Cependant, à la première descente je commençais à respirer en le voyant prendre le trot, lorsque la douairière ouvrit des yeux effarés; l'antiquaire et le curé, sortant la moitié du corps par les deux portières, crièrent comme des aigles :

— *Postiglione! la scarpa! la scarpa!*

Le postillon arrêta ses chevaux et descendit de son porteur.

— Excellences, dit-il, tâchez de vous entendre. Le seigneur français m'ordonne d'aller plus vite, et vous voulez que je mette le sabot!

— Misérable! dit la vieille dame, si j'étais homme, je te romprais les épaules pour t'apprendre à raisonner. Ce seigneur français ne t'a pas ordonné de nous jeter dans un abîme.

— Quel abîme, madame la comtesse? demanda le postillon; la route est superbe, et nous voilà tout à l'heure au bas de la côte.

— Fais ce qu'on te demande, interrompit l'antiquaire, et mets la *scarpa*.

Le postillon détacha le sabot retenu par une lourde chaîne, et nous descendîmes la côte au pas. Obligé de faire contre fortune bon cœur, je me demandais ce qui me pressait. Pour une demi-heure par poste de plus ou de moins, est-ce la peine de se fâcher, quand on a devant soi l'année entière, et davantage, à voyager sans autre programme que son caprice? Nous suivions le rivage du golfe de Gênes : des jardins bordaient la route traversée de loin en loin par des torrents qui couraient des montagnes vers la mer. Les rosiers grimpants étalaient leurs guirlandes de fleurs sur les façades des riches maisons de campagne. Le soleil, splendide sans être incommode, et la brise tiède qui agitait le feuillage des orangers, des oliviers et des magnolias, me faisaient oublier le mois de janvier. Les branches nues du figuier, de la vigne et du mûrier, étaient les seuls indices de l'hiver. Au milieu du bien-être de la nature entière, je sentis ma mauvaise humeur s'envoler, et je ne songeai plus à la *scarpa* qui ralentissait notre course dans ce pays enchanté. Je m'appuyai sur le velours râpé du vieux coche, et, tout en regardant la campagne, je prêtai l'oreille à la conversation, qui paraissait s'animer tellement, que nous aurions fait dix lieues à l'heure si les chevaux eussent joué des jambes comme les voyageurs jouaient de la langue.

— Nous la trouverons, disait l'antiquaire, à l'embouchure de la Magra, sur la rive droite de ce fleuve qui sépare la Ligurie de l'Étrurie. Sa position géographique et son importance sont déterminées par Pline le Vieux, Tite Live et Strabon.

— C'est singulier, dit le curé, je la croyais éloignée de la mer et sur la rive gauche de la Magra.

— De qui tenez-vous ces beaux renseignements?

— D'un domestique de ma sœur qui habite Sarzane.

— Cette autorité est respectable, sans doute, mais vous me permettrez de m'en rapporter à celles que je viens de vous citer. Il y a dans Pline le Vieux : *Etruriæ oppidum Luna.* La ville de Luni, que Pline a désignée sous le nom de *Luna,* était donc étrusque de son temps. Mais Tite Live raconte comment, pour punir les Liguriens de leurs excursions, le sénat de Rome leur enleva la ville de Luni, et l'enferma, par une nouvelle circonscription, dans le territoire étrusque. Les termes sont formels : *De Ligure captus is ager erat ;* sur la terre ligurienne étaient pris ces champs qu'on partageait aux citoyens romains. Or, puisque la Magra séparait les deux provinces de Ligurie et d'Étrurie, n'est-il pas évident que la ville de Luni, étant ligurienne, se trouvait sur la rive droite du fleuve? C'est donc là que nous devons en découvrir les ruines.

— Si elles existent, dit le curé.

— Il n'y a point de ville si bien détruite, reprit l'antiquaire, qu'il n'en reste quelque trace. Samarie elle-même n'échapperait pas à mes investigations, bien que Jean Hircan ait fait passer des rivières sur ses ruines, après l'avoir rasée de fond en comble. Montrez-moi l'embouchure de la Magra, et je vous mènerai à Luni, les yeux fermés. Lucain a dit, il est vrai, du temps de Néron, que cette ville était déserte...

— Alors, reprit le curé, on conçoit aisément qu'aujourd'hui elle ne soit pas fort peuplée.

— Oui, reprit l'antiquaire; mais dans la collection des médailles de Turin il y a des monnaies frappées à Luni sous le règne d'Adrien; ce qui prouve qu'elle avait repris son rang parmi les cités liguriennes. Par malheur, pendant l'invasion des barbares, un grand seigneur de cette ville devint amoureux d'une jeune fille du Nord qui avait suivi l'armée des Goths. Il la fit enlever; et comme les parents demandèrent justice à Alaric, ce roi envoya une horde de sauvages piller et incendier Luni; de là vient ce passage de Pétrarque où le poëte dit que la Ligurie expia chèrement l'outrage fait à une femme. Cependant cette nouvelle Troie sortit de ses ruines, puisqu'elle fut la résidence d'un évêque pendant les premiers siècles de l'Église. Elle serait encore debout sans le tremblement de terre de 746, l'excursion des Normands, la descente en Italie des Sarrazins et l'assaut des pirates hongrois.

— Voilà, dit le curé, de quoi effacer de la carte d'Italie quatre villes plus considérables.

— C'est ce qui vous trompe, répondit l'antiquaire en s'échauffant, puisqu'au douzième siècle on la retrouve sur pied. L'empereur Frédéric Barberousse s'y est reposé un moment, et en 1204 il y avait encore à Luni une église où des prêtres de Sarzane venaient dire la messe.

— Elle avait la vie dure, interrompit le curé.

— Si dure, qu'au quatorzième siècle la peste y trouva du monde à moissonner. Dans le siècle suivant, la *malaria*, causée par des marais du voisinage, expulsa de la ville tous les habitants qu'elle n'emporta pas : les uns émigrèrent à Gênes, d'autres en Toscane, et même en Espagne. Depuis lors, Luni, abandonnée aux ravages du temps, a disparu peu à peu ; mais, de loin en loin, on en découvre encore quelque vestige : tantôt c'est une pierre avec une inscription, tantôt c'est un fragment de vase, quelquefois même le soc de la charrue est arrêté par les fondations d'un monument.

— Vous aurez bien du malheur, dit le curé, si vous ne trouvez pas d'une ville si florissante un morceau gros comme le poing.

— Ne badinez pas : je vous montrerai un amphithéâtre dans l'enceinte duquel ont poussé des arbres trois ou quatre fois centenaires, et la base d'une tour garnie d'anneaux de fer où les navires de commerce venaient s'amarrer. Cette tour et ces anneaux ont été vus il n'y a pas deux cents ans.

— Il nous les faut ! s'écria le curé.

— Absolument, dit l'antiquaire.

— Peut-être, dit la douairière, les habitants de cette ville, dont vous parlez, ont-ils mérité par leurs péchés les châtiments du ciel.

— Cela ne me regarde pas, madame la comtesse, répondit l'antiquaire.

— Si André Doria n'a rien fait pour eux, reprit la dame, c'étaient sans doute des factieux.

— Croyez-le, si cela vous amuse. L'épithète de *feroces*, que les Romains donnaient aux habitants de ce pays, s'appliquait à tous les Liguriens; mais *ferox* en latin signifie aussi *fier*, et l'on n'est pas criminel pour avoir de la fierté.

— Corps du Christ! s'écria la douairière, à qui le dites-vous? Dans ce siècle, où l'on ne respecte plus rien, je soutiens que les personnes bien nées devraient redoubler de fierté. Pour moi, c'est mon système, et quand les petites gens me manquent, par Bacchus! je les traite comme des chiens.

— Madame la comtesse, dit le curé, ferait bien d'aller avec un fouet à la main.

— Il y a des moments, reprit la douairière, où je voudrais avoir un coup de fusil dans ma poche, sang de Madone!

Mon ami M. R... ne m'avait pas trompé : la vieille dame était un peu *schietta;* mais elle joignait à la simplicité d'esprit les grâces de langage d'une marchande de pommes. En devisant ainsi, nous arrivâmes dans un véritable jardin; les orangers, garnis à la fois de fruits et de fleurs, exhalaient des parfums délicieux, et les maisons de campagne montraient leurs façades peintes à travers des bouquets d'arbres au feuillage verni. Bientôt notre large coche entra dans l'étroite et unique rue de la ville de Nervi, encombrée de filets de pêcheurs et d'ustensiles de marine que la population étalait sur la voie publique avec un sans-gêne tout à fait italien. Le postillon en profita pour ralentir encore son train de tortue, et nous arrivâmes, après bien des vociférations et des querelles, devant une bicoque où les chevaux se reposèrent.

De toute la rivière de Gênes, Nervi est le bourg le plus favorisé par le climat. Le mont Moro et le mont Greco lui font un rempart qui lui procure un printemps précoce: le citronnier, le cédrat et tous les arbres à fruit y poussent en si grand nombre, que leur récolte est une des richesses du pays, avec les produits de la pêche. Le curé m'apprit qu'en été Nervi souffrait beaucoup de la sécheresse, et que les torrents des montagnes ne donnaient pas assez d'eau, pendant quatre mois de l'année, pour les roues des moulins ; mais les fontaines d'eau de source ne tarissent point, et j'en comptai jusqu'à quinze fort rapprochées les unes des autres. Bien que Nervi soit le chef-lieu d'un *mandamento*[1], on n'y trouve qu'une auberge, et si malpropre que je m'abstins prudemment d'y entrer. Comme le postillon m'assura que nous allions repartir *subito*, je compris que j'avais une bonne demi-heure devant moi, je me rendis à la cathédrale, où je vis d'assez belles fresques d'un peintre nommé Ratti, dont le nom m'était inconnu, plus un tableau de saint Cyr, martyr du règne de Dioclétien, par un autre peintre du pays appelé Banchieri, et aussi peu connu que le premier. Le maître-autel et les chapelles latérales étaient couverts de dorures ; on m'apprit que la sacristie renfermait un trésor provenant des libéralités de l'ancienne noblesse et gardé avec ce génie conservateur qui distingue l'Église italienne. Aujourd'hui, les familles des donateurs sont éteintes ou ruinées et déchues ; les seigneurs ont aliéné, divisé ou perdu leurs biens; mais la paroisse est restée riche, et les pêcheurs de Nervi vont encore à l'office divin dans un temple paré comme du temps des Doges.

Il fallut bien des cérémonies pour remettre en voiture la douairière, fort empêchée par son vieux coffret, dont elle ne voulait se séparer pour rien au monde. Je fus mal reçu, lorsque je proposai de la soulager de son fardeau, et le curé, qui aimait à rire, demanda de quel saint étaient les reliques enfermées dans cette boîte. Une rebuffade lui ferma la bouche, et nous reprîmes en silence le chemin de Chiavari. Le pays devenant montueux, je saisis l'occasion

[1] En tenant compte de la grandeur relative des deux États de France et de Piémont, le *mandamento* répond à peu près à l'*arrondissement*.

de mettre pied à terre. J'entendis bientôt marcher derrière moi. C'était le curé ; il me fit signe de l'attendre.

— Enfin, me dit-il, je trouve donc l'occasion de causer seul à seul avec votre seigneurie ! Il y a de l'agitation dans l'air, n'est-ce pas ?

— Oui, répondis-je ; le vent devient plus fort à mesure que nous montons.

— Elle ne m'entend pas, votre seigneurie, reprit le curé ; je parle de l'agitation des esprits.

— En effet, je ne vous comprenais pas.

— Que fait-on en France ?

— Toujours la même chose. On se dispute les portefeuilles et les emplois ; on accuse à la tribune le ministère qui ne s'en émeut pas ; on marchande les votes ; le budget passe ; les journaux crient. On se marie pour une dot ; on fait cent bassesses pour avoir de l'argent ; on mange, on dort, on s'ennuie et on engraisse.

— Et cela dure depuis plus de quinze ans ! dit le curé en poussant un soupir. Nous nous plaignons de votre léthargie. Est-ce que vous ne renverserez pas ce ministère, qui avoue insolemment qu'il ne vous accordera rien ?

— Il a la majorité.

— A la chambre, mais non dans le pays.

— Oh ! si vous parlez des moyens extrêmes; quand on les emploie, dans notre pays, on a la main lourde. Il y a dix ans, un journal annonça hautement son intention de détruire la librairie, et il a réussi à détruire la littérature. En voulant changer un ministère, il pourrait bien nous arriver de changer la forme du gouvernement.

— Nous comptons un peu sur vous, dit le curé. A quand la république française?

— Dans un siècle ou deux ; nos arrière-neveux la verront peut-être.

— Vous la verrez, et moi aussi.

— Votre imagination va vite en besogne.

— Je suis, dit le curé en déclamant, je suis ce *jésuite moderne* imaginé par Gioberti, ce jésuite qui a pris pour devise l'affranchissement et la résurrection de l'Italie. Tout ce que saint Ignace a fait pour l'Église, je le voudrais tenter pour notre mourante patrie [1]. Dans ce but légitime, il faut donner ses forces, sa fortune, sa volonté, sa vie, s'il en est besoin; obéir passivement, comme le bâton dans la main, comme le cadavre inerte qu'on tourne et retourne; et pour entrer dans cet ordre nouveau, il n'y a point de noviciat à faire, point de robe à prendre, point d'agrément à postuler, point d'examen à subir ni de serment à prononcer. On se déclare soi-même initié, reçu et confirmé; on n'a plus une pensée, on ne fait plus un geste, un pas, une entreprise qui ne soit dans l'esprit de cet ordre et ne tende vers le but proposé par le fondateur. On avance toujours, pour apporter son grain de sable à l'œuvre générale; si l'on tombe en route, ce n'est qu'un ouvrier de moins.

— Tout cela, monsieur le curé, est bon à dire à ces rochers muets et à cette mer discrète.

— Je le sais bien. Sans la robe que je porte, on m'aurait déjà enfermé dans quelque forteresse; mais je suis de force à manger le pain de la prison. Un jour, je faisais à mes paroissiens un petit sermon sur l'humilité chrétienne, et après leur avoir dit combien cette vertu est agréable à Dieu, j'ai ajouté, en changeant de ton : « Mais si l'humilité est louable dans l'individu, elle devient une faiblesse et un vice dans une nation, qui ne saurait atteindre le rang qu'elle mérite si elle ne se croit digne de l'occuper. Soyez humbles comme hommes; mais, lorsqu'il s'agit de votre qualité d'Italiens, ne craignez point de relever la tête; ne laissez point vos esprits et vos cœurs s'abattre. Cet orgueil-là engendre d'autres vertus et vous sera pardonné. » J'avais pris le sujet de ce discours dans le premier cha-

[1] *Il Gesuita moderno* ne parut qu'en 1847; mais on savait déjà que Gioberti travaillait à cet ouvrage.

pitre du *Primato*. L'évêque me fit appeler. Il m'avoua tout bas que j'avais raison, mais que, pour donner satisfaction aux autorités, il se voyait dans la nécessité de m'infliger une réprimande. Trois mois plus tard, je m'échappai encore dans ma chaire; on m'ôta ma cure, et je vais passer quelque temps à Sarzane, chez ma sœur, en attendant que l'affaire soit oubliée. Ce qu'il ne m'est plus permis de dire à l'ombre d'une église, devant cent personnes réunies, je le dirai dans la conversation, séparément, à plus de cent personnes, et cela reviendra au même; je le répéterai sans cesse à tout ce que je rencontrerai de jeune, de généreux, et qui aura des oreilles pour m'entendre. Si le ciel m'eût fait naître en France ou en Angleterre, où l'orgueil n'est que trop excité, pareille idée ne me serait point venue; mais dans ce pays foulé aux pieds, ai-je donc tort de vouloir relever le sentiment de la dignité nationale? Ma conscience de chrétien et d'Italien me dit que non; voilà ce que j'appelle apporter mon grain de sable à l'œuvre générale.

— Y a-t-il beaucoup d'hommes comme vous dans le clergé? demandai-je au curé.

— Plus qu'on ne le pense, répondit-il; non pas sous les mitres et les barettes, mais parmi les humbles prêtres. Nous ressemblons à ces pauvres officiers français de 1814, qui brûlaient du désir de verser le reste de leur sang, tandis que l'empereur Napoléon ne trouvait plus que le silence et la froideur dans le conseil des grands maréchaux. Mes sentiments vous étonnent peut-être?

— Ils m'inquiètent pour votre avenir.

Le cocher, qui avait repris le trot, interrompit ces confidences; nous remontâmes en voiture, et le curé se remit gaiement à taquiner l'antiquaire sur les ruines de Luni et la vieille comtesse au sujet du trésor enfermé dans son coffret. J'aperçus bientôt une flottille de barques à l'ancre, dont les mâts se balançaient comme des peupliers agités par le vent; nous entrâmes par une rue mal bâtie dans la ville de Recco. Ce point de la côte, encore plus favorisé que Nervi, passe pour un petit paradis terrestre où les rhumes et maladies de poitrine sont inconnus. L'aspect de la ville me parut agréable, et les mines des habitants annonçaient en effet la bonne humeur et la santé. Recco est situé à la base d'un cap qui s'avance dans la mer et qui forme plusieurs anses commodes pour les navires. La population entière du cap vit de la pêche des anchois, qui circulent par bancs innombrables le long des rives de la Toscane. Souvent sept à huit cents barques partent à la fois des environs de Recco pour l'île Gorgona, et quand le temps est beau et la pêche heureuse, le retour de ces expéditions ressemble à une fête maritime.

Au milieu de constructions laides et irrégulières, on trouve à Recco trois ou quatre beaux monuments : l'église de Saint-Michel, Notre-Dame-du-Suffrage et San-Francesco, qui rappelle, par son style gothique pur, le Saint-Séverin de Paris. Un couvent attenant à l'église contient un petit nombre de frères *mineurs* qui atteignent souvent, m'a-t-on dit, un âge très-avancé, grâce à la vie paisible et réglée de leur maison et à l'air excellent qu'on y respire. Le voisinage de la mer et la belle promenade appelée le *Pero* devraient attirer à Recco tous ces malades dont les médecins se débarrassent pour qu'on ne les voie pas mourir entre leurs mains; il en reviendrait plus que de Nice et des Eaux-Bonnes. A peu de distance, dans le petit port de Camogli, est une église dont l'intérieur, en marbre de Carrare, contient plusieurs statues remarquables. Dans les ruines de l'ancienne abbaye de San-Fruttuoso, situées sur le promontoire, se trouvent les tombeaux des Doria.

Il était près de trois heures lorsque notre véhicule, attelé de trois haridelles fraîches, sortit enfin de Recco. Le paysage changea subitement et prit un aspect triste et désolé. Nous traversions la base du cap de Porto-Fino, qui se compose d'une masse énorme de rochers nus et stériles, et dont les flancs déchirés par la mer s'ouvrent en cavernes profondes. Dans les jours de tempêtes, ces écueils doivent offrir un spectacle admirable; mais rien ne troublait alors le calme de la Méditerranée; à peine si la brise formait quelques plis moelleux sur sa robe d'azur, et les écueils de granit ressemblaient à des monstres marins tenant conseil sur le rivage. Ce lieu terrible est célèbre dans les annales de Gênes par une bataille navale que la république y perdit contre les Vénitiens au quinzième siècle. L'amiral génois y fut fait prisonnier avec l'élite de toute la noblesse. Cette plage porte encore le souvenir d'une grande infortune. Brantôme raconte que François Ier, vaincu à Pavie, fut amené par Charles de Lannoy au cap de Porto-Fino. Les gens du pays disent qu'il demeura pendant une nuit au couvent des bénédictins de Cervara, en attendant le vaisseau qui devait le conduire en Espagne; on me montra de loin la place où devait être ce couvent abandonné, et en rêvant au désastre de Pavie je ne pus m'empêcher de m'écrier, comme si le roi m'eût entendu: « Pourquoi diable aussi n'avez-vous pas suivi les avis de La Trémouille, au lieu d'écouter ce fou de Bonnivet et de courir au feu, comme si vous aviez besoin de faire vos preuves! » Mais je sentis le mauvais goût de ce reproche inutile, et j'ôtai mon chapeau devant l'asile du courage malheureux.

En sortant du désert de granit, nous venions de retrouver la nature exubérante, la végétation du Midi et les maisons de plaisance. Près du hameau de Sainte-Marguerite est une villa magnifique, appartenant aux descendants de ces Centurione que Fiesque voulait renverser. L'église de ce village possède un vase antique extrêmement curieux, sur lequel est sculptée la figure de Mithras, — l'Apollon des Perses, — au milieu de palmiers et de plantes orientales dont un groupe de cygnes paraît manger les rameaux. Une belle statue de sainte Marguerite par un maître inconnu, et un tableau de Piola le père, ornent encore cette petite paroisse, à laquelle il faut joindre celle de Saint-Jacques pour former une commune.

Nous avions fait arrêter si souvent la voiture, que le jour commençait à baisser lorsque nous arrivâmes à Rapallo. Comme il eût été imprudent de vouloir dormir dans ce bourg, j'eus le regret d'en partir sans avoir pu faire un pèlerinage à la Madone de Montallegro, dont le sanctuaire est situé dans la montagne, à une heure de marche. Voici ce que m'apprit mon compagnon l'antiquaire sur cette célèbre Madone. En 1557, on construisit à Montallegro une église pour y déposer l'image religieuse, qui passe pour la plus ancienne de l'ère chrétienne, et qu'on attribue à un artiste grec du Bas-Empire. Ce tableau représente un de ces épisodes qui ne sont point dans les Écritures, et que les légendes ont imaginés, sur les dernières années de la Vierge Marie. Suivant la légende, la mère du Sauveur aurait fait de grands voyages après la mort de son fils. Un vaisseau de Raguse, sur lequel elle aurait pris passage, aurait sombré dans la Méditerranée. Des pêcheurs du golfe de Gênes auraient recueilli la sainte Vierge, soutenue miraculeusement sur les flots par l'intervention du Saint-Esprit. L'artiste grec, oubliant que dans un prodige la vraisemblance devient inutile, a donné au Saint-Esprit la forme d'un homme, et non celle d'une colombe, selon la tradition de l'Église romaine. L'image pourrait donc être considérée comme schismatique, et serait mieux placée en Orient que dans un temple catholique; cependant la vénération que lui portent les habitants de Rapallo et des villages voisins a obtenu grâce pour elle à la cour de Rome. Le lieu présumé du naufrage de la Vierge étant la côte voisine de Montallegro, selon la légende populaire, on a choisi cet endroit pour y bâtir une chapelle, en commémoration du miracle.

Bien nous prit de n'être point allé faire nos dévotions à la Madone grecque, car la nuit était fort noire quand nous arrivâmes à Chiavari, fatigués et affamés. Dans cette ville de dix mille âmes, nous trouvâmes une auberge passablement malpropre, où l'on nous offrit un souper détestable, des chambres que le balai ne visitait jamais et des lits suspects. Au rebours du La Rancune de Scarron, qui assure qu'une mauvaise nuit est bientôt passée, je trouvai le temps fort long, et dès le point du jour, qui, par malheur, se levait tard, je battis en retraite devant les habitants des meubles vermoulus pour aller respirer un air pur sur la place de la Citadelle. Avant d'être une ville, Chiavari se réduisait à une simple forteresse bâtie par les Génois dans le but de contenir leurs voisins, les seigneurs de Lavagna. Aujourd'hui la citadelle est devenue prison, et l'enceinte fortifiée a été dépassée par les constructions modernes. Toujours cherchant l'air respirable, je rencontrai l'église de Saint-François, placée sur un tertre où l'on monte par des allées garnies d'arbustes, comme un jardin taillé en labyrinthe. C'est le site le plus riant de la ville et la promenade publique. Dans une autre église, dédiée, je crois, à saint Jean-Baptiste, je retrouvai des peintures des frères Carlone, ces travailleurs forcenés qui prenaient encore le temps de commettre des crimes en faisant tant de besogne. Après avoir regardé, dans l'église de la Madone *dell' orto*, une belle colonnade de marbre vert, je rentrai à l'auberge pour presser le départ. La douairière, toujours portant son coffret dans ses bras, se débattit avec l'hôtelier pour une pièce de huit sous; mais lorsque je me plaignis des insectes, on me demanda ce que je voulais dire; d'où je conclus qu'en Italie les animaux nocturnes ne mangent avec un véritable plaisir que les étrangers.

XIV

DE CHIAVARI A SARZANE

Lavagna. — Coutume barbare. — Épouvantable aventure du *bigame*. — Rade de la Spezzia. — Projets de Napoléon. — Vue du cap de Porto-Venere. — L'énigme du coffret. — Valeur de l'ivoire. — Les ruines de Luni. — Méchanceté de la Magra. — Sarzane. — Le pape Nicolas V. — Les pères des lettres. — Poggio. — Le bugiale. — Carrières de Carrare. — Embrassements d'un curé.

Les chevaux, animés par la fraîcheur du matin, nous menèrent en une demi-heure à Lavagna, où Jean-Louis de Fiesque avait ses grands biens. Les seigneurs de Lavagna étaient si nombreux et si puissants dès le douzième siècle, qu'à certaines élections de la république, ils se présentèrent dix à la fois, et tous accompagnés d'un cortége de serviteurs qui effraya les citoyens de Gênes. Ils se comportèrent avec tant de hauteur, qu'on jugea nécessaire de lever une armée pour les soumettre. Leurs châteaux furent démantelés, mais on ne leur infligea d'autre punition que de les incorporer dans la noblesse de Gênes, où ils s'emparèrent des premiers emplois de la république. On reconnaît encore, à la beauté des constructions, à la richesse des églises, au pont jeté sur le torrent de l'Entella et au magnifique campanile de San-Salvatore, la générosité fastueuse des anciens comtes de Fiesque. Tous ces dons à la ville de Lavagna sont antérieurs à la catastrophe de Jean-Louis.

Nous avions changé de chevaux à Bracco, et nous sortions de ce bourg, lorsque notre coche fut arrêté par un rassemblement qui encombrait la route. Je demandai ce que c'était, et le postillon me répondit qu'on menait en procession un bigame. A ces mots, le curé s'empressa de descendre, en me priant de l'aider à empêcher cette brutale cérémonie.

— La bigamie, lui dis-je, est un cas grave, sinon pendable, et je n'ai pas envie de me battre pour un gaillard qui a mérité les galères.

— Vous ne savez pas de quoi il s'agit, répondit le curé en sautant hors de la voiture. Il faut absolument prendre la défense de ce malheureux.

— Puisque vous y tenez, dis-je en mettant pied à terre, lançons-nous dans cette aventure de grand chemin, comme des chevaliers errants; mais je crains fort que nous en sortions avec les étrivières.

— Apprenez, reprit le curé, qu'on appelle *bigame*, dans cette province, un veuf qui se remarie. Cet homme qu'on insulte n'a commis d'autre crime que d'épouser une femme qu'il aime; c'est donc une injustice et un tort que je vous invite à redresser.

— Alors, montrez-moi le chemin; je suis prêt à me faire casser bras et jambes.

Sur ces entrefaites arriva la procession, qui se dirigeait vers le bourg. Un effroyable charivari d'instruments de cuisine représentait l'orchestre. A la suite venait une bande de paysans, de femmes et d'enfants, dont les hurlements et les sifflets produisaient un vacarme qui fit pâlir le curé. Au centre du rassemblement, j'aperçus un homme de quarante ans, d'une figure classiquement belle, et dont les traits mâles étaient décomposés par la rage. Ses habits de fête déchirés et couverts de poussière témoignaient qu'il n'avait cédé à la violence qu'après une lutte désespérée. On l'avait attaché sur un âne avec des cordes, le visage tourné du côté de la queue, et on le menait ainsi à reculons. Derrière sa monture, une horde en guenilles l'accablait d'injures, et les femmes se signalaient au premier rang, comme il arrive toujours dans les émeutes où il n'y a que du mal à faire et point de danger à courir. En voyant une voiture de poste arrêtée sur la route et des *gens de qualité* parmi les spectateurs de son avanie, la victime parut éprouver un redoublement de douleur et de honte. Ce malheureux nous jeta un regard oblique, où je sentis que son cœur se serrait et qui me pénétra jusqu'au fond de l'âme. Je m'élançai au devant de lui, suivi du curé; la foule s'écarta, pensant que nous voulions payer aussi notre part d'outrage; on nous fit place, et on se tut pour nous écouter. Le curé prit la parole d'une voix altérée.

— Depuis quand, dit-il, est-ce une faute ou un crime que de se marier une seconde fois lorsqu'on a perdu sa première femme? Croyez-vous donc que l'Église accorderait sa bénédiction à une union scandaleuse et immorale? Il vous appartient bien, ignorants que vous êtes, de censurer ce que les lois approuvent! Vous ne savez pas que du temps où Dieu daignait parler à son peuple, il était non-seulement permis, mais encore commandé de donner une seconde mère à des enfants orphelins. Le patriarche Abraham s'est marié trois fois, et le Seigneur a béni ses trois mariages en lui accordant des fils de toutes ses femmes. Si cet homme avait le cœur moins bon et moins honnête, vous l'excuseriez donc de vouloir séduire la fille qu'il aime au lieu de lui offrir publiquement son nom et sa main? Retirez-vous; vos insultes s'adressent à Dieu, à l'Église et aux lois. Je vous ordonne de cesser ce jeu barbare, dont l'infamie retombe sur vous.

Une bordée de sifflets interrompit le discours, et la détonation d'une arme à feu fit tressaillir l'orateur.

— Ne vous intimidez pas, dis-je tout bas; c'est un coup de fusil à poudre.

— Il ne manquerait plus que d'outrager le saint habit que je porte! reprit le curé avec énergie. Quelle opinion aura de vous ce seigneur français, qui vient ici pour admirer les merveilles de notre civilisation? Il va se croire dans une tribu de sauvages; que dis-je? parmi des bêtes féroces.

Cette belle manœuvre oratoire faillit me coûter cher, car les femmes se mirent à crier qu'il fallait assommer le *cane francese*.

— Mais non, poursuivit le curé en reprenant haleine, vous êtes de braves Italiens égarés par l'ignorance, et vous allez comprendre la stupidité de cette coutume sacrilége. N'en doutez pas, seigneur étranger, ces bonnes gens ont agi sans réflexion, et déjà l'erreur se dissipe...

Tandis que l'orateur cherchait à éveiller la sensibilité de l'auditoire, j'avais dénoué les cordes qui attachaient le patient, et je l'entraînais par le bras vers la berline de poste. On ne comprit ce que je voulais faire qu'en le voyant monter sur le siége. Un athlète aux manches retroussées vint se placer devant les chevaux ; je me dépêchai de grimper à côté du *bigame*, et comme j'aperçus le curé qui essayait de refermer la portière, après avoir opéré sa retraite dans la voiture, je criai *avanti!* L'athlète aux bras nus s'écarta aussitôt que le postillon eut levé son fouet, et la peur aidant, tout l'attelage partit d'un train qui méritait incontestablement le nom de galop. J'entendis bientôt des cris perçants; c'était la douairière qui jugeait à propos de s'évanouir ; mais, cette fois, elle eut beau demander la *scarpa*, le postillon n'écouta rien. Quant au seigneur antiquaire, la frayeur l'avait rendu muet, et il se tâtait pour découvrir en quel endroit du corps le coup de feu tiré dans la bagarre l'avait atteint.

Pendant ce temps-là, mon voisin se remettait de son émotion. Lorsqu'il eut essuyé les grosses larmes qui coulaient de ses joues basanées, il m'exprima sa reconnaissance avec une vivacité qui me toucha.

— D'où vient, lui dis-je, cet usage grossier d'outrager ainsi les veufs qui se remarient?

— Je n'en sais rien, Excellence, répondit-il. Cela remonte aux temps les plus reculés.

— Il faut que vous aimiez beaucoup votre femme, pour avoir bravé ces mauvais traitements.

— Je l'aime passionnément, Excellence.

— Eh bien ! pour vous acquitter du petit service que je vous ai rendu, faites-moi le récit de vos amours et de votre mariage.

— C'est une histoire bien simple, Excellence. Je travaille à la terre chez un cultivateur de Bracco, et j'habite près du bourg une maisonnette dont je paye le loyer fidèlement, parce que j'ai du courage, et qu'avec la protection de la Madone, je joins les deux bouts de l'an, malgré la fatigue. A vingt-cinq ans, ennuyé de vivre seul, j'épousai une fille aussi pauvre que moi. Le ciel sait que nous avons vécu en bonne intelligence. Elle était douce et je l'aimais. Pendant dix ans je la crus stérile, et je n'osais m'en plaindre, à cause de la misère, lorsqu'elle eut un fils qu'elle fut obligée de nourrir elle-même. L'épuisement lui donna une fièvre, dont j'ignore le nom, et qui l'emporta en quinze jours. J'eus toutes les peines du monde à élever l'enfant, qui tomba malade à son tour; cependant la sainte Vierge eut pitié de son innocence et je le sauvai. Lorsque j'allais aux champs, je le laissais à une voisine charitable, et le soir je lui donnais tous les soins que je pouvais. Il arriva ainsi à l'âge de trois ans, et devint beau et fort, comme s'il n'eût jamais manqué de rien.

Un jour, il y avait fête au bourg de Moneglia, que vous voyez là-bas sur votre droite. Je pris l'enfant par la main et je le menai avec moi, chez un cultivateur de mes amis nommé Matteo. Je vidais avec ce camarade une bouteille du vin du pays, lorsqu'il frappa son verre sur la table en me disant :

— Écoute, Andrea : tu es encore jeune, et de plus économe et laborieux; une maison sans femme ne va jamais comme il faut; tu devrais te remarier. Je te chercherai, si tu le souhaites, une honnête fille qui n'aura pas peur des mauvais plaisants, et d'ailleurs tu es assez robuste pour payer à coups de poing la contribution du *bigame*.

Je répondis que, sans m'inquiéter des mauvais plaisants et de la contribution du bigame, je ne me remarierais pas, à moins de devenir amoureux. Tandis que nous causions, je m'aperçus que le petit garçon nous avait quittés, et je sortis pour courir après lui. Je le trouvai devant la maison, sur les genoux d'une fille, belle comme Vénus, parée de sa robe de fête, avec des fleurs dans ses cheveux, et qui caressait et embrassait l'enfant. Je restai immobile en face de cette jeunesse, sans pouvoir prononcer un seul mot. Elle ne parut pas remarquer mon trouble, et levant ses grands yeux noirs, elle me regarda fixement.

— Ne craignez point, me dit-elle, que je fasse aucun mal à votre enfant, car je sens une envie de l'aimer comme si j'étais sa mère.

— Il ne tient qu'à vous de le devenir, répondis-je en balbutiant.

Alors elle souleva de terre le bambin, qui était lourd, et elle entra dans la maison d'un air si alerte, que je fus charmé de la voir robuste autant que belle. J'appris de mon compagnon Matteo qu'il avait fait venir cette fille dans l'intention de me la montrer, et cependant je ne pus m'ôter de l'esprit que cette rencontre à l'instant même où nous parlions de mariage ne serait pas arrivée sans une volonté particulière de la Madone. Pendant un mois, je vins tous les soirs à Moneglia faire ma cour à la belle fille, avec l'agrément de ses parents. On ne me connaissait pas dans ce bourg, et nous avions bien gardé le secret. J'espérais échapper aux insultes en me mariant de grand matin à une lieue de mon pays; mais aujourd'hui, avant que le soleil fût levé, tous les vauriens et les fainéants de Bracco s'étaient rassemblés sur la place de l'église à Moneglia. Ils me sommèrent de payer la contribution du *bigame,* qu'ils avaient taxée à douze écus *pisis*. Je ne possédais pas la moitié de cette somme. On se jeta sur moi, et malgré les coups de poing que je distribuai à ces canailles, on vint à bout de me lier sur un âne, pour me ramener à Bracco, où j'aurais enduré toutes sortes d'injures et de mauvais traitements. Votre généreuse seigneurie sait le reste,... et à présent, si elle veut me remettre à terre, je retournerai par ce chemin de traverse à Moneglia, où ma fiancée doit être dans les pleurs.

Je commandai au postillon d'arrêter; mais au lieu de descendre, maître Andrea me regarda d'un air piteux en tendant la main.

— Excellence, dit-il, pour mettre le comble à votre générosité, pour réparer le dégât de mes habits, pour sécher les larmes de mon épouse... qu'elle me donne un *pezzo di moneta,* votre bienfaisante seigneurie... mon histoire et mes malheurs l'ont intéressée.

— Ah ! drôle, cria le curé, voilà déjà que tu quémandes ! Ne lui donnez rien, seigneur français.

Il était trop tard ; je venais de glisser une pièce de monnaie dans la main du *bigame* sauvé. Andrea sauta légèrement à terre.

— Et vous, dit-il au curé, *m'abandonnerez-vous d'une petite aumône,* ô mon brave et éloquent défenseur ?

— Tu n'auras pas seulement un demi-centime, répondit le curé. C'est pour l'honneur du pays que j'ai pris ta défense ; mais je te méprise, et si je savais détruire en ta personne cette humeur mendiante qui fait la honte de l'Italie, je t'étranglerais de mes deux mains.

— Et leurs excellentes seigneuries ? dit Andrea en regardant l'antiquaire et la vieille dame.

— Cent coups de bâton pour toi, répondit la douairière.

— Mille grâces ! mille remercîments ! reprit le paysan d'un air narquois ; que le ciel bénisse toutes vos seigneuries et leur accorde un voyage semé de jasmin et de roses.

Et maître Andrea partit pour son village en courant comme un lièvre. Tel fut le dénoûment peu tragique de cet incident que Michel Cervantes aurait appelé l'épouvantable aventure du bigame.

Depuis Lavagna, nous avions perdu de vue la Méditerranée ; après avoir changé deux fois de chevaux, nous la retrouvâmes tout à coup en arrivant à la Spezzia, au fond de la rade la plus belle de l'ancien monde. Les nations industrieuses commettent parfois d'étranges oublis. Il n'est personne qui, en voyant la Spezzia, n'ait été frappé de son importance géographique. La nature y a laissé si peu de chose à faire à l'homme, qu'on s'étonne de n'y pas trouver une ville florissante et des milliers de navires. Cependant, depuis environ six mille ans (selon l'évaluation du savant M. Babinet) que la dernière convulsion du globe a tracé le dessin de ce golfe, les hommes n'ont point voulu tirer parti de sa belle situation, et il n'y a pas d'apparence que d'ici à longtemps cette négligence soit réparée, tant l'habitude, la routine et les mesquines considérations de voisinage et de rivalité ont de puissance ! L'empereur Napoléon, à qui rien n'échappait, avait marqué sur la carte la place où serait un jour le Brest de l'Italie. Le plan des travaux dressé par son ordre existe encore quelque part. On lui représenta que ce serait une concurrence formidable pour Toulon. Il insista, et les premiers fonds nécessaires furent donnés. Malgré sa ferme volonté, à laquelle on ne résistait pas facilement, les travaux furent menés avec une lenteur calculée; la force d'inertie triompha, et les événements de 1815 entraînèrent après eux l'abandon de ces vastes projets.

Au premier coup d'œil, la rade de la Spezzia ne paraît pas aussi à l'abri d'une surprise que celle de Brest, dont l'entrée, fermée par deux promontoires, n'offre qu'une ouverture étroite sur l'Océan. Mais le large passage de la Méditerranée dans le golfe de la Spezzia est gardé par l'île triangulaire de Palmaria et par deux îlots appelés le Tino et le Tinetto. En supposant que cette première ligne de défense pût être forcée, les vaisseaux ennemis auraient encore à franchir une seconde ligne plus redoutable, celle des batteries de Lerici et de Porto-Venere, qui forment deux angles saillants avançant l'un vers l'autre. Des feux croisés pourraient être combinés de divers points de la côte, tant sur le promontoire que sur la terre ferme, de façon à rendre le passage impossible, en sorte que les vaisseaux à l'ancre dans les cinq anses et les arsenaux ou chantiers situés au fond du golfe n'auraient rien à craindre. En 1569 et en 1606, la république de Gênes fit construire dans la rade les deux forts de Santa-Maria et de San-Francesco, l'un au-dessus du lazaret, et l'autre à la pointe *delle Grazzie.* Les Anglais, qui vinrent avec tant de courtoisie offrir leur protection à la ville de Gênes, en 1814, détruisirent tous les ouvrages de défense de la Spezzia, excepté un seul fort trop solidement construit, et qu'ils n'eurent pas le temps de raser. Les travaux commandés par Napoléon étaient évalués à vingt millions cent dix mille francs. De cette somme énorme, deux cent quarante-sept mille sept cents francs seulement ont été payés et employés à l'érection d'un fort et de quatre batteries. C'était à peu près la centième partie des dépenses projetées, et pourtant ce faible commencement d'exécution a donné assez d'ombrage à l'Angleterre, pour la décider à un de ces actes de violence qui, pendant les guerres de l'empire, ont trop souvent déshonoré son pavillon.

Du moins le vandalisme politique ne dévaste que les ouvrages de l'homme, et il n'y a ni bombes ni fusées qui puissent anéantir ce que la nature a taillé dans le granit qui borde les côtes de la Méditerranée. Du haut du promontoire de la Spezzia, qui s'élève à cinq cents mètres au-dessus du niveau de la mer, le voyageur jouira, jusqu'à la prochaine révolution du globe, du spectacle le plus beau que l'imagination puisse rêver. Au-dessous de lui, du côté de la terre, il verra l'immense bassin du golfe avec ses anses et ses sinuosités capricieuses; au delà les montagnes de l'Apennin, dont les cimes bornent l'horizon et se détachent en nuances diverses sur le fond bleu du ciel. En face de lui, si le temps est pur, il pourra découvrir avec une lorgnette la tour penchée de Pise et les dômes de Livourne. Derrière lui, le grand phare de Gênes, et à sa droite la pleine mer, dont une ombre interrompt la ligne d'horizon : cette ombre est la pointe de l'île de Corse où Bastia est assise.

La douairière, qui nous avait accompagnés bravement dans notre ascension sur le promontoire, consentit à terminer la promenade par un *giro* en barque le long des rives de la rade. Son coffret, qui ne l'avait point quittée, faillit lui procurer un bain de mer, lorsqu'elle voulut passer, sans le secours de personne, sur la planche de l'embarcation. Le curé, toujours disposé à rire, me dit à l'oreille, en voyant les simagrées de la vieille dame, qu'il donnerait bien le prix d'une messe pour connaître le contenu de cette boîte. Il se trouva que la barque était une coquille de noix, qu'un enfant de douze ans menait avec deux petites rames. A vingt brasses du port, un mouvement léger de balançoire se fit sentir, et la douairière, partagée entre la préoccupation du coffret et l'envie de chercher des points d'appui, commençait à se repentir de sa témérité. Au bout de dix minutes, elle demanda instamment à revenir en arrière; mais avant que la barque fût rentrée dans le port, la pauvre dame changea de visage; une angoisse mortelle lui ôta les forces et la voix; elle tomba pamée dans les bras du curé. D'une main défaillante elle tira de sa poche une petite clef qu'elle me présenta en me faisant signe d'ouvrir le coffret. Dans cet abandon je reconnus la puissance terrible du mal de mer, qui triomphe du courage de l'homme et de la réserve de la femme. La boîte mystérieuse s'ouvrit devant trois témoins, dont les regards révélaient l'indiscrète curiosité. Quelle fut notre surprise en voyant que ce trésor si bien gardé se composait d'ustensiles de toilette en mauvais état, d'un pot de rouge et d'un vieux flacon d'eau de Cologne! C'était de ce flacon que la bonne dame attendait son salut. On le lui mit sous le nez; mais le retour à terre produisit un effet plus sûr que le spécifique de Farina. A peine débarquée, la douairière s'empressa de fermer son coffret, et remit la clef dans sa poche.

— Assurez-vous au moins qu'il ne vous manque pas une brosse ou un peigne, dit le curé en riant. Des objets si précieux pourraient éveiller la cupidité.

— Apprenez, répondit la dame avec colère, que tous ces objets sont en ivoire.

Je me souvins d'avoir entendu dire à mon grand-père que, de son temps, l'ivoire coûtait fort cher, et cet antique préjugé, qui vivait encore dans la tête de la douairière, m'expliqua l'énigme du coffret.

L'ascension au cap de Porto-Venere nous ayant retardés, nous arrivâmes au milieu de la nuit à Sarzane. Au moment d'entrer dans cette ville, l'antiquaire, qui veillait, aperçut une rivière, et se mit à crier : *la Magra!* comme s'il eût découvert les sources du Nil. Le lendemain, de grand matin, il vint frapper à ma porte et me proposer une promenade aux ruines de Luni. Le curé était déjà debout. Notre voiture, attelée de deux chevaux, nous conduisit, par la route de Lerici, sur le bord de la Magra, et nous descendîmes à pied sur la rive droite du fleuve. Nos regards investigateurs ne reconnurent que des champs, des buissons et des arbustes. Le seigneur antiquaire examina scrupuleusement des cailloux de l'espèce la plus commune et se frappa le front d'un air embarrassé.

— Je ne vois pas, lui dis-je, la tour aux anneaux de fer, ni l'amphithéâtre environné d'arbres.

— Patience, me répondit-il; voici des marques d'alluvions et de dunes. Le terrain s'est beaucoup modifié depuis des siècles. Nous sommes au delà des ruines de Luni.

— Aurions-nous traversé une grande ville sans y faire attention? dit le curé.

Sur la parole de Tite-Live, nous retournâmes en arrière, toujours en suivant la rive droite de la Magra, sans distinguer aucune trace de ruine. A la fin, j'interrogeai notre cocher; il ne connaissait point Luni; mais il m'assura que de l'autre côté du fleuve on avait fait récemment des fouilles pour retirer des vases enfouis dans la terre. Malgré toute sa répugnance, l'antiquaire consentit à passer sur la rive gauche de la Magra. Bientôt je le vis courir vers une excavation où il sauta plus lestement que son âge et sa gravité ne le comportaient. Nous le retrouvâmes à dix pieds au-dessous du sol, à genoux devant une pierre, qui pouvait, à la grande rigueur, appartenir aux fondations d'un monument détruit. A force de recherches, nous vîmes encore d'autres pierres parmi des arbres et des broussailles, et le seigneur antiquaire reconnut tous les signes de l'amphithéâtre signalé dans les livres par les curieux des siècles derniers. Son imagination échauffée reconstruisit en un moment les gradins, l'arène et l'entrée des gladiateurs; peu s'en fallait qu'il ne crût assister au combat et qu'il n'entendît les mugissements des bêtes féroces. Avec toute la bonne volonté du monde, ni le curé ni moi nous ne voyions rien, et nous admirions ensemble le privilége de la folie qui évoquait en plein jour et en rase campagne plus de merveilles que n'en contenait la caverne de Montesinos. Quant à la tour garnie d'anneaux de fer, quelque Anglais l'avait peut-être emportée à Londres comme un souvenir de voyage, car il nous fut impossible de mettre la main sur ce morceau regrettable, qui aurait éclairci nos doutes. L'antiquaire, facile à contenter, suffoquait de joie. Cependant je lui posai ce dilemme :

— Puisque la Magra séparait les deux provinces de Ligurie et d'Étrurie, de deux choses l'une : ou nous ne sommes point ici sur le terrain où florissait Luni, ou Luni était une ville étrusque et non pas ligurienne. Vous êtes dans l'erreur ou bien Tite-Live s'est trompé : choisissez.

— Ni l'un ni l'autre, répondit l'antiquaire; nous sommes à Luni et Tite-Live a dit vrai : c'est la Magra qui a changé de place.

— La mauvaise! s'écria le curé; elle en est bien capable.

— Cela est évident, reprit l'antiquaire. Un tremblement de terre aura bouleversé son lit, et elle s'en sera creusé un autre.

— Vous avez réponse à tout, dis-je, et la ville de Luni est comme la maladie de Pourceaugnac : quand même elle aurait existé ailleurs, il faudrait néanmoins que ses ruines fussent ici, pour la beauté de votre raisonnement.

Sans se laisser troubler, le seigneur antiquaire prit des notes sur ses découvertes, et revint à Sarzane enchanté de son expédition; mais malgré sa foi robuste, qui changeait à volonté le cours des rivières, et malgré l'assurance de Tite-Live, si les ruines de Luni existent quelque part sous le soleil, je ne suis pas certain de les avoir vues.

Sarzane, qu'on pourrait appeler la fille de Luni, eut le bonheur d'éviter un sort semblable à celui de sa mère, mais non sans passer par de grandes vicissitudes, car tous les États voisins se la disputèrent pendant plusieurs siècles. Ses évêques la gouvernèrent jusqu'au jour où elle tomba dans les mains des seigneurs de Malaspina; puis elle fut réunie alternativement aux États de Lucques, de Pise, de Milan, de Gênes et de Modène, tantôt par la force des armes, tantôt par la volonté de ses habitants. Il lui manquait encore d'être vendue; elle le fut deux fois; d'abord à un Fregoso de Gênes, à qui Pierre de Médicis l'enleva pour la donner au roi de France. Le gouverneur français qu'on y envoya la vendit pour la seconde fois vingt-cinq mille ducats d'or. Au moment de la destruction de Pise, Sarzane courut aussi le risque d'être ravagée. Depuis le temps d'André Doria, elle resta comprise dans le territoire de la république de Gênes. C'est à Sarzane que se tint le grand congrès politique de 1383, où les Guelfes et les Gibelins firent la paix, après avoir inondé toute la péninsule de sang italien.

Par paresse plutôt que par ingratitude, les hommes s'accoutument volontiers à reporter sur une seule tête le tribut de reconnaissance qu'ils doivent à plusieurs. Pour ne point se charger la mémoire de trop de noms propres, on attribue à la maison des Médicis un honneur qui ne lui appartient pas exclusivement. Sans disputer à Léon X et à Laurent le Magnifique leur titre de pères des arts et des lettres, nous n'hésitons pas à dire que ces pères-là ont trouvé leurs enfants déjà grands et élevés par d'autres. C'est dans leur âge tendre que les arts et les lettres ont besoin de la sollicitude paternelle. Nous ne passerons point à Sarzane sans rendre hommage à un de leurs plus généreux et persévérants bienfaiteurs, le grand pontife Nicolas V. Thomas, fils d'un petit médecin de Sarzane, se fit connaître à vingt ans par son érudition et son amour des manuscrits anciens. Il traduisit du grec deux ouvrages classiques qu'on ne connaissait que de nom, et se donna la peine de les copier lui-même, en choisissant les versions les meilleures; car en ce temps-là l'imprimerie n'existait pas, et l'on considérait la calligraphie comme l'accessoire nécessaire d'une bonne éducation. Thomas de Sarzane, sans autre appui que ses talents, parvint aux premières dignités de l'Église, puis au conclave, et enfin sur le trône de saint Pierre, en prenant le nom de Nicolas V. Aussitôt il appela près de lui les hommes éclairés qu'il avait aimés du temps de son obscurité : les savants Valla, Leonard Bruni et Philelphe; quant au célèbre Poggio, il le trouva secrétaire apostolique et le maintint à son poste. Cette espèce de commission littéraire, présidée par le pape lui-même, entreprit d'immenses travaux de recherche, de conservation et de publication des ouvrages de l'antiquité.

Les moines d'alors avaient la funeste habitude, pour ménager le parchemin, qui apparemment coûtait cher, de gratter les manuscrits, et de substituer à des textes de Platon ou de Tacite qu'ils ne lisaient point des oraisons ou des litanies qu'ils vendaient aux dévots et aux femmes. Nicolas V se prononça énergiquement contre ces actes de barbarie, et Poggio, qui avait déjà parcouru les couvents pour y chercher les ouvrages des anciens, put continuer ses explorations avec les secours et la protection du saint-siége. Il découvrit dans des caves humides, dans la poussière des greniers, et jusque sous des décombres, des livres encore inconnus de Cicéron, de Strabon, et de plusieurs autres grands hommes. Bien des chefs-d'œuvre échappèrent malheureusement à ses investigations. Il ne put sauver le reste de ces annales de Tacite dont un faible échantillon suffit à faire comprendre les pertes déplorables causées par l'incurie des moines. Mais les services qu'ont rendus aux lettres Nicolas V et ses amis étaient si urgents que, sans eux, la protection des Médicis serait arrivée trop tard.

Autant la tâche de Léon X était facile, autant celle de Nicolas V réclamait d'efforts et d'initiative. Pendant tout le quinzième siècle, on professait publiquement une philosophie obscure, ergoteuse et corrompue, dans un langage trivial, où les doctrines d'Aristote se mêlaient comme elles pouvaient à la théologie. Le plaisir à la mode était de se réunir pour discuter devant témoins et faire assaut de dialectique en champ clos, comme des duellistes. On voit dans Tiraboschi, l'historien de la littérature italienne, huit cents personnes, dont étaient des cardinaux, s'assembler pour écouter un certain Paolo de Venise et un professeur appelé Fava, qui raisonnent ensemble, un jour entier, sur un chapitre du philosophe arabe Averroës, se combattant avec passion, et se renvoyant l'un à l'autre de misérables jeux de mots. Ceux qui aimaient ainsi les lettres nouvelles étaient de bien mauvais auxiliaires pour le savant pontife qui se donnait tant de peine en faveur des anciennes.

A son amour des lumières, Nicolas V joignait encore une indulgence libérale, signe certain d'un grand esprit. Poggio en reçut un témoignage éclatant. Cet infatigable écrivain avait une disposition à la satire, qu'il ne pouvait maîtriser. Après avoir fait un traité remarquable du *malheur des princes,* des livres de haute philosophie, des traductions du grec en latin, et quantité d'ouvrages sérieux, il s'avisa un beau jour d'écrire un dialogue piquant contre les hypocrites, où le clergé de Rome n'était pas épargné. Sous tout autre pape que Nicolas V, Poggio eût payé cher cette hardiesse : on l'eût jeté dans les cachots ou mis au chevalet. Le vénérable pontife, comme on le devine aisément, fut sollicité de venger l'injure des faux dévots; mais ce n'était pas le compte du protecteur des lettres. Il appela Poggio dans son cabinet, et lui dit avec une bonté charmante : « Vous avez de l'esprit et du goût pour le sarcasme; je suis bien aise de cela. Faites-moi le plaisir d'exercer votre malice contre les ennemis de la religion et du saint-siége. A ce prix on vous pardonnera vos critiques un peu vives des travers et des vices que vous avez remarqués à Rome. » Poggio, fort heureux d'en être quitte à si bon marché, fit une diatribe pleine de sel et de verve contre l'antipape Félix; et lorsque les cardinaux eurent applaudi cette satire, Nicolas conseilla doucement à Poggio de retourner aux lettres grecques et latines. Il y retourna, en effet; mais son naturel, chassé pour un moment, revint au galop. A soixante-dix ans, ce personnage singulier eut la fantaisie d'écrire un recueil de facéties qui eut tant de succès, qu'aujourd'hui bien peu de gens connaissent le secrétaire apostolique et le profond helléniste autrement que comme un farceur d'antichambre et un conteur d'historiettes scandaleuses. Le public n'a pas tout à fait tort, car ces anecdotes, peu édifiantes sur les personnages du temps, sont des documents à consulter pour qui veut étudier les mœurs et la société du quinzième siècle. Il y avait alors dans les appartements du pape une salle d'attente où se réunissaient les officiers de la chancellerie ; on y débitait beaucoup de nouvelles plus souvent fausses que vraies, beaucoup de médisances et de calomnies, et, pour cette raison, la salle s'appelait *le Bugiale*, c'est-à-dire le réceptacle des mensonges, du mot italien *bugia*. Le pape lui-même servait souvent de sujet aux moqueries des prélats et autres ecclésiastiques qui se rencontraient le matin dans ce salon. C'est dans leur bouche que Poggio met les facéties, anecdotes et bons mots de son recueil licencieux. Il eut encore l'occasion d'exercer sa causticité dans ses querelles littéraires avec Léonard Bruni et avec Philelphe ; mais quand il eut perdu Nicolas V, dont le pontificat ne dura que huit ans, Poggio se rendit à Florence, où il écrivit son bel ouvrage des annales de cette république, sur les documents que lui fournit le gouvernement. Cette histoire, d'un intérêt extrême et d'un style noble, lui a fait pardonner les facéties du *Bugiale*.

Il est temps, après cette digression, de revenir à Sarzane. C'est aujourd'hui une jolie petite ville de huit mille âmes, entourée d'anciennes murailles et de bastions pittoresques, et ornée de quatre portes, dont une, la *porta Romana*, remise à neuf au siècle dernier, est toute en marbre de Carrare. La grand'place de la ville n'a point de régularité, mais la belle apparence du palais communal répare le mauvais effet des constructions environnantes. On sait que, d'un bout à l'autre de l'Italie, toute église cathédrale s'appelle *duomo*. La place du dôme de Sarzane, où la route vient aboutir, se distingue des autres par les larges dalles dont elle est pavée, à la mode de Toscane et des États romains. Au quinzième siècle, le cardinal Calandrini, frère de Nicolas V, fit achever l'église de sa ville natale : la façade, d'un goût simple et grandiose, se relève encore par l'éclat des marbres dont la blancheur et la transparence rendraient le sculpteur jaloux de l'architecte. A l'intérieur, plusieurs tableaux de Solimène et de Baratta ornent les chapelles; mais les peintres étrangers sont écrasés par un artiste du pays, nommé Fiasella, qui a doté d'un chef-d'œuvre le dôme de sa petite ville : ce magnifique tableau représente le Massacre des Innocents. Dans une travée qui touche à la sacristie, on garde comme un objet de curiosité des sculptures grossières que l'on suppose rapportées de l'ancienne église de Saint-André de Luni, à l'époque où l'évêché fut transféré à Sarzane. Les autres églises ne contiennent de remarquable que les marbres, dont la profusion s'explique aisément par le voisinage des célèbres carrières de Carrare, le Paros de l'Italie. A deux lieues de la frontière sarde, sur la route de Massa et dans le duché de Modène, se trouvent les gisements précieux d'où l'on tire, depuis vingt siècles, cent mille quintaux par an de marbres blancs et rouges, et qui ne sont pas près de s'épuiser, puisque douze cents ouvriers y travaillent encore sans relâche. Il reste à exploiter une montagne entière, et qui ne forme qu'un bloc de marbre de quatre kilomètres de profondeur à la base. L'imagination ne saurait concevoir combien de palais, d'églises, de mausolées et de panthéons sont enfouis dans cette montagne, combien de Vénus et d'Apollons attendent qu'un Phidias les éveille à coups de ciseau. Avant de quitter Sarzane, le voyageur, que le temps ne presse point, fera bien de parcourir les délicieux jardins de la villa Olandini, située hors de la porte Romana, sur la grande route.

Une lettre de mon ami, M. R..., qu'on me remit à la poste restante, m'ayant appris que mes torts et mes fautes n'étaient pas encore oubliés, je pris la résolution désespérée de ne point retourner à Gênes, où j'avais déjà passé un mois dans un premier voyage. Mon budget ne me permettait pas de prendre pour moi seul la berline gothique; je l'abandonnai donc à Sarzane, et je traitai avec un simple voiturin qui s'engagea par écrit à me conduire sain et sauf à Parme et Modène; mais je ne voulus pas m'éloigner sans dire adieu au curé. Je le trouvai chez sa sœur; il m'emmena dans un petit jardin d'où l'on voyait le bastion de Sarzanella, que le célèbre ingénieur Pierre Navarre a fait sauter en partie au moyen d'une mine pendant les guerres du seizième siècle.

— Vous partez, me dit le bonhomme, vous partez heureux et libre, protégé jusque sur la terre étrangère par les lois de cette France dont les trente-cinq millions d'habitants ne font qu'une famille.

— Il est vrai, répondis-je, mais une famille où l'on se querelle du matin au soir.

— Qu'importe! reprit le curé; se quereller, c'est vivre. Pour faire cent lieues de route sur la terre italienne, vous traverserez six États différents ayant chacun un maître. Il y a telle province gouvernée par des gens du Nord qui parlent une langue discordante...

— J'ai dans mon cabinet, à Paris, dis-je en interrompant le curé, un beau dessin d'Overbeck représentant deux charmantes figures de femmes : l'une blonde, douce, aux yeux clairs, aux cheveux fins, coiffée d'une guirlande de myosotis; l'autre brune, aux traits réguliers, aux longues paupières, aux yeux noirs, couronnée de pampre vert et habillée simplement comme une Madone de Giotto. La blonde, avec un sourire affectueux, presse les mains de sa voisine, et lui baise la joue d'un air de tristesse et de pitié. Au-dessous on lit : *Italia und Germania*.

— Et que fait la brune? s'écria le curé avec vivacité.

— Elle soupire et penche tristement la tête.

— Fort bien. Vous voyez donc qu'elle ne peut point rendre à l'Allemagne son baiser. L'intention est bonne, je n'en disconviens pas; mais l'artiste était un Germain. Combien faut-il que l'Italie soit à plaindre pour que l'Allemagne elle-même ait pitié d'elle! Ah! si je savais peindre, voici comment je représenterais ces deux figures...

La sœur du curé vint nous interrompre : c'était une femme de quarante ans encore belle.

— Vilain fou, dit-elle à son frère, tu ne pourras donc jamais lier ta maudite langue?

— Dame Vittoria, répondit le curé, allez apprendre à lire à vos enfants, et ne vous mêlez point des discours des hommes.

— Monsieur, reprit la sœur, commandez-lui d'être plus sage. Il se confie à tous venants et prêche à tous propos.

— Comme saint Ignace de Loyola! répondit le curé avec enthousiasme.

— Il se fera enfermer.

— Comme saint Ignace.

— Allons, dis-je au curé en lui tendant la main, il faut que je vous quitte; le voiturin m'attend. Promettez-moi d'être prudent, pour l'amour de votre bonne sœur.

— Je serai patient. Adieu, seigneur français. Auriez-vous de la répugnance à embrasser un pauvre prêtre?

— Pas la moindre.

Le curé me sauta au cou. Ses yeux étaient humides. Je lui rendis son baiser sans marchander.

— Voilà, me dit-il en reprenant sa gaieté, comment doivent s'embrasser la France et l'Italie.

Je n'ai jamais revu ce brave homme; mais la conversion du feu roi de Piémont, qui éclata tout de suite après, rendit son imprudence moins dangereuse, et j'ai appris de lui des choses qui m'ont tout à fait rassuré.

Tandis qu'on chargeait mes bagages sur le voiturin, le seigneur antiquaire me prit à part :

— Vous ne savez pas, me dit-il, j'ai enfin découvert les véritables ruines de Luni. Elles sont à plus d'un mille de l'endroit où nous les cherchions ensemble. De grâce, restez un jour de plus à Sarzane; ne me refusez pas la satisfaction de vous montrer les vestiges du fameux amphithéâtre.

— Et celui que vous m'avez fait toucher du doigt?

— C'était quelque autre édifice.

— Je m'en tiens à celui-là. L'autre arrive trop tard ; gardez-le-moi pour mon prochain voyage.

Les chevaux remuaient leurs grelots. Je montai en voiture, à côté d'un cultivateur de vers à soie et d'un ingénieur des mines de Parme, en souhaitant à l'antiquaire toutes sortes de bonnes fortunes. Le *vetturino* traversa la ville au triple galop, en produisant sur les dalles un bruit étrange et disloqué. Les habitants scandalisés regardèrent notre attelage en fronçant le sourcil. Cette ardeur n'était que du charlatanisme ; aussitôt que nous eûmes quitté le pavé, le cocher, privé d'admirateurs, mit ses chevaux au pas et alluma sa pipe. Les montagnes de Pontremoli lui offrirent bientôt de justes raisons de ralentir sa course. Nous entrions dans le duché de Parme.

Mais avant de pénétrer au centre de l'Italie, le lecteur me permettra de le ramener à Milan, que nous avons laissé bien loin derrière nous.

XV

MILAN

Les Visconti et les Sforza. — Léonard de Vinci. — Légende sur le Dôme de Milan. — Jupiter et Saturne tailleurs de pierres. — Saint-Ambroise. — Sainte-Marie-des-Grâces. — La Cène. — Anecdote racontée par Bandello. — Le cardinal de Gurck Béotien.

Depuis l'arrivée des Barbares jusqu'au règne de Marie-Thérèse, je ne saurais dire dans quel moment la Lombardie fut heureuse et paisible. La plus dure condition pour un pays est de servir de champ de bataille aux armées étrangères, et cette triste circonstance se reproduit sans cesse dans l'histoire de ces belles provinces, auxquelles les soldats d'Annibal ont décerné une salve d'applaudissements du haut des Alpes avant de les ravager. Si l'on remonte au delà du douzième siècle, l'histoire de Milan devient celle d'une ville inconnue, puisque Frédéric Barberousse fit raser de fond en comble cette grande cité, que les Huns et les Goths n'avaient pas si cruellement traitée.

Avant que le fatal héritage de Valentine de Milan eût attiré les Français en Lombardie, on trouve pourtant, dans les annales du Milanais, une époque intéressante et curieuse, dont le spectacle n'a rien de désolant. La guerre intestine au quinzième siècle était l'état normal du nord de l'Italie; mais une guerre lente, qui n'épuisait pas en un jour les ressources du pays, et ne menaçait pas l'existence des grandes villes. On se disputait entre voisins un fragment de province; on entretenait des *condottieri*, qui se livraient bataille en conscience pour gagner leur solde, et changeaient souvent de maître. Pendant ce temps-là, on donnait des fêtes, on s'occupait de poésie, de beaux-arts et d'astrologie judiciaire. On retirait les manuscrits anciens de la poussière des couvents ; on se délectait aux *Rimes* de Pétrarque et aux récits de Boccace ; on se disputait, on ergotait en public avec acharnement, sur Aristote et Platon, sur la théologie, la grammaire, la métaphysique, les météores et l'essence de l'âme, tandis que Christophe Colomb rêvait d'un monde inconnu. Les chefs *condottieri*, en feignant de servir les princes qui les payaient, songèrent aussi à leurs propres affaires, d'où il résulta quelques perturbations dans la succession des couronnes ducales ; mais, au moins, cette partie de l'histoire du Milanais ne se rattache à celle d'aucune puissance étrangère.

En 1426, Foscari étant doge de Venise, cette république voulut étendre ses possessions en terre ferme jusqu'à Brescia. Philippe-Marie Visconti, duc de Milan, devait s'opposer à cet envahissement. La guerre fut déclarée. Le célèbre Carmagnola, qui était un des meilleurs capitaines de son temps, venait de se brouiller avec son beau-frère Visconti. La république de Venise, habile à profiter de toute espèce de discorde, séduisit Carmagnola par des propositions magnifiques. Ce *condottiere* prit le commandement des troupes de la sérénissime seigneurie, et Visconti lui opposa François Sforza, qui arrivait de Naples en aventurier, mais avec la réputation d'un homme de guerre expéditif. Ces deux généraux commencèrent par lutter ensemble de courage et d'habileté. Les opérations de siége et de défense de la place de Brescia furent menées de part et d'autre avec un égal talent. Cependant la ville, disputée pied à pied, finit par être prise. Carmagnola, qui en resta le maître, reçut toute sorte d'honneurs et de présents du gouvernement de Venise. Peu après, François Sforza prit sa revanche en battant son adversaire à Crémone, et fut, à son tour, comblé de caresses par le duc de Milan.

Au milieu de ces campagnes souvent interrompues, mêlées de trêves ou de traités qu'on violait à la première occasion, les généraux en chef des deux parties belligérantes avaient soin de glisser, dans les conditions stipulées, quelque article à leur avantage, qui n'était pas toujours écarté de la discussion. François Sforza songeait sérieusement à s'emparer de la couronne des Visconti, et Carmagnola pensait à ménager son accommodement avec son beau-frère. Le premier mena ce vaste projet à exécution par des manœuvres d'une profondeur incontestable; mais le second avait affaire à un gouvernement jaloux et fort qu'il n'était ni facile ni prudent de tromper.

La seigneurie de Venise faisait observer de près tous les actes de ses *condottieri*. Elle eut bientôt soupçon des desseins de Carmagnola. Un matin, en partant pour l'armée avec ses instructions, le général rencontra sur les marches du Palais-Ducal le doge Foscari, qui lui dit en souriant : « Nous avons tenu conseil cette nuit, et nous avons beaucoup parlé de vous. » On venait, dans ce conseil, de voter la mort de Carmagnola. Cependant on le laissa partir et commencer la campagne. Le secret de sa perte fut gardé pendant huit mois, et il ne se trouva personne pour l'avertir qu'il périrait s'il rentrait à Venise. Il y revint sans défiance, et fut arrêté en sortant de la séance solennelle de sa réception. En quelques heures, il subit l'interrogatoire, la torture, la condamnation et la peine. Le peuple le vit exécuter sur la *Piazzetta*, sans savoir quel était son crime, et le Milanais y gagna quelques années de repos.

François Sforza, que l'exemple de Carmagnola aurait dû effrayer, passa pourtant à la solde des républiques alliées de Florence et de Venise au premier sujet de mécontentement que lui donna Visconti. Après une campagne heureuse en 1440, il continua la guerre pour son compte, tandis qu'on négociait, et se constitua une espèce de petit duché de Crémone et de Pontremoli, qu'on n'osa point lui refuser. La paix signée entre les trois États, Sforza, ayant un pied dans le nord de l'Italie, résolut de n'en plus sortir, et le duc de Milan donna raison à cet ambitieux en lui accordant la main de sa fille, Blanche Visconti, ce qui paraît incroyable si l'on songe que

Sforza était le petit-fils d'un valet de charrue, et que la noblesse d'alors avait horreur des mésalliances. Après la mort de Philippe-Marie Visconti, qui arriva en 1449, François Sforza s'empara de Milan à main armée, et prit de si bonnes mesures pour s'y maintenir, que l'intervention d'une grande puissance pouvait seule l'en expulser. Il y régna paisiblement jusqu'à sa mort, et laissa sa couronne à son fils Galéas-Marie. Ce fils de parvenu se souilla de tant de crimes, que les Milanais indignés le massacrèrent dans l'église de San-Stefano. Son héritier, Jean-Galéas Sforza, n'avait alors que huit ans. Ludovic le More, oncle de ce jeune duc, s'empressa de lui offrir ses conseils et sa protection. Le tuteur empoisonna son pupille et s'empara du duché, qu'il conserva jusqu'à l'arrivée de La Tremouille à Milan. Depuis ce moment, l'histoire de la Lombardie est liée si étroitement à celles de France, d'Espagne et d'Autriche, que nous serions entraîné bien loin des bornes de notre programme en poursuivant le récit des vicissitudes politiques du Milanais; mais nous dirons quelques mots de son histoire artistique et littéraire.

Malgré l'odieuse usurpation de Ludovic le More, il est certain que sous son règne Milan brilla tout à coup d'une aussi vive clarté que Rome et Florence. Une fois au pouvoir, le pillard et l'empoisonneur devint un protecteur bien plus intelligent et plus libéral des arts et des sciences que ne l'avait été le dernier Visconti. D'abord, il prit pour secrétaire le savant Bartolomeo Calchi, et le chargea d'écrire en son nom à tous les hommes de talent des provinces voisines pour les attirer à sa cour. Il en accourut un grand nombre. L'imprimerie venait d'être découverte en Allemagne, et cette invention nouvelle, qui devait changer la face du monde, n'était pas bien reçue partout; elle trouva des encouragements à Milan et à Venise. Une école de musique, la plus ancienne de l'Italie, fut aussi fondée par un mathématicien de Padoue, que Calchi avait appelé. Les architectes, les peintres, les sculpteurs, reçurent chez Ludovic Sforza l'accueil le plus flatteur. Un graveur en pierres fines, Dominique *des Camées*, releva son art oublié à une hauteur qu'il n'avait pas eue depuis l'antiquité. Le chef-d'œuvre de ce maître est le portrait du duc, gravé sur un rubis. Il faut encore savoir gré à Ludovic le More d'avoir expulsé de sa cour les astrologues, les médecins empiriques et les faux savants, dont les Visconti s'étaient fait un déplorable cortége.

De tous côtés, le flambeau des arts s'allumait alors, et assurément il ne dépendait pas d'un Sforza de l'éteindre. Giotto, sur la fin de sa carrière, l'avait apporté dans le nord de l'Italie. Après lui, André Mantegna, qu'on pourrait considérer comme le fondateur de l'école lombarde, l'avait tenu pendant un demi-siècle, et remis entre les mains de Jacques Bellini ; mais les fils de celui-ci l'avaient porté à Venise. Au milieu du grand mouvement de la renaissance, Milan ne pouvait pas rester dans l'ombre. Léonard de Vinci, fatigué de la concurrence qu'il rencontrait à Florence et à Rome, arriva enfin à la cour de Sforza. S'il n'était convenu qu'on doit toujours louer un prince de rendre justice à un homme de génie, on pourrait trouver qu'il n'y avait pas grand mérite à Ludovic le More de témoigner de l'estime à un artiste charmant, que personne ne voyait sans l'aimer. Toujours est-il que le duc en fit sa plus intime compagnie.

Léonard de Vinci, né en 1452, avait reçu de la nature les dons les plus variés et des aptitudes générales qui lui ouvraient toutes les carrières. Il mena de front l'étude de toutes les sciences et de tous les arts, et à l'âge de vingt-cinq ans, il était le plus savant physicien, mécanicien, hydrographe, ingénieur civil et militaire de son époque. Il n'aborda pas une science sans en reculer les bornes. Longtemps avant Copernic, il émit l'opinion du système solaire, trois siècles avant Cuvier, celle des révolutions du globe. On trouva dans ses manuscrits l'invention des bombes et des feux grégeois. Il exécuta plusieurs canaux dans le Milanais, et fit pour le roi de France un travail admirable sur l'hydrographie des provinces de l'Est. Ses recherches sur l'optique sont encore un monument précieux, et son *Traité du style en peinture* servira toujours de règle aux artistes amoureux de la véritable grandeur. On peut affirmer, sans exagération, que Léonard est l'esprit le plus universel d'un siècle si fécond en grands hommes. Sa conversation était une leçon pour tous ceux qui avaient le bonheur de l'approcher. Michel-Ange, trop riche de son propre fonds et trop loyal pour ne point rendre à chacun ce qu'il lui devait, n'a pas dissimulé que ses dissertations avec Léonard de Vinci lui avaient ouvert des idées nouvelles, et que, sans les conseils de ce rival généreux, il n'aurait pas atteint cette science profonde de l'anatomie, qui faisait la solidité de sa grande manière. Raphaël lui-même a souvent égalé, mais non surpassé la *Vierge-aux-Rochers*, et Bramante et Sangallo reconnaissaient que Léonard en savait autant qu'eux en architecture.

La nature, pour ne rien oublier, avait eu soin de donner à cet homme extraordinaire la régularité des traits et le charme de la physionomie. Il était grand, svelte et robuste; son visage mâle, ses yeux pleins de feu, son cou long, ses cheveux flottants sur ses épaules, sa démarche élégante en faisaient un personnage du siècle de Périclès. C'était quelque rejeton de la race grecque, transplanté en Italie. En lisant, dans Vasari, que sur un pont de Florence, dans sa petite jeunesse, il acheta la volière d'un marchand d'oiseaux pour rendre la liberté à tous les prisonniers en cage, on conçoit de l'estime pour son caractère; ce trait, tout simple qu'il peut paraître, est d'une bonne âme, et le véritable génie ne va point sans la bonté.

A vingt ans, dans l'atelier de Verocchio, Léonard devint en peu de temps plus habile que son maître. Lorsqu'il se présenta au concours pour les décorations du Palais-Ducal de Florence, il fut battu par Michel-Ange; mais le travail du vaincu resta comme un modèle que le vainqueur lui-même crut devoir étudier. A Rome, le Vinci retrouva encore son redoutable adversaire, et, au lieu de témoigner un dépit qui eût été légitime, il fit amitié avec lui. Cependant il partit pour Milan, et il y fonda cette école si correcte qui produisit de meilleurs fruits que l'école de Michel-Ange. Le grand peintre de la chapelle Sixtine n'a point laissé après lui d'élèves comme ceux de Léonard : Bernardo Luini, Melzi, Polidore de Caravage, César da Cesto, André Solari, dont le musée de Paris possède la Vierge au Coussin vert, et le beau Solaino, l'élève favori, qui apprenait à peindre en servant de modèle au maître.

Un jour qu'il se promenait avec Ludovic le More, Léonard fit la gageure de composer une machine au moyen de laquelle on pourrait enlever le palais du duc, le renverser entièrement d'un seul bloc, *la tête en bas,* et le rasseoir ensuite sur ses fondations sans en arracher une pierre. Ludovic Sforza tint le pari, et voici comment il le perdit : Léonard traça sur le papier le dessin complet de sa machine, qui fut jugée par les experts capable de remplir le but proposé; il ne s'agissait plus que de la faire construire, et Ludovic Sforza aima mieux payer la gageure que de pousser l'expérience jusqu'au bout.

Dans le courant de l'année 1500, lorsque l'armée française eut expulsé Ludovic le More, Léonard de Vinci se rendit à Florence, où il commença un grand travail que son inconstance l'empêcha d'achever. Quinze ans plus tard, le lendemain de la victoire de Marignan, François Ier recevait à Milan les soumissions des notables de la ville. On vit entrer dans la salle du trône un lion de bois qui marcha jusqu'aux pieds du roi, s'ouvrit comme une boîte en arrivant aux degrés, et se changea en corbeille de fleurs. Cette machine était l'ouvrage de Léonard de Vinci. L'auteur fut présenté au roi de France, qui ne put l'entretenir une heure sans être captivé par les grâces de son esprit. La cour partait pour Bologne; le Vinci fut du voyage, et il ne quitta plus François Ier. Il demeura au Louvre et à Fontainebleau. C'est dans ce château que Vasari le fait mourir, entre les bras du souverain qui l'honorait d'une amitié tendre, et je regrette que cette version ne soit pas exacte. Il eût été beau à un roi de France de fermer les yeux à ce grand homme. La vérité est que Léonard mourut en 1519, au château de Cloux, près d'Amboise, d'une maladie de langueur causée par la fatigue[1]. Tout à l'heure, en nous promenant dans les édifices de Milan, nous retrouverons ce maître aimable au couvent de Sainte-Marie-des-Grâces.

Pour le touriste pressé, une journée à Milan peut, à la rigueur, suffire. Le morceau capital, qui est le Dôme, se trouve sans qu'on le cherche. Cette église célèbre, que bien des gens regardent à la hâte et jugent sommairement, mériterait qu'on y revînt à plusieurs fois avant d'oser la critiquer. Comme tout grand œuvre, elle intéresse davantage à mesure qu'on lui prête plus d'attention. Au premier coup d'œil, le Dôme de Milan présente un amalgame brillant, mais plein de disparates. Tous les styles s'y rencontrent pêle-mêle, et, pour les esprits classiques, partisans de l'unité, ce mélange peut s'appeler désordre. Cependant on s'accoutume à cette confusion; les disparates deviennent moins sensibles, et finalement on s'y plaît, soit qu'on s'enfonce à l'ombre mystérieuse des longues travées, soit qu'on examine les détails capricieux de l'ornementation. Sur les côtés de l'église domine le style gothique. Le Dôme, surmonté d'un nombre infini de petites flèches, parmi lesquelles s'élève une plus longue aiguille, prend un faux air de minaret à la clarté de la lune. Dans la façade s'étale, avec son élégance moderne, le style toscan de plusieurs époques. Si on ne voyait au-dessus de la porte du milieu la création d'Ève, sculptée par Vismara, et au-dessus des autres les histoires de Judith, d'Esther et de la reine de Saba, on pourrait se croire en face de quelque vaste palais aussi bien qu'à l'entrée

[1] La mauvaise santé de Léonard de Vinci, pendant les quatre dernières années de sa vie, l'a empêché de reprendre ses pinceaux. Ceux de ses ouvrages qu'on voit au musée de Paris sont antérieurs à l'année 1515 : il les avait apportés de Milan. La seule trace du séjour de Léonard en France est un manuscrit considérable, déposé dans la bibliothèque de l'Observatoire de Paris. Plusieurs pages précieuses de ce manuscrit ont été extraites par un Florentin, qui ne se connaissait que trop bien en bibliographie, et qui, après s'être glissé jusqu'à l'Institut, a exercé dans toutes nos belles collections des ravages qu'un procès scandaleux a flétris sans pouvoir les réparer.

d'un temple chrétien. Plus de trente statues et cariatides ornent cette façade, et on en compte plus de soixante à l'intérieur. Les plus remarquables sont de Giusti, Donato et Pompeo Marchesi. On ne s'approche pas d'une muraille sans y découvrir un bas-relief. Au dedans, cinquante-deux pilastres cannelés d'une hauteur prodigieuse et tous pareils, hormis les quatre qui supportent la coupole, se déploient comme de longues rangées d'arbres, et en avançant sous ces voûtes sonores, dont l'œil a peine à mesurer l'élévation, le caractère sombre du gothique lombard change en une sorte de saisissement les impressions agréables de l'extérieur. Nulle part la lumière ne pénètre sans passer à travers des vitraux coloriés produisant ce demi-jour prismatique qui change la couleur des objets. Parmi ces vitraux, on reconnait d'anciennes rosaces bien conservées ou habilement restaurées, et d'autres fragments si récemment exécutés que les artistes y ont introduit des sujets d'une date toute fraîche; par exemple, cette Judith de M. Horace Vernet qui retrousse sa manche avec un geste énergique pour décapiter Holopherne, en femme exercée au maniement des armes blanches.

On vend à Milan un ouvrage in-quarto, contenant soixante-cinq gravures, intitulé *Description historique et critique du Dôme,* et dans lequel tous les détails de cet énorme monument ne se trouvent pas encore. Au lieu de nous embarquer dans un examen qui serait de lecture indigeste et forcément incomplet, quand même on le ferait sur place, je rapporterai ici une légende populaire qui me fut racontée dans un café de Milan par le pauvre Marliani, auteur du *Bravo* et de plusieurs opéras qu'on aime encore en Italie.

En 1386, du temps de Jean-Galéas Visconti, prince ambitieux, fastueux, bon chrétien en paroles et mauvais en actions, le Dôme fut commencé sous la direction de l'architecte Arler. Fort heureusement on n'oublia point de bénir la première pierre, sans quoi l'édifice n'eût jamais été achevé, comme on le verra tout à l'heure. Sur la place où devait s'élever cet immense vaisseau consacré au vrai Dieu avait existé jadis un temple de Jupiter, et l'on conçoit que le terrain fût maudit. Les sacrifices païens en avaient infecté plusieurs couches, jusqu'à une grande profondeur. En outre, l'ancien dieu, bien que destitué depuis longtemps, n'était sans doute point encore retiré dans l'île des lapins, où Henri Heine lui fait élire domicile avec son aigle chauve et sa chèvre Amalthée, aux mamelles taries. Peut-être, à certains jours du *calendrier grec,* Jupiter venait-il encore, sous des habits de mendiant, se coucher et dormir à la place où le sang des génisses avait coulé, pour y rêver à ses grandeurs évanouies. Sa douleur fut poignante, lorsqu'il aperçut les premières excavations, qui prenaient déjà la forme d'une croix latine. Il n'en pouvait douter : c'était un temple chrétien qui allait remplacer celui du fils de Saturne.

Jupiter se souvint alors que, du temps de sa puissance, il avait exilé son père en Italie, et que Saturne s'était retiré dans le Latium. Il se mit à le chercher à petites journées, de village en village, et à la fin il le trouva chez un paysan, qui l'employait à faucher du foin pour un maigre salaire. Saturne apprit avec un mortel déplaisir ce qui se passait à Milan, et prenant congé du métayer, il partit avec son fils pour la Lombardie. Ce dieu vorace et sanguinaire regretta trop tard d'avoir contraint par ses mauvais traitements la Terre, sa femme, à une séparation de corps et de biens, car si elle eût voulu lui prêter secours, Rhéa aurait pu, au moyen d'un simple tremblement de sa personne, renverser l'édifice et la ville tout entière ; mais depuis treize siècles, la Terre, convertie et méconnaissable, accablait de mépris son premier époux, et lui accordait une pension alimentaire à peine suffisante pour l'empêcher de mourir de faim.

Arrivés à Milan, le père et le fils rencontrèrent Mercure sous le déguisement d'un usurier lombard. Cet ancien domestique leur prêta quelque argent, et consentit à prendre part à leur conspiration. Il les fit accepter comme ouvriers maçons par l'entrepreneur des travaux, et se lia d'amitié avec l'architecte. Un jour, maître Arler, après avoir reçu bien des politesses du banquier lombard, eut l'imprudence de l'inviter à dîner. Mercure, qui parlait d'or et contait à merveille, amusa son hôte avec des historiettes, et lui versa souvent à boire. L'architecte s'endormit, accablé par les vapeurs du vin, et à son réveil, il ne trouva plus ses plans et ses dessins. Le dieu des filous avait tout emporté. Plutôt que d'avouer sa mésaventure au duc Visconti, Arler ne fit semblant de rien. Pendant un an, les ouvriers commirent toutes sortes d'erreurs dans la coupe des marbres de Carrare. En outre, Saturne et Jupiter excitaient leurs compagnons à l'insubordination; ils venaient défaire la nuit la besogne de la journée, en sorte que le monument n'avançait point.

Cependant le duc se fâcha, et choisit un autre architecte, qui trouva pitoyable tout l'ouvrage de son prédécesseur. On recommença sur nouveaux frais; on chassa les mauvais travailleurs, et la cathédrale prit une certaine figure sous la direction de Marco Campione. Les dieux voulurent, du moins, tenter de donner au monument l'apparence d'un temple païen. A cet effet, ils firent alliance avec le Diable. Celui-ci, grand partisan du culte de Mahomet, ne témoigna pas beaucoup de goût pour une conspiration olympienne; mais on finit par s'entendre au moyen de concessions réciproques, et il fut décidé qu'on ferait tout au monde pour que le Dôme pût servir à deux fins. Si, par la suite des temps, le Turc, qui s'était depuis peu emparé de Constantinople, pénétrait jusqu'à Milan, l'édifice deviendrait mosquée; si, par impossible, Jupin remettait quelque jour la main sur sa couronne et sur son foudre, le temple lui appartiendrait de droit.

Ces débats avaient duré longtemps; deux mille ouvriers, pleins d'ardeur, avaient élevé les rangées de cinquante-deux colonnes cannelées; les ogives allongées s'appuyaient déjà sur leurs clefs; les voûtes s'étaient fermées, et le gothique régnait à l'intérieur. Il n'était plus temps de l'expulser. Une première messe, que l'archevêque s'empressa de célébrer, épouvanta les ennemis de la foi, et l'eau bénite, installée à la porte, donnait au Diable de telles convulsions, qu'il osait à peine s'approcher du parvis. Saturne eut seul le courage de s'y introduire, et, secouru par les subsides du tentateur, soudoya les ouvriers, qui firent par ses conseils cinq portes intérieures du plus pur style grec. Quoique ces portes ne fussent pas de mise pour passer sous des ogives, on les trouva si belles qu'on ne put se résoudre à les détruire.

Satan, qui ne se piquait de loyauté avec personne, suivait son idée fixe du culte mahométan; mais les messes se succédaient, et lui procuraient tant de convulsions qu'il en tomba malade, car il avait depuis sa première chute une grande disposition à l'épilepsie. L'état de sa santé ne lui permettant plus de toucher à des marbres bénits, il s'attacha aux architectes, et les persécuta par des visions et des hallucinations : les uns devinrent fous; les autres, perdant la mémoire, s'imaginaient travailler à l'érection d'un palais ducal. Parmi les ciseleurs, il y eut des gens saisis de vertige qui pensaient avoir à faire un jardin; ce qui explique pourquoi les petites aiguilles du dôme se terminent à leur pointe par des fleurs ou des légumes. Sans doute quelque bon ange protégeait le monument, puisque la cathédrale de Milan attirait de tous les coins de l'Italie des pèlerins et des curieux. Les combats de l'ogive et du plein-cintre, du grec avec le gothique, et du toscan avec le lombard, produisaient en somme des effets nouveaux et variés qui tournaient à la confusion du Diable et de ses associés.

Quand les Sforza eurent pris la place des Visconti, une impulsion plus grande fut donnée aux travaux. Jupiter et Saturne, désespérant du succès, voulurent chercher du renfort et appeler à leur aide d'autres divinités déchues. Mercure, content de son commerce, s'était retiré du complot et ne voulait plus faire crédit à des gens insolvables. Neptune se débattait, dans le nouveau monde, contre Christophe Colomb. On ne savait où prendre les autres dieux. Le seul qu'on découvrit, sous la robe d'un inquisiteur de Venise, fut Harpocrate, qui ne put offrir à la compagnie que la discrétion et le silence. Sur ces entrefaites, Ludovic le More rentra dans la ville, suivi d'un superbe cortége, et ramenant sa nouvelle épousée, Béatrix d'Este. Au grand étonnement de Jupiter, il se trouva que la jeune duchesse ressemblait trait pour trait à Vénus. Une personne si haut placée pouvait tout en faveur des conjurés. Jupin s'approcha le plus près possible de la princesse, et lui fit des signes d'intelligence. Le cheval blanc qui portait Béatrix s'arrêta tout à coup, et la duchesse ordonna au vieillard de s'avancer :

— Bonhomme, dit-elle en lui jetant une bourse pleine de ducats, vous avez la mine d'un païen ; mais je désire que ce jour soit heureux pour tout le monde. Ne m'adressez plus vos grimaces et contorsions ; prenez cet argent, et, croyez-moi, si vous n'êtes pas chrétien, allez vous faire baptiser.

La haquenée blanche poursuivit sa route, et la duchesse entra dans la cathédrale, où l'on chanta le *Te Deum*. Cette rencontre acheva de démoraliser la faction olympienne. Jupin reprit son bâton de voyage et Saturne sa faux pour aller faucher du foin. Le Diable seul s'entêta ; mais il perdit sa peine. Lorsque l'architecte Pellegrini eut la conduite des embellissements, au lieu de vouloir critiquer ses devanciers, il ne songea qu'à tirer bon parti de leur ouvrage et à fondre la multiplicité des détails dans un ensemble grandiose.

— Et c'est ainsi, ajouta Marliani, que le Dôme de Milan, avec ses mélanges et ses contrastes, est devenu, en quatre siècles et demi, un des plus beaux temples du monde, et le plus énorme assemblage de marbre qui soit sur la terre, ce qui n'est pas un petit honneur pour notre capitale.

Au rebours du Dôme, Saint-Ambroise est remarquable par l'unité sévère de son style, qui éveille le souvenir du grand génie chrétien dont elle porte le nom. L'époque de sa fondation remonte au quatrième siècle, d'où l'on peut conclure que l'empereur Frédéric Barberousse, lorsqu'il fit raser Milan de fond en comble, n'osa lever son bras sur ce vénérable édifice, qui probablement se trouvait alors hors de l'enceinte de la ville. Vers l'année 1500, une autre église, qui touchait à celle de Saint-Ambroise et du même temps, fut réunie à la première. Le travail de fusion s'exécuta simplement par la suppression d'une muraille. On y voit, à l'intérieur, une colonne de granit qui porte un serpent de bronze, et cette bizarrerie invite à faire des conjectures. Les érudits y ont perdu leur latin. Paul-Louis Courier pensait que cette colonne avait dû figurer dans le vestibule d'un palais. Un savant milanais a écrit tout un volume sur le serpent de la basilique ambroisienne; je ne saurais exprimer d'opinion sur son livre, ne l'ayant point lu; mais je croirais volontiers que la colonne et le serpent sont de l'époque où les Barbares, installés en Italie, se faisaient construire, par les artistes du pays, des palais selon leur goût. Les amateurs d'antiquités, d'inscriptions et de sarcophages trouveront de l'occupation à Saint-Ambroise. Je confesse que je me suis attaché de préférence aux peintures de Bernard Luini, de Tiepolo et de Procaccino.

En sortant de Saint-Ambroise, j'avais hâte de me rendre à Sainte-Marie-des-Grâces, située un peu plus loin, près de la porte Vercellina. Chemin faisant, je cherchais à me bien rappeler les treize figures de la fameuse Cène, telles que les représente une bonne gravure que j'avais à Paris, afin d'en constater l'exactitude ou d'en rectifier les erreurs. Je songeais au bonheur de ces moines dominicains, assez riches pour inviter à embellir leur couvent deux hommes comme Bramante et Léonard de Vinci. Tout devait respirer le calme et le bien-être dans cette retraite bien nommée, où la frugalité du repas était relevée par le plaisir toujours nouveau de contempler la Cène du grand maître, en mangeant des légumes cuits à l'eau. Quelle fut ma douleur, en trouvant au lieu du cloître une caserne! Un concierge indolent prit ses clefs et m'ouvrit une salle basse, dont les murs dégradés avaient changé d'écorce, comme des platanes; je ne sais quelles ruines avaient exhaussé le terrain du réfectoire. Quelques traits noirs, quelques restes de peinture aux trois quarts effacée indiquaient vaguement qu'un grand ouvrage avait pu exister jadis au fond de cette espèce de cellier. A force d'attention, il était encore possible de reconnaître les têtes des personnages. La table, la nappe, les accessoires et les couleurs du premier plan avaient disparu. L'ouvrage le plus minutieusement achevé, le plus fini du monde était retourné à l'état d'ébauche et de projet.

Ces bons dominicains, auxquels j'avais bénévolement accordé le sentiment des arts, avaient percé dans la muraille une porte, pour la commodité du service de cuisine, et porté le marteau sur un chef-d'œuvre, n'y voyant que des moellons coloriés. Il fallut leur retirer mon estime. Et que dire du détachement de soldats qui mit ses chevaux dans ce sanctuaire et changea le cénacle en écurie ! Je savais bien que Léonard de Vinci, emporté par le goût des essais et l'envie de faire mieux que les autres, s'était trompé en employant les couleurs à l'huile au lieu de s'en tenir au procédé usité de la fresque. Avant de mourir, il eut le chagrin d'apprendre que son ouvrage le plus célèbre commençait à se décomposer ; mais n'était-ce pas assez du temps, sans que l'indifférence stupide des moines et le vandalisme grossier des soldats vinssent encore trouer, gratter cette muraille, y planter des clous et y établir un râtelier pour des chevaux ! C'était pourtant à cette place que Léonard, ennuyé des tracasseries du prieur, avait souri malignement dans sa barbe en donnant à Judas les traits du révérend Père. C'était là que Bandello, l'imitateur de Boccace, avait trouvé Léonard le pinceau à la main, et qu'il avait observé de près sa manière de travailler. Je ne sais pourquoi les biographes négligent toujours de rapporter ces détails curieux et authentiques, écrits par Bandello dans la préface de sa cinquante-huitième *Nouvelle*. C'est une des pages de son recueil où le lecteur lui pardonne l'intolérable prolixité de sa plume.

« Au monastère de Sainte-Marie-des-Grâces, dit Matteo Bandello, se trouvaient un jour quelques gentilshommes qui, dans le réfectoire des Pères dominicains, contemplaient tranquillement la Cène miraculeuse et célèbre que peignait alors Léonard de Vinci, le Florentin. Cet artiste excellent voulait que chacun pût venir regarder cette peinture et lui en donner librement son avis. Souvent je l'ai vu monter de grand matin sur son échafaud et demeurer là, le pinceau à la main, depuis l'aurore jusqu'à la brune, sans se distraire un seul moment, oubliant le manger et le boire, tant il peignait avec assiduité! Après cela, il restait quelquefois trois ou quatre jours sans toucher à son ouvrage; et alors il venait seulement passer deux ou trois heures par jour à regarder, à examiner à part lui et à juger ses figures. Je l'ai encore vu moi-même, selon l'idée ou la fantaisie qui le dominait, sortir à midi de *Corte-Vecchia*, où il sculptait dans le même temps son magnifique cheval, courir au couvent des *Grâces*, monter sur l'échafaud et donner bien vite deux ou trois coups de pinceau à une de ses têtes, et puis descendre aussitôt et s'en aller ailleurs.

« En ce temps-là, le vieux cardinal de Gurck était venu loger à Milan, au couvent des Pères dominicains. Il daigna entrer au réfectoire pour voir le susdit *cénacle*, et ce fut précisément à l'heure où s'y trouvaient réunis les gentilshommes dont j'ai parlé plus haut. Lorsque Léonard aperçut le cardinal, il descendit pour lui faire sa révérence. Monseigneur l'accueillit gracieusement et le complimenta. On raisonna ensuite de diverses choses et particulièrement de l'excellence de la peinture : quelques-uns regrettaient de ne point connaître les tableaux antiques vantés par les bons écrivains, afin d'être en mesure de juger si les peintres d'aujourd'hui se pouvaient comparer aux anciens. Le cardinal s'enquit de Léonard quel salaire il recevait en sa qualité de peintre du duc (Ludovic Sforza). Léonard répondit qu'il avait de fixe une pension de deux mille ducats, sans compter les dons et présents que le duc lui faisait à tous moments, avec une libéralité extrême. Le cardinal trouva que la somme était considérable, et il en témoigna son étonnement; après quoi il sortit du réfectoire et rentra dans son appartement. Alors Léonard se tourna vers les gentilshommes, et pour leur prouver que dans tous les temps on avait honoré les peintres de mérite, il leur raconta, moi présent, une historiette que j'ai bien notée et toujours conservée dans ma mémoire...

« Ce monseigneur cardinal, dit Léonard de Vinci, s'est fort étonné, tout à l'heure, de la libéralité dont use avec moi notre excellent et généreux duc Ludovic; mais il y a une chose qui m'étonne bien davantage, sauf le respect que je dois à son chapeau rouge, c'est son ignorance et son peu de lecture des auteurs classiques... Si j'entreprenais de vous faire la liste de tous les peintres fameux des temps anciens, la journée n'y suffirait pas. Contentons-nous de citer Apelles, parmi les anciens, et un seul maître florentin parmi les modernes. Ne sait-on point qu'Alexandre le Grand entrait souvent dans l'atelier d'Apelles, et le regardait peindre, tant il vivait familièrement avec lui ? Et une fois, entre autres, que ce prince raisonnait de choses auxquelles il n'entendait rien, Apelles le reprit doucement et lui dit : — Alexandre, tais-toi, et ne débite point de ces bagatelles, car tu prêtes à rire aux garçons qui délaient mes couleurs. Ne fallait-il pas avoir une grande autorité pour parler de la sorte au roi le plus superbe, le plus vain et le plus irascible du monde ?...

« Venons maintenant aux temps modernes. Il y avait à Florence un enfant appelé Philippe Lippi, qui, ayant perdu son père à l'âge de huit ans, fut donné par sa pauvre mère aux frères du couvent *del Carmeno*. Au lieu d'apprendre les lettres, le petit moinillon barbouillait tout le jour sur le papier ou sur les murs, pour essayer de peindre; ce que le prieur ayant vu, il comprit la vocation de l'enfant et lui procura les moyens de s'adonner à la peinture. La chapelle du Carmeno avait été ornée par un bon maître, et le jeune Fra-Filippo — ce nom lui resta — travailla dans cette chapelle à copier et dessiner avec d'autres enfants, qu'il surpassa si vite en prestesse et en science, que tout le monde s'attendait à le voir devenir un grand peintre dans son âge mûr. Mais Fra-Filippo était déjà un peintre parfait dans la fleur de ses jeunes années. Il remplit de beaux ouvrages le couvent du Carmeno, la ville de Florence et beaucoup d'autres lieux, où l'on admire aujourd'hui ses tableaux. Le succès et la gloire l'éloignèrent de la vie monacale pour laquelle il n'avait pas de goût. Il quitta l'habit, quoiqu'il fût déjà ordonné diacre, et se mit à peindre pour le magnifique Côme de Médicis, qui lui accorda une amitié tendre et éternelle.

« Notre peintre était fort enclin à l'amour. Lorsqu'il rencontrait une belle dame, il eût tout donné, tout abandonné pour lui plaire, et tant que cette folie durait, il ne travaillait plus. Côme de Médicis lui avait commandé un tableau pour en faire présent au pape Eugène le Vénitien, et voyant que Philippe laissait à tous moments le pinceau et se perdait par ses passions, le magnifique seigneur voulut le sauver. Il l'emmena chez lui, le logea dans son palais et l'y enferma pour l'obliger à mieux employer son temps. Le jeune homme supporta cette réclusion à grand'peine durant trois jours; mais ensuite, il tailla les draps de son lit avec des ciseaux, en fit une corde, qu'il attacha au balcon pour s'échapper au milieu de la nuit, et retourna à ses plaisirs. Côme le Magnifique ne manqua pas de venir le lendemain, comme à l'ordinaire, dans la chambre de son peintre, et, ne le trouvant pas, il en eut beaucoup de mauvaise humeur; mais lorsque son déserteur fut revenu, il ne le pressa plus de travailler et le laissa faire à sa guise. Philippe Lippi le servit promptement, et le tableau étant achevé, il le remit au duc en lui disant, avec un juste orgueil: que ses pareils étaient des esprits rares, sublimes et d'essence divine, qu'on ne devait point traiter comme des bêtes de somme.

« Plus tard, Fra-Filippo étant dans la marche d'Ancône, se promena en barquette sur l'Adriatique avec quelques amis. Le célèbre corsaire Abdul-Mohamed vint à passer près de ces côtes. Il s'empara de la barquette et emmena tous les prisonniers en Barbarie, où il les mit à la rame. Un jour, qu'il ne faisait pas un temps à naviguer, notre peintre travaillait au jardin de son maître. Il lui prit l'envie de représenter sur un mur, avec du charbon, la figure d'Abdul-Mohamed dans son costume mauresque, et ce portrait, frappant de ressemblance, parut un prodige aux gens de la maison, qui de leur vie n'avaient vu ni dessin ni peinture. Le corsaire prit aussitôt l'auteur en amitié; il lui demanda d'autres ouvrages, et Fra-Filippo, pour prix de trois ou quatre tableaux, reçut sa liberté, celle de ses compagnons, et en outre des présents, des bijoux et de l'argent. On renvoya tous les gentilshommes à Naples avec leur bagage; et certes, ce triomphe sur l'âme d'un barbare et d'un ennemi de notre religion est un des plus glorieux hommages rendus au bel art de la peinture. Le mérite de Fra-Filippo ne fut pas moins apprécié par les chrétiens. Le pape Eugène conçut tant d'admiration pour les tableaux de Fra-Filippo et d'estime pour sa personne, qu'il voulut lui accorder une dispense afin de lui permettre d'épouser une belle demoiselle qui l'aimait, nommée Lucrezia Buti, fille d'un riche bourgeois de Florence; mais lui n'accepta point cette faveur, par crainte des liens du mariage et par amour de l'indépendance. »

Ce récit, où Bandello a le bon goût de laisser la parole à Léonard de Vinci, est une biographie parfaitement exacte du peintre Philippe Lippi, dont le Musée de Paris possède deux tableaux remarquables. C'était aussi une leçon aux gentilshommes réunis dans le réfectoire des Dominicains, et une critique noble et fière de la sottise du cardinal de Gurck, qui avait trouvé la *Cène* et les autres peintures de Léonard trop chèrement payées par une pension de deux mille ducats. Tandis que l'éminentissime rentrait dans ses appartements en secouant la tête, il ne se doutait guère qu'après sa sortie, ce faiseur d'images pousserait l'orgueil jusqu'à dire et prouver, devant témoins, que ses airs scandalisés, son blâme de la prodigalité des princes et sa judicieuse réserve à l'égard des arts, vulgairement appelés libéraux, mais qu'un prélat de sa gravité devait considérer comme frivoles, n'étaient qu'autant d'impertinences. Il ne se doutait pas surtout que ce bavard de Bandello, à l'affût d'anecdotes et d'historiettes, se ferait un malin plaisir de raconter fidèlement sa rencontre, et de citer les noms des personnages, afin que la postérité pût décider qui avait raison de Léonard de Vinci ou de Jérôme Balbo, cardinal de Gurck, ministre et ambassadeur de S. M. césarienne l'empereur Maximilien. Voilà le danger du commerce des artistes : pour faire comme tout le monde, on daigne regarder leurs ouvrages; il faut bien les encourager par quelques paroles de politesse et de condescendance. On veut exprimer une opinion, soit sur leur travail, soit sur leur façon de vivre. On les interroge d'un air distrait par pure bonté d'âme. Ils vous écoutent avec respect; on se retire enchanté, non pas d'eux, mais de ce qu'on leur a dit et de la figure qu'on a faite; et puis, finalement, il se trouve qu'on n'a exprimé que des hérésies ou des sornettes, et que ces sornettes ou ces hérésies sont publiées, répandues dans tout l'univers, que l'on en rit encore au bout de trois cents ans, et que votre carrière de prélat et de diplomate étant oubliée, il ne reste, pour tout souvenir de vous, qu'une sottise débitée dans le réfectoire d'un couvent.

Je sortis de Sainte-Marie-des-Grâces, attristé par la destruction du chef-d'œuvre de Léonard. Dans ma mauvaise humeur, je m'en serais pris volontiers au gardien, et je lui aurais supprimé sa *buona-mano*, s'il eût été possible, en Italie, de manquer à cet usage sans s'exposer au martyre de saint Étienne. Mon dépit se calma lorsque je retrouvai, au Musée, une belle copie de la *Cène*, par un élève du grand maître, et dont les contemporains ont certifié l'exactitude. — La bibliothèque *Ambrosiana* possède aussi un manuscrit de Léonard de Vinci, dont nulle main rapace n'a dérobé de feuillets. On le garde avec le fameux exemplaire de Virgile, annoté sur les marges par Pétrarque.

XVI

MILAN

Souvenirs de Milan avant 1848. — Le comte de Neipperg. — Les consultations phrénologiques de M. Castle. — Portraits de Liszt, de Rifaat-Pacha, du maréchal Radetsky, etc. — Mœurs italiennes. — Marliani. — Le dialecte milanais. — Le poëte Porta.

On sait que la société de Milan se divise en deux camps bien distincts, pour ne pas dire ennemis. En pareille circonstance, j'ai toujours profité du droit des neutres, pour fréquenter les gens aimables de tous les partis. Dans celui de l'Allemagne, il y avait un homme extrêmement distingué. J'avais eu le plaisir de faire la connaissance du comte de Neipperg, en 1844, en dînant sous le gros arbre de l'ancienne *trattoria* du *Rebecchino*, située à peu de distance du Dôme. Nous nous étions abordés sans façon et nous nous étions présentés l'un à l'autre, à l'italienne. L'instruction et l'esprit ont cela de charmant qu'ils se révèlent au premier mot. Je savais, au bout de cinq minutes, à qui j'avais affaire. Le comte de Neipperg, âgé de trente-cinq ans à peu près, était un Allemand d'un sang chaud et d'un caractère passionné, toujours livré à quelque goût dominant dont il faisait un sujet d'étude et de propagande. Il était grand, maigre, actif, d'une vivacité inquiète qui ne ressemblait pas à la pétulance méridionale. Ses yeux clairs exerçaient une sorte de fascination, et son intelligence dévorante comprenait votre pensée avant qu'elle fût exprimée. Je l'avais laissé *dilettante,* fou de musique; je le retrouvai amoureux de la phrénologie. Aussitôt qu'il m'eut serré la main, il abrégea les compliments pour me demander avec anxiété ce que je pensais de son occupation favorite. Je lui répondis que la phrénologie était, selon moi, une science quasi occulte, vraie pour certaines personnes douées de facultés particulières, comme Gall, Spurzheim, M. Combe et quelques autres; mais impraticable pour le commun des hommes. J'ajoutai que la physiognomonie avait aussi existé un moment, du temps de Lavater; mais qu'une fois Lavater mort, quiconque tenterait d'employer sa méthode, sans être doué de son coup d'œil et de sa pénétration, ne commettrait que des bévues et des injustices.

— Vous m'en accordez assez, me dit le comte de Neipperg. Toutes les sciences en sont au même point, et vous me donnez le droit de ranger la phrénologie à côté des autres. Si personne, excepté Hippocrate, Galien et Paracelse, n'eût entrepris de guérir les hommes, on pourrait dire aussi que la médecine n'a existé que pour eux, et le médecin ignorant qui ne reconnaît pas une maladie, n'est-ce pas la même chose que le phrénologiste qui se trompe sur un caractère? J'y vois une différence, mais en faveur de la phrénologie: c'est que l'un dépêche son malade où il n'a point envie d'aller, tandis que l'autre ne fait de mal à personne. Suffit-il d'appliquer son œil sur le verre d'un télescope pour devenir un astronome comme Arago? Combien de gens étudieront toute leur vie la géologie ou la chimie sans faire une seule découverte? Direz-vous cependant que ces sciences n'existent que pour MM. de Humboldt et Gay-Lussac? Si une science est vraie pour un seul homme, ce sont les autres hommes qui ont tort de ne pouvoir ni la comprendre ni l'appliquer. Vous ne nierez pas que le nègre a le crâne fait autrement que le blanc, le Slave autrement que le Germain, le Scandinave autrement que l'Italien. Or, toutes ces races ont des instincts particuliers; et pourquoi ne trouverait-on pas dans leur conformation physique les indices de leurs divers caractères?

— Tenez, poursuivit le comte en s'animant, regardez-moi ce beau garçon qui passe, ces cheveux noirs ondoyant comme ceux d'une femme, ces yeux à fleur de tête, ces sourcils arqués, ce nez droit bien attaché au front, ce cervelet fortement développé : c'est un véritable Milanais, et je vois son caractère aussi lisiblement marqué sur son visage que si je l'eusse pratiqué pendant dix ans. Il a une aptitude remarquable pour la musique ; il est doux dans ses mœurs, poli, civilisé, très-sensible au charme de la beauté physique, parleur éloquent, enjôleur, caressant. Interrogez ses amis, prenez des informations, et vous verrez si je me trompe. Maintenant supposons qu'un Cosaque vienne à passer ici, — heureusement c'est une marchandise rare en Italie,— vous serez frappé de la laideur de ses traits. Il sera grand et fort, mais taillé à coups de serpe. Son nez de Kalmouk, son visage épaté, son crâne plat, vous feront peur à voir. D'où vient que si le phrénologue examine de près le Cosaque, il ne découvrira sur cette ébauche barbare du Créateur que l'instinct de la rixe et le goût des liqueurs fortes ? Direz-vous que ce sera par hasard ? Singulier hasard qui se renouvelle assez souvent pour qu'on puisse l'évoquer à coup sûr ! Qu'avez-vous à répondre ?

— C'est à vous, dis-je, de répondre à cette objection du grand Napoléon au célèbre Gall : « Comment voulez-vous, docteur, que la nature soit assez bête pour se laisser ainsi prendre sur le fait, et pour trahir par des signes extérieurs et palpables les replis secrets du cœur humain ? »

— Le grand homme, répondit le comte, ne s'est pas donné la peine d'approfondir la question. Il aurait bientôt reconnu qu'il est difficile de tracer un caractère complet sur l'examen des signes extérieurs, d'établir une échelle de gradation exacte pour déterminer quelles facultés dominent les autres ; comment elles se contrarient ou se combinent de manière à former des nuances infinies par leur variété. Cette étude demande, non-seulement de l'expérience, de la perspicacité, mais encore une force de raisonnement, d'analyse et de déduction, une aptitude à saisir les effets et les causes, que peu de gens possèdent, et ce sont précisément les difficultés qui font les sciences. Voulez-vous que nous prenions un exemple ?

— Volontiers. Il n'y a rien de tel que les exemples pour éclaircir une question.

— Nous sommes, poursuivit M. de Neipperg, au quinzième siècle, à Venise, et nous avons entre les mains la tête d'un jeune patricien, qui s'appelait, jè crois, Louis Cornaro. Nous lui trouvons de l'intelligence, de l'enthousiasme, des passions, de la volonté, de l'obstination; mais tout à coup nous lui découvrons près des tempes une protubérance plus forte que les autres, celle de l'*alimentivité*. L'instinct du choix des aliments est toujours sagace dans les animaux; chez l'homme, il est aveugle et pernicieux. L'oiseau ne se trompe jamais sur le grain qu'il doit manger; l'homme se forge des systèmes d'alimentation qui peuvent le détruire. Le jeune sénateur Cornaro, avec toutes ses qualités, sera sans cesse préoccupé de ce qu'il doit manger et boire à telle heure du jour plutôt qu'à telle autre. Vous pouvez assurer que s'il n'est point encore gourmand et ivrogne, il le deviendra; et si vous l'examinez superficiellement, vous considérerez ses belles qualités comme perdues et noyées dans un vice incorrigible. Mais un phrénologue attentif et habile saurait chercher quelles ressources, quelle planche de salut peuvent offrir la volonté, la conscience, le sentiment de l'orgueil et de la dignité dans ce caractère compromis, et il dirait à Cornaro : « Vous vous corrigerez un jour; vous deviendrez sobre quand vous le voudrez fermement. » Vingt ans s'écoulent, et Cornaro fait le scandale de Venise par ses excès. Le sénat lui inflige des réprimandes, et le conseil des dix le menace de la prison. Rien ne peut l'arrêter. A quarante ans, il tombe malade, et la souffrance le corrige. Il se relève débarrassé de son vice; mais comme le penchant de l'*alimentivité* le travaille toujours, il se prend d'un amour extrême pour la tempérance. Il écrit des ouvrages sur cette vertu; il la prêche à tout le monde, et se prive de nourriture avec une espèce de rage, jusqu'à ne manger qu'un œuf par jour. Finalement il meurt âgé de quatre-vingts ans, jouissant de toutes ses facultés, et son dernier mot est un aphorisme sur la sobriété, dont les approches de la mort n'ont pu le distraire tout à fait. N'est-ce pas une science belle et utile que celle qui annonce la conversion de l'enfant prodigue, et qui dit à son père : « Ne désespérez pas de sauver votre fils; il sera sage un jour? »

— Fort utile en effet, dis-je; mais votre exemple du sénateur Cornaro, c'est de la psychologie.

— Nous y voilà! s'écria M. de Neipperg : la connaissance de la psychologie est aussi nécessaire au phrénologue que l'anatomie au médecin. Vous l'avez dit : c'est l'âme qu'il faut étudier d'abord, et ensuite on passe à l'examen des organes qui en sont le siége et les instruments. Il s'agit donc de trouver un philosophe, un penseur, qui ait longtemps médité sur l'âme, sur les facultés, les instincts, les passions, sur le génie des diverses nations, et qui, après avoir réuni des documents innombrables, soit enfin en mesure de donner des consultations avec la certitude de ne point s'égarer. — Nous n'irons pas loin; je vais vous le faire connaître.

— C'est vous, peut-être?

— Moi! répondit le comte en riant; je ne suis qu'un ignorant, un inepte, un myope d'esprit, comme le pauvre Wagner de Gœthe; mais je vous conduirai chez le Faust dont je suis l'écolier. Je vous mettrai entre ses mains sans vous nommer, et s'il vous donne, sur le simple examen de votre tête, une monographie complète et détaillée, vous ne nierez point que ce soit de la psychologie phrénologique.

M. de Neipperg me prit le bras et nous sortîmes ensemble. Chemin faisant, il m'apprit que son maître, le docteur Castle, était fort à la mode à Milan; que tout le monde, hommes et femmes, lui demandait des portraits, et que la collection de ses monographies de personnages vivants s'élevait déjà au nombre de plus de deux mille. Nous le trouvâmes dans son cabinet, entouré de livres. Le comte de Neipperg, dont je ne pouvais d'ailleurs soupçonner la bonne foi, garda le silence convenu entre nous. M. Castle me fit asseoir. C'était un homme d'excellentes manières, d'une physionomie rêveuse, dont les yeux, ombragés de sourcils bruns, avaient une expression pénétrante, tempérée par la bienveillance, et telle qu'on aimerait à la rencontrer sur le visage d'un médecin. Il parlait assez bien le français, avec un accent et des tours de phrases britanniques d'une originalité agréable. Il m'examina fort attentivement, et dicta sur chaque protubérance qu'il découvrait des chiffres que le comte de Neipperg inscrivait. Ce travail achevé, M. Castle demanda le papier, l'étudia longtemps, et prit ensuite la parole. Je m'attendais à des considérations vagues et générales; mais, à ma grande surprise, le portrait se déroula rapidement, avec une foule de développements et de détails, parmi lesquels il y avait des traits caractéristiques d'une vérité frappante. Il ne m'appartient pas de prononcer sur une science que je ne connais point. Je me borne à citer un fait dont je fus le témoin, comme je le ferais pour une expérience de magnétisme. Il est certain que M. Castle n'avait sur le sujet soumis à son examen aucun renseignement, ni biographique, ni psychologique, et que, par conséquent, le portrait qu'il traçait de vive voix reposait uniquement sur les données de la phrénologie. Ce portrait, que je n'ai point l'intention de reproduire ici, était une œuvre d'art, qui eût fait honneur, par sa bonne logique et la finesse de ses nuances, à la plume d'un romancier. La séance terminée, je crus pouvoir me nommer; en voulant tirer ma carte de visite de ma poche, je laissai tomber une épreuve d'imprimerie qui m'avait été envoyée de Paris. C'était un fragment de la traduction des *Mémoires de Gozzi*. Le comte de Neipperg s'en empara en s'écriant :

— Voici une pièce justificative!

En effet, cette épreuve venait à l'appui de plusieurs passages de la monographie, et cet incident fut un succès pour le phrénologue. Je priai alors M. Castle de me lire quelques-unes de ses nombreuses études. Nous y passâmes tout le reste du jour. Pour donner une idée, non de la phrénologie, qui est une chose connue, mais du talent remarquable et hors ligne avec lequel M. Castle pratique cette science, je citerai, moitié de mémoire et moitié sur les notes de mon album de voyage, quelques monographies de personnages célèbres. Ceux de ces portraits dont le lecteur connaîtra les modèles lui serviront à juger de la confiance que méritent les autres. Le premier est celui d'un artiste éminent, qui jouit d'une réputation universelle, Franz Liszt.

On ne s'étonnera point que M. Castle ait trouvé sur la tête de Liszt les signes de toutes les facultés nécessaires à l'interprète brillant et passionné de la belle musique de Beethoven. L'inspection la plus légère de son front ne laisse aucun doute à cet égard, et le public en sait autant que le phrénologue sur le beau talent de l'artiste; c'est donc sur son esprit et son caractère que M. Castle pouvait trouver à dire quelque chose d'intéressant et de neuf. Les traits saillants remarqués par le monographe sont la soif de la gloire, l'amour, la générosité, le désir de plaire, une grande force d'impulsion et de spontanéité, l'estime de soi, la vivacité d'esprit et le don de l'élocution. A côté de ces qualités lumineuses, on ne trouve que ces ombres légères : la passion du changement, le manque d'application et de concentration.

« Le naturel généreux et affectueux de Liszt, disait M. Castle, son désir de plaire et d'obtenir l'approbation d'autrui, doivent le rendre aimable, complaisant, enjoué, disposé à éprouver des sympathies et à se lier d'amitié, non-seulement avec des personnes de son âge, mais avec d'autres plus âgées, et à devenir promptement intime et familier; d'où il ne faut pas conclure que ses dispositions soient invariablement pacifiques. Au contraire, l'irritabilité est une suite nécessaire de sa vivacité d'impulsion et de la soudaineté des mouvements de son âme. Cependant la prédominance des instincts bienveillants sur ceux qui engendrent l'irritation et la violence doit rendre chez lui l'emportement passager et effacer bientôt toute trace de mauvaise humeur.

« Les mêmes phénomènes se doivent reproduire dans l'exercice de son intelligence, c'est-à-dire que cette intelligence se manifeste plutôt par des élans spontanés que par l'application et le recueillement. Franz Liszt sera, dans les travaux de son art, ce qu'il est dans ses affections, l'homme du moment, et il éprouvera, par conséquent, une difficulté extrême à concentrer son attention sur tout sujet d'étude donné. Ce faible pouvoir de recueillement, et l'état mobile et fugace d'esprit qui en est la suite, seront de sérieux obstacles au développement et à la manifestation de la puissance intellectuelle qui est en lui. Mais, d'un autre côté, l'ambition vient lui fournir un puissant correctif, en aiguillonnant son amour-propre et en le forçant à soutenir une lutte d'émulation continuelle contre les mille rivaux qui surgissent tous les jours pour lui disputer le prix de la faveur publique ou particulière, ce qui nous porte à croire qu'il n'aura point négligé de faire tous ses efforts pour dompter cette sorte d'impatience que lui donne toute application continue et obligée.

« Si des facultés d'une richesse remarquable se trouvent en partie neutralisées et forcées d'adopter un mode de manifestation où le brillant l'emporte sur la profondeur, c'est à la particularité que nous venons de reconnaître qu'il faut l'attribuer. On comprend aisément pourquoi un artiste ainsi organisé a dû se voir exposé à des critiques de la part de gens qui n'admirent le génie qu'autant qu'il demeure enchaîné par les règles et le goût des écoles. Si le cas d'une pareille critique ne s'était présenté qu'une ou deux fois, Franz Liszt l'aurait bien vite oubliée, par suite de sa confiance en lui-même; mais si ce cas s'était souvent répété, il aurait eu pour Liszt l'effet favorable de lui faire diriger sur lui-même une faculté que, généralement, il exerce volontiers à l'égard des autres, savoir : la tendance à critiquer qui est développée en lui d'une manière évidente.

« Ce ne sont point les critiques dont il a pu se voir l'objet, ce n'est pas sa propre puissance d'analyse, ce n'est pas l'expérience acquise par lui dans la pratique de son art, ni l'activité de son esprit augmentée par l'âge, qui pourraient le porter à exercer un jugement critique sur lui-même. Ce serait plutôt son ambition, son amour de la gloire, passion qui tient constamment éveillé en lui le désir de se perfectionner, et de voir, s'il est possible, sa renommée s'accroître encore; c'est l'émulation qui le pousse à se présenter un jour, comme un concurrent digne d'attention, sur un théâtre dont jusqu'ici il s'est à peine hasardé à aborder les approches, et où il est peut-être aussi peu redouté qu'attendu, la composition.

« Lorsqu'il est sous l'influence de cette ambition, Liszt doit éprouver une grande répugnance pour la carrière où il s'est acquis tant de gloire, et si, dans un pareil moment, il lui arrive d'avoir à se présenter devant le public, il doit le faire avec une sorte d'indifférence, et même de dédain, pour les applaudissements dont il est sûr d'avance. Cependant cette satiété de son désir d'approbation est bien plus apparente que réelle; car pour peu que l'accueil qu'il recevrait fût froid, ou seulement moins chaleureux qu'à l'ordinaire, il s'apercevrait aussitôt à quel point ce désir de voir reverdir sans cesse les lauriers qu'il a cueillis tient de place dans son âme. »

Ici M. Castle emploie à tort, selon moi, le mot de *satiété*. De son observation profonde il tire une conclusion qui ne me paraît pas tout à fait exacte. Il n'y a point de satiété dans cet état d'esprit de Liszt, dont j'ai été quelquefois témoin; il y a plutôt la soif ardente d'une autre approbation que celle de tous les jours, le besoin extrême d'une autre gloire meilleure, plus précieuse, d'une *qualité supérieure*. C'est comme un gourmet raffiné et altéré à qui on servirait son vin d'ordinaire lorsqu'il désire quelque verre de vin fin et rare. En revanche, M. Castle rentre aussitôt dans le vrai lorsqu'il ajoute que Liszt, malgré son désir ardent d'acquérir une gloire plus solide et plus durable, malgré ses résolutions de travailler, sera souvent distrait par le tourbillon incessant de succès faciles pour lui et de satisfactions surabondantes que le présent lui fournit. Il est à craindre que son envie bien réelle de se livrer à la composition ne triomphe jamais de son inquiétude, et que sa gloire à venir demeure à l'état de projet.

Le monographe rend ensuite justice au caractère noble, bon et grandement généreux de Franz Liszt. Son amour de l'approbation a sans doute une certaine part dans ces élans de générosité qui lui font jeter l'argent à pleines mains avec une libéralité extrême; mais est-il une plus belle façon et plus honorable de rechercher l'approbation? Ce n'est plus un applaudissement qu'il mérite, c'est l'estime sérieuse des honnêtes gens; car je ne sache pas que, par ostentation, un avare voulût jamais offrir soixante mille francs pour l'érection d'un monument ni à Beethoven, ni à aucun autre grand homme. Aussi M. Castle dit-il que ces élans généreux de Liszt sont parfaitement sincères, et que leur souvenir doit lui procurer des plaisirs purs, désintéressés et légitimes. Sur le chapitre des sentiments, le portrait n'est pas moins explicite et moins curieux.

« Franz Liszt est d'une disposition éminemment sociable. Déjà la prédominance des sentiments affectueux doit causer à elle seule une aversion décidée pour la vie solitaire, et en second lieu, combinée avec le goût de l'approbation et la bienveillance, il est hors de doute qu'elle doit produire un besoin absolu de société. Par suite de la première de ces particularités, on verra Liszt constamment dans la compagnie intime d'une personne, et les deux autres indiquent qu'on le verra en même temps, si non rechercher, du moins continuellement accepter des amitiés nouvelles. Le besoin souverain de Liszt est celui des émotions, ce qui explique comment ses sentiments se produisent en général sous la forme d'impulsions, et que par conséquent ils passent avec rapidité de l'enthousiasme à l'indifférence. Quand il n'est excité par aucune émotion, il tombe dans un état de lassitude que les autres peuvent difficilement apprécier, mais dont il ne laisse pas lui-même d'avoir conscience, et d'être averti par une sensation accablante et pénible.

« A côté de cette faculté de Liszt d'éprouver un amour enthousiaste, il faut mentionner le phénomène de la jalousie, mais d'une jalousie dépourvue de soupçon. Aucun mouvement instinctif ne le portera à douter de la sincérité de l'objet de son choix. Une fois assuré que son affection est payée de retour, sa confiance ne saurait être ébranlée ou détruite, à moins de preuves de la nature la moins équivoque. La jalousie n'apparaîtra chez lui sous la forme d'un chagrin vif et cuisant que lorsqu'il se sentira entraîné par une sympathie puissante vers un objet chez lequel il n'apercevra aucun symptôme d'affection réciproque. Dans ce cas, la moindre attention banale témoignée par cet objet à tout autre deviendra à ses yeux le signe certain d'une préférence dangereuse pour lui.

« Les mêmes particularités du caractère de Liszt produiront, dans ses relations d'homme du monde, deux effets contradictoires, l'affabilité naturelle et une susceptibilité puérile. Sa bienveillance donnera une teinte de bonhomie et de sincérité à ses actes de complaisance, et lui fera réserver ses accès de susceptibilité pour les personnes d'un rang supérieur au sien, tandis qu'à l'égard de ses inférieurs ou de ses égaux, jamais la moindre trace de fierté ou d'orgueil ne viendra faire ombrage à ses qualités aimables. Il résultera de ces combinaisons des phénomènes hétérogènes, comme des manifestations de sentiments aristocratiques en contradiction flagrante avec les sentiments libéraux professés par Franz Liszt. Il reconnaîtra la frivolité des prétentions fondées sur des droits et des titres héréditaires, l'injustice des distinctions qui en sont le fruit, et, malgré cela, son amour de la gloire lui donnera le goût des distinctions de tout genre. Les signes extérieurs de ces distinctions ne lui inspireront aucun sentiment de déférence pour les personnes qu'il en verra revêtues, mais ils n'en seront pas moins l'objet de son ambition, et une satisfaction pour lui quand ils lui seront dévolus. Voilà le côté faible de ce caractère, qui serait plus complet si son orgueil était assez fort pour le pénétrer de cette conviction, que l'homme de génie ou de talent qui a fait ses preuves ne saurait trouver nulle part des titres plus élevés que ceux qu'il doit à la nature et à ses propres efforts. »

Qu'on appelle cela phrénologie ou psychologie; qu'on arrive à ce résultat par l'observation du langage, des habitudes et des mœurs, ou bien par l'examen des protubérances du crâne, le portrait n'en est pas moins tracé de main de maître, avec une hardiesse, une netteté qui ne laisse rien d'indécis. Le philosophe peut se tromper, mais il méprise les échappatoires, cette ressource des devins et des oracles. On dira peut-être que Franz Liszt est un personnage connu, et qui découvre volontiers son cœur et son esprit à tout le monde. A cela, M. Castle répondrait qu'un caractère est toujours une chose mystérieuse et compliquée, difficile à sonder dans ses replis les plus profonds, et qu'un renseignement de plus n'est point à dédaigner. Si la renommée, les bruits publics ou ses propres remarques lui servent de confirmation, de guide ou de contrôle dans ses études phrénologiques, il use du droit de tout homme de bonne foi à la poursuite de la vérité. Les sciences n'ont pas d'amour-propre; tous les moyens leur sont bons pour avancer : elles s'entr'aident, et ne sont point jalouses les unes des autres. L'astronomie ne s'abaisse point lorsqu'elle demande secours aux mathématiques, et la physique vit dans les meilleurs rapports avec sa voisine la chimie; quant à la médecine, elle emprunte beaucoup et ne rend guère, ce qui n'empêche pas qu'on la respecte fort.

Après le portrait de Liszt, M. Castle voulut bien me lire celui d'un personnage qui, à cette heure même, remplit des fonctions importantes à Constantinople, et paraît appelé à jouer un rôle plus ou moins actif dans les graves affaires d'Orient. Son Excellence Rifaat-Pacha, ambassadeur de la Sublime Porte à Vienne, passa quelques jours à Milan, en se rendant à son poste; et comme il y entendit parler des consultations phrénologiques dont la ville entière était préoccupée, il voulut faire comme tout le monde, et emporter en Allemagne sa monographie. Voici les traits principaux de ce caractère; on y peut remarquer les égards dus aux vivants, mais sans aucune flatterie :

« Ce sont les affections généreuses, l'amitié, la bienveillance, la tendresse, qui prédominent dans l'organisation de Son Excellence; la manifestation de ces sentiments affectueux doit être empêchée par un défaut d'initiative à peu près insurmontable, en sorte que Son Excellence a de la peine à exprimer ce qu'elle sent, tant par la parole que par les actions. Elle voudra toujours à ses amis plus de bien qu'elle n'en témoignera, plus qu'ils n'auront sujet de le croire. Le sentiment de l'amour lui-même prendra une forme douce et lente, une allure d'hésitation qui lui donnera l'apparence d'un simple et faible désir. Le plus léger obstacle à ce désir rebutera Son Excellence, et suffira pour l'éloigner; d'où l'on peut conclure que, malgré sa disposition à la tendresse et à la galanterie, Son Excellence n'a rien de ce qu'il faudrait pour y trouver du plaisir et des succès. Son affection et ses préférences ne sont pas faciles à reconnaître, même pour les personnes qui en sont l'objet, et c'est à peine si on les distinguera autrement que dans l'affabilité de ses manières. Et cependant Son Excellence doit éprouver le besoin constant d'une affection, d'un appui amical, d'un échange de sentiments et de confidences, au point d'aimer mieux à se diriger, dans les actes de sa vie, par les conseils d'un ami que par sa propre volonté.

« Le tempérament de Son Excellence étant exclusivement nerveux, tout danger physique lui doit causer de vives émotions et un grand serrement de cœur. Son imagination lui montrera souvent le danger là où il n'existe point. La veille d'un voyage, ou au moment de commencer une entreprise, son esprit doit être assiégé de pressentiments sinistres; au sein même du repos et de la vie la plus tranquille, cette prédisposition viendra troubler son sommeil, et à défaut de la réalité, ses rêves lui fourniront des sujets d'appréhension. Les observations qui précèdent indiquent que Son Excellence est plutôt née pour mener une vie paisible et domestique que pour un genre d'existence qui exigerait de l'énergie et de la résolution. Son regard ne se tourne pas volontiers vers l'avenir; le passé l'occupe plus agréablement, quoique sa mémoire ne soit pas très-active. C'est surtout dans le présent qu'elle vit; mais le présent ne se manifeste qu'à travers des sensations d'un malaise continu. Malgré sa générosité, sa bonté, sa douceur, Son Excellence se sent accablée de tristesse, et si elle connaît la joie, c'est dans les moments de répit causés par quelque excitation passagère. Cette mélancolie habituelle deviendra même un obstacle aux distractions que pourrait lui procurer l'exercice de ses facultés intellectuelles. En littérature, Son Excellence doit aimer les inventions fantastiques; elle est crédule, et si elle n'était prémunie par l'éducation, il pourrait lui arriver de se laisser séduire par la magie, l'astrologie, la divination ou toute autre science occulte. En résumé, Son Excellence parle peu; elle pense plus qu'elle ne parle, et sent plus qu'elle ne pense. »

Ce portrait d'un homme faible et bon, qui serait agréable pour un simple particulier, représente une figure un peu terne, un caractère un peu effacé pour l'ambassadeur et le ministre d'une grande puissance. Les qualités requises dans un diplomate ne s'y trouvent pas en abondance. Mais voici le plaisant de l'affaire : Rifaat-Pacha sortit enchanté de la consultation. Il fit écrire sa monographie morale au bas de son portrait lithographié, dont il distribua plusieurs exemplaires à ses amis, et comme, de l'aveu de M. Castle lui-même, Rifaat-Pacha pense plus qu'il ne parle, on ne put point démêler à travers le sang-froid et la dignité du ministre ottoman s'il prenait ce portrait au sérieux, ou si la distribution qu'il en faisait à ses amis déguisait cette arrière-pensée : « Vous qui me connaissez, trouvez-vous que cela me ressemble? » Il se pourrait encore que Rifaat-Pacha, s'il avait plus de finesse et de résolution que la phrénologie ne lui en accorde, ne fût point fâché de passer pour un homme doux et sans énergie, afin d'en prendre avantage sur ceux qui le croiraient tel dans ses rapports diplomatiques. Lui seul sait le mot de cette énigme.

Pour suivre une progression croissante, abordons maintenant un personnage revêtu d'un pouvoir immense, et dont le caractère peut exercer une influence considérable sur le sort de plusieurs millions d'hommes. Le feld-maréchal Radetsky est une des grandes illustrations de l'armée autrichienne. Son dernier succès à Novare, sa longue carrière militaire et l'autorité que lui donne le commandement général des forces de l'empire dans toute la Lombardo-Vénétie, en faisaient un sujet d'étude des plus intéressants pour M. Castle. J'avais quelquefois rencontré le maréchal à Milan et à Vérone, soit au théâtre, soit aux revues de troupes. Malgré son grand âge, — on le dit plus qu'octogénaire, — il était bon cavalier. La simplicité de sa tenue, sa manière de porter le chapeau et de tenir la canne suspendue au poignet droit par une gance, son air ferme, ses épaules un peu voûtées, m'avaient fait songer à la figure connue du grand Frédéric. M. Castle dut être flatté d'avoir entre les mains un sujet d'étude de cette importance. Sans doute il comprit qu'il lui devait plus d'égards encore qu'à l'ambassadeur de Turquie; mais sa pensée, pour être enveloppée des précautions convenables, ne s'en révèle pas moins clairement. Il ne faut pas oublier que je cite ce portrait de mémoire et sur des notes prises après une seule lecture.

« La première chose qui frappe le regard du phrénologue, dit M. Castle, c'est l'existence évidente et prononcée de deux classes de sentiments et de facultés opposés, les uns d'exclusion qu'on pourrait appeler d'égoïsme, les autres, au contraire, d'expansion. Tout de suite après, il faut signaler les qualités qui constituent l'énergie et la volonté, soutenues et augmentées par une constitution vigoureuse et des forces vitales d'un ressort puissant. Le sentiment de l'amitié, sans être un besoin, a dû s'éveiller facilement et se manifester par une humeur franche, joyeuse et point sentimentale, comme ce qu'on nomme une bonne camaraderie. Celui de l'amour a dû prendre une forme personnelle, avec beaucoup d'énergie dans la poursuite mais peu de constance. Dans les occasions de ce genre, l'insouciance a pu sembler cruelle, sans qu'il y eût aucune intention de faire souffrir. De loin, les plaintes ou les reproches devaient glisser sans effet, tandis que, de près, ces mêmes plaintes pouvaient, au contraire, exercer un grand empire, et maîtriser complétement un cœur qui se croyait indépendant. Ce double fait révèle une faiblesse et une vertu de ce caractère, qui ont dû paraître en beaucoup d'occasions. La faiblesse consiste en ce que la volonté plie devant les petites difficultés et devient facilement passive ou maniable dans les détails journaliers de la vie; la vertu consiste en ce que le courage, l'activité, la résolution, une fois éveillés par un motif sérieux, sont poussés vers le but comme par la fatalité, c'est-à-dire sans admettre ni retard, ni obstacle, ni halte avant de l'avoir atteint.

« Il faut remarquer encore une certaine bonhomie, une envie de plaire instinctive, qui, jointe à la facilité d'aimer, comme aussi d'oublier, doit entraîner une disproportion entre la chaleur affectueuse du langage et les effets et la durée de l'affection. Emporté par des mouvements bienveillants et sincères, M. le maréchal a pu se laisser aller à des promesses qu'ensuite il regrettait d'avoir faites, en voyant les ennuis et les difficultés qu'il s'était préparés. Cette particularité a dû produire des contradictions apparentes que le monde aura pu taxer de caprice ou de bizarrerie gratuite, parce que le monde ne sait point établir de différence entre les grandes et les petites choses, dans le commerce de la vie. Il y a d'ailleurs un sentiment qui domine les autres dans cette organisation vigoureuse, c'est celui de la conscience, qui, soutenu par l'énergie et la virtualité du caractère, ne peut consentir à déroger par aucune considération, ni personnelle, ni amicale, à ce qui lui paraît être la justice et le devoir. Ainsi, d'une part, la bonhomie naturelle, l'affection, la camaraderie; d'autre part, la fermeté, l'énergie, l'ambition, le sentiment du devoir et les caprices d'un esprit volontaire, amèneront des alternatives de douceur, de relations faciles et des accès de colère, même assez violents, mais où l'orgueil n'entrera pour rien. Quant au dévouement, qui se promet quelquefois légèrement et se retire de même dans les petites circonstances, il est complet, absolu, à toute épreuve dans les grandes, et non pour les personnes seulement, mais pour les choses mêmes, pour le but proposé.

« Un autre instinct non moins évident est le besoin impérieux d'occupation et de mouvement. Impatient de toute inaction, l'esprit a fixé d'avance l'emploi de l'heure qui va suivre, de sorte que s'il arrive entre une occupation et une autre quelque lacune inévitable, la fièvre d'impatience se montre aussitôt. En avançant en âge, ce genre d'irritation a dû se développer davantage chaque année. Ce besoin de précision dans l'emploi du temps a dû devenir une sorte d'idée fixe et faire hâter l'occupation du moment en surveillant d'un œil celle qui doit bientôt suivre.

« Dans les traits saillants de l'intelligence, il en est qui sembleraient inutiles à un grand capitaine, s'ils n'atteignaient un degré de développement supérieur et exceptionnel. Les principaux sont la facilité à concevoir des plans scientifiques ou artistiques, l'esprit d'observation, le coup d'œil, une mémoire aussi prompte que fidèle, l'esprit d'ordre, de méthode et d'ensemble, contrasté par la négligence des détails à l'endroit des petites choses, et par-dessus tout l'instinct de la symétrie mécanique, du mouvement et de la perception des lieux et du temps. Ces facultés doivent produire des phénomènes variés, comme un plaisir vif, un intérêt particulier à examiner des machines, des horloges, des locomotives, l'envie de changer de lieux, de voyager, de s'orienter dans l'espace, et un goût extrême pour les mouvements cadencés et réguliers, depuis les simples exercices athlétiques, gymnastiques, acrobatiques ou équestres, jusqu'aux arts plus raffinés de la chorégraphie, de la danse, et aux fastueux déploiements de personnages que présente à l'œil un grand ballet. Cet instinct dominant, jeté dans un autre caractère et accompagné d'autres facultés, aurait pu produire un artiste; mais dans une organisation fortement trempée et ennemie des petites choses, il devait se produire sur le théâtre le plus vaste possible et s'y exercer sur la plus grande échelle, c'est-à-dire sur des champs de bataille.

« De même, pour mentionner en passant un trait secondaire, mais caractéristique, nous remarquerons qu'en général la mémoire, l'observation et le goût de la causerie, produisent chez la plupart des hommes l'envie de raconter, de prendre la parole et de la garder longtemps; dans un esprit plein de rectitude, comme celui que nous examinons, le goût des anecdotes, des historiettes existe, mais il est accompagné de l'horreur de la prolixité; ces historiettes ne sauraient lui plaire qu'à la condition d'être racontées laconiquement, et, lorsqu'il les racontera lui-même, il pourra les gâter par trop d'impatience et de brièveté. — Un trait d'un ordre plus élevé, et non moins caractéristique, est le désintéressement et le mépris de l'argent, qui lui fait considérer comme sans importance le soin de ses intérêts; cette insouciance de la fortune peut aller jusqu'à causer des embarras pécuniaires qui n'auront pas même le pouvoir d'inquiéter ce caractère ferme. »

Cette monographie contenait une foule d'autres nuances curieuses qui, par malheur, m'étaient sorties de la tête lorsque je voulus, en rentrant chez moi, les transcrire de mémoire. Je me rappelle seulement qu'au dernier paragraphe, M. Castle disait : « La condition essentielle pour que cette existence, d'une longévité exceptionnelle, se prolonge encore longtemps, c'est qu'elle demeure dans les circonstances propices à une vie toujours active et variée, tant au moral qu'au physique, attendu que leur interruption serait le moyen de la saper dans sa racine. »

Parmi les autres monographies dont M. Castle me donna lecture, il s'en trouva de plus sévères que les précédentes, entre autres celle d'une belle et grande dame de Milan, célèbre par son esprit, son courage et son patriotisme. La dureté de la phrénologie à son égard n'est pas la seule raison qui m'empêche de reproduire ici un portrait chargé de couleurs fort sombres; d'excellentes relations, durant lesquelles je n'ai eu qu'à me louer de ce caractère si redoutable aux yeux de M. Castle, me font un devoir de la réserve et du silence. Je citerai seulement une particularité comique. Le phrénologue se plaisait à reconnaître, parmi les facultés de l'esprit, une promptitude remarquable à saisir les ridicules des gens et des choses et à les mettre en relief d'une manière pittoresque. Il ajoutait que, dans la discussion, ce tour d'esprit se devait manifester par une disposition singulière à opposer aux arguments des attaques personnelles. La dame en question, habituée aux hommages de toutes sortes, fut probablement stupéfaite de l'audace du docteur, et comme elle ne pouvait se soumettre à des arrêts qui blessaient son orgueil, elle demanda son portrait par écrit, afin d'y répondre. M. Castle s'empressa de me communiquer la réfutation. C'était une satire mordante et comique contre la phrénologie et le phrénologue; mais M. Castle, en véritable philosophe, au lieu de se cabrer sous l'aiguillon, avait marqué avec une joie sincère les passages qui emportaient la pièce, comme une confirmation de ses découvertes, et il avait soigneusement écrit sur la marge de la lettre : « Voir le portrait, — attaque au lieu de défense, — personnalités au lieu de raisonnements. » Ce cri de triomphe me rappela les transports d'enthousiasme de ce savant français qui, en faisant une expérience sur la raréfaction de l'air, s'évanouissait au fond de son aérostat, moitié de plaisir et moitié par la privation d'oxygène [1].

On trouve à Milan comme à Venise, mais moins qu'à Florence, ce commerce aimable qui vous crée de proche en proche une série de relations qu'on a de la peine à rompre quand l'heure du départ a sonné. Marliani était un de ces hommes dont l'esprit gai, l'humeur franche et ouverte, vous gagnent le cœur en moins de temps qu'on n'en met à Paris à sonder la glace avant de la briser. Je l'avais connu, en France, dans le beau temps de ses succès. C'était alors un Antinoüs aux formes sveltes, aux traits délicats; je le retrouvai taillé en Hercule et chargé d'un embonpoint contre lequel il luttait bravement en faisant de la nuit le jour. Nous étions, un soir, au théâtre de la Scala ensemble; il me montra une dame d'une

[1] Au moment de mettre sous presse, j'ai appris que M. Castle se proposait de venir faire à Paris un cours de phrénologie psychologique, l'hiver prochain.

beauté remarquable, entourée dans sa loge d'un cercle de jeunes gens.

— Regardez cette merveille, me dit-il; c'est un des enfants gâtés de Milan. Nous l'appelons la *divina fanciulla* (la divine jeune fille).

— Elle est fort belle, répondis-je; mais son sobriquet gracieux me paraît un peu jeune pour son visage.

— C'est, reprit Marliani, qu'on le lui a décerné il y a longtemps, et, l'habitude étant prise, nous l'appellerons ainsi jusqu'à son dernier jour.

— Et quels sont ses titres à l'adoration des Milanais?

— Sa gentillesse, sa douceur, et l'amour extrême et constant qu'elle a su inspirer à un des hommes les plus estimables et les plus généreux de la noblesse de Milan, le duc L...

— Eh bien! que ne l'a-t-il épousée?

— Oh! cela ne se pouvait pas : la naissance, la fortune, la famille, tout s'y opposait absolument. C'eût été une folie, et l'idée ne leur en est venue ni à l'un ni à l'autre. Ils se sont aimés, voilà tout. Pas n'est besoin d'autre chose; et comme leur amour était passionné, sincère et réciproque, il nous a paru intéressant. Nous l'avons tous favorisé, encouragé et applaudi. Cela vous étonne, monsieur le Parisien?

— Non, cela m'amuse, parce que votre bonhomie italienne me rappelle les mœurs naïves des siècles passés. Nous avons au musée de Paris un magnifique tableau du Titien représentant d'Avalos, marquis du Guast, en costume de grand d'Espagne avec son armure de fer, debout à côté d'une femme milanaise, dont le visage un peu vulgaire exprime une certaine tendresse mêlée de respect pour le seigneur marquis. On lisait sur l'ancien livret de notre musée : « Portrait d'Alphonse d'Avalos. Il pose la main sur la poitrine de « sa maîtresse pour témoigner qu'il n'estime rien de si beau dans « le monde. » Cette manifestation publique, immortalisée par le pinceau du Titien, était sans doute une chose simple et naturelle au seizième siècle. François Ier était capable de faire la pareille pour la duchesse d'Étampes. Aujourd'hui, je ne vois plus que l'Italie où l'on pût commander son portrait à un peintre avec les mêmes accessoires.

— Eh! oui, répondit Marliani en se frottant les mains; Dieu merci, nous avons encore le culte de l'amour, nous autres. Quand nous avons le bonheur d'aimer, nous le disons à qui veut l'entendre, au vent qui souffle, au soleil qui nous éclaire.

La dernière fois que je vis Marliani, c'était à Venise, trois mois après cette conversation. J'entrai à l'heure des visites du matin chez madame la maréchale C... pendant les chaleurs de l'été. Les stores étaient baissés, et quelques personnes parlaient à voix basse dans le petit salon.

— Je vous annonce une bonne nouvelle, me dit la maîtresse de la maison : Marliani est arrivé de Milan. Nous allons faire de la musique avec lui. Le pauvre garçon a passé la nuit en voiture, et il est si fatigué, qu'en causant avec nous tout à l'heure, il s'est endormi profondément sur le canapé. Nous nous sommes retirés bien doucement dans ce petit salon pour le laisser reposer à son aise. Entendez-vous comme il ronfle! Ce somme lui fera du bien.

En effet, Marliani, profitant de cette liberté patriarcale, s'était étendu de son long comme sur un lit, et il resta là jusqu'à l'heure du dîner. Il n'aurait guère trouvé en France de canapé aussi hospitalier que celui de madame la maréchale, et, en Angleterre, ce sommeil réparateur l'eût à jamais perdu de réputation. J'étais loin de penser alors que ce robuste garçon fût à deux pas d'une mort violente. Lorsque les événements de 1848 éclatèrent en Italie, Marliani se montra au premier rang parmi ces hommes courageux qui ont payé de leur personne avec une vigueur à laquelle leurs ennemis ne s'attendaient point. Il était de Bologne, et se trouvait dans cette ville au moment du retour des troupes autrichiennes. Sans se dissimuler que la résistance serait du sang versé en pure perte, Marliani voulut cependant tenter un effort contre des forces bien supérieures à celles dont il disposait. Il commandait un régiment de volontaires ou gardes nationaux de Bologne, gens résolus comme tous les Romagnols. Marliani les mena sur la route de Ferrare avec une pièce de canon pour y attendre l'arrivée des Autrichiens. Des espions avaient donné avis de cette sortie. Le détachement tomba dans cette embuscade, et le colonel qui marchait en tête fut tué des premiers. Je me souviens qu'un jour, au Rebecchino, tout en mangeant d'un air sensuel une espèce de beignets qu'on appelle à Milan des *tortei*, il me disait que la seule fin désirable à son gré était de mourir les armes à la main, le visage tourné vers le nord : il a obtenu ce qu'il souhaitait.

Les Milanais, les Brescians et les Romagnols sont d'une race particulière qui se distingue des autres races italiennes par l'énergie et l'obstination, et qui se reconnaît aisément à ses dialectes, beaucoup moins harmonieux que les autres langages de la péninsule. On y sent une certaine dureté qui pourrait bien être d'origine gauloise. Les diphthongues françaises, impossibles à prononcer pour la plupart des Italiens, se rencontrent dans un grand nombre de mots milanais et lombards. Une des servantes de l'hôtel où je logeais à Milan s'appelait Gineu (Geneviève, ou en italien Ginevra), et les gens de la maison prononçaient ce nom à la française, ce qu'une bouche romaine ou florentine n'aurait jamais pu faire. Les sons sourds, comme les syllabes *eu, on*, etc., prennent, même en milanais, une exagération que la prononciation française ne leur donne pas. Il va sans dire que chaque grande ville d'Italie considère son dialecte comme le meilleur et le plus beau; ils ont tous leur mérite. Celui de Milan manque de douceur et de grâce, mais il se prête au comique et à la diatribe. Une satire fine ou passionnée peut avoir du piquant ou du nerf en milanais; le poëte Porta, qui écrit dans cette langue un peu baroque, emploie l'ironie avec beaucoup de succès. Son petit volume de vers est fort estimé dans sa ville natale, et c'est tout ce que demande son ambition. En mettant leur dialecte au-dessus des autres, quoique je lui préfère infiniment le vénitien, les Milanais ne font de tort à personne. Lorsqu'on leur adresse la parole en toscan, et qu'ils affectent de répondre en milanais, c'est une fantaisie d'amour-propre qu'on peut leur passer; mais, au fond, cela tient à une cause de plus grave conséquence, l'esprit exclusif et municipal. De toutes les grandes villes d'Italie, Milan est celle où ce patriotisme borné a le plus de force. Le grand rénovateur Gioberti, qui, assurément, parlait en véritable Italien, n'a pu faire oublier entièrement en Lombardie sa qualité de Piémontais; et tout en admirant et adoptant la pensée élevée du *primato*, on sous-entendait à Milan cette légère restriction : « Oui, l'Italie a la primauté, mais Milan prime sur le reste de l'Italie. » Ce second *primato* n'est pas aussi démontré que l'autre : Milan ne fera que s'isoler en croyant *primeggiare*.

XVII

DE MILAN A VÉRONE.

Lodi. — Le fromage parmesan. — Crémone. — Mantoue. — André Mantegna, Jules Romain et le Primatice. — Le palais du T. — Le vélocifère. — Brescia. — Portrait phrénologique du général Haynau. — Le temple de Vespasien. — Vérone. — Les Scaligeri. — Dante à la cour. — Le tombeau de Juliette. — Type véronais. — Le mercutio de Shakspeare. — Matteo Bandello.

Malgré mon impatience d'arriver à Venise, il faut bien parler des deux routes qui mènent de Milan à l'Adriatique, l'une par Crémone et Mantoue, l'autre par Brescia et Vérone. Nous les parcourrons aussi rapidement que possible. Ne nous arrêtons pas à Lodi, qui possède pourtant une belle église construite par Bramante, et une place entourée de galeries. Saluons le fameux pont où l'armée de la république française, par une marche audacieuse et incomprise, déconcerta l'ennemi, qui la croyait perdue. Ce fait d'armes s'accomplit à dix lieues de Pavie. Une forte odeur de fromage s'exhale de toutes les maisons de Lodi. C'est là qu'on fabrique ce parmesan si vanté en cuisine et qui répand son parfum sur l'Italie entière. Parme, en lui donnant son nom, usurpe une gloire qui ne lui appartient pas. Comme le nouveau monde, ce fromage est mal nommé, et la ville de Lodi peut se plaindre avec autant de raison que Christophe Colomb de l'injustice et de la légèreté des hommes. Nous traversons l'Adda sur un autre pont que celui de Lodi, pour atteindre Crémone, située au bout de ces plaines de la Gerra-d'Adda, que Venise et les Visconti se disputèrent pendant un siècle avec acharnement.

La plupart des villes de Lombardie qui ont un aspect moderne doivent leur régularité à des désastres. En voyant à Crémone un air de vétusté, on devine qu'elle a dû souffrir moins que les autres. Annibal, il est vrai, ne l'épargna point, et les Goths se donnèrent le passe-temps de la ravager. Elle eut le bonheur de plaire à l'empereur Frédéric-Barberousse, pour s'être trouvée en guerre avec Milan, lorsque ce grand destructeur de villes descendit en Italie. Cependant ce fut à Crémone même que se trama le soulèvement général, qui finit par repousser l'empereur en Allemagne. Dans certains quartiers, on se croirait en plein moyen âge; on y placerait volontiers la scène de quelque légende, comme à Bruges ou à Nuremberg. Crémone était autrefois hérissée de grosses tours; la plupart de ces gothiques moyens de défense ont été détruits. On en a seulement conservé un échantillon curieux. Le *Torrazzo,* situé sur la grande place, est aujourd'hui un *campanile* qui s'élève à la hauteur de cent quatre-vingt-six *bras* italiens (approchant trois cents pieds). Au rebours des autres édifices de ce genre, le *Torrazzo* est quadrangulaire depuis sa base jusqu'à la galerie des cloches, puis ensuite octogone jusqu'à la flèche, sur laquelle est la croix.

Le dôme de Crémone, en marbre de diverses couleurs, est un composé des styles de plusieurs époques, mais peu distantes les unes des autres. La façade, ornée de statues et de doubles colonnes, se termine à droite et à gauche par de petites tourelles festonnées à jour; la grande rosace du centre est couronnée par un fronton en attique, qui s'arrange sans mauvaise grâce avec le reste. A l'intérieur sont de belles peintures du Pordenone. On trouve dans les palais de Crémone quelques galeries de tableaux. Celle du palais Porro contient le célèbre tableau du Corrége, la Vierge au lapin.

Hâtons-nous d'arriver à Mantoue, la ville réputée imprenable. Assise au milieu d'un lac artificiel formé par le Mincio, qui la relie à Peschiera, Mantoue est la plus forte place de guerre de la Lombardie. Le général Bonaparte en aurait entrepris le siége, si le vieux maréchal Wurmser n'eût accepté la capitulation honorable que ce jeune homme lui offrait avec des formes respectueuses. Les eaux qui environnent Mantoue se divisent en quatre parties, dont une, appelée *Lago di Pajolo*, est à peu près stagnante, ce qui engendre des miasmes pestilentiels à certains moments de l'année. On ne voit de tous côtés à Mantoue que bastions, têtes de pont, ouvrages à cornes, contrescarpes et demi-lunes. Cependant la citadelle, garnie de boutiques, ressemble en temps de paix à un joli marché, et la porte, qui était jadis celle du château, est un chef-d'œuvre de Jules Romain. Les rues régulières et droites partent du centre et se dirigent en rayons vers les remparts. Je laisse à d'autres plus experts le soin d'apprécier les ouvrages de guerre, et je m'attache par préférence aux productions des trois grands artistes auxquels Mantoue doit tous ses embellissements : André Mantegna, Jules Romain et le Primatice.

Le premier, comme Giotto, avait mené paître les moutons dans son enfance. Une vocation irrésistible l'arracha bientôt à ses brebis. Un peintre, qui lui donna les premières leçons, le prit en amitié, l'adopta et lui laissa son bien. Vers 1450, Mantegna, âgé de vingt ans, était appelé à Padoue pour y décorer l'église de Sainte-Sophie. Il travailla ensuite à Florence, puis à Rome pour le pape Innocent VIII ; mais le marquis de Gonzague sut l'attirer à Mantoue et l'y garder jusqu'à sa mort. André Mantegna est un de ces génies précurseurs qui devancent la marche du temps et se dirigent sans guide et sans modèle vers la lumière et la vérité. Il vit un jour quelques plâtres moulés sur des marbres grecs, et cet indice lui suffit pour reconnaître la route qu'il devait suivre. Son instinct du beau et ses dispositions naturelles ont fait le reste. Il épousa la fille de Jacques Bellin, et ses deux beaux-frères Jean et Gentile, dont il dirigea les débuts, s'en allèrent à Venise fonder l'école d'où sortirent le Giorgione et le Titien.

Au moment de la bataille de Fornoue, lorsque Charles VIII, avec neuf mille Français, eut passé sur le corps à quarante mille Italiens qui lui voulaient fermer la route des Alpes, le marquis de Mantoue, commandant les forces vénitiennes, se plut à considérer cette affaire comme un succès, parce que le roi de France battait en retraite. Après le *Te Deum* chanté à Venise et à Mantoue, le marquis demanda un tableau à Mantegna en commémoration de la journée de Fornoue. Le peintre fit une Vierge entourée de plusieurs saints armés à la mode du temps; devant la Vierge s'incline François de Gonzague, paré de ses ordres et de son armure. « Le portrait du marquis, a écrit Vasari, est d'une telle ressemblance et perfection qu'on le prendrait pour un personnage vivant. » Ce tableau, appelé la Vierge de la Victoire, demeura au palais de Mantoue jusqu'au commencement de ce siècle. Napoléon, pensant avec raison qu'une Vierge ainsi nommée en souvenir de la bataille de Fornoue, devait appartenir au vainqueur, mit fin à cette ancienne fanfaronnade en ordonnant que le tableau fût transporté au musée de Paris, où il est encore.

A la mort de Mantegna, la renaissance des arts était complète. Raphaël avait déjà vingt-trois ans. Un de ses élèves favoris, Giulio Pippi, surnommé plus tard Jules Romain, faillit perdre la liberté et même la vie par une étourderie de jeunesse. Ce vaurien de Pierre d'Arezzo, qui vint à passer à Rome, y écrivit des sonnets obscènes que Jules s'avisa d'illustrer de dessins. Marc-Antoine Raimondi en fit des gravures. Le pape Clément VII s'indigna justement de voir un des peintres du Vatican déshonorer son crayon. Le tribunal de l'inquisition, qui n'entendait pas raillerie, commença une procédure, et décréta de prise de corps contre les trois auteurs du volume. L'Arétin prit le large et s'enfuit à Venise. Marc-Antoine, arrêté et jeté en prison, paya pour les absents. Peu s'en fallut qu'on ne le pendît, ce qui eût été grand dommage. Giulio Pippi, fort heureusement, ne se trouvait pas à Rome. Il n'osa y rentrer, et Frédéric de Gonzague, riche et généreux comme un Médicis, s'empressa de l'appeler à Mantoue. Jules Romain s'y fixa et n'en sortit plus. Sur l'emplacement d'une écurie, il éleva le magnifique palais du T, qui doit son nom à sa ressemblance avec cette majuscule. Au bout de dix ans, Mantoue n'était plus reçonnaissable. Les édifices publics, les rues, les palais avaient changé d'aspect. Parmi les élèves du maître romain se trouvait un jeune Bolonais, peintre, sculpteur et architecte comme lui, François Primadiccio, que nous appelons le Primatice. A chaque pas, on rencontre les merveilleux ouvrages de ces trois grands artistes. L'église cathédrale de Saint-Pierre, dessinée par Jules Romain, contient ces statues si belles et si gracieuses du Primatice, qu'on appelle les prophètes et prophétesses. Après le départ du jeune Bolonais, que François Ier emmena en France, d'autres élèves imitèrent sa manière élégante et noble, et Jules Romain laissa en mourant tant de projets préparés et tant de mains habiles formées à son école, que tous les travaux furent achevés sans interruption.

L'église de Saint-André de Mantoue est une des plus parfaites de la Lombardie, par l'unité complète et la pureté de son style. Dans une des chapelles repose Mantegna, entre deux tableaux attribués à ses élèves. Au palais du T se trouve le morceau capital de Jules Romain, la Chute des Géants, véritable tour de force, où Michel-Ange lui-même n'aurait déployé ni plus de science ni plus de hardiesse. Dans cet incroyable fouillis de têtes, de membres, de torses renversés et contournés, le caprice du raccourci a dit son dernier mot. On se lasserait bientôt de ce chaos anatomique : Jules Romain, qui l'avait prévu, s'est empressé de mettre en opposition à la Chute des Géants la peinture des amours de Psyché, suivant en cela le procédé du vieux Handel, qui ne manque jamais de chanter une mélodie suave après avoir charmé l'oreille par les accords puissants de ses fugues. Quant aux sculptures du Primatice, on n'y sent pas le besoin des contrastes; ce maître aimable ne cherche que la grâce et l'élégance, et elles semblent venir au-devant de lui, tant il les trouve aisément.

Reprenons maintenant l'autre route de Venise, la *via ferrata*, comme on dit en Italie. Avant 1848, ce chemin de fer se réduisait

à deux tronçons, l'un de Milan à Treviglio, l'autre de Vicence à Venise. L'intervalle considérable qui sépare ces deux fragments était desservi par les lourdes voitures du *vélocifère*.

Les quatre chevaux qui traînaient cette machine auraient bien parcouru leurs deux lieues à l'heure, si l'on n'eût arrêté vingt fois entre chaque relai. Deux postillons en habits jaunes, avec le cor de chasse à glands et le chapeau orné de vieilles plumes, faisaient autant de fracas et de cris que s'ils eussent mené l'empereur lui-même. A les entendre parler aux garçons d'auberge et aux palefreniers, on les aurait pris pour des grands officiers de la couronne. Mais en arrivant au relai, ces Artabans galonnés venaient à chaque portière de la voiture mendier d'un air piteux un pourboire qu'ils ne méritaient guère, et que fort peu de voyageurs leur donnaient.

Brescia, dont l'origine est incertaine, fut occupée pendant longtemps par les Gaulois. Peut-être le sang de cette nation guerrière n'a-t-il pas nui à l'énergie et au courage opiniâtre qui sont les signes remarquables du caractère des Brescians. Souvent, lorsque les autres villes lombardes ouvraient leurs portes, soit volontairement, soit par force, aux armées étrangères, Brescia eut assez de bonheur et d'audace pour résister, même à des empereurs d'Allemagne. En obligeant Frédéric II à s'éloigner de leurs murs, après vingt assauts inutiles, les Brescians sauvèrent l'Italie de l'invasion de 1238, qui commençait fort mal. Carmagnola ne se serait point emparé de Brescia, si les habitants n'eussent été de connivence avec lui pour se soustraire au joug de Philippe Visconti; et la preuve, c'est qu'une fois rendue à la république de Venise, Brescia lui demeura fidèle, à ce point que Visconti l'assiégea pendant deux années de suite sans la pouvoir reprendre. Gaston de Foix, ne voulant pas laisser derrière lui une place de guerre de cette importance, s'en empara au début de sa glorieuse campagne. Une conspiration contre les Français fut découverte avant d'avoir éclaté, et le généreux Gaston crut devoir punir les Brescians en livrant la

16

ville au pillage, ce qui me paraît peu digne du héros chevaleresque de Ravenne. Après la paix de la ligue de Cambrai, Brescia fournit souvent d'excellents soldats à la république de Venise. Enfin, à une date récente, l'opiniâtreté des Brescians s'est encore manifestée dans leur résistance désespérée aux armes du général Haynau. On se rappelle que les femmes prirent part à la défense de la ville, et qu'elles en furent punies avec si peu de courtoisie que les ouvriers brasseurs de Londres en ont plus tard exprimé leur blâme sévère à l'auteur lui-même.

Dans la collection des portraits recueillis par M. Castle se trouvait le général Haynau, et je l'ai réservé à dessein pour le placer sur le théâtre de son exploit le plus célèbre. Il faut savoir que le général était venu consulter le savant phrénologue en temps de paix. Ce qui frappa tout de suite M. Castle dans cette organisation fortement accentuée, c'est un ordre de sentiments et d'instincts *hostiles*, le courage, l'impétuosité, le besoin de domination, et l'impatience causée par toute espèce de résistance. Les correctifs, car il y en a toujours, étaient une humeur facile dans les rapports ordinaires de la vie, et une certaine disposition à l'amour, mais à un amour ardent, irritable et passionné, qu'il était dangereux de contrarier. « Si une personne aimée, disait M. Castle, donnait à ce cœur fier et entier quelque sujet de jalousie ou de colère, la résignation, la douceur, la soumission seraient le seul moyen de le calmer, tandis qu'une conduite opposée éveillerait tout ce qu'il a de dur et de terrible.

« Le courage du général est de la trempe la plus ferme. Le danger n'existe à ses yeux que comme une occasion désirable d'engager une lutte, et cette lutte une fois commencée, il lui faut un aussi grand effort pour contenir l'impétuosité de son attaque, qu'il en faudrait à un autre homme pour soutenir son énergie jusqu'au bout. Ce courage et cette impétuosité sont encore stimulés par la confiance aveugle en soi-même, par le mépris de tout adversaire et par le manque d'*espoir* et de préoccupation du succès. Au moment de l'action, son cri sera : « En avant ! » et il oubliera peut-être les mesures qu'une retraite pourrait rendre nécessaires. Au moment du conseil, il voudra dominer les voix opposées à la sienne, et il le fera, si cela est à peine possible, au mépris même de toutes les conséquences et de la responsabilité qui retomberait sur lui s'il arrivait un échec. Dans un danger personnel, un duel, par exemple, on le verra, selon la situation, selon l'arme employée, ou d'une impétuosité acharnée, ou d'un sang-froid semblable à l'indifférence. S'il tient une épée, la violence s'emparera de lui ; si c'est un pistolet, il pourra montrer parfois une magnanimité dérivant plutôt du mépris du danger que d'une générosité sentie en faveur de son adversaire. On ne doit pas s'étonner qu'une personne ainsi organisée fasse peu de cas de la vie des autres, puisqu'elle en fait si peu de la sienne propre... »

Ici j'arrêtai M. Castle pour le prier d'observer que ce n'est pas là une excuse à la cruauté. On a le droit d'être le bourreau de soi-même si l'on veut, mais il ne s'ensuit pas qu'on puisse disposer de la vie de son prochain. Terminons cet abrégé par un dernier trait d'observation : « Dans ses rapports sociaux, disait le phrénologue, on trouvera le général d'une humeur tranquille et amicale; il s'enthousiasmera volontiers pour les arts, pour les choses nouvelles surtout; il s'attendrira en écoutant de la musique et ne donnera, *dans ses belles heures*, aucun signe de ce feu inquiet qui couve dans son sein pour en jaillir avec tant de fougue en certaines occasions; mais s'il survient la moindre querelle, ce n'est jamais lui qui cédera. Dans les rapports sérieux, on le trouvera loyal; non de cette loyauté qui a sa source directe dans le sentiment de la conscience, mais de celle qui provient d'une répugnance innée pour toute voie oblique et du besoin de regarder en face. »

Tel était le jugement d'un homme de cabinet sur un caractère connu seulement d'un petit nombre de personnes, et auquel la population de Brescia devait offrir bientôt l'occasion de se déployer. La mort du général Haynau a été terrible comme sa vie. Il avait une prédisposition qu'on ne lui connaissait pas à la catalepsie, et il périt dans des circonstances qui rappellent ce que les biographies racontent de l'abbé Prévost.

Malgré ses assauts et ses malheurs, Brescia possède encore de beaux monuments et de riches palais. Ses rues larges et ses nombreuses fontaines lui donnent un air de grande ville. L'eau jaillit sur les places et circule dans les maisons particulières presque aussi abondamment qu'à Rome. Brescia doit cet avantage à un aqueduc du temps de Tibère, qui amène l'eau d'une montagne voisine. Il y a trente ans, on découvrit en fouillant la terre un temple romain de marbre blanc, orné de belles colonnes d'ordre corinthien. L'inscription porte une dédicace à Vespasien, lequel passerait pour un grand prince, s'il n'eût souillé son règne par des traits d'avarice et de cruauté. L'avarice est une passion basse, qui ne saurait s'allier avec rien de noble; aussi la femme de Sabinus, lorsqu'elle vint se jeter avec ses enfants aux pieds de Vespasien, ne devait-elle espérer aucune grâce d'une âme sordide, qui avait spéculé sur les immondices de Rome. Vraisemblablement ce n'est pas aux frais de l'empereur que le monument de Brescia aura été élevé. La ville aura voté les fonds. De ce temple on a fait un musée romain, où sont réunis les objets d'art et inscriptions trouvés dans diverses fouilles. Le plus remarquable est une magnifique statue de femme ailée, en bronze antique, et représentant, selon toute apparence, une victoire. Ce morceau rare, ouvrage de quelque artiste grec, révèle une période de transition de l'art statuaire.

On ne passe point à Brescia sans être frappé du coup d'œil pittoresque de la grande place. Les deux cathédrales, d'âge fort différent, la fontaine de marbre surmontée d'une statue, la vieille tour carrée, réunies à quelques pas les unes des autres, en face d'une promenade publique, pourraient presque suffire au voyageur pressé; mais il faut voir aussi le palais Gambara et les peintures de San-Nazaro. La nouvelle cathédrale, commencée vers 1600, porte bien le cachet du dix-septième siècle. On croirait volontiers que l'architecte a consulté celui de la colonnade du Louvre. La coupole immense de cette église rappelle, à l'intérieur, celle du Panthéon de Paris. Dans la vieille cathédrale (*Duomo-Vecchio*), c'est tout autre chose. On n'y retrouve aucune des règles invariables qui présidaient à l'érection des temples chrétiens. La fondation en est attribuée à Grimoald, prince lombard dont l'histoire parle peu. On sait seulement qu'il repoussa une tentative d'invasion des Francs, et qu'il mourut pour s'être blessé au bras avec la corde de son arc en voulant tuer un pigeon. — En ce temps-là, les chirurgiens de la cour n'en savaient pas long. Après Grimoald vint en Lombardie Bertaris le Pacifique, autre prince qui, pour le bonheur des Italiens, n'a guère fait parler de lui. Il acheva le *Duomo-Vecchio*, n'ayant point le goût de la guerre. Ce monument mérite l'attention des artistes par sa forme et le fini de ses détails. Au seizième siècle, comme il n'y avait pas encore d'autre cathédrale, des élèves du Titien furent envoyés de Venise par le sénat pour orner de peintures l'église de la fidèle ville de Brescia.

Les deux postillons de l'impérial et royal vélocifère ont enfin mis leurs grosses bottes, leur tricorne à plumes chauves et leur cor garni de glands effiloqués en bandoulière par-dessus leur habit jaune percé au coude. Ils enfourchent leurs chevaux et n'ont plus qu'un mot à dire aux badauds qui les admirent. Avant un quart d'heure, la voiture partira; il est prudent d'y remonter. Bientôt nous arrivons à Lonato, petit bourg dont le nom revient plusieurs fois dans la campagne d'Italie. La route suit les bords du lac de Garde, aimé de Catulle et calomnié par Virgile, qui craignait l'eau. Le dernier point où l'on approche de ce beau lac est la citadelle de Peschiera, qui forme, avec Mantoue, la grande ligne stratégique du Mincio. C'est de Peschiera que partent les bateaux à vapeur pour Riva et Trente; mais nous pénétrerons dans le Tyrol italien par une autre route, quand nous sortirons de Venise. Contentons-nous de voir le paysage du fond du vélocifère et laissons-nous mener à Vérone, où nous entrons par la porte Zeno.

Comme à Crémone, on est frappé tout d'abord d'un certain air de vétusté. Un nombre imposant de rues étroites et tortueuses prouve que l'incendie et le pillage n'ont pas fourni trop d'occasions de rectifier l'alignement. Ce perfectionnement coûterait cher à Vérone, dont San-Micheli a décoré les portes et les palais. La cathédrale, en gothique fleuri, est ornée d'aiguilles, de festons et de figurines étranges. On ne sait point la date de sa fondation; mais il faudrait qu'elle fût postérieure au neuvième siècle, si les deux statues des paladins qui en gardent la porte étaient, comme on le dit, celles de Roland et d'Olivier. Je préfère l'église de Sainte-Anastasie, magnifique temple élevé par les princes de la Scala, au temps où le goût commençait à renaître. Dans celle de *Santa-Elena*, Dante exilé prononça publiquement son *Discours sur l'eau et le feu*, qu'on lui demanda par écrit, et qui fut plus tard imprimé à Venise. A *Santa-Eufemia* est un admirable tombeau sculpté par San-Micheli. Toutes ces églises contiennent des peintures des trois Bellin, du Titien, des Caliari, de Bonifazzio, du Moretto, de Mantegna, et d'autres maîtres que nous retrouverons à Venise tout à l'heure. Vérone possède encore le cirque romain le mieux conservé qui soit en Italie. Ces arènes ont quatre cents mètres de pourtour et quarante-six gradins en bon état; vingt-deux mille spectateurs peuvent s'y asseoir commodément; on y voit le *podium* réservé aux grands dignitaires de l'empire. Le mausolée des Scaligeri est un de ces ouvrages rares qui marquent la transition du moyen âge à la renaissance. La raideur gothique commence à se civiliser; le marbre essaie timidement de s'assouplir. Comme Ève sortant des mains du Créateur, l'art ouvre les yeux et les referme un moment pour comprendre ce que c'est que la lumière, la vie et la beauté. En France, le chœur de l'église de Bourg et le tombeau de François II, duc de Bretagne, par Michel Columb, offrent les mêmes signes d'un art qui touche à l'âge intéressant de l'adolescence; mais l'Italie ayant eu le privilége d'arriver toujours la première, le monument de Vérone a précédé d'un siècle ceux de Bourg-en-Bresse et de Nantes.

Cette famille des Scaligeri, ou *della Scala,* fut un moment la plus riche et la plus puissante du nord de l'Italie; c'était après la mort du féroce Ezzelino : Vérone, délivrée de ce brigand, respirait le bon air du repos et de la liberté. Des élections mirent le gouvernement aux mains de deux recteurs du peuple, qui ne manquèrent point d'usurper le pouvoir et de le fixer dans leur famille. Alboin della Scala et son frère, surnommé *Can-Grande,* gouvernèrent ensemble avec autant de vigueur que de talent. Leur domaine s'étendit jusqu'à Vicence, Trévise, Feltre et Bellune du côté de l'est, et jusqu'aux portes de Milan du côté de l'occident. Leur cour était nombreuse et brillante; on y donnait des fêtes, et on y aimait la poésie que le Dante venait de ressusciter. Le grand exilé s'en allait alors de ville en ville, promenant sa rancune contre l'ingrate Florence. Can-Grande s'empressa d'appeler à Vérone ce personnage qui faisait tant de bruit. Il lui donna un appartement dans son palais, le traita magnifiquement, et se flatta d'avoir mérité la reconnaissance de cette âme fière et susceptible; mais, si peu exigeants que fussent les deux princes della Scala, ils demandaient encore trop à un homme chagrin et sombre qui ne voulait pas rendre de devoirs. Pétrarque lui-même a raconté que Dante se conduisit à Vérone en mauvais courtisan. Un soir, des bouffons amusaient les dames et la cour par de sottes plaisanteries. Tandis qu'on riait autour de lui, Dante gardait un visage sévère, et je croirais volontiers qu'il avait raison, car ce qu'on appelle aujourd'hui l'esprit était alors la chose la plus rare du monde. La plaisanterie au quatorzième siècle était pesante et la gaieté grossière; ce tour d'esprit délicat qui fait le charme de la conversation s'accommode mieux d'une société vieillie et raffinée que d'une civilisation trop jeune. L'esprit et la politesse sont la consolation et le dernier honneur des époques de décadence. Un des deux princes della Scala observa l'air ennuyé de Dante, et, pensant lui être agréable, il lui demanda pourquoi tout ce monde écoutait les sottises d'un fou, au lieu de rechercher les entretiens d'un poëte connu par son génie et sa raison. Dante répondit tranquillement que cela n'avait rien d'extraordinaire, et que les sots écoutaient leurs semblables. Cette parole imprudente, prononcée devant beaucoup de témoins, blessa toute la cour et le prince lui-même. Dante s'en aperçut, et il n'attendit pas pour quitter Vérone qu'on lui eût donné des signes trop clairs de froideur et de mécontentement. Il partit sans s'expliquer pour Ravenne, où Guido Novello le pressait de venir. Il y trouva le repos, puisqu'il y mourut. Cette rupture sans éclat avec les Scaligeri ne l'empêcha point de dédier à Can-Grande la troisième partie de la *Divine Comédie*. Peu de temps après, la fortune de cette famille s'évanouit presque subitement : son vaste domaine se réduisit à Vérone et à Vicence. Les Visconti de Milan et les Carrare de Padoue se partagèrent ses dépouilles, et Venise vint bientôt s'emparer par trahison de tout ce qu'elle ne put obtenir par la force des armes.

Si vous aimez Shakspeare, ne partez pas de Vérone sans jeter une fleur au tombeau de Juliette. Dans ce siècle où l'amour ne fait plus de victimes, la charmante fille dont la mort a fourni le sujet du drame le plus touchant et le plus passionné mérite au moins un souvenir. La guerre civile des patriciens de Vérone s'est éteinte, aussi bien que la puissance des Scaligeri ; mais les amours de deux pauvres enfants vivent encore dans toutes les mémoires, et ils y resteront tant que vivra la poésie. Avec ce privilége du génie, qui devine les caractères et les mœurs sur un mot, sur un trait fugitif, Shakspeare, sans avoir vu l'Italie, a su donner à ses personnages les idées et le ton du pays. Ce besoin d'expansion, cette éloquence un peu diffuse, ces *concetti*, cette emphase, ces élans pathétiques de douleur, de tendresse ou de colère, tout cela semble pris sur nature. L'amour subit qui enflamme à première vue Roméo et Juliette a bien le caractère de la passion méridionale ; c'est par les yeux que le feu prend en Italie. Quant à Mercutio, malgré son langage éminemment shakspearien, il est peut-être le plus vrai de tous. Soit par hasard, soit avec connaissance de cause, le poëte a fait de Mercutio non-seulement un Italien, mais un enfant de Vérone. Il faut savoir que l'air de ce pays a je ne sais quoi de subtil qui exalte le cerveau. Les gens gais, éveillés, les originaux, les rimeurs et les langues bien pendues sont plus nombreux à Vérone qu'en aucun lieu du monde.

Un jour, dans la *calle degli Armeni*, à Venise, en cherchant un appartement, je fus introduit par l'hôtesse d'une maison meublée chez une dame fort jolie qui devait partir le lendemain. Au lieu de laisser à la *padrona* le soin de me conduire, la dame me montra elle-même tout l'appartement avec un empressement, un flux de paroles dont je fus d'abord étourdi. Dans le salon était un piano; pour m'en faire entendre le son, la dame se mit à préluder, puis elle chanta sans se faire prier. Nous causâmes musique : la *Sonnambula* de Bellini était son opéra de prédilection. A ma demande, elle en ouvrit la partition, et se remit au piano avec autant de complaisance que si j'eusse été de ses amis. Je commençais à me croire en visite. Cependant l'hôtesse souriait et me regardait en clignant un œil. Lorsque j'eus pris congé de la dame, la *padrona* me dit en descendant l'escalier : « Votre seigneurie aura reconnu les manières et l'accent de Vérone; tous les Véronais sont un peu fous. »

Pourquoi Shakspeare n'aurait-il pas eu quelques renseignements sur l'esprit *giocondo* des habitants de Vérone? Un mot, un récit de quelque voyageur intelligent n'ont-ils pu arriver jusqu'à lui? De son temps on voyageait peu; mais le moindre détail suffisait à celui qui a fait parler comme vous savez Othello, Brutus, Thersite et Percy Hotspur. Toujours est-il que cet évaporé de Mercutio, avec sa légèreté, ses badinages et ses jeux de mots, lancé dans le drame pour faire ressortir la mélancolie et la passion de Roméo, n'est pas seulement une création de la science des contrastes; on doit le regarder aussi comme un type éminemment véronais; et plût au ciel que tous les *concetti* de Vérone eussent autant de grâce et d'esprit que les siens! Ceux qui ont dit que l'auteur l'avait tué au troisième acte pour s'en débarrasser, et de peur de mourir lui-même épuisé, ne connaissaient guère les forces de Shakspeare. La mort de Mercutio était nécessaire au développement de l'action, et d'ailleurs il fallait que ce fou disparût avant les scènes dernières, où ses plaisanteries n'étaient plus de saison.

Hormis ce personnage d'invention, tout le reste se trouve dans la Nouvelle italienne, qui n'est que le récit d'une histoire véritable. Matteo Bandello avait longtemps habité Vérone, et il avait recueilli sur place tous les détails de cette aventure tragique. Les deux familles ennemies des Capelletti et des Montecchi existaient encore, et leur sang n'était pas si bien effacé qu'on ne pût en découvrir des traces sur le pavé. Bandello, que nous avons vu à Milan épier Léonard de Vinci et le cardinal de Gurck, allait au couvent des Franciscains de Vérone. Les bons moines lui racontèrent la part qu'un des leurs avait prise à la catastrophe de Juliette. De là vient que le caractère du père Laurent est si complet et si bien tracé par le conteur italien, que Shakspeare l'a soigneusement conservé. Les terreurs de la jeune fille au moment d'avaler le narcotique, et le dénoûment tel que l'a fait Shakspeare, mais non comme Garrick l'a plus tard perfectionné, sont tout au long dans la Nouvelle.

C'était un homme singulier que ce Matteo Bandello. Dans sa petite jeunesse, il lut les contes de Boccace et il y prit tant de plaisir qu'il se mit en tête d'écrire aussi des historiettes. Rien ne put le détourner de cette idée fixe. Son oncle, général des dominicains, l'engagea fort à entrer dans cet ordre, lui promettant de le pousser rapidement aux plus hauts grades. Le jeune Matteo ne dissimula pas le but bien différent que son ambition se proposait. Il y avait loin de Boccace à saint Dominique; le général conseilla pourtant à son neveu de prendre la robe et d'accepter les bénéfices, sauf à conter des histoires, s'il ne pouvait s'en empêcher. A cette condition, Matteo accepta, et provisoirement, enchanté de voir du pays, il partit pour Rome avec son oncle, qui le mena en équipage de grand seigneur. Tandis que le général des dominicains recommandait son neveu au Vatican, Bandello recueillait des anecdotes, écoutait les conversations, s'informait de la chronique scandaleuse et entassait des matériaux. La liberté des mœurs italiennes lui permettait de voir le monde, malgré sa robe. Il vécut au milieu des plaisirs, toujours préoccupé du divin Boccace. Bandello n'approchait guère de son modèle dans ses récits. Autant le maître avait d'art et de sobriété, autant l'élève manquait de charme et de concision. Cependant, à force d'écrire, il acquit de la réputation. La fortune et la haute position de son oncle lui ouvraient toutes les maisons; il put se lier avec Bernardo Tasso, le père du Tasse, avec Fracastoro et Machiavel. On ne voit pas qu'il ait beaucoup profité de son commerce avec ces grands esprits; mais, s'il n'emprunta rien à leurs talents, il sut gagner leur amitié par sa bonne humeur et son caractère aimable.

Bandello, pendant son séjour à Mantoue, donna des leçons de littérature à la princesse Lucrèce de Gonzague. Le précepteur et son élève s'attachèrent l'un à l'autre. Cette liaison, dont on plaisanta, était pourtant moins scandaleuse que celle de Boccace avec la princesse Marie de Naples. Il ne manquait à ce religieux mondain qu'un peu d'orgueil pour se croire en tous points semblable à son modèle, tant les circonstances de sa vie offraient de rapprochements avec l'existence de Boccace. Au moment de la ligue de Cambrai, Bandello fut envoyé en mission près de Louis XII. Il plut au roi, et quand les armées espagnoles entrèrent à Milan, il se retira au château de Bassen en Gascogne, toujours épris de Lucrèce de Gonzague, toujours écrivant des historiettes, ce qui n'empêcha pas Henri II de lui donner l'évêché d'Agen. Il avait fait un dominicain comme on en voit peu; il fut l'évêque le plus original du monde, vivant à sa guise, sans rien changer à ses habitudes ni à ses mœurs, prêtant le flanc aux critiques et aux censures, et n'ayant pas un ennemi.

XVIII

VICENCE ET PADOUE.

Les monuments de Vicence. — Padoue. — Ezzelino et Saint-Antoine. — L'université. — Pétition du cardinal de Gurck. — Document inédit. — Places *della Valle* et *del Salone*. — Tite Live et Sperone-Speroni. — Isabelle Andreini. — L'église du *Santo*. — Le café Pedrocchi. — Le viaduc du chemin de fer. — Les lagunes.

Les trois relais de Vérone à Vicence pourraient être franchis lestement si le vélocifère était tant soit peu véloce. La route, bordée de champs fertiles, où les arbres à fruits et les vignes en arceaux donnent une triple récolte, me paraissait unie comme un miroir; mais les postillons ingénieux, découvrant à chaque pas des dangers que je ne savais pas reconnaître, s'arrêtaient pour enrayer. Il fallut plus d'une demi-journée pour passer ces obstacles, invisibles à l'œil nu. Les petites villes intermédiaires n'ont rien de remarquable, et je ne songerais pas à citer Montebello si le maréchal Lannes ne l'eût rendu célèbre par un de ces traits de courage que les siècles à venir trouveront fabuleux.

Vicence, située entre Vérone et Padoue, a subi tour à tour le sort de ces deux villes. Elle appartint à Ezzelino, puis aux Scaligeri, aux Visconti, aux Carrare, et enfin à la république de Venise, qui la conserva jusqu'en 1796. Dans les guerres de cette république avec les États voisins et avec la France, les opérations militaires furent rarement poussées jusqu'à Vicence, et comme cette ville n'avait que de faibles moyens de défense, elle évita les désastres qu'une résistance entraîne à sa suite. Depuis l'invasion de Frédéric II, Vicence n'eut pas de grands malheurs à déplorer. Ses rues larges, ses ponts et ses beaux palais élevés par deux architectes de génie, Scamozzi et André Palladio, retiendraient plus longtemps le voyageur et l'artiste si le voisinage de Venise ne lui faisait tort. Le chemin de fer est là, qui vous invite à partir, on regarde à la hâte, en se disant qu'on aura plus de loisir et d'attention au retour; et puis lorsqu'on revient, la tête pleine de souvenirs tout frais et le cœur plein de regrets, on n'a plus d'yeux pour Vicence. Le plus beau de ses monuments est le théâtre Olympique, élevé en 1584 sur les dessins de Palladio, et décoré à l'intérieur par Scamozzi. Les églises contiennent des peintures de Paul Véronèse et de son fils Carletto, entre autres un magnifique tableau de l'adoration des Mages. Les façades des palais Valmarana, Thiene, Trissino et Franceschini méritent qu'on s'y arrête; mais le chef-d'œuvre de Palladio est le casino, appelé la Rotonde, situé sur la colline de Saint-Sébastien, au sommet d'un escalier de deux cents degrés. Un lord ne pouvant pas l'acheter et l'emporter à Londres, en a fait prendre les plans pour élever le pareil dans une de ses terres.

Quittons enfin le lourd vélocifère pour la *strada ferrata*, qui nous conduit en une heure à Padoue. Nous commençons à sentir le voisinage de Venise. L'architecture orientale, avec ses doubles étages de fines colonnes, ses trèfles percés à jour, ses cintres évasés, donne un avant-goût des façades du *canale grande*. Jusqu'au treizième siècle Padoue se gouverna par des magistrats élus du peuple. Elle trouva dans son sein un Attila au petit pied pour lui infliger une tyrannie plus terrible que celle du roi des Huns. Ezzelino, qui descendait probablement de quelque barbare, traita ses concitoyens en ennemis vaincus. Cet Ezzelino ferait un beau personnage de mélodrame. Quiconque avait le malheur de lui déplaire ou de lui résister était frappé par les sicaires qui l'entouraient. Il ressuscita le régime des suspects, si admirablement décrit par Tacite, et gouverna par la terreur.

Il y avait alors à Padoue un homme d'une dévotion exaltée, qui rêvait la palme du martyre, et qui, dans sa jeunesse, avait cherché cette gloire en Afrique sans la pouvoir trouver. L'occasion s'offrait trop belle pour qu'il la négligeât. Antoine de Padoue obtint une audience d'Ezzelino, et devant toute la cour il lui reprocha sa tyrannie, ses débordements et sa férocité, avec le courage et l'emportement d'une âme indignée qui a fait le sacrifice de sa vie en ce monde. Son discours achevé, Antoine de Padoue demanda la mort comme la seule faveur qui le pût délivrer du spectacle de tant de crimes. On attendait qu'un signe du tyran lui accordât sur l'heure ce qu'il souhaitait. Au grand étonnement de la cour, Ezzelino descendit du trône, s'avança près du saint homme, et, se prosternant à ses pieds, il le supplia de ne point le maudire, et implora sa pitié, ses conseils et le secours de ses lumières pour rentrer dans la voie de la justice. Antoine de Padoue ne fut point embarrassé de tracer à Ezzelino une ligne de conduite fort différente de sa vie passée. Le sauvage, comme touché d'un rayon de la grâce divine, parut sincèrement converti ; mais soit que le bon Antoine le voulût mener trop vite, soit que le démon s'en mêlât, Ezzelino s'ennuya bientôt de la sagesse et de la raison. Ce période passager n'eut point de suite et il retomba dans ses premiers excès. Antoine de Padoue l'abandonna, et sans avoir obtenu le martyre, il mérita d'être canonisé.

Après la mort d'Ezzelino, les Padouans, délivrés d'un joug insupportable, auraient dû jouir en paix de leur liberté. Au lieu de cela, ils se livrèrent aux discordes civiles comme leurs voisins de Vérone. Un chef militaire, Jacques Carrare, mit fin aux agitations en usurpant le pouvoir, après une victoire remportée sur les Scaligeri. La famille des Carrare étendit son domaine jusqu'à Bellune, et acheta Trévise au duc d'Autriche. Ce fut la cause de sa chute. Le conseil des Dix convoitait toutes ses possessions en terre ferme. Il attira François Carrare et ses deux fils à Venise et les fit étrangler. Padoue, Feltre, Bellune et Trévise devinrent la proie de la sérénissime seigneurie, et l'Italie ne se souleva pas pour punir ce lâche assassinat. La république de Venise conserva Padoue jusqu'au traité de Campo-Formio qui la remit à l'Autriche.

L'université de Padoue fut pendant longtemps la première de toute l'Italie. Celles de Bologne, de Pavie et de Florence, plus souvent troublées par la guerre et les événements politiques, offraient aux écoliers des professeurs aussi illustres, mais moins de garanties pour la tranquillité des études. Le gouvernement de Venise augmenta les priviléges de cette brillante université, en décrétant que pour la théologie et le droit on ne pourrait arriver au doctorat qu'en prenant ses degrés à Padoue. Un document inédit, que j'ai copié dans les archives des *Frari*, à Venise, fera connaître quel prix attachaient les plus grands personnages à l'honneur de figurer parmi les protecteurs ou les hauts fonctionnaires de la première université d'Italie. Ce cardinal de Gurck, que nous avons vu si mal instruit de l'histoire des beaux-arts et si mauvais appréciateur du mérite de Léonard de Vinci, se piquait pourtant d'être fort versé en toutes sortes de sciences et de littératures. Quoique Italien, il avait servi l'empereur d'Allemagne avec un zèle constant. Il avait eu le secret de la ligue de Cambrai et travaillé activement à la ruine de la seigneurie de Venise. Pendant quinze ans, cette république avait dû la plupart de ses malheurs et de ses dangers aux intrigues, à l'orgueil et à la dureté du cardinal de Gurck. En 1523, ce prélat, parvenu à un âge avancé, voulut se retirer des affaires. Il disparut de la scène politique, et les historiens cessèrent de parler de lui. On l'oublia aussitôt qu'il fut remplacé. Un vieux registre nous apprend ce qu'il était devenu. Le cardinal, en quittant la cour de l'empereur Charles-Quint, se souvint qu'il était né en Lombardie. Il vint hardiment demander l'hospitalité à ce gouvernement de Venise qu'il avait toujours combattu et desservi. Persuadé du bon accueil de ses ennemis, il leur parla, non comme Thémistocle à Xerxès, mais avec la hauteur d'un pédant qui pourrait consentir à recevoir un présent de ses écoliers. Le 8 mars 1524, au conseil des Dix, assisté de la *junte* ordinaire et présidé par le doge, fut lue la pétition suivante, dont l'outrecuidance est le moindre défaut :

« Très-excellents seigneurs,

« A tout le monde sont connues et manifestes les belles et sin-
« gulières vertus, les notables et hautes qualités du soussigné, le
« révérend Jérôme Balbo, évêque de Gurck, docteur et savant en
« toutes sciences. Le soussigné a professé autrefois, avec un con-
« cours infini d'élèves, dans la très-florissante université de Paris.
« Il a rempli avec succès et gloire plusieurs ambassades; il a été
« précepteur du sérénissime roi de Hongrie. En Espagne, en
« France, et non-seulement chez divers grands princes, mais en-
« core parmi les nations barbares, l'admiration de sa vertu et
« l'éclat de son nom l'ont accompagné, et cet éclat est le fruit le
« plus doux de ses fatigues et de son mérite. Aujourd'hui il est
« revêtu de deux honorables dignités : il est évêque de Gurck et
« prince de l'Empire, et quoiqu'il lui fût possible de s'élever plus
« haut, il a résolu de s'arrêter. Laissant à d'autres les honneurs
« ambitieux et pénibles, il veut adopter une vie tranquille, sûre,
« où son esprit jouisse du repos et de la paix. Il désire rechercher
« ses anciens amis et vivre dans sa patrie, ou, comme il lui plai-
« rait davantage, habiter la cité de Padoue. Comme ce serait une
« chose peu décente qu'un prince de l'Empire, un évêque de tant
« de dignité, honoré pendant toute sa carrière par divers empe-
« reurs, rois et princes chrétiens, à présent dans l'âge de la vieil-
« lesse, vînt se retirer à Padoue pour y vivre obscur et sans hon-
« neurs, pour ces raisons, le soussigné demande que sa très-chère
« patrie, à laquelle, comme un bon fils, il a rendu quelques ser-
« vices, lui accorde un titre honnête dans ladite cité de Padoue. Il
« sollicite, par exemple, l'emploi de président des études en la
« célèbre université de cette ville, ou celui de surveillant des rec-
« teurs, ou de correcteur et réformateur desdites études, selon ce
« qui paraîtra le meilleur à la singulière prudence de ce très-savant
« gouvernement. Il désire avoir des émoluments grands et glo-
« rieux, en titre seulement plutôt qu'en réalité, et le révérend

« seigneur Jérôme, soussigné, espère, et même il est assuré, que « cette faveur ne lui sera point refusée, parce qu'elle est à l'hon- « neur et bénéfice de ladite université de Padoue, qui trouvera un « lustre merveilleux dans la présidence d'une telle personne. La « venue du soussigné dans ce pays pourra être ainsi de quelque « avantage à cette illustre république, et lui, il pourra finir le reste « de sa vie à l'ombre des ailes de la patrie où il est né.

« (Signé) J. Balbo, Episc. Curcensis. »

On remarquera parmi les prétentions incroyables du cardinal celle d'avoir rendu, en bon fils, quelques services à son pays natal. Le plus signalé de ces services était d'avoir contribué de tout son pouvoir à l'entrée des armées françaises et impériales en Lombardie, d'avoir ainsi causé la désolation de cette province, d'avoir mis la Vénétie à feu et à sang et la sérénissime seigneurie à deux doigts de sa perte. Il est vrai que, dans les conférences politiques qui suivirent les campagnes de Ravenne et de Vaïla, le plénipotentiaire de l'empereur voulut bien accepter en secret les riches présents du conseil des Dix, et même des sommes d'argent énormes; mais il n'en fut pas plus humain pour cela, et apparemment son orgueil considérait les cadeaux et les ducats d'or de la seigneurie comme un hommage qui ne l'engageait à rien, rendu à ses *singulières vertus,* parmi lesquelles ne figurait pas l'humilité chrétienne. En voyant le style de sa pétition, la hauteur que le cardinal avait témoignée dans ses rapports avec la république de Venise devient aisée à comprendre. Le conseil des Dix avait une belle occasion de se venger de Jérôme Balbo et de lui rendre ses mépris, en répondant par un refus motivé à cette manière insolente de postuler. Le gouvernement eut assez de dignité pour oublier l'ennemi dangereux, le négociateur intraitable et l'obligé ingrat, et pour ne voir qu'un vieillard célèbre retiré des affaires. On trouve à la suite de la pétition le décret suivant :

« Après lecture de cette supplique, il a été proposé :

« Que, vu les choses racontées dans la pétition du révérend « Jérôme Balbo, évêque de Gurck, il lui soit accordé à Padoue le « titre de conservateur de notre université, avec la préséance sur « les recteurs et des émoluments de mille ducats d'or, *aux conditions exprimées dans la susdite pétition*; et nous voulons qu'il « lui soit délivré des lettres patentes, en la forme que décidera « le collége, avec l'intervention des chefs du présent con- « seil. »

Probablement les Dix entendaient par les conditions exprimées dans la pétition que les émoluments attachés à l'emploi de conservateur d'études qui se conservaient d'elles-mêmes n'existeraient que sur le papier. Jérôme Balbo ne toucha pas le traitement; — il était assez riche pour s'en passer. — On ne lui donna probablement rien à faire à l'université, dont il aurait bien pu troubler et entraver les études, si on lui eût donné la moindre autorité. Il eut seulement la satisfaction vaniteuse de passer pour largement rétribué par un gouvernement qu'il avait toujours combattu. Les ignorants pensèrent que la seigneurie faisait un grand cas des lumières de Jérôme Balbo, puisqu'elle ouvrait ses bras au savant malgré les mauvais procédés de l'homme politique; mais je gagerais bien que la jeunesse laborieuse assemblée à Padoue ne fut point dupe de tous ces étalages, et que cette université, dont les études étaient les plus fortes du monde, apprécia la valeur de la cinquième roue pompeusement ajoutée à son chariot. Le cardinal de Gurck disait dans sa pétition que cette université recevait un lustre merveilleux de la présidence d'un personnage tel que lui. Nous citons ce document dans un but tout contraire, afin de montrer quel grand lustre c'était pour un diplomate honoraire et un prélat si vain que de faire semblant d'occuper un haut emploi dans l'illustre université de Padoue. Le cardinal dut être fort heureux d'exercer à loisir son instinct naturel du commandement. Après avoir morigéné les États et les princes, il termina doucement sa carrière, selon ses goûts, en se donnant les airs d'inspecter et de surveiller des écoliers et des rec-

teurs, moyennant mille ducats d'or d'appointements qu'on ne lui payait point.

Padoue est une grande et belle ville ornée de places magnifiques et de monuments intéressants de toutes les époques. Les fortifications élevées par la république de Venise sont de l'architecte San-Micheli, qui était aussi un ingénieur habile pour son temps. Sept portes monumentales y donnent accès, et l'une d'elles a l'apparence d'un arc de triomphe. Un bras de la Brenta divise la ville en deux parties. Au milieu de l'immense place qu'on appelle le Pré de la *Valle,* un canal forme une île de cinq cents pieds de diamètre, dont tous les petits ponts sont ornés de statues, de vases ou de pyramides. Sur une autre place, on remarque les restes d'un théâtre antique. Mais la plus belle, sinon la plus vaste des places, est celle *delle Erbe* ou *del Salone,* dans laquelle s'élève le splendide palais *della Ragione.* Ce monument peut soutenir la comparaison avec les chefs-d'œuvre de l'architecture vénitienne. Ses galeries extérieures à deux étages et à colonnes, ses corniches arabes, surmontées de fers de lance, ses portiques dans le style mauresque si heureusement naturalisé en Italie, en font un digne pendant des *Procuratie Vecchie* et du Palais-Ducal. La place *del Salone* tire son nom de la salle du palais de la *Ragione,* qui a plus de quatre-vingts mètres de longueur. C'est une des curiosités de la ville. Parmi les ornements de ce salon, figurent les bustes de Tite Live, divers autres bustes de savants ou d'écrivains nés à Padoue, et un petit monument de marbre élevé à la mémoire de Sperone-Speroni, un des pères de la tragédie italienne.

Le Speroni, comme nous l'appelons en France, né en 1500, eut le bonheur de contribuer à la renaissance de la poésie dramatique. Il se fit d'abord connaître par des travaux d'érudition et des commentaires sur le Dante. Le duc d'Urbin se l'attacha par des bienfaits et lui donna des ambassades. Il fut envoyé à Rome dans le beau temps des Borromée. Sa tragédie de *Canace,* la seule qu'on connaisse aujourd'hui, eut un grand succès de lecture, car je ne crois point qu'elle ait été représentée du vivant de l'auteur. Le Speroni était de l'Académie des *infiammati* de Padoue, et il lisait cette pièce, acte par acte, à ses confrères. Les *enflammés*, apparemment pour justifier le nom qu'ils se donnaient, s'échauffèrent si bien à ces lectures, que dans un de leurs transports d'enthousiasme ils se distribuèrent les rôles et se mirent en tête de donner une représentation de *Canace*. Les deux personnages principaux de cette tragédie, imitée d'Ovide, étant un frère et une sœur jumeaux fort jeunes, la difficulté de la mise en scène parut grande, mais non insurmontable. La mort d'un des acteurs fit tomber dans l'eau ce projet. La pièce se répandit ensuite en Italie; on reconnut alors qu'elle n'aurait à la représentation qu'un médiocre intérêt. C'était pourtant beaucoup que d'avoir écrit une tragédie dans un style pur, élevé, énergique. *Canace* resta comme un modèle, et le Speroni fut rangé parmi les restaurateurs du théâtre à côté de Trissino, de Rucellai et de l'Alamanni. Après eux, la tragédie se rendormit, pour se réveiller tout à fait un siècle plus tard. Maffei et Alfieri, que nous retrouverons ailleurs, l'ont poussée à son plus haut degré, mais en s'inspirant des maîtres français autant que des anciens.

C'est encore à Padoue que naquit une des célébrités les plus aimables de l'art dramatique, l'actrice Isabelle, dont je n'ai point su trouver le nom de famille. Vers la fin du seizième siècle, étant enfant, elle vit représenter l'*Aminta* du Tasse. Cette comédie pastorale lui fit tant d'impression, qu'elle se sentit dévorée de la passion du théâtre. Elle roulait dans sa tête des scènes et des dialogues qu'elle se récitait tout bas. Quelques vers gracieux, qu'elle montrait à ses amis, lui donnèrent la réputation d'une fille d'esprit dans un cercle qui s'étendit de jour en jour. Les *intenti* de Milan la nommèrent membre agrégé de leur académie. Isabelle était spirituelle, vive et gaie, séduisante, belle comme un ange et parfaitement sage, ce qui est plus rare encore. Trop amoureuse du théâtre pour avoir d'autre passion, elle apprit la musique et devint une chanteuse des plus distinguées. Quant à la déclamation, la nature la lui avait apprise. Cependant l'occasion ne se présentait pas encore de se faire comédienne, et Isabelle avait déjà vingt-cinq ans. Ce fut alors que François Andreini, ayant organisé sa fameuse troupe des *gelosi*, se mit à parcourir l'Italie, en donnant des représentations. Cette troupe était excellente, et le *capo comico*, surtout, jouait à ravir les rôles de matamores. Il vint enfin à Padoue. Isabelle entra aussitôt dans la troupe, et elle excita chez les Padouans un enthousiasme approchant de la frénésie. Trois mois après, elle épousait le chef de la compagnie comique. Les *gelosi* eurent tant de succès qu'il en fut parlé en France. La reine Marie de Médicis voulut les voir. Ils partirent pour Paris. Les mémoires du temps et les historiettes de Tallemant des Réaux font mention du plaisir extrême que trouva la cour à leurs spectacles. Henri IV vint rire de bon cœur de leurs lazzis. La pauvre Isabelle mourut jeune encore à Lyon, en 1604, en achevant sa tournée de France. Jean-Baptiste Andreini, son fils, fut aussi célèbre qu'elle. Il n'est pas rare de voir les talents se perpétuer ainsi dans les familles de comédiens. On a dit que ce nom de *gelosi* donné à la troupe d'Andreini et d'Isabelle venait de ce qu'ils mettaient dans la plupart de leurs pièces des rôles de jaloux; mais il paraît plus vraisemblable, comme l'ont écrit les historiens de la comédie italienne, que ce surnom tenait à une inscription gravée sur la porte de leur théâtre, et dont le sens était : « Honneur, gloire, talents, nous ont rendus jaloux. »

Pour revenir aux monuments de Padoue, il faut citer l'église dédiée au saint courageux qui osa braver Ezzelino. Non-seulement dans sa ville natale, mais dans la Lombardo-Vénétie, on appelle Antoine de Padoue *il santo*, c'est-à-dire le saint par excellence. Le 13 juin, à Venise, je fus étonné en descendant, le matin, sur la place Saint-Marc, de la trouver presque déserte. Un garçon de café que j'interrogeai me répondit : « Tout le monde est à Padoue; c'est aujourd'hui *la fête du saint.* » L'église de ce saint est une des plus belles du monde. Commencée au treizième siècle et achevée en soixante-dix ans, sur les dessins du Pisano, elle n'offre point de disparates dans ses détails. Quatorze pilastres soutiennent ses huit coupoles byzantines. Les ornements intérieurs sont d'un goût exquis, et la chapelle particulière du saint, élevée par San-Sovino, passe à bon droit pour un chef-d'œuvre d'élégance. C'est dans cette église que Tartini vint, à certaines fêtes religieuses, jouer ses solos de violon, sans autre accompagnement qu'un violoncelle. On a peine à concevoir aujourd'hui le plaisir que pouvait faire cette musique simple et large exécutée avec de si faibles moyens devant des milliers d'auditeurs; mais Tartini, Corelli et tous les vieux maîtres du temps passé ne se doutaient point qu'un jour on mettrait, en fait de son, la quantité au-dessus de la qualité.

La cathédrale de Padoue, qu'il ne faut pas confondre avec l'église de Saint-Antoine, a été commencée au douzième et achevée au quinzième siècle. En raison de ce long intervalle, elle n'offre pas ce degré de perfection et d'unité qui distingue le temple du saint. En revanche, les embellissements de l'intérieur sont d'une grande richesse, et les peintures du Padouan et des deux Palma, le vieux et le jeune, y sont à profusion. Sur le registre du chapitre est inscrit le nom de Pétrarque, qui a donné à l'église une Madone de Giotto, qu'on voit encore au baptistaire. Dans les bâtiments de l'université, où le cardinal de Gurck se plut à régenter les recteurs, est un superbe portique d'entrée, que l'on attribue à San-Sovino. Ce portique conduit à une vaste cour carrée, entourée de doubles galeries.

Tous les monuments de Padoue paraissent aujourd'hui d'une grandeur disproportionnée avec l'importance et la population de la ville. En mesurant le vaisseau des églises, la longueur des palais communaux, l'ampleur de leurs salons, de leurs cours et de leurs escaliers, on se croirait dans une capitale. Enfin un établissement tout moderne, élevé par un particulier, le célèbre café Pedrocchi, est le plus vaste local où l'on ait jamais débité la limonade et la bière. Tous les habitants de Padoue, s'ils y venaient à la même heure demander des rafraîchissements, ne pourraient pas en encombrer les immenses salles. Le commerce s'y réunit à l'heure de la bourse. La façade, ornée de colonnes doriques avec un perron couvert d'une terrasse, ressemble à l'entrée d'un magnifique palais. Devant les tables de marbre blanc sont des sophas à l'orientale. Jamais on ne fit tant de frais pour servir aux gens une demi-tasse de vingt centimes; aussi les imaginations vives de Padoue se plaisent à croire que le seigneur Pedrocchi, avant d'élever son café, a découvert la pierre philosophale ou fait un pacte avec le diable. D'autres pensent qu'il a trouvé dans sa cave quelque trésor enfoui par ce pauvre François Carrare, qui, ayant donné dans le piége du conseil des Dix, n'aura pu revenir chercher son argent. Il est certain que le café Pedrocchi étonnerait encore le consommateur par son luxe et ses proportions gigantesques, quand il serait placé à Londres ou à Paris.

Reprenons le chemin de fer, quoique la rapidité de son train nous prive du plaisir de voir les jardins et les maisons de Plaisance qui bordent la Brenta. Nous approchons de Mestre; la végétation disparaît peu à peu. Déjà on remarque des flaques d'eau salée des deux côtés de la route. Tout à coup le convoi entre à grande vitesse dans la lagune, dont la surface polie ressemble à celle d'un lac toujours tranquille. A moins de sortir tout à fait la tête hors du waggon pour regarder le parapet du viaduc, vous pourriez vous croire emporté par une puissance miraculeuse, comme si le convoi glissait sur les eaux. Mais il vaut mieux se priver de cette impression fantastique pour observer de loin Venise, dont les campaniles se dressent devant vous, et qui bientôt ressemble à une ville flottante, construite sur quelque radeau de liége. J'ai souvent entendu les gens amoureux de Venise déplorer comme une défloraison ce viaduc qui la réunit à la terre ferme. Il est vrai que le voyage de deux heures en barque et à la rame permettait de jouir plus longuement et plus au complet du coup d'œil de l'arrivée. Cependant après avoir fait plusieurs fois le trajet des deux façons, je ne saurais à laquelle donner la préférence. Vu du chemin de fer, le spectacle, trop court si l'on veut, n'est pas moins saisissant, et lorsqu'on regarde soit du rivage de Mestre, soit du Champ de Mars de Venise, ce pont cyclopéen, dont les deux cent cinquante arches, diminuant par l'effet de la perspective, finissent par se perdre dans le lointain, on oublie la défloraison pour contempler une des entreprises les plus grandes et les plus difficiles que le génie de l'homme ait jamais achevées. Qu'est-ce, d'ailleurs, que ce mariage avec la terre ferme dont la chaîne peut être rompue si l'on en fait sauter un seul anneau? Venise n'en reste pas moins environnée de ses lagunes, et cette virginité perdue ne la rend pas moins belle.

Bien que je n'aie guère de goût pour la topographie, disons en trois mots la situation toute exceptionnelle de Venise. Une langue de terre, appelée le Lido, s'oppose comme un rempart naturel à l'envahissement de la pleine mer. Ce rempart, large de trois cents pas à peu près, ouvre à la marée haute trois passages étroits, l'un au port de Venise, l'autre à Malamocco, et le troisième à Chioggia. Par ces trois ouvertures, l'eau renouvelée lentement n'a point le temps de se corrompre, et forme ainsi une espèce de lac salé qui embrasse un espace de dix lieues en longueur sur trois en largeur. Au milieu de ce lac, et plus près de la pleine mer que de la terre ferme, se trouve un groupe de cent vingt et quelques îlots, rapprochés les uns des autres, sur lesquels Venise s'est élevée peu à peu en quatre siècles. Les lagunes ont cet avantage précieux que par les tempêtes les plus fortes, lorsque l'Adriatique se brise avec fureur sur les rives du Lido et les digues de Malamocco, leurs eaux abritées paraissent à peine émues, et leur clapotement vient s'éteindre sur les marches des palais, où les dames peuvent descendre dans leurs gondoles, sans qu'une vague se permette de leur mouiller les pieds. On comprend aisément la sécurité que cette position géographique a donnée pendant longtemps aux cent cinquante mille citoyens d'une république marchande si heureusement placée pour le commerce maritime, et si bien gardée contre les attaques de toutes sortes. Il a fallu que l'art de détruire fût poussé à ses dernières limites, pour que le siége d'une telle ville ait été seulement projeté. Après la bataille d'Aignadel, l'armée de Louis XII envoya du rivage une volée de boulets, qui vinrent tomber dans l'eau près de l'île de Santa-Chiara, et l'artillerie, reconnaissant son impuissance, se retira pour ne point brûler sa poudre inutilement. Lorsque Berthier, parlant au nom du général Bonaparte, transmit au sénat des conditions de paix qui semblaient inacceptables, il termina en disant que le général français ne considérait point le siége de Venise comme une entreprise au-dessus de son génie. Cette menace de la part d'un jeune homme qui dans ce moment semblait capable de tout épouvanta les vieux patriciens ; mais les termes même dont s'était servi Berthier prouvaient que Venise, en d'autres mains, aurait encore pu se défendre.

XIX

VENISE

Origine de Venise. — Son gouvernement. — Mariage du doge avec l'Adriatique. — Les condottieri. — Politique vénitienne. — Thomas Mocenigo et François Foscari. — Causes véritables de la ligue de Cambrai. — Documents inédits. — La bataille de Ravenne. — Conversations curieuses entre Trivulce et André Gritti, et entre Justiniani et Louis XII. — La chambre à coucher du roi de France. — Autres documents sur la sainte ligue et le traité de Blois. — L'alliance française. — Serments de fidélité trop souvent rompus. — La république entre Charles-Quint et François Ier. — Ses perplexités. — Ses fautes. — Sa décadence et sa mort.

On s'est amusé à dire que Venise avait été fondée par une émigration de Paphlagoniens. Étienne Pasquier, ayant observé que Vannes s'est appelée *Venetia,* comme Venise, en a conclu sérieusement que la race des Vénètes était originaire de Bretagne. Ces fantaisies historiques sont démenties par des faits incontestables. En 400, l'invasion d'Alaric répandit une telle épouvante dans le nord de l'Italie que des habitants du littoral de l'Adriatique coururent se cacher sur les îlots des lagunes. La majeure partie de ces fugitifs était composée de Padouans, et par conséquent les Vénètes ne sont autres que la race primitive qui avait fondé l'antique *Patavium,* et qui depuis a pu se conserver, sinon exempte de tout mélange, plus pure du moins que les races de la terre ferme, par suite de son isolement. Or, si on en croit les historiens anciens, Padoue a été élevée par des Troyens après le fameux siége d'Ilion. Cette supposition me satisferait plus que les autres, à cause de la beauté des types vénètes, parmi lesquels on retrouve fréquemment des sujets dignes de représenter les poétiques figures d'Hector et de Pâris.

Pendant le séjour d'Alaric en Italie, les Vénètes s'accoutumèrent à la vie des lagunes. En 421, ils élevèrent une église dans l'île de Torcello. Vingt-sept ans après, l'arrivée d'Attila ayant renouvelé les émigrations de Padoue et d'Aquilée, la population des îlots s'accrut encore. Un petit nombre de maisons de pierre existaient déjà dans ces déserts aquatiques. On y ajouta des cabanes de bois pour les réfugiés. Le fléau de Dieu passa, et Venise se trouva fondée. Tous les malheurs de l'Italie civilisée, dans ces temps lamentables, lui amenèrent quelques citoyens de plus. Enfin, au bout de quatre cents ans, c'était une grande ville, une puissance maritime nouvelle et une des merveilles du monde. L'historien Éginard a comparé, pour l'honneur de l'industrie vénitienne, les belles étoffes de ses fabriques avec les vêtements grossiers que portait l'empereur Charlemagne. Les négociants du Rialto eurent d'abord le monopole du commerce dans le golfe Adriatique; puis ce commerce s'étendit en Albanie, en Morée, dans l'archipel et jusqu'au fond de l'Orient.

Le premier gouvernement régulier de Venise a été une monarchie élective : un duc ou doge, élu par le suffrage universel, régnait sa vie durant; s'il gouvernait mal ou trop longtemps au gré de ses électeurs, on abrégeait la durée de son règne en le tuant ou en lui crevant les yeux. Sur les cinquante premiers doges, vingt-sept seulement moururent en fonctions et dans leur lit; les autres furent massacrés ou déposés. Un seul, plus heureux, mourut en combattant les ennemis de la république. Presque tous, il est vrai, aspiraient à la tyrannie, et justifiaient, jusqu'à un certain point, la vengeance du peuple; mais leur méchanceté prouve aussi que le peuple se trompait souvent dans ses choix. Les élections des doges se tenaient comme les comices de Rome, avec encore plus de cris et de tumulte, et il suffisait d'une légion de gens armés et payés proclamant un nom pour enlever les suffrages. Lors du massacre du doge Michieli II, le tribunal de la *quarantie* résolut de mettre fin à ces violences et se déclara assemblée constituante. On établit des degrés dans les élections. Venise se divisait déjà, comme aujourd'hui, en six *sestieri;* chaque *sestiere* nomma deux électeurs. Ces douze électeurs choisirent, parmi tous les citoyens indistinctement, quatre cent soixante-dix personnes, qui formèrent le grand conseil. Un sénat de soixante membres, qu'on appelait les *pregadi*, et renouvelé tous les ans, était tiré du sein du grand conseil au scrutin de liste et à la pluralité des voix. Six conseillers privés, sortis de la même assemblée, gouvernaient avec le doge, sous le contrôle du sénat. Cette constitution, d'un exercice facile dans une république de cent vingt mille citoyens, reposait encore sur des bases démocratiques, puisque le point de départ était une élection populaire; elle offrait, d'ailleurs, un assez juste équilibre des pouvoirs et des garanties contre les séditions et les caprices de la multitude.

Tel était le gouvernement de Venise au douzième siècle, à l'époque de la grande querelle entre l'empereur Frédéric Barberousse et le pape Alexandre III. Le pontife expulsé vint demander asile aux Vénitiens, qui, du fond de leurs lagunes, pouvant braver la colère et les armées de Frédéric, se posèrent en arbitres. L'empereur leur répondit en envoyant soixante-quinze galères dans l'Adriatique. Venise n'en avait que trente à lui opposer; mais, avec des forces si inférieures, elle accepta le combat. La flotte impériale fut défaite, et le prince Othon, fils de Frédéric, tomba entre les mains de l'amiral vénitien, qui, sur l'ordre du gouvernement, le renvoya généreusement à son père. Ces traits de grandeur sont trop rares dans l'histoire de Venise pour qu'on oublie de les citer. Frédéric, obligé d'accepter la paix, se soumit à l'arbitrage du doge Sébastien Ziani et du sénat, qui l'engagèrent à venir faire acte de soumission devant le pontife. On régla les détails de l'entrevue, et il fut décidé que l'empereur baiserait la mule de celui qu'il avait tant persécuté. Au moment de la cérémonie, le pape Alexandre, ajoutant à l'étiquette un incident qu'on n'avait point prévu, posa son pied sur la tête de Frédéric agenouillé, en s'écriant à haute voix : *Super aspidem et basilicum ambulabis.* (Tu marcheras sur le serpent et le basilic.) Une fresque du palais ducal représente cette scène étrange. L'empereur se releva exaspéré; mais le gouvernement de Venise eut encore assez de crédit et d'habileté pour apaiser cet homme si vindicatif. Avant de retourner à Rome, Alexandre III accorda pompeusement à Sébastien Ziani l'autorisation de faire porter devant lui un cierge allumé, une épée, un parasol, un fauteuil, un coussin de drap d'or et des drapeaux. Le doge aurait pu faire porter tout cela et bien d'autres choses encore, sans qu'une bulle lui en conférât le privilége; mais il feignit d'être charmé de cette faveur, parce que le pontife ajouta un article plus important à ces marques de gratitude. Comme s'il eût disposé de la mer et de la terre, Alexandre III dit au doge, en lui mettant au doigt un anneau d'or : « Je te donne la souveraineté de l'Adriatique; qu'elle t'appartienne et te reste soumise, comme l'épouse à son époux. » Et afin de perpétuer le souvenir de cette donation, que la république considéra comme un titre légal, chaque nouveau doge célébra solennellement son mariage, en jetant du haut du Bucentaure un anneau d'alliance dans les flots.

Ce mariage allégorique de Venise avec le golfe Adriatique devint le sujet d'une grande controverse. Gênes, Pise, la Toscane et la Sicile nièrent sa validité. Nous n'avons point lu les in-folio publiés de part et d'autre; mais lorsque Venise eut conquis ou acheté la Dalmatie, Chypre et Candie, lorsqu'elle eut absorbé à son profit la plus forte part des transactions avec l'Archipel et Constantinople, qui donc pouvait lui contester les droits d'un mari sur l'Adriatique? Les unions de ce genre sont valables tant que les navires de l'époux restent maîtres de la mer : à l'instant où une autre puissance a détrôné la première, le divorce a lieu. En 1353, après la bataille de Cagliari, quand les galères vénitiennes eurent anéanti la flotte génoise, le doge aurait pu se considérer comme l'heureux époux de deux mers à la fois. Quand les Génois prirent leur revanche en pénétrant jusqu'à Chioggia, le mariage allait être rompu par la mort de l'un des conjoints, si Charles Zeno ne fût arrivé d'Orient avec sa flotte pour sauver le malade et le rendre à son épouse.

Le gouvernement populaire, modifié, comme nous l'avons dit, par la *quarantie*, ne dura pas deux siècles. Vers l'année 1310, le grand conseil, d'accord avec le doge, jugea inutile de s'exposer aux chances de la réélection, et se déclara constitué à perpétuité. Le Livre d'Or fut ouvert, et l'aristocratie se trouva établie. Deux conspirations contre ce gouvernement ayant échoué, le peuple prit son parti de sa destitution, et la création du conseil des Dix lui ferma tout espoir de recouvrer jamais ses anciens droits. La politique et les emplois devinrent le privilége d'un petit nombre de familles. Les autres se laissèrent gouverner, et il est certain que la prospérité publique ne fit que s'accroître. Venise a été l'un de ces États industrieux, comme il en a toujours existé, qui ont vécu un peu aux dépens des autres, et sont parvenus à un haut degré de splendeur, sans territoire, sans armées nationales et sans sympathies politiques. La forme de gouvernement qui leur convient le mieux est la forme aristocratique, parce qu'une collection de personnes n'est point tenue de pratiquer les vertus qu'on demande à un prince, comme la grandeur d'âme ou la clémence. Elle ne fait point de sacrifices, et ne s'occupe que d'acquérir et de conserver. Il n'y a pas un acte politique de cette abstraction appelée *la seigneurie de Venise* qui ne porte le génie du cachet de ce peuple, qui est l'astuce et la prudence. Un demi-succès obtenu par l'habileté était plus estimé dans le sénat qu'un plus grand arraché par la violence. Ordinairement, la ruse et le mensonge appartiennent aux naturels faibles et craintifs; mais, par une exception remarquable, l'astuce vénitienne était alliée à une force de caractère, une résolution et une volonté rares, et qui prenaient leur source dans une sorte d'égoïsme patriotique, réfléchi et profond.

Venise ne voulut jamais risquer d'être à la merci d'un général victorieux, ce qui est la mort la plus commune des républiques; de là ces capitaines étrangers à qui on donnait le commandement des troupes, et que deux provéditeurs, envoyés par le sénat, surveillaient pas à pas. Malgré les embarras qui en résultaient souvent, malgré les fautes ou les trahisons de ces *condottieri*, qui se laissaient séduire, la république aimait mieux se voir trompée que subjuguée. Elle se défit de Carmagnola sur un soupçon ; le marquis de Mantoue fut cassé aux gages pour avoir traité sans autorisation avec le roi de France ; Renzo, plus insolent que les autres, quitta son poste avant la fin de son engagement, sans daigner dire les motifs de sa retraite. Les affaires de l'armée en souffrirent, mais on n'eut jamais à craindre un Sylla ni un César.

Envers chacune de ses villes de terre ferme, Venise usait d'une politique particulière. Bergame et Brescia étant voisines de Milan, où le pouvoir des ducs était tantôt doux et tantôt cruel, on ne voulait pas que la comparaison pût être à l'avantage d'un Visconti ou d'un Sforza ; c'est pourquoi on envoyait dans ces deux villes des administrateurs d'un caractère prudent et bon, qui gouvernaient si paternellement, que les séditions mêmes étaient traitées comme des querelles de famille. On ne craignait pas que Vérone voulût se séparer de la république, et, pour cette raison, la noblesse et le peuple véronais étaient traités plus sévèrement. Lorsqu'ils donnaient quelque preuve de dévouement, on les complimentait sans bruit, comme s'ils n'eussent fait que leur devoir. Envers Padoue et Trévise, les recteurs usaient d'une rigueur extrême, et on ne dissimulait pas assez à Venise le mépris qu'on avait pour la noblesse de ces deux villes. Dans le Frioul, on poussa le système de la division jusqu'à la barbarie, en excitant les familles à se quereller entre elles pour sévir contre tout le monde. Dans les colonies, le sénat voulait éblouir les yeux et donner une idée magnifique de sa puissance. Les gouverneurs, équipés comme des princes, avaient des cortéges et se conduisaient en despotes, car on pensait que la douceur eût été prise par des sujets orientaux pour de la faiblesse. Les révoltes des Candiotes se réprimaient par le sabre. A Venise même on gouvernait par la division, puisqu'on encourageait la guerre entre les gondoliers *noirs* et *rouges*, dont la tradition existe encore; mais on ne souffrait pas les haines avouées entre gens de la noblesse : les querelles étaient apaisées par voie de conciliation, et, si ce moyen ne suffisait pas, par des châtiments. Lorédan a dû écrire en secret, sur ses livres de commerce, sa célèbre créance de *la Vie* sur François Foscari ; s'il eût exprimé publiquement une telle haine, on l'eût réprimandé sévèrement.

Ce fut au quinzième siècle que Venise atteignit à son apogée. Ses richesses étaient immenses, son commerce et son industrie n'avaient que de faibles rivaux, et comme il arrive à tous les riches, son alliance était recherchée des princes dont les finances étaient souvent en désordre. Deux génies opposés se manifestèrent alors dans le sein du sénat, qu'on pourrait appeler le génie conservateur et celui du progrès. Ils se personnifièrent par ces deux grands noms : Thomas Mocenigo et François Foscari. Le premier ne voulait pas que la république s'occupât des affaires de la terre ferme. Il fallait, selon lui, demeurer fidèle aux vieux préceptes, s'attacher aux traités de commerce avec le Levant, s'étendre de ce côté, s'élever sur les débris de l'empire grec, prêt à s'écrouler devant les armes des Turcs; il fallait conserver et augmenter les priviléges qu'on avait dans la mer Noire, en Égypte, chez les Arabes, de manière à rendre toute concurrence impossible; éviter de prendre part aux débats politiques des puissances de l'Europe, et surtout ne pas attirer leur jalousie sur la république par des questions de frontières en Lombardie. Foscari, au contraire, voulait que la république tournât ses regards et son ambition vers l'Italie. Il sentait que les petits États du voisinage, gouvernés par des tyrans, étaient destinés à former le domaine de Venise, et que la république aurait ensuite assez de forces pour lutter contre les rois et les empereurs. D'un côté il y avait plus de sagesse, de l'autre plus de gloire. Les deux partis régnèrent à leur tour. Tant que le doge Mocenigo vécut, Venise fit des progrès en Orient; après lui, François Foscari entraîna la politique de Venise hors des lagunes, sans craindre les embarras interminables où il allait pousser son gouvernement, parce qu'il lui sentait les talents nécessaires pour s'en tirer avec honneur. Le sort en fut jeté : la république s'empara successivement d'une grande partie de la Lombardie, de la Polésine de Rovigo et d'une fraction de la Romagne, pensant n'avoir à disputer ces possessions qu'aux ducs de Milan et de Ferrare. Mais bientôt la France, l'Espagne et l'Empire arrivèrent sur le théâtre de la guerre, et Venise en leur tenant tête, en traitant d'égal à égal avec de tels adversaires, s'éleva au rang de grande puissance politique, ce qui était beau et glorieux à un État composé d'une seule ville et de cent cinquante mille citoyens. Elle joua ce rôle avec éclat pendant trente années, à travers toutes sortes de périls et de vicissitudes. Nous demanderons au lecteur la permission d'insister sur cette époque intéressante de l'histoire de Venise, parce que nous pouvons lui offrir quelques documents inédits, recueillis dans les archives de la république, et qui éclairciront des points obscurs de l'histoire de France.

Le plus grand danger qu'ait jamais couru la seigneurie de Venise est assurément l'explosion de la ligue de Cambrai. On a donné divers motifs à l'irritation de Louis XII contre Venise ; mais on n'a point expliqué les causes premières de cette irritation.

A l'avénement du roi, en 1498, le sénat nomma des ambassadeurs extraordinaires pour aller complimenter Louis XII. Nous trouvons dans la commission remise à ces ambassadeurs, le 22 juillet, qu'ils devront assurer ce prince du dévouement et du respect de la seigneurie. L'article V porte qu'il sera bon de chercher à inspirer à Sa Majesté de la défiance des Médicis. L'article IX détruit le bon effet des précédents :

« Si le roi, y est-il dit, vient à vous parler des traités d'alliance secrets qui ont existé entre le feu roi Louis XI et notre seigneurie, vous feindrez de n'en avoir aucune connaissance, et vous répondrez que, sans doute, ils auront été brûlés dans l'incendie de notre palais ducal. »

Cette réponse déloyale et presque ridicule indigna le roi, qui exprima sa mauvaise humeur contre « ces marchands orgueilleux et menteurs. » Un an après, l'armée française pénétrait en Lombardie, et Ludovic le More prenait la fuite. On apprit la nouvelle de l'entrée des Français à Milan, le 26 septembre 1499. Le sénat s'assemble à la hâte et nomme quatre ambassadeurs pour aller complimenter le roi. Leur commission contient le passage suivant :

« Vous vous rendrez avec toute la célérité possible auprès de Sa Majesté Très-Chrétienne, que vraisemblablement vous rejoindrez non loin de Milan. Nous désirons vivement que vous assistiez à son entrée dans la ville, car là est l'honneur et le fruit de la présente ambassade, et pour cela nous ne voulons pas seulement que vous vous hâtiez, mais plutôt que vous voliez jusqu'au but... Vous féliciterez Sa Majesté sur *nos succès communs*, par lesquels le Tout-Puissant montre merveilleusement sa colère contre le tyran expulsé. »

Avec ce tyran, la république avait signé un traité contre la France, quatre ans auparavant, pour accabler l'armée en retraite de Charles VIII. Le sénat se trompait en croyant que le roi conduisait les opérations militaires. Il était resté à Lyon, et les envoyés arrivèrent pour complimenter le maréchal d'Aubigny et La Trémouille, qui les reçurent très-froidement. Cependant Louis XII fit proposer au sénat de joindre son armée à celle de la France pour obtenir de nouveaux succès contre les *ennemis communs*, et il somma la république de dire nettement ce qu'elle ferait si le roi d'Espagne ou l'empereur Maximilien demandaient l'autorisation de faire passer des troupes sur le territoire vénitien. Au lieu de répondre avec franchise, le sénat commit la faute de vouloir encore amuser le roi par de vains discours. Lorsque Louis XII entendit avancer le prétexte des Turcs, pour ne point lui donner de secours et qu'on avoua ne pas oser refuser le passage aux forces de l'Espagne ou de l'Empire, Louis XII se fâcha, et il prit à tâche de montrer aux *pregadi* la défiance que leur conduite ambiguë lui avait inspirée.

Un courrier, envoyé à Venise par l'ambassadeur de la république en Espagne, vint à passer en Lombardie. Les officiers français l'arrêtèrent. On ouvrit les dépêches adressées au doge ; elles étaient en chiffres. Le sénat ayant reçu l'avis de cet affront, rendit un décret ainsi conçu :

« Que demain, de grand matin, soit appelé devant le collége, le magnifique ambassadeur de France, et qu'avec la forme de langage qui paraîtra la plus convenable à la sagesse de notre prince, il lui soit fait une modeste querelle sur l'arrestation de notre courrier et sur les lettres interceptées. Le sérénissime doge terminera en disant que ces dépêches en chiffres ne peuvent rien contenir de contraire à notre amitié et alliance avec Sa Majesté Très-Chrétienne. »

Peu de temps après, le cardinal d'Amboise, premier ministre du roi de France, revenant de Rome par Ferrare, eut quelques pas à faire sur des terres de Romagne appartenant à la république. Il envoya à dessein demander à Venise un sauf-conduit. Le sénat se montre profondément blessé de cette nouvelle preuve de défiance.

« Nous comprenons bien, écrit-il à son ambassadeur près du roi de France, que de telles *ombres* sont l'œuvre de nos ennemis. Nous en écrirons au Révérend cardinal, et nous vous commandons de choisir le moment opportun pour vous en plaindre à sa Très-Chrétienne Majesté, avec cette forme grave de parole que la circonstance comporte. Nous croyons nécessaire que vous en parliez au grand-chancelier et à tous ceux qui ne savent point rendre justice à notre sincérité. »

Cette sincérité demeura pourtant problématique, car le cardinal d'Amboise, aspirant au pontificat, fut encore trompé par la république. Le sénat lui promit d'appuyer sa candidature ; il en envoya même officiellement l'ordre à son ambassadeur à Rome ; mais derrière le sénat était le conseil des Dix, dont les volontés passaient avant toutes choses, et les archives de ce conseil nous fournissent la lettre suivante à cet ambassadeur en cour de Rome, où l'on voit que le cardinal d'Amboise est joué :

« Nous voulons et vous commandons, écrivent les décemvirs, que vous alliez vous réjouir en notre nom avec le Révérend cardinal de la Rovère, de son arrivée à Rome, et que vous lui déclariez avoir reçu de nous l'ordre de favoriser son élection avec le secours de nos prélats vénitiens. Vous ferez, en effet, tout le nécessaire à ce sujet, avec lesdits prélats. Sur la proposition nouvelle de procéder cette fois à l'élection par des votes secrets et non plus ouverts, comme par le passé, nous vous dirons que ce mode nous plairait beaucoup, parce que les suffrages seraient libres, que chacun pourrait satisfaire sa conscience, et qu'on écarterait bien des inconvénients engendrés par les votes évidents. Nous avons voulu vous dire cela, pour que vous puissiez, par les moyens que votre dextérité vous suggérera, et *comme de vous-même*, appuyer cette forme secrète des suffrages, qui serait si opportune dans les circonstances où nous nous trouvons. »

Le ministre français échoua, par suite de ces manœuvres, et le cardinal de la Rovère fut élu sous le nom de Jules II; mais on eût soupçon, en France, des menées de la seigneurie de Venise. Le cardinal d'Amboise se retira mortifié. Il avait une grande influence sur le roi, dont l'esprit était déjà indisposé contre le sénat par les motifs qu'on a vus tout à l'heure. De cette double animosité naquit la *ligue de Cambrai,* formée entre l'empereur Maximilien, les rois de France et d'Espagne, et le pape Jules II lui-même, contre cette république de Venise, tout à coup abandonnée du monde entier. Le projet de cette ligue fut mûri pendant cinq ans par le ministre français, et on en garda parfaitement le secret. Peut-être Louis XII voulut-il montrer aux Vénitiens combien il est facile de tromper. Leur ambassadeur, fêté à Cambrai, tandis qu'on signait la ruine de son pays, essuya, par une juste réciprocité, le traitement fait au cardinal d'Amboise. Venise s'éveilla au bruit des préparatifs de la guerre et du manifeste de Jules II qui la mettait en interdit. Elle se trouvait seule en face de l'Europe entière.

L'histoire de la ligue de Cambrai a été bien des fois écrite. Le début en est connu, et les archives de Venise confirment ce qu'en a dit l'histoire. On sait comment Louis XII se vengea de la république, en battant les troupes commandées par le brave Alviano à la journée de Vaïla. On sait qu'aussitôt après cette bataille l'incroyable habileté du gouvernement de Venise sut effrayer les confédérés sur les progrès de la puissance française en Italie, et comment le sénat sut retourner contre Louis XII tous ses alliés : l'Empire, l'Espagne et le pape. Pendant deux ans, les armées françaises perdirent et gagnèrent tour à tour quelques villes en Lombardie. Enfin, en 1512, elles allaient évacuer entièrement l'Italie, lorsque Gaston de Foix passa les Alpes. Ce héros de vingt-trois ans battit les Suisses, qui voulaient l'arrêter, fit traverser quatre rivières à ses troupes, pénétra en peu de jours jusque dans le duché de Ferrare, et, chassant devant lui l'armée des puissances coalisées, s'empara de Bologne et marcha ensuite sur Ravenne. L'ennemi se rallia et se dirigea aussi sur cette ville; une bataille décisive se préparait.

Ici se présente une circonstance fort singulière, que les historiens n'ont point connue, et qui jette un jour nouveau sur des événements que l'on croyait parfaitement expliqués. A la date du 23 mars 1512, vingt jours avant la grande bataille de Ravenne, et lorsque l'armée française volait de succès en succès, on voit sur les registres de la république qu'un certain Pierre Bressan, domestique d'André Gritti, lequel André était prisonnier de guerre à Milan, accourut à Venise avec une lettre de son maître adressée aux trois inquisiteurs d'État. Cette lettre, qui révèle une négociation tout à fait secrète et ignorée jusqu'à ce jour, mérite d'être rapportée entièrement.

« Très-illustres *capi* du très-excellent conseil,

« Un personnage de grande réputation et digne de confiance, bien connu de cette excellente république, et qui a toujours témoigné de l'amitié pour elle, m'a fait entendre, sous serment de ne point le nommer, les choses qui suivent :

« Si cette illustre république était disposée à entrer en accommodement avec le roi très-chrétien, on en viendrait promptement à une heureuse conclusion, et aussitôt que vos seigneuries voudront envoyer ici un témoignage de leur assentiment, on l'accueillera avec plaisir.

« Le personnage en question m'a dit avoir fait courir après moi, il y a trois ans, pour me dire ce qui est déclaré ci-dessus; mais ayant appris que j'étais saisi et prisonnier à Brescia, au pouvoir de ses gens, il avait révoqué ses ordres et rappelé son messager.

« Aujourd'hui, persistant dans les mêmes sentiments, et s'étant pris d'amitié pour moi depuis ma captivité, le moment lui a paru opportun de me faire cette ouverture, afin que si elle réussissait, c'est-à-dire si l'accommodement se concluait, il en pût résulter pour moi le bénéfice de ma délivrance.

« En écoutant cette proposition si importante, je demeurai indécis, examinant l'intérêt de l'État, tout en ayant aussi égard à mon intérêt particulier. Je répondis par des paroles générales à celui qui s'ouvrait ainsi à moi. Je lui dis d'abord que, pour ce qui me regardait, il pouvait comprendre si j'avais des motifs de souhaiter cet accommodement; et puis j'ajoutai que, pour lui parler ingénument, comme je croyais devoir le faire avec lui, je doutais fort que, dans une telle proposition, l'illustrissime seigneurie ne vît pas un piége, soit pour troubler ses opérations, soit pour nuire aux alliances contractées avec diverses puissances pour sa sûreté comme pour le recouvrement de son territoire.

« Il me répliqua aussitôt qu'avant d'avoir entendu ma réponse il avait déjà jugé que ce serait là le plus grand obstacle à cette négociation, et par beaucoup de raisons et de serments, il s'efforça de me persuader que la proposition était réelle et sincère.

« Enfin, je lui dis qu'il était de mon devoir de faire part à vos seigneuries de ces ouvertures, mais que je désirais le faire par un moyen si secret qu'on ne pût avoir aucun soupçon de cette négociation. Je demandai que le message fût porté à Pavie par Pierre Bressan, personne en qui je me fiais, et de condition médiocre; je choisis ce moyen pour que la chose me fût plus facilement accordée. On me promit de faire ainsi, et Pierre Bressan étant amené, le même qui avait traité avec moi la présente matière revint me trouver, et répétant les susdites paroles, m'assura encore que cela était réel, et m'engagea fort à expédier ledit Pierre. *Ensuite il aborda la question du saint-père, discourant sur le peu de fond qu'il y avait à faire de lui, et sur la turbulence des factions des Ursins et des Colonna, disant que Rome était en combustion.*

« Il assura ensuite que la puissance et le caractère de son roi méritaient que la seigneurie les prît en considération, le royaume de France étant de qualité *à présenter des garanties perpétuelles, et non pas de la qualité des États du saint-père.*

« Je crus nécessaire de louvoyer; mais comme il vint alors à de bons propos, il me sembla que je pouvais me permettre de lui demander à quelles limites se bornerait le roi de France, si la seigneurie en venait à traiter, et j'ajoutai que je tenais pour certain que la république ne consentirait jamais à un accommodement tant que les choses seraient en l'état où elles sont; parce que si elle avait voulu abandonner la partie du territoire retenue par l'empereur (Maximilien), je savais qu'elle l'aurait pu faire avec de grands avantages.

« A ces mots, celui à qui je parlais devint tout à fait pensif, et enfin il me dit : Je veux que tu me comprennes. Tu sais bien toi-même qu'il n'y a pas à penser à la restitution de ce qu'a pris le roi; mais sur le reste, sans en excepter la Romagne, je suis sûr que Sa Majesté fera tout ce qu'on lui demandera. La seigneurie tombera facilement d'accord avec le roi.

« Pierre Bressan le sait : j'ai promis solennellement qu'il reviendrait ici, qu'il ne dirait à personne être allé à Venise pour autre chose qu'au sujet de ma délivrance; il doit se conformer à mes ordres pour mon honneur et ma parole donnée. Voilà tout ce que j'ai à dire sur cette matière. J'ai cru devoir, par ce moyen sûr et secret, donner avis de tout ceci à votre excellente république, sans ajouter ni diminuer aucune chose dans ma relation au sérénissime prince et aux très-excellents chefs du conseil des Dix; je les supplie d'ordonner que le secret soit gardé avec le même mystère qu'on a mis à me faire cette communication. Dans les termes où je suis, il ne m'est pas permis de dire beaucoup de paroles.

« Sur les affaires de la Pouille, il n'a été rien dit.

« ANDRÉ GRITTI,
Procurateur de Saint-Marc.
Écrit au château de Milan, le 12 mars 1512.

« *Nota*. Les mots rayés (selon le témoignage de Pierre Bressan) l'ont été par *le seigneur Jean-Jacques Trivulce, sur cette lettre entièrement écrite de la main de Gritti.*

« Dans la copie que nous envoyons à notre ambassadeur à Rome doivent être supprimés les passages soulignés. »

Cette note, écrite sur le registre par le secrétaire du conseil des Dix, prouve que le personnage en question était Jean-Jacques Trivulce, dont Gritti était le prisonnier. Le conseil, voulant rester fidèle à la coalition contre les Français, envoya copie de la lettre à Rome, en supprimant les passages soulignés, qui auraieut pu blesser le saint-père. Il résulte de ce document que, vingt jours avant la bataille de Ravenne, Louis XII fit des ouvertures à la république de Venise pour une réconciliation. On va voir quels étaient les motifs de ce changement dans les idées du roi, et quel grand désir il avait d'amener cet accord entre la seigneurie de Venise et la France, toutes choses que les historiens ne paraissent pas avoir connues.

Il y eut un grand trouble à Venise après la bataille de Ravenne. Une lacune de dix jours existe dans tous les registres de ce gouvernement, si régulier et si prodigue d'écritures. Le sénat revient de son saisissement par une diatribe contre la France adressée au pape, qui faiblissait. Il cherche à remonter le courage du saint-père, lui trace un plan de campagne, et lui donne la liste imposante des forces de la république. Le sénat envoie un exprès au cardinal de Sion, qui avait une grande influence en Suisse, pour traiter avec les cantons. Il presse leur descente en Italie, et supplie le duc d'Urbin d'entrer en campagne et d'appuyer les débris de l'armée espagnole. Les Français étaient alors complétement maîtres du terrain. Cependant Pierre Bressan revient encore à Venise, et fait de la part de Trivulce, et au nom du roi de France, de nouvelles propositions d'accommodement plus pressantes que les premières, comme on le voit par la relation suivante, présentée au conseil des Dix le 30 avril 1512 :

RELATION DE PIERRE BRESSAN, SECRÉTAIRE DE MESSER ANDRÉ GRITTI, PROCURATEUR DE SAINT-MARC, ACTUELLEMENT AU CAMP FRANÇAIS, A MILAN.

« Ardent à mettre à exécution les ordres et commissions de vos très-excellentes seigneuries, je m'embarquai le samedi saint, 10 du présent mois. J'arrivai à Legnago, où j'entendis parler du conflit des deux armées en Romagne, avec massacre des alliés de ce sérénissime État. Quoique mon cheval fût accablé, et malgré le peu de sûreté des chemins, je poursuivis mon voyage avec toute la célérité possible. Je passai par Brescia, où, par suite de l'exaltation et jactance des Français, on faisait de grandes fêtes à sons de cloches et d'artillerie. Il en fut de même jusqu'à Milan, mais avec peu de fracas dans cette dernière ville. Y étant entré le 16, je fus aussitôt conduit en présence de l'illustre seigneur Jean-Jacques (Trivulce), par qui je fus accueilli gracieusement. Il m'aborda en me disant ces paroles :

« Eh bien ! que nous apportes-tu de bon ?

« — Illustre seigneur, répondis-je, j'ai reçu l'ordre de parler au magnifique messer André, de qui votre seigneurie pourra apprendre l'objet de mon message.

« — Cela est raisonnable, dit-il, mais il aurait mieux valu, si tu apportes quelque chose de bon, arriver avant cette victoire des Français.

« Il me railla ensuite sur la trêve que vos seigneuries ont faite avec l'empereur, en disant que, par les moyens employés, vous obtiendriez ainsi la paix; et ses paroles tendaient à faire entendre qu'on voyait en cela la crédulité de vos seigneuries. Il entra aussi en discours au sujet de la bataille survenue avec de notables pertes et trépas de capitaines. Il prononça un grand nombre d'imprécations, à propos de la mort de monseigneur de Foix, qui s'est laissé prendre entre une ville et l'armée pontifico-espagnole.

« Après ces mots, il me fit introduire auprès de messer André, à qui je lus l'instruction du sénat. *Je lui communiquai ensuite* ad unguem *et formellement les paroles de vos excellentes seigneuries, en appliquant tout mon esprit et mon intelligence à bien faire cette exposition.*

« Ayant écouté attentivement ce que je lui disais au nom de ce très-excellent conseil des Dix, messer André me renvoya au seigneur Jean-Jacques avec la lettre du sénat; et comme cette lettre était en chiffres, je la lus moi-même audit seigneur.

« Le lendemain 17, je fus conduit de nouveau dans le fort de la Roquette (où était la prison de Gritti). Le capitaine de justice, un des premiers membres du conseil royal, me fit subir un interrogatoire. Il me dit ensuite ces paroles : « Nous savons la nouvelle : vous avez donné de l'argent aux Suisses. Tous les ambassadeurs qui étaient à Venise sont partis pour Rome. Apparemment le saint-père se veut faire gentilhomme vénitien, et transporter son siége dans les lagunes. Nous croyons que vos Suisses feront bien leur métier, mais ce sont des étourdis, à qui nous casserons la tête comme nous l'avons cassée aux Vénitiens, pontificaux et Espagnols. Il eût été mieux de faire la paix avant ces derniers événements. Nous mettrons notre armée sous les murs de Padoue, et nous verrons qui viendra nous en déloger. »

« A tout cela je crus devoir répondre par des paroles générales, eu égard au lieu où j'étais et à ma captivité. Finalement je fus enfermé dans une prison étroite au fort de la Roquette.

« Le 21 vint à la prison le sieur Constant, secrétaire du seigneur Jean-Jacques..., et il me fit de nouveau entrer chez messer André. *Ce jour-là on célébrait la déposition du saint-père, comme vous le verrez par le papier imprimé que je montrerai à vos seigneuries....*

« Le seigneur Jean-Jacques dit que les intrigues et faussetés n'étaient pas dans les mœurs du roi son maître, comme le monde le savait; mais que, lorsqu'on voulait marier une fille, il fallait voir d'abord si le parti convenait avant de passer aux conditions. Il ajouta que vos seigneuries devaient déclarer si leur intention était de s'accommoder avec son roi, et qu'après on descendrait aux particularités. Alors le magnifique messer André m'apprit qu'il avait demandé au seigneur Jean-Jacques que le roi rendît à vos seigneuries ce qu'il leur avait pris, mais ledit Jean-Jacques avait répondu qu'il était inutile d'en parler, parce que le roi ne s'en voulait point départir.

« Le 22, messer André m'ordonna de communiquer au seigneur Jean-Jacques, sous sa responsabilité, les paroles mêmes de ce très-excellent conseil des Dix, et, retourné devant ledit seigneur, j'exécutai l'ordre de messer André, sous sa responsabilité; alors le seigneur Jean-Jacques me parla ainsi :

« Pierre, j'ai toujours eu une singulière affection pour cette illustre seigneurie, et quand j'ai pu la servir sans manquer à mon honneur, je l'ai fait; mais à mon seigneur le roi je ne puis pas manquer de foi. Cependant je ne voudrais pas que cette seigneurie de Venise vînt à périr. J'ai des lettres de France d'un ami bien informé, qui me reparle de notre accord. Il ne s'étonne pas si cela va lentement, parce qu'il sait que la seigneurie fait les choses avec maturité. Cet ami me dit que si la seigneurie apporte à cet accord un bon cachet, le roi courra au devant d'elle avec de bonnes jambes, parce que le roi reconnaît que la seigneurie ne mourra jamais, et qu'il a cet accord dans la tête. Non-seulement il permettra que la seigneurie recouvre son territoire (hormis ce que nous en avons conquis, à quoi il ne faut pas penser), mais il s'y aidera lui-même, à condition que les deux États s'obligeront à la défense et conservation réciproques de leurs possessions, comme autrefois. Et je te dirai que si la seigneurie veut s'accorder avec le roi, elle n'aille pas envoyer des ballots d'écritures à Rome, ni attendre de ci et de là des réponses. Je vois bien que la seigneurie n'ose rien faire sans le pape et l'Espagne. Mon roi sait qui est le pape, et que c'est un mortel; il sait que l'empereur bâtit en l'air et combien le roi d'Espagne est changeant.

« Il s'étendit alors sur des lettres interceptées par les Français, et sur celle où le roi d'Espagne et l'empereur se partagent le monde....

« Que faut-il dire encore? reprit-il. J'ai été déjà trop loin... Je le certifie : lorsque la seigneurie le voudra, la poste n'ira pas deux fois en France que l'accord sera signé.... On connaît le nom de Jean-Jacques : je ne voudrais pas souiller ce nom pour tout l'or de la terre à mon âge. Si je voyais des malices dans tout ceci, sois assuré que je ne m'en mêlerais point.... Je te donne avis que votre trêve (avec l'empereur), dont vous êtes si contents, ces seigneurs français en ont levé leurs mains au ciel. C'est un bon service qui leur ôte des épaules un grand poids, car cet empereur dessécherait une mer d'or.

« Il ajouta que des lettres annonçaient l'embarquement du vice-roi (de Naples) pour Ancône; — que les Ursins et Colonna étaient en armes, et le duc d'Urbin passé à la solde du roi de France....

« A présent, de ce qu'il me reste à vous dire, messer André a juré, par tous les serments possibles, de ne rien révéler; mais il ne croit pas pouvoir s'empêcher de le communiquer à vos seigneuries, à cause du grand amour qu'il a pour son excellente et douce patrie... Monseigneur de Normandie l'est venu trouver dans sa prison; c'est un homme en qui le roi met toute sa confiance, et d'une grande habileté; et se trouvant seul avec ledit Gritti, il l'invita à s'asseoir, ce que messer André ne voulut pas faire, et il lui dit : Messer André, le roi vous aime et vous tient pour son bon cousin et frère, et il ordonne que vous soyez bien traité, par-dessus tous les autres prisonniers. Sa Majesté veut savoir de vous trois choses : d'abord, quelles sont les conditions de l'arrangement entre l'empereur et la seigneurie; ensuite, quels arrangements particuliers on a faits avec le cardinal de Gurck (ministre plénipotentiaire de l'empereur), parce que le roi sait que vous êtes informé de cela; et enfin quelles offres vous sont faites, tant par les Guelfes que par les Gibelins, tant par ceux de Milan que par ceux de Pavie, sans en excepter le seigneur Jean-Jacques; et parlez sincèrement, car vous savez si le roi peut vous faire du bien.

« Alors il tira de sa poche une lettre du roi de France et la montra; et quoique cette lettre fût écrite en langue et caractères français, cependant, par le long usage que messer André a de cet idiome, il vit de ses yeux et reconnut exactement ce que venait de lui dire monseigneur le général.

« Avant de répondre aux questions de monseigneur, messer André commença par affirmer, avec la forme de paroles la plus convenable que son esprit lui put suggérer, qu'il ne voudrait pas faire un mensonge pour tout l'or du monde, mais que si le bourreau, l'épée nue, se trouvait en face de lui, prêt à lui trancher la tête, il se laisserait tuer plutôt que de dire un mot au préjudice de sa patrie, quoiqu'il fût prisonnier. Il ajouta ensuite que, sur les pratiques avec l'empereur, il avait ouï dire quelque chose, mais qu'étant hors de Venise depuis trois ans, il ne pouvait savoir quel fondement avaient ces bruits ni en parler davantage; qu'avec le cardinal de Gurck, il ignorait s'il existait quelque négociation particulière, si ce n'est qu'à la requête de Sa Majesté césarienne, pour la sûreté dudit cardinal, dans son voyage à Rome et retour, la seigneurie avait envoyé quatre nobles en otage à certain lieu déterminé, et qu'on avait accordé deux galères pour le passage, rien autre chose. Sur les offres et ouvertures, messer André répondit qu'il en venait beaucoup, tant de Milan que de Pavie (où étaient les Espagnols), mais qu'il ne savait qui les avait faites. Monseigneur dit alors qu'un homme comme messer André ne pouvait pas répondre autrement, et là il mit fin à l'entrevue et me congédia. J'allai trouver le seigneur Jean-Jacques, lequel me répéta plusieurs des choses que l'on vient de lire, et il m'engagea à me mettre en chemin.

« Le 24 après dîner, comme je partais de Milan, venait d'arriver une estafette de Blois, et je sus des gens du seigneur Jean-Jacques que Sa Majesté commandait à l'armée française de retourner en Romagne poursuivre l'entreprise. On ne disait encore rien des Suisses. — Salut.

« PIERRE BRESSAN. »

Gritti savait les conditions entre la république et l'empereur; son serment par l'épée et par le bourreau était donc un mensonge; mais on ne s'en étonnera pas, puisqu'il manquait à d'autres serments plus solennels en faisant connaître au conseil des Dix sa conférence avec le général en chef et les lettres du roi de France. L'amour de la patrie passait avant toutes choses, et Gritti se serait damné pour elle.

Cette relation curieuse de Pierre Bressan prouve donc que toutes les avances ont été faites par la France dans cette occasion. Elle prouve encore qu'aussitôt après la bataille de Ravenne, Louis XII n'avait plus de confiance dans les suites de sa victoire, et que sa colère contre Venise était passée. On avait deviné au conseil des Dix que les intérêts des Français en Italie étaient minés, car, en répondant avec politesse à ces ouvertures du roi, le conseil vota pour que la relation de Bressan fût communiquée au pape et à l'ambassadeur d'Espagne, en supprimant les plaisanteries pleines de rudesse de Trivulce, qui auraient blessé les oreilles du saint-père. En même temps, comme on voulait se réserver la faculté de retourner à l'alliance française, si quelque circonstance nouvelle survenait, on supprima aussi, dans l'exemplaire envoyé au pape, tout le second discours de Trivulce et tout le récit de la dernière entrevue de Gritti avec le général en chef. Trivulce avait dit : *La poste n'ira pas deux fois en France sans que l'accord ne soit signé,* et le conseil des Dix ne demanda pas que la poste fût envoyée. La république venait d'apprendre que le cardinal de Sion avait décidé les Suisses à descendre en Italie ; de là sa froideur pour le roi de France, qui ne lui paraissait plus à craindre. Il est vrai qu'une lettre du sénat, à la date du 25 mai, fait voir la seigneurie de Venise fort inquiète au sujet de l'arrivée des Suisses. A peine descendus dans les plaines de Vérone, ces hommes avides commencèrent à demander de l'argent et à se mutiner. Le temps des moissons approchait : les uns voulaient qu'on les renvoyât dans leur pays ; les autres parlaient de se retourner du côté des Français, ce qui eût livré instantanément l'Italie à Louis XII. Un sacrifice d'argent leva les difficultés : la seigneurie paya aux cantons un supplément de solde de quatre mille ducats d'or. Les registres du conseil des Dix prouvent aussi que les capitaines suisses reçurent en secret des présents considérables. Ils demandèrent aussitôt le combat. L'armée française battit en retraite pour ne point se laisser envelopper, car les Espagnols s'avançaient du côté de Pavie. En deux mois, le territoire de la république fut presque entièrement dégagé. Une lettre du conseil des Dix prouve que, dans ce moment, Venise proposa au pape et à l'empereur de s'emparer de Florence, d'en changer le gouvernement, de l'arracher par force à l'alliance de la France et de lui faire payer les frais de la guerre. Les propositions de Trivulce étaient rejetées bien loin; cependant, un événement que nul ne prévoyait devait bientôt déconcerter les menées habiles du conseil des Dix, et rapprocher tout à coup Venise de la France.

On se réjouissait encore à Venise des succès de l'armée, lorsqu'une estafette apporta cette nouvelle : que le cardinal de Sion, au lieu de remettre Crémone aux provéditeurs vénitiens après l'évacuation des Français, retenait cette ville pour le pape. Tout le sénat dut pâlir en apprenant cette infraction aux clauses de la sainte-ligue, qui garantissait aux confédérés la restitution intégrale de leur territoire. Le lendemain, le marquis de Mantoue, au lieu de restituer la forteresse de Peschiera, voulut aussi la retenir pour lui. Le cardinal de Gurck, plénipotentiaire de l'empereur Maximilien, ayant réclamé trente mille ducats de plus qu'on ne lui devait, suivant les conditions de la trêve, fit arrêter les deux provéditeurs, et les garda comme otages, sous prétexte qu'ils manquaient à leurs engagements. Des officiers de l'armée vénitienne s'étant pris de querelle avec des capitaines espagnols et suisses, on pendit les Vénitiens sans forme de procès, et on relâcha les autres. Le 30 juillet, le sénat, pour éviter les représailles que ses troupes voulaient faire, et pour donner un signe visible de son mécontentement, envoya l'ordre à son armée de se séparer des troupes de la confédération. Comme on traitait par des émissaires secrets avec les garnisons françaises de Brescia et de Bergame, l'ambassadeur d'Espagne vint au collége ordonner d'un ton arrogant que ces villes fussent remises, après la capitulation, au roi son maître ou à l'empereur Maximilien. Le doge répondit avec modération, mais avec fermeté, en se plaignant du manque de foi de ses alliés. On lui répliqua avec aigreur, et bientôt la discorde fut à son comble parmi les confédérés.

Les historiens ont dit que, dans ce moment critique, le sénat avait envoyé faire des ouvertures au roi de France; mais c'est une erreur. Toutes les avances vinrent encore de la part du roi, et elles furent accueillies par le sénat d'une manière équivoque. Les biographes du cardinal d'Amboise ont traité de calomnie et de puérilité l'opinion qui a donné pour cause de la ligue de Cambrai l'animosité particulière de ce ministre contre les Vénitiens. Sans vouloir rabaisser le caractère de ce grand prélat, on peut établir la vérité sur ces deux points par le document suivant tiré des archives du sénat :

INSTRUCTIONS A NOTRE ORATEUR A ROME (15 octobre 1512).

« Vous aurez appris, par le secrétaire Caroldo, l'arrivée à Milan du noble Antoine Justiniani, docteur (prisonnier des Français) ; le seigneur Jean-Jacques (Trivulce), l'ayant vu, pensa qu'il était libre, parce qu'il était demeuré d'accord du prix de sa rançon avec le gentilhomme savoyard dont il était prisonnier, lequel s'appelle Riant. Le seigneur Jean-Jacques se fit amener messer Antoine, et lui dit qu'il s'étonnait fort que l'on n'eût point répondu aux ouvertures du roi de France, depuis si longtemps qu'elles avaient été communiquées à Gritti. Il répéta que Sa Majesté était encore favorablement disposée pour nous; il engagea Justiniani à nous exhorter à une réconciliation, assurant que ce serait notre bien et avantage, parce que les Espagnols nous manqueraient de foi et que l'empereur voulait notre ruine; et il ajouta maintes autres choses à l'appui de son raisonnement.

« Cependant, n'ayant pas trouvé l'argent dont il avait besoin pour sa rançon, messer Antoine fut obligé de retourner à Lyon : là il revit le seigneur Jean-Jacques, qui partit pour la cour, après lui avoir encore dit les mêmes paroles. Il paraît que par deux fois le roi écrivit à celui dont Justiniani était le prisonnier d'amener à la cour messer Antoine; celui-ci, craignant que cela ne retardât de beaucoup sa délivrance, insista pour n'y pas aller, en disant au gentilhomme qu'il y perdrait l'argent de la rançon; mais une autre lettre du roi lui-même étant venue, adressée audit gentilhomme, il fallut bien partir.

« Messer Antoine arriva donc à Blois le dernier jour d'août. Le roi étant malade de la goutte, les seigneurs Jean-Jacques et Théodore Trivulce et le trésorier Roberthet firent venir Justiniani en leur présence; et Roberthet parla dans le même sens que le seigneur Jean-Jacques. Il ajouta ensuite que tout ce qui était advenu ne s'était point fait par la volonté seule du roi; mais que ce prince avait été poussé par ses conseillers et excité par la grande ambition du cardinal (d'Amboise). Il dit encore que, si on pouvait se réconcilier, l'accord cette fois serait perpétuel, parce que l'expérience avait démontré que la discorde entre les deux États ne tendait qu'à la ruine de tous deux. Roberthet pria instamment Justiniani d'aller promptement faire bon office à Venise, pour le bien de son pays comme pour son propre honneur et intérêt, disant qu'il était libre de partir, et que sa rançon était payée.

« Justiniani répondit qu'il avait bien compris, et qu'il rapporterait le tout fidèlement à notre seigneurie; puis il demanda la permission de se mettre en route.

« Et, l'ayant tiré à part, les trois seigneurs nommés ci-dessus lui dirent de porter à notre seigneurie cette assurance : que si elle voulait s'entendre avec le roi, on lui ferait des conditions de nature à la satisfaire. Ensuite ils dirent à Justiniani que le roi le voulait voir et le caresser, et lui répéter toutes ces choses de sa propre bouche.

« Et le jour suivant, ils firent entrer Justiniani chez le roi, lequel était dans sa chambre à coucher et au lit, les fenêtres fermées, et Sa Majesté dans une alcôve entourée de rideaux; dans l'intérieur de cette alcôve, il n'y avait que le seigneur Jean-Jacques et Roberthet.

« Après que Justiniani eut fait à Sa Majesté les révérences d'usage, le roi ôta son bonnet, lui tendit la main, et lui demanda s'il voulait qu'on parlât français, ou bien qu'on lui fit parler en italien.

« Justiniani répondit au roi de faire comme il lui plairait, mais qu'il comprendrait mieux l'italien; et le roi commanda à Roberthet de prendre la parole. Roberthet répéta ce qu'il avait dit la veille, mais avec des expressions plus fortes. Alors le roi, posant la main sur sa poitrine, dit que tel était son sentiment, et que si la seigneurie désirait un accommodement, il ne manquerait pas à sa parole, et il exhorta Justiniani à préparer cet accommodement. Et lorsque Justiniani eut répondu comme il avait fait à Roberthet, il se retira. Le 8 septembre, il reçut son congé du seigneur Jean-Jacques, et il partit sur une mule dont on lui fit présent, et on lui offrit encore tout ce qui lui était nécessaire pour son voyage; et ainsi il se rendit à Pavie.

« Et vous (l'orateur de la république à Rome), vous communiquerez ceci à notre très-saint-père, et ensuite à l'ambassadeur d'Espagne; et de notre côté nous en ferons part à l'orateur de Sa Sainteté à Venise, ainsi qu'à celui de Sa Majesté Catholique.

DÉCRET DU SÉNAT.

« Nous voulons que demain matin la relation ci-dessus soit communiquée aux ambassadeurs du pape et du roi d'Espagne dans cette ville. »

On voit par ce décret que la république n'était pas disposée à trahir ses alliés, malgré leurs procédés ingrats. Cette démarche, d'une loyauté peu habituelle aux Vénitiens, fit sentir aux alliés leurs torts et le danger où ils se mettraient de réduire la république à se séparer d'eux; mais ces torts avaient été si loin, qu'au lieu de vouloir les réparer, on prit le parti de traiter Venise tout à fait en ennemie. Ses intérêts furent entièrement sacrifiés dans la capitulation de Brescia, et les Espagnols s'emparèrent de cette ville qui lui appartenait. Les ambassadeurs à Rome ne cessaient de se plaindre au pape; Jules II détournait la conversation sur quelque sujet futil, et parlait des embellissements du Vatican. D'un autre côté, Louis XII sut que ses ouvertures avaient été communiquées à Rome et à la cour d'Espagne, et il en fut irrité. La république se voyait sur le point d'être ramenée, après un long détour, aux mêmes conditions qu'au début de la ligue de Cambrai avec toutes les puissances de l'Europe en face d'elle, en ajoutant à ce malheur l'épuisement de ses finances, le mauvais état de son armée, son territoire ouvert de toutes parts, la perte de ses places fortes, et la présence de l'ennemi à quelques lieues de la capitale. Dans cette extrémité, on eut l'idée de se tourner vers la Porte Ottomane, seule puissance au monde avec laquelle on eût conservé de bons rapports, et peu s'en fallut qu'on ne prît la résolution de livrer l'Europe aux Turcs, résolution désespérée qui montre à quelle détresse on était réduit à Venise. On envoya des présents magnifiques au sultan, et le sénat frappa d'une amende ceux de ses membres qui manquaient aux séances où l'on traitait les affaires d'Orient, tant il attachait d'importance aux délibérations sur ce sujet. Heureusement on ne fit rien de précipité.

Le 9 décembre 1512, on apprit que le dernier coup était porté à la sainte ligue. Le pape, l'Espagne et Maximilien avaient formé une alliance entre eux au préjudice de la république dont ils se partageaient les possessions de terre ferme. Le cardinal de Gurck avait pratiqué toute cette affaire avec Jules II. La république rappela par un ordre laconique le secrétaire qu'elle avait auprès de ce ministre. Le sénat se repentait amèrement d'avoir accueilli avec froideur les ouvertures du roi de France. Pour comble d'effroi, on sut que la France négociait avec l'Espagne. On écrivit en toute hâte à Gritti, résident à Blois, pour lui ordonner de sonder l'esprit de Louis XII. Le roi était mécontent de la république; cependant il consentit à entrer en pourparlers. Les courriers du conseil des Dix se multiplièrent à l'infini pendant deux mois sur la route de France. Ce fut alors que Gritti et Dandolo entamèrent ces négociations que l'histoire a rapportées et qui firent donner à André Gritti le nom de sauveur de la patrie. Louis XII finit par revenir à une alliance avec Venise, et l'accord fut signé à Blois le 14 mars 1513.

Aussitôt qu'on apprit la signature du traité de Blois, le sénat releva la tête. Il pressa les armées françaises d'entrer en Italie avec plus de vivacité qu'il n'en avait mis à préparer leur expulsion, et dans l'instruction à l'orateur à Rome qui donne avis de ce traité, on trouve ce passage remarquable :

« ... Le but de la sainte ligue a été de remettre l'Italie dans son état primitif, celui où elle était il y a dix ans, afin que chacun rentrât dans ses possessions, comme le voulait la raison. Nous y avons consacré notre argent, nos hommes, nos flottes, nos biens. Rien n'y a manqué, pas même notre sang. Il en est résulté les succès que vous savez. Le duché de Milan a été reconstitué, et nous avons conduit les choses avec une certaine gloire.

« Cependant, pour dire la vérité, on n'a eu aucun égard pour nous. On nous a enlevé Crémone et toute la Gherra-d'Adda, contrairement aux chapitres de la ligue et aux deux brefs du pape, qui étaient pourtant explicites. Le vice-roi de Naples nous a pris Brescia, qui avait été réduite par nos troupes, et qui capitulait avec nous. Ne devions-nous pas ressentir ce qu'il y avait de cruel et de méchant dans ces procédés? Cependant nous attendions qu'il vînt dans l'âme de nos alliés quelque lueur de justice. Le saint-père nous donna de bonnes paroles, et nous promit qu'il ferait entendre raison au cardinal de Gurck lorsqu'il viendrait à Rome. Pleins de confiance, nous avions un ambassadeur auprès de ce cardinal, et la réparation qu'on nous donna, c'est de former une ligue contre nous entre le pape et l'empereur. Par cette ligue, on voulait nous contraindre à livrer ce qui restait encore de nos États, une montagne d'or et notre propre liberté tout ensemble; et parce que nous n'avions pu y consentir, on nous menaçait des armes temporelles et spirituelles.

« Nous le confessons : il nous a paru qu'il était temps de pourvoir à notre conservation, sachant avec quelle âpreté on avait agi contre nous les années précédentes, au mépris de toute justice divine et humaine, comme il a été manifeste aux yeux du monde entier. Nous avions reçu depuis longtemps des offres larges et généreuses du roi de France, auxquelles nous n'avions pas voulu prêter l'oreille. Nous avons été contraints de les écouter enfin et de chercher des amis du seul côté où on nous ouvrît les bras; et pourtant nous n'avons cessé de rebattre qu'il fallait trouver moyen de s'accorder avec Sa Majesté Césarienne, car nous ne voulions pas nous départir du juste et de l'honnête : on nous donna des paroles douces, mais aucun effet ne suivit, si ce n'est une impitoyable et continuelle dureté.... Les allures de l'Espagne ne tendaient à rien moins qu'à s'emparer de l'Italie entière, et l'on a vu clairement que le rétablissement du duché de Milan était avancé par les Espagnols et les Impériaux comme un vain prétexte. Ces choses méritaient non-seulement une grande attention, mais aussi un prompt remède.

Craignant d'être prévenus, et que tout le monde ne s'accordât contre nous au moyen de quelque mariage, le bruit courant déjà d'une trêve d'un an entre l'Espagne et la France, nous avons senti qu'un accord entre ces deux puissances étant une fois signé, il n'y aurait plus de ressource; nous avons été forcés par nécessité de donner plus de latitude à nos envoyés en France, et ainsi est arrivée la conclusion... Nous gardons encore ce secret au fond de notre cœur, à cause de la grande importance de cette matière. »

Quelques jours après, le secret fut divulgué. Le traité de Blois du 14 mars 1513 peut être considéré comme la fin de la ligue de Cambrai. La publication de ce traité causa tant de joie à Venise, qu'on appela aussitôt l'alliance française du titre d'*indestructible* et *perpétuelle*. La république faisait en cela comme les jeunes gens qui jurent d'aimer toujours; mais ces expressions d'enthousiasme prenaient leur source dans une comparaison toute en l'honneur de la France, entre sa loyauté et les manques de foi dont le gouvernement vénitien était victime.

Jusqu'au traité de Blois, le conseil des Dix ne se mêlait de la politique que de loin en loin, dans certaines occasions qui réclamaient plus de hardiesse et de promptitude que n'en avait le sénat; mais, à dater de l'alliance française, on le voit prendre la haute direction des affaires, et c'est dans les archives de ce conseil qu'on trouve de nouveaux renseignements sur cette époque, où l'histoire de France et celle de Venise sont liées si étroitement. Les débuts de la confédération ne furent pas heureux. La Trémouille, qui n'avait pas encore perdu de bataille, fut défait à Novare le 6 juin 1513, par la faute de Trivulce, qui n'exécuta point ses ordres. Peu après l'armée vénitienne, commandée par Alviano, fut battue par les Espagnols à la Motta. Pendant ce temps-là, Louis XII recevait un échec à Thérouane. Le conseil des Dix écrivit à son ambassadeur en France :

« Dites en notre nom à Sa Majesté Très-Chrétienne qu'elle n'ait pas de chagrin de ces revers; qu'elle se relève avec la fierté qui convient à son caractère; qu'elle n'épargne ni peines ni dépenses pour faire connaître au monde sa puissance et sa valeur. Nous, de notre côté, nous saurons montrer, comme nous l'avons déjà fait, notre résolution de rester fidèles à notre alliance, quoiqu'on nous ait importunés et menacés, et que l'ennemi soit venu aux portes de Padoue. Dites donc au roi que nous courrons avec lui une seule et même fortune, et que notre confédération demeurera perpétuelle. »

Il fallait un certain courage pour parler ainsi, car la république ne pouvait résister aux forces de l'Espagne. Son territoire était envahi, ses villes de terre ferme prises ou assiégées, et ses finances si épuisées qu'on mettait en gage la couronne de pierreries de Saint-Marc. Si dans ce moment Maximilien fût descendu en Lombardie, comme il le fit inutilement trois ans après, Venise était à sa merci.

Pendant toute l'année 1514, les commissions du conseil des Dix à ses ambassadeurs sont animées par son zèle pour la France. On y remarque une crainte extrême de donner le moindre ombrage au roi, et Dandolo est chargé d'étudier le visage de Louis XII pour chercher à prévenir la plus légère apparence de doute ou de soupçon sur la bonne foi de la république. Les Dix semblèrent avouer ainsi le malheur d'une réputation mauvaise et méritée. Le 7 septembre, le conseil est dans une grande agitation, parce que le roi d'Espagne, ayant vu à Valence l'ambassadeur de Venise qui se disposait à s'embarquer, l'a caressé en public et l'a prié de différer son départ, en assurant que la paix allait se faire et qu'on travaillait à l'accord entre l'empereur et la république. Au moment où la France et l'Espagne sont en rupture ouverte, ces caresses de Ferdinand ne peuvent être qu'un piége pour jeter des doutes dans l'esprit de l'ambassadeur de France, qui ne manquera pas d'avertir sa cour de ces apparences de réconciliation. Le conseil des Dix écrit à la hâte à Dandolo, afin qu'il prévienne le coup.

« On sait, dit-il, quelles sont les allures rusées de ce roi, et qu'il ne fait rien sans artifices. Il ne peut avoir d'autre but que de tromper et jeter dans l'inquiétude Sa Majesté Très-Chrétienne, par quelque semblant de négociation avec nous. Osera-t-on mettre en comparaison sa fausseté avec notre bonne foi? Tandis qu'il fait de ces démonstrations à notre orateur, le cardinal de Gurck, contrairement au droit des gens, fait arrêter notre secrétaire Stella, et l'enferme au château de Vérone, malgré le sauf-conduit auquel cet agent s'était fié. Dites donc à Sa Majesté Très-Chrétienne que ces feintes avances du roi d'Espagne ne nous donnent d'autre désir que de voir les Français entrer dans le Milanais avant que ce roi ait eu le temps d'ourdir de nouvelles trames, et que nous ordonnons à notre orateur en Espagne de prendre son congé sans différer. »

La persévérance de la république commençait à porter quelque fruit. Les maladies, le manque de subsides et la guerre d'escarmouches, ruinaient peu à peu les troupes espagnoles. Depuis la mort de Jules II, le conseil des Dix s'épuisait en messages secrets pour obtenir de Léon X qu'il se prononçât; mais le saint-père avait un caractère inquiet et perplexe, qui ne lui permettait de prendre une décision qu'à la condition de s'en repentir aussitôt. Le 15 septembre, on voit que le conseil des Dix a enfin triomphé de cet esprit irrésolu. Léon X accorde dix mille ducats d'or pour armer les fantassins et achever l'expulsion des Espagnols. Sa Sainteté réclame le plus grand secret. Cette négociation est due à un ami qui ne veut pas être connu, et dont le conseil n'ose pas même écrire le nom sur le registre de ses commissions. Cet excès de précaution était inutile, car Léon X changea d'avis au bout de huit jours. Les cardinaux de Sorrente et de Santa-Cruz l'attaquèrent sur sa partialité en faveur des Vénitiens; l'ambassadeur d'Espagne à Rome adressa des reproches au saint-père qui le firent trembler, et les dix mille ducats ne furent jamais payés. On continuait pourtant à recevoir au Vatican les messages de la seigneurie, et on leur répondait par des promesses pour l'avenir et des paroles d'un père à ses enfants. Là-dessus Pierre Bembo, envoyé par le pape, vint prononcer sa célèbre harangue en présence du collége. On dut être bien surpris, à Venise, lorsqu'après des phrases éloquentes sur la discorde qui régnait parmi les chrétiens, Bembo somma la république de faire la paix, en cédant à l'empereur Maximilien la ville de Vérone et en lui payant deux cent mille ducats, sous peine d'être écrasée par les forces réunies de l'Empire, de l'Espagne, de l'Italie et de la Suisse. Le doge répondit en déplorant aussi la discorde des chrétiens, et par un refus poliment formulé sur tous les points. Le conseil des Dix, dont la patience est inépuisable, ne cesse pas d'envoyer au saint-père ses protestations de respect et de dévouement, mais il écrit à son orateur en France :

« .... Dites à Sa Majesté Très-Chrétienne que les prières et les menaces ne nous touchent point, que notre alliance sera maintenue à travers tous les périls; que si, par des formes apparentes de soumission et de douceur, nous cherchons à gagner du temps, c'est dans l'intérêt de notre confédération, et que d'ailleurs, pour faire connaître notre sentiment à Sa Sainteté, nous la prierons de ne plus nous envoyer dire de ces harangues publiques et solennelles, dont le Roi Très-Chrétien pourrait être justement blessé. »

Louis XII mourut sur ces entrefaites. Les compliments que lui portaient les envoyés extraordinaires, sur son mariage avec la jeune sœur de Henri VIII, furent changés en félicitations adressées au duc d'Angoulême sur son avénement au trône. François Ier approuvait l'alliance vénitienne, et il déclara aux envoyés de la république son intention d'entrer prochainement en Italie avec une grande armée qu'il commanderait lui-même. On se préparait à la campagne de Marignan.

Le 28 mai 1515, l'influence française à Venise est à son plus haut point. L'orateur de la république auprès du pape ayant commis la faute de faire officiellement une visite au cardinal de Sorrente, qui est dévoué à l'Espagne, le conseil des Dix, craignant que cette démarche ne soit rapportée au roi de France, adresse une réprimande sévère à son ambassadeur.

« Voir un cardinal qui est chargé de toutes les affaires d'Espagne, écrit le conseil, est une chose à n'inspirer que des soupçons aux ministres français, et vous ne pouviez avoir de raison, ni vraie ni bonne, de faire cette visite. Abstenez-vous, à l'avenir, de toute démarche semblable, car nous ne voulons pas, dans les circonstances présentes, que l'ombre d'un doute puisse s'introduire dans l'esprit de Sa Majesté Très-Chrétienne. »

Peu de temps après, on sut que l'armée française se mettrait en marche, commandée par le roi en personne. Les Suisses l'attendaient aux passages connus des Alpes; mais François Ier les trompa en essayant le passage du col de l'Argentière. La nouvelle de cette marche heureuse et brillante fut accueillie à Venise par des cris d'enthousiasme.

Il est à remarquer que dans toutes ces négociations, Venise, par son attitude, son langage et le caractère déterminé de sa politique, remplit, vis-à-vis de la France, de l'Espagne et de l'Empire le rôle d'un égal et d'une puissance de premier ordre. Un document secret prouve cependant que cette position factice n'est pas dans le véritable esprit de cette république. L'excès de prudence de ce gouvernement (pour ne pas nous servir d'un terme blessant) se manifeste dans la lettre suivante adressée au capitaine général Alviano, peu de jours avant la bataille de Marignan :

« Le 12 juin 1515.

« Il ne nous convient pas d'exposer tout ce qui doit assurer la délivrance de nos États en une journée, en une heure; et cette heure est proche. Nous ne devons pas le faire. Puisque le Roi Très-Chrétien s'avance avec une armée puissante, ainsi que la renommée le répète de toutes parts, les ennemis seront forcés de tenter le sort des armes. Nous voyons déjà, par votre lettre du 15 mai, que leurs troupes ont passé à Lonigo et Meleo. Nous connaissons votre courage et votre expérience. Cependant nous vous prions de veiller à la conservation de notre armée, en qui repose le salut de notre État, de ne pas vous laisser enfermer sous Vicence, où le manque de vivres et l'accumulation des ennemis pourraient amener quelque sinistre, et de ne point vous laisser réduire à l'extrémité d'accepter la bataille, comme il arrive souvent contre raison. Nous ne dirons rien de plus à Votre Excellence, parce que nous nous en rapportons à sa vertu et à sa foi, desquelles nous n'attendons que des actes conformes à nos intérêts et à nos désirs. »

La seigneurie ordonne encore avec plus d'insistance aux deux provéditeurs qui suivaient les opérations militaires, de faire en sorte, s'il est possible, que les forces de la France soient seules exposées. L'armée vénitienne marcha lentement et avec précaution vers le théâtre de la guerre. Si ces ordres secrets eussent été fidèlement exécutés, il aurait pu arriver que la campagne de Marignan devînt funeste à la France et à Venise; mais heureusement le brave Alviano fut emporté par son caractère bouillant : il était loin du champ de bataille lorsqu'on lui apprit que le roi de France était aux prises avec l'ennemi. Son cœur se révolta de l'inaction à laquelle on voulait le condamner. Malgré les menaces des provéditeurs et les ordres du sénat, il commanda une marche forcée sur Milan. A trois lieues de cette ville, les échos du canon lui indiquèrent son chemin. Ce bruit lui fit perdre son sang-froid; il s'emporta, comme le devait un grand militaire à qui sa réputation était plus chère que son sang. La bataille en était à sa seconde journée, et la victoire demeurait indécise, lorsque le fougueux Alviano parut, et la balance pencha en faveur de la France. Après une résistance terrible, l'ennemi fut exterminé, comme il le fut plus tard à Rocroi, par une manœuvre semblable du maréchal de Gassion, comme il aurait dû l'être à Waterloo, si Grouchy avait eu le cœur de Gassion ou celui d'Alviano. Le lendemain, François Ier entra triomphalement à Milan.

Ce qui faisait la constance de Venise dans l'alliance française, c'était la conviction que rien ne pouvait la réconcilier avec l'Espagne ni avec l'Empire. Deux événements de haute importance refroidirent son ardeur en lui rendant l'espoir d'obtenir la paix : l'avénement de Charles-Quint au trône d'Espagne en 1516 et la mort de l'empereur Maximilien. On voit alors la république adopter avec la France un langage vague, dont François Ier témoigne son mécontentement avec une franchise qui déconcerte la seigneurie. En 1519, l'élection de Charles-Quint à l'empire ayant réuni en une seule main les deux puissances que Venise avait toujours tenté de combattre séparément, la position devenait plus critique, et la peur ébranlait la fidélité de la république à l'alliance française. Une nouvelle à laquelle on ne s'attendait pas vint toucher le cœur du gouvernement de Venise. L'armée espagnole en bon état envahissait le Milanais, et une proclamation du général en chef défendait aux troupes de faire tort à aucun sujet de la seigneurie dans sa personne ou ses biens. Cette tactique, où l'on reconnaît l'habileté de Charles-Quint laissait à la république la faculté de se prononcer sans scrupule pour le plus fort après la lutte, et cette position convenait admirablement au tempérament vénitien. On fit remercier Prosper Colonna de sa proclamation, et on attendit l'événement. Lautrec n'était pas en mesure de résister à une armée fraîche et nombreuse. Il battit en retraite en laissant l'Espagne maîtresse du Milanais. Un silence remarquable suit ces événements sur les registres de la république. Elle n'a plus rien à dire à la France. Ses envoyés voyagent avec des instructions verbales; mais il est aisé de comprendre qu'ils portent des paroles flatteuses à Sa Majesté Césarienne. Une seule chose fait encore craindre au gouvernement de Venise d'aller trop vite, c'est la nouvelle que Bonnivet se prépare à entrer en Italie avec une armée française. Dans cet embarras, la république consulte le pape d'une manière insidieuse, comme on le voit par cette lettre curieuse à l'ambassadeur en cour de Rome :

« Vous direz au saint-père, comme de vous-même, en raisonnant familièrement sur les événements présents, que vous désirez savoir de lui ce qu'il conviendrait de faire pour le bien de l'Italie, dans le cas où l'armée espagnole recevrait un échec ou serait forcée de battre en retraite, et vous ajouterez : Ce qu'à Dieu ne plaise ! — Ensuite, d'une manière incidente, en saisissant l'à-propos, et toujours comme de vous-même, vous direz, sans paraître y attacher d'importance, que vous croyez devoir faire une communication à Sa Sainteté : alors vous lui raconterez comment ces jours passés, vous avez rencontré par hasard dans une église le comte Albert de Carpi (l'ambassadeur d'Espagne), et qu'en parlant des choses du jour, il vous a sondé sur la possibilité de notre retour à l'alliance du roi de France. Vous direz que vous avez répondu évasivement et en peu de paroles. Et pendant que vous ferez ce discours au saint-père, vous appliquerez toute votre attention et vigilance, non-seulement à recueillir la réponse précise de Sa Sainteté, mais aussi à noter le moindre geste, le moindre mouvement du visage et le moindre signe extérieur, car c'est par ces indices qu'on pénètre dans le cœur des hommes. »

Cette dépêche est du 27 août 1523. Les mauvais succès des armes françaises tirèrent bientôt la république de son indécision. Il est triste de voir que, dès le 12 octobre suivant, ce gouvernement variable n'a plus dans la bouche que des paroles de haine contre la France. Théodore Trivulce était alors capitaine *condottiere* au service de Venise. On le congédie brusquement et on nomme à sa place le duc d'Urbin. On se vante de ces lâchetés, comme d'actions superbes, et on ordonne à l'ambassadeur d'en faire sa cour à Charles-Quint. On n'avait pas de vergogne à Venise, et on ne connaissait qu'une chose, l'intérêt de l'État, sans comprendre que l'honneur et la considération lui sont bons aussi à quelque chose. La France avait des revers; comment rester fidèle à un ami malheureux? Dépêchons-nous de montrer la seigneurie, portant la peine de sa versatilité et de sa foi carthaginoise, se prendre honteusement dans ses propres filets.

Un an après cette volte-face politique, on apprend à Venise le projet du roi de France d'entrer en Italie. La nouvelle de cette invasion, préparée sur un pied formidable, et commandée par François Ier en personne se confirme. On commence à réfléchir sur les torts qu'on a eus à se reprocher envers l'allié *perpétuel* du traité de Blois.

L'alliance récente avec l'empereur portant le même titre de perpétuelle, il fallait opter entre deux infidélités. Par malheur, cette fois, aucun indice ne permettait d'établir une prévision quelconque sur les résultats de la lutte. Si l'armée française était belle, celle d'Espagne était puissante et forte. Le roi conduisait lui-même la noblesse, mais de l'autre côté le vice-roi de Naples, le marquis de Pescaire et le duc de Bourbon jouissaient d'un grand crédit sur l'esprit des troupes espagnoles. Lorsqu'il fut question du passage prochain des Alpes par les Français, on sut que le visage du saint-père donnait des signes d'agitation intérieure. Les figures graves du sénat trahirent du même coup des signes d'inquiétude. Le 2 novembre 1524, le doge demande pardon à l'ambassadeur de France du traité avec l'Espagne, en disant que la république a dû accepter cette alliance sous peine d'être écrasée par un ennemi que l'union de l'Empire avec l'ancien royaume de Ferdinand le Catholique a rendu trop fort. On a cru pouvoir contracter cette alliance à cause de l'imminence du péril; mais on espère que le roi n'aura point pour cela retiré ses bonnes grâces à la seigneurie. A la même date du 2 novembre, nous trouvons ce passage dans une dépêche au provéditeur Pesaro, avec cette suscription en latin de Venise : *Legatis solus* (lisez seul).

« Nous jugeons nécessaire de vous avertir que le saint-père, préoccupé surtout du bien de la chrétienté, voyant les intérêts des impériaux tourner moins heureusement qu'on ne l'espérait, et ayant des motifs de douter, commence à croire que nous devrions prêter l'oreille à ceux qui veulent nous réconcilier avec le roi de France. Conduisez-vous en toutes vos actions avec mesure, en ayant l'œil ouvert où il faut, afin de ne commettre aucune faute. Vous communiquerez cette lettre à notre capitaine général, et vous la brûlerez après l'avoir lue. »

Charles-Quint fut averti de ces manœuvres et de cette inclination vers la France; mais il savait que pour tirer bon parti des hommes il faut les prendre pour ce qu'ils veulent paraître, et feindre de les croire meilleurs qu'ils ne sont. Peut-être aussi voulut-il se donner le malin plaisir d'augmenter la perplexité du gouvernement de Venise. Un gentilhomme de Milan fut envoyé par lui au capitaine général de la république pour lui dire que l'empereur ne doutait pas de la fidélité de ses bons amis de Venise, et qu'il comptait sur eux. C'est alors que la seigneurie, partagée entre la France et l'Espagne, n'ayant aucune partialité de sentiments pour l'une ni pour l'autre, tombe dans un embarras cruel, et trahit journellement ses angoisses et sa faiblesse. De tous côtés elle écrit à ses provéditeurs et à ses ambassadeurs : « Temporisez : ne vous prononcez pas; gardez le silence. » Cependant, après avoir bien réfléchi, le sénat se souvint que dans toutes les invasions précédentes les Français avaient débuté heureusement. Il en conclut que les probabilités lui indiquaient d'appuyer d'abord le roi de France, sauf à l'abandonner plus tard, comme on avait déjà fait. En conséquence, par l'entremise du saint-père, qui partageait cette opinion, il y eut un traité secret signé à Rome le 12 décembre 1524, comme on le voit par la dépêche ci-après, adressée le 7 janvier suivant au provéditeur Pesaro, avec la suscription : *Lisez seul.*

« Afin que vous ne soyez plus exposé à commettre aucune erreur, nous vous informons de ce qui est advenu : apprenez que, le 12 du mois passé, a été conclue par les soins du saint-père une bonne paix entre Sa Sainteté et nous d'une part, et le Roi Très-Chrétien de l'autre. L'alliance que nous avions autrefois avec ledit roi est renouvelée et confirmée, sauf cette condition, que, pour le recouvrement actuel du duché de Milan, nous ne sommes point tenus de prêter audit roi les secours auxquels nous obligeait la première confédération. Il est convenu que le présent traité demeurera très-secret ; c'est pourquoi nous vous ordonnons et imposons, par notre conseil des Dix, de cacher le tout en vous-même, et après avoir lu la présente lettre, vous la brûlerez. »

Ainsi avaient fini les indécisions de la seigneurie. Les courriers qui portaient ces nouvelles aux ambassadeurs vénitiens dans les diverses cours de l'Europe étaient encore en chemin, lorsqu'on apprit la catastrophe de Pavie. Celui pour qui on s'était prononcé après tant d'hésitations était prisonnier de l'Espagne. La fleur de sa noblesse était morte à ses côtés. Combien Venise dut se repentir de ne pas avoir temporisé un mois encore! Elle aurait pu arriver jusqu'au dénoûment et donner au vaincu le coup de pied de l'âne. Cet événement déconcerta si bien toutes ses prévisions, qu'on ne trouve rien pendant dix jours sur les registres de la république. Probablement on ne délibérait plus; on ne se réunissait plus que pour se dire : « Que devenir à présent? Que va penser l'empereur lorsqu'il connaîtra notre traité de Rome? » Charles-Quint était lui-même imbu des préceptes politiques de Venise. Il oublia les offenses pour ne considérer que les intérêts de l'Espagne, et ces intérêts ne lui commandaient point d'écraser la seigneurie, ni de la dépouiller. Il feignit de n'avoir pas ouï parler du traité de Rome, et tint le même langage que si on ne lui eût jamais manqué de foi. La république respira; puis elle se risqua jusqu'à envoyer des démonstrations d'amitié auxquelles l'empereur répondit avec une politesse dans laquelle on sentait la supériorité du fort sur le faible.

Si l'ambitieux Foscari eût été vivant, de quels reproches ne l'aurait-on pas accablé pour avoir détourné sa patrie des anciennes traditions de prudence auxquelles le sage Mocenigo avait tant recommandé, en mourant, une fidélité perpétuelle? Il était un peu tard pour s'en aviser. Il est certain que Venise, obligée de descendre pour avoir prétendu à un rôle trop élevé dans les affaires de l'Europe, tourna de nouveau ses regards vers l'Orient. Au dix-septième siècle, la terrible guerre de Candie réveilla les forces et le courage de la république. Morosini fut le dernier héros de Venise, comme Philopœmen de la Grèce antique. Après lui, la paix amollit les mœurs et le caractère des Vénitiens. Ce qu'il leur restait d'énergie se montra dans la défense de Corfou et la campagne maritime de Pisani, en 1716. Le traité de Passarowitz mit fin à cette recrudescence. Une paix de quatre-vingts ans suivit, pendant laquelle Venise mourut sans qu'on s'en fût aperçu. Elle n'existait plus que de nom à l'époque où la tempête révolutionnaire s'étendit dans la péninsule. Au fond de ses lagunes, elle aurait pu demeurer étrangère aux événements : ce fut encore un malheur pour elle que d'avoir des possessions en terre ferme. Le massacre des blessés français à Vérone ne pouvait rester impuni, et lorsqu'elle fut heurtée par un personnage d'une brusquerie héroïque, Venise tomba, comme ces arbres vermoulus qui périssent sur pied dans les forêts des Alpes, mais qui restent debout jusqu'à ce qu'un choc ou un accident imprévu les précipite du haut des montagnes dans quelque torrent.

XX

VENISE

Le conseil des Dix. — Sa création. — Ses usurpations. — Ses maximes. — Terreur qu'il répand. — Ses moyens de corruption. — Ses assassinats. — Documents inédits.

Après tout ce qui a été dit et écrit sur le conseil des Dix, croirait-on qu'aujourd'hui sa politique sans scrupule, ses procédés féroces et ses expéditions secrètes, sont encore niés par beaucoup de gens et considérés comme des choses fabuleuses? La disparition des pièces citées par M. Daru, historien honnête et sérieux, qu'il serait absurde d'accuser d'invention, les réfutations auxquelles son ouvrage sur Venise a donné lieu, les contestations qui en ont été la suite, ont fini par rejeter dans le doute des faits qui passaient pour acquis à l'histoire. C'est le sort des énormités de pouvoir être niées, précisément parce qu'elles semblent incroyables et que les imaginations délicates ne les admettent qu'avec peine. Tout à l'heure, en nous promenant dans les monuments, nous rencontrerons sur notre chemin les *puits*, les *plombs*, la salle des tortures, et l'escalier secret par où l'on amenait les prisonniers dans la petite chambre où siégeait ce terrible tribunal. Cependant aucune preuve matérielle de ce qu'on y faisait n'étant là pour accuser les juges barbares, et les victimes étranglées ou noyées au canal *Orfano* ayant la bouche close, le patriotisme mal entendu des réfutateurs a fini par ramener l'obscurité sur cette partie si curieuse de l'histoire de Venise.

J'avais à cœur de pénétrer dans les coulisses du conseil des Dix, et en vérité, à quoi m'eût servi d'obtenir, par une faveur particulière, mes entrées, grandes et petites, pendant un an dans les archives de la république, si l'idée ne me fût pas venue de mettre la main sur quelque bonne preuve bien incontestable? J'y ai réussi avec si peu de peine, que je m'étonne de l'audace des réfutateurs de M. Daru; car si je n'ai point trouvé de documents sur les faits mêmes qu'il a rapportés, j'en ai recueilli qui établissent d'autres faits équivalents et tout au moins aussi étranges. Nous allons donc expliquer, avec pièces à l'appui, les menées secrètes, les tentatives de séduction, et certains autres procédés expéditifs employés journellement par ce célèbre conseil, qu'on avait réussi, malgré sa réputation détestable, à représenter comme calomnié par des esprits malveillants.

En juin 1310, lorsque le peuple de Venise fut exclu des élections par ce décret du doge Pierre Gradenigo : « Nul ne pourra faire partie du grand-conseil et remplir d'emploi public hors ceux dont les ancêtres ont déjà figuré dans ledit conseil et ceux qui en font actuellement partie, » ce coup d'État ayant réussi, le régime de l'aristocratie se trouva fondé, et le gouvernement, ainsi que tous les emplois publics, furent le partage exclusif des sept cents familles du livre d'or. Cependant trois grandes familles auxquelles les élections populaires avaient toujours été favorables, conspirèrent contre le nouveau gouvernement pour le rétablissement de la démocratie. Les Badoer, les Querini et les Tiepoli, avaient de nombreux partisans. A un jour fixé d'avance, ils se portèrent en armes au Palais-Ducal pour y surprendre le doge. Un retard de quelques minutes dans l'arrivée de la bande de Tiepolo et un orage qui éclata sur la ville, mirent le désordre parmi les conjurés, et donnèrent à Pierre Gradenigo le temps d'assembler les troupes. La conspiration échoua. La noblesse, d'autant plus jalouse de ses priviléges qu'ils étaient de fraîche date, montra un grand ressentiment contre les conspirateurs. Elle nomma un tribunal d'exception, pour deux mois seulement, chargé de poursuivre et de juger les coupables. Ce tribunal, composé de dix personnes, n'ayant pas fini sa besogne au bout des deux mois, fut prorogé; il le fut successivement jusqu'à six fois. Il se déclara lui-même en permanence, sous le prétexte que la sûreté de l'État n'était pas suffisamment établie, et en 1335, c'est-à-dire au bout de vingt-cinq ans, il devint définitivement perpétuel. Telle fut l'origine du conseil des Dix.

Dans le moment de la conjuration de Tiepolo, on avait donné aux Dix un pouvoir absolu. Ils jugeaient, condamnaient et faisaient exécuter secrètement tous ceux qui étaient soupçonnés d'avoir trempé dans cette conjuration. Ce régime de terreur et de *qui vive* domina Venise pendant toute la durée de la république, comme si le gouvernement y eût été incessamment dans le plus grand danger. Sous le prétexte de veiller à la sûreté de l'État, les Dix eurent une police particulière pour l'intérieur, et ils en créèrent bientôt une pour l'extérieur, par laquelle ils faisaient surveiller les ambassadeurs dans les cours étrangères. Sous le même prétexte, cette magistrature voulut aussi connaître de beaucoup d'autres crimes que des conspirations; elle enleva donc à la *Quarantie criminelle* une partie de ses attributions. Elle jugea le crime de fausse monnaie, et voulut à ce propos diriger la monnaie elle-même. Lorsqu'elle eut puni quelques prévarications, elle en conclut qu'elle devait aussi administrer les biens de l'État. Aussitôt qu'elle eut sévi contre des ambassadeurs qui s'étaient laissé séduire, elle entra en correspondance avec d'autres ambassadeurs et leur donna des ordres qui passèrent avant ceux du sénat. Elle s'empara ainsi de la politique, de l'administration et du gouvernement entier. Le conseil des Dix devint une espèce de dictature collective, qui n'abandonnait aux autres corps de l'État que les affaires dont elle ne voulait point. Elle alla jusqu'à former ou rompre des alliances, des traités et des confédérations sans en donner connaissance au sénat. Quelquefois même, pour mieux tromper des princes ou des ambassadeurs sur ses intentions à leur égard, le conseil des Dix se servit de l'ignorance où était le sénat en le laissant tenir un langage que les dictateurs occultes se chargeaient de désavouer plus tard. Ainsi, en 1540, les Dix firent la paix avec le sultan Soliman à des conditions onéreuses pour la république, sans la participation du sénat. En 1573, ils conclurent un traité avec Sélim II, et ce traité était signé et apporté à Venise, tandis que le sénat négociait encore.

Dans la forme de leurs jugements et de leurs délibérations, les Dix suivaient bien, si l'on veut, une marche régulière; mais, comme ils n'avaient à subir d'autre contrôle que celui de leurs trois chefs, ils pouvaient changer cette forme selon leur envie, et d'ailleurs cette sorte de régularité était si expéditive et si arbitraire, qu'elle ressemblait fort au caprice le plus despotique. Le conseil était renouvelé annuellement, et il prenait dans son sein les trois chefs qu'on changeait tous les mois. L'un des chefs était de semaine pour recueillir les dénonciations, ouvrir les dépêches, régler l'ordre du jour des séances, recevoir ou appeler les témoignages, et commencer les instructions des affaires criminelles. Ce chef de semaine interrogeait les personnes arrêtées et les témoins, présidait aux tortures et faisait mettre les aveux par écrit. Il communiquait ensuite les dossiers aux deux autres chefs. On décidait à la pluralité de deux voix contre une s'il y avait lieu de présenter le procès au tribunal des Dix, où le chef de semaine remplissait les fonctions de rapporteur ou accusateur. Dans certaines affaires, pour qu'il y eût arrêt ou jugement, il fallait huit voix; dans certaines autres, sept voix de majorité suffisaient. Mais lorsqu'un procès était une fois parvenu sous les yeux des Dix, l'accusé pouvait se tenir pour condamné d'avance, et presque tous les scrutins des affaires criminelles condamnent, en effet, à l'unanimité, comme on le voit sur les registres. On jugeait souvent l'accusé sans le faire comparaître; on ne lui donnait point d'avocat, tandis que trois personnes parlaient contre lui, de sorte qu'il n'avait aucune voix, pas même la sienne pour protester de son innocence. Le conseil ne voulait pas qu'une personne échappée de ses mains pût aller répandre des bruits sur les dangers qu'elle avait courus, et, pour cette raison, il ne pardonnait ni n'absolvait presque jamais. De là ce prétexte abominable qui montre bien de quel esprit les Dix étaient animés : *Correre alla pena prima di esaminare la colpa,* « appliquer la peine avant d'avoir examiné la faute ! »

Dans les affaires ordinaires, le conseil des Dix se faisait assister de la seigneurie, composée du doge et de ses six conseillers, plus une junte tirée du sénat, ce qui portait la réunion à vingt-sept personnes. Pour d'autres affaires plus importantes, on appelait seulement la seigneurie, et le conseil était alors de dix-sept personnes. D'autres encore étaient jugées par les Dix et le doge seul. Les plus secrètes restaient entre les Dix, sans la participation du doge. Souvent, après le départ de la junte, on voit par les registres que la délibération a continué, et que des décrets ultérieurs ont modifié ou annulé des décisions prises ; souvent même les Dix votent entre eux tout le contraire de ce qu'ils viennent de décider avec la seigneurie. De cette façon, les décrets qui avaient plus de force que les autres étaient toujours ceux qui résultaient de la volonté du plus petit nombre. Après le départ des Dix, il pouvait arriver que les trois chefs, continuant à délibérer, prissent des mesures qui passaient avant toutes choses.

La police du conseil des Dix pénétrait partout, même dans les appartements du doge, et les papiers de ce prince en tutelle étaient visités à l'improviste. Afin que personne dans l'État ne pût échapper à ce despotisme occulte auquel l'aristocratie vénitienne attribuait son salut, les trois chefs pouvaient mettre en jugement un membre du conseil des Dix même, et le condamner sans qu'il en eût avis. Deux des trois chefs pouvaient encore s'entendre entre eux pour juger et condamner le troisième, et, dans ce cas, ils appelaient à leur délibération un quatrième inquisiteur d'État supplémentaire, qui paraissait à cette occasion, et qu'on pouvait juger et condamner lui-même à son insu. Par ce moyen, nul n'était à l'abri d'un coup imprévu; nul, dans toute la république, ne pouvait s'endormir avec l'assurance que la mort, la prison ou l'exil ne l'attendait pas à son réveil. L'inquisiteur d'État, qui croyait tenir dans sa main la poignée de l'épée invisible, pouvait en un moment sentir la pointe de cette épée se tourner contre lui-même. Plus l'accusé était élevé, plus on le jugeait sévèrement ; plus il avait rendu de services, plus on avait de goût à le soupçonner ; et s'il montrait par son génie, ses lumières, sa fortune ou son caractère, une supériorité trop marquée, sa modestie réelle ou étudiée pouvait seule le préserver de la jalousie qui épiait l'occasion de le punir.

En politique, toutes les décisions promptes et hardies du gouvernement de Venise furent prises par le conseil des Dix. Ce conseil sauva la république en cédant d'un trait de plume tout le Péloponèse à la Turquie. C'est lui qui résolut secrètement la mort de François Carrare pour s'emparer de Padoue, Feltre, Bellune et Trévise. C'est encore lui qui dirigea si habilement l'affaire du mariage de Catherine Cornaro pour acquérir l'île de Chypre.

Le conseil des Dix avait une façon toute matérielle d'envisager les choses. Il ne connaissait que deux moyens de manier les hommes : le mobile de l'intérêt ou celui de la terreur. Il récompensait avec une générosité magnifique, et il poursuivait les gens qui lui étaient hostiles avec la dernière rigueur. Il ne reculait devant aucun sacrifice pour s'attacher un personnage influent, et tous les moyens lui étaient bons pour écarter celui qui se trouvait sur son chemin. Il n'y eut jamais nulle part une force de volonté aussi grande que dans cette redoutable institution. Les résolutions que le désespoir inspire d'ordinaire aux hommes y étaient prises de sang-froid et avec maturité, parce que le sentiment du bien disparaissait devant une seule pensée, l'intérêt de l'État. La lecture de l'histoire de Venise offre je ne sais quoi de saisissant qui vous captive et qui vous désole tout ensemble : jamais on n'y voit cette justice qui, dans les autres histoires, montre souvent les méchants et les ingrats plongés dans le mépris. On cherche la main de la

Providence, et on ne l'aperçoit pas. Aucune des noirceurs du conseil des Dix ne tourne à sa confusion; pas un de ses crimes qui ne lui profite! C'est à la fin seulement, dans l'agonie d'un jour et la mort honteuse de ce gouvernement, qu'on voit éclater le courroux du ciel.

A l'égard des ambassadeurs et des ministres plénipotentiaires des autres puissances, le conseil des Dix employait avec succès le système de la corruption. Nous ne craignons pas de l'affirmer hautement, quoi qu'on en ait dit, parce que nous allons en fournir immédiatement la preuve. Le conseil faisait sonder adroitement par ses provéditeurs le personnage qu'il voulait séduire, et dans une visite où l'on parlait de choses générales, sans entrer en explication, une somme d'argent considérable était déposée comme par distraction et *oubliée* sur la table de l'ambassadeur ou du ministre. On attendait ensuite l'effet de cette première démarche; s'il en résultait quelque adoucissement dans le langage et les volontés du personnage, on s'expliquait plus clairement au second présent, et on allait jusqu'à faire des contrats en règle. Combien de ces grandes figures dont l'histoire a tracé des portraits sévères ont perdu leur prestige à mes yeux, lorsque j'ai retrouvé leurs noms sur les registres secrets du conseil des Dix! que d'illustrations de tous les pays, de généraux, de cardinaux, de ministres à qui le secret a été promis et gardé fidèlement, sont couchés sur ces tristes tablettes! La seigneurie de Venise envoyait ostensiblement certains présents d'usage, comme des étoffes de ses fabriques, des produits de l'Orient, des armes, des miroirs, des objets de curiosité qui passaient pour des choses sans importance, et, en ne faisant pas mystère de ces politesses, elle s'en servait pour déguiser d'autres offrandes qu'elle distribuait en secret à certaines conditions. Nous pourrions en citer beaucoup d'exemples; mais comme ils se ressemblent tous, il suffira d'en rapporter un seul, et puisque nous n'avons que l'embarras du choix, nous le prendrons en Allemagne plus volontiers qu'en France.

A l'avénement de Charles-Quint au trône impérial, la seigneurie de Venise supplia ce prince de terminer ses différends avec elle, et lui proposa de changer en un traité de paix la trêve signée par son prédécesseur Maximilien. On ouvrit un congrès à Vérone, et Charles-Quint y envoya un ministre plénipotentiaire, M. de Chièvres, auquel il donna tous pouvoirs. Aussitôt que le conseil des Dix sut le nom du ministre choisi par l'empereur, il écrivit à son ambassadeur en Allemagne la lettre suivante.

Du 12 octobre 1519, en conseil des Dix, avec la junte.

« Depuis le commencement de votre ambassade, nous vous avons assez fait connaître notre désir de terminer par un congrès nos querelles avec l'Empire; mais pour vous dire tout notre sentiment, nous voulons audit congrès obtenir la restitution intégrale de nos possessions en Lombardie, retenues par l'empereur Maximilien du temps de la dernière guerre. En conséquence, nous vous ordonnons, en conseil des Dix, de saisir, en y appliquant toute votre prudence, l'occasion de vous trouver avec l'illustre M. de Chièvres, *seul à seul*. Vous commencerez par dire à Son Excellence tout l'amour et toute l'estime que nous lui portons; vous arriverez ensuite à l'exposition de nos désirs touchant cette restitution complète de nos domaines... Vous ferez entendre que c'est là le seul moyen de rentrer dans une paix perpétuelle avec Sa Majesté, d'écarter toute cause de rupture et de vivre en bons voisins, et en témoignage de notre amour et reconnaissance envers monseigneur de Chièvres, vous lui promettrez *dix mille ducats d'or* que nous lui donnerons, *afin de lui fournir une raison* de favoriser notre heureux accord avec Sa Majesté. Vous exécuterez cette commission par les moyens et dans le moment que vous jugerez les plus opportuns. Connaissant notre pensée, et étant vous-même à l'œuvre, nous sommes assurés que vous mènerez l'affaire à bonne fin.

« Pour mieux préparer encore le résultat que nous souhaitons, vous pouvez, en outre, offrir à diverses autres personnes de cette cour, des présents de *mille ducats d'or*, indépendamment des étoffes et soieries destinées au grand-chancelier et dont nous préparons l'envoi. Vous nous donnerez avis promptement de vos opérations, en continuant à nous écrire avec la fréquence et l'exactitude que réclame cette importante matière[1]. »

Les étoffes de soie étaient données ouvertement pour couvrir les autres présents. Il faut savoir que les dix mille ducats d'or valaient approchant quatre cent mille francs d'aujourd'hui. Le conseil s'entendait à assouplir les esprits. M. de Chièvres accepta la somme. L'habileté des Dix eut un plein succès, car la seigneurie obtint cette restitution intégrale qu'elle réclamait en vain depuis six ans, et probablement Charles-Quint dut trouver que son plénipotentiaire avait mollement défendu les intérêts de l'Empire au congrès de Vérone.

Si les Dix ne réussissaient pas à corrompre les ministres, ils soudoyaient au moins leurs secrétaires, leurs domestiques, achetaient leurs papiers, interceptaient leurs lettres et se faisaient donner des copies de leurs correspondances. Voici un exemple curieux de ces petits moyens de tout connaître :

« Le 26 octobre 1517, en notre conseil des Dix, avec la junte, a été lue la pétition ci-après :

« Très-excellents seigneurs,

« L'illustre messer André Gritti a dû faire savoir aux chefs de ce très-excellent conseil, que le soussigné, Vincent da Milano, l'était venu trouver secrètement, pour lui révéler des choses de quelque importance. Ledit Vincent, citoyen de Venise, a été condamné par la *Quarantie criminelle*, pour un écrit politique et confiné à Rethem, en 1508. Il a dit à messer André les choses qui suivent : « Désirant avec ardeur montrer sa dévotion envers ce sérénissime gouvernement, il offre à vos seigneuries de leur rendre un service de l'espèce de ceux qu'elles ont toujours le plus estimés, et il espère par ce moyen mériter sa grâce... »

[1] Archives de Venise. Registre *misto*. C. D. X.

« Vincent da Milano, soussigné, a en cour de Rome, au palais du Vatican, un frère nommé Zacharie, attaché aux personnes des cardinaux de Médicis et de Cortone, lesquels tiennent en leurs mains, comme on sait, le cœur de notre saint-père Léon X. Ce frère étant un homme lettré, intelligent, et possédant plusieurs idiomes, particulièrement l'espagnol et le français, lesdits cardinaux l'emploient tous les jours en toutes sortes d'affaires difficiles et importantes du gouvernement pontifical, le saint-père lui-même étant, comme on sait, un Médicis. Ledit Vincent est allé plusieurs fois dans le cabinet de son frère, à Rome, où il a vu et examiné les lettres que ce frère écrit, en France, en Espagne et dans toute l'Europe, et de là lui est venue l'idée d'offrir aux chefs de ce très-excellent conseil de retourner à Rome et d'y arranger promptement les choses, de telle sorte que ces correspondances soient communiquées secrètement à l'ambassadeur de cet illustre gouvernement en cour de Rome; et il s'engage à en faire délivrer des copies, si besoin est. Il ne demande pour à présent d'autre récompense que la promesse de lui donner un sauf-conduit de cent ans pour retourner à Venise en sûreté comme avant sa condamnation, pourvu, bien entendu, que l'ambassadeur de vos seigneuries à Rome rende lui-même un bon témoignage de l'importance des communications qu'il aura reçues.

« Après lecture de la présente pétition,

« Nous voulons que par autorité de ce conseil soit acceptée l'offre de Vincent da Milano, et que si l'effet répond à ses paroles, il lui soit accordé aussitôt le sauf-conduit de cent ans qu'il demande, afin qu'il puisse rentrer et circuler librement à Venise et dans notre domaine, comme avant la condamnation prononcée contre lui par notre tribunal des *Quarante*. Et nous ordonnons qu'il soit donné avis des offres dudit Vincent à notre ambassadeur à Rome[1]. »

[1] Archives du conseil des Dix. Registre *misto*, t. XLI, p. 120.

On trouve plus loin sur les registres le sauf-conduit de cent ans accordé à Vincent, ce qui prouve que l'ambassadeur à Rome reçut les communications annoncées de la correspondance des cardinaux de Cortone et de Médicis, confidents et parents du pape. Le conseil des Dix n'eut pas même besoin, cette fois, d'employer la séduction, puisque la trahison vint au-devant de ses désirs, et on voit que ses habitudes étaient connues en ce temps-là de quelques personnes, par le passage de la pétition où il est dit que le service offert par Vincent est du genre *le plus estimé* de ce conseil. Ceci explique pourquoi la seigneurie de Venise a tant de fois engagé François Ier à se défier de Léon X, en lui faisant souvent répéter qu'il ne connaissait pas bien le saint-père. Les envoyés vénitiens montrèrent des lettres du pape afin d'éclairer le roi, qui, pourtant, ne tint pas grand compte de ces communications secrètes dont l'histoire a parlé. Le document inédit que nous venons de citer, indique par quelle voie ces renseignements étaient arrivés entre les mains des Dix.

Dans ce qu'on vient de lire jusqu'à présent, on ne trouve pas sujet à de bien graves reproches pour un gouvernement dont la ruse était une doctrine presque avouée, eu égard à ce temps où les autres États de l'Italie et l'Espagne pratiquaient volontiers les mêmes moyens. Pour observer une juste progression, nous allons faire voir le conseil des Dix employant envers les personnes d'autres expédients moins innocents et plus hardis.

Il y a aujourd'hui des gouvernements qui, si on leur venait offrir de les débarrasser par un crime d'un personnage ennemi et incommode, repousseraient avec horreur une telle proposition. D'autres hésiteraient, peut-être, et d'autres encore accepteraient en passant par-dessus les scrupules, si l'occasion venait d'elle-même, et que le bénéfice fût grand. La seigneurie de Venise allait plus loin : cent crimes ne lui auraient rien coûté si elle y eût trouvé le plus mince avantage. Elle n'attendait point l'occasion, elle la faisait naître ; elle décrétait la mort d'un homme par la seule raison que la vie de cet homme était un obstacle à ses desseins. Elle avait organisé ses moyens occultes de destruction, et le meurtre politique était un des nerfs de son gouvernement. Le seul scrupule capable de l'arrêter était la crainte que ce meurtre n'entraînât des conséquences dangereuses, comme la vengeance, les représailles, la déconsidération, la haine d'un peuple ou d'une dynastie. Ces divers cas de conscience étaient pesés avec soin dans le conseil des Dix avant qu'on mît aux voix un attentat. Si la délibération établissait suffisamment l'impunité probable et le secret, ou si le profit dépassait les périls, le crime était voté à l'instant; de là vient que les rois et les princes dont la mort pouvait provoquer un éclat, une guerre, une représaille, couraient moins de dangers à offenser la république que les particuliers. Cependant tous n'ont pas été épargnés par le conseil des Dix. Plus d'une tête couronnée a vécu, sans le savoir, avec une condamnation capitale lancée contre elle du fond des lagunes, et n'est morte naturellement que par des circonstances fortuites indépendantes de la volonté du décemvirat de Venise. Quant aux gens peu éminents dont la disparition ne tirait pas à conséquence, ils n'avaient pas longtemps à vivre, une fois qu'ils dépassaient une certaine mesure dans leur hostilité contre le gouvernement vénitien. En se hasardant à dire ces choses sur des rumeurs publiques sans en fournir les preuves, on n'a fait que les rendre obscures et douteuses; c'est pourquoi il est bon de les appuyer tout de suite d'exemples accompagnés de leurs pièces justificatives.

Pour la Turquie, dont le commerce formait la base de ses richesses, la seigneurie de Venise avait des égards particuliers. Elle supportait les outrages des infidèles avec une patience qu'elle n'aurait eue pour aucun pays chrétien. Sa dignité en souffrait; mais elle empochait, comme on dit, les affronts avec l'argent. Quand les pachas de Morée se permettaient des actes de violence envers des sujets vénitiens, la seigneurie se contentait de faire tout doucement des représentations à la Porte Ottomane, qui était alors bien plus altière et plus irascible qu'aujourd'hui. Après la réparation, si toutefois on l'obtenait, le pacha recevait encore de magnifiques présents.

Une occasion s'offrit, en 1523, où la bonne intelligence entre les deux États pourrait être maintenue par d'autres moyens que la douceur, la patience et les petits cadeaux. Des pirates turcs infestèrent l'Adriatique; les traités sur cette matière donnaient le droit aux Vénitiens de poursuivre ces pirates; mais une clause bizarre, introduite récemment par le sultan Sélim Ier, portait que les prisonniers turcs faits en pareille circonstance seraient envoyés à Constantinople pour y être jugés et punis par les autorités musulmanes. Le conseil des Dix voyait avec raison une source de difficultés et d'embarras, ou un moyen d'assurer l'impunité aux coupables dans ce désir peu réfléchi du Grand Seigneur, et il imagina un expédient fort simple et prompt comme la foudre d'éviter les querelles et réclamations qui auraient pu troubler la bonne harmonie entre les deux États. Tel est le sujet de la lettre suivante, du conseil des Dix :

A NOTRE CAPITAINE DU GOLFE ADRIATIQUE.

(*Lisez seul.*)

« Par nos instructions ci-jointes, nous vous ordonnons de traiter les galères turques qui ont paru dans notre golfe et y ont endommagé nos navires marchands comme il convient de traiter les voleurs et pirates. Nous en avons le droit, selon les termes de notre paix avec le Seigneur turc; mais en considération d'un certain article qui nous obligerait à livrer audit Seigneur les hommes qui demeureraient vivants, nous avons jugé nécessaire de vous écrire la présente lettre secrète en conseil des Dix avec la junte.

« Nous vous commandons, si vous en venez aux mains avec lesdites galères turques, de faire en sorte qu'aucun homme ne reste vivant, mais que tous soient tués jusqu'au dernier, et que les galères soient détruites et coulées à fond, en veillant avec toute votre diligence et attention à ce qu'aucun Turc ne soit fait prisonnier ou n'échappe à la mort par quelque subterfuge. Votre sagesse comprendra que les discours et relations de ces prisonniers ne pourraient être qu'envenimés et pernicieux, et nous pensons, par ce moyen, empêcher efficacement tout scandale. Vous vous pénétrerez de notre volonté pour la bien mettre à exécution, en tenant nos ordres, à part vous, sous le plus grand secret; et pour meilleure sûreté, vous brûlerez ces lettres après les avoir lues [1] ».

Le scrutin qui suit sur les registres présente vingt-six voix pour l'envoi de cette lettre et une voix contre; ainsi, parmi les vingt-sept personnes du conseil, assisté de la junte et de la seigneurie, une seule trouvait peut-être le procédé d'extermination trop cruel. Cependant il est encore possible que ce décemvir se soit opposé à la mesure par scrupule pour l'observation du traité avec le sultan, plutôt que par humanité. Comme les pirates ne méritaient d'ailleurs aucune pitié, le conseil n'a pas commis un grand méfait en ordonnant le massacre de brigands que les juges musulmans auraient épargnés. Mais voici un autre exemple qui n'a pas le même caractère.

Sur les confins de la Dalmatie, en 1514, il y avait un Turc appelé Cara-Mustapha, dont le fanatisme provoquait des collisions entre les habitants de son village et ceux d'un bourg du domaine de Venise. On essaya d'abord d'apaiser cet homme par des présents; il ne voulut rien entendre, et continua ses déclamations en public contre les chrétiens du voisinage. Un jour qu'il eut l'imprudence d'approcher des frontières, des agents de la république l'enlevèrent, et il fut porté dans l'île de Liesina, où le gouverneur le mit en prison. Au bout de trois mois, il fut réclamé par l'ambassadeur de la Porte Ottomane à Venise. Le collége promit satisfaction à l'ambassadeur, et pendant ce temps-là, le conseil des Dix écrivit au gouverneur de Liesina la lettre suivante :

[1] Archives du conseil des Dix. Registre *misto*, t. XLVI.

« Après avoir examiné ce que vous nous faites savoir par vos dépêches des 18 du mois passé et 4 courant, au sujet de ce misérable Cara-Mustapha détenu dans vos prisons, nous avons pesé toutes choses, et il paraît que les détestables menées de ce Turc sont telles qu'il ne mérite point d'être épargné ; c'est pourquoi nous avons résolu de vous écrire les présentes, en conseil des Dix avec la junte.

« Nous vous commandons de chercher, avec tout le secret possible, une manière de le faire mourir, soit par le poison, soit par strangulation, ou par le moyen que vous jugerez le meilleur, pourvu que sa mort demeure un mystère, et que jamais, en aucune façon, personne ne puisse dire qu'elle procède de vous et bien moins encore de notre seigneurie. Vous feindrez que cet homme ait eu une maladie de quelques jours avant de mourir. Nous sommes assurés que vous saurez bien arranger la chose, et quand elle aura réussi, vous en donnerez avis aux chefs de ce conseil par une lettre secrète [1]. »

On voit par le scrutin que quatre voix s'opposèrent à la mesure ; mais il est certain que la question d'humanité n'entrait pour rien dans les scrupules de ces quatre personnes, et qu'il s'agissait seulement, dans leur opposition, de la hardiesse d'un acte secret de

[1] La grâce efféminée du dialecte vénitien offrant un contraste piquant avec la gravité de la matière, je donne ici, pour les personnes curieuses, le texte de la lettre originale :

« Havendo inteso per le letere vostre de di 18 del passato e 4 del presente quelo ne scrivete circa quel tristo de Cara-Mustafa, turco esistente ne le preson vostre ; ben considerato el tuto, parendo ne per le pessime operation sue el non meriti de star vivo, havemo statuido de far-vi le presente en el conseio de X, con la zonta :

« Cometemovi che, con tuta quela segreteza xè possibile, trovar debiate modo de farlo morir, o per via de tosego, o farlo strangular, o come meglio a vui parera, pur che la morte sua sia segretissima, e che mai possi *quovis modo* esser inteso da alcun che la sia processa da vui, e manco che manco, de la signoria nostra. Finzerete chel sia sta amalato qualche zorno e poi morto. Come se rendemo certi saperete ben far, e del successo ne darete notizia a i *capi* del predetto conseio per vostre letere segretissime. »

nature à compromettre la seigneurie vis-à-vis de la Porte Ottomane. Cara-Mustapha fut empoisonné dans sa prison, et la république exprima les plus vifs regrets à l'ambassadeur turc de n'avoir à lui remettre qu'un cadavre.

Au mois d'avril de la même année, un prince, Jannus de Chypre, s'avisa de cabaler contre la seigneurie au Vatican. Une lettre anonyme, écrite de Rome aux inquisiteurs d'État de Venise, vint les avertir des menées de cet imprudent. Le conseil des Dix avait peut-être quelque autre avis de cette cabale, puisqu'il fit assez d'attention à une lettre anonyme pour écrire à son ambassadeur à Rome la dépêche suivante :

« Nous avons reçu la lettre ci-incluse, venue de Rome sans signature, laquelle parle, comme vous le verrez, des mauvais naturels et dispositions contre nous de Jannus de Chypre et de son confident Beraldo. Notre intention serait, lorsque vous pourrez le faire commodément, que ledit Jannus fût tué (*tolto di medio*) par quelque voie que ce fût, et peut-être Beraldo lui-même, comme on le dit dans la lettre, serait-il pour cela un bon instrument. C'est pourquoi nous avons voulu, en conseil des Dix avec la junte, vous écrire les présentes, afin qu'après y avoir réfléchi, vous avisiez à mettre cette affaire à exécution par le moyen qui vous paraîtra le plus habile. Nous vous donnons la faculté de promettre jusqu'à mille ducats à qui fera le coup; et si c'est un rebelle de notre pays, vous pourrez le recevoir en grâce. Nous vous envoyons la lettre même, afin que vous trouviez celui qui l'a écrite, et que vous ayez de plus amples lumières à ce sujet, et vous pratiquerez le tout sous le plus profond secret[1]. »

Cet exemple offre une particularité de plus que les autres. Voici deux hommes liés ensemble par l'amitié; la seigneurie a des griefs contre tous les deux; mais elle conçoit l'étrange idée de séduire le personnage secondaire pour lui faire assassiner le prince qui l'ho-

[1] Registre *misto*. C. D. X.

nore de sa confiance. La main du confident paraît la plus propre à diriger sûrement le poignard ou à verser à loisir le poison. Non-seulement les Dix oublieront les mauvais sentiments de Beraldo à leur égard et lui pardonneront, s'il consent à tuer son ami, mais ils lui donneront jusqu'à mille ducats pour l'engager à cette belle action ! Ce procédé réussissait presque toujours. Le conseil des Dix employait la frayeur que son nom inspirait à convertir un de ses ennemis en instrument pour la punition des autres. On faisait savoir à celui qu'on croyait le moins endurci, ou peut-être le plus faible de caractère, qu'il était désigné par le tribunal pour l'exécution de sa vengeance, et après cette révélation, il ne restait plus au malheureux que l'alternative d'accepter les fonctions de bourreau, ou de figurer infailliblement parmi les victimes, s'il osait refuser. Il choisissait ordinairement le premier parti.

Dans la circonstance présente, l'ambassadeur ne jugea pas nécessaire de recourir à Beraldo, parce qu'il trouva mieux. Il découvrit à Rome un Vénitien exilé pour un crime qui n'est pas mentionné dans les dépêches; cet homme désirait rentrer en grâce, et parut plus propre au service dont on avait besoin que le confident de Jannus. La lettre suivante, écrite un mois après celle qu'on vient de lire, nous apprend le dénoûment de cette affaire :

Du 10 mai 1514, en conseil des Dix avec la junte.

A NOTRE AMBASSADEUR A ROME.

(*Lisez seul.*)

« Nous avons vu ce que vous nous écrivez par vos lettres du 2 courant, adressées aux chefs de ce conseil, au sujet de Marco da Leze, exilé, qui désire par quelque moyen obtenir sa grâce de notre seigneurie. Vous nous rappelez qu'il serait apte à faire ce que nous vous avions ordonné de tenter par l'intermédiaire du jeune Beraldo. En conséquence, nous vous commandons que par le moyen le plus prudent et le plus secret (sachant de quelle importance il est que la chose ne soit pas connue), vous sondiez ledit Marco. Si vous le trouvez bien disposé, vous lui promettrez son absolution complète et perpétuelle, et, en outre, la somme d'argent que vous aviez la liberté d'offrir à Beraldo. Afin de ne point perdre de temps, nous vous envoyons le sauf-conduit en règle, lequel doit être montré seulement, mais non consigné entre les mains de Marco, si ce n'est après l'accomplissement de l'œuvre. Nous vous rappelons encore de quelle importance il est d'user de tout le secret et la circonspection possible, sur quoi nous nous en rapportons à vous. Après avoir lu ces lettres vous les brûlerez, et vous nous donnerez avis de la réception des présentes et des suites de cette affaire, en ne nommant plus en aucune façon le susdit Beraldo [1]. »

Suit le sauf-conduit pour cent ans, qui permet à Marco da Leze de rentrer à Venise et de circuler librement sur le territoire de la seigneurie, malgré les condamnations antérieures prononcées contre lui. Ce sauf-conduit est délivré au nom du doge et signé Léonard Loredan, ce qui ferait croire que l'assassinat a été exécuté. Probablement Jannus de Chypre disparut; mais son confident fut épargné, et Beraldo ne sut jamais que le conseil des Dix avait d'abord jeté les yeux sur lui pour l'exécution d'un crime qu'il n'aurait pu refuser de commettre sans se condamner lui-même à une mort certaine. Le zèle de Marco da Leze lui épargna cette situation terrible.

[1] Registre *misto*, t. XXVI.

XXI

VENISE

Le conseil des Dix tribunal. — Attentat contre la vie du roi de France Charles VIII. — Documents inédits. — Procès d'Antoine Savorgnan. — Vengeances héréditaires. — Coutume des guet-apens. — Décadence et fin.

Comme on l'a vu au chapitre précédent, le gouvernement de Venise ne courait pas de grands risques à faire disparaître quelque fils ou neveu obscur d'un ancien roi de Chypre. La mort d'un prince dépossédé est souvent un soulagement pour ses protecteurs comme pour ses ennemis. Personne ne demanda compte de la vie de Jannus. Le conseil des Dix s'était exposé davantage lorsqu'il avait fait étrangler François Carrare, duc de Padoue, et ses deux fils, qu'on avait attirés à Venise sous le prétexte de traiter avec eux d'une paix perpétuelle. Les écrivains de la seigneurie n'ont pas manqué de nier avec insolence ce guet-apens; mais on a oublié de déchirer les pages du registre *misto* où la chose est consignée. Apparemment les décemvirs ne songeaient pas qu'un jour leur république s'abîmerait, et que les feuilles de leurs registres surnageraient pour les confondre. A la page 112, tome VIII dudit registre, on trouve ce décret, qui ne laisse aucun doute, malgré sa brièveté :

« Nous voulons que François Carrare et ses fils soient arrêtés au milieu de la fête qu'on leur donnera demain, et jetés dans les prisons de notre Palais-Ducal, *pour qu'il soit fait de leurs personnes ce que décidera ce conseil.* »

Les mêmes écrivains aux gages de la seigneurie ont nié la trahison du gouvernement de Venise envers *sa pupille* Catherine Cornaro; mais nous avons lu au tome XXVI du registre *misto*, à la date du 26 avril 1494, le décret du conseil des Dix, où sont indiquées minutieusement les précautions dont il convient d'entourer Catherine et ses enfants pour qu'ils ne puissent pas s'évader de la maison qu'ils habitent *volontairement* à Padoue, et dans laquelle on les accable d'honneurs pour déguiser la surveillance sous l'étiquette. On trouve dans ce décret le passage suivant, qui est explicite :

« Les clefs de la maison de notre fille bien-aimée Catherine Cornaro doivent toujours rester entre les mains de notre gouverneur de la place de Padoue. La susdite Catherine et ses enfants ne devront jamais prendre l'air sans la permission du gouverneur, ni se promener, même dans leur jardin, sans être accompagnés et gardés à vue..., etc., etc. »

Pour observer la progression croissante, il faut citer maintenant un trait des décemvirs plus hardi que tous les précédents, et dont le secret avait été gardé jusqu'à ce jour, car, dans les immenses archives des Frari, personne ne l'avait encore découvert.

Lorsque le roi de France Charles VIII, emporté par la fougue de sa jeunesse et par sa manie de conquêtes, eut envahi le royaume de Naples, les Vénitiens, en refusant de lui prêter secours, toujours sous le prétexte des Turcs, voulaient cependant persuader le roi de leurs bonnes intentions à son égard. On amusait l'ambassadeur Philippe de Commines par des fêtes, et on signait secrètement un traité d'alliance offensive et défensive avec les ennemis de la France. Le résultat de ces manœuvres fut la bataille de Fornoue, que Charles VIII gagna, mais qui ne l'empêcha pas de perdre ses conquêtes en Italie.

Peu de jours avant cette bataille, lorsque les Français, cernés par leurs ennemis, s'apprêtent à se frayer un passage par un coup énergique, un habitant de Vicence, employé dans l'armée française comme inspecteur des munitions de guerre, et sujet exilé de Venise pour un crime qu'on ne dit pas, se présente devant le conseil des Dix et lui fait l'étrange proposition consignée dans le morceau suivant :

Le 28 juin 1495 (avec la junte du collége).

« Basile da Scola, natif de Vicence, préposé aux munitions de guerre du roi de France, nous offrant, par l'entremise de son frère Léon, de mettre le feu aux poudres dudit roi de France, et de faire périr ainsi ce prince par des moyens bons, certains et secrets ; comme ledit Basile n'attend qu'une réponse de notre seigneurie et de ce conseil, et comme cette proposition mérite d'être acceptée, il convient de donner aux deux frères de telles espérances qu'ils aient de très-bonnes raisons d'appliquer leurs soins à l'exécution d'un projet si important, c'est pourquoi :

« Nous voulons que, par autorité de ce conseil, nos trois chefs fassent appeler le frère dudit Basile ; qu'après l'avoir loué de son dévouement, ils l'engagent à retourner près de son frère, afin de lui déclarer que son offre nous a plu extrêmement, et qu'ils autorisent le susdit Léon à dire à son frère que si l'effet répond à ses promesses, nous lui donnerons, outre sa grâce de la peine du bannissement, de si amples et si larges preuves de notre gratitude, que lui, ses enfants et descendants auront à jamais sujet de se souvenir de nous et d'en être satisfaits, et qu'il en sera de même à l'égard dudit Léon, exposant et rapporteur de la proposition. »

Le scrutin porté sur le registre nous apprend que cette décision a été votée à l'unanimité. Le lendemain, 29 juin 1495, Basile da Scola est amené par son frère Léon devant le conseil des Dix et y expose les chances et les difficultés de son entreprise. Il annonce que son dessein est de mettre le feu aux poudres de guerre avant que les Français en viennent aux mains avec l'armée italienne. Les Dix lui promettent sa grâce de la peine du bannissement, et le trésorier lui compte vingt-cinq ducats d'or pour ses premières dépenses[1].

[1] Registre *misto*, t. XXVI, p. 165 et 166.

Messieurs les archivistes ne connaissaient point ces deux documents, et je n'ai

Le titre de *superstes munitionum bellicarum regis Francorum*, que le texte en mauvais latin donne à ce Basile da Scola, répond à celui d'inspecteur ou de préposé. C'est donc une personne employée par le roi de France qui offre aux Dix de faire sauter Charles VIII, en mettant le feu aux poudres de guerre qu'elle est chargée de fournir à ce prince et dont elle a la surveillance. Ce qui rendait l'exécution difficile à un homme qui ne voulait pas faire le sacrifice de sa vie, puisqu'il sollicite une récompense, c'était le danger de sauter lui-même avec le roi, et ce danger pourrait bien avoir fait réfléchir les deux frères da Scola. Peut-être aussi Charles VIII ne vint-il pas examiner les fournitures de poudre, et les conspirateurs ne trouvèrent-ils pas l'occasion aussi favorable qu'ils l'avaient imaginé. Quoi qu'il en soit, les historiens ne disent pas qu'il y ait eu une explosion de poudre dans le camp des Français avant la bataille de Fornoue, ce qui prouve que l'attentat ne réussit point. L'armée de Charles VIII, harcelée par des ennemis nombreux, ayant sa retraite coupée, avait à se frayer un passage pour rentrer en France, et changeait ses dispositions d'heure en heure. Par ses mouvements précipités, elle déconcerta les agents du conseil des Dix en même temps que les capitaines condottieri, dont elle culbuta les bataillons à l'improviste. L'impétuosité française sauva l'armée à Fornoue. Le roi ne sut jamais le piége qu'on lui avait tendu, et il échappa ainsi à une mort qu'on aurait probablement attribuée à un accident plutôt qu'à un complot.

Cependant on sait qu'à son retour en France, Charles VIII employa trois ans à faire des préparatifs formidables pour une seconde campagne en Italie. La seigneurie de Venise, poursuivant son double jeu, promettait son appui au roi avec le dessein de se tourner contre lui aussitôt que l'occasion s'en présenterait. Les bruits de ces préparatifs de guerre inspiraient une certaine frayeur au

obtenu d'eux la permission d'en prendre copie qu'après trois mois de pourparlers, où il m'a fallu l'appui des autorités autrichiennes : comme si un crime de plus ou de moins dans les annales du conseil des Dix était une chose si importante !

conseil des Dix. Sur ces entrefaites, Charles VIII mourut subitement au château d'Amboise, d'une maladie qui ne dura que neuf heures, et dont les médecins ignorants d'alors n'ont point reconnu les symptômes. En songeant au document cité plus haut, ne sommes-nous pas fondés aujourd'hui à nous demander si c'est la nature seule qui a fait ce que Basile da Scola n'avait pas réussi à faire le 29 juin 1495, et si le conseil des Dix n'a pas atteint l'ennemi qu'il avait tant d'envie de détruire par quelque détour mystérieux jusque dans le château d'Amboise? Un homme fort jeune, plein d'énergie et d'activité, ne s'éteint pas comme un vieillard. Examinons les circonstances de la mort de Charles VIII, et voyons si les soupçons d'un empoisonnement n'auraient pas quelque apparence de réalité. L'écrivain des *Mémoires* de Bayard s'exprime ainsi :

« Le dix-septième jour d'avril audit an (1498), en une galerie où il regardoit jouer à la paume, lui preint une foiblesse dont il mourut tost après. »

Philippe de Commines donne plus de détails : « Le roi étoit en cette galerie avec la reine Anne... La dernière parole qu'il prononça en devisant en l'état de santé, c'étoit qu'il dit qu'il avoit espérance de ne faire péché mortel ne véniel, s'il pouvoit; et en disant cela, il chut à l'envers et perdit la parole. Il pouvoit être deux heures après midi, et demeura là jusqu'à onze heures de nuit. Trois fois lui revint la parole, mais peu lui dura, comme me conta le confesseur... Toute personne entroit dans cette galerie qui vouloit, et le trouvoit-on couché sur une pauvre paillasse, où il fut neuf heures, et d'où il ne partit jusqu'à ce qu'il eût rendu l'âme. Le confesseur me dit que lorsque la parole lui revint, à toutes fois il disoit : — Mon Dieu et la glorieuse Vierge Marie, monseigneur saint Claude et saint Blaise me soient en aide. Et ainsi départit de ce monde si puissant prince, en un lieu si misérable. »

Plus loin, Philippe de Commines appelle la maladie du roi un *catarrhe* ou apoplexie, bien que ce soient deux choses fort différentes, ce qui prouve que ni lui ni les médecins n'y entendaient rien. On ne meurt pas d'apoplexie à vingt-sept ans, et Charles VIII n'avait pas davantage. Il est à regretter qu'il n'ait pas dit à son confesseur quel genre de souffrance il éprouvait. Les poisons de l'Italie étaient fort subtils en ce temps-là, et il est certain que le conseil des Dix en connaissait qui ne le cédaient en rien aux poisons de Rome et de Florence. Aujourd'hui, on en fait qui peuvent foudroyer un homme sans lui laisser le temps d'invoquer monseigneur saint Claude, ni aucun autre seigneur saint. Qui peut donc savoir la véritable cause de cette *chute à l'envers* et de cette agonie silencieuse de neuf heures? Qui peut dire si quelque envoyé du conseil des Dix n'était pas dans cette galerie du jeu de paume, *où toute personne entroit qui vouloit?* Ceux qui ont donné de l'argent à Basile da Scola pour lui faire mettre le feu aux poudres ne pouvaient-ils pas aussi bien payer quelque autre pour lui faire empoisonner Charles VIII? Il n'y a rien là d'impossible, et on est en droit de le croire, sans que cette opinion blesse ni le bon sens, ni la justice, car ceux qu'on accuserait de ce crime avaient voulu le commettre, et avaient eu bien du regret de ne point réussir dans leur projet d'attentat au moment de la bataille de Fornoue. En soupçonnant les Dix d'avoir *dépêché* le roi de France par des moyens *bons, certains et secrets,* on ne s'exposerait pas au reproche de calomnie, puisque la chose a été tentée.

Dans ce qui précède, on a vu le conseil des Dix agissant comme corps politique et remplissant dans le gouvernement de Venise le rôle d'une dictature cachée. Nous allons le montrer maintenant dans ses fonctions de tribunal. Ce qu'en a dit la tradition n'a pas été contesté avec autant de passion que le reste; mais on n'a pas connu les détails des procès, le texte des sentences, ni les délibérations. Pour donner un échantillon de tout cela dans un seul exemple, je rapporterai ici le dossier complet du procès d'Antoine Savorgnan, accusé du crime de rébellion. Ce procès ressemble tellement à un roman, qu'il est nécessaire d'appuyer le récit par la citation des pièces authentiques.

En 1511, c'est-à-dire pendant la troisième année de la ligue de Cambrai, la république de Venise venait de réussir à détacher de la confédération qui menaçait de l'écraser deux des puissances qu'elle redoutait le plus, la cour de Rome et l'Espagne. A force de sacrifices, elle avait encore obtenu de l'empereur Maximilien une trêve de trois ans. Louis XII était retourné en France. Ses lieutenants commençaient à perdre du terrain en Lombardie. Jules II montait, le casque en tête, à l'assaut de Mirandola, et Venise reprenait l'offensive contre la France. La cession que le gouvernement de cette république avait faite à l'empereur d'une partie des villes du Frioul, et les bruits qui circulaient d'un démembrement, avaient jeté dans le désordre cette province, où l'on ne savait plus à quel maître on appartenait. Une partie de la noblesse se prononça pour Maximilien, une autre demeura fidèle à la république. La guerre civile éclata dans tout le Frioul. Antoine Savorgnan, seigneur riche et puissant, qui possédait un château près d'Udine, se mit à la tête du mouvement en faveur de l'empereur d'Allemagne. Les seigneurs de la Torre, ses voisins, adoptèrent le parti contraire. On en vint aux mains. Le château de la Torre fut assiégé et pris d'assaut par Antoine Savorgnan, qui se retira ensuite à l'état-major général de l'armée impériale : il s'y croyait sans doute en sûreté. Voici le décret que le conseil des Dix rendit contre lui en apprenant son coup de main :

Du 30 mai 1511, avec la junte.

« Nous voulons que l'ordre soit donné immédiatement à notre lieutenant de la province du Frioul de faire saisir et arrêter avec tout le secret et la diligence possibles, partout où on les trouvera, les personnes nommées ci-dessous, prévenues d'avoir commis des meurtres ou prêté aide et secours aux meurtriers et incendiaires qui ont attenté à la vie et aux biens de Louis-Isidore de la Torre et autres citoyens de notre ville d'Udine, ruinés ou assassinés. Le lieutenant enverra les prévenus aux prisons de Venise sous bonne escorte, au nom de ce tribunal des Dix. Si les personnes désignées ne se peuvent saisir, nous voulons qu'il soit crié dans les lieux publics qu'elles aient à comparaître, dans le délai de dix jours, devant les chefs dudit tribunal, pour y faire valoir leurs moyens de défense. Après le terme fixé, il sera passé outre contre ceux qui n'auront pas comparu, nonobstant leur absence, et comme contumaces.

« Liste des personnes qui doivent être arrêtées ou citées à comparaître, si elles ne se trouvent pas :

« Vergon, Tempesta, Mathana le Ferrarais, Pizolo, tous domestiques de noble homme Antoine Savorgnan.

« Pierre Savorgnan, dit Cornidio.

« Louis Spilimberg.

« Simon Sweber, fils de messer Odoric.

« Antoine, ci-devant domestique de messer Jean Vituri.

« Et, dès à présent, nous voulons, vu ce qui est décrété plus haut, vu les conditions et circonstances des temps actuels, vu l'utilité de faire comparaître devant nous le noble homme Antoine Savorgnan, docteur : que, par notre sérénissime doge, avec l'entremise du collége, et d'ici à huit jours, il soit donné au susdit Antoine Savorgnan la faculté de rentrer dans son pays, avec la meilleure et plus gracieuse forme de paroles qu'il paraîtra convenable d'employer à la sagesse dudit prince sérénissime [1]. »

On comprend que le projet du tribunal des Dix était d'attirer Savorgnan dans un piége, en l'engageant à revenir à Udine par cette forme de langage *bonne* et *gracieuse*. Il est à remarquer que le collége, chargé de rédiger toutes les harangues d'ambassadeurs, n'était pas dans le secret, et qu'il pouvait croire à une amnistie en faveur du rebelle. Le doge et ses six conseillers, faisant partie à la fois du tribunal et du collége, avaient seuls connaissance du véritable but de la mesure.

Antoine Savorgnan connaissait son monde : il devina le sort qui

[1] Registre *criminale*, t. 1, p. 168.

l'attendait s'il se laissait prendre aux termes bienveillants de la lettre du doge ; c'est pourquoi il ne répondit pas, et demeura au camp impérial. Ses amis et ses domestiques furent arrêtés par le lieutenant du Frioul, et envoyés aux prisons de Venise ; ceux qui avaient pris la fuite furent cités à comparaître dans les dix jours. Pendant quatre mois le procès resta en suspens, après ces préliminaires. Le tribunal des Dix ayant réuni, au bout de ce temps, les éléments nécessaires, l'un des trois chefs donna lecture de son rapport, et l'on mit aux voix les propositions qui suivent :

Du 22 septembre 1511, avec la junte.

« S'il paraît utile à vos seigneuries, en considération des choses qui viennent de leur être lues et exposées, que Jean-Pierre de Spilimberg, intendant du rebelle Antoine Savorgnan ; Jean-Marie de San-Salvator, serviteur dudit Antoine, et dame Catherine Amita, sœur de la mère de Nicolas, fils naturel dudit Antoine, soient retenus en prison, interrogés, et, s'il en est besoin, *tourmentés*, pour l'obtention de la vérité entière.

« Nous proposons que ce conseil, à la majorité des voix, décide de retenir en prison, interroger et *tourmenter* les susnommés et tous autres qui pourront être saisis, comme impliqués dans le présent procès. » — Le scrutin donne une réponse affirmative à l'unanimité, moins deux voix.

Du 24 septembre 1511, avec la junte.

« Il est nécessaire au bien de notre État que le rebelle Antoine Savorgnan soit enlevé de ce monde par une mort violente, pour la terreur de ses semblables ; c'est pourquoi nous voulons :

« Que les trois chefs de ce conseil cherchent dans notre prison du *Castello*, parmi les détenus qui s'y trouvent, des gens de la province du Frioul, et qu'ils leur fassent savoir que nous nous engageons à donner deux mille ducats d'or, payables immédiatement sur notre caisse particulière, plus trois autres mille ducats d'or, imputables sur les biens d'Antoine Savorgnan, à quiconque tuera ou fera tuer, partout où il le trouvera, ledit Antoine Savorgnan; et si celui qui le tuera ou fera tuer est un condamné ou exilé, même pour crime de fausse monnaie ou de rébellion, il sera absous. La présente décision sera tenue très-secrète; la communication sera faite sous le serment préalable du plus profond silence, et les membres mêmes de ce tribunal, ainsi que toutes les autres personnes intervenant par la suite dans cette affaire, prêteront le même serment, avec menace des peines les plus sévères. »

Par le scrutin, on voit que cette proposition a été votée à l'unanimité. Cette pièce révèle une particularité curieuse; c'est que le tribunal des Dix tirait de ses prisons les exécuteurs de ses sentences. Les trois chefs descendaient dans les cachots, le visage voilé, éclairés par des torches, avec l'appareil le plus capable de frapper les esprits; ils donnaient lecture de la sentence qui condamnait le rebelle à mort aux prisonniers qui leur semblaient les plus propres au rôle de sicaires. Celui qui acceptait sa grâce à ce prix sortait à l'instant de prison; il prêtait et recevait le serment du silence; puis on lui délivrait un sauf-conduit, un permis de port d'armes, et il partait pour exécuter le coup, quelquefois seul, mais plus souvent en compagnie d'autres sicaires, car le tribunal des Dix croyait avoir plus de garanties de la fidèle exécution de ses sentences en la confiant à plusieurs qu'à un seul. Cette façon de procéder est encore établie par les notes suivantes, qui étaient écrites sur la marge du registre, et qui portent trois dates différentes :

« 25 septembre. Ce matin, la décision ci-contre a été communiquée par les trois chefs à Jacques, prisonnier au Castello, sous le serment du silence.

« 27 septembre. Communiquée à Jean-George de Zopola, prisonnier, désigné par le susdit Jacques, et qui assume sur lui toute la responsabilité de l'exécution, et ledit Jean-George de Zopola a prêté le serment du silence de son propre mouvement.

« 17 octobre. Communiquée à Jérôme Colloredo, fils d'Albert, introduit en présence de nos seigneurs chefs par le même Jacques, et il a prêté le même serment que les précédents. La permission lui a été accordée de confier notre projet à Jean-André Spilimberg, banni du Frioul, et retiré actuellement chez les ennemis de notre État[1]. »

On voit que, du 25 septembre au 17 octobre, les Dix avaient réuni trois sicaires, dont deux étaient dans ses prisons, et le troisième en liberté. Le quatrième, Jean-André Spilimberg, que Jérôme Colloredo est autorisé à faire entrer dans le complot, demeurait alors près de l'homme qu'il s'agissait d'assassiner. C'était un frère de Pierre Spilimberg, intendant du seigneur Antoine Savorgnan, lequel Pierre avait dû être interrogé et appliqué à la torture, selon le premier décret du tribunal.

Le sicaire nommé Jacques manqua sans doute de parole au conseil des Dix, et profita de sa mise en liberté pour s'enfuir, car après qu'il a prêté serment et reçu un sauf-conduit, on ne le voit plus reparaître. Les deux autres, Zopola et Colloredo, se rendirent d'abord à Udine, et de là au camp impérial, où ils feignirent de s'être échappés de Venise et de venir se mettre à l'abri des vengeances du conseil des Dix. A l'aide de ce mensonge, ils se rapprochèrent d'Antoine Savorgnan et d'André Spilimberg. Ensuite ils firent à ce Spilimberg la confidence de leurs desseins, et ils lui offrirent sa grâce au nom du conseil des Dix, s'il voulait les aider à tuer son ami et son maître le seigneur Savorgnan. Grande fut assurément la surprise d'André à cette proposition. La pointe du poignard des Dix était sur sa poitrine, et, pour détourner de lui cette arme terrible, il ne lui restait qu'un seul parti, celui de saisir lui-même le poignard, et d'en frapper Antoine Savorgnan : il n'hésita pas. Tuer son ami était grave, mais mourir sans pouvoir le sauver était plus grave encore. Spilimberg répondit donc qu'il prêterait sa coopération aux envoyés du tribunal, et qu'il tâcherait

[1] Registre *criminale*. C. D. X.

de rendre plus facile et plus sûre l'exécution du meurtre. Cependant, avant de rien entreprendre, il voulait tenir entre ses mains un sauf-conduit bon pour cent ans, et signé du doge. On écrivit à Venise à ce sujet, et les Dix envoyèrent avec empressement le sauf-conduit.

Ces négociations durèrent jusqu'au 9 juin 1512, c'est-à-dire pendant huit mois; au milieu de ces conversations secrètes, de ces ouvertures et confidences dont Savorgnan était presque témoin, aucun soupçon ne lui vint à l'esprit, aucun avis ne lui fut donné, tant le serment du silence était bien observé! Le 9 juin, le sauf-conduit fut apporté au camp impérial et remis à André Spilimberg. Le lendemain, 10 juin 1512, les domestiques d'Antoine Savorgnan étant venus pour l'éveiller le trouvèrent assassiné dans son lit.

Après l'exécution de ce crime, les meurtriers n'avaient pu sortir du camp de l'empereur, dont les lignes étaient gardées, la nuit, par des sentinelles. Ce ne fut qu'au point du jour qu'ils réussirent à s'échapper, et la rapidité de leur fuite excita des soupçons dans les villes où ils passèrent. En arrivant à Villaco, ils tombèrent dans un poste d'Allemands qui les arrêta. On ouvrit leurs papiers, et l'on trouva les lettres, le sauf-conduit et les pouvoirs du conseil des Dix, au nom duquel ils offrirent une rançon considérable si on voulait les laisser continuer leur route. Comme on savait les Dix gens de parole et fidèles payeurs, les officiers allemands consentirent à faire un marché en règle, à la condition que les trois meurtriers donneraient pour caution un négociant solvable du pays, qui voulût bien répondre pour eux. En outre, on exigea qu'un frère de Jérôme Colloredo, qui n'avait pas participé au meurtre de Savorgnan, demeurât en otage. Un marchand de la province, nommé Strassoldo, s'engagea volontiers à payer pour le haut tribunal des Dix, après avoir pris lecture des papiers, et les trois assassins furent aussitôt relaxés. Ils traversèrent tout le Frioul à franc-étrier, et en arrivant à Venise, ils présentèrent aux Dix la pétition suivante :

« Le 16 juin 1512, avec la junte, a été lue la pétition ci-après:

« Très-excellents chefs du très-haut tribunal des Dix, vos fidèles serviteurs don Jérôme Colloredo, docteur, Jean-George de Zopola et Jean-André Spilimberg, lesquels, en exécution d'une sentence de ce très-haut tribunal, ont ensemble mis à mort Antoine Savorgnan, rebelle, se sont vus forcés de promettre, pour sauver leurs personnes, quatre cents ducats d'or à deux capitaines de l'armée impériale, l'un appelé Rizan de Fiume, et l'autre maître Stolf, qui les ont laissés s'évader. Les susnommés n'ont pu sortir des mains de ces deux capitaines qu'en leur donnant en garantie la signature de messer Frédéric Strassoldo, négociant, et ils ont promis de payer la somme de quatre cents ducats d'or dans la ville de Vérone, le jour de la Saint-Jean, 25 de ce mois; et comme ils n'ont pu s'échapper que par la faveur et protection de ces officiers, ils ont à cœur de remplir leurs engagements; c'est pourquoi ils demandent avec humilité:

« Que sur les deux mille ducats qui leur sont promis par la *taille*, il leur soit accordé sans délai quatre cents ducats; qu'il leur soit encore donné trois cents ducats pour pouvoir se vêtir à neuf, et remplacer leurs chevaux qui ont péri en route, à cause de la diligence extrême dont il leur a fallu user, ainsi que pour donner des gratifications à leurs domestiques qui les ont aidés à tuer ledit Antoine Savorgnan, par ordre de vos seigneuries.

« Dès à présent, les susnommés consentent à renoncer au reste des deux mille ducats d'or, se réservant seulement de réclamer le bénéfice des autres articles de la *taille*, et vos excellentes seigneuries peuvent être assurées que si la nécessité ne les y obligeait, ils ne demanderaient pas même cette somme de sept cents ducats; mais comme ils doivent repartir pour aller délivrer Grégoire de Colloredo, qui est resté en otage, ils ont besoin de cet argent pour leur voyage.

« En outre, les susnommés demandent qu'il leur soit accordé un permis de porter des armes pour la sûreté de leurs personnes, ainsi qu'aux frères de Jérôme Colloredo et au fils de Jean-George de Zopola[1]. »

A la page suivante est le décret qui accorde les sept cents ducats d'or et les permis de port d'armes. Les Dix n'étaient pas gens à marchander les services de ce genre; mais plusieurs circonstances avaient indisposé le conseil : d'abord la fuite et le manque de parole du sicaire Jacques, et ensuite la fâcheuse nécessité où les autres s'étaient trouvés d'exhiber leurs lettres en présence des officiers allemands, et de découvrir à ces étrangers tout le mystère. Le secret n'ayant pas été gardé, les Dix n'étaient qu'à moitié satisfaits, et les pétitionnaires croyaient bien faire en renonçant à une partie de la somme promise. La rançon de Grégoire Colloredo fut exactement portée à Vérone; l'otage fut remis en liberté, et les assassins retournèrent à Udine, leur ville natale.

Le tribunal des Dix, qui n'aimait pas à être trompé, avait mis en mouvement sa police secrète pendant toute la durée de cette expédition pour surveiller pas à pas les sicaires. Cette surveillance dura encore trois mois. Au bout de ce temps, les rapports de la police étant favorables, le conseil rendit un décret par lequel il distribuait à Spilimberg, Zopola et Colloredo, trois mille ducats d'or sur les biens confisqués d'Antoine Savorgnan.

Presque toujours ces exécutions foudroyantes du tribunal secret inspiraient trop de frayeur pour qu'il s'ensuivît des vengeances ou des représailles. Les gens épargnés s'estimaient heureux de sauver leur tête, et le tribunal atteignait son double but de punir ses ennemis et d'intimider ceux qui seraient tentés de lui devenir hostiles. Cependant, cette fois, les Dix rencontrèrent des âmes fortement trempées, capables de braver leur puissance, et qui leur fournirent matière à réfléchir sur les inconvénients de leurs assassinats. L'exemple de la résistance et de la guerre ouverte à cette

[1] L'affaire judiciaire étant terminée par la mort de Savorgnan, ce n'est plus sur le registre *criminale* qu'on trouve la suite, mais sur le registre *misto*, qui est celui des affaires d'administration et de gouvernement.

redoutable institution est assez rare pour mériter que nous en parlions.

Antoine Savorgnan laissait une veuve et des enfants. En 1514, le conseil des Dix leur fit offrir de rentrer en grâce s'ils voulaient seulement exprimer un regret des fautes de leur époux et père; mais ces enfants et cette veuve, trop fiers pour s'abaisser à faire amende honorable devant les assassins du chef de la famille, ne voulurent rien entendre, et demeurèrent dans leur pauvreté, laissant leur patrimoine aux mains de collatéraux et de neveux. Jérôme Savorgnan, frère d'Antoine, avait suivi un parti opposé à celui de son frère dans les discordes du Frioul. Il avait entretenu à ses frais sept cents hommes et quatre-vingts chevaux, et il avait défendu avec un grand courage le château d'Osof assiégé par l'armée impériale. Le conseil des Dix lui donna la fortune de son frère. Le tribunal sentait apparemment le vice de sa justice barbare, qui était d'entretenir les haines de familles, puisqu'il chargea ce Jérôme de tenter une démarche auprès de sa belle-sœur et de ses neveux pour les amener à un acte de soumission. Cette tentative échoua.

Avant de mourir, la veuve d'Antoine Savorgnan fit jurer à ses enfants de venger le meurtre de leur père. En 1522, ces enfants, étant devenus des hommes, tuèrent Andric Spilimberg et un des frères Colloredo. Le conseil des Dix ne s'en émut pas, parce que cette vengeance héréditaire le débarrassait de deux confidents incommodes; mais on sut que ces jeunes gens voulaient poursuivre leur vengeance jusqu'à se battre avec les seigneurs de la Torre. La police des Dix avertit ces seigneurs d'une embuscade qui leur devait être tendue dans un chemin. Au lieu de rester prudemment dans leur château, comme le leur ordonnait le conseil, les frères Raimond et Jean de la Torre arrivèrent à l'embuscade l'arme haute, et accompagnés d'un grand nombre de domestiques. Les fils d'Antoine Savorgnan eurent le sort de leur père; ils furent massacrés jusqu'aux derniers, eux, leurs serviteurs et leurs amis. Le conseil des Dix ne s'en émut pas encore, parce qu'il crut la discorde finie par l'extermination complète de l'un des partis. Le gouverneur du Frioul envoya un rapport sur cette affaire; comme la seigneurie ne lui répondit pas, il ne fit point d'enquête, et la guerre semblait finie faute de combattants.

Par malheur, il existait, dans une autre partie du Frioul, un second frère d'Antoine Savorgnan, appelé Jean-Baptiste, homme de cœur et passionné, qui s'avisa de prendre fait et cause pour ses neveux massacrés, et d'accepter l'héritage de leur vengeance. Cet homme singulier partit de chez lui accompagné de ses deux fils, François et Bernardin, tous deux ardents et vindicatifs comme leur père. Ils se rendirent d'abord au château d'Osof, qui avait été donné en fief à Jérôme Savorgnan par la république. Jean-Baptiste reprocha vivement à son frère Jérôme d'avoir accepté les dépouilles de leur frère Antoine, au préjudice des enfants et de la veuve. Il lui reprocha d'avoir laissé périr misérablement ses neveux, au lieu de les soutenir dans l'accomplissement d'un devoir sévère, et il déclara ensuite son intention d'aller à Udine pour y abattre l'orgueil des seigneurs de la Torre; puis il somma Jérôme de l'accompagner dans cette expédition. Le châtelain d'Osof, comblé de biens et d'honneurs par la seigneurie de Venise, n'eut garde de risquer sa vie et sa fortune dans une querelle de famille. Il supplia son frère de renoncer à ce projet insensé. Leur aîné Antoine, ayant été rebelle à la république, avait mérité son supplice; vouloir le venger, c'était déclarer la guerre au conseil des Dix, et se vouer par conséquent à une mort certaine. Jean-Baptiste demeura sombre en écoutant Jérôme; mais il répondit que les honneurs et la fortune ayant perverti le cœur de son frère, il ne voulait plus le voir. Jérôme n'insista pas, et le laissa partir, suivi de ses deux enfants, aussi irrités que lui.

En arrivant à Udine, cet homme de fer publia hautement son intention d'attaquer en pleine rue les ennemis et les meurtriers de son frère et de ses neveux partout où il les rencontrerait. La police de Venise épiait toutes ses démarches. Le conseil des Dix voulut intervenir comme médiateur ; il ordonna aux gens des deux partis de se présenter devant lui pour terminer leurs différends, et le tribunal rendit à ce sujet ce décret paternel :

Du 8 juin 1523.

« Il est nécessaire d'empêcher qu'il ne survienne quelque accident par suite des discordes qui règnent entre les nommés Jean-Baptiste Savorgnan, Jean et Nicolas Colloredo, Hercule de Rovère, Raimond et Jean de la Torre; c'est pourquoi nous voulons:

« Que, par autorité de ce conseil et par l'organe de nos trois *capi*, il soit ordonné aux personnes des deux partis, appelées dans cette ville, d'avoir à s'abstenir réciproquement de toute offense en paroles ou en actions, par elles-mêmes ou par leurs agents et amis, sous peine d'encourir l'indignation de ce conseil et d'encourir bientôt dans toute leur rigueur les effets de cette indignation. Nous voulons encore que notre lieutenant du Frioul adresse les mêmes réprimandes que nous aux autres personnes de la province qui n'auront pas été appelées ; et après que Jean-Baptiste Savorgnan aura comparu devant nous, il sera congédié avec l'ordre de retourner dans sa maison, comme il est convenable qu'il le fasse. »

Nota. « Jean-Japtiste Savorgnan a comparu et reçu la remontrance des seigneurs *capi*, en exécution du décret ci-dessus. »

Jean-Baptiste retourna chez lui plein de rage. Un soir, sans prévenir sa famille, il partit de son château, accompagné de deux hommes, et s'achemina vers Udine, marchant pendant la nuit et se cachant le jour. La police, qui le surveillait, l'enleva en route, et le conduisit à Venise. La torture lui arracha l'aveu de son projet, qui était d'aller assassiner quelqu'un des ennemis de son frère. On l'étrangla dans sa prison, et son corps fut jeté pendant la nuit dans le canal Orfano. Le 19 novembre de la même année, le conseil des Dix rendit le décret suivant :

« Notre seigneurie veut bien recevoir en grâce François et Bernardin Savorgnan, fils de feu Jean-Baptiste et neveux d'Antoine Savorgnan, auxquels nous avons promis de restituer l'héritage de leur oncle, en vertu de leurs soumissions, et comme il convient à la dignité de ce conseil de pourvoir avec justice à l'entière exécution de cette promesse, nous voulons :

« Que, par autorité de ce conseil, soit accordée à François et Bernardin Savorgnan la faculté de rentrer en possession des biens de feu Antoine Savorgnan, frère de leur père, ainsi que le demande l'équité. Nous y mettrons pourtant cette condition que des revenus distribués à d'autres il ne sera rien réclamé par lesdits héritiers, et que les sommes perçues resteront en toute propriété à ceux qui les ont touchées[1]. »

Ainsi finirent la guerre civile et les actes de vengeance héréditaire entre les Savorgnan, les Colloredo et les seigneurs de la Torre. François et Bernardin Savorgnan comprirent qu'ils se perdraient à vouloir réveiller la discorde, et d'ailleurs l'héritage des grands biens de leur oncle leur donna plus de patience et de docilité. Ils acceptèrent pour bonne la justice du tribunal des Dix ; mais on voit par cet exemple quelles conséquences désastreuses et sanglantes entraînait cette forme de justice, et quels embarras elle avait suscités à la république pendant onze années consécutives.

Bientôt après, il résulta de ces procédés barbares d'autres inconvénients plus graves encore. Les particuliers puissants, se croyant autorisés par les traditions du conseil des Dix, commencèrent à entretenir à leur solde des estafiers qui tuaient quiconque avait le malheur de leur déplaire. Ce fut une mode à la fin du seizième siècle et pendant le dix-septième siècle. Le célèbre chanteur Stradella, entre autres, fut une des victimes de l'orgueil et de la méchanceté des patriciens de Venise. Un Contarini le fit assassiner à Turin, parce qu'il faisait trop de plaisir avec son chant à une dame à qui ce seigneur voulait avoir seul le privilége de plaire. Il y eut une

[1] Registre *misto*. G. D. X.

plainte adressée à Venise; mais l'ambassadeur de la sérénissime seigneurie à Turin était un Contarini; le doge était Louis Contarini; le sénat était plein de Contarini. Le moyen que justice fût faite!

En 1618, le conseil des Dix acheva de déconsidérer le gouvernement de Venise par sa conduite étrange dans la conspiration de Bedmar, le plus grand exemple connu de duplicité politique. L'histoire a renoncé à éclaircir ce mystère barbare, où le goût de la trahison semble poussé jusqu'à la manie. Le duc d'Ossuna, vice-roi de Naples, se voulait séparer de l'Espagne, et il est prouvé que Venise l'encourageait secrètement à cette usurpation. Si le complot eût réussi, un moment serait arrivé où la république se serait prononcée ouvertement pour d'Ossuna; mais on apprit que le vice-roi renonçait à son entreprise, et qu'il niait d'en avoir jamais conçu la pensée. On s'aperçut en même temps que le marquis de Bedmar, ambassadeur d'Espagne, répondant à une conspiration par une autre, avait contre-miné les travaux souterrains du conseil des Dix contre le roi son maître. Le gouvernement, se voyant compromis vis-à-vis de l'Espagne, voulut étouffer l'affaire à tout prix. Six cents personnes étaient dans le secret; on n'hésita pas à s'en débarrasser. Elles furent arrêtées et noyées en masse pendant la nuit.

Tel était ce gouvernement ombrageux et vindicatif, fondé sur la corruption et sur tous les mauvais sentiments de l'espèce humaine, mais relevé par un patriotisme sincère. Il a duré plus de cinq cents ans. Quelques originaux font semblant de le regretter à Venise; c'est tout au plus s'il pourrait être regrettable pour les derniers débris d'une aristocratie qui a fait son temps. Le conseil des Dix est mort à propos, écrasé sous la botte d'un général de vingt-sept ans; s'il eût vécu trois ans de plus, son existence eût été un contre-sens et une honte pour le dix-neuvième siècle.

XXII

VENISE

Les canaux et les rues. — La place Saint-Marc. — La *Piazzetta.* — Les cafés. — La vie nocturne. — L'improvisateur et la poésie de carrefour. — Les *sdrucciolli.* — Les trois Manuce. — L'église de Saint-Marc. — Palais-Ducal. — Philippe Calendaro. — L'anti-collége. — L'Enlèvement d'Europe. — Une séance dans la salle du sénat. — Les *puits* et les *plombs.* — La *bouche du lion.* — Les deux colonnes grises.

En général, lorsqu'on veut se faire une idée de Venise, on se représente des canaux bordés par des quais où vont les piétons. Les peintres sont un peu cause de cette erreur, parce qu'ils reproduisent sans cesse dans leurs tableaux l'unique quai des Esclavons, qui n'est autre chose que le port. Je conçois, du reste, qu'on ait de la peine à se figurer une ville où l'on peut aller d'un point à un autre par deux voies différentes, un canal et une rue. Rien n'est plus simple cependant : sur les cent vingt îlots dont Venise se compose, les palais sont construits de telle sorte que la lagune en baigne les murailles d'un côté, où se trouve un perron qui descend dans l'eau ; de l'autre côté, une porte ouvre sur la rue, ce qui explique comment deux personnes partant du même point, l'une en gondole et l'autre à pied, arrivent au même but par des chemins différents. La circulation par les rues a coûté plus de travaux que l'autre, puisque Venise ne compte pas moins de quatre cents et quelques petits ponts jetés sur les canaux. Les deux entrées des palais, également belles et ornées, mènent au même vestibule ; mais la *porte d'eau* est considérée comme l'entrée d'honneur ; c'est par là qu'abordent les gondoles, qui remplacent, comme on sait, les carrosses. Le chemin que suit le piéton est tantôt le plus court, et tantôt le plus long, selon les détours des canaux ou des rues. Tout à l'heure, nous promènerons le lecteur dans les circuits de ce charmant labyrinthe par les deux voies de terre et d'eau. Nous devons d'abord le conduire à l'endroit le plus connu et le plus fréquenté, la célèbre place Saint-Marc.

Le Palais-Royal de Paris, s'il avait des proportions un peu moins grandes, représenterait assez bien la place Saint-Marc. Les galeries de Montpensier et de Valois offriraient quelque ressemblance avec les *Procuratie* vieilles et nouvelles; mais au lieu du café de la Rotonde, il faudrait mettre l'église cathédrale avec ses coupoles blanches, sa façade byzantine, son péristyle et ses portes surmontées de loges en mosaïque. A la place du théâtre du Palais-Royal, il faudrait aussi substituer le joli monument de l'horloge avec son portique ouvert sur la rue de la *Merceria*, et ses deux statues de bronze qui frappent les heures. A l'endroit où se trouve la baraque du marchand de journaux, il n'y aurait plus qu'à élever l'immense *Campanile*, du haut duquel on découvre tout le panorama des lagunes. Au moyen de ces petits changements et de beaucoup d'autres encore, la comparaison deviendrait possible; mais elle resterait toujours à l'avantage de Venise.

Si nous le voulions absolument, nous aurions bien quelques légères critiques à faire sur les travaux d'achèvement de la place Saint-Marc. Lorsque le conseil des Dix appela de Vicence l'architecte Scamozzi, pour le charger du dessin des *Procuratie-Nuove*, on aurait dû lui imposer la condition d'imiter servilement l'ancienne galerie. Par malheur, c'était à la fin du seizième siècle; le goût avait changé. Scamozzi voulut faire autrement et mieux que ses prédécesseurs; sous le prétexte de rajeunir la place de Saint-Marc, il fit aux *Procuratie-Vecchie* un pendant d'un style plus moderne, et qu'il crut meilleur. Il s'est trompé; mais en ne regardant pas les détails de trop près, l'ensemble offre un coup d'œil magnifique. En traversant la place dans sa longueur, et en tournant à droite, on entre sur la *Piazzetta*, qui est à mon goût un des lieux les plus délicieux du monde. D'un côté, la façade et l'entrée du Palais-Ducal, de l'autre la petite colonnade de la *Monnaie;* en face, l'île et l'église de Saint-Georges, les deux grandes colonnes rapportées de Grèce, sur lesquelles on voit les statues de saint Théodore, ancien patron de la ville, et le lion ailé de l'Adriatique. Si l'on s'avance jusqu'au détour du Palais-Ducal, la vue change et s'étend : à gauche, le quai des Esclavons décrit une courbe d'un kilomètre qui aboutit à Saint-Pierre du *Castello* et à la presqu'île des *Jardins,* promenade d'été où l'on va chercher sous de vieux arbres l'ombre et la fraîcheur ; à droite commence le *Canal-Grande,* dont l'eau tranquille baigne les murailles de deux rangées de palais splendides. Pour qui aime le plaisir des yeux, le bonheur est à la *Piazzetta;* mais Venise renferme bien d'autres séductions.

A l'extérieur, le Palais-Ducal, avec ses trèfles, ses corniches festonnées, ses fers de lance et ses marbres rougeâtres, ressemble tout à fait à un château arabe : deux étages de colonnes supportent ce bâtiment carré, dont les fenêtres arquées ne sont ni d'égale grandeur, ni symétriquement percées. Contrairement à l'usage et aux règles ordinaires de la solidité, les colonnes supérieures sont posées sur la clef de voûte des arcades inférieures; cette hardiesse, où l'on sent le caprice de l'architecte, produit un effet bizarre et agréable. Une porte peu large et placée dans un coin du monument donne accès dans la grande cour; à l'intérieur, une galerie ouverte, située à la hauteur du premier étage, s'étend sur la longueur du palais comme une salle des *pas-perdus,* où l'on arrive par l'escalier des Géants. C'est du haut de cet escalier que le conseil des Dix, qui recherchait toujours les scènes capables de frapper l'imagination, faisait jeter au peuple les têtes des conspirateurs.

Mais avant d'entrer dans ce palais mystérieux, restons un peu sur la place Saint-Marc, cette espèce de cercle où vient toute la ville. Trois cafés se partagent la clientèle des habitants et des étrangers. Au café *Florian* se donnent rendez-vous les touristes, les jeunes gens, les artistes et les joueurs d'échecs; à peu de distance, sous la même galerie des *Procuratie-Nuove*, se trouve le café *Suttile*, fréquenté par la noblesse vénitienne; de l'autre côté de la place, sous les *Procuratie-Vecchie*, se réunissent, au café *Quadri*, les officiers de la garnison, qui font une bande à part. Pendant l'été, les dames viennent s'asseoir sur des chaises devant les deux établissements de Florian et de Suttile, pour écouter la musique de la garnison, qui donne concert de huit à dix heures du soir. On trouve là toute la société réunie par groupes. On va de l'un à l'autre; on s'assied près de qui l'on veut, aussi longtemps qu'on le désire, et l'on cause en prenant des glaces. Une présentation sur la place publique est aussi bonne et valable que si elle avait lieu dans un salon, et l'on se fait là des amis dont le souvenir se lie invariablement à tous les autres charmes du séjour de Venise. A dix heures, l'aspect du salon se modifie : l'orchestre enlève ses pupitres et rentre à la caserne; les dames se retirent peu à peu, la foule s'écoule lentement. Les musiciens ambulants viennent râcler leurs violons et souffler dans leurs flûtes. On reconnaît alors ces amateurs de la vie nocturne qui semblent détester le lit; pour eux les cafés restent si bien ouverts qu'on en supprime les portes depuis la Fête-Dieu jusqu'à la Toussaint; pour eux les garçons veillent à tour de rôle. A minuit on mange et on cause; à trois heures du matin on bavarde encore; enfin, à quelque heure de la nuit que vous descendiez à Saint-Marc, vous y trouvez des gens attablés, des promeneurs, des mangeurs de glace, des joueurs d'échecs, et surtout des flâneurs oisifs, qui ne font rien, ne s'ennuient jamais, et restent là, parce qu'ils s'y trouvent bien. Au mois d'août, chassé du lit par une chaleur insupportable, je me levai un jour, entre quatre et cinq heures du matin, pour aller prendre une glace chez Florian : j'étais curieux de voir si les rôdeurs nocturnes seraient partis; je trouvai quinze personnes discutant avec vivacité sur cette importante question : un seul rameur pourrait-il mener une gondole de la *Piazzetta* aux *Giardini* en dix minutes? Il y eut gageure, et l'on partit à l'instant pour les *Jardins*. Je suivis les parieurs; cette affaire occupa quinze personnes jusqu'à huit heures, et tandis que les viveurs de nuit allaient enfin dormir, on servait le café glacé, les œufs, le chocolat aux gens matineux, et les marchandes de fleurs dressaient leurs étalages sous les arcades où l'on déjeunait.

En hiver, le programme varie : c'est de deux à quatre heures après midi qu'on se réunit pour écouter la musique militaire. Le soir, l'opéra fait tort à la place publique ; mais les jours de relâche et en carnaval, toute la ville accourt sous les galeries. Un bal masqué perpétuel, qui n'a rien de commun avec nos tristes cohues, anime les *Procuratie* jusqu'au mercredi des Cendres, sans interruption. Celui qui veut se déguiser va mettre un costume, et revient ensuite intriguer les dames. Nul tapage n'empêche d'écouter les masques, dont la vivacité, l'envie de se divertir n'excluent point l'esprit. Il faut avoir passé le temps du carnaval à Venise pour sentir combien les effrayantes saturnales du Nord s'éloignent de la véritable gaieté. Le Vénète aime autant le plaisir qu'aucun peuple du monde ; il a l'esprit délié, la parole à la main, et un certain tour original dans les idées ; il se moque avec finesse, et goûte extrêmement toute chose bien dite ou bien exécutée, ne fût-ce qu'un tour de gobelets. Avec l'appât de la musique, dont il a un sentiment exquis, on l'entraînerait en pleine mer. Mais ce qui le distingue particulièrement, c'est la galanterie : une belle dame ou une jeune fille ne passe point devant un homme du peuple sans recevoir un compliment, un hommage rendu à sa beauté, et ce compliment, prononcé à voix basse si la condition de la dame impose le respect, est encore assez bien tourné pour ne point déplaire.

Il faut se donner la peine d'écouter les conversations, les guerres d'esprit et les escarmouches galantes des gondoliers de Venise, pour comprendre tout ce que la nature a donné à ces hommes naïfs et incultes : dans leurs querelles, s'ils s'emportent jusqu'à la colère, ils s'accablent d'injures et de menaces, dont la violence augmente en raison directe de la distance qui sépare les deux adversaires; mais lorsqu'ils se disputent sans emportement, leurs dialogues sont profondément comiques et divertissants. Quant au sens poétique, le Vénète le possède au même degré que le lazzarone de Naples.

Tous les soirs, après le départ de la musique militaire, je voyais arriver à Saint-Marc un certain improvisateur en habits râpés, mais propres; il se glissait au milieu des personnes assises en plein air, et promenait ses regards autour de lui pour chercher un sujet à mettre en rimes, en frottant sa mauvaise guitare. Il commençait par murmurer tout bas, en manière d'essai. Bientôt les idées lui venaient en abondance, et il parlait sur un ton entre le récit et le chant, avec une facilité d'élocution qui finissait par étonner et plaire. Tout objet que ses yeux rencontraient, se mirant dans sa cervelle, y produisait une image qui lui sortait aussitôt des lèvres sous la forme d'un quatrain plus ou moins ingénieux, mais toujours vif et sonore. Je suppose, par exemple, qu'il remarque un jeune homme appuyant son front dans sa main d'un air mélancolique, à l'instant il lui décoche ce couplet :

Est-ce d'amour que soupire
Ce jeune homme au front rêveur?
Il est blanc comme la cire;
Que de peines dans son cœur!

Le jeune homme, ainsi apostrophé, n'a garde de se fâcher; il change de posture, et l'improvisateur, regardant d'un autre côté, voit une jolie personne aux yeux bleus sourire à son voisin; aussitôt le poëte de carrefour récite ce quatrain :

Ah! la belle demoiselle!
Elle sourit de plaisir.
J'aperçois sous son ombrelle
Son œil bleu comme un saphir.

Avant que la demoiselle ait levé la tête, l'improvisateur s'est déjà détourné; il se trouve en face d'un homme à barbe rousse, et il poursuit aussitôt en grattant sa guitare :

Ce seigneur à barbe rousse
Pourrait bien être jaloux.
Si la passion le pousse,
Vite, vite rangez-vous!

Dans la crainte de mécontenter le seigneur à barbe rousse, l'improvisateur fait un demi-tour en prononçant le derniers vers. Il observe un jeune *cavaliere*, la bouche en cœur, coquetant au milieu d'un cercle de dames, et il continue:

Ce jeune homme au regard tendre,
A la parole de miel,
S'exprime comme Clitandre,
En levant les yeux au ciel!

Si le beau *cavaliere* ne s'aperçoit pas de l'attaque, le poëte insiste et hasarde un second quatrain :

Il a les yeux en amandes;
Belles, prenez garde à vous.
C'est l'amour qui vous commande
De tomber à ses genoux.

On commence à rire aux dépens du jeune homme; le poëte, qui ne cherche pas les succès de scandale, regarde ailleurs, et se trouve près d'un gros abbé en culotte courte, qui se lève de sa chaise, en disant adieu à ses amis. L'improvisateur lui adresse ce couplet :

Voilà déjà que l'on rentre.
Vous partez, monsieur l'abbé.
Que vous avez un gros ventre!
Mais vous êtes bien jambé.

L'abbé prend-il un air courroucé, comme si la plaisanterie lui déplaisait? alors l'improvisateur, ôtant son chapeau, lui dit d'un ton doux et suppliant :

Moi, je suis un pauvre diable
Qui chante, malgré la faim,
Un poëme détestable,
Pour gagner un peu de pain.

Il fait ensuite le tour des groupes en récitant ce dernier couplet, et reçoit dans son chapeau quelques sous vénitiens (de trois centimes) ; par-ci par-là lui tombe une *piecette* de monnaie blanche jetée par un étranger touché de tant d'efforts pour une si modique récompense. Il ne faut pas, du reste, s'exagérer le mérite et la difficulté de la poésie de carrefour : les rimes, moins variées en italien qu'en français, la faculté des élisions et la souplesse extrême de la langue, donnent au poëte une latitude qu'il n'aurait dans aucune autre langue pour couler instantanément sa pensée dans le moule du quatrain. En dialecte vénitien, l'improvisation devient encore plus facile, grâce à une règle bizarre de prosodie populaire : les mots qu'on appelle *sdruccioli*, c'est-à-dire ceux où l'accent se trouve placé sur l'anté-pénultième syllabe, riment ensemble. Cette convention permet de placer à la fin du vers un nombre infini de mots qui n'ont d'autre ressemblance que la manière de les accentuer, comme on peut le voir par le couplet d'une ancienne chanson :

In conchiglia, i Greci *Vènere*
Fècero sognar un dì.
Forse, visto i aveva in *gòndola*
Una bela come ti.

« Un jour, dans une coquille, les Grecs ont fait rêver Vénus.
« Peut-être ils avaient vu en gondole une belle comme toi. »

Sur le papier les mots *Venere* et *gondola* ne se ressemblent pas plus en vénitien que *Vénus* et *gondole* en français ; mais l'accent est placé sur la première des trois syllabes, et comme les oreilles vénitiennes aiment les *sdruccioli*, on accorde à ces mots mélodieux le privilége de rimer ensemble, afin d'engager les poëtes à les employer souvent. Malgré ces facilités, on doit pourtant reconnaître que la nature a doué les méridionaux d'une prestesse d'intelligence et d'expression capable de faire envie à nos plus grands orateurs.

Tout innocents qu'étaient les quatrains de l'improvisateur de la place Saint-Marc, ne fallait-il pas, de la part de ses auditeurs, une bonhomie et une patience qu'on n'aurait point dans nos contrées? Un soir, je fus témoin, à ce propos, d'un véritable esclandre. Le poëte ambulant adressait un de ses couplets à un vieux Allemand, qui, par grand hasard, comprit le sens des paroles. La plaisanterie n'avait rien d'offensant; mais l'étranger, saisi d'une colère rouge, leva sa canne sur l'improvisateur. Nous eûmes beaucoup de peine à empêcher ce vieillard furieux de faire arrêter le pauvre diable, bien honteux et bien repentant de sa faute. On apaisa cette querelle d'Allemand; mais il y eut, à l'instant même, une conspiration entre tous les garçons du café Florian pour ne point servir l'étranger susceptible. Lorsqu'il demandait des œufs (*uova*), on lui apportait du raisin (*uva*). S'il voulait un verre de vin de Chypre, on feignait d'entendre *Scirpo*, et le garçon lui prenait des mains sa canne de jonc pour la déposer dans un coin, d'un air si empressé qu'il n'osait se plaindre. Je le vis, un soir, attendre pendant une demi-heure le lait qu'il voulait mettre dans son café. Ce lait n'arrivait point; les garçons répondaient aux cris du vieux Allemand avec le plus grand respect, couraient, se croisaient en témoignant leur désespoir de ne pouvoir comprendre ce que souhaitait le seigneur étranger.

— Je vous ai dit, répétait le vieillard, que je ne puis boire le café sans lait.

Et comme il prononçait un peu durement le mot *boire* (*bevere*), on feignait d'entendre *pevere* (*poivre*). Cette nuance légère servait de prétexte au quiproquo, et on répondait avec le plus grand étonnement :

— Excellence, ce n'est pas l'usage de mettre du poivre dans le café. Cependant, si votre seigneurie l'exige absolument, nous lui ferons du café au poivre.

Les Vénitiens ont un talent particulier pour prolonger les mystifications. Celle-ci dura jusqu'au moment où l'on servit à l'étranger une poivrière, qu'il jeta au visage du garçon. Mon ami le chanoine ***, un des hommes les plus savants de l'Europe, mais Vénitien dans l'âme, riait comme un enfant de cette scène burlesque. Aussitôt la comédie achevée, le bon chanoine, reprenant son sérieux, déployait sa vaste érudition, sans pédantisme aucun, avec un naturel qui doublait le prix de ses récits et de ses aperçus. Minuit sonnait, et je le suppliais de rester. On nous apportait un petit souper fort simple dans un coin du café Florian. Il se laissait entraîner. Un verre de chypre l'excitait. A deux heures, l'aimable chanoine parlait encore.

— Pourquoi, disait-il, pourquoi ne suis-je pas né au quinzième ou au seizième siècle, dans ce beau temps dont il ne reste plus que des monuments déserts, des palais en ruine et des noms glorieux! C'était alors qu'il faisait bon vivre à Venise. Quel mouvement! quel luxe! quel travail, et quelle fermentation dans les cervelles! Puisque nos archives vous sont ouvertes, vous savez si la république avait sur les bras de grandes affaires, mais ce que vous ne verrez pas sur les registres, c'est qu'au milieu de ces guerres, de ces ligues, de ces traités, de ces alternatives de succès et de revers, notre infatigable gouvernement trouvait le temps de protéger les lettres et les arts. On embellissait les édifices, on faisait des distributions de vivres aux pauvres, et on amusait le peuple par des réjouissances publiques, d'après ce précepte emprunté aux Romains : « Tout citoyen nécessiteux doit trouver du pain sur la place et des fêtes plus belles qu'en aucune ville du monde. » Un Vénitien ne devait redouter ni la faim ni l'ennui, ces deux éléments principaux de toutes les révolutions. Au moment d'une guerre terrible, la république votait des fonds pour les décorations du Palais-Ducal, et accordait l'hospitalité à une industrie nouvellement arrivée d'Allemagne, l'invention de l'imprimerie. Pourvu qu'on ne songeât pas à médire de son gouvernement, la seigneurie laissait à tout le monde une liberté dont la pareille n'existait nulle part sur la terre. Un jour, un pauvre fou, partisan de Jean Huss, dont l'hérésie comprimée depuis longtemps appartenait à l'histoire, vint publier à Venise un ouvrage dans lequel il faisait un peu trop chaudement l'éloge du grand hérésiarque. Le pape écrivit au sénat pour demander que l'auteur fût livré au saint-office. On délibéra mûrement sur cette affaire; le collége [1] répondit au nonce du pape que jamais un délit commis sur le territoire de la république, même en matière de religion, ne serait jugé ailleurs qu'à Venise, et qu'on allait citer au tribunal de la *quarantie* l'auteur du livre signalé par le saint-père. Les quarante examinèrent, en effet, l'ouvrage incriminé; ils le trouvèrent impie et contraire à la foi catholique; en conséquence, le livre fut condamné au feu et exécuté; mais on ne fit aucun mal à l'auteur.

La publicité de jugements de ce genre attirait à Venise les savants et les écrivains à qui le droit de cité assurait la protection des lois, dans un temps où l'on ne trouvait dans le reste de l'Italie que la protection de quelques princes. Une étrange et sublime fièvre agitait le monde lettré. Des prélats se faisaient correcteurs d'imprimerie, travaillaient à des éditions de Cicéron ou de Virgile, commanditaient des libraires, et consacraient leur crédit et leur fortune à réparer le désordre qui avait trop longtemps régné dans les lettres. Cette passion, héréditaire dans la famille des Manuce, acheva l'œuvre commencée par Nicolas V et par Poggio. C'est par erreur qu'on appelle ces hommes célèbres les *Alde*. Leur nom était Manuzzio. Alde n'est que l'abréviation de Teobaldo, prénom du premier et du troisième de ces éditeurs, et comme le second, aussi

[1] Le collége était la réunion du sénat et des conseils en séance solennelle pour la réception des ambassadeurs.

fameux que les deux autres, s'appelait Paul, et non pas Théobald; le seul nom qui leur soit commun à tous trois est celui de Manuzzio.

Théobald Manuce, le premier, étant fort jeune encore, mais d'une instruction solide, fut choisi pour faire l'éducation du prince Albert de Carpi, neveu du fameux prodige Pic de la Mirandole. Manuce sut inspirer à son élève un tel amour des sciences et des lettres qu'il lui fit consacrer son temps et ses richesses considérables à l'établissement d'une grande imprimerie, dans le but de rétablir les meilleurs textes de tous les ouvrages anciens et modernes que l'ignorance, les censures et les sophistiqueurs avaient corrompus, abrégés ou altérés. L'entreprise était énorme et demandait non-seulement des capitaux et un travail effrayant, mais une prudence extrême, un goût parfait et des connaissances universelles. Alde Manuce, secouru par le prince Albert, avait tout cela. Il lui fallait un pays calme, une ville libre, où les pillages, les assauts et le canon ne pussent troubler ni interrompre ses travaux. Il choisit Venise comme le lieu du monde le plus sûr, et il y établit, vers la fin du quinzième siècle, cette imprimerie si justement vantée qui a produit tant de monuments scientifiques et littéraires; il reprit tous les ouvrages classiques grecs, latins et italiens, et il en donna des éditions si excellentes, corrigées avec tant de soin qu'elles ont depuis servi de base et de règle à la librairie moderne. Les exemplaires qu'on en retrouve se vendent aujourd'hui au poids de l'or.

Alde Manuce avait fort à faire. Des curieux et des oisifs le dérangeaient sans cesse. Pour échapper à leurs importunités, il fit graver sur la porte de son cabinet une inscription latine dans laquelle il suppliait les visiteurs de ne point le détourner longtemps de son travail, et surtout de ne lui point parler de choses frivoles. Il eût mieux fait, ce me semble, de rédiger son inscription en langue vulgaire, car les gens qui ne savaient pas le latin, n'ayant pu la comprendre, ont dû plus d'une fois l'entretenir de bagatelles.

En 1515, Alde mourut, épuisé par vingt-cinq ans de travaux opiniâtres. Son fils, Paul, n'avait alors que quatre ans. Personne ne se sentant capable de remplacer le chef, l'imprimerie demeura fermée. Mais aussitôt que Paul Manuce eut vingt ans — à l'âge où autrefois à Rome on l'eût encore appelé *puer* — il acheva les travaux commencés par son père, en entreprit d'autres, et déploya la même science, le même zèle et plus d'ardeur que sa santé délicate ne le permettait. Sa maison, où le célèbre cardinal Bembo venait se délasser de la politique, ressemblait à une véritable académie. Le pape Pie IV l'appela près de lui, et le retint pendant neuf ans. Paul Manuce eut une imprimerie au Capitole, ce qui explique pourquoi plusieurs de ses éditions portent, au-dessus de la date, cette inscription : « *In ædibus populi Romani.* » Il avait eu tort, à mon sens, de quitter Venise, dont les traditions ne variaient pas, et où la protection du gouvernement ne dépendait ni du caprice d'un prince ni de la vie d'un homme. Il aurait dû songer que les papes, n'étant point élus jeunes, régnaient peu de temps, se succédaient et ne se ressemblaient pas. En 1570, il fut obligé d'abandonner les presses du Capitole, et il revint à Venise reprendre son imprimerie. Sa fille, dont il ne s'était pas assez occupé, lui donna des chagrins; elle se fit enlever, et répondit fort mal aux reproches de son père. Paul Manuce mourut à soixante-deux ans, laissant un fils qu'il avait appelé Théobald, dans l'espoir que ce nom lui indiquerait la route qu'il devait suivre.

En effet, Alde le jeune fut aussi savant que les deux premiers Manuce. Mais il commit la même faute que son père en quittant Venise pour céder aux sollicitations de princes qui protégeaient les lettres en paroles. Il alla professer à Bologne et à Pise, ce que d'autres auraient pu faire avec moins d'érudition que lui. Clément VIII l'attira enfin à Rome, et sut tirer parti de ses talents en lui confiant la direction de l'imprimerie du Vatican, fondée par Sixte-Quint. Alde se crut fixé pour la vie. Il eut l'imprudence de transporter de Venise à Bologne sa bibliothèque, composée de quatre-vingt mille volumes, tous précieux, et il ne tarda pas à s'en repentir. Le pape ne pouvait pas être aussi curieux de livres profanes que d'ouvrages de religion. Alde le jeune eut à imprimer plus de psaumes que de poésies anciennes et nouvelles. Il fit d'excellentes éditions; mais sa vie ne fut ni aussi longue ni aussi bien remplie que celle de son père. La tempérance n'était pas une de ses vertus; il aimait à se récréer de l'excès de travail par des excès de table, ce qui ajoutait une fatigue à une autre : il en mourut à cinquante ans, avec le regret de ne point laisser de successeur. Sa bibliothèque, d'un prix inestimable, qu'il avait eu l'envie de donner par testament à la seigneurie de Venise, éveilla la convoitise des spéculateurs. Des créanciers en demandèrent la vente : ce trésor fut mis à l'enchère, passa de main en main, se dispersa et s'évanouit avec le temps, ce qui ne serait point arrivé si le dernier Manuce fût resté fidèle à la patrie d'adoption de son grand-père. Le conseil des Dix n'aurait point souffert que cette bibliothèque sortît des lagunes, et nous la retrouverions aujourd'hui dans le magnifique local où s'est conservée celle de Saint-Marc.

Le bon chanoine avait une petite collection de livres, entièrement composée d'éditions anciennes et toutes de Venise. Un jour qu'il me montrait ces reliques, je lui demandai s'il voudrait troquer avec moi un vieux *Pastor fido*, assez mal imprimé, contre un exemplaire du même ouvrage, édité par Elzevir, que j'avais à Paris. Il se mit à rire en me répondant que tout ce qui venait de Leyde et de Hollande était suspect d'hérésie, et ne pouvait convenir à un chanoine vénitien. Des trois Manuce, celui dont il recherchait les éditions le plus avidement était le second, parce que celui-là était né à Venise. Enfin j'appris avec étonnement que cet homme si instruit n'avait jamais mis le pied hors de ses chères lagunes que pour aller jusqu'à Padoue le jour de la fête du *saint*.

Il ajouta que sur les cent dix mille habitants de Venise, la moitié, au moins, n'en avait pas vu plus que lui.

Au pied du campanile de Saint-Marc, du côté qui fait face à la porte du Palais-Ducal, est un petit monument qui ressemble à l'entrée d'un temple païen en miniature. Une grille ornée de statuettes en bronze, d'un style un peu contourné, en ferme l'entrée au public. Tous les samedis, à deux heures, la foule se presse autour de ce petit autel consacré au dieu Hasard, pour assister au tirage de la loterie : le préteur y représente la magistrature; un enfant tire les numéros, et dans le bon temps un prêtre bénissait l'urne. Aussitôt le dernier numéro sorti, une bande de gamins part au galop dans toutes les directions, afin de répandre la liste aux quatre coins de la ville. Celui qui a les meilleures jambes ayant plus de chances que les autres de vendre ses bulletins, c'est à qui arrivera le plus vite dans les quartiers lointains. En un moment, Venise retentit des hurlements de ces messagers en guenilles, et, si l'on n'était averti, on pourrait croire à quelque malheur. Mais, pour les cris et la vélocité, les coureurs de la loterie vénitienne sont distancés par les *facchini* de Naples.

A présent que nous avons assez rôdé dans le salon public de Saint-Marc, nous pouvons nous diriger vers l'église. Nous n'entreprendrons pas la description en détail de cette basilique où, pendant deux siècles, les ornements de toutes sortes sont venus s'entasser. La Grèce, la Dalmatie, l'Asie Mineure, la Morée, la Turquie ont toutes contribué à l'embellissement de Saint-Marc. Je ne sais si les dieux antiques ont vu avec insouciance ou chagrin leurs dépouilles consacrées au grand évangéliste; mais il ne paraît pas que la pensée leur soit jamais venue d'y mettre opposition. Ils auront craint le conseil des Dix et les strangulations nocturnes. Les cinq cents colonnes de marbre et de porphyre qui ornent l'extérieur ont passé de Byzance ou d'Éphèse à Venise, du culte de Minerve à celui du Christ, sans accident et sans difficulté. Au-dessus du portail, les quatre fameux chevaux de bronze, enlevés de l'hippodrome de Constantinople dans le temps des croisades, ont voyagé plus tard jusqu'à Paris. La chute de l'empire les a ramenés à Saint-Marc. Le profane et le sacré se mêlent partout : Cérès, montée sur son char, est voisine du groupe des évangélistes. Parmi ces innombrables figures de bronze et de marbre, il faut renoncer à distinguer les origines et destinations premières de chaque morceau. Mais les mosaïques admirables de maître Zuccato et de ses élèves n'ont jamais appartenu qu'au patron de la sérénissime seigneurie. Il faut choisir, pour pénétrer dans l'intérieur de Saint-Marc, le milieu du jour et un moment de soleil. La lumière réfléchie par les coupoles descend comme une pluie d'or; vous vous croiriez dans une timbale de vermeil. Nulle idée sombre ne saurait vous entrer dans l'esprit au milieu de ces mosaïques aux reflets de pourpre et d'azur. C'est à Saint-Marc qu'il faisait bon chanter le *Te Deum* le lendemain d'une victoire. Il y ferait encore bon se marier avec une belle et gaie jeune fille de l'Adriatique. Pour écouter le *De profundis* du fond d'une bière, on serait mieux dans la froide église des *Frari*, près du mausolée de Nicolas Trono, qui mourut de chagrin de voir l'étendard du croissant arboré sur la bonne ville d'Udine. Quoique tout réjouisse les yeux à Saint-Marc, le recueillement n'y est pas impossible, à cause des recoins et des cachettes où l'on peut s'isoler. Si le roman ne devait, par bienséance, s'abstenir de s'introduire dans un lieu saint, on serait tenté de placer sous ces voûtes dorées la scène de quelque récit aventureux. Peut-être on n'y résisterait pas dans une autre ville ; mais à Venise le roman trouve un champ si vaste, qu'il n'aurait point d'excuse à franchir le seuil de l'église, autrement que dans la tête de quelque rusée Vénitienne.

Passons plutôt cette porte qui touche aux murs de la cathédrale, et montons l'escalier des Géants. Il s'en faut que les deux statues de San-Sovino auxquelles cet escalier doit son nom soient gigantesques; mais, relativement, elles paraissent grandes près des autres sculptures du Palais-Ducal. Ici nous ne trouvons que peu de mélanges et de disparates. Hormis des marbres de San-Sovino et de Titien-Aspetti, tout appartient à l'architecte grec Philippe Calendaro, amené d'Orient par Marino Faliero, et qui fut pendu pour avoir pris une part active à la conspiration de son protecteur. Le style grec-arabe était à la mode alors, et, fort heureusement, Calendaro eut le temps, avant de mourir, de fonder une école d'architecture à Venise et d'achever le palais du gouvernement. Selon toute apparence, c'est à ses élèves qu'on doit attribuer ces palais charmants sans nom d'auteur, tels que la *Casa-Doro*, le *Fondaco dei Turchi*, le palais Loredan et quantité d'autres construits dans le même siècle que le Palais-Ducal, et qui semblent transportés du fond de l'Espagne mauresque. Cette mode dura longtemps, et ces modèles avaient pullulé quand les architectes de la renaissance apportèrent leur style nouveau. La supériorité des monuments byzantins sur leurs ouvrages prouve combien Venise et l'Orient étaient civilisés au moyen âge. Maître Philippe Calendaro connaissait bien son monde, et le gouvernement mystérieux, qui lui demandait le plan d'un palais, fut servi selon ses goûts. Il fallait de grandes salles pour les réunions solennelles, pour le grand conseil et le sénat, des appartements splendides pour le doge, des endroits bien clos et cachés pour les délibérations secrètes des Dix et des inquisiteurs d'État, une salle des tortures dont nul cri douloureux ne pût traverser les épaisses murailles, des escaliers dérobés, des prisons souterraines, d'où les accusés pussent monter devant le tribunal, redescendre dans leurs abîmes sans rencontrer personne, et disparaître ensuite par la *porte d'eau* des morts. Rien ne fut oublié dans les plans de l'architecte. Quand il eut satisfait aux exigences d'une distribution si compliquée, on donna carte blanche à sa fantaisie pour l'ornementation, et il couvrit de fleurs et d'arabesques cet antre où, malgré l'opinion du bon chanoine, régnaient une perfidie et une oppression systématiques. Calendaro fut pendu aux colonnes de ce palais qu'il avait fait construire.

Entrons dans l'intérieur par la salle des Quatre-Portes. Pas un pied carré de muraille qui ne soit couvert de peintures : la Foi, du Titien ; l'Ambassade du Sophi, par Carletto Véronèse ; l'Entrée solennelle de Henri III à Venise, par André de Vicence ; une Bataille, par le Contarini ; un plafond, du Tintoret. Passons dans la salle de l'Anti-Collége. On appelle ainsi un petit salon d'attente où les ambassadeurs s'asseyaient avant l'ouverture des audiences. Pour leur récréer la vue, six tableaux délicieux ornaient les côtés des deux portes et la muraille qui fait face à la fenêtre. Quatre de ces ouvrages appartiennent au Tintoret : Ariane couronnée par Vénus, la Forge de Vulcain, Mars et Pallas, Mercure devisant avec les trois Grâces. Le Tintoret, habitué aux travaux de grandes dimensions, exercé à manœuvrer trois cents personnages, souvent avec un peu de désordre, s'est surpassé dans ces quatre petits ouvrages. Le Bassano, à qui l'on peut souvent reprocher la trivialité de ses sujets, s'est aussi élevé au-dessus de lui-même dans sa peinture du Retour de Jacob. Mais le plus charmant des six tableaux est l'Enlèvement d'Europe, de Paul Véronèse. Europe, qu'on reconnaît pour une blanche Vénitienne aux cheveux d'or, sourit en cherchant son équilibre sur le dos du taureau blanc. Ses folles compagnes s'empressent autour d'elle pour l'aider à s'asseoir. Elles ont attaché des couronnes de fleurs aux cornes du taureau, et, pendant ces apprêts, l'animal amoureux, tournant son large cou, lèche le pied nu de la belle imprudente. Il y avait là de quoi faire oublier aux envoyés des princes étrangers le sujet de leur ambassade. Dans la grande salle du Collége, le Tintoret et Paul Véronèse se retrouvent aux prises ensemble. Le premier a représenté sur la muraille de droite André Gritti prosterné devant la sainte Vierge et Louis Mocenigo adorant le Christ. Au-dessus du trône des doges, le second a placé un ciel ouvert, une Gloire, une image allégorique de Venise et deux autres belles figures de femmes. Les deux maîtres se sont partagé le plafond, et l'on ne sait auquel donner la préférence. C'est au milieu de ces chefs-d'œuvre que le cardinal Bembo vint prononcer, en présence des trois grands corps politiques réunis pour l'entendre, cette fameuse harangue fort applaudie à Rome, et qui n'obtint à Venise que des marques de froideur et d'improbation. Dans la salle du Sénat sont quantité de belles peintures de Palma le Vieux, du Tintoret et de Marc Vecellio, neveu du

Titien. Les ouvrages de Palma représentent la Ligue de Cambrai et les doges François Venieri et Pascal Cicogna. Quatre grands maîtres ont travaillé au plafond. Un matin, j'assistai dans la salle du Sénat à la séance d'ouverture d'une commission nouvelle instituée pour la création des salles d'asile. Madame la duchesse de Berry, assise sur l'estrade du doge, présidait la réunion. Tous les membres du comité portaient des noms de l'ancien sénat; c'étaient les Priuli, les Sagredo, les Correr, les Mocenigo, etc. Le monde élégant de Venise avait été convoqué. Pendant un moment, les portraits à mines austères de Venieri et de Cicogna, en voyant arriver la foule dans ce palais depuis si longtemps désert, purent s'imaginer que les Pregadi venaient enfin reprendre leurs places; mais il ne fut point question de la politique de l'Europe ni du commerce de l'Orient, et les illustrations déchues, réunies dans ce local déchu comme elles, délibérèrent sur les moyens de secourir les enfants pauvres.

Par un corridor étroit nous arrivons à la salle du conseil des Dix. Marc Vecellio, le Tintoret, Aliense, Palma, le Bassano et Paul Véronèse, influencés sans doute par l'esprit dudit conseil, ont traité, dans ce lieu plein de souvenirs terribles, des sujets fort sérieux: une Adoration des Mages d'une composition magistrale, la Rencontre du pape Alexandre et de l'empereur Frédéric en présence du doge Ziani, une Entrevue de Charles-Quint avec Clément VII à Bologne, une singulière Figure de vieillard décrépit, assise auprès d'une femme jeune et belle, qui paraît l'écouter avec effroi. Le Bassano, comme pour se glisser parmi les décemvirs et surprendre leurs secrets, s'est représenté lui-même, portant le parasol qui couvre la tête du pape Alexandre. De la salle du conseil des Dix, on passe, en traversant une antichambre, dans une petite pièce où se réunissaient les trois inquisiteurs d'État. Paul Véronèse n'a rien trouvé de mieux à peindre sur le plafond qu'un Ange courroucé, chassant quatre figures allégoriques des vices et des crimes. Il aurait pu sans mentir y placer aussi bien le diable acharné après l'innocence, ou appelant à son aide le soupçon, la cruauté, l'envie et la délation. Dans un coin de cette petite salle s'ouvre une sorte d'armoire où l'on découvre un escalier taillé dans l'épaisseur du mur. Cette spirale étroite descend en tournoyant dans les puits et monte jusqu'aux combles appelés les *plombs*. C'est par là que les malheureux, condamnés d'avance, étaient amenés devant leurs juges, pour la forme, et sommés d'avouer leurs fautes, qu'ils fussent ou non coupables. Les instruments de torture déliaient la langue aux rebelles et leur faisaient dire ce que l'on voulait. Mais laissons le triste laboratoire de ces bourreaux, et rendons-nous au grand conseil.

L'immense salle consacrée aux assemblées générales de tout le corps de la noblesse est à la fois un cours d'histoire et un musée. Depuis la déroute navale du prince Othon jusqu'à la bataille de Lépante, les faits les plus glorieux des anciennes annales de Venise s'y trouvent représentés. Henri Dandolo prenant d'assaut Constantinople à l'âge de quatre-vingt-quatre ans, Zara soumise, le triomphe de Contarini sur les Génois, des épisodes de la guerre contre les Turcs, forment une suite de fastes belliqueux, où l'ordre chronologique n'est pas scrupuleusement observé. Il ne faut point s'étonner si huit de ces tableaux sont consacrés à l'histoire de la querelle entre Alexandre III et l'empereur Frédéric. La seigneurie avait un but politique en insistant sur cet événement, qu'on ne pouvait livrer à l'oubli sans renoncer à la tradition du mariage des doges et de la souveraineté de Venise sur la mer Adriatique. Sans s'inquiéter des sujets historiques, le Tintoret, à qui on laissait la bride sur le cou, s'est emparé d'un espace de soixante-quinze pieds pour y représenter un paradis de sa façon, composition désordonnée, dont chaque figure est assurément belle, mais qui ressemble à une cohue vénitienne comme le *Broglio* ou la fête du jeudi gras, plutôt qu'à ce monde inconnu où les affligés se reposeront de leurs souffrances. Au-dessous du plafond, une série de portraits, qui font le tour de la salle, représente tous les doges de Venise, depuis Luc Anafeste jusqu'à Louis Pisani. Cette série, commencée par Palma le Vieux, le Bassano et le Tintoret, se compose moitié de figures imaginaires, et moitié de véritables portraits. Antérieurement au quinzième siècle, Palma n'a guère trouvé que des documents écrits sur les visages qu'il avait à peindre ; mais à partir du moment où Mantegna et Jacques Bellin eurent pris le pinceau, nul ne fut plus élu sans se faire portraire. Après le doge André Dandolo, sur le cadre où devrait figurer Marino Faliero, est peint un voile noir, portant cette inscription : *Hic est locus Marini Faletri decapitati pro criminibus*[1]. Le gouvernement ombrageux n'a point voulu que la postérité connût les traits d'un conspirateur; mais il a perpétué le souvenir du crime.

Ce n'était pas tout plaisir que de coiffer la corne ducale. Marino avait sauvé la république avant de songer à la perdre. On l'élit à quatre-vingts ans, et à peine installé, on l'outrage odieusement. Ce vieux guerrier, blessé dans son orgueil, son honneur et sa tendresse pour sa jeune femme, n'avait plus qu'à dévorer son affront ou à conspirer. Il se décida pour le dernier parti et risqua sa tête flétrie par une insulte publique. La hache du bourreau donna en sa personne une leçon de patience aux doges à venir. Les Falieri avaient un magnifique palais, situé à l'entrée du *sestiere* appelé le *Canareggio*. On en mura la façade, et du vestibule on fit un passage, en détruisant les portes et l'escalier. Ce passage et cette façade murée se voient encore; c'est par là qu'on arrive à la place des Santi-Apostoli. La rancune et la jalousie des patriciens écartèrent la famille entière des emplois publics ; elle resta quelque temps encore sur le Livre d'Or, et puis elle s'éteignit, peut-être avec l'aide du conseil des Dix.

La salle du grand conseil, quoique fort grande, ne contient pas la série entière des portraits des doges. On trouve la suite dans une pièce voisine, celle du scrutin, dont l'antichambre est un petit musée de sculptures, parmi lesquelles on remarque une délicieuse sta-

[1] Le premier des Falieri s'était appelé *Faletrus*.

tuette d'Hébé. Au fond de la grande salle et en face de la peinture du Paradis, on a donné une place d'honneur à un marbre antique de Ganymède enlevé par Jupiter. Les plafonds des deux salles sont couverts de fresques des meilleurs maîtres. Celle de Paul Véronèse, représentant l'Apothéose de Venise, est célèbre; mais je reprocherais volontiers au peintre d'avoir donné à cette blonde image de la reine des lagunes un embonpoint débordant, que Rubens aurait fort approuvé. Du temps de Paul Véronèse, Venise touchait à la fin de sa gloire et de sa fortune. Les guerres terribles du Milanais, d'où elle venait de sortir épuisée de fatigue et meurtrie, le sang qu'elle avait perdu dans ses luttes avec des colosses, les insomnies et l'inquiétude avaient dû maigrir ou marquer son visage. On la pouvait montrer avec de riches habits, car les voiles de ses vaisseaux couvraient encore la Méditerranée; les gouverneurs de ses colonies vivaient comme des satrapes; elle avait à sa solde dix mille matelots; ses maisons de banque ne comptaient pas moins de vingt mille succursales en Europe, et dans ses palais, ses monuments, ses maisons particulières, une galerie, un mur, une cloison, qui n'étaient point ornés de quelque chef-d'œuvre de peinture, étaient considérés comme une tache qui faisait honte à la ville. Mais la découverte du passage des Indes par le cap de Bonne-Espérance avait porté un coup aussi profond à son commerce que la bataille de Pavie à son importance politique. Les vieux sénateurs, accablés de sombres pressentiments, devinaient la ruine prochaine de la république, et, pour faire une image vraie de Venise à la fin du seizième siècle, il aurait fallu montrer une femme pâle, abattue, laissant tomber de ses mains affaiblies les attributs de sa puissance, et tristement assise près du lion de Saint-Marc, fermant ses ailes de bronze. Il est vrai que si le peintre se fût piqué de tant d'exactitude, on l'aurait envoyé dans les *puits* où nous allons faire descendre le lecteur.

Figurez-vous une suite de caveaux humides, entre lesquels règne un long corridor, un endroit excellent et frais pour y laisser vieillir du vin de Médoc. Par malheur, au lieu de feuillettes, c'étaient des créatures de Dieu qu'on enfermait une à une dans ces cellules souterraines. Sur ce petit banc de pierre que vous voyez adossé au mur du corridor, un prisonnier se tenait assis, les mains et les pieds liés par des chaînes. Une corde, passée autour de son cou, sortait de l'autre côté du mur par une petite ouverture qu'il faut observer de près. Dans le corridor, les bouts de cette cravate du patient venaient s'enrouler autour d'un tourniquet de bois. On vous laissait là des jours, des mois, des années, attendant la mort, qui ne se pressait pas d'arriver. La manie de temporiser se manifestait jusque dans les *puits*. Un matin, au milieu d'une rêverie, d'une prière au Dieu crucifié ou à sa mère, vous étiez interrompu tout à coup; le geôlier, sur l'ordre de l'inquisiteur d'État, tournait la manivelle en passant dans le corridor, et vos peines étaient finies. Encore si vous aviez apporté sur cette sellette mortelle une conscience chargée d'un crime capital! Mais il suffisait, pour vous amener là, d'un propos imprudent ou léger recueilli par un espion, d'une confidence à un faux ami, d'une délation anonyme, d'un papier jeté par un envieux, un rival, dans la *bouche du lion*, cette boîte aux lettres des dénonciateurs que j'ai oublié de vous faire remarquer sur une des portes de la galerie ouverte. Une fois entré dans les *puits*, vous n'en sortiez plus qu'après le tour de cabestan, et par quelle porte? Regardez là-bas cette espèce d'égout pratiqué dans le mur et fermé par une grille; une barque y est attachée à un anneau. Pendant la nuit, les gondoliers du bourreau venaient ouvrir la grille et enlever les morts pour les mener à l'île du cimetière. Quelquefois une prétendue conspiration avait empli les cachots. Il y avait foule sous terre. Par une nuit sombre, à une heure avancée, quand tout dormait, plusieurs barques arrivaient dans le petit canal et s'arrêtaient successivement à l'entrée de l'égout : — Allons, seigneurs prisonniers, embarquons-nous, s'il vous plaît, disaient les *fanti* masqués, le poignard à la main. — On s'asseyait en ordre sur des bancs, à l'avant du bateau, et chaque barque pleine, glissant sous le petit pont de la *Paille,* traversait le port et ensuite la *Giu-*

decca, qui ressemble à un bras de mer. Les prisonniers pouvaient saluer, en passant, le clocher de Saint-George et, de plus loin, l'église qui porte ton nom, ô Rédempteur ! et puis on tournait à gauche dans le canal *Orfano*. En cet endroit, l'eau a trente pieds de profondeur; derrière les jardins déserts, la barque s'arrêtait. Par un mécanisme ingénieux, la planche où les condamnés étaient assis se retournait, et toute la bande disparaissait dans la lagune.

Les *plombs* du Palais-Ducal ne sont pas, à beaucoup près, d'un aspect aussi terrible que les *puits*. On n'y manque pas de lumière; l'air en est pur, et si le touriste distrait monte l'escalier dégradé qui mène dans ces combles pendant l'hiver ou au début du printemps, il n'y verra que des mansardes fort habitables. Mais, en été, la couverture de plomb, échauffée par le soleil, élève la température à un degré qui dépasse la chaleur du sang humain. Les *zanzares* y pénétraient par milliers, et leurs piqûres insupportables ne laissaient pas un instant de repos au misérable enfermé dans ces cabanons. Par un raffinement de cruauté dont on ne doit point s'étonner, le conseil des Dix envoyait ses prisonniers sous les toits dans la saison la plus chaude, et quand venait l'automne on les descendait à la cave. Le célèbre Casanova est le seul homme qui se soit jamais échappé des plombs de Venise; le récit qu'il fait de son évasion serait admirable si le caractère vantard du personnage ne le rendait suspect. En comptant les cellules des *puits* et des *plombs* on n'y trouverait pas de quoi loger cent personnes; mais, sur la rive opposée du petit canal qui baigne les murs du palais, sont d'autres prisons dont la porte s'ouvre sur le quai des Esclavons. Un pont aérien, couvert et fermé, joint ces prisons au Palais-Ducal. Par cette galerie, que le peuple a nommée le *pont des Soupirs*, on faisait passer les gens condamnés à la détention, soit limitée, soit perpétuelle. On réservait les *puits* et les *plombs* pour les prévenus et les condamnés à mort. Quoique je professe une horreur profonde pour toute espèce de dégradation des monuments, je confesse que je n'ai pu me défendre d'une certaine satisfaction en voyant les traces de la révolution dans ces tristes cachots. Ce sont les crosses des fusils français qui ont brisé les cloisons et les portes.

Sur la façade du Palais-Ducal tout le monde a pu remarquer, dans la galerie du premier étage, deux colonnes grises qui font une tache au milieu de la colonnade de marbre rouge. Autrefois, c'était du haut de ce balcon que le doge se montrait après son élection, et qu'on lisait au peuple les lois nouvelles et les bulletins des victoires. Un soir du mois d'octobre, je me promenais sur la *Piazzetta,* une pluie d'orage avait chassé les rôdeurs nocturnes. On n'entendait que les pas réguliers de la sentinelle en faction devant le corps de garde, et le murmure lointain de la pleine mer encore émue par la tempête; la lagune, un moment agitée, s'était rendormie sur les marches de la rive. Le vent faisait vaciller la petite lumière qui éclairait dans sa niche la madone des gondoliers. Je marchais de long en large devant les quatre canons autrichiens auxquels leurs grosses couvertures de bois donnaient l'apparence tout à fait pacifique de cabanes bariolées de noir et de jaune, lorsque j'entendis le bruit rare à Venise de plusieurs charrettes à bras. Des ouvriers élevèrent sur la *Piazzetta* une sorte d'échafaudage que je reconnus pour un pilori. Je demandai à un agent de police à qui était destiné cet appareil.

— Demain, à neuf heures, me répondit-il, on exposera ici un gaillard condamné aux galères pour avoir donné à un homme une *coltellata.*

— Il y avait donc, repris-je, quelque circonstance atténuante en sa faveur, puisqu'on ne l'a point condamné à mort?

— Aucune, répondit l'agent; mais il a refusé obstinément d'avouer son crime, et par conséquent on ne pouvait pas lui faire subir la peine capitale.

— Voilà un singulier usage.

— C'est la loi.

— Dans mon pays, on ne demande pas à un accusé son consentement pour lui couper la tête.

— On a peut-être tort.

— Peut-être, en effet, car la justice humaine n'est point infaillible, et si elle avait toujours hésité à frapper celui qui proteste de son innocence, elle aurait quelques erreurs de moins à se reprocher. Mais les aveux doivent être rares dans ce pays-ci.

— Moins que vous ne l'imaginez. A force d'interroger, de presser les gens et de les mettre en face des preuves et des témoignages, on finit par leur arracher la vérité.

Le lendemain, une foule considérable encombra la *Piazzetta*. Au moment où l'on attachait le patient au pilori, le greffier du tribunal parut dans la galerie supérieure du Palais-Ducal; il s'arrêta entre les deux colonnes grises, et donna lecture de l'arrêt de condamnation. Depuis lors, cet incident m'est sorti de la tête, et je regrette de n'avoir point vérifié si cette loi qui interdit de prononcer la peine de mort contre un accusé retranché dans les dénégations existe réellement, ou si c'était une fantaisie de l'agent de police.

XXIII

VENISE

Promenade dans le grand canal. — L'Académie des beaux-arts. — L'École vénitienne. — Pétition du Titien au conseil des Dix, tirée des archives. — Les Foscari et leur palais. — San-Sovino. — Les palais Mocenigo, Pisani, Loredano. — La guerre des bâtons. — Traces du séjour de Henri III à Venise. — La *Ca-Doro.* — Les palais Vendramin, etc. — Course à pied. — La *Frezzaria.* — Les *Traghetti.* — Sainte-Marie des *Frari.* — San-Roco. — André Schiavone.

Puisque nous voilà sur la rive de la Piazzetta, prenons une gondole à l'heure, et faisons un *giro* dans le grand canal, qui décrit une S immense pour aller du centre à l'une des extrémités de la ville. A peine embarqué, vous reconnaîtrez devant vous ce tableau connu que possède si bien Jules Joyant, le peintre de Venise, amoureux de son modèle : au premier plan, la *Douane de mer*, surmontée de la coupole de la *Salute ;* plus loin, les profils d'une suite de palais aux façades mauresques, dont l'eau baigne les murs, et qui se perdent à l'horizon dans les détours du canal. Il faudrait tout un livre pour examiner et décrire chacun de ces monuments d'architecture et d'histoire. Nous en passerons beaucoup, non sans regret. Ne nous arrêtons pas devant les palais Fini, Corner, Dario et Venieri, car il faut avancer. Permettez-moi seulement de saluer les deux fenêtres d'un petit appartement que j'ai habité, au coin de la rue Valaressa. Cela fait, nous irons tout droit au palais de l'Académie des beaux-arts.

Dans ces vastes galeries se déroule toute l'histoire de l'école vénitienne, depuis les deux Bellin jusqu'aux trois Caliari. C'est là qu'on peut mesurer la puissance du Titien. Tout le monde connaît par la gravure sa fameuse Assomption, qu'on attribuerait volontiers à une société de maîtres, tant cet ouvrage renferme de beautés et de perfections réunies. Dessinateurs et coloristes, oubliez vos systèmes, et donnez-vous la main devant cette grande page. Vous vous querellerez ailleurs. Léonard de Vinci n'aurait pas mieux groupé les personnages; le Pérugin n'aurait pas donné plus d'expression aux têtes, et la couleur semble sortie de la main de Rubens. Il faut voir dans l'original cet homme en robe rouge qui lève le bras vers la sainte Vierge, et cette lumière fantastique qui descend d'un ciel éclairé pour une apothéose. Paul Véronèse lui-même paraît terne à côté de cette toile illuminée. Regardons cependant la Madeleine du maître véronais, son Souper du Christ chez Lévi, sa belle Vierge accompagnée de saint Joseph, et quantité d'autres ouvrages de dimensions énormes. Le Tintoret supporte bravement la comparaison avec sa Résurrection du Christ; Bonifazzio, avec son Adoration des Mages; Palma le Vieux, avec ses Madones entourées de saints. André Schiavone se distingue par une grâce éminemment vénitienne, et le vieux Jean Bellin, travailleur minutieux, s'émancipe quelquefois jusqu'à prétendre comme ses élèves au titre de coloriste. Mais lorsqu'on revient au Titien, il faut s'incliner devant l'Hercule de Venise, le vainqueur de tous, hormis d'un seul aussi fort que lui, Giorgione Barbarelli.

A l'époque où les lettres renaissaient par les soins d'Alde Manuce, deux écoliers du même âge entraient dans l'atelier de Jean Bellin : l'un était le Giorgione, et l'autre le Titien. Le premier, ennuyé de la manière un peu gothique de son maître, s'en alla chercher d'autres modèles à Florence. Il y rencontra Léonard de Vinci, et ce fut une révélation soudaine. Un jour, une heure, un regard suffisaient à un artiste organisé comme lui. Il revint transformé dans son pays. Les monuments, les étoffes, les costumes de la noblesse et des femmes, tout à Venise éveillait dans l'imagination et les sens du peintre le sentiment du coloris. Le souvenir du Vinci, modifié par l'influence du milieu pittoresque où vivait le Giorgione, enfanta ce talent complexe et inimitable qui n'appartient réellement à aucune école. George Barbarelli ne relève que de lui-même, et ne doit rien qu'à Dieu et à la nature. Il n'eut point de maître et ne fit point d'élèves. Mort à trente-trois ans, il laissa une œuvre considérable, dont il reste quelques portraits et un bien petit nombre de tableaux; mais ses ouvrages ont un cachet si particulier qu'on y croit voir un art perdu, dont il a emporté le secret. Le hasard acharné semble avoir pris à tâche d'en effacer les traces. Deux incendies du Palais-Ducal ont détruit ses plus grandes pages. Le temps en a consumé d'autres. Enfin, en deux occasions, un fanatisme stupide a livré au feu des chefs-d'œuvre qualifiés de nudités obscènes. Heureusement, ses portraits, à l'abri d'un semblable reproche, ont tant d'éclat et de vigueur, qu'à moins de les brûler on peut les croire indestructibles.

Si le Giorgione eût vécu plus longtemps, le Titien, qui était jaloux, aurait trouvé en lui un concurrent formidable. Élevé à l'école du bonhomme Bellin, Tiziano Vecellio produisit d'abord quelques ouvrages travaillés avec ce fini un peu mesquin dont son maître lui avait fait un devoir et une habitude, ce qui paraît incroyable lorsqu'on voit sa seconde manière. Le retour du Giorgione à Venise lui ouvrit les yeux, et aussitôt la grande école des coloristes vénitiens se trouva fondée. Tiziano Vecellio inonda non-seulement l'Italie, mais le monde entier de ses ouvrages. La force de sa santé, la fécondité de son pinceau et son amour du travail lui procurèrent l'existence la plus brillante et la mieux occupée. On sait que Charles-Quint, l'ayant appelé à Bologne pour y faire son portrait, eut la royale courtoisie de ramasser le pinceau que le Titien avait laissé tomber à terre. Cette anecdote, d'une date plus récente que la rencontre de Léonard de Vinci avec le cardinal de Gurck, chez les dominicains de Milan, ne pouvait être citée par Léonard à l'appui de son discours sur les égards dus au génie; mais comme le cardinal vivait encore au moment de ce voyage du Titien à Bologne, il a pu connaître ce trait honorable de Charles-Quint, et faire un retour sur lui-même.

Au mois de mai 1514, après la dissolution de la sainte ligue, et peu de temps avant la mort de Louis XII, le conseil des Dix cherchait un grand peintre qui voulût bien se charger de décorer un vaste pan de muraille de la salle du grand-conseil, situé entre deux fenêtres, sous un jour défavorable. Jean Bellin avait plusieurs fois refusé ce travail. Le Titien, alors âgé de trente-sept ans, ne jugea point cette tâche trop difficile ni trop ingrate. Une pétition de lui, que nous avons trouvée dans les archives de la république, fera voir avec quel sentiment de sa valeur ce grand maître demandait de l'occupation aux décemvirs.

« Le dernier jour de mai 1514, en conseil des Dix, a été lue la pétition ci-dessous :

« Sérénissime prince et très-excellents seigneurs,

« Moi, Titien Vecellio, de Cadore, ayant appris la peinture, non pas tant par amour du gain que pour acquérir quelque peu de renommée, et pour être compté parmi ceux qui, dans le temps présent, font profession de cet art; quoique notre saint-père le pape et d'autres princes m'invitent à les venir servir, cependant, désireux de laisser souvenir de moi dans cette noble cité, comme un fidèle sujet de vos seigneuries, j'ose vous proposer, si vous l'avez pour agréable, d'entreprendre les peintures de la salle du grand-conseil, et d'y appliquer mon talent et mes efforts, en commençant par le côté qui regarde sur la place du Palais, le plus difficile de tous et celui dont personne jusqu'à ce jour n'a voulu se charger, tant l'entreprise était grande. Moi, très-excellents seigneurs, j'en accepterai la commission, et ma plus douce récompense sera la satisfaction de vos seigneuries, si elles trouvent mon travail convénable. Je ne souhaiterais plus, si j'obtenais un tel honneur, que le strict nécessaire pour vivre. En conséquence, je demande humblement à vos seigneuries de m'accorder la première *sensaria* vacante sur le *Fondaco dei Tedeschi*, aux mêmes conditions que mon maître Jean Bellin, pour prix de la peinture susdite et de toutes celles qui me seront confiées, ma vie durant, au même Palais-Ducal; plus l'entretien de deux jeunes gens, mes élèves, qui m'aideront dans mon travail, et que vos seigneuries pourraient faire payer sur l'*office du sel*. Je demande, en outre, le payement à part de mes frais de couleurs et des autres objets nécessaires, comme vos seigneuries l'ont accordé le mois passé au susdit messer Jean Bellin; et je promets à ce très-excellent conseil de faire ce grand ouvrage avec tant de promptitude et de soin que vos seigneuries en seront contentes.

(Signé) TIZIAN VECELLI. »

Au-dessous de cette pétition, écrite en dialecte vénitien, était, en mauvais latin, le décret suivant :

« Par autorité de ce conseil, nous voulons que l'offre dudit Titien soit agréée, aux conditions qu'il demande, et que l'exécution soit recommandée à nos provéditeurs de l'*office du sel*, afin qu'ils se conforment à notre désir. »

Le scrutin, noté au bas de la page, porte que dans le conseil, assisté de la seigneurie, c'est-à-dire du doge et de six conseillers, ce qui élève le nombre des votants à dix-sept, dix voix ont voté *pour*, six *contre*, et un des membres s'est abstenu. La demande était accordée; mais il n'y avait point alors de *sensaria* vacante, et ce ne fut que deux ans après, à la mort de Jean Bellin, que le Titien obtint la pension viagère de cent ducats d'or, pour prix de tous les travaux qu'il aurait à faire. C'est assurément un des contrats les plus avantageux que le conseil des Dix ait jamais signés. Malheureusement, les fresques furent détruites par le second incendie du Palais-Ducal.

Attiré successivement à Vienne, à Inspruck, à Florence et à Rome, le Titien, comme tous les enfants de Venise, préféra les éloges de ses concitoyens aux faveurs des princes étrangers; il revint dans son pays, et y travailla jusqu'à sa mort. La peste de 1575 trouva ce grand artiste âgé de quatre-vingt-dix-neuf ans; mais toujours vert et plein de génie. Il fallait un fléau apporté du fond de l'Orient pour détruire ce vieillard robuste. Sans cela, je crois en vérité qu'il vivrait encore. « C'est dommage, dit-il, en rendant le dernier soupir, je commençais à comprendre la peinture. » A son compte, il fallait d'abord vivre cent ans avant d'oser prétendre à la maîtrise, ce qui est accordé à si peu d'écoliers que le nombre des maîtres ne serait pas considérable. Les Vénitiens jouissent, du reste, d'un privilége de longévité tout exceptionnel; probablement l'air doux et imprégné de sel des lagunes exerce une action salutaire qui conserve les organes sans ralentir leur activité. Ce n'est ni dans la sobriété ni dans la pureté des mœurs qu'on peut chercher la cause de cette faveur de la nature, puisque Venise est du très-petit nombre des villes d'Italie où l'on trouve des ivrognes, et une de celles dont on cite la corruption; cependant les centenaires y sont moins rares que partout ailleurs. Dans l'ancienne noblesse, on voyait fréquemment des vieillards de quatre-vingts ans commander les flottes, se battre contre les Turcs, entreprendre des voyages longs et pénibles, revenir ensuite se marier, briguer une place au sénat ou au conseil des Dix, et se reposer en gouvernant leur république à l'âge où d'ordinaire on n'est plus bon à rien. Ils épousaient des filles de vingt ans; ils connaissaient la jalousie, l'emportement et toutes les passions causées par la chaleur du sang, et leur intelligence se soutenait si bien que pendant cinq cents ans ils ont passé pour les politiques et les administrateurs les plus habiles du monde.

Remettons-nous en gondole, et poursuivons le *giro* commencé dans le grand canal. Les palais Lolin, Contarini et Rezzonico seraient fort remarquables à Florence ou à Gênes; mais ces ouvrages de Scamozzi et de Longhena deviennent des anachronismes dans la ville des doges. Tout de suite après, nous trouvons trois palais de la famille Giustiniani, du style vénitien le plus pur. Nous nous y arrêterions si le suivant, le palais Foscari, n'attirait notre attention par sa splendide façade. Situé au second détour du grand canal, le palais Foscari semble régner sur tout ce qui l'environne. L'orgueil était le vice héréditaire de cette famille : partout où un Foscari avait passé, il laissait après lui quelque trace de sa magnificence ou de son arrogante générosité ; mais ces fiers patriciens se distinguaient aussi par une intelligence rare, et surtout par un dévouement aux institutions de leur pays, qui approchait du fanatisme. De trop grandes qualités étaient plus dangereuses que des travers au milieu d'une aristocratie envieuse et susceptible. Les Foscari furent punis et accablés avec tant d'acharnement et de férocité, en la personne du doge François et de son fils, qu'on oublie leurs défauts pour maudire leurs persécuteurs. Le jeune Foscari, exilé pour une peccadille, dévoré par le mal du pays, revient à Venise sans permission. Il est reconnu, on l'arrête. Il avoue sa faute. Le conseil des Dix feint de ne point le croire, et prétend découvrir un autre motif que l'amour du pays à sa désobéissance; on l'applique à la question, en présence de son père, qui lui commande de souffrir avec patience et respect. Le jeune homme, brisé par les instruments de torture, meurt peu de temps après, et le père n'ose proférer une plainte. Ce n'était pas assez que de lui tuer son fils, on le déclare incapable et on le dépose, lui qui avait ouvert à la république le champ de la politique européenne, où les esprits timides et routiniers l'avaient suivi avec tant d'hésitation! Comme si, d'ailleurs, un doge, ce mannequin sans autorité, pouvait passer pour incapable, fût-il stupide! On sait que Foscari mourut de douleur en écoutant le carillon de Saint-Marc qui fêtait son successeur. Pour comprendre les sentiments hors nature de cet homme et de son fils, il faut avoir vécu longtemps à Venise et s'être épris d'une passion déraisonnable pour cette ville singulière. Puisqu'un étranger peut aimer Venise jusqu'à éprouver quelque chose approchant de la nostalgie, qu'était-ce donc quand on s'appelait Foscari et qu'on avait pour père le personnage le plus important de la ville, le politique le plus habile, le véritable directeur des affaires et du gouvernement, quoique doge!

On trouve des preuves de l'orgueil des Foscari jusque dans les détails les plus puérils. En 1423, les secrétaires du sénat furent apparemment congédiés et remplacés par le doge François le lendemain de son élection, car les grimoires des registres deviennent tout à coup des modèles de calligraphie. Les majuscules sont historiées, et peu s'en faut que les têtes d'alinéas ne soient peintes comme celles des livres d'heures des princes. En prenant possession de l'appartement des doges, quel besoin avait le nouvel élu d'agrandir le palais de famille où il ne pensait plus rentrer? Cependant il le fait augmenter d'un étage et surcharger d'ornements, afin que sa demeure domine en hauteur et en luxe celles de ses voisins. Graves imprudences que tout cela.

Plus tard, lorsque San-Sovino vint à Venise et qu'il eut élevé plusieurs beaux monuments, les Foscari se crurent obligés d'employer l'architecte à la mode. Ils lui demandèrent le plan d'un palais à construire au centre du grand canal, dans l'endroit le plus recherché de Venise, où le prix de la toise carrée devait suffire à en couvrir de ducats la superficie. San-Sovino avait trop de goût pour ne point consulter le style du pays, et pour mettre impudemment des pierres fausses dans un écrin. Il était Romain dans la ville des papes, Florentin chez les Médicis ; à Venise il devint Mauresque. Le palais Foscari, si on ne le savait dessiné par San-Sovino en plein seizième siècle, se prendrait pour un ouvrage du moyen âge et de l'école de Calendaro; c'est que l'artiste, non par modestie, mais bien par intelligence, savait servir à chacun ce qui lui convenait, au lieu d'imposer en tous pays la même marchandise, comme ces faiseurs médiocres et vaniteux qui ont empoisonné tour à tour Venise de styles étrangers, depuis le guindé jusqu'au Pompadour inclusivement, car on attribuerait au ciseau maniéré de Bouchardon une certaine église des jésuites, située fort heureusement dans un coin de la ville, où peu de gens l'iront chercher.

San-Sovino travaillait à Rome lorsque les pillards de l'armée du connétable de Bourbon vinrent l'interrompre. François Ier voulut l'attirer en France, mais il donna la préférence à la seigneurie de Venise. C'est à lui qu'on doit les belles salles de la bibliothèque de Saint-Marc, le petit palais de la Zecca, le palais Cornaro, et divers autres monuments. A ses débuts, il eut une mésaventure qui faillit lui coûter cher : la voûte de la bibliothèque s'écroula par suite d'une rupture de la charpente. Le conseil des Dix, qui n'entendait pas raillerie, le fit arrêter, et le condamna provisoirement à mille ducats d'amende, qu'il ne pouvait payer. Interrogé par les décemvirs, San-Sovino démontra que cet accident, impossible à prévoir, ne dépendait point d'une faute de l'architecte. Des experts reconnurent la vérité de cette assertion. Pendant ce temps-là, une souscription publique avait payé l'amende. San-Sovino, disculpé, prouva sa science et son habileté en relevant la voûte écroulée et en faisant construire d'autres édifices. « Donnez-moi du bronze, disait-il au chapitre de Saint-Marc, et je fermerai votre sacristie avec de telles portes, que celles du baptistère de Florence n'auront qu'à se bien tenir. » Il fit un chef-d'œuvre, en effet, mais les portes de Ghiberti ne s'en tiennent pas moins bien.

Soit que depuis longtemps on ait trop négligé l'entretien du palais Foscari, soit que San-Sovino n'ait pas donné tous les soins désirables à la solidité, cet ouvrage précieux menaçait ruine il y a quelques années. Aujourd'hui, le gouvernement autrichien en a fait l'acquisition, et procède aux réparations nécessaires, qui entraîneront des dépenses auxquelles un particulier même très-riche n'aurait pu suffire. Les peintures de Pâris Bordone, que le temps et l'humidité commençaient à dégrader, seront peut-être sauvées d'une destruction complète, si elles ont le bonheur de tomber dans les mains de restaurateurs moins intrépides que ceux des musées de France.

Passons devant le palais Balbi, dont la richesse ne rachète pas le mauvais goût. Les belles sculptures du palais Contarini font pardonner son style de *terre ferme*. Voici, à droite, quatre palais Mocenigo à la suite les uns des autres. Dans un de ces palais a demeuré lord Byron. Le grand poëte, avec sa fureur de se singulariser, avait trouvé le bon moyen de faire parler de lui en établissant un tir au pistolet dans une galerie. Son ours noir, à la chaîne, gardait l'antichambre. Sur le perron qui descend dans l'eau, sa Fornarina l'attendait un jour qu'il revenait en nageant du couvent des Arméniens, — rude exercice par un temps d'orage ; — aussi la Vénitienne en colère le reçut en l'appelant *chien de la Madone*. Sous le toit des Mocenigo mourut Léopold Robert, un des artistes les plus aimables et un des hommes les plus malheureux du siècle du suicide. A gauche, nous trouvons un palais Pisani, surmonté de deux petites pyramides, modèle parfait de l'architecture du quinzième siècle. Bien des gens seraient embarrassés d'un palais à Venise : mademoiselle Taglioni en possède trois, et je crois que celui-ci est du nombre. Ce sont de grosses bagues pour les doigts mignons d'une danseuse. Si je ne me trompe pas, il est à souhaiter que la sylphide de Carabas ait acheté en même temps les tableaux, et surtout celui d'Alexandre recevant la famille de Darius, une des plus grandes et des plus belles œuvres de Paul Véronèse. A deux pas de là, au palais Barbarigo, on trouve encore une magnifique galerie de peintures : des Giorgione, des Titien, un groupe de Canova représentant Dédale et Icare. Sur l'autre rive du canal, nous rencontrons le palais Grimani, masse énorme de pierres grises qui serait mieux à sa place dans une rue de Florence ; c'est une de ces belles taches par lesquelles San-Micheli a marqué son passage dans la ville orientale.

Du même côté, tout auprès l'un de l'autre, sont les deux palais Loredan et Manin. Le premier, avec ses fines colonnes de marbre soutenant des arceaux arabes, son portail élégant, ses fenêtres hautes et rapprochées, ses trèfles à jour, ses cheminés en tulipes, pour n'avoir pas de nom d'auteur, n'en est pas moins un des restes les plus curieux et les plus remarquables de l'architecture au treizième siècle. Quand je suis parti de Venise, le palais Loredan était dans un état de délabrement pitoyable : un acquéreur nouveau s'apprêtait à le faire restaurer. Son voisin, le palais Manin, attribué à San-Sovino, a été si complétement remis à neuf qu'on le croirait fait d'hier; mais il a perdu à ces embellissements sa physionomie vénitienne. Cet endroit, qui est un des plus agréables du grand canal, mérite qu'on s'y arrête un moment. Le pont du Rialto, sous lequel nous allions passer, ouvre sa grande arche pour laisser voir une rangée de portiques et de balcons qui se perdent en tournant de droite à gauche. En face du palais Loredan, on peut aborder sur un petit quai de cent pas de longueur et peu large. Une vieille vigne couvre de son feuillage une espèce de tonnelle au-dessus de laquelle s'élève la petite église de Saint-Silvestre. Dans le temps de ces fêtes populaires que le conseil des Dix donnait à ses administrés qu'il traitait comme de grands enfants, on établissait un pont de bois étroit, sans garde-fou, et des lutteurs, armés de lances épointées, se rencontraient sur ce sentier pour y jouter de force et d'adresse; le vaincu tombait dans l'eau, et un nouvel adversaire marchait au-devant du vainqueur. On appelait ce jeu la *lutte des bâtons*. Quelquefois on choisissait pour ce divertissement la rive du palais Foscari; mais on était mieux à Saint-Silvestre, à cause du Rialto, qui offrait d'excellentes places aux juges du combat et aux spectateurs.

Lorsque Henri III, rappelé de Pologne par la mort prématurée de son frère, revint prendre possession de la couronne de France, il eut, comme on sait, la fantaisie de passer à Venise. Avec son air indolent, ses façons de femmelette, son visage pâle et éteint, le dernier des Valois n'a point dû donner une haute opinion du maître que la France allait avoir à ce peuple vénitien, toujours pétillant d'esprit et d'entrain. Pendant que j'avais à ma disposition les archives de la république, je voulus y chercher quelque trace du séjour de Henri III. Le caractère d'un homme se trahit toujours en quelque chose. Parmi les fêtes et les spectacles offerts au roi, il paraît que la guerre des bâtons lui plut tellement, qu'il témoigna un désir extrême d'en voir une seconde représentation. Or, il arrivait souvent que les gondoliers rouges et noirs, plus passionnés que Henri III, s'animaient trop à ce jeu; la lutte dégénérait alors en bataille où le sang coulait. Nous allons voir le grave conseil des Dix délibérer sur cette matière comme sur une affaire d'État.

Le 22 juillet 1574, en conseil avec la junte.

« S. M. le Roi Très-Chrétien ayant exprimé le désir de revoir une lutte des bâtons, et ce conseil ne pouvant se dispenser de satisfaire Sa Majesté, nous voulons :

« Qu'il soit accordé à notre colonel, sous la surveillance des trois chefs de ce conseil, la liberté de faire exécuter cette guerre, dans le lieu qu'il voudra choisir, aux conditions suivantes : le matin du jour désigné, et à l'instant même du spectacle, il sera crié et publié cet avertissement, que tout lutteur qui mettra la main à quelque arme offensive, comme couteaux ou pierres, ou autres objets capables de blesser, sera immédiatement pendu par la gorge; en outre, quiconque montera sur le pont pour lutter avec un bâton ferré, ou lance pointue, sera condamné à la peine de cinq années de galères. »

Le conseil, assisté du doge et de la junte du sénat, se composait de vingt-sept votants. On voit par le scrutin, marqué au bas de la page, vingt-une voix voter *pour*, six *contre*, et une voix *non sincère*, c'est-à-dire douteuse. Il serait curieux de savoir si les six conseillers qui ont voté contre le décret étaient d'avis de laisser aux gondoliers rouges et noirs la liberté de s'entre-tuer, ou s'ils voulaient simplement refuser à Sa Majesté Très-Chrétienne le divertissement de la lutte: nous ne connaîtrons jamais leur pensée sur cette belle question. Par un autre décret du même jour, on voit que le roi de France avait brigué l'honneur d'être inscrit sur le livre d'or; les décemvirs, pour lui offrir l'occasion d'exercer ses droits de membre du grand-conseil, choisissent une députation chargée de porter au roi les deux boules d'or et d'argent du scrutin, afin qu'il puisse prendre part aux votes et délibérations dudit grand-conseil, à la séance du lendemain 23 juillet. Cette décision passa à l'unanimité. Les boules furent portées à Henri III, et l'on trouve sur la marge du registre la note suivante :

« Aujourd'hui, Sa Majesté Henri III, roi de France et de Pologne, membre du grand-conseil, s'est rendu à la séance, et a pris part au vote sur la proposition d'élire membre du sénat ser Giacomo Contarini, fils de feu Pietro Contarini, lequel a été nommé avec un grand nombre de suffrages. »

On trouve encore sur le registre trois décrets de grâce entière à des Français condamnés, les uns à la prison, les autres aux galères pour divers crimes ou délits. Ces condamnés graciés se nomment Louis de la Bastie, Jean Chérin, Laurent de Trèves, George de Arin et Marcia. A la demande du roi, un médecin français, appelé Jean Allien, obtint le droit de cittadinance et la permission d'exercer la médecine dans tout le territoire de la république. Henri III eut tant de satisfaction de son voyage, qu'il dit, en partant, au doge Louis Mocenigo : « Si je n'étais roi de France, je voudrais être citoyen de Venise. » Il avait raison. Par ce mot flatteur pour le doge et pour la seigneurie, il a montré qu'il comprenait ce sentiment d'assurance et de dignité que donne à tous les hommes la conscience du droit dans un État fort. Ce n'était pas un vain mot que le droit de cittadinance à Venise. Celui qui en était investi trouvait non-seulement en Italie, mais au bout du monde, la protection des lois. Il n'avait pas à craindre d'être abandonné ni oublié de son gouvernement, si un prince ou même un pape lui portait quelque préjudice. Nous l'avons vu par l'exemple de cet écrivain qui échappa au feu et à l'inquisition pour s'être réfugié dans la patrie adoptive des Manuce.

A peine notre gondole a-t-elle passé sous le pont du Rialto, que nous découvrons, comme au détour d'une allée, une nouvelle suite de palais où le regard se perd. Le plus proche à droite est le célèbre

Fondaco dei Tedeschi, sur lequel des taches grises indiquent les restes effacés de fresques du Giorgione. Vient ensuite le palais Valmarana, remis à neuf par les soins d'un artiste français, premier prix de Rome, qui, en revenant d'Italie, s'est arrêté à Venise pour quelques jours, et n'en est plus sorti. A gauche, le palais d'André Gritti, le sauveur de la république et le prisonnier de Trivulce; puis un monument admirable, élevé par les négociants turcs au quinzième siècle, et derrière lequel se trouve le marché de l'*herberie*, où nous conduirons le lecteur à l'occasion d'une fête populaire. Au palais Michieli demeurent encore les descendants de Dominique Michieli, surnommé *terreur des Grecs*. Dans cette famille charmante, dont les dames ont toujours fait l'ornement de la société de Venise, on garde, comme des reliques curieuses, les armes que portait le doge Dominique pendant sa glorieuse campagne d'Orient. Voici à droite la petite place de Sainte-Sophie, au coin de laquelle est le palais Sagredo. Les galeries du rez-de-chaussée sont louées sans doute à quelque négociant, car on les a transformées en magasins de marchandises; mais, à l'étage supérieur, habite le comte Sagredo, qui conserve, en connaisseur et en savant, ses archives de famille. Sur les murs d'un large escalier, le peintre Longhi a représenté une Chute des géants. Nous touchons enfin au délicieux petit palais de la *Ca-Doro*. Pour en traduire le nom, il faudrait dire maison de la famille Doro, et non pas *maison d'or*. Quelques livrets et guides s'y sont trompés, à cause de la richesse et des dorures de la façade. Ce bijou, vraiment sarrasin, a excité la convoitise de touristes anglais, qui, m'a-t-on dit, ont conçu le plan d'une spéculation tout à fait britannique. Il s'agissait d'acheter non-seulement la *Ca-Doro*, mais plusieurs autres palais des plus beaux du grand canal, de les démolir avec précaution, d'en numéroter les pièces et de les transporter en Angleterre. On espérait regagner une partie des frais par la vente en détail des pilotis conservés dans la vase salée, et que l'on croit composés de bois de sandal. L'imagination des Anglais s'échauffait déjà, lorsque la chambre aulique refusa net son consentement à ces spéculations vandales.

Un peu plus loin que la *Ca-Doro,* sur la gauche, nous rencontrons le palais Pesaro, bloc énorme de pierres comme l'hôtel des postes, et dans lequel pourraient loger un roi et sa maison, fût-elle aussi nombreuse que celle de Louis XIV. On le disait en vente au prix de trois cent mille livres, et marchandé par un notaire pour le compte du duc de Bordeaux. Le prince demeurerait ainsi presqu'en face du beau palais Vendramin, où madame la duchesse de Berri donne quelquefois des fêtes. La société vénitienne y vient voir représenter les petites pièces de l'ancien répertoire du Gymnase. Au dernier détour du grand canal est le palais Labia, qui ressemble à une citadelle. On trouve à l'intérieur des peintures de Tiepolo. Terminons cette revue par une visite au palais Manfrin, qui renferme la galerie particulière la plus riche et la plus variée de Venise : des tableaux de Mantegna et même de Giotto, des Murillo, des Rembrandt, un portrait curieux de Catherine Cornaro, des Pordenone, des Paul Véronèse, et une des œuvres capitales du Titien, la Déposition de croix.

Notre gondolier nous ramène promptement à Saint-Marc par la ligne droite et les petits canaux. Si vous m'en croyez, nous lui payerons ses deux heures et nous irons à pied. Je connais assez Venise pour ne point m'y égarer, quoique ce soit assurément le dédale le plus inextricable du monde. L'indiscret qui voudrait suivre une femme lorsqu'elle n'a point envie d'être observée serait bientôt en défaut parmi ces ruelles tortueuses, ces passages, ces petits ponts, ces sous-portiques où les rusées Vénitiennes se font un plaisir de se montrer et de disparaître. A moins de vous attacher à la robe de la dame, vous perdrez ses traces à la première cachette qui se présentera; mais quelque autre jolie fille, peut-être moins sauvage, se trouvera sur votre chemin, et si sa beauté vous arrache une exclamation involontaire, la jeune fille vous remerciera du compliment par une *occhiadina* et une inclination de tête. On ne se fâche point pour si peu de chose à Venise.

Sortons donc de Saint-Marc à pied par *Bocca-di-Piazza* et entrons dans le petit quartier de la *Frezzaria*, dont le nom est un problème. Les uns disent que ce mot dérive du verbe allemand *freissen*, qui veut dire manger, et, par hasard ou autrement, il est certain que les marchands de comestibles ont élu domicile dans cet espace étroit. Mais comment admettre qu'une expression d'origine tudesque ait pu se glisser dans le dialecte le plus pur de la péninsule, après le toscan ? Les autres pensent que *Frezzaria* vient de *frezzia*, flèche, et qu'avant l'invention de la poudre, on fabriquait en cet endroit les arbalètes destinées à l'armement des troupes de mer. Quoi qu'il en soit de ces étymologies, la *Frezzaria* actuelle ne contient pas une flèche, et semble justifier l'opinion des antiquaires allemands. Les viandes salées, la mortadelle de Bologne, les fruits, les légumes, les victuailles de toute sorte s'y étalent avec des artifices pleins de charlatanisme. Toujours les bons morceaux paraissent à la surface et déguisent le fond du panier. Les rôtisseurs forment des guirlandes avec leurs volailles ; le charcutier dispose en festons ses chapelets de saucissons, et, selon la saison, les cerises, les figues ou les raisins s'élèvent en pyramides vermeilles ou pendent en arceaux dorés. Le marchand de la *Frezzaria* a le génie de la décoration ; mais ce qui domine dans tout ce quartier, c'est le parfum vigoureux produit par le mariage du fromage et de l'huile, arome puissant, deux fois délicieux pour les narines de celui qui chérit Venise.

En allant tout droit, nous pouvons sortir de la *Frezzaria* par le pont qui mène au théâtre de la Fenice, ou bien, en achevant le tour, nous arrivons à Saint-Moïse. Passons devant la petite église de Sainte-Marie-Zobenigo ; du haut de la façade, la statue de l'amiral Barbaro, son bâton à la main, semble nous donner, d'un air arrogant, des ordres auxquels nous n'obéissons point. Nous arrivons à Saint-Maurice, dont le campanile penche comme la tour de Pise, puis à la grande place San-Stefano. Par habitude, je prendrai une rue étroite où demeurent des dames aimables, musiciennes excellentes et qui parlent français comme des Parisiennes. La rue aboutit au grand canal. Point de pont pour traverser ; mais il y a là un *traghetto*. — On appelle ainsi les stations où les barcarols vous transportent d'une rive à l'autre pour la bagatelle de trois centimes. De l'autre côté du canal, la gondole aborde en face d'une ruelle qui conduit à la place San-Toma, voisine de l'église des *Frari*. Plusieurs grands personnages reposent dans cette vaste basilique ; mais le plus grand de tous n'a point de monument. Parmi les dalles, une simple pierre noire, portant une inscription devant laquelle on passe bien souvent sans la lire, couvre les restes du Titien. En revanche, Canova est favorisé d'un riche mausolée de marbre blanc. Trois autres tombeaux splendides, avec de grands frais de marbres et de sculptures, dont un surmonté d'une statue équestre, attirent l'attention. Ces hommes si regrettés de leurs contemporains et mis en terre si pompeusement, s'appellent Nicolas Trono, Pierre Savello et Benoît Pesaro. On leur dirait volontiers comme au commandeur de Séville : — Les voilà bien avec leurs airs d'empereurs romains ! — Qu'ils ont bonne grâce à se pavaner là-haut, tandis que le Titien dort au-dessous d'eux sous un pavé !

Les bâtiments de l'ancien couvent des *Frari* contiennent aujourd'hui l'*Archivio generale* de l'ancienne république. C'est là que voulant mettre à profit l'autorisation de compulser cette énorme collection, je suis venu travailler pendant un an ; douce année qui a passé comme un jour ! Tout près des *Frari* se trouve Saint-Roch, dont trois maîtres ont couvert les murailles et les plafonds de peintures admirables. Le Titien avait commencé ; mais soit que la mort l'ait interrompu, soit que son antipathie pour le Tintoret l'ait éloigné lorsqu'il sut que ce rival était appelé à partager les travaux, il n'acheva point son ouvrage. André Schiavone s'empressa d'accepter la décoration du grand escalier, que le Tintoret lui céda. Il y fit ses deux chefs-d'œuvre : la Peste de 1575, et Venise convalescente, rendant grâce à la sainte Vierge du départ du fléau. Il est des artistes à qui tout réussit ; d'autres, avec un mérite incontestable, languissent et meurent misérables, sans qu'on sache quelle raison donner de leur peu de succès. André Schiavone était du nombre de ces êtres malheureux. Sans le secours du Tintoret, il eût vingt fois succombé aux persécutions de sa mauvaise étoile. Les bonnes gens et les cœurs généreux sont si rares en ce monde, qu'on leur doit un tribut particulier d'attention et d'hommages, lorsqu'on les rencontre sur son chemin. Puisque le Tintoret me tombe sous la main, je ne résiste point à l'envie d'écrire ici l'histoire de cet homme excellent, et celle de sa fille, la célèbre Marietta. Que d'autres biographes tâchent, si cela leur convient, de sauver de l'oubli les cœurs secs, les cupides et les ambitieux.

Comme s'il eût voulu dédommager le chapitre de Saint-Roch de la retraite du Titien, le Tintoret ne laissa pas un pied carré de murailles sans y appliquer ses pinceaux. Plus de soixante sujets y sont traités avec une aisance, une abondance d'idées et une vigueur d'exécution qui ravissent les yeux et l'esprit. Mais la plus belle page —peut-être de l'œuvre entière de ce maître, — est le Crucifiement, qu'on montre avec raison le dernier. La scène est exposée avec un profond sentiment du drame. Déjà le Christ et un des larrons sont fixés sur leurs croix ; des hommes d'une force athlétique dressent le troisième gibet avec des efforts et des jeux de muscles d'un grand effet, où l'on reconnaît ce disciple qui de loin imitait Michel-Ange sans l'avoir jamais vu. Au pied de la croix est le groupe de saint Jean, de la Vierge en pleurs et de sainte Madeleine évanouie. Je ne connais rien de plus pathétique ni de plus touchant que l'expression de ces trois figures. Sur les côtés du tableau deux cavaliers romains, du haut de leurs chevaux à large portrail, veillent au bon ordre d'un air indifférent ; ces deux personnages, en pendant l'un de l'autre, sont les portraits du Titien et de l'auteur du tableau, dont nous remettons l'histoire au chapitre suivant.

XXIV

VENISE

Le Tintoret et sa fille.

Dans le quartier marchand, appelé *la Merceria*, on lisait, en 1512, le nom de *Robusti*, tracé en gros caractères sur l'enseigne d'un teinturier. En ce temps-là, les nobles de la sérénissime seigneurie et les riches bourgeois aimaient et recherchaient les étoffes de luxe. Pour remettre à neuf des velours et des tissus de soie qui coûtaient fort cher, le choix d'un teinturier était une affaire importante, et comme Robusti pratiquait son art avec amour et intelligence, il gagnait beaucoup d'argent. Lorsque le ciel lui eut donné un fils, héritier futur de ses talents et de sa clientèle, le bonhomme estima que sa patrie lui aurait un jour de grandes obligations. Il ne se trompait point, car ce fils devait rendre immortel le nom de son père. Dès l'âge le plus tendre, le petit Jacopo montra du goût pour les belles couleurs, mais avec le désir d'en faire un usage qu'on ne pouvait lui enseigner dans aucune boutique de la *Merceria*. Tandis que le vieux Robusti s'extasiait devant les bleus crus et les rouges éclatants, Jacopo s'en allait rêver devant la façade du *Fondaco dei Tedeschi*, où l'on voyait de grandes fresques toutes fraîches, commencées par le Giorgione et achevées par le Titien. Peut-être le métier, les préoccupations constantes, l'amour-propre même du père avaient-ils puissamment aidé la mystérieuse nature à développer chez l'enfant ces instincts heureux et précoces, tant l'enthousiasme appelle le génie et porte de beaux fruits, jusque dans l'âme d'un teinturier!

Robusti eut assez d'intelligence pour ne pas contrarier la vocation impérieuse de son fils. A dix ans, l'enfant apprit le dessin; à quinze, il fut admis à travailler chez le Titien, et ce grand maître lui prédit qu'il serait un de ses meilleurs élèves. Sans doute Jacopo était là quand les envoyés de Charles-Quint vinrent offrir au Titien les présents de l'empereur, et l'inviter à rejoindre la cour d'Espagne à Bologne, car c'était en 1530, et Jacques Robusti n'avait encore que dix-huit ans. Cependant le coup d'œil inquiet du maître reconnut bientôt que cet élève allait devenir un rival. Au lieu de s'en réjouir, le Titien sentit gronder dans son cœur une jalousie indigne d'un artiste si grand et si heureux. Un jour, en faisant le tour de son atelier, il s'arrêta devant le chevalet de Jacopo, et, fronçant ses gros sourcils noirs, il lui dit d'une voix terrible:

— Cette étude est excellente. Tu sais peindre à présent. Je n'ai plus rien à t'apprendre; sors de cette maison, et n'y rentre jamais.

L'élève sortit, en effet, un peu étonné de cette boutade; mais la colère du Titien venait de lui donner son brevet de maîtrise. Jacopo retourna chez ses parents, et leur raconta pour quelles raisons le Titien l'avait chassé. Robusti ne se sentit pas d'aise; il pressa son fils entre ses bras.

— Ne t'embarrasse pas de cela, mon garçon, dit-il ensuite. Puisque tu sais peindre, je t'en fournirai les moyens! Ce maître orgueilleux s'imagine qu'on ne saurait se passer de lui; mais je lui montrerai quelles gens nous sommes, et que, sans recevoir de cadeaux des princes étrangers, nous avons aussi de bons écus, et que notre commerce est aussi lucratif que le sien.

Et le vieillard, s'échauffant par degrés, se mit à marcher à grands pas.

— Par ma barbe! s'écria-t-il, le maître a lâché une parole imprudente. Ah! mon fils sait peindre! Eh bien! je profiterai de cet avertissement. Je donnerai à ce fils qui sait peindre un atelier, tous les ustensiles de son état et une pension si ronde, que pas un artiste n'aura débuté de la sorte.

Le bonhomme tint parole : au bout de huit jours, Jacopo, installé à San-Luca dans un vaste atelier décoré par lui-même et garni d'objets d'art, se sentant dégagé des liens de l'école et des entraves du besoin, comprit sa force et accepta bravement le défi du Titien. La flamme divine qui brûlait en lui jeta dans son esprit une lueur éclatante et nouvelle; poussé par une noble ambition, Jacopo voulut entreprendre sans délai, dans la mesure de ses forces, une lutte acharnée avec son illustre adversaire. Il commença par des portraits de personnes connues, et il imita si habilement la manière du Titien, que les vieux connaisseurs auraient pu s'y méprendre. Quand on eut bien applaudi à la souplesse et au coloris de son pinceau, il changea brusquement de système, et se mit à reproduire, dans une suite d'études sérieuses, la manière large et les savants raccourcis de Michel-Ange. Il employa le bon moyen de se faire connaître et apprécier, en distribuant ces études à ses amis, et en invitant tout beau visage qui lui plaisait à venir se faire peindre chez lui gratuitement. Cette libéralité lui attira des partisans, qui commencèrent à répandre son nom dans toute la ville, et qui, par allusion à la profession de son père, lui donnèrent le surnom de *Tintoretto*, c'est-à-dire le *petit teinturier*[1].

Quand il se sentit de force à entreprendre un ouvrage de grande dimension, le Tintoret s'adressa aux curés, et il leur offrit ses services sans autre rétribution que ses frais de couleur, de toile et d'échafaudage. Sa réputation se trouva bientôt assise sur des bases solides, et les commandes arrivèrent de tous côtés. A vingt-huit

[1] C'est par erreur que les livrets des musées traduisent ce surnom par *fils du teinturier*. Il faudrait pour cela que Jacques Robusti eût été nommé *del Tintore*, et non pas Tintoretto.

ans, l'émule du Titien avait déjà produit trente ouvrages de premier ordre pour les monuments publics, deux fois autant de petits tableaux, et un nombre incalculable de portraits.

L'Arétin, honteusement chassé de Rome et de Florence, vivait alors à Venise et y abusait de la liberté d'écrire, en mettant, du fond de sa retraite, les princes et les rois à rançon. Le Titien honorait ce coquin d'une amitié que l'Arétin lui rendait en chantant ses louanges. Il n'y avait pas grand mal à cela; mais quand ce marchand de flatteries poussa la partialité pour son ami jusqu'à déchirer le rival du Titien, maître Jacopo trouva le procédé mauvais. On faisait circuler à Venise un sonnet injurieux pour le *petit teinturier*, qui résolut aussitôt d'imposer silence aux langues venimeuses. On jour qu'il aperçut l'Arétin dans les environs de la place Saint-Marc, Jacopo l'aborda poliment, et le pria de venir jeter un coup d'œil sur ses ouvrages et lui donner une heure de séance, disant qu'il voulait faire d'un personnage si célèbre un portrait au crayon. L'Arétin, entraîné par tant de courtoisie, et pensant que le jeune peintre n'avait pas connaissance du sonnet, se laissa conduire à San-Luca. A peine entré dans l'atelier, il vit son hôte fermer la porte avec soin, courir vers un trophée d'armes, en décrocher une dague fort pointue, et s'avancer l'arme au poing. Jacques Robusti portait bien son nom : ses épaules carrées, sa taille haute, ses bras nerveux, sa mine énergique et l'épaisse forêt de cheveux qui se dressait sur sa large tête, lui donnaient l'apparence d'un athlète solide et de mauvaise rencontre pour un homme qui l'avait offensé. L'Arétin se repentit trop tard de son imprudence.

— Eh! seigneur Robusti, s'écria-t-il en changeant de visage, que voulez-vous faire de cette dague?

— Tenez-vous droit et ne bougez pas, lui dit brusquement le Tintoret, sans quoi je ne réponds de rien.

L'Arétin, tremblant de tous ses membres, vit Jacopo s'approcher de lui, et le toiser des pieds à la tête avec la dague.

—Vous avez, poursuivit le peintre, deux fois et demie la longueur de cette lame. Ne fallait-il pas, pour faire de vous un portrait exact, que j'eusse la mesure de votre personne? Voilà qui est fini; mais n'oubliez pas que s'il vous arrive de m'insulter dans vos sonnets, je prendrai avec cette dague la mesure de votre cœur et de vos entrailles. À présent, asseyez-vous dans ce fauteuil, et causons ensemble sans nous fâcher, pendant que je mettrai sur ce papier le visage effaré de votre seigneurie.

Depuis ce moment, l'Arétin ne prononça jamais le nom du Tintoret, et s'abstint de blâme aussi bien que de louange. Mais la coterie du Titien et de ses amis demeura toujours hostile à Jacques Robusti; c'est pourquoi il eut l'avantage sur son rival, sinon par le talent, du moins par le caractère. Jamais le Tintoret ne cessa de professer une égale admiration pour le Titien et Michel-Ange, comme l'attestaient ces deux noms inscrits dans son atelier, pour rappeler aux jeunes gens les deux grands modèles que, selon lui, tout peintre ambitieux se devait proposer. Cet hommage et cette justice n'apaisèrent point ses ennemis; et lorsque San-Sovino acheva les belles portes de bronze de la sacristie de Saint-Marc, il y plaça, parmi ses figurines gracieuses, les têtes de l'Arétin et du Titien à côté de la sienne, et il oublia celle du Tintoret, dont, assurément, le voisinage n'eût point fait tort aux trois autres. Au contraire, Jacques Robusti, dans ses compositions, se plut, avec une généreuse obstination, à reproduire souvent la figure du grand maître, dont il ne put jamais adoucir la rancune.

Cette antipathie était d'autant plus fâcheuse, que le Titien et le Tintoret ne pouvaient manquer de se rencontrer bientôt sur un terrain où l'amour de l'art aurait dû les réconcilier. Robusti, plus jeune de trente-quatre ans que son rival, finit par obtenir sa part des embellissements du Palais-Ducal. Dans les vastes salles du Sénat et du Grand Conseil, il dressa ses échafaudages en face de ceux du Titien ; les deux rivaux travaillèrent ainsi à côté l'un de l'autre, sans que le rapprochement pût s'opérer, malgré toutes les avances du bon Jacopo. Les artistes d'aujourd'hui, qui se plaignent, souvent avec raison, du faible prix qu'ils tirent de leurs œuvres, s'étonneront, sans doute, des sacrifices d'un si grand maître au pur amour de la gloire. Ces pages admirables qu'ils vont étudier à Venise ont été faites pour rien, sans autre indemnité que le remboursement des frais, et ce fut à l'âge de soixante-deux ans que Jacques Robusti reçut enfin du gouvernement le plus riche de l'Europe une pension que le conseil des Dix voulut placer sur la tête d'un de ses enfants, afin de lui ôter tout prétexte de la refuser. S'il pouvait exister quelque doute sur un désintéressement si rare, nous le lèverons en peu de mots.

Le commerce allemand avait obtenu de la république le privilége d'établir à Venise un grand dépôt de ses marchandises, et il avait acheté, à cet effet, un magnifique palais, qu'on voit encore près du Rialto et qui s'appelait le *Fondaco dei Tedeschi*. Dans cette *bourse* des Allemands, le trafic se faisait par l'entremise de courtiers, qui payaient à l'État une patente annuelle de cent ducats d'or. C'était sur ces redevances que la seigneurie accordait des pensions viagères aux artistes et à quelques vieux serviteurs. A la mort de Jean Bellin, le Titien avait hérité, dès l'année 1516, de la *senseria* que possédait son maître. En 1574 seulement, la même faveur fut accordée au Tintoret sans qu'il l'eût demandée, comme on le verra par la pièce qui suit :

Le 27 septembre 1574, en conseil des Dix, avec la junte.

« Pour prix du tableau de notre heureuse victoire (la bataille de Lépante), exécuté par notre fidèle Jacques Robusti, dit le Tintoret, et des autres peintures qu'il nous propose de faire encore, sans autre payement que celui des toiles et des couleurs, selon les commandes qu'il recevra de ce conseil, — nous voulons qu'il lui soit donné l'expectative de la première *senseria* vacante dans le *Fondaco dei Tedeschi* (à la suite de celles que nous avons déjà accordées), pour l'entretien de sa famille, laquelle rente sera portée au nom d'un de ses fils, filles ou neveux à son choix[1]. »

Laissons le désintéressement bien constaté du Tintoret, et revenons de quinze ans en arrière. Emporté par la passion du travail, par sa facilité prodigieuse et la fougue de son génie, Jacques Robusti échappa sans peine aux écueils de la jeunesse, dans la ville la plus dissipée du monde ; mais à quarante-sept ans, lorsqu'il eut perdu son père, et que la boutique du teinturier se trouva fermée, il s'ennuya de la solitude et songea, en homme raisonnable, à se donner une compagne. Une belle et douce jeune fille, dont il avait étudié le caractère, et qu'il demanda lui-même, accueillit ses ouvertures avec joie. Il se maria, et l'amour lui rendit une seconde jeunesse, comme il arrive souvent aux cœurs bons et tendres qui ont sommeillé longtemps par distraction et non par froideur. Son bonheur ne dura que trois ans. Cette femme, qu'il adorait, mourut en 1562, en lui laissant une fille âgée de deux ans, et un fils nouveau-né, sur lesquels il reporta tout l'amour qu'il avait eu pour leur mère. Ses deux enfants furent élevés sous ses yeux avec des soins extrêmes. Rien ne fut épargné pour le développement de leur santé et de leur intelligence. Le regard attentif de Jacques Robusti ne découvrit dans ces deux petits êtres que d'heureux

[1] Voici cette pièce, en dialecte vénitien, telle que je l'ai copiée sur les registres du conseil des Dix.

« Die XXVII septem... 1574, in consilio X, cum add...

« Che in premio del quadro della felice vittoria del fedel nostro Jacopo Robusti, detto Tentoretto, e delle pitture che s'è offerto di fare nell' avenir, senza altro pagamento che delle telle e colori, secondo che gli sara commesso da questo conseio, gli sia data espettativa d'una *sensaria in fontego di Todeschi,* prima vacante, doppo le altre fine hora concesse, per sustentatione de la sua fameia, da esser posta in nome d'uno di soi fioli o fiole, over nepoti come a lui parerá

De parte. . . . 25
De non. 3
Non sincere. . . 2

On voit par le scrutin que sur les trente membres du conseil, assisté d'une junte du sénat, trois n'étaient point d'avis d'accorder la pension, et deux ne savaient qu'en penser.

instincts. Marietta surtout était douée par la nature d'une aptitude extraordinaire pour tous les arts. Elle apprit le dessin et la peinture en regardant travailler son père, la musique sans y songer, et le chant pour se divertir. Sa beauté s'épanouit de bonne heure, en sorte qu'à quinze ans, Marietta Robusti, grande, svelte, pétillante d'esprit et de gaieté, parée de toutes les grâces d'une jeunesse en fleur, ornée de tous les talents, passait pour la jeune fille la plus aimable de Venise. Elle excellait particulièrement dans les portraits, où l'on retrouvait le coloris puissant et la hardiesse du Tintoret, adoucis par une finesse et par une légèreté de main qui faisaient dire à ses flatteurs qu'elle avait surpassé son père, ce dont le maître souriait dans sa barbe. Les grandes dames de Venise, pour l'honneur de leur sexe, approuvèrent ces louanges exagérées; elles voulurent avoir leurs portraits par la belle fille du Tintoret, et la mode, qui se trompe si souvent, prit cette fois l'apparence du discernement et du goût.

L'atelier de Jacques Robusti serait devenu le rendez-vous de tous les jeunes gens, si le maître n'y eût mis bon ordre, en fermant sa porte aux faux amateurs de peinture. Le nombre de ses élèves s'accrut beaucoup; mais il écarta impitoyablement tous ceux qui n'annonçaient pas de véritables dispositions. Les autres furent admis à jouir de la compagnie de Marietta, qui ne quittait jamais son père. Lorsqu'elle avait travaillé à ses portraits et que le modèle était parti, elle chantait des ariettes en s'accompagnant de son luth, selon l'usage de ce temps-là, et composait elle-même des morceaux de musique, ou bien elle posait devant le maître, dont son charmant visage était devenu l'idéal. Déjà dans le tableau de la Présentation de la Vierge au temple, fait pour l'église de Santa-Maria-dell'-Orto, lorsque sa fille était âgée de cinq ans, le Tintoret avait donné à la Vierge enfant les traits de Marietta. On voit encore aujourd'hui cette douce figure à l'Académie des beaux-arts, où le tableau a été transporté. Pour monter les degrés du temple, éclairés par un jet de lumière qui rase les marches du monument, l'enfant relève sa petite robe avec une grâce naturelle et simple que le peuple curieux semble admirer. Plus tard, dans son immense composition du Paradis, le maître se plaça lui-même un peu au-dessus de sa fille; elle paraît avoir vingt ans, et le Tintoret fixe son regard paternel sur la tête blonde de Marietta, comme si toutes les joies du paradis se trouvaient dans la contemplation de cette fille chérie.

En effet, Jacques Robusti avait pour son enfant une tendresse qui approchait de la passion. Cet homme, si fort, si grave et si laborieux, qui comptait par minutes l'emploi de son temps, et détestait les paroles inutiles et les occupations frivoles, sentait pour sa fille un amour plein d'inquiétude, de faiblesse et d'agitation. La plus légère indisposition de Marietta le rendait fou de douleur et de crainte. Pour la guérir, l'amuser ou la distraire, il eût couru toute la ville, abandonné ses chers travaux et sacrifié tout son bien. Heureusement Marietta ne lui donnait guère de soucis et n'avait nulle envie d'abuser de cette faiblesse; elle était gaie, sage et d'une santé parfaite.

On peut juger des angoisses terribles que dut éprouver le Tintoret, quand la peste de 1575 vint désoler Venise. Deux cents personnes mouraient par jour, dans une ville de cent cinquante mille âmes. Les amis fuyaient leurs amis; on ne se voyait plus entre parents, et les maisons semblaient abandonnées. Le transport des morts au cimetière devenant impossible, on creusa sur une place de Venise un fosse profonde où les pestiférés furent jetés pêle-mêle; mais le nombre s'en accrut tellement, que la fosse devint un monticule, aujourd'hui recouvert de dalles, et qui s'appelle encore *Campo del pestrino*. Le Titien, âgé de *quatre-vingt-dix-neuf* ans, fut atteint par le fléau, et mourut le pinceau à la main. L'atelier de maître Robusti se ferma. Les travaux furent interrompus, et le Tintoret n'eut d'autre soin que de séquestrer ses deux enfants. Tout à coup la peste s'éteignit comme par miracle; on vit revenir le mouvement, la vie, le luxe, les plaisirs, et l'insouciante Venise oublia ses pertes et ses souffrances. Les travaux reprirent avec ardeur, et l'arrivée de Paul Véronèse leur donna une impulsion nouvelle.

Marietta n'avait encore que seize ans, et cependant, — ce qui peut sembler incroyable, — la renommée avait déjà porté son nom jusque dans les deux cours de Vienne et de Madrid.. Un jour l'ambassadeur d'Allemagne entra chez le Tintoret, et, après avoir loué ses beaux ouvrages, il lui dit en souriant :

— A présent, seigneur Robusti, c'est au nom de Sa Majesté Césarienne que j'ai à vous parler. L'empereur Maximilien II, mon maître, vous invite à vous rendre à Vienne, accompagné de vos deux enfants. Il a pensé que tous les talents réunis dans votre heureuse famille seraient l'ornement de sa cour. Je ne sais pas encore à quelles conditions; mais je puis vous dire d'avance que plus votre désintéressement est grand, plus ses conditions seront magnifiques.

— Monseigneur, répondit le Tintoret, les bontés de Sa Majesté Césarienne me pénètrent de reconnaissance; le souvenir en restera gravé au fond de mon âme, tant que j'aurai un souffle de vie; mais il m'est impossible de me rendre aux désirs de l'empereur. Je n'ai jamais quitté Venise, et il me semble que si je perdais de vue ces monuments, ces palais où son histoire est écrite, j'y laisserais derrière moi mes idées, mes yeux, tous mes sens, et, par conséquent, mon génie; votre maître ne posséderait à sa cour que l'ombre du Tintoret.

— Je comprends vos raisons, reprit l'ambassadeur. A votre âge, on ne rompt pas sans peine avec ses habitudes; mais vos enfants...

— Mes enfants! interrompit le Tintoret en pâlissant, s'il existait un prince assez puissant pour me séparer d'eux, ce prince là aurait le pouvoir de me faire mourir.

— Ne vous alarmez pas, seigneur Robusti; mon maître ne veut que votre bien et votre bonheur. Vous réfléchirez, je l'espère, à ses propositions.

— Que Votre Excellence daigne m'excuser; si ma volonté changeait, il faudrait qu'on m'eût volé mon cœur pour m'en donner un autre.

L'envoyé de Maximilien insista encore; mais il ne put rien obtenir. L'incendie du Palais-Ducal, qui détruisit, l'année suivante, les peintures des salles du Grand-Conseil et du Sénat, procura tant de besogne aux peintres de Venise, que le Tintoret n'aurait pas pu s'éloigner, quand même il l'eût souhaité. Quelque temps après, l'ambassadeur d'Espagne ayant appris les refus de maître Robusti, ne se hasarda point à répéter les mêmes propositions que l'envoyé de Maximilien. Il suivit une marche plus habile, en s'adressant au conseil des Dix, pour lui demander son intervention. Le conseil, qui avait alors le désir d'être agréable au roi Philippe II, promit de tenter une démarche. Il y eut une vive émotion dans la maison du Tintoret, lorsqu'on vit arriver un *fante*, c'est-à-dire un agent du terrible tribunal, portant une assignation à comparaître devant le chef de semaine. Jacques Robusti, toutes affaires cessantes, courut au Palais-Ducal. L'excellentissime seigneur *Capo* l'appela *mon fils*, et lui conseilla froidement de partir pour Madrid, où l'attendaient un accueil flatteur et une faveur telle, que cette situation le mettrait en état de rendre à la république de bons offices, puisqu'il aurait, par ses talents et par les grâces de sa fille, l'amitié de la reine et l'oreille du roi. Maître Robusti se jeta aux pieds du seigneur chef, et le supplia de ne point l'enlever à sa patrie, à ses travaux. Le très-excellent seigneur demeura immobile, comme s'il eût été de marbre, et répéta, dans les mêmes termes, que son cher fils ferait bien de partir.

— Eh bien! s'écria le Tintoret, en se relevant, puisque le conseil des Dix, gardien de nos lois et protecteur du droit de *cittadinance*, veut exiler un de ses enfants, je sortirai des États de la république, mais je m'arrêterai au premier village. Chaque jour, je viendrai sur la frontière tendre mes bras vers l'ingrate Venise, et les passants vous diront qu'ils ont vu le Tintoret assis au bord du chemin, plus triste et plus malheureux que Bélisaire.

Apparemment la sévérité du seigneur *Capo* n'était qu'un masque d'emprunt, car il s'adoucit tout à coup : une espèce de larme glissa entre ses paupières, et le son de sa voix s'altéra lorsqu'il répondit :

— Embrasse-moi, mon fils. Tu es citoyen de Venise, et libre d'y rester. On n'exile point un artiste amoureux comme toi de la patrie dont il fait l'orgueil. Nous offrirons un cadeau d'étoffes d'Orient et de pierres précieuses à l'envoyé d'Espagne, et, aussitôt après, il trouvera de lui-même que l'envie du roi son maître est fort diminuée.

Revenu de tous ces assauts, le Tintoret rentra chez lui plein de joie, et se remit à travailler au milieu de ses élèves. Il sentait bien au fond qu'il avait trompé l'ambassadeur et le très-excellent chef du tribunal des Dix, en n'opposant à leurs désirs que son amour pour Venise, car le véritable motif de son refus était la crainte d'exposer sa fille aux fatigues et aux dangers d'un long voyage. Au lieu d'éprouver le moindre scrupule, il se félicitait de son stratagème, tant les Italiens les meilleurs ont encore de penchant pour la ruse. Deux années s'écoulèrent ensuite paisiblement, pendant lesquelles le maître eut la satisfaction de voir le talent de son fils Dominique pousser et fleurir sous son aile. Mais le bonheur d'une famille où l'on s'aime est chose fragile qu'un rien peut entamer, et c'est le sort des cœurs trop tendres que de souffrir sans cesse.

Parmi les élèves qui venaient à l'atelier se trouvait un jeune Flamand nommé Martin de Vos, dont le père, ancien compagnon d'études de Jacques Robusti, était doyen de la corporation de Saint-Luc d'Anvers. Ce jeune homme ne put voir Marietta sans être touché de ses grâces et de sa beauté. La douce familiarité qu'il avait dans cette maison patriarcale encourageait son amour. Le jour que Marietta eut dix-huit ans accomplis, Martin de Vos ne parut pas à l'atelier. Le maître crut son élève malade, et il s'inquiétait déjà, lorsqu'il vit entrer un seigneur banquier, correspondant du jeune Flamand, qui lui demanda un entretien particulier. Le banquier, connaissant bien la fortune de son client, et naturellement enclin à l'admiration des richesses, commença par un exposé détaillé des biens du jeune homme, après quoi il aborda la question secondaire des sentiments, et il termina en exhortant le père à profiter de cette belle occasion de marier sa fille. Le Tintoret ne se dissimulait pas que cette situation se devait présenter tôt ou tard; mais, comme tous les gens faibles, il n'avait point osé approfondir d'avance une question qui l'épouvantait. Il demeura interdit, proféra quelques paroles vagues, et demanda le temps de réfléchir.

La passion du Tintoret pour sa fille s'arrêtait au point où elle serait devenue de l'égoïsme. Vivre séparé de Marietta lui semblait impossible; mais à l'idée que par excès de tendresse il pouvait agir en mauvais père, il frissonna de terreur. Cette réflexion mit fin à sa perplexité. Il prit avec lui-même l'engagement de ne point contrarier les inclinations de sa fille, — et le sacrifice étant fait dans son âme, il se sentit moins accablé.

Le lendemain, il appela Marietta; et, après avoir composé son visage et son maintien, il annonça d'un air grave la demande en mariage de Martin de Vos. La jeune fille se mit à rire, et répondit que cela ne pouvait être sérieux, puisque Martin ne lui avait jamais parlé d'amour.

— Une demande de ce genre est toujours sérieuse, répondit le père. Il peut sembler étrange, à Venise, qu'on devienne amoureux sans le dire; mais ces Flamands silencieux, quoique lents à aimer, n'en sont pas moins capables d'un bon et solide attachement. Il convient donc de délibérer sur cette proposition.

— La délibération ne sera pas longue, dit Marietta. Martin de Vos est un jeune homme estimable, mais je ne saurais avoir pour lui les sentiments qu'une femme doit à son mari.

— Est-ce bien résolu? demanda le père.

— Si bien que je vous prie de porter cette réponse sans tarder, pour mettre fin à des espérances que je ne veux pas entretenir.

Jacques Robusti saisit à deux mains la tête de sa fille, et lui déposa un baiser sur le front; puis il ôta sa grande robe d'atelier, avec laquelle il ressemblait à un juge, mit son manteau de velours noir, et sortit d'un pas léger comme un homme soulagé d'un grand poids. Marietta, assise sur le bras d'un fauteuil, observait tous les mouvements de son père. Elle avait déjà démêlé dans le regard, le geste et la voix, les signes d'un combat intérieur. En voyant l'accès de joie que ce cœur paternel ne pouvait dissimuler, elle comprit la frayeur qu'il avait ressentie, et cette tendresse muette la toucha profondément. Afin de prendre, autant qu'il dépendait d'elle, les intérêts d'un père si bon, elle décida, dans sa petite sagesse, qu'elle n'épouserait jamais ni un étranger, ni un homme dont les goûts, la fortune ou la profession pourraient l'arracher à sa famille et aux arts qu'elle cultivait. De son côté, le Tintoret, familiarisé par une première alarme avec la pensée d'un sacrifice nécessaire, résolut de laisser à sa fille la liberté de choisir un époux, en se réservant le droit d'examen auquel la prudence d'un père ne doit jamais renoncer. Ces conventions tacites leur ayant rendu à tous deux le calme dont ils avaient besoin, la gaieté rentra au logis.

En faisant part au seigneur banquier de l'arrêt prononcé par sa fille, maître Robusti adoucit la sécheresse du refus par des témoignages d'estime et d'affection. Il voulait que Martin de Vos revînt dans sa maison, comme s'il ne fût rien arrivé; mais on connut que l'amour du jeune Flamand lui tenait au cœur, car il ne put s'en rendre maître qu'en s'éloignant. Martin de Vos partit pour Anvers, où il devint, comme son père, un des membres distingués de la société de Saint-Luc.

Les esprits vulgaires sont faits de telle sorte que la conduite des autres leur semble volontiers le guide de celle qu'ils doivent tenir, ce qui explique pourquoi une demande en mariage en attire souvent quantité d'autres. Lorsqu'on sut la cause du départ de Martin de Vos, beaucoup de jeunes gens, persuadés de leur mérite, s'empressèrent de se mettre sur les rangs. Tandis que le père délibérait, de nouvelles propositions arrivèrent de toutes parts, les unes extravagantes, les autres avantageuses. Le Tintoret en discuta le pour et le contre avec sa fille, en lui laissant le soin de prononcer. Marietta pencha pour la négative, et afin de mettre un frein à cet engouement général, elle publia son envie d'attendre encore deux ou trois ans avant de songer au mariage.

Il y avait alors sous les galeries des *Procuratie* un vieil orfévre économe et laborieux, qui aurait pu faire fortune s'il n'eût été empêché par les bornes de son intelligence. Le Tintoret, qui était de ses amis, répétait souvent au bonhomme Toldi que toute profession où il fallait du goût devenait un art, et qu'au lieu de suivre aveuglément la mode, un orfévre de talent devait la diriger.

— Tous les arts sont frères, disait le maître, et qui peut plus peut moins. Si vous aviez appris le dessin, vous sauriez mettre sur le papier des projets de votre invention, au lieu d'imiter les trouvailles des autres, et si vous étiez exercé à manier la terre glaise, le bronze et le marbre, vous verriez que l'or et l'argent vous obéiraient mieux. Vous pourriez alors prétendre au titre d'artiste, et peut-être un jour l'orfévrerie de Venise deviendrait la rivale de celle de Florence.

— A quoi bon? répondait messer Toldi. L'ambition éveille les soucis. Gardez vos insomnies et votre gloire. Je suis heureux de ma condition; artisan je demeure; artisan sera mon fils, et dans un siècle je veux qu'on lise encore au-dessus de notre porte : *Toldi, orfévre*. Si je vous écoutais, cent jaloux, ennemis de ma race, me persécuteraient avec fureur, et l'on vendrait quelque jour des chaussures dans ma boutique, comme dans celle où florissait le respectable teinturier qui vous a donné la vie.

Le fils du vieux bijoutier ne partageait point ces préjugés de routine. Lorsqu'il entrait dans l'atelier du Tintoret, Paolo Toldi tombait en extase. Il parlait bas et marchait sur la pointe du pied, comme dans une église. Il lui semblait que tous ces personnages créés par le pinceau l'appelaient dans un monde dont l'entrée lui était fermée; devant les portraits de Marietta surtout, il éprouvait une admiration qui lui déchirait le cœur, comme si le génie de la jeune fille eût mis un abîme entre elle et lui. Il avait plus peur d'elle que d'une princesse, et il aurait cru lui manquer de respect en l'appelant autrement que la divine Marietta. Heureusement, messer Toldi n'interdisait point la musique à son fils. Paolo, qui avait une belle voix, chantait des ariettes à deux parties avec la fille du Tintoret. Ce commerce de voisinage et d'amitié durait depuis plusieurs années, lorsque Paolo sentit avec effroi l'amour se glisser dans son âme. A l'instant même où il faisait cette terrible découverte, il était précisément le sujet d'une altercation entre les deux vieillards de qui dépendait son bonheur.

— Mon compère, disait le Tintoret, il n'est pas bien à vous de mettre empêchement aux heureuses dispositions de votre fils. Donnez-le-moi pendant un an; je dirigerai ses études dans le sens qui convient à sa profession, et quand j'en aurai fait un artiste en orfévrerie, vous verrez que nous le marierons plus facilement.

— Mon fils sait assez de dessin pour un orfévre, répondit le père. Si je vous le donnais, il m'échapperait bientôt, et les gens de notre métier se doivent préserver de la manie de *barbouiller*.

— Il vous sied bien, s'écria le maître avec colère, il vous sied bien de blasphémer contre la peinture, misérable batteur d'or!

— Oui, je suis batteur d'or et j'en fais vanité, reprit l'orfévre, et quant aux facilités de marier mon fils, je les trouverai plutôt en battant de l'or qu'en chargeant de couleurs des murailles et des toiles.

— C'est selon à quelle porte vous irez frapper, répondit le Tintoret.

Marietta, voyant que la querelle s'échauffait, s'empressa d'intervenir; elle eut quelque peine à réconcilier les deux vieillards, et lorsqu'ils se furent touché la main, elle se tourna vers Paolo en lui disant d'un ton de compassion sincère:

— Mon pauvre ami, vous voilà condamné: vous ne serez jamais qu'un ouvrier.

Ce mot fut un coup de poignard pour l'infortuné Paolo. Il sortit de la maison du Tintoret et courut comme un fou dans les rues de Venise. Il s'arrêta enfin, éperdu de douleur, sur un des quatre cents petits ponts de cette ville romantique, et voyant son image dans l'eau du canal, il se dit à lui-même :

— Ouvrier que tu es, méprisé du père et de la fille, oses-tu bien vivre encore ! misérable batteur d'or, ne vois-tu pas que tu es perdu ? Mets donc fin à tes maux en te plongeant dans la lagune.

Par bonheur, un vent frais rida la surface du miroir, et le pauvre garçon, qui était frileux, trembla d'horreur à l'idée de mourir dans l'eau froide. En attendant un jour plus chaud, il se lamenta sur son triste sort, et comme il se crut l'être le plus malheureux qui fût dans l'univers, l'attendrissement lui ôta la force d'exécuter son fatal dessein. Il lui sembla possible de vivre encore, et de condamner son amour à la peine du silence perpétuel; mais c'était un homme simple que le bon Paolo, et le fond de ses pensées, qu'il voulait ensevelir comme dans un tombeau, était lisible sur son visage expressif. Un jour, Jacques Robusti lui posa la main sur l'épaule en souriant.

— Mon ami, dit le maître, est-ce que le mot cruel de ma fille ne t'a produit aucun effet ?

— Il m'a brisé le cœur, répondit Paolo.

— Eh bien ! il faut vaincre l'obstination de ton père et te réhabiliter dans l'esprit de Marietta. Imagine quelque belle pièce d'orfévrerie ; invente le dessin d'un vase ou d'un ciboire ; tu me montreras tes essais, et je te donnerai des conseils.

— Vous me rendez la vie, s'écria le jeune homme, car le mépris de Marietta et de son bon père était plus affreux pour moi que la mort même.

— Dépêche-toi donc de faire ton chef-d'œuvre, puisque c'est le seul moyen de plaire à ma fille.

Paolo courut s'enfermer avec ses crayons, et se mit à l'ouvrage sans tarder. L'espoir, en rentrant dans son âme, y appela l'enthousiasme. Son imagination, comprimée jusqu'alors par la crainte, s'illumina tout à coup. Il couvrit de dessins plusieurs feuilles de papier, et bientôt de ce chaos sortit le projet d'une coupe en argent, soutenue par trois anges groupés autour d'un cep de vigne. Pendant la nuit suivante, une multitude de figurines passa devant les yeux de Paolo, et le matin, en regardant son travail de la veille, il se sentit capable de mieux faire. Au bout de huit jours, il tira enfin de ses ébauches des dessins finis qu'il alla présenter au Tintoret en tremblant.

— Eh ! dit le maître, cela n'est pas trop mal. Ces têtes d'anges sont jolies. Je sais à qui ressemble celle-ci. Mais voilà une main qui ne vaut rien. — Ces draperies sont roides. Il faut leur donner de la souplesse, briser les plis, — comme ceci, — marquer les formes du corps à travers l'étoffe.

Tout en parlant, le Tintoret retouchait une figurine, changeait une attitude, corrigeait une draperie, tant et si bien que le projet du pauvre Paolo se trouva entièrement de la main du maître.

— A présent, mon ami, que tu as fait un excellent dessin, il faut exécuter cette coupe avec la cire, et tâcher de la bien modeler. Garde-toi de montrer ces papiers à ma fille, car elle y verrait que je t'ai donné quelques avis, et cela est inutile.

Paolo éprouva des difficultés infinies à mettre en relief ces figures dont le crayon n'indiquait les formes que par artifice. Un jour qu'il s'était épuisé en vains efforts, il sortit de chez lui découragé, et prit en rêvant le chemin de San-Luca. Marietta, seule dans l'atelier, terminait les accessoires d'un portrait. Tandis que Paolo contemplait cet ouvrage achevé, la jeune fille lui dit sans tourner la tête :

— Vous n'avez donc plus le désir d'être un artiste?

— J'en meurs d'envie, répondit-il, et je voudrais faire un chef-d'œuvre d'orfévrerie pour vous l'offrir.

— C'est une bonne idée, et le moyen de vous relever dans l'estime de mon père, sans fâcher le vôtre. Dépêchez-vous de mettre ce projet à exécution.

— J'y travaille sans relâche; mais la cire rebelle refuse de prendre sous mes doigts les formes que je voudrais lui donner. Tout à l'heure, dans un accès de dépit, j'ai jeté mon ébauchoir pour venir me distraire près de vous.

— Tant mieux! ce dépit-là est d'un artiste. Apportez-moi votre ouvrage, nous le retoucherons ensemble. Je m'entends assez bien à modeler la cire, et je pourrai vous être utile. Il faut absolument terminer votre chef-d'œuvre, et prouver à mon père que vous n'êtes pas un batteur d'or.

La coupe ébauchée fut présentée secrètement à Marietta qui s'étonna fort du mérite de la composition, et comme Paolo se garda bien de lui montrer les dessins retouchés par le Tintoret, elle n'eut aucun soupçon de la supercherie. Les difficultés qui avaient rebuté le pauvre orfévre s'aplanirent en un moment sous les doigts habiles de Marietta. Le chef-d'œuvre touchait à sa perfection, et Paolo, ravi de sa double connivence avec le père et la fille, voyait approcher le jour de son triomphe.

Sur ces entrefaites, un jeune homme de la noblesse, qui revenait d'une mission en Égypte, où il avait déployé du courage au service de la *sérénissime seigneurie*, entendit parler, jusqu'en Afrique, de la célèbre fille du Tintoret, qu'on appelait la merveille de Venise. Le seigneur Valaressa, riche, indépendant, membre du grand conseil, parent ou allié des personnages les plus illustres, voulait choisir une femme dans sa ville natale, et il la voulait accomplie. La jeune fille, dont la réputation l'était venu chercher si loin, et que des reines avaient demandée pour fille d'honneur, lui parut le meilleur choix qu'il pût faire. Pour ne rien entreprendre à l'étourdie, Valaressa vint en curieux à l'atelier du Tintoret, admira les peintures du maître et lui commanda un tableau. Ce travail devint le prétexte de visites et d'entretiens. La facilité de mœurs et la bonhomie de Jacques Robusti donnèrent au jeune homme un libre accès dans la maison. Bientôt il fut reçu en ami. Comme il parlait avec esprit de ses voyages, et qu'il aimait réellement la peinture, il sut intéresser le père et la fille. Il avait un palais sur le grand canal; il y donna une fête aux artistes, parmi lesquels figuraient les frères Caliari, André Schiavone, Franceschi et d'autres moins célèbres. Maître Robusti reçut des honneurs particuliers, et présida la réunion comme doyen des peintres de Venise. Après certain temps, lorsqu'il jugea le moment favorable, Valaressa députa son cousin, le sénateur Zeno, qui vint demander officiellement, et en termes fort polis, la main de Marietta. Le Tintoret se montra, comme il le devait, touché d'une démarche si flatteuse. Il répondit qu'il ne voyait point d'objection à faire, et que le reste dépendait de la volonté de sa fille, car il ne voulait la contraindre en rien. Le *magnifique seigneur* approuva cette sollicitude paternelle, et se retira en disant qu'il s'en rapportait à la sagesse, au goût et aux sentiments élevés de la jeune fille.

Aussitôt qu'il eut reconduit le vieux sénateur jusqu'à sa gondole avec toutes sortes de respects, maître Robusti chercha dans sa tête quelle objection il avait pu oublier, et il n'en trouva aucune. Toutes les conditions les meilleures semblaient réunies pour le bonheur de Marietta, et cependant ce mariage lui inspirait une répugnance dont il voulut découvrir la cause. Alors il reconnut que ce qu'il redoutait le plus, c'était précisément la fortune, le beau nom, la noblesse du jeune prétendant. Il sentait que sa fille une fois emmenée dans un monde brillant dont elle serait l'idole, il ne la verrait plus que de loin en loin, comme par faveur, et que les échos de l'atelier ne résonneraient plus gaiement aux accords du luth et de la mandore. Mais toutes ces considérations ne regardaient que lui seul, et c'était de sa fille qu'il voulait le bonheur. Éclairé par cet examen de conscience, maître Robusti envoya chercher Marietta, et lui fit part avec solennité des ouvertures du sénateur Zeno. Il insista sur les avantages d'une telle proposition, sur les mérites du prétendant, sur la délicatesse et la bonne grâce de ses procédés; enfin il présenta tout ce qui faisait son inquiétude et ses craintes comme des raisons déterminantes en faveur du mariage, et il ajouta qu'en refusant un parti si honorable on s'exposerait au reproche d'orgueil et de folie, au mépris des gens de qualité et au blâme de toute la ville.

Marietta, pendant ce discours, tenait ses grands yeux fixés sur le visage du Tintoret. Elle n'y découvrit nul indice de contradiction entre les paroles et la pensée. Elle ne sut point deviner que l'avocat plaidait contre lui-même. Ce raffinement de tendresse et de dévouement lui échappa. Trompée par ces apparences, elle crut obéir aux désirs de son père en lui disant qu'elle consentait à recevoir le protégé du sénateur Zeno sur le pied d'un prétendant à sa main. Elle demanda ensuite la permission de se retirer dans sa chambre, et chacun de son côté, le père et la fille se mirent à pleurer de leur séparation.

Paolo, ayant terminé son chef-d'œuvre de cire, venait de le porter chez le fondeur pour le transformer en une belle coupe d'argent, lorsque messer Toldi lui annonça brusquement le prochain mariage de Marietta.

— C'est une affaire de vanité, poursuivit le vieillard sans remarquer le trouble de son fils. Maître Robusti ne me trouvera plus digne d'être son compère; mais nous rirons bien quand cette fille tant chérie rougira de lui dans sa nouvelle famille.

Le pauvre Paolo demeura d'abord comme frappé de la foudre. Son désespoir se tourna ensuite en frénésie. Il tira de sa cachette le fruit inutile de ses études, et il leva le poing pour écraser d'un seul coup son chef-d'œuvre; mais la figure d'ange à laquelle il avait donné les traits de Marietta désarma sa colère, et au lieu de frapper cette image charmante, il lui adressa les reproches les plus tendres. Malgré les assurances de messer Toldi, quelque chose lui disait que tout n'était pas encore fini. Les encouragements qu'il avait reçus du père et de la fille, à l'insu l'un de l'autre, lui faisaient pressentir un malentendu. C'eût été une folie, il est vrai, que de vouloir se poser en concurrent d'un jeune patricien; mais il y a toujours tant de raisons pour qu'un projet de mariage soit rompu, qu'on en peut mettre en doute la conclusion jusqu'au dernier moment. Il n'était donc pas impossible qu'en y aidant, celui du seigneur Valaressa vînt à manquer comme les précédents. Le meilleur suppléant de l'intelligence et du savoir, c'est l'intérêt, et Paolo, qui avait une juste connaissance du sien, ne prit pas d'autre conseiller. Il résolut d'aller aux informations, d'épier son rival et de fournir au Tintoret des prétextes de retirer sa parole.

Il faut savoir qu'à Venise, les membres du grand conseil se réunissaient sur la *Piazzetta*, une heure avant d'entrer au Palais-Ducal, pour s'entendre entre eux, recueillir des voix et organiser des partis, afin de se préparer aux divers combats du scrutin. Dans ce gouvernement, tout se faisait par des votes. La politique et l'administration de la *seigneurie* avaient pour précepte le mensonge, la dissimulation, les lenteurs avec les gens pressés, la surprise et la célérité à l'égard des temporisateurs; on y considérait les cabales comme un droit, l'intrigue comme une partie importante de l'éducation, et la mauvaise foi comme un don de nature. A ces réunions préparatoires du grand conseil, qu'on appelait le *broglio*, les jeunes gens les plus rusés, les plus habiles à former de petites factions et à s'en constituer les meneurs, étaient réputés les meilleurs sujets, l'espoir de la génération à venir et les forces vives de la république. De vieux sénateurs venaient diriger leurs enfants et neveux à cette école, et leur donner l'exemple des bons manéges et des savantes combinaisons, et l'on entrait ensuite au Palais-Ducal pour livrer bataille avec les boules d'or et d'argent.

Ce fut au *broglio* que Paolo Toldi alla chercher son rival. On lui indiqua dans cette foule animée le seigneur Valaressa, et comme il n'était point connu de ce jeune patricien, il l'observa et le suivit de près; mais le pauvre orfévre, mal instruit du jargon des affaires, ne comprit rien à ce que disaient ces écoliers en politique. Tout ce qu'il put saisir, c'est que Valaressa briguait un emploi, que sa nomination dépendait d'un vote du sénat, et qu'il avait de nombreux compétiteurs. L'heure du *broglio* passa. Paolo, arrêté à la porte du palais, vit la troupe des patriciens monter les degrés et disparaître en bourdonnant sous les sombres galeries. Sans chercher à savoir quel usage il pourrait faire de ses informations, il attendit la fin de la séance, avec l'espoir d'apprendre le résultat du scrutin qui concernait son rival. Au bout de deux heures, on vit les membres du grand conseil sortir moins agités qu'ils n'étaient en entrant, et se disperser dans la ville. La séance du sénat n'était pas encore levée. Le seigneur Valaressa restait devant la porte du Palais-Ducal; il marchait de long en large sur la *Piazzetta*, regardait l'horloge, et semblait impatient. Une robe noire parut enfin au sommet de l'escalier des Géants; une autre vint après, et tout le sénat descendit lentement, comme une procession de moines octogénaires. Valaressa courut vers un de ces vieillards, qui arrivait le dernier d'un pas majestueux.

— Parlez sans crainte, mon cousin, dit le jeune patricien; je m'attends à un échec. Si vous m'apportiez une heureuse nouvelle, vous iriez plus vite.

Le sénateur ne répondit pas, et s'approcha d'un de ses collègues pour l'entretenir d'une autre affaire que celle de son cousin. Valaressa le suivait en se mordant les lèvres. Cependant les deux vieillards se séparèrent, et le seigneur Zeno, s'appuyant sur le bras du jeune homme, entra sous les *Procuratie*.

— Cousin, dit-il d'un ton sévère, cette inquiétude de corps et d'esprit annonce peu d'empire sur toi-même. Ce n'est point ainsi qu'un futur sénateur doit attendre le vote qui le concerne. Combien de fois encore, dans ta longue carrière, ton nom sera-t-il ballotté par les flots changeants du scrutin? Si tu veux qu'il sorte souvent de l'urne, commence par dominer tes passions et montrer le même visage dans le succès et dans la défaite. Quel spectacle pitoyable aurions-nous donné à ces vieux routiers qui m'accompagnaient, si j'eusse pressé le pas, comme un courrier de dépêches, pour te faire part de la victoire? Tu es nommé; que ce mot te suffise, et parlons d'autre chose. Le peuple doit ignorer ce qui se passe là-haut.

— Laissez, au moins, que je vous remercie...

— C'est inutile. Occupe-toi plutôt de tes préparatifs.

— Et mon mariage?

— Il faut en presser la conclusion. Tu recevras dans huit jours les instructions du sénat. Une semaine après, il sera urgent de t'embarquer. A présent, tu peux aller près de ton accordée.

Paolo, qui avait écouté cette conversation, courait déjà de toutes ses jambes. Il sortit de la place Saint-Marc par *Bocca-di-Piazza,* et fut en trois bonds à San-Luca, tandis que le jeune patricien, voulant arriver en gondole chez son futur beau-père, prit le chemin d'eau, qui était plus long. Le Tintoret n'était pas à la maison; il faisait mettre en place son tableau de la Naissance de saint Jean dans l'église de Saint-Zacharie. Paolo le trouva en manches de chemise, dirigeant la manœuvre.

— Maître, lui dit-il, j'ai à vous communiquer un secret d'importance.

— Tout à l'heure je suis à toi, répondit le maître.

— Il s'agit d'une affaire qui intéresse la divine Marietta.

— Ma fille? c'est différent. Parle vite. Tu parais essoufflé. Cette affaire est donc grave?

— Vous en jugerez.

Le petit orfévre raconta dans tous ses détails et sans aucun déguisement son expédition du *broglio* et de la sortie du sénat, le dialogue qu'il avait entendu, et les recommandations du seigneur Zeno à son cousin, sans oublier celle du secret.

— Il y a péril en ma maison, dit le Tintoret. Ces patriciens sont sans pitié. Ils ont bien sacrifié leur propre fille Catherine Cornaro; comment ai-je pu croire qu'ils épargneraient la mienne? Père imprudent que je suis! Dans quel abîme de chagrins allais-je tomber! Et il faut que ce soit un enfant, un innocent qui me montre le piége au moment où je m'y laissais prendre! Heureusement Dieu protége les cœurs simples!

La compagnie était nombreuse dans l'atelier quand le maître y rentra. Une grande dame de la famille du doge posait en habits de cour devant Marietta. Pour tenir éveillée la physionomie de la dame, une symphonie de six musiciens jouait des barcaroles et des airs de danse. Valaressa partageait ses hommages et ses frais d'esprit entre le modèle et le peintre, et le vieux messer Toldi, qui ne s'y connaissait point, admirait par politesse la ressemblance du portrait. Le Tintoret emmena le jeune patricien dans un coin.

— N'avez-vous rien à m'apprendre? dit le père.

— Rien, répondit Valaressa d'un air étonné.

— Je croyais qu'une faveur du sénat vous appelait à remplir quelque poste important; au point où nous en sommes, je devrais être instruit le premier d'une si heureuse nouvelle.

— On vous a fait un conte; je n'ai point de nouvelle à vous annoncer.

— J'en suis fâché, reprit le Tintoret, car mes informations sont bonnes, et votre discrétion prouve que la faveur du sénat est contraire à mes intérêts.

— Puisque vous faites un appel à ma loyauté, répondit le jeune homme, je vous dirai tout. La discrétion est une des règles de notre gouvernement; je manquerai à cette règle pour vous plaire. Il est vrai que je suis nommé d'aujourd'hui *orateur* de la république à la cour du soudan d'Égypte.

— Et vous comptez sans doute emmener votre femme au Caire?

— Assurément.

— Je vous remercie de votre franchise; la femme que vous emmènerez si loin ne sera pas Marietta.

— Cher maître, dit le patricien, entre gens raisonnables, il ne faut point de résolution précipitée. Vous ne savez pas quels plaisirs et quels honneurs attendent votre fille dans la carrière des ambassades. Nous voyagerons à petites journées avec trente domestiques. La sérénissime seigneurie donne à ses envoyés des équipages de prince. J'aurai cent mille livres vénitiennes d'appointements, autant pour mes frais de représentation, vingt-cinq mille ducats d'or à distribuer en cadeaux, des cavaliers à la solde de l'État pour me faire un cortége. Le palais de l'ambassade au Caire est le plus vaste et le plus beau de la ville. Nous y donnerons des fêtes; la femme du représentant de la seigneurie de Venise sera l'objet d'adulations sans fin; c'est à elle qu'on rendra autant de présents que j'en aurai distribués, et après deux ou trois ans d'une vie féerique, je vous ramènerai Marietta aussi riche en écrins, bijoux, parures et cachemires d'Orient qu'une sultane de Constantinople ou une princesse du Mogol. Vous savez maintenant l'horrible mystère; je vous demande seulement de le révéler à votre fille avant de rompre avec moi.

— Je craindrais de m'en acquitter mal, répondit le Tintoret; faites-lui part vous-même des plaisirs du Caire. N'oubliez rien de ce qui peut charmer l'imagination d'une femme; je vous donne carte blanche, et que ma fille accepte ou qu'elle refuse, ce sera, du moins, avec connaissance de cause.

Dans le conseil où Marietta fut appelée, le patricien dépassa les limites du vrai et presque du possible en faisant le tableau des délices orientales réservées à l'heureuse épouse de l'ambassadeur. Il chargea les traits et les couleurs en appuyant sur tout ce qui pouvait séduire l'artiste aussi bien que la jeune fille. Les récits prodigieux qui couraient dans le peuple sur les magnificences des gouverneurs de Candie et de Zara furent effacés par l'éloquence du futur orateur en Égypte. Marietta écoutait en souriant ces pompeuses descriptions, et semblait ponctuer chaque phrase par des mouvements de tête approbateurs. Quand le morceau fut achevé, elle demanda au Tintoret ce qu'il en pensait. Le maître répondit qu'il parlerait le dernier.

— Eh bien! dit la jeune fille, voici mon opinion : tout cela est beau, splendide, séduisant et surtout présenté avec art; mais je donnerais toutes ces merveilles pour une chanson, pour une promenade en gondole, et c'est perdre son temps que de me les offrir pour m'engager à quitter mon père, mes amis et ma chère Venise. Allez au Caire, seigneur Valaressa, devenez baïle de Constantinople, sénateur, inquisiteur d'État et même Doge. Mon destin ne me conduira ni si loin ni si haut. Tout ce que j'aime est encore à Venise, et je ne veux rien aimer qui m'en puisse éloigner. Je n'accepterais pas à ce prix la couronne de Chypre, et je ne porterai jamais celle de Toscane, comme cette folle de Bianca Capello. Suivez votre fortune, et oubliez une pauvre fille dont les inclinations modestes ne répondent pas aux vôtres. Nous vous rendons votre parole et vous souhaitons tout le bonheur que vous méritez.

— Vous l'entendez! s'écria maître Robusti, je ne le lui fais pas dire.

— Méchant père, ajouta Marietta ; vous m'auriez donc laissée partir?

— Je crois que j'en serais mort, répondit le Tintoret.

Valaressa exprima ses regrets de la rupture en homme de goût, et prit congé en homme de qualité; mais une fois embarqué sur un navire de l'État, avec un nombreux domestique, des lettres de créance pour la cour d'Égypte, et des instructions secrètes du conseil des Dix, tant d'occupations ne lui laissèrent plus le loisir d'avoir du chagrin. Pendant le temps qu'il voguait vers Alexandrie, la famille du Tintoret avait repris ses habitudes paisibles et sa douce sérénité. Marietta chantait avec plus de gaieté que jamais; le jeune Dominique faisait chaque jour de nouveaux progrès. Le soir, on allait au *Fresco*, sur le grand canal, avec Messer Toldi et son fils. En rentrant, les deux vieillards jouaient aux cartes, et la jeune fille préparait les verres de limonade glacée. On arriva ainsi jusqu'à la veille de l'Assomption. Dès le matin, Paolo avertit son père que c'était le jour de fête de la sainte Vierge, patronne de Marietta. Le vieil orfévre, malgré ses airs bourrus, avait pour son compère une amitié solide, et pour la jeune fille une véritable tendresse. Il fouilla dans ses tiroirs et y prit un bracelet de corail qu'il mit dans sa poche, en disant à son fils de se pourvoir d'un bouquet. Ce jour-là les *Procuratie* étaient inondées de fleurs; Paolo fit une gerbe avec les plus belles qu'il put trouver, et l'on se rendit à l'atelier du Tintoret. Le maître et sa fille ne manquèrent pas de témoigner la plus grande surprise, comme s'ils n'eussent point songé à regarder le calendrier. Le bouquet fut reçu avec joie, contemplé, admiré en détail et placé sur un vase de Chine. Messer Toldi déroula ensuite le papier qui enveloppait le bracelet de corail, et Marietta se mit à battre des mains et à sauter de plaisir, comme si ce modeste présent eût valu dix mille sequins.

— Cela n'est pas beau, dit le vieil orfévre, cela n'a de valeur ni pour la matière ni pour la main-d'œuvre. C'est le travail d'un ouvrier borné, opiniâtre, à court d'esprit, mais riche de cœur, et qui vous offre son ouvrage grossier avec les sentiments d'un ami et d'un père.

Marietta répondit qu'elle aimait particulièrement le corail. Elle soutint que la main-d'œuvre était fort belle et le bracelet d'un goût parfait. Pour montrer le prix qu'elle attachait au cadeau de son vieil ami, elle le voulut mettre à son bras à l'instant même, ce qu'elle fit avec tant de vivacité que le bonhomme Toldi en eut les yeux humides. Alors le Tintoret, voyant Paolo tourner entre ses mains un objet dont il reconnut la forme à travers un papier fin, encouragea le pauvre garçon par des signes et des sourires. La belle coupe d'argent sortit de son enveloppe; une main tremblante la déposa sur une table, et l'auteur intimidé recula de deux pas en regardant l'assemblée d'un air suppliant.

— Que vois-je? dit le Tintoret en s'approchant; cette coupe est tout simplement un chef-d'œuvre. Et où donc as-tu trouvé cela, jeune homme?

— Je l'ai fait moi-même, répondit Paolo, pour la circonstance présente.

— Quoi! s'écria Marietta, c'est vous-même qui avez imaginé ce groupe de trois figures! mais regardez donc, mon père, comme cela est composé.

— C'est surtout l'exécution et le modelé qui me frappent; j'en demeure stupéfait.

Et l'étonnement du Tintoret n'était plus une feinte.

— Mon ami, dit-il ensuite, je rétracte solennellement mon injuste pronostic; tu deviendras un maître ciseleur, et non pas un batteur d'or.

— Un artiste, et non un ouvrier, ajouta Marietta.

— Mon fils, un artiste, un maître ciseleur! murmura le vieux Toldi consterné.

— N'en doutez plus, mon compère, reprit le Tintoret, votre enfant a du génie. La crainte que vous lui inspiriez l'a trop longtemps rendu sourd à l'appel de la nature. Louons-le de sa docilité; mais cette vertu du cheval et du bœuf a pourtant des limites, et l'on n'est pas pendable pour avoir une heureuse vocation. Un sentiment que j'approuve, et dont nous parlerons plus tard, a fait jaillir l'étincelle de sa jeune tête. Pardonnez-lui. Nous dînerons ensemble aujourd'hui, et dans cette coupe je veux boire à la santé de ma fille et au talent de maître Paolo Toldi, l'habile ciseleur de Venise.

L'orfévre ne résista plus. Il accorda son pardon, et sur la fin du dîner, quand il eut vidé plusieurs verres de bon vin de Chypre, il se vanta d'avoir donné le jour à un grand artiste. Le Tintoret, profitant de cette belle humeur, emmena son compère dans sa chambre, pour l'entretenir d'une affaire d'État. On ne sait point ce que dirent les deux vieillards; mais en sortant de leur conférence, ils avaient des visages radieux, et se tenaient par la main.

Un mois après, le beau monde de Venise assista au mariage du jeune Toldi avec la fille du Tintoret, dans l'église de San-Luca. Ce fut pour toute la ville un jour de fête. Paolo demeura dans la maison de son beau-père; avec les leçons du maître, il devint réellement un artiste, et il n'eut plus besoin du secours de personne pour faire des chefs-d'œuvre d'orfévrerie.

Le bonheur de cette famille charmante dura dix ans, sans aucun nuage. Il n'y avait point de jour où le Tintoret ne se félicitât d'avoir donné sa chère fille à un honnête homme laborieux, qui ne pouvait l'emmener ni en Égypte, ni même dans un de ces palais où régnaient le faste et l'étiquette. Pendant ces dix années de paix, Jacques Robusti termina ces travaux prodigieux de Saint-Roch et du Palais-Ducal, qui confondent l'imagination par la grandeur de l'entreprise et l'incroyable aisance de l'exécution. Comme celle de Rubens, l'œuvre immense du Tintoret semble dépasser les mesures de la puissance humaine; on peut affirmer, sans craindre de se tromper, qu'elle n'aurait pas atteint de telles proportions, si la tendresse inquiète du père eût troublé l'âme de l'artiste; mais il est certain qu'elle eût été plus grande encore si un malheur subit ne fût venu briser cette belle existence. Comme le Titien, Jacques Robusti était constitué pour devenir centenaire, et produire jusqu'à sa dernière heure, à la condition de n'être point frappé dans ses affections. La jeunesse de sa fille permettait de croire que Marietta lui fermerait les yeux; mais ce fut elle qui s'endormit la première. A trente ans, Marietta mourut tout à coup d'une fièvre d'éruption que le médecin ne sut point reconnaître. Elle s'éteignit en trois jours dans les bras de son père, qui trouva dans son désespoir assez de force pour apporter ses couleurs près du lit de sa fille, et peindre en quelques heures ce visage doux sur lequel souriait encore le dernier adieu.

Le Tintoret ne survécut que de quatre ans à son enfant. Le feu de son génie se noya dans les larmes, et pour laisser avec l'image de sa fille morte celle du plus malheureux des pères, il fit ce portrait de lui-même que possède le musée de Paris, et où l'on reconnaît la décrépitude hâtive que donne le chagrin. Ce fut un de ses derniers efforts, et il partit pour aller rejoindre dans un monde meilleur la fille qu'il avait tant aimée.

XXV

VENISE

Le Rialto. — Le Canareggio. — Les *noirs* et les *rouges*. — L'église de Saints-Jean-et-Paul. — Les sculptures de Bonazza. — L'arsenal. — Fra-Paolo. — Les *Jardins*. — Une calèche à Venise. — La frégate le *Cuvier*. — La fête du Rédempteur. — La maison d'Othello. — Le couvent des Arméniens. — Les lundis du Lido. — La *Quinta-Valle*. — Les gondoliers chantants. — Musique et poésie populaires. — La *Biondina* et la *Mora*. — Dialecte vénitien. — Origine des adverbes. — Le *Fresco*. — Les médisances. — Théâtre de la Fenice. — Charles VII, amoureux de Jeanne d'Arc. — Fanny Elssler. — Bals masqués. — Les petits théâtres. — Souvenirs de Goldoni et de Carlo Gozzi — Les porteuses d'eau. — Le gaz hydrogène. — Murano. — La saline de Saint-Félix.

Reprenons maintenant notre course à pied dans les rues de Venise, et rendons-nous de l'église des *Frari* au pont du Rialto. Deux rangées de boutiques garnissent les côtés de ce beau pont à une seule arche; mais, outre la voie du milieu, on peut encore passer, derrière les boutiques, sur deux larges trottoirs d'où l'on jouit de la vue du grand canal. Dans les circonstances périlleuses, et au moment des déclarations de guerre, une commission du sénat venait s'établir en cet endroit pour y négocier les obligations des emprunts. La république obtint toujours l'argent dont elle avait besoin au taux de six pour cent, tandis que ses puissants adversaires, notamment l'empereur Maximilien, offraient quarante pour cent, et ne trouvaient pas de crédit, tant les gouvernements fidèles à leurs engagements ont d'avantages sur les autres !

Il existe encore aujourd'hui, au pont du Rialto, une ancienne fabrique de chaînes de Venise. Cette *spécialité*, comme on dit dans le jargon des marchands de Paris, se soutiendra aussi longtemps que les bourgeoises vénitiennes conserveront leur goût pour cette parure nationale. A cause de l'extrême finesse des chaînes de Venise, le prix de la main-d'œuvre dépasse la valeur même de la matière première; on en vend jusqu'à soixante francs le *bras*, qui contiennent à peine pour vingt-cinq francs d'or. Les femmes de Venise ne se croiraient point parées, quelle que fût d'ailleurs leur toilette, si elles ne portaient des écheveaux entiers de ces chaînettes fines. La fleuriste de la place Saint-Marc, dans son costume des dimanches, en avait plus de trente aunes roulées autour du cou et sur ses bras nus. Il n'y a guère d'affaire galante qui ne profite à cette industrie, car la Vénitienne mesure volontiers l'amour qu'elle inspire à la longueur d'une chaîne d'or.

En revenant par le Rialto, si nous tournons à gauche, nous pénétrons dans le redoutable *sestiere* du *Canareggio ;* je ne répondrais pas de ne point m'y égarer, si l'on n'y eût tracé sur les dalles une espèce d'ornière de marbre blanc marquant la route qu'il faut suivre pour en sortir. Dans ce vaste labyrinthe s'agite une population turbulente, inculte, ennemie de la police et sobre par force majeure. C'est là que vivent les barcarols noirs appelés *Nicolotti* (du nom de leur paroisse, San-Nicolo), lesquels préfèrent la contrebande et ses dangers au simple exercice de leur profession. Lorsque vous prenez une gondole, si vous voyez aux deux rameurs la ceinture et le bonnet noirs, ne faites point avec eux de contrat de longue durée, à moins que vous n'ayez l'envie de connaître tous les mauvais tours dont ils sont capables. Si vous leur commandez de vous attendre quelque part, ils mèneront au Lido ou ailleurs le premier Anglais qui passera. Si vous leur payez d'avance une partie de leurs gages, ce qu'ils obtiendront de vous par importunité, ils disparaîtront pour aller chercher fortune à l'autre bout de la ville. Si vous leur faites franchir, en vous promenant, la ligne des douanes, ils cacheront dans la gondole quelque marchandise prohibée, au risque de vous mettre sur les bras un procès dont assurément ils ne payeront ni les frais ni l'amende.

Outre le douanier en habit vert, le *Nicolotto* a pour ennemi mortel le barcarol rouge, appelé *Castellano*. Celui-ci, infiniment plus doux dans ses mœurs, ne court pas après les gains aventureux de la contrebande, et se trouve bien de cette domesticité, qui lui attire le mépris du *noir*. Les jours de régates, les deux bandes se disputent le prix de la course avec une passion qui tourne en frénésie. Si le vainqueur est un rouge, tout le *sestiere* du Castello s'en réjouit; si c'est un noir qui gagne le prix, il y a fête à San-Nicolo; mais le triomphateur ne se hasarderait pas à promener son cortége dans le pays vaincu. On n'y supporterait point son arrogance, et le divertissement finirait par un carnage.

A mesure qu'on avance dans le Canareggio, l'aspect des rues devient plus triste et plus misérable, jusqu'à ce qu'enfin on arrive au Ghetto, ancien *parc* des juifs, pays sauvage où la police de voirie ne se fait plus. Des maisons délabrées s'affaissent et se lézardent sans qu'on s'inquiète du moment où elles s'écrouleront sur la tête de leurs habitants. Certains marchands de bric-à-brac ont encore dans leurs coffres de vieilles étoffes qu'on pourrait avoir envie d'y déterrer, si l'on ne craignait d'y trouver aussi la peste de 1575, ou l'acarus égaré de quelque maladie de peau orientale. Un employé des archives, qui par économie s'était logé avec sa famille dans le Ghetto, occupait un appartement complet, dont le loyer s'élevait à quarante francs par an. Cet honnête garçon, fort assidu à son bureau, ne venait à Saint-Marc qu'en carnaval et aux grandes fêtes, et quand je lui appris qu'une lettre jetée à la poste à Paris m'était parvenue en dix jours, il me regarda d'un air défiant, persuadé que j'abusais de sa simplicité. Je ne me chargerais pas de lui faire comprendre les prodiges de la télégraphie électrique.

Pour sortir du Canareggio, passons devant la façade murée de ce palais Faliero dont nous avons parlé plus haut, et rendons-nous à l'église de Saints-Jean-et-Paul, la plus belle après Saint-Marc. La statue équestre qui orne la place est celle du condottiere Colleoni de Bergame. Les parois de cette immense basilique sont occupées par les tombeaux des Morosini, des Lorédan, des Valier, des Bragadin, des Michieli, qui avaient bien mérité de la patrie, les uns pour avoir péri en défendant une colonie attaquée par les Turcs, les autres pour avoir noyé quelque rébellion dans un lac de sang candiote. Le plus remarquable de ces mausolées par la splendeur des marbres et le mérite des sculptures est celui du doge André Vendramin. Quant aux peintures, elles sont en plus grand nombre que dans aucune église de Venise. Au premier rang, il faut placer le Martyre de saint Pierre du Titien, à cause du nom de l'auteur, tableau fort estimé, dont je confesse que je n'ai pas bien saisi les beautés. D'autres ouvrages de Palma, de Paul Véronèse, du Padouan et de Boniface m'ont charmé davantage. Mais, à mon goût, le morceau le plus original est une Vierge que le Tintoret a eu l'idée bizarre de placer au milieu d'une réunion de sénateurs vénitiens en costume. N'oublions pas de nous faire ouvrir la sacristie, illustrée par quinze ou vingt bas-reliefs de marbre, représentant des scènes de l'Ancien et du Nouveau Testament. Ces bas-reliefs à deux plans forment de petits tableaux d'une liberté de ciseau et d'une fantaisie charmantes. Quelques-uns des sujets sont traités sérieusement; d'autres sont empreints d'un sentiment comique tout à fait amusant. Comme les plus grandes figures n'ont pas deux pieds de haut, il serait facile de faire mouler les groupes les plus jolis et de les convertir en ornements de pendules ou de cheminées. Dans le bas-relief de l'Adoration des Mages, par exemple, on trouverait des sujets à faire la fortune d'un marchand de bronzes, si nos marchands de bronzes pouvaient se résoudre à vendre autre chose que Bélisaire mendiant. Les auteurs de ces figurines ingénieuses sont deux sculpteurs du dix-septième siècle, nommés Tagliapietra et Bonazza, dont je n'ai plus rencontré d'autres ouvrages, et qui probablement auront travaillé plus souvent pour des boudoirs que pour des sacristies.

Enfonçons-nous à présent dans le *sestiere* du *Castello,* le pays des ceintures et bonnets rouges. Je vous fais grâce de la visite à l'hôpital. Laissons de côté l'établissement consacré au soulagement des misères humaines, et cherchons des impressions moins pénibles dans le vaste édifice où l'on prépare les instruments qui distribuent les plaies, les souffrances et la mort. L'arsenal de Venise serait un des plus considérables de l'Europe, si on jugeait de son importance par l'espace qu'il occupe et par la grandeur de ses bâtiments. La porte principale, parée des dépouilles de la Grèce, et surmontée d'une statue de sainte Justine, ressemble à un arc de triomphe. Quatre colonnes rapportées d'Athènes supportent la voûte, et des deux côtés sont quatre lions de marbre, proches parents des chevaux du Quirinal à Rome, et offerts à l'État par le grand Morosini lors de la guerre du Péloponèse. Un de ces lions, vraiment antique et plus beau que les autres, faisait l'admiration de Canova, le dernier des maîtres italiens. A l'intérieur de l'arsenal sont d'immenses darses, des chantiers couverts pour la construction des vaisseaux, et cinq fonderies de canons. Il n'y manque que des canons fondus et des vaisseaux en construction. En voyant tout cet appareil, tout ce luxe de préparatifs, on ne peut s'empêcher de sourire lorsqu'on pense à l'activité qui règne dans les arsenaux de Brest et de Toulon, à ces milliers de mètres de cordages que file en un jour la vapeur, à ces pyramides de canons, d'obusiers, d'ancres et d'outils maritimes qui attendent l'heure de l'armement pour descendre à bord des vaisseaux et s'éparpiller sur les mers. Il serait injuste de dire que l'arsenal de Venise demeure immobile. Les travaux n'y sont jamais interrompus; mais ces travaux sont hors de proportion avec les énormes dimensions du local. Avant l'année 1848, il n'y avait dans le port de Venise qu'une corvette de guerre à vapeur, d'une construction reconnue défectueuse. La *Marianna* s'est rendue tristement célèbre par un naufrage qui a coûté la vie à cent cinquante personnes. Pas un homme de l'équipage n'a pu gagner la terre, et c'est par les débris et les cadavres qu'on a connu le désastre.

L'arsenal de Venise mérite attention au point de vue historique. Dans la collection d'armes anciennes, on voit des reliques du temps des croisades, des cuirasses, des boucliers, des arquebuses, et même un ustensile étranger aux arts de la guerre et de la navigation, que j'avais toujours considéré comme une fiction romantique : c'est une ceinture à clef inventée par la jalousie vénitienne et au moyen de laquelle les magnifiques seigneurs, avant de partir pour l'Orient, s'assuraient de la fidélité de leurs femmes. Parmi les armures modernes, on en montre une fort belle, donnée par le roi de France Henri IV à l'arsenal de Venise, lorsqu'il eut réconcilié la république avec la cour de Rome. L'entremise du roi s'était présentée à propos pour mettre fin à une querelle terrible, qui menaçait de dégénérer en schisme. On sait que le gouvernement vénitien avait pour précepte de témoigner au pape un respect profond et la soumission d'un fils à son père. Il prescrivait aux ambassadeurs à Rome l'humilité dans le langage et la plus grande douceur dans la discussion. Ces formes extérieures lui procurèrent un grand crédit au Vatican ; mais ce n'étaient que formes extérieures. Toutes les fois que le saint-siége voulut tenter quelque empiétement, il trouva la république inébranlable dans son opposition. Enfin au dix-septième siècle, lorsque la puissance vénitienne était sur son déclin, on apprit encore jusqu'où pouvait aller cette résistance systématique.

Il s'agissait d'un crime commis par deux ecclésiastiques auxquels le sénat ne s'intéressait point, mais qu'il ne voulait pas distraire de ses juges naturels, pour ne point abandonner la question de principe. Paul V, cédant à un mouvement d'irritation, lança un bref imprudent, et Venise se réveilla un matin excommuniée. On vit alors les patriciens, fort peu émus de ce coup de foudre, discuter l'autorité du pape comme ils auraient fait d'un privilége seigneurial. Un religieux servite, grand casuiste et prêt à plaider aussi bien le noir que le blanc, fut chargé de la controverse, avec le titre de théologien consultant de la république. Paolo Sarpi, connu sous le nom de Fra Paolo, alliait la fougue méridionale à un esprit sceptique et raisonneur. Il répondit au bref du saint-siége par un libelle où il s'efforçait de réunir les motifs qui pouvaient dispenser les citoyens de Venise d'obéir au pape. Les propositions V et VI de ce livre donnent pour de bonnes raisons de la désobéissance la crainte du tribunal des Dix, à qui les lois permettaient de faire arrêter, emprisonner et mettre à mort tout sujet de la seigneurie qui tiendrait compte des ordres du pontife. A cette étrange argumentation, la cour de Rome n'était pas embarrassée de répliquer victorieusement. La querelle s'envenima. Lorsqu'il reprit la plume pour la seconde fois, dans son *Sentiment d'un théologien,* Fra Paolo, excité par la contradiction, eut recours à l'ironie qu'il maniait assez bien, et, passant de la question particulière aux généralités, il attaqua ouvertement la religion, avec l'approbation du sénat. En le voyant, au chapitre II, examiner avec un sérieux affecté, si Notre Seigneur Jésus-Christ était dispensé de payer des contributions à César par sa qualité divine, et s'il avait fait tort à son prochain en s'emparant d'un âne qui ne lui appartenait point, pour entrer à Jérusalem, on sent Venise entraînée rapidement, par sa politique et son obstination, sur le penchant où l'amour avait poussé Henri VIII et avec lui toute l'Angleterre dans le siècle précédent.

Le 5 octobre 1607, Paolo Sarpi, en rentrant chez lui, le soir, fut attaqué sur un des petits ponts de Venise, par des gens masqués, qui le frappèrent de plusieurs coups de poignard et le jetèrent dans la lagune. Ses blessures étaient graves, mais non mortelles; le canal où il tomba n'était pas profond. La république fit soigner à ses frais son théologien consultant, et Paolo Sarpi, plus animé qu'auparavant, se remit à l'ouvrage. Il eût été déplorable pour le saint-siége qu'un État de l'Italie se séparât de l'Église romaine. Le pape, comprenant que ce gouvernement opiniâtre ne céderait jamais, n'osait retirer son bref d'excommunication, et regrettait d'avoir pris ce parti extrême. L'intervention d'un huguenot converti le tira de cette difficulté. Le roi de France et le cardinal de Joyeuse proposèrent un accommodement qui fut accepté. La cour de Rome leva l'interdit, et le sénat de Venise, toujours prodigue de témoignages apparents, pourvu qu'il sauvât le fond, accorda autant de génuflexions et de paroles humbles que le saint-père en pouvait souhaiter. A la suite de ces négociations, il y eut des échanges de présents et de bons procédés. Henri IV fut inscrit sur le Livre d'Or, et il envoya une belle armure qu'il avait portée sur plusieurs champs de bataille.

De l'arsenal rendons-nous aux *Giardini*, seul endroit où l'on trouve de grands arbres, car excepté les giroflées qui poussent entre les pierres, on ne voit guère de végétation à Venise. Les *Jardins* pourraient devenir une aussi belle promenade que les Tuileries, si la ville voulait y mettre un jardinier; mais ce n'est qu'un préau abandonné de la *fashion* vénitienne. J'ai vu rarement plus de trente personnes à la fois sous l'ombre épaisse de ces beaux platanes. Il faut l'appât de quelque nouveauté pour attirer les promeneurs aux *Giardini*. En 1846, un spéculateur avait imaginé d'y transporter de Padoue une méchante calèche à quatre places et un exemplaire de cet animal inconnu qu'on appelle cheval. Ce fut un événement pour la population. Bien des gens qui n'avaient aucune idée d'un carrosse accoururent pour contempler ce véhicule extraordinaire, ainsi que le quadrupède chargé de le traîner. Pour la bagatelle de cinq *quarantane* par personne, on pouvait monter dans la calèche, et faire au petit trot le tour complet du jardin. Il y avait place pour six, en comptant le cocher. Les curieux s'y entassaient huit ou dix, et se penchaient pour observer, tout en roulant, le mécanisme prodigieux de ces roues qui tournaient sur un essieu. Jamais la pauvre rosse qui menait ce monde primitif n'avait excité pareille admiration.

Un autre événement de conséquence attira encore la foule aux *Giardini*. Un matin, les canons du Lido annoncèrent l'entrée d'un vaisseau de guerre français. La frégate à vapeur le *Cuvier*, qui amenait à Venise la reine de Grèce, vint jeter l'ancre à la pointe de la presqu'île. Pendant quinze jours, cette masse énorme, avec sa machine de la force de huit cents chevaux, ses deux cents hommes d'équipage et son matériel perfectionné, absorba toute l'attention

publique. Une flottille de gondoles tournait sans cesse autour du vaisseau colossal. Les visites se succédaient sans interruption, et les dames, parées de leurs toilettes les plus fraîches, grimpaient à l'échelle l'ombrelle en main. On leur faisait goûter des liqueurs des îles, et, pour rendre aux officiers leurs politesses, elles chantaient, en s'accompagnant sur le piano du capitaine Touchard, qui commande aujourd'hui un des vaisseaux de l'escadre d'Orient. Le soir, après dix heures, quand l'équipage, pour obéir à la consigne, était rentré à bord, des barques de musiciens venaient lui donner des sérénades; et, par les écoutilles, sortaient les salves d'applaudissements. Lorsque le *Cuvier* repartit pour le Pirée, la population se rassembla sur le quai des Esclavons; les gondoles voltigeaient dans le port. Sans qu'on eût entendu l'ordre du départ, le vaisseau, décrivant un demi-cercle, tourna majestueusement, et disparut derrière les arbres des *Jardins*. Bientôt les canons du Lido saluèrent le pavillon français. Mais le *Cuvier* ne rendait point le salut. Vingt minutes s'étaient écoulées; le vaisseau, depuis longtemps en pleine mer, restait encore muet. Enfin les *paixhans* se décidèrent à parler, lorsqu'on n'espérait plus les entendre. Un vacarme effroyable succéda au long silence qui commençait à paraître inconvenant; on comprit, aux secousses causées par les détonations et au frémissement des vitres, qu'une politesse plus empressée aurait coûté cher à la ville. Dans ce moment dramatique, je vis deux jeunes gens s'embrasser sur le pont de la *Paille,* en se félicitant de la supériorité d'organe du canon français. Les Italiens, comme les enfants, jugent de la puissance d'une nation par le tapage que font ses armes à feu.

Après le départ du *Cuvier*, les *Giardini* retombèrent dans leur solitude accoutumée. Pendant le jour quelques gondoles venaient aborder au beau perron de marbre, et s'amarrer à ces poteaux qui ressemblent à de gros mirlitons, car il faut d'abord, à Venise, que toutes choses plaisent aux yeux et soient ornées, ne fût-ce que d'une enluminure. Les fêtes les plus simples ne vont pas sans un appareil considérable de banderoles, de festons et d'éclairage. Avec des bouts de chandelles, des papiers peints, du feuillage et des oripeaux, les gens du peuple composent des trophées sans frais qui étonneraient par leur grâce et leur élégance nos décorateurs patentés. Comme il y a presque autant de petites paroisses que de jours dans l'année, c'est fête quelque part à peu près tous les soirs. La population entière n'assiste qu'aux fêtes d'eau, comme celles du *Rédempteur* et de *Sainte-Marthe*. Un matin, dont j'ai oublié la date précise, je fus averti par ma *padrona di casa* qu'il fallait m'assurer d'une gondole pour le soir, si je voulais voir la *Sagra* du Rédempteur. C'était pendant les chaleurs du solstice d'été. De dix heures à minuit, tout ce que Venise contenait de barques et de gondoles fut couvert de lanternes chinoises, et se rendit au milieu du canal de la *Giudecca*, sur lequel on avait improvisé un pont de bateaux. Vue de la rive des Esclavons, la flotte illuminée ressemblait à un essaim de *lucciole* jouant et s'entremêlant à la surface de la lagune; bientôt un certain ordre s'établit, et les lumières parurent moins agitées. On se préparait à souper en barque. Le gondolier que j'avais retenu dès le matin, espérant me tirer une grosse somme, n'avait voulu pour rien au monde fixer d'avance le prix de ses services. Je ne craignais point qu'il me faussât compagnie, parce que mon accent étranger l'avait alléché. Les deux convives que j'attendais arrivèrent enfin avec le panier aux provisions. Je priai l'un d'eux, le seigneur Matteo ***, patricien de Venise, de terminer mon marché. Il s'approcha aussitôt du barcarol, et lui demanda ce qu'il voulait pour la nuit entière.

— Son Excellence le seigneur français, répondit le drôle, sait bien le prix convenu. Nous avons fait notre *contratto* ce matin.

— Nous l'avons si peu fait, dis-je, que tu n'as jamais voulu fixer de prix; mais tu vas être puni de ta mauvaise foi, car tu n'obtiendras pas du seigneur Matteo ce que je t'aurais donné.

— Finissons, reprit le patricien; combien demandes-tu?

— Deux napoléons *d'arzento*, répondit le gondolier.

— Dix francs! Tu ne les auras jamais, dit le seigneur Matteo. Ne t'imagine pas cela.

— Combien donc me donnerez-vous, Excellence?

Par un geste aussi prompt que l'éclair, Matteo leva trois doigts en l'air et referma la main.

— C'est bien peu, Excellence; promettez-moi au moins la *buonamano*.

— Pas un centime de plus.

— Allons! *avanti!* s'écria gaiement le gondolier. Vos seigneuries me donneront bien un verre de vin pour boire à leur santé.

Matteo me dit en français :

— Le marché n'est pas mauvais. Vous voguerez toute la nuit pour trois francs.

Au milieu de la *Giudecca*, un gros bateau de marchand de bois, paré comme le *Bucentaure*, contenait un orchestre excellent. On soupait dans les gondoles découvertes; on riait, on bavardait, sans perdre un coup de dent, et les voix argentines des femmes, auxquelles l'accent vénitien prête une douceur particulière, ressemblaient au gazouillement d'une volière d'oiseaux; à une heure, l'orchestre se tut pour souper à son tour. Notre panier de provisions était si bien garni que mes deux convives se grisèrent. Le comte Matteo avait le vin tendre, et voulait prendre d'assaut une gondole remplie de jeunes filles. L'autre, capitaine dans le régiment hongrois, eut avec son major une querelle épouvantable, qui se termina par des embrassades. L'aurore vint éclairer ces épisodes plus ou moins comiques, et comme on suit toujours un programme dans les fêtes italiennes, les gondoles abordèrent, au point du jour, à la rive du *Redentore*. Un vœu public a élevé, en peu d'années, cette église, après la peste de 1575. Dans le souvenir d'une époque lugubre, cette population heureuse et frivole puise le prétexte d'une nuit d'excès et de folie. — Les Vénitiens sont habiles à prendre les choses du bon côté.

Près de l'église se trouvait un jardin public où la foule vint s'entasser sous les acacias en fleur. Dès que les horloges sonnèrent cinq heures on s'embarqua, et toutes les gondoles voguèrent dans la même direction. Il restait encore un article au programme de la fête. En passant dans un *rio* étroit, qui aboutissait au grand canal, mes compagnons me montrèrent l'ancien palais d'Othello. C'est en faisant crouler un plafond sur le lit de sa femme que ce fou furieux a exterminé une créature qu'il adorait. J'ignore si le personnage de Iago est historique; mais assurément si ce démon a pu vivre quelque part, c'est dans le pays gouverné par le conseil des Dix. Partout ailleurs sa perfidie et sa férocité sortiraient des bornes de la nature humaine. Le génie de Shakspeare, qui ne se trompe jamais, a compris qu'à Venise ce caractère n'aurait rien de forcé. Si le hasard de la naissance eût placé Iago dans le grand conseil, il serait devenu inquisiteur d'État, et se serait délecté à trahir, accuser et condamner ses collègues. Il eût été de ceux qui dénonçaient leurs amis, et ne leur épargnaient ni la question ni le séjour des *puits*. Tandis que nous glissions devant la maison maudite, je ne pus m'empêcher de fredonner la phrase mélancolique du gondolier de Rossini : *Nessun maggior dolore.* — Mais la harpe de Desdemona ne me répondit point, et ce souvenir tragique se perdit au milieu des cris et des chants de Venise en goguette. La flotte joyeuse passa sous le Rialto et vint aborder en tumulte au marché de l'*Herberie.* Un coup d'œil charmant nous y attendait. Des monceaux de fleurs et de fruits, artistement rangés par les marchands, étalaient leurs brillantes couleurs. En un moment toutes les dames furent parées de bouquets; les paniers de cerises, de groseilles et de prunes se vidèrent comme si on les eût mis au pillage, et puis, le dernier article du programme étant exécuté, on se dispersa pour aller se mettre au lit, vers six heures du matin.

Mes deux compagnons, échauffés par la fumée du festin, n'avaient aucune envie de dormir. Ils me proposèrent de tuer la matinée à coups de pistolet. Des gens de la fête, amenés comme nous par l'oisiveté, avaient éveillé le gardien du tir. On chargea les armes, et j'excitai l'admiration de la galerie en touchant le but douze fois de suite. Pour éviter le reproche de fanfaronnade, je m'empresse d'ajouter que la *mouche* était un cercle blanc aussi large que mon chapeau. Un officier russe, nommé Martinoff, moins émerveillé que les autres de mon adresse, me proposa de jouer une bouteille de vin de Champagne en douze balles. Nous tirâmes sur une pièce de cinq francs, et, faute d'un point, je perdis la gageure.

Après la fête du *Redentore* et celle de *Santa-Marta*, dont le programme est presque le même, arrive celle de l'Assomption : pour peu qu'on ait de curiosité, il ne faut pas manquer de se rendre, le 15 août, à dix heures, au couvent des Arméniens, pour voir les bons pères célébrer l'office divin dans leur rite oriental. La messe arménienne diffère de la messe latine par quelques détails singuliers. L'officiant et les deux frères qui l'assistent parlent dans leur langue maternelle. Au lieu d'une sonnette, on se sert de bâtons chargés de grelots, et les deux servants, au lieu de se prosterner pendant l'élévation de l'hostie, marchent et se croisent autour de l'autel en agitant ces espèces de pavillons chinois. Mais ce qui produit l'effet le plus pittoresque, c'est la forme extraordinaire et la richesse incroyable des costumes. La robe de l'officiant est couverte de broderies d'or si épaisses qu'on en voit à peine le fond blanc, et qu'elle pourrait littéralement se tenir debout. Les fleurs et les dessins sont parsemés de pierres fines d'une valeur incalculable. Sur le large collet rabattu du surtout, j'ai compté plus de vingt émeraudes et rubis d'une grosseur extrêmement rare. En écoutant ces chants gutturaux dans une langue inconnue, le bruit étrange des grelots, en suivant du regard ces évolutions auxquelles j'avais peine à reconnaître le sacrifice chrétien, il me semblait assister à quelque cérémonie de l'adoration du soleil, et j'aurais pris volontiers le prêtre couvert d'or et de pierreries pour le grand mage Zoroastre.

L'office terminé, les pères arméniens nous ouvrirent leur jardin, où les dames cueillirent des fleurs. Une petite collation de confitures et de fruits se trouva servie au coin d'une terrasse, sous des treilles en arceaux. De cette terrasse, baignée par l'eau de la mer, on voyait d'un côté Venise, à une lieue de distance, et de l'autre côté le rivage du Lido. Ces pères sont tous des hommes d'une instruction profonde, et connaissant le monde; leur ordre ne les obligeant pas à la vie sédentaire. Un d'eux, le père Stefano, avec lequel je causai longtemps, avait parcouru deux fois l'Asie entière, et parlait cinq langues vivantes, qu'il avait apprises en voyageant. Un jour, de congé, les enfants du collége de Venise, en venant au couvent des Arméniens, furent pris par un orage terrible. Trois ou quatre gondoles chavirèrent devant les murs du jardin. Les pères le plus jeunes se jetèrent à la nage, d'autres sautèrent dans les barques du couvent et prirent les rames. En un moment la lagune se couvrit de robes noires, sous lesquelles battaient des cœurs pleins de courage; grâce au dévouement et à l'énergie des pères arméniens, les écoliers en furent quittes pour la peur. Nous ne manquâmes pas de visiter la bibliothèque et le cabinet où lord Byron venait quelquefois s'enfermer pour écrire. On nous montra les vers qu'il avait laissés sur le registre du couvent, et le vieux père Pascal, son ami et probablement son confident, disait avec un sourire triste : « J'ai beaucoup aimé ce jeune homme, et je savais bien qu'il me causerait des chagrins, car, avec sa tête ardente et sa sensibilité d'enfant, comment aurait-il pu atteindre l'âge où la raison lui aurait donné le bonheur? »

Les fêtes que nous venons de citer sont les plus brillantes de la saison. En automne il y a encore fête au Lido, tous les lundis, précisément à l'époque où le Parisien va prendre ses ébats à Saint-Cloud. On danse, on mange et on boit du vin noir. Ce vin, récolté dans le Frioul, pourrait être assez bon, si on le conservait seulement avec soin; mais on l'apporte à Venise, en bateaux, dans de grandes cuves découvertes, où le contact de l'air le gâte et l'épaissit. On ne le met en bouteille qu'au moment de le servir, et l'eau à forte dose peut seule corriger son effroyable âcreté. L'Italien eut jadis le génie du commerce; on ne s'en douterait pas aujourd'hui à voir son incurie, son peu de souci de contenter le consommateur. L'idée ne vient pas même à un marchand de la *Frezzaria*, qu'en vous trompant il y perdra votre pratique. Le cultivateur cueille ses fruits aussitôt qu'ils paraissent à peu près mûrs, et porte au marché ses pêches dès que le soleil les a colorées de rouge, fussent-elles dures comme des cailloux. S'il pouvait vous offrir des boules de bois peint ou de petites vessies gonflées d'air, avec la moindre chance de réussir à vous duper, il le ferait sans scrupule. Il est vrai que ces fruits, mal cultivés, se vendent à des prix d'une incroyable *discrétion*, comme on dit en Italie. La *padrona* de la maison que j'habitais me montra un jour deux douzaines d'artichauts qu'elle avait payés vingt centimes. Lorsque j'étais fatigué des ragoûts à l'huile des traiteurs, cette brave patronne me préparait, pour la bagatelle de trente sous, un *nombolo* (filet de bœuf) dont j'avais peine à voir la fin en deux jours. Les fraises, les cerises ou les raisins, suivant la saison, se donnent pour rien aux gens qui savent en débattre le prix. Un jour, à la *quinta-valle*, où l'on va dîner dans les jardinets, le propriétaire d'une guinguette nous livra ses figuiers pour dix sous, avec la permission de cueillir autant de fruits que nous en pourrions manger. Nous étions quatre personnes; le patron nous regardait en souriant.

— Excellences, nous dit-il, quand nous fûmes bien repus, ces fruits ne valent rien; ce sont des figues-fleurs. A la seconde récolte, je vous aurais fait payer le double.

Je me souvins d'avoir lu dans une histoire d'Italie qu'un grand personnage du seizième siècle avait été empoisonné avec des figues-fleurs où ses gens avaient introduit un toxique. Le traducteur français crut devoir avertir son lecteur que les figues-fleurs étaient un fruit inconnu en deçà des Alpes. C'est le contraire qu'il aurait dû dire : nous ne connaissons, sous le quarante-neuvième degré, que la primeur du figuier, dont l'Italien ne fait point de cas, et la seconde récolte, qui serait la meilleure, n'atteint pas sa maturité, faute de chaleur.

Depuis quelques années, il existe à Venise une compagnie de gondoliers chanteurs, composée de dix ou douze gaillards tous doués de voix charmantes et *orecchianti*, c'est-à-dire musiciens par nature sans connaître aucune règle. En chantant ensemble dans les cabarets pour se divertir, ces gondoliers ont imaginé de s'associer et d'exploiter leur talent. Ils se formèrent un répertoire de morceaux, paroles et musique de leur invention, et mêlés de solos, de quatuors et de chœurs. Ils offrirent ensuite à qui voudrait les entendre de chanter pour de l'argent. Moyennant un *napoléon d'or*, on dispose d'eux pendant deux heures. Le procédé commode de l'association permet aux auditeurs de diviser la somme à l'infini, en sorte que pour une faible contribution de deux francs, dix personnes peuvent régaler de musique eux et leurs amis. Les chanteurs ont leur barque particulière, dans laquelle ils se promènent sur les canaux et sous les ponts, en s'arrêtant devant les palais où l'on désire donner une sérénade. On leur trace un itinéraire, et on les suit en gondole, à la distance convenable pour bien jouir de leurs chants. Guidés par le seul sentiment de l'harmonie, ces hommes ignorants composent leurs parties de basse, de tierce et de quinte sans qu'un accord faux blesse jamais l'oreille. Le premier ténor de la troupe était, en 1846, un garçon de seize ans dont la voix adolescente avait des sons d'une suavité délicieuse. Le second ténor, plus âgé de quelques années, prenait la première partie des morceaux tendres ou pathétiques. Il excellait dans la *canzonetta d'amore*. C'est ordinairement vers minuit, quand les canaux sont plongés dans le silence et l'obscurité, que la troupe se met en route; sur son passage les fenêtres s'ouvrent, les balcons se couvrent de *dilettanti* en robe de chambre et de dames en cornette de nuit. Le concert se termine toujours par un chœur comique dont les paroles s'adressent aux seigneurs *di qualità* pour les prier d'ajouter une gratification au prix convenu, ce qu'on ne refuse jamais.

Il va sans dire que les paroles de ces barcaroles et chansonnettes sont en dialecte vénitien. La poésie n'en est pas d'une grande profondeur, ni le sujet bien émouvant. C'est toujours une fille blonde assise au bord de la rive, et qu'un gondolier invite à *vogare* avec lui. Quelquefois, la belle fille possède un anneau d'or dont le rameur finit par s'emparer, mais qu'il lui rend en l'épousant. D'autres fois, c'est une princesse qui s'amourache du gondolier en se faisant conduire à Murano, et qui s'égare jusqu'à Saint-François du désert; ou bien, la belle n'a pas de quoi payer le prix de son voyage, et le rameur se contente d'une œillade amoureuse pour tout salaire. Ce désintéressement sentimental du gondolier doit être considéré comme une fantaisie poétique. Il est à remarquer que ces poëtes populaires, comme les anciens peintres, ont adopté pour idéal la Vénitienne blonde; il s'agit toujours d'une *biondina*, au cou de cygne, aux cheveux d'or. Tout en rendant hommage à la beauté parfaite de ce type féminin, les Vénitiens le jugent sévèrement sous le rapport du caractère. Au rebours des autres pays, où l'on accorde gratuitement aux femmes blondes la bonté, la douceur et toutes sortes de qualités aimables, on les redoute particulièrement à Venise. « Défie-toi, dit un proverbe, des pierres vertes et des filles blondes. » L'eau des lagunes dépose sur les marches des rives un limon verdâtre fort glissant; avec la Vénitienne rusée les faux pas sont plus dangereux. Ses airs enfantins, son parler caressant, ses manières de chatte, déguisent un égoïsme implacable. Comédienne admirable, la Vénitienne blonde se plaît à jouer tous les rôles par amour de l'art. Elle trompe avec délice, et si on la prend en flagrant délit de mensonge, elle pleure à chaudes larmes, et obtient son pardon pour pouvoir mentir et tromper encore. Lorsque enfin la dissimulation n'est plus possible, elle découvre la noirceur de son âme avec une joie féroce. Dans ces rares instants où elle se montre telle que Dieu l'a faite, peu s'en faut qu'elle ne soit laide : l'ange hypocrite au parler de miel s'efface tout à coup, et vous avez devant vous une furie aux yeux flamboyants, à la voix rauque. Tel est, du moins, le portrait peu flatté que les Vénitiens eux-mêmes font de leurs belles blondes. Je leur en laisse la responsabilité.

La fille brune, au contraire, avec ses traits mauresques, ses lèvres en accolade, sa peau légèrement cuivrée et ses yeux si noirs qu'on ne distingue point la pupille de la prunelle, passe pour avoir le cœur simple. Généreuse et passionnée, la *Mora* s'exprime avec emportement et vivacité. Elle n'a point les séductions de la fille aux cheveux d'or; mais lorsqu'elle pleure, ses larmes ne déguisent aucun artifice. Le Vénitien, volontiers menteur comme la blonde et crédule comme la brune, se venge des fourberies de la première en trompant la seconde. Malheureusement Venise n'est pas le seul pays où l'on pratique cette justice distributive.

Comme l'improvisateur de la place Saint-Marc, les gondoliers chantants emploient souvent le *sdrucciolo,* qui diminue les difficultés de la rime, et dont les finales mourantes plaisent aux oreilles vénitiennes. Si on essayait de traduire littéralement ces morceaux légers, leur grâce naïve disparaîtrait avec l'accent du dialecte, et il ne resterait la plupart du temps qu'une platitude. Il y aurait une étude longue et attachante à faire sur ces dialectes italiens, qui changent d'une ville à l'autre. Ce ne sont point, comme on pourrait le croire, des patois dérivant de la langue italienne, corrompue par l'ignorance, mais bien de véritables langues, qui se sont toutes formées à la fois. La preuve de cela, c'est que jamais on n'a parlé le toscan à Venise, à Milan, à Naples. On voit dans les archives des *Frari* le latin s'altérer peu à peu, tourner au vénitien et non à l'italien. Par exemple, tandis que le mot latin *toxicum* (poison) devenait, en s'adoucissant, *tossico* à Florence et à Rome; il s'adoucissait davantage à Venise et devenait *tosego.* Tandis que de *consilium,* les Romains faisaient *consiglio,* les Vénitiens en faisaient *conseio.* En général, le dialecte des lagunes évite toute syllabe dure, et réduit autant que possible le nombre des consonnes. Il semble que ce langage ait été fabriqué par des enfants dont les organes se refusaient à tout exercice difficile. Le zézaiement se reproduit sans cesse dans les mots où le G et le C, suivis de voyelles, demanderaient un effort de prononciation. *Giovine* (jeune homme), *piangere* (pleurer), *caccia* (chasse), etc., donneraient trop de fatigue à des bouches vénitiennes; tout ce qu'elles peuvent faire, c'est d'articuler *zovene, pianzere, cazza.* Les doubles lettres sont aussi réduites : *quello* (celui-là) devient *quelo; bello* (beau) se dit *belo.* Dans les noms des jours de la semaine, la terminaison *dì* se supprime. — C'est autant de peine d'épargnée. — Ainsi *lunedì, martedì, mercoledì, giovedì,* etc., deviennent *luni, marte, mercore, ziobà,* etc. C'est comme si on disait en français, *lune, Mars, Mercure, Jupiter,* etc. *Sabbato* (samedi) s'abrége et devient *sabo.* Jamais une Vénitienne n'aurait la force d'articuler *scorpione* (scorpion); elle se contente de dire *sorpio.* Il ne faut pas croire pourtant que cette paresse des organes entraîne après elle la continence de langue. En abrégeant et adoucissant chaque mot, on en dit, au contraire, davantage. Les commères du *Canareggio* et les rameurs de *Chioggia* ne cessent de parler et de se quereller que pour dormir. La *petegoleza* (bavardage) des unes et les *baruffe* (disputes) des autres sont proverbiales et célèbres dans toute la Lombardo-Vénétie.

Les registres des *Frari* fournissent le document le plus complet qu'on puisse souhaiter pour suivre, siècle par siècle, sinon année par année, la formation du dialecte vénitien. On y voit comment le latin, la langue mère la plus concise et la plus vigoureuse du monde, a pu se changer en un langage mou, enfantin et diffus. Dans ce travail mystérieux de la transformation des idiomes, choisissons au moins une observation utile. On a beaucoup écrit en tous pays sur la linguistique et les étymologies; je ne me souviens pas d'avoir lu l'origine des adverbes. Pendant les douzième et treizième siècles, lorsque le latin s'altère et devient méconnaissable sur les registres du sénat, on voit d'abord sortir une espèce de jargon participant de la langue mère et de la langue vulgaire; bientôt celle-ci prend le dessus, et expulse la langue morte. A cette époque de transition, les lettres du gouvernement à ses provéditeurs et à ses secrétaires en mission se terminent par la recommandation d'allier la prudence au courage. Cette recommandation se formule d'une façon moitié latine et moitié vulgaire : *Et certi sumus saprai ben far prudentemente et valorosamente.* — Quelquefois les deux derniers mots se trouvent ainsi décomposés : *Prudente et valorosâ mente* (Nous sommes sûrs que tu sauras agir avec un esprit prudent et courageux). Il est évident que les terminaisons *mente* en italien et *ment* en français viennent du mot latin *mens* (esprit). — Lorsqu'on dit *generosamente* en Italie, et *généreusement* en France, on fait une seule expression des deux mots *generosâ-mente* et *généreux-ment,* c'est-à-dire *esprit généreux.* L'habitude et le temps ont fini par étendre cette terminaison à des mots qui n'exprimaient point une qualité de l'esprit. On oublia ce que signifiait la syllabe *ment,* et on l'appliqua bientôt à tous les adjectifs. Les adverbes n'ont pas d'autre origine. Un philologue scrupuleux ne devrait donc se servir de la terminaison *ment* que pour les adverbes applicables aux opérations de l'esprit. *Sûrement, résolûment, variablement,* sont de bons mots dans ce sens : avec un esprit *sûr, résolu, variable.* Mais *premièrement, finalement, prochainement,* sont des mots corrompus et mauvais, parce qu'ils ne sauraient signifier : avec un esprit *premier, final* et *prochain.* Par malheur (pour ne point dire *malheureusement*), le respect des origines nous forcerait à renoncer à l'usage d'un si grand nombre de termes consacrés, que l'expression de la pensée la plus simple deviendrait un problème fort compliqué. Cette digression nous ayant mené loin, sortons-en *promptement* (avec un esprit prompt), et revenons aux divertissements de la vie vénitienne.

Le plus fréquent des amusements d'été est le *Fresco,* qui a lieu deux fois par semaine. Ces jours-là, de huit à dix heures du soir, la musique de la garnison, au lieu de jouer sur la place Saint-Marc, donne concert sur l'eau. Deux orchestres militaires, installés dans de grands bateaux pontés, partent des deux extrémités du grand canal, et s'avancent lentement vers le centre en exécutant leurs morceaux. Le beau monde vogue de l'un à l'autre, et par moments, les gondoles s'accumulent sur un point en si grand nombre, que la circulation est suspendue. Pour aller au *Fresco*, les dames se parent, les hommes se gantent, et les barcarols mettent leurs vestes à ramages. Quelques personnes riches ont des gondoliers vêtus en laquais ; mais dans l'exercice de la rame, les attitudes si gracieuses, avec la ceinture et le bonnet, paraissent outrées sous le chapeau rond et la livrée. Les basques de l'habit volent dans les airs ; l'écart forcé des jambes, et la courbe que décrit le dos du rameur, lui donnent un air grotesque et furieux. On voit aussi des domestiques étrangers, devenus bons rameurs après un long séjour à Venise, se faire des costumes de fantaisie plus ou moins ridicules. Deux longs bouts de ceinture leur pendent jusqu'aux chevilles, et l'on sent à leur tenue empesée le valet du Nord voulant singer l'aisance naturelle du Méridional. En Italie, en Espagne, en Sicile, en Orient, dans tous les pays où le peuple porte la ceinture, vous ne verrez jamais pendre ces longs bouts à franges que les débardeurs de nos bals masqués étalent avec affectation. Autant la ligne rouge qui divise le corps en deux parties fait ressortir la souplesse des mouvements, autant cette loque prétentieuse, que l'exercice rejette en avant ou en arrière, effarouche le regard et messied à celui qui s'en affuble, pensant faire le beau. Le dernier barcarol de Venise pourrait donner une leçon de goût aux danseurs costumés de nos bals publics.

Pendant les quatre mois d'été, il est fort rare que le *Fresco* soit empêché par le mauvais temps. Un soir du mois d'août pourtant, j'allais m'embarquer avec une nombreuse compagnie, lorsqu'un orage terrible éclata sur la ville. Les dames, effrayées par le tonnerre et la grêle, se dispersèrent comme des oiseaux, et je me trouvai seul dans la rue avec une jeune personne charmante que sa famille avait oubliée comme la femme d'Énée. Nous cherchâmes un abri chez un pâtissier. Tandis que la grêle et la pluie faisaient rage, nous mangions des *baicoli*, espèce de massepain en pâte légère.

Bientôt la rue devint un ruisseau qui pénétra dans la boutique du pâtissier. Il fallut d'abord monter sur des chaises, et ensuite nous réfugier dans l'arrière-boutique. Nous y restâmes à causer musique paisiblement tant que dura la tempête, après quoi je reconduisis la jeune personne chez sa mère. Lorsque la compagnie dispersée fut réunie au complet dans le salon, chacun raconta en riant ses malheurs et accidents; le récit des nôtres parut fort simple, et personne n'eut l'idée d'y penser à mal. Si pareille aventure me fût arrivée à Landernau, les parents de la jeune fille l'auraient grondée, on aurait mal parlé d'elle dans la ville, et l'on m'aurait jeté la pierre dans tout le Finistère. Mais, plutôt que d'exposer une jeune fille aussi honnête que belle aux médisances de nos provinces, je l'aurais ramenée à travers des étangs et des fondrières, la grêle et la pluie sur la tête, dût-elle y perdre sa toilette et gagner une pleurésie.

Ce n'est pas que les Vénitiens s'abstiennent de parler du prochain. Ils s'en donnent au contraire le passe-temps avec beaucoup d'indiscrétion, et la curiosité leur fait exercer une surveillance fort incommode à qui veut se cacher. Leurs bavardages sont d'autant plus redoutables, qu'ils les font tout haut, sans malice. Dans leurs propos les demoiselles sont épargnées, mais les dames, et surtout les étrangères, servent perpétuellement de sujet à leurs conversations. Quand on ne sait point leurs usages on s'expose à des suppositions et commentaires fâcheux. Par exemple, contrairement aux habitudes françaises, il n'est pas reçu, à Venise, d'offrir le bras aux personnes jeunes, mariées ou non. Une jolie femme peut se promener en compagnie d'un ou de plusieurs adorateurs, sans qu'on en jase; mais si quelqu'un la voit passer bras dessus, bras dessous avec un cavalier, on tire à l'instant même des conclusions graves. J'ai vu, pendant deux mois, une des femmes les plus aimables, les plus respectées et les plus recherchées de Paris, accompagnée de son mari, renoncer au monde et s'enfermer dans son palais par ennui et dégoût des propos. Les Vénitiens n'ont jamais su ce qu'ils avaient perdu en se privant, par leur faute, d'une société charmante. Durant tout l'hiver de 1846, j'assistai souvent dans les salles du café Florian aux conciliabules nocturnes des chercheurs d'historiettes. Leur police était fort active, et, dans le nombre infini de leurs remarques et anecdotes, il s'en trouvait où les détails de mœurs et les épisodes romanesques méritaient d'être notés. Mais une chronique de ce genre est bonne pour la conversation, et ce serait manquer aux devoirs de l'hospitalité que de l'introduire dans un livre.

L'impresario de la *Fenice* avait réuni, cette année-là, une troupe assez bonne. Le ténor était Guasco, et la *prima donna* une cantatrice allemande, appelée madame Lœve. Les basses chantantes, quoique médiocres, ne nuisaient pas à l'ensemble. Le théâtre ouvrit le jour de Saint-Étienne, suivant l'usage, par la représentation d'une *Jeanne d'Arc* de Donizetti, qu'on ne pourrait exécuter en France, qu'à la condition de changer entièrement le libretto. Dans cet opéra, la bergère tombe amoureuse du roi de France, et lui déclare sa passion en le conduisant à Reims. Charles VII, de son côté, s'enflamme *subito* pour la vierge des Vosges, et les voilà chantant ensemble le *duetto d'amore*, avec tout l'assortiment des *ben mio, idol mio* et autres fadaises usitées dans les *libretti*. Cette inconvenance historique peut passer en Italie, mais en France elle n'échapperait ni au ridicule ni aux huées. Après la *Jeanne d'Arc* vint un opéra du prince Poniatowski, la *Fiancée d'Abydos*; puis l'*Attila* de Verdi, fait exprès par le maestro à la mode, pour le théâtre de la Fenice. Le public attendait cette primeur avec une curiosité extrême. Un opéra nouveau est un grand événement en Italie. La surenchère des loges fut poussée à des prix exorbitants pour le pays. Les dernières *clefs* se vendirent, sous les *Procuratie*, jusqu'à soixante *swanzics* ou livres autrichiennes, c'est-à-dire cinquante-un francs. L'agitation se calma au second acte : la pièce fit le plus beau *fiasco* du monde, et, comme elle ne se releva pas à la troisième représentation, sa mort fut définitive.

Pour comble de malheur, Fanny Elssler, engagée par l'*impresario*, et qui devait paraître dans le charmant ballet d'*Esméralda*, venait de perdre sa chèvre blanche. Épuisée par les veilles et les fatigues de ses débuts à la *Scala*, cette pauvre bête était morte de la poitrine, dans le trajet de Milan à Venise. Le matériel du ballet et les dépenses de la mise en scène ne souffraient ni retard ni changement au programme; il fallut supprimer le rôle de la chèvre apprivoisée. La pièce y perdit un de ses agréments; mais le succès de la danseuse alla aux nues. Fanny Elssler, belle encore, réveilla mes souvenirs du meilleur temps de l'opéra de Paris. Son talent s'était prodigieusement développé sous le rapport de l'expression. Je l'avais connue vive, espiègle, pétillante; je la retrouvais avec toutes ces qualités, et de plus tragédienne. Sa pantomime, dans la scène finale où Esméralda, prête à monter sur le bûcher, fait sa prière, pardonne à ses bourreaux et repousse les tentations de Claude Frollo, s'éleva au pathétique le plus touchant. Il y eut des larmes versées, et le triomphe de l'artiste prit des proportions inquiétantes, car, en Italie, lorsque le public a pleuré, la salle court le risque de s'écrouler au bruit et aux trépignements de l'ovation. Pendant quinze représentations de suite, le vacarme fut le même, et l'*impresario* se consola de la disgrâce du roi des Huns. J'avais eu la précaution d'acheter mes entrées pour la saison entière, moyennant la faible somme de soixante-dix livres, en sorte que je ne perdis pas une seule de ces représentations intéressantes. Après l'*Esméralda*, Fanny Elssler joua la *Jolie Fille de Gand*, et nous arrivâmes ainsi à la fin du carnaval.

Le jour du mardi gras, pour la clôture, il y a *cavalchina*, c'est-à-dire bal masqué, non pas une des cohues échevelées et barbares où l'on ne croirait pas s'amuser si on n'en revenait avec des horions; mais une de ces réunions de bon goût, telles que les vieillards en ont vues en France du temps de la société polie. Les choses ne se passent point à la *Fenice* comme à Paris. Les dames se montrent à visage découvert, tandis que les hommes déguisés et masqués vont de loge en loge pour se livrer au plaisir d'*intriguer*. Je puis donner aux Français, qui assisteront à ces fêtes, une excellente recette pour n'être point reconnus. Si un étranger s'avisait de vouloir parler l'italien sous un déguisement, il n'irait pas loin sans se trahir. Mais, comme tout le monde parle français à Venise, il faut noter les fautes de langue et de prononciation des gens du pays, imiter leur accent et parler un plus mauvais français que le leur. Ce procédé m'a si bien réussi, qu'on me disait sans cesse : « Parle donc italien; tu ne sais point le français. » Personne ne m'a soupçonné d'estropier à dessein ma langue maternelle, excepté un de mes compatriotes, qui finit par reconnaître le stratagème. — Aux bals masqués du *Ridotto*, les hommes ne se déguisent pas, et les dames prennent le masque. De cette façon chacun peut avoir son tour.

Lorsque la *Fenice* est fermée, on joue encore la comédie sur les petits théâtres, San-Benedetto, San-Samuele et Malibran. Mais les Vénitiens oublieux, au lieu de s'attacher à leur comédie nationale, courent aux traductions défigurées des pièces françaises. Le Gymnase et les Variétés défraient leur théâtre. J'ai vu, à San-Benedetto, la *Fille de l'Avare*, jouée avec de grands cris, comme un mélodrame, ce qui composait bien le vaudeville le moins français qui se puisse imaginer. Comment les pièces de Bayard, ainsi métamorphosées, ont-elles pu détrôner le répertoire de Goldoni? C'est ce qu'on a peine à comprendre. Sur la place Saint-Moïse, un théâtre de marionnettes donne des représentations en toute saison; l'énorme affiche en toile peinte invite le public à entrer, par l'appât de quelque titre de pièce aussi pompeux que celui-ci : *La caverna terribile ovvero la toza valorosa e i malandrini puniti colla piova di fuoco* (la caverne terrible, ou la jeune fille courageuse, et les brigands punis avec une pluie de feu). Les épithètes *terrible*, *effroyable*, *lamentable*, remplacent la clarinette et la grosse caisse du théâtre de la foire.

Dans les derniers temps de sa décadence politique, Venise brilla par son théâtre et son génie comique. Deux troupes rivales se disputaient la faveur d'un public intelligent et impressionnable. L'abbé Chiari et Goldoni donnaient des drames larmoyants et des comédies populaires sur un théâtre, et Carlo Gozzi faisait jouer sur un autre ses féeries allégoriques, mêlées de pantalonnades. La troupe excellente de Sacchi exigeait du poëte une part pour l'improvisation. Le *pantalon* nommé Darbès, le *tartaglia* Fiorillo, et le *truffaldin* Sacchi n'étaient pas seulement des acteurs parfaits; ils avaient de l'esprit, une verve et une facilité si prodigieuses que d'un canevas informe, ils auraient su tirer une comédie complète, sans prendre le temps de la répéter. L'auteur se sentait fort quand il s'appuyait sur de tels hommes. Chiari et Goldoni tremblèrent en voyant cette troupe formidable s'installer à Saint-Samuel et y ressusciter l'ancienne comédie *dell' arte.* Le public, partagé entre les deux genres, s'amusa de cette guerre courtoise, où chaque victoire tournait à son profit. Bientôt Charles Gozzi eut toute sa faveur; le théâtre San-Salvator fut désert, et la foule ne se porta plus qu'à San-Samuele. Chiari partit pour l'Amérique, Goldoni pour la France, et la compagnie comique des Pantalons et des Trufaldins demeura maîtresse du champ de bataille. Pour elle, Carlo Gozzi composa cette œuvre bizarre dans laquelle les sujets fantastiques sont mêlés de bouffonneries et d'allusions : le *Corbeau*, le *Roi cerf*, la *Zobéide*, le *Monstre turquin*, la *Femme serpent*, la *Chute de dona Elvire*, etc., répertoire énorme, qui représente quarante ans de travaux et de succès.

La révolution, la campagne d'Italie et la catastrophe de Venise interrompirent ces spectacles. Charles Gozzi vit sa patrie mourir, et du même coup son incomparable troupe se disperser. Adieu les génies, les fées, les lazzis de Pantalon, les bégaiements de Tartaglia! Adieu la comédie *dell' arte.* Comme son gouvernement, la compagnie comique s'évanouit un beau jour, et Goldoni fut vengé. Le poëte préféré eut à son tour la douleur de voir son bagage englouti. Probablement on ne reverra jamais un Sacchi, un Darbès, un Fiorillo se rencontrer dans la même troupe pour remettre à la scène le *Roi des génies*, et combler les vides du canevas avec leurs frais d'esprit, de verve et de gaieté. La comédie *dell' arte* jette encore quelques lueurs à Naples : en arrivant dans ce pays-là, nous nous empresserons d'en parler avant qu'elle ait rendu le dernier soupir. Dans l'œuvre de Goldoni, au contraire, trois ou quatre pièces surnageront éternellement : on jouera toujours en France le *Bourru bienfaisant*, en Italie la *Bottega di caffè*. Mais je ne conçois pas que les Vénitiens ne reportent pas sur leur littérature nationale l'intérêt et le respect qu'ils témoignent pour leurs institutions passées. Il serait plus facile de réveiller leur théâtre que le grand conseil. Comment n'ont-ils point le désir de revoir et d'applaudir ces centaines de petites pièces et de tableaux populaires que Goldoni a écrits dans leur dialecte et pour eux seuls ? Ils reprochent à ces ouvrages légers la trivialité des sujets et du langage, et ils ont raison ; mais ces vérités vulgaires sont au moins puisées dans leurs mœurs et leur caractère, et par conséquent elles devraient leur offrir plus d'intérêt que les trivialités d'un vaudeville français; ils retrouveraient dans Goldoni les types du barcarol, du chiozzote, de la *Pagota,* qu'ils ont sous les yeux et qui vivront tant que Venise sera debout.

A ce propos, il faut dire un mot de la *Pagota*, que nous allions oublier. Venise, comme on sait, ne renferme d'autre eau potable que celle du ciel, conservée dans les citernes. Les petites porteuses d'eau, leurs seaux sur l'épaule, parcourent toute la ville au trot pour distribuer ce liquide indispensable. Ces seaux de cuivre contiennent trois ou quatre litres chacun ; mais on les remplit bien des fois en une matinée. Il est aisé de reconnaître à leur visage pâle et délicat, à leur costume étranger, que ces filles viennent de loin : le Vénitien ne daignerait pas faire lui-même sa provision d'eau ; la *Pagota* lui rend ce service moyennant salaire. Pago est une ile froide et nue de l'archipel dalmatique, située le long des côtes de la Croatie : le privilége de porter l'eau à Venise appartient, par la force de l'habitude, aux filles de ce pays. On les appelle encore *bigolante*, du nom de leur profession. Comme on n'en voit que de jeunes, il est évident qu'elles ne font que passer à Venise, et qu'elles retournent se marier dans leur pays quand elles ont gagné leur dot en travaillant. Elles sont actives et prestes, quoique d'une constitution frêle, et les gondoliers perdent leur temps à vouloir les enjôler. Leur plan de conduite est réglé d'avance, et rarement elles s'en écartent. L'eau des citernes du Palais-Ducal étant la meilleure et la plus recherchée, c'est dans la cour de ce palais que les *pagote* se réunissent en grand nombre le matin. Les margelles en bronze de ces deux puits contiennent des ornements et des figurines, dont le moule a été, dit-on, envoyé à M. le baron de Rothschild pour orner une de ses maisons de campagne.

Au moment de mon dernier départ de Venise, il était question de suppléer à l'insuffisance des citernes. Deux compagnies se formaient, l'une pour amener l'eau de la terre ferme par un conduit attaché au grand viaduc du chemin de fer, l'autre pour l'entreprise d'un puits artésien : la première était composée de Français, et la seconde aussi très-probablement. Les Vénitiens se donnaient le plaisir de critiquer les deux entreprises, comme ils avaient persiflé celle du gaz hydrogène, fondée par des Lyonnais, et qui a parfaitement réussi. L'idée de faire sortir de terre une gerbe d'eau douce en perçant un îlot des lagunes avec une sonde, paraissait aux causeurs nocturnes du café Florian un rêve absurde et pitoyable. On m'a dit cependant que l'eau avait jailli aussi bien que la flamme du gaz. J'étais à Venise le soir où, pour la première fois, on tenta d'allumer, en présence de la foule incrédule, cette lumière chimérique sans huile et sans mèche ; par un hasard plaisant, le premier bec de gaz sur lequel on posa la petite lampe ne voulut point prendre feu : un immense éclat de rire retentit d'un bout à l'autre de la place Saint-Marc. Si le second bec ne se fût point enflammé, on allait infailliblement apporter une couverture de laine pour berner l'entrepreneur et son ouvrier. Fort heureusement la lumière parut pour confondre les rieurs, et en cinq minutes la place illuminée ne permit plus de nier la réalité du prodige, qui depuis s'est renouvelé tous les soirs.

Ce fut bien pis encore lorsqu'un habitant de Montpellier, en passant à Venise, s'étonna qu'une ville baignée dans l'eau de mer consommât du sel étranger, et se mit en tête de créer une saline.

— Si cela était possible, disaient les causeurs désœuvrés, aurait-on attendu que ce monsieur arrivât de France? Ces gens-là ne doutent de rien. Deux rivières versent leurs eaux dans celles des lagunes, et les rendent impropres à la fabrication du sel. Cela saute aux yeux.

— Il faudrait, disais-je à mon ami, M. A..., vous assurer que ces objections ne sont point fondées.

— Avant deux jours, me répondit-il, j'en aurai le cœur net.

M. A... prit une simple cuvette qu'il emplit avec l'eau d'un canal, et en voyant se former sur cette eau stagnante une croûte légère qu'il était impossible de prendre pour autre chose que du sel, il se sentit rassuré. Huit jours après, il était à Vienne, quinze jours plus tard à Paris. Au bout d'un mois je le vis revenir, et en dînant au café Gallo, il m'apprit qu'un traité avec le gouvernement autrichien l'obligeait à fournir dans deux ans cent mille quintaux de sel pour commencer; un autre traité avec M. le baron de Rothschild mettait à sa disposition les capitaux nécessaires aux travaux.

— Demain, me dit M. A..., nous irons voir ensemble l'emplacement de ma saline.

Nous partîmes de grand matin dans une barque à quatre rames. Nous visitâmes en passant l'île de Murano, où sont ces verreries autrefois si célèbres, et qui n'avaient pas de rivales en Europe; puis ensuite Burano, peuplé de pêcheurs, et enfin, laissant sur la gauche Torcello, où Attila eut la curiosité de se faire conduire, nous abordâmes au fond des lagunes sur l'île de Saint-Félix. Pas un arbre ni une plante dans ces terrains marécageux et salins. En nous voyant arpenter une île déserte, les gondoliers pensaient que nous y venions chercher le diable et faire un maléfice. Nous ne rentrâmes à Venise qu'à la nuit noire. Un mois plus tard, cinq cents ouvriers travaillaient à Saint-Félix, sous la direction d'un ingénieur, ancien élève de l'école polytechnique. C'était comme une colonie. La rumeur fut grande lorsqu'on apprit que le richissime seigneur banquier *Ronzilli,* — le nom de M. de Rothschild était ainsi harmonisé, — avait fourni des capitaux à ce Français entreprenant. On se plut à croire que les plans ne valaient rien, et que le richissime baron y perdrait son argent. C'était en 1844. Dix-huit mois plus tard, lorsque je revins, le travail était fini; deux machines à vapeur fonctionnaient, et j'assistai au festin de la crémaillère. Un an après, M. A... livrait au gouvernement pour cinq cent mille francs de sel marin, et il parut à peu près certain aux causeurs de nuit qu'une espèce de saline, ayant quatre lieues de circonférence, existait sur le terrain autrefois désert de Saint-Félix. Mais qu'importe Ronzilli, la fortune, le travail, l'industrie? Est-ce la peine de tant s'agiter quand on peut vivre en paix, et ratiociner à son aise sur les fatigues et les efforts d'autrui? Les causeurs nocturnes sont des philosophes observateurs, assis aux premières loges du théâtre de la vie, et à qui les gens remuants donnent le spectacle. Leur esprit objectif et critique s'attache d'ailleurs aux choses plutôt qu'aux personnes. Ils sont bonnes gens, prêts à discuter et à tuer le temps avec le premier venu, et leur fréquentation n'a d'autre danger que de vous inspirer le goût de ce *far niente,* qui les rend si heureux.

Avant de quitter cette Venise, dont on a tant de peine à s'arracher, racontons encore, pour retarder l'instant du départ, une historiette moins terrible et moins lamentable que le beau drame des brigands punis par une pluie de feu.

XXVI

VENISE

Zamaria, le roi des beignets. — La *Sagra* de San-Gallo. — Épitaphe d'une grande cantatrice.

Sous les belles galeries de la place Saint-Marc, entre le café Quadri et la boutique de M. Joseph Doria, l'horloger (qu'il ne faut pas confondre avec André Doria, qui était de Gênes), on trouve un passage sombre appelé le *Sous-Portique des Dés*. Ce sous-portique aboutit à un petit pont de pierre jeté sur un bras de la lagune et sur la gauche duquel est un pâté de maisons qui porte le nom de Paroisse San-Gallo. C'est un modeste quartier de Venise, composé de quatre ou cinq ruelles si étroites, qu'on peut s'y donner la main par les fenêtres. Le matin, on y ouvre ses persiennes avec précaution, de peur de heurter le nez du vis-à-vis qui prend l'air à son balcon. A l'ordinaire, le quartier San-Gallo n'est pas fort beau ; mais le jour de la *Sagra*, c'est-à-dire de la fête paroissiale, vous ne l'auriez pas reconnu, tant on l'avait orné, embelli et festonné.

Si l'on ne veut rien savoir de ce qui se passe en Italie, il faut mener la vie du beau monde. Le 16 octobre, jour de Saint-Gall, à dix heures du soir, je me promenais sur la place Saint-Marc, au milieu de la foule des belles dames, des mangeurs de glaces et des étrangers, sans me douter qu'il y eût une *Sagra* à deux pas des *Procuratie*. Heureusement la musique du régiment bohémien, après avoir donné concert, se mit à jouer une marche militaire en se dirigeant vers le sous-portique des Dés. Elle tourna sur la gauche pour s'enfoncer dans la paroisse de San-Gallo, et comme je la suivais, je tombai par hasard au milieu de la fête populaire. L'entrée de la rue des *Fabri* était décorée d'un manteau d'Arlequin et d'une toile de théâtre. Des quinquets à trois becs, soutenus par des guirlandes, éclairaient à *giorno*. Les habitants avaient tiré de leurs maisons ce qu'ils possédaient de plus beau pour l'exposer aux regards des passants. Tout ce qui peut à la rigueur être considéré comme ornement dans les pièces d'un mobilier se pavanait en plein air. Les murailles étaient couvertes de draperies, rideaux de lit, tapis de pieds, paillasses, courtes-pointes, comme pour une procession. La rue était jonchée de feuilles d'arbres. Des oriflammes groupées en faisceaux représentaient, les unes des armoiries fabuleuses, des comètes, des croissants et des constellations en papier de toutes couleurs, les autres des sujets historiques, des allégories et des personnages saints ou des dieux de la fable. Tous les portraits de famille, tableaux et images étaient suspendus pêle-mêle. La gravure du Mauvais sujet se trouvait à côté d'une sainte Vierge en cire et d'un buste d'Hippocrate. Un fabricant de poêles avait exposé deux gros chiens en terre cuite, destinés à servir de bouches de chaleur; le pharmacien avait étalé son portrait tenant à la main un bocal de sangsues; enfin le marchand de chandelles, n'ayant apparemment rien de plus beau à offrir que sa marchandise, avait formé avec ses chandelles des figures géométriques. Les balcons ressemblaient à des loges de théâtre, et comme toutes les Vénitiennes sont jolies, leurs profils antiques et leurs magnifiques chevelures ne nuisaient pas à l'embellissement de la *Sagra*. Des parfums de cuisine, d'oranges, de fromage et d'huile à quinquet, voltigeaient dans les airs, et la foule faisait entendre ces bruits comiques et confus auxquels on la reconnaît partout, en Italie, pour le peuple du monde qui sait le mieux rire, chanter et se divertir à peu de frais.

Au milieu de ces décors pittoresques, la musique du régiment bohémien s'arrêta sur la place et se rangea en cercle pour exécuter des airs de danse. Le monument dédié à saint Gall, petite chapelle d'une architecture fort simple, était si bien enterré sous les festons et les guirlandes, qu'on n'en voyait plus les formes. Dans un coin de la place, une inscription, posée sur la porte d'une maison, annonçait que là était mort Canova, le prince des sculpteurs. Des enfants dansaient devant cette inscription; des pêcheurs chiozzottes se querellaient, et des barcarols buvaient en plein air sur un tonneau. Mais le plus poétique tableau qu'offrît la fête de San-Gallo, c'était la boutique volante du célèbre Zamaria, le plus important personnage de toute *sagra* vénitienne, le prince des faiseurs de beignets, comme Canova le fut des sculpteurs. La boutique de Zamaria était dressée au centre de la place. Sur la façade de son établissement brillaient trois beaux plats en cuivre, somptueusement étalés entre de faux pains de sucre en carton, des fiasques au col élancé, des corbeilles élégantes, des casseroles et des cuillers à pot rangées avec art. Le fronton de ce monument portait un large écriteau sur lequel on lisait cette phrase pompeuse : *Quì lavora Zamaria di bignè* (ici travaille Jean-Marie en matière de beignets). Au fond du théâtre, éclairé par les flammes rouges du fourneau, s'agitaient quatre marmitons et une vieille femme autour d'une vaste poêle où gémissait la friture. Le premier commis versait dans cette poêle la pâte et les tranches de pommes, qui sortaient bientôt du laboratoire transformées en beignets délicieux, sur lesquels Zamaria répandait lui-même la poudre blanche ornée du nom de sucre, et dont il ne confiait le gouvernement à personne. Le grand homme surveillait d'un œil ses aides respectueux, et de l'autre le cercle indécis et contemplateur des chalands; car ceux qui n'ont pas un centime pour acheter un beignet jouissent gratuitement du plaisir de flairer l'arome de la friture à l'huile. Si Rembrandt eût passé par là, comme il eût noté ce tableau dans sa mémoire! Et le lendemain, dans son atelier, comme il eût bien rendu sur la toile ces lueurs infernales de la cuisine et ces figures si sérieuses! Zamaria est un maître despote devant lequel tremblent ses marmitons. Malheur à celui qui laisse tomber un beignet hors de la poêle! Le bras terrible du patron se lève armé de l'écumoire. Il faut voir dans ce moment quels regards foudroyants lancent les yeux du général en chef. Mais bientôt son visage reprend un air calme et majestueux; le souffle de la respiration enfle périodiquement ses grosses joues; ses paupières s'abaissent à demi sur ses prunelles grises, et dans sa physionomie un reste de colère lutte encore contre cette pensée impériale: « N'oublions que nous sommes Zamaria, le prince des beignets. » Parmi les officiers de cuisine est un idiot sur lequel Jean-Marie passe ses accès de brutalité; les curieux ont la barbarie de rire aux éclats à chaque gourmade que reçoit l'idiot; car le peuple italien est comme les enfants, et ne connaît pas la pitié que doit inspirer la dégradation de la nature humaine.

Je m'étais donc rangé dans le cercle des admirateurs, et je suivais du regard avec respect tous les mouvements de Zamaria. Des jeunes filles perçaient la foule de temps à autre pour demander des beignets, qu'on leur servait avec une promptitude surprenante. Quelques personnes graves et âgées consommaient sur place, en puisant dans la corbeille à l'aide d'un cure-dents de bois que Zamaria leur présentait. Le maître prit une large feuille de papier gris dont il fit un cornet, et compta douze beignets de la fournée la plus récente; puis il se tourna vers la foule attentive, pour y chercher un visage sympathique et digne de confiance. Son coup d'œil napoléonien s'arrêta sur moi; il me tendit le sac de beignets en me disant d'un ton amical et protecteur:

— Mon cher, fais-moi le plaisir de porter cette douzaine au comte Andrea, qui demeure ici en face, au premier étage. C'est une commande que le signor comte vient de me faire en passant. Quand tu reviendras, je te donnerai un beignet pour ta peine.

Subjugué par l'ascendant dominateur de Zamaria, flatté d'ailleurs de cette preuve de confiance, je me gardai bien de montrer une mauvaise volonté à laquelle personne autour de moi n'eût rien compris. Je m'empressai de prendre le cornet de papier des mains de Zamaria, et je me dirigeai tout droit vers la maison indiquée. La porte était ouverte; une veilleuse brûlait sous le vestibule, au pied d'une Madone peinte à fresque. Je montai au *primo piano,* et je tirai le cordon de la sonnette. Un homme d'environ trente-cinq ans, pâle de visage, avec des yeux vifs, quoique pleins de tristesse, vint ouvrir, et me demanda un peu brusquement ce que je voulais.

— Signor comte, lui dis-je, voici une douzaine de beignets que Zamaria m'a chargé de vous remettre.

— Ce Zamaria, dit le comte avec un sourire mélancolique, est un beignet que le Tout-Puissant a pétri en pâte de sottise et de vanité. Il faut que vous soyez bien complaisant, Monsieur, pour n'avoir pas remis ce drôle à sa place. Je lui reprocherai tout à l'heure sa maladresse.

— N'en faites rien, je vous prie. Zamaria m'a honoré d'une mission importante. Ses marmitons ne suffisent pas au grand débit de la *sagra,* et s'il eût confié ce précieux dépôt à quelque polisson, le messager aurait bien pu s'enfuir avec la marchandise. Il a donc agi prudemment et montré du coup d'œil en choisissant un homme qui ne pourrait pas voler douze beignets sans risquer de faire tort à sa réputation.

— Puisque vous prenez la chose avec tant d'obligeance, daignez au moins accepter votre part de mon souper.

Le comte Andrea ouvrit le cornet, et, après m'avoir offert un de ces *legnetti* qui peuvent aussi bien servir de fourchette que de cure-dents, il se mit à manger des beignets en homme de bon appétit. Pendant ce premier silence qui règne toujours au commencement d'un repas, j'examinai à la dérobée le mobilier de la chambre. Il me parut assez bizarrement composé : les quatre murs, peints à la détrempe, étaient entièrement dépouillés d'ornements; sur une malle de voyage étaient rangés des livres, des cahiers de musique et deux paires de bottes; la table, en simple bois blanc, laissait voir les outrages de la lampe et de l'écritoire; une ficelle tendue remplissait les fonctions d'armoire et portait des habits et un manteau. Cependant un fauteuil en velours, garni de dorures, reposait sur une estrade en manière de trône; il était recouvert d'une chemise de gaze, tandis que nous étions assis sur un véritable banc de cabaret; un escabeau vermoulu était placé devant un assez beau piano à queue de façon allemande. Quoique l'Italie soit le pays des intérieurs hétéroclites, celui-ci avait tout l'air d'appartenir à un maniaque, et je résolus de savoir chez qui le hasard venait de m'introduire. Après avoir mangé deux beignets, je déposai le *legnetto* sur la table, et je feignis de regarder autour de moi pour la première fois.

— Vous avez là un fort beau meuble et qui paraît très-précieux, dis-je en montrant le fauteuil en velours.

Le comte me lança un regard terrible, enfla ses poumons de Stentor, et répondit en faisant ronfler les *r* :

— Si je ne vous avais pas reconnu à votre accent pour un Français, je ne pourrais déjà plus me tromper sur le pays d'où vous venez. Les railleries ne sont pas de saison chez nous, Monsieur. Vous êtes ici sous un ciel chaud, parmi des cœurs de feu. Apprenez que je suis la bienveillance même pour qui me veut du bien; mais pour les mauvais plaisants, je deviens un lion féroce, un géant armé d'une massue; je les déchire, je les écrase...

— Aimez-vous la cigarette? mon cher comte, dis-je en tirant du tabac de ma poche. Tandis que vous fumerez ceci, je vous prouverai que vous me faites une grande injustice. Je suis plein d'admiration pour l'Italie et de sympathie pour les Italiens. A Dieu ne plaise que je songe à les tourner en ridicule. La gaieté française, sans ressembler à la vôtre, a son mérite et serait digne d'être mieux comprise. Nous ne parlons pas du feu de nos cœurs; mais nous en avons. Quant aux lions féroces et aux géants armés de massues, nous savons que ce sont au fond de bonnes gens, incapables de déchirer personne, et trop polis pour vouloir pulvériser un homme qui leur apporte des beignets avec complaisance. Vous avez une belle voix de *basso cantante,* mon cher comte.

— Hélas ! j'ai su chanter autrefois ; mais je ne fais plus de musique depuis qu'*elle* s'est envolée loin de moi.

— Est-ce votre voix qui s'est envolée, ou une personne qui vous était chère ?

— Une divine, une adorable personne.

— Je comprends. Votre amie était musicienne, et depuis que vous l'avez perdue, vous avez renoncé au chant et fermé pour toujours votre piano ; et quand vous allez à la *Fenice,* si une cantatrice vous rappelle le son de sa voix, votre cœur se fend de douleur.

— Jamais je ne remettrai le pied à la *Fenice.*

— Votre amie a donc chanté sur ce théâtre ? C'était une prima donna. L'inconstante a quitté Venise pour s'en aller à San-Carlo, à la Scala, peut-être en Russie. Voilà comme sont les artistes. Malheur à celui qui s'attache à ces êtres changeants ! leur seul amant, c'est le public ; leur seule passion, c'est le succès.

Le signor comte me regardait avec un sourire d'approbation.

— Si la gloire, dit-il, s'était enveloppée de flammes, cette fille insensée s'y serait jetée la tête la première, tant elle avait soif d'applaudissements.

— Il n'est pas impossible qu'elle vous rende sa tendresse, si vous savez saisir le moment favorable. Le public est capricieux. Quelque jour peut-être, à Bologne ou à Naples, votre amie recevra un mauvais accueil. Partez alors, courez auprès d'elle pour lui porter des consolations.

— Le public qui jouit de ses chants à cette heure, interrompit le comte, n'a pas de caprices et ne peut manquer à ce qu'il lui doit.

— Grand Dieu ! est-ce qu'elle serait morte ?

— Votre seigneurie a fini sa cigarette ; me permettra-t-elle de lui offrir un dernier beignet ?

Le comte avait affecté de répondre à la française ; mais son naturel reprit aussitôt le dessus ; il poursuivit avec le ton académique en se frappant violemment la poitrine :

— Si ce corps n'était pas plus robuste que celui de Samson, et si l'âme qui l'habite n'était pas de fer, il y a longtemps que tout cela serait brisé, éparpillé, *posto in cento brani.*

Ce n'était pas le moment de faire observer au comte qu'on ne meurt pas de douleur lorsqu'on parle de ses chagrins d'une manière aussi exagérée. L'hyperbole est un baume que l'esprit distille à l'usage du cœur. Cependant on verra tout à l'heure que je me trompais en soupçonnant cet homme singulier de puiser des consolations dans la manie de produire de l'effet. L'emphase était dans son sang, et même à l'heure de la solitude, elle ne l'abandonnait pas. C'est ce que le hasard devait bientôt me permettre de vérifier. Après avoir mangé le dernier beignet, je revins avec précaution à mon fauteuil enveloppé de gaze.

— Mon cher comte, repris-je, il y a sans doute quelque liaison entre votre douleur et cette espèce de trône. Si vous m'avez faussement accusé de malice, c'est que vous sentiez vous-même qu'il n'est pas ordinaire de traiter un fauteuil comme un tableau de Raphaël, ou un bijou de nacre de perle. Vous me devez une réparation pour votre injuste accusation de raillerie, et la seule réparation que je vous demande, c'est de me dire si mes conjectures sont vraies. Je me figure que votre amie est venue vous voir, qu'elle s'est assise là, et que depuis, vous n'avez pas voulu que personne se servît de ce siége d'honneur.

— Les grâces, la beauté, le génie, s'écria mon homme en reprenant sa voix de *basso cantante,* sont venus répandre ici leur céleste lumière, et changer cet obscur séjour en un temple consacré. A leur suite, les muses descendirent du ciel et se groupèrent autour de ce piano. La divinité qu'on ne cessera jamais d'adorer en ces lieux s'est reposée un moment sur ce meuble indigne, et dès lors elle en a fait une relique sacrée dont aucun mortel impur ne doit plus faire usage.

— Vous avez raison, mon cher comte; c'est ainsi que j'aurais dû m'exprimer. Souffrez maintenant que je vous adresse une prière dont je sens toute la gravité. Le peu que vous m'avez dit a excité vivement ma curiosité. Je m'intéresse de tout mon cœur à vous, à vos chagrins, au sort de cette belle inconnue que vous regrettez avec tant de force; achevez une confidence commencée avec cet abandon aimable qui distingue les Italiens, et moi je me féliciterai de l'indiscrète vanité de Zamaria.

— Vous voulez savoir mon histoire? dit le comte en soupirant. Les événements de ma vie sont peu de chose, quoique mon chagrin soit bien grand. Vous ne voyez en moi qu'un original, un homme bizarre, déclamateur et ennuyeux; c'est le malheur qui m'a rendu comme je suis.

A ces mots du pauvre comte Andrea, j'éprouvai une véritable compassion. Je regardais avec attendrissement ce mélange singulier d'emphase et de simplicité, de folie et de bon sens. Je lui pressai la main sans rien dire; mais il vit mon émotion, et il m'en sut gré.

— Puisque vous prenez intérêt à mes ennuis, me dit-il, je veux satisfaire votre curiosité. Dans un moment, il faut que je sorte pour remplir un devoir important. Je vais vous raconter ce que je pourrai de mes aventures.

Le comte passa la main sur ses yeux; sa physionomie devint sombre; on aurait dit qu'il allait fondre en larmes; puis un souvenir de jeunesse ramena subitement dans ses traits l'épanouissement du bonheur, et il commença son récit.

Le lecteur, plus pressé, sans doute, que je ne l'étais d'arriver au dénoûment, n'aurait pas autant de patience que moi, si je lui rapportais exactement le récit du comte Andrea. Le besoin de s'apitoyer sur lui-même entraînait le héros à tant de digressions et de tirades, que nous manquerions à toutes les règles de la narration en nous piquant de fidélité. Voici donc en peu de mots l'abrégé de cette fatale histoire. Le comte, Vénitien du sang le plus pur, était un peu poëte et surtout excellent musicien. Abonné au théâtre de la *Fenice*, comme tous les jeunes gens de la bonne société, il s'était pris d'une passion extrême pour une belle *prima donna* qu'il avait entendue tous les soirs pendant un hiver entier. Malgré la pureté de son amour pour cette grande cantatrice, il refusa obstinément de me dire comment elle se nommait. Il m'apprit seulement qu'après trois ou quatre ans de succès, elle avait quitté le théâtre pour épouser par inclination un homme riche, aimable, et de la meilleure noblesse de Lombardie. Ce mariage n'avait inspiré au seigneur Andrea ni chagrin ni jalousie, tant sa tendresse était désintéressée. Au contraire, il s'était réjoui de la fortune de son amie, et consolé de ne plus l'entendre au théâtre en faisant de la musique avec elle. Un jour, la comtesse, — car elle l'était devenue en se mariant, — vint avec d'autres personnes passer une matinée chez le seigneur Andrea pour essayer un piano qu'il avait acheté. Son mobilier était alors tout neuf et fort beau. Depuis ce jour mémorable, il avait conservé avec un soin religieux le fauteuil où la comtesse s'était assise, et le piano que ses belles mains avaient touché; mais, dans un excès de mélancolie et de chagrin, il avait vendu tout le reste.

Cette vie douce, partagée entre la musique et l'intimité d'une personne si charmante, avait été brisée tout à coup. La comtesse, appelée dans la famille de son mari, partit pour Milan, et le pauvre Andrea faillit mourir de douleur. — A ce moment du récit, je demandai au narrateur pourquoi il n'avait pas abandonné sa ville natale pour courir après son amie.

— J'ai toujours habité Venise, répondit-il, et je ne saurais vivre à Milan, où l'on parle un dialecte blessant pour mes oreilles; le poisson, d'ailleurs, n'y est pas frais.

Cette raison me parut sans réplique. Pendant trois ans, le seigneur Andrea ne revit pas la comtesse. Un jour, il apprit par les journaux sa rentrée et son engagement au théâtre *Valle*, à Rome. Cette fois, il n'hésita pas à quitter Venise, et il voulut assister aux débuts de son amie dans le rôle de Roméo. Il partit en poste et arriva le jour même de la représentation. Son émotion fut grande en voyant paraître en scène celle qu'il avait tant aimée.

et regrettée. La *prima donna* lui sembla pâle et souffrante. Elle chanta mieux que jamais, et joua son rôle avec un feu, une passion qui excitèrent des transports d'enthousiasme; mais Andrea, qui l'observait avec d'autres yeux que le vulgaire, devina qu'un mal intérieur la dévorait. En effet, après la chute du rideau, Roméo fut transporté dans sa loge évanoui. La grande cantatrice rentra chez elle avec une fièvre ardente. Une maladie grave la retint longtemps au lit. Elle ne s'en releva que pour aller mourir de langueur à Milan.

Ici le narrateur s'interrompit. Après un moment de silence, il essuya ses yeux inondés de larmes, et, prenant le papier gris qui avait enfermé les beignets, il recueillit dans le creux de sa main ce qu'il restait de poudre blanche au fond du cornet, puis il avala ce prétendu sucre râpé d'un air tout à fait sensuel. En ce moment, l'horloge fêlée de l'église de San-Gallo sonna onze heures.

— Excusez-moi, Monsieur, dit le comte; j'ai une tournée à faire en ville. Nous sortirons ensemble, si vous le voulez.

— Volontiers, répondis-je; mais ne m'apprendrez-vous pas le nom de cette charmante amie que vous avez si tristement perdue?

— Que d'autres vous l'apprennent, s'écria le comte. Ce nom que je révère, je ne le prononcerai plus que dans le silence de mes veilles et les accès de mon désespoir.

Le seigneur Andrea mit son manteau et alluma une petite lanterne. Nous descendîmes sur la place. Les derniers vestiges de la *sagra* allaient disparaître : les quinquets étaient éteints, les maisons fermées, les tableaux, tentures et portraits de famille étaient remis au clou; il ne restait plus que les guirlandes de feuillage et de papier. Au milieu de la place déserte, on voyait encore la boutique volante de Zamaria ornée de son drapeau et du magnifique écriteau. Les fourneaux ne brûlaient plus; les marmitons pliaient bagage, démontaient les planches et emballaient l'établissement dans une charrette à bras. Le prince des beignets surveillait la manœuvre, et promenait dans le désert des regards majestueux, comme Napoléon sur le champ de bataille d'Iéna. J'abordai ce grand homme avec respect.

— Signor Zamaria, lui dis-je, je viens vous rendre compte de la commission importante dont vous avez bien voulu me charger. Le signor comte Andrea peut vous dire que je lui ai remis fidèlement son cornet de beignets.

— Je te remercie, mon ami, répondit Zamaria en gardant sa posture académique, les bras croisés sur sa poitrine; je te remercie. Tu as fait la commission en galant homme, avec intelligence et politesse, je n'en doute pas.

— Vieux fou, s'écria le comte, tu ne vois donc pas que le signor Français se moque de toi comme tu le mérites? C'était une grossière inconvenance que de prier un *zentiluomo* de porter des beignets comme un marmiton. Entends-tu cela, vaniteux cuisinier?

La physionomie de Zamaria trahit une angoisse mortelle, et comme un renversement de toutes ses idées.

— Vous vous trompez, signor comte, interrompis-je; Zamaria m'a honoré; je suis fier de sa confiance. Je le prie d'employer encore mes services à la première occasion. Ne lui dites pas qu'il a commis une faute, et ne me brouillez pas avec lui; vous me priveriez de la récompense qu'il m'a promise, et que je réclame pour le prix de mon obéissance et de mon exactitude.

Le visage de Zamaria reprit aussitôt son calme impérial. Le grand homme m'offrit un cure-dents de bois, et me présenta la corbeille aux beignets, en me disant d'un air paternel:

— Mon ami, puisez vous-même.

J'enfonçai le *legnetto* dans un beignet, que Zamaria saupoudra de sucre, et je mordis dans une pâte fade et refroidie, qui n'avait rien de régalant. Le comte me regardait avec un œil envieux.

— Zamaria, dit-il, que feras-tu de ces beignets froids qui restent dans ta corbeille?

— Ce sera le souper de mes *gens*, répondit le cuisinier.

— Tu connais bien mon ami le comte Geronimo, qui demeure à

Saint-Sylvestre? C'est un homme de bon appétit : il vous mange quatre douzaines de beignets à son souper comme une cuillerée de pois. Je lui ferai l'éloge de ta marchandise, et je lui conseillerai de ne plus acheter sa friture aux marchands de la *Frezzaria*.

— Excellence, répondit Zamaria, je vous serai reconnaissant de ce service. Je m'étonne qu'un homme de qualité, comme votre ami le comte Geronimo, se fournisse ailleurs que chez moi.

— C'est une mauvaise habitude qu'il a, et dont je lui ferai honte; mais il faut pour cela que tu me donnes un beignet, comme au signor Français.

— Avec plaisir, Excellence.

Zamaria offrit sa corbeille. Le comte y chercha longtemps pour choisir le plus gros beignet; il exigea une double ration de sucre, et mangea ce morceau de friture avec l'air fin et radieux de l'homme habile qui vient de réussir dans une mystification diplomatique. Il fit ensuite claquer sa langue pour exprimer la jouissance dont son palais était flatté; puis il se drapa tragiquement dans son vaste manteau, me salua gravement, et s'éloigna comme un conspirateur.

En retournant aux *Procuratie*, je me trouvai, par hasard, derrière le comte Andrea, et je le suivis machinalement. Il me conduisit par un détour à la petite place de San-Zuliano; là il s'arrêta tout à coup, regarda autour de lui avec précaution, tira de sa poche un morceau de charbon enveloppé dans un papier, et traça des caractères sur la muraille à la lueur de sa lanterne. Il se dirigea ensuite vers San-Salvatore, où il orna encore les murs d'une inscription; puis il revint à San-Fantino, au théâtre de la Fenice, et enfin à Saint-Moïse. Dans ces divers endroits, il recommença le même manége. L'obscurité ne me permettant pas de lire ce qu'il avait écrit, je remis au lendemain à en prendre connaissance. L'inscription était toujours la même, et en voici le texte exact :

« *Il dì 29 maggio 1840, cessò di vivere la divina cantante Giuditta Grisi. Pregate per l'anima sua!* »

Depuis quatre ans, l'unique occupation du pauvre Andrea était d'entretenir et de multiplier ces épitaphes en l'honneur de son amie. Toute personne qui est allée à Venise en ce temps-là a dû les voir comme moi dans les endroits que j'ai nommés tout à l'heure, et dans beaucoup d'autres.

Lorsque je revins à Venise, en 1846, les inscriptions avaient disparu, et l'on m'apprit que l'admirateur fidèle de Judith Grisi était parti pour Rome. J'arrivai trop tard pour le rencontrer dans cette dernière ville; mais j'y trouvai l'épitaphe récemment écrite au crayon sur les murs du palais Chiggi.

XXVII

LE TYROL ITALIEN

Bassano. — Giacomo da Ponte. — Trente. — Débordements de l'Adige. — Bolzano. — Inspruck. — Le tombeau de Maximilien. — Le château d'Amras. — André Hofer. — L'insurrection de 1809. — Un miracle. — Les bec-figues. — Rentrée en Italie.

Au moment où le Parisien lit sur son calendrier ces mots illusoires : *jours caniculaires,* un changement notable s'opère dans le climat de Venise. Le ciel s'embrase tout à coup ; plus de rosées ni de brises du soir ; le martinet et l'hirondelle, incommodés par l'excès de chaleur, sentent le besoin de partir pour la terre ferme. Leurs petits étant élevés et capables de voler, ces familles nomades se dirigent vers les montagnes du Frioul et du Tyrol, en attendant l'époque du grand voyage outre-mer. Dès le lendemain de leur départ, les cousins, n'ayant plus d'ennemis à craindre, font leur entrée dans la ville, comme Omer-Pacha dans Bucharest, après la retraite des Russes. On voit des nuées de ces insectes détestables tourner le soir autour des becs de gaz ; mais on s'aperçoit à leurs piqûres que tous ne se brûlent pas les ailes. Il faut dormir le jour, vivre la nuit, se promener au Lido et demander un peu de fraîcheur à la pleine mer. On comprend alors que les lois de la *fashion,* en vous commandant de déserter, ne sont pas dénuées de toute raison.

Pendant le mois caniculaire, tout le beau monde se rend à Recoaro, le Vichy de Venise, pour se divertir sous le prétexte de prendre les eaux. Recoaro est situé au-dessus de Vicence, dans ces montagnes où la tradition suppose qu'un débris de l'invasion des

Cimbres, échappé aux armes de Marius, est venu s'installer. Ce qui donne à cette histoire une certaine vraisemblance, c'est qu'on parle allemand dans plusieurs villages enclavés au milieu d'une province italienne; mais les Cimbres de Vicence ne seraient-ils pas des soldats de Maximilien? Je n'avais nulle envie d'aller à Recoaro; cependant, un soir, un artiste de mes amis m'aborda sur la place Saint-Marc, en me disant :

— Ne trouvez-vous pas qu'on se sent enfermé à Venise? Cette vie féerique, cette musique perpétuelle, ces merveilles des arts, tout cela vous enlace comme les délices du jardin d'Armide; mais c'est pour vous faire oublier que vous êtes en prison.

Sans me laisser troubler par ce mot malsonnant, je compris que, dans l'intérêt même de ma passion pour Venise, je pouvais consentir à m'en éloigner pendant huit jours. Comme on fait acte d'indépendance en voyageant, j'acceptai la proposition d'une tournée dans le Tyrol italien, que j'avais déjà traversé l'année précédente. Nous partîmes le lendemain pour Padoue, et le jour suivant pour Trente, par les messageries. Notre première station fut à Bassano, situé sur la Brenta, dans une vallée riante. La vue de quelques grands arbres et de vieux remparts, les travaux des champs, les vagues parfums de la végétation, que nous n'avions pas sentis depuis longtemps, présentaient des tableaux récréatifs à l'imagination de prisonniers échappés des lagunes et sûrs d'y revenir bientôt. La population de Bassano et des environs nous parut belle et robuste comme celle de la campagne de Rome. Les hommes affectaient ces postures académiques dont l'habitude se transmet avec le sang, aussi bien que le type du visage. Ces bonnes gens portaient la main à leur chapeau avec une politesse remarquable, pour montrer qu'ils n'avaient point hérité des mœurs barbares de leur compatriote Ezzelin. Nous trouvâmes dans cette petite ville de dix mille âmes beaucoup de peintures de Giacomo da Ponte. Après avoir fait fortune à Venise, le Bassano revint dans son pays et n'en sortit plus. Sa réputation s'était répandue dans toute l'Europe; les princes le voulaient avoir à leur cour ; il fut assez sage pour préférer sa jolie maison, sa famille et ses amis à des honneurs fragiles. Cependant le Bassano était du nombre de ces artistes qui ont besoin d'être dirigés ; les exigences de la peinture monumentale avaient longtemps soutenu son talent ; quand ces conditions changèrent, sa manière se gâta. Il avait dans l'esprit un côté vulgaire que l'isolement développa : ce fut à son retour à Bassano qu'il se prit d'un goût immodéré pour les scènes triviales, les marchés, les animaux et autres sujets indignes du pinceau qui avait représenté les fastes de Venise sur les murs du Palais-Ducal. Ses tableaux de chevalet se vendaient bien ; du fond de sa retraite il les envoyait au bout du monde. On s'aperçoit aujourd'hui, dans tous les musées de l'Europe, de l'extrême facilité de Giacomo da Ponte ; mais c'est à Venise seulement qu'on l'apprécie comme peintre d'histoire.

Au delà de Bassano, les montagnes du Tyrol commençaient à grandir. Un orage vint nous avertir que nous n'étions plus dans ce climat réglé où l'on peut donner des bals en plein air, et préparer ses lampions un mois d'avance, sans craindre le mauvais temps. La tempête nous obligea d'attendre une heure à Primolano, et quand nous arrivâmes à Trente, l'Adige roulait dans ses eaux toutes sortes de débris. J'ai vu trois fois l'Adige en diverses saisons ; j'ai toujours trouvé cette rivière déréglée hors de son lit : au printemps, c'est la fonte des neiges qui sert de prétexte à ses débordements ; en automne et en hiver, ce sont les pluies ; en été, au moindre orage, elle s'étend dans toute la vallée de Trente, et en fait un lac plein de tourbillons. L'hôtelier de l'*Aquila d'oro* se frotta les mains en voyant des voyageurs, et nous annonça de l'air le plus gracieux qu'il ne fallait pas songer à sortir de son auberge avant une huitaine de jours. Pour mieux nous confirmer dans cette idée, il s'empressa de nous raconter tous les malheurs et accidents causés par l'Adige ; les voyageurs imprudents, trop pressés de quitter l'*Aigle d'or*, avaient toujours été, comme on le devine, les premières victimes des inondations.

— Mais, dis-je, est-ce que le courrier de Vérone à Inspruck attendra la retraite des eaux pour porter ses dépêches ?

— Inspruck ! s'écria l'hôte, Inspruck est bien au delà du Brenner. Par un temps semblable, que de gens ont péri dans cette montagne effroyable ! Il s'agit bien d'Inspruck ! Vous n'irez pas seulement à Bolzano.

— Combien de jours faut-il donc à l'Adige pour rentrer dans son lit ?

— L'Adige ! fleuve terrible et maudit ! A cette heure, l'eau s'élève sur la route à la hauteur de deux hommes (*due uomini d'acqua*).

— Tâchez donc, repris-je, de répondre à mes questions. L'an dernier, un omnibus, monté sur de hautes roues, partait tous les matins pour Bolzano. Si cette voiture, malgré vos *deux hommes d'eau,* fait le trajet demain, nous voulons la prendre.

— Excellence, répondit l'hôte en levant les yeux au ciel, c'est une mort affreuse que de se noyer dans un large torrent, d'être broyé en mille pièces sur les rochers, de rouler dans les précipices, et d'arriver enfin dans la plaine sous la forme d'un cadavre défiguré.

— Je vois bien, dis-je, qu'il faut renoncer à obtenir une réponse vraie d'un homme intéressé à mentir ; mais vous ne dissimulez pas assez votre envie de nous retenir dans votre *osteria.*

Au lieu de persister à interroger cet hôtelier moitié Machiavel et moitié *gribouille,* nous descendîmes sur les bords de la rivière pour vérifier par nous-mêmes l'état des choses. La population pauvre de Trente avait fait comme nous. Des pêcheurs d'une nouvelle espèce lançaient des harpons attachés à des cordes, et tiraient de l'eau avec beaucoup d'adresse, l'un une planche, l'autre un arbre fruitier, celui-ci un baquet, celui-là une botte de foin. Ces écumeurs d'eau douce nous répétèrent avec moins d'exagération les menaces de notre hôte, et nous assurèrent que la rivière croissait encore pendant douze heures après l'orage. Nous rentrâmes à l'*Aigle d'or,* l'oreille basse.

Trente n'a guère aujourd'hui que dix à onze mille âmes. Les rues en sont larges; quelques-unes bordées d'anciens palais dont les façades attirent l'attention. Deux de ces façades portent encore de grandes peintures à fresque qui ont résisté au temps et au climat pluvieux. Nous avons cru reconnaître à certaines figures naïves et sans relief la main de quelque élève de Mantegna. Le palais épiscopal est riche en marbres de diverses nuances. A l'époque du fameux concile, il fallait que cette petite ville eût de bien grandes ressources pour loger les prélats, les cardinaux de tous les pays, accompagnés de leur suite nombreuse. Le cortége du cardinal de Lorraine se composait de trente gentilshommes français ayant sans doute aussi des gens pour les servir. On conserve dans l'église de Sainte-Marie-Majeure un immense tableau représentant les portraits de tous les princes de l'Église et pieux personnages qui ont assisté à cette assemblée œcuménique pendant les dix-huit ans qu'elle a durée. Quand nous eûmes bien regardé cette toile, les peintures de l'évêché, la belle fontaine de la grand'place, et jusqu'à la manufacture des tabacs, l'Adige étant encore débordé, nous demandâmes un jeu d'échecs pour tuer le temps. Le courrier de Vérone avait laissé ses voyageurs et sa voiture à Trente, et il était parti, son sac aux dépêches sur le dos, par les petits sentiers des montagnes.

Enfin le troisième jour, on nous annonça que l'omnibus tenterait le passage. Tout le monde voulut s'embarquer. La lourde voiture, traînée par trois chevaux attelés de front, contenait bien quinze personnes. Nous avions retenu deux places dans le cabriolet découvert, décoré du titre de coupé. Des jeunes gens occupaient l'impériale. Nous sortîmes de Trente à dix heures du matin, suivis par une troupe d'enfants qui se réjouissaient de nous voir noyer. Au bout d'une demi-heure à peu près, un véritable lac s'offrit à nos regards. A droite et à gauche du chemin, on apercevait à distance des arbres et la pointe de quelques ceps de vigne sortant de l'eau. Le cocher fouetta ses chevaux et entra résolûment dans le lac. Des bornes rapprochées les unes des autres marquaient les deux côtés de la route ; mais bientôt l'eau s'élevant au-dessus des bornes, le conducteur parut effaré. Dans l'intérieur, les dames poussaient des cris perçants. La voiture perdit la voie et monta sur un tas de pierres ; les chevaux, refusant de marcher, irrités par les coups de fouet, commencèrent par regarder les ceps de vigne avec l'intention évidente de se diriger de ce côté. Encore un pas, et nous allions verser. Les cris des femmes redoublaient, et l'eau entrait dans la voiture. Je m'apprêtai à gagner à la nage un arbre fruitier, lorsqu'un jeune Tyrolien, sautant de l'impériale sur le dos du cheval le plus rebelle, harcela si bien sa monture à grands coups de talons, que tout l'attelage se remit en marche. Nous sortîmes sains et saufs de l'inondation, et, après avoir franchi de la même façon deux autres gués moins larges, nous entrâmes à Bolzano, dernier bourg où l'on soit compris en parlant italien.

Une autre voiture nous attendait pour nous mener à Brixen. De ce côté de la vallée, le bourg d'où nous sortions perdait son nom harmonieux et s'appelait Botzen. Comme dans les Alpes, la route suivait le lit du torrent. Le paysage rappelait, par la grandeur et la sauvagerie de ses sites, les beautés de la nature helvétique ; mais, par moments, des coteaux à pentes douces se montraient couverts de vignes, ou bien des montagnes à pic, surmontées de vieux châteaux, laissaient dans la largeur du vallon des terrains précieux pour la culture. C'était jour de marché à Brixen. On voyait sur la route des jeunes paysans retournant à leur village d'un pas vif, le bâton à la main, le chapeau galamment penché sur l'oreille et orné d'une plume d'épervier, le gilet garni de boutons de cuivre, la veste marquant la taille, la culotte courte, bouclée sous le genou et montrant une jambe leste et musculeuse. Des filles pimpantes, en jupon court, portant le chapeau haut de forme, le foulard en manière de gorgerette, marchaient bravement, le panier sous le bras. Il faut croire qu'elles n'engendraient pas de mélancolie, car toutes celles qui tournaient la tête au bruit de la voiture montraient leurs dents blanches sans qu'on les en priât. C'est cette population courageuse qui, par son dévouement à la maison d'Autriche, créa des embarras sérieux à l'empereur Napoléon, et résista longtemps aux troupes du maréchal Lefebvre.

Sur la route de Brixen à Inspruck, le courrier de Vérone, qui nous avait donné deux places, passa devant une énorme citadelle, récemment construite en pierres de taille et garnie de plusieurs centaines de canons. Selon l'opinion d'officiers du génie français, cette citadelle, fort connue, est un ouvrage remarquable et un essai d'ingénieurs autrichiens très-savants. Cependant, en s'écartant du système de Vauban, pour se rapprocher de celui de Dalembert, qui a écrit sur les fortifications, il paraît qu'on n'a pas assez tenu compte de la puissance de l'artillerie nouvelle. La pierre, quelle que soit son épaisseur, a cet inconvénient que les projectiles finissent toujours par la briser, et qu'une fois entamée, au lieu d'offrir un abri, elle devient dangereuse par ses éclats et ses débris. N'étant point du métier, je laisse aux gens experts l'examen de cette question.

Les passages du Tyrol ont coûté moins d'efforts et de dépenses que ceux de la Suisse. On n'y trouve plus ces longues galeries creusées dans le roc, ces penchants rapides, ces cavernes et ce désordre des éléments qui donnent au Simplon, au Splüzen et au Saint-Gothard, l'apparence du chaos ou du péristyle de l'enfer. Nous montions à pied depuis deux heures, lorsqu'on nous dit : « Voici le sommet du Brenner. » La montagne n'avait rien de terrible. Dans le rempart qui enferme l'Italie, la nature a laissé un endroit plus faible que les autres ; mais, afin de réparer cet oubli, elle a placé un triple rang d'obstacles en avant du Brenner. L'enceinte regagne en profondeur ce qu'elle perd en élévation. Pour sortir du Tyrol, soit par la Bavière, soit par le lac de Constance, il faut franchir des chaînes interminables de montagnes, dont une, celle de l'*Aigle*, est plus ardue que le Brenner lui-même. De longtemps nous n'avions plus qu'à descendre, et la route habilement tracée sur le flanc des coteaux ménageait la raideur de la pente.

Les chevaux, lancés au grand trot, faisaient sonner leurs grelots, et les jeunes postillons jouaient sur leurs cornets ces airs nationaux auxquels les notes en fausset et le rhythme à trois temps donnent un caractère d'étrangeté pittoresque. Les fanfares redoublèrent lorsque la voiture déboucha dans une belle vallée, bordée de maisonnettes peintes et de frais jardins. En face de nous apparut Inspruck, qu'on prendrait de loin pour une ville de plaisir, comme Baden ou Aix en Savoie. En mettant pied à terre, à l'hôtel du *Lion d'or,* nous fûmes édifiés du luxe prodigieux de la batterie de cuisine. Les Tyroliens attachent une juste importance à la perfection des ustensiles de ménage, et surpassent dans cet art utile tous les autres peuples du monde. On nous donna une immense chambre, éclairée par quatre fenêtres étroites à petits carreaux de vitre; un poële, haut de six pieds, était placé au chevet du lit d'honneur. En hiver, le Tyrolien chauffe l'air de sa chambre à vingt-cinq degrés Réaumur, dort fort bien dans ce four, la tête aussi près que possible des bouches de chaleur, et se réveille sans la moindre migraine.

Inspruck est une ville propre, lavée, fardée comme une douairière en humeur de conquêtes. Un badigeon blanc ou colorié, sans cesse renouvelé, dissimule partout la pierre. Des galeries sombres et basses bordent la rue principale. Pour ne point perdre de temps, nous allâmes tout droit à l'église des Récollets, où se trouve le célèbre tombeau de l'empereur Maximilien. Cet énorme mausolée, gardé par une grille de fer historiée, occupe à lui seul la moitié de la nef. Le sarcophage, entouré de piliers de marbre noir, est surmonté de la statue de l'empereur agenouillée. Une série de bas-reliefs représente les faits importants d'un long règne, plutôt agité que glorieux. Vingt-huit grandes statues de bronze, toutes debout, forment le cercle autour du cénotaphe; ce sont des princes de l'empire, des chevaliers couverts de leurs armures, des ministres vêtus de la robe longue, des princesses la couronne sur la tête. Ces visages d'airain, ces attitudes guerrières ou majestueuses, ces costumes allemands, vous reportent en plein moyen âge. Je ne sais quoi de sinistre respire dans cette réunion de trépassés, faisant encore leur cour jusque dans la tombe à celui qui fut leur empereur. Devant une pareille assemblée, Don Juan lui-même eût été saisi de respect. Insulter l'image d'un vieux commandeur dans le cimetière de Séville était sans doute une audacieuse impiété, mais si le profanateur eût osé troubler par ses railleries ce conciliabule d'hommes de bronze, quelque ancien chevalier, sans descendre de son piédestal, eût assommé d'un coup de hache d'armes le pygmée insolent. Parmi les courtisans de l'empereur figure Charles le Téméraire, tué à Nancy quinze ans avant l'élection de Maximilien, et qui, par conséquent, n'eut jamais occasion de lui rendre hommage. Cette statue, qui rappelle bien l'intraitable ennemi de Louis XI, et quelques autres d'un style sévère, sont l'œuvre d'un sculpteur allemand nommé Loffler.

Il ne faut pas manquer de visiter le château d'Amras, situé à deux petites lieues d'Inspruck, dans une position charmante. Plusieurs empereurs l'ont habité, après les évêques de Brixen. C'est là que fut élevé le célèbre Wallenstein. Aujourd'hui Amras est une espèce d'arsenal gothique et de musée de bizarreries. On y trouve des armures de géant, des casques informes dans lesquels ne pourrait se loger aucune tête humaine, des lances faites d'un chêne de vingt ans, que la main de Roland ou celle de Ferragus pourraient seules manier, des trophées de drapeaux enlevés aux Turcs, des harnais incompréhensibles et des ustensiles dont l'usage est inconnu, le tout assaisonné d'une collection de tableaux représentant des veaux à deux têtes, des bœufs à trois cornes et autres monstruosités qui auraient transporté d'aise le bon Geoffroy-Saint-Hilaire.

Deux jours passés à Inspruck et dans les environs avaient calmé notre appétit de verdure et de montagnes. Les coutumes allemandes nous faisaient mieux apprécier les douceurs de la vie italienne, et nous en étions à regretter les bavardages de la place

Saint-Marc. On mange bien dans le Tyrol, mais en revanche on y dort assez mal. Les draps de lit, plus étroits que les matelas, sont simplement étendus et non fixés sur les bords. Il faut s'y introduire avec précaution et ne plus bouger, sous peine de se réveiller tantôt exposé à l'air, tantôt roulé comme dans un fourreau. Nous avions déjà préparé nos bagages, lorsqu'on nous promit le spectacle d'un miracle si nous voulions rester un jour de plus. L'envie d'observer quelque scène de mœurs nous décida à retarder notre départ. Le lendemain, qui était un vendredi, une petite calèche menée par un cocher bossu vint nous prendre à l'auberge. Nous suivîmes les bords de l'Inn, et puis notre phaéton tourna dans un chemin escarpé. Mon compagnon, qui parlait l'allemand, interrogea le bossu au sujet du prodige annoncé ; mais cet homme se renfermait dans un silence mystérieux, et ses yeux, clairs comme ceux du faucon, nous lançaient des regards farouches et scandalisés. Il nous prenait sans doute pour des incrédules, et par respect pour sa religion je priai mon ami de ne point insister. La voiture s'arrêta enfin devant un cabaret de village.

— Reposez-vous ici, nous dit le cocher. Je reviendrai vous chercher à trois heures moins un quart. C'est le moment où le miracle s'opère.

Sur la muraille du cabaret, une lithographie sans cadre, offensée par les mouches, représentait un personnage à figure mystique et dont la barbe descendait jusqu'à la ceinture. Au-dessous était écrit le nom d'Andréas Hofer, suivi d'une légende en allemand qui retraçait les principaux exploits de ce chef de partisans. Nous demandâmes à l'hôte s'il avait un grand culte pour André Hofer.

— Assurément, répondit-il. Hofer est le Guillaume Tell du Tyrol.

— Avec cette différence, reprit mon compagnon, qu'il n'a point réussi dans son entreprise.

— Ce n'est ni sa faute, ni la nôtre. Il est mort en brave et nous avons succombé avec lui. Cette carabine que vous voyez sur la cheminée a aidé plus d'un Bavarois et plus d'un Français à descendre dans l'Inn. Si Napoléon ne nous eût pas envoyé les grenadiers de Wagram, jamais Hofer n'aurait mis bas les armes.

André Hofer était un simple cabaretier de village, buveur illustre, connu seulement par son goût pour la bouteille, et qui, dans ces moments de crise où le peuple insurgé cherche des chefs, s'est trouvé à la tête d'une bande, puis d'une armée, puis enfin d'une nation entière. Sa dictature a duré quelques jours. Lorsque l'empereur Napoléon, pour affaiblir la maison d'Autriche, eut donné le Tyrol au roi de Bavière, le gouvernement nouveau commit la faute grave de vouloir dompter ce pays, qu'il n'espérait point conserver. Les impôts furent doublés, les franchises et les vieilles coutumes abolies; les prêtres, qui avaient une grande influence et qu'on savait hostiles, essuyèrent des persécutions. On rasa des couvents respectés du peuple, et jusqu'à l'antique château de Tyrol, qui donnait son nom à la contrée. Des insurrections partielles ne tardèrent pas à éclater; l'influence de l'Autriche entretenait les populations dans un état permanent de fermentation. Comme dans l'histoire du soulèvement de la Suisse, trois chefs principaux s'entendaient entre eux et se partageaient la direction des préparatifs de guerre; c'étaient le cabaretier Hofer, un capucin sans asile et un autre partisan dont le nom germanique m'échappe. Ces trois chefs se rendirent secrètement à Gratz, où l'archiduc Jean vint les recevoir et eut avec eux plusieurs entrevues.

Tandis que la guerre d'Espagne absorbait l'attention de l'empereur et les forces militaires de la France, l'insurrection se répandit d'un bout à l'autre du Tyrol. Les troupes bavaroises furent massacrées; le général français Bisson, cerné dans Inspruck avec une poignée de braves soldats, signa par force une capitulation dont les insurgés observèrent religieusement les articles. Ces événements se passaient en avril 1809. Un mois après, le maréchal Lefebvre entrait dans le Tyrol avec des forces imposantes. Alors commença une lutte longue et acharnée, dans laquelle les deux partis déployèrent un courage égal. Du haut de leurs montagnes, les paysans faisaient rouler sur leurs ennemis des troncs d'arbres et des masses de rochers. Pendant une semaine du mois d'août, que les Tyroliens appellent encore la grande semaine, on se battit jour et nuit au milieu de précipices affreux. L'insurrection ne céda qu'après une résistance désespérée. André Hofer se cacha longtemps dans un site presque inaccessible. Un de ses anciens compagnons le vendit. Il fut surpris disputant à la neige la cabane de branches d'arbres qu'il habitait. On le reconnut à cette barbe d'une longueur démesurée que, par un puéril orgueil, il n'avait point voulu couper. André Hofer fut emmené d'abord à Bolzano, puis à Mantoue. Une commission militaire le jugea sommairement, et sur un ordre envoyé de Milan on le fusilla. Il mourut debout, les yeux ouverts, en commandant lui-même le feu, après avoir reçu de ses juges et des soldats chargés d'exécuter la sentence des témoignages d'estime dont son âme intrépide ne parut pas émue. Sa dernière pensée fut pour le Tyrol, qu'il salua du haut des remparts de Mantoue.

Notre vieux cabaretier, qui avait pris part à la lutte de la grande semaine, nous raconta quelques épisodes de la guerre des montagnes; comment des compagnies entières de Français et de Bavarois avaient péri, écrasées par des éboulements de rochers préparés avec un art diabolique. Au milieu de ces tristes souvenirs l'heure du miracle sonna, et notre cocher bossu vint nous annoncer qu'il était temps de partir. Devant la porte d'une masure délabrée à l'extérieur, attendait une vingtaine de pèlerins venus de loin, la plupart estropiés ou malades. Les vieilles femmes étaient en majorité. L'une d'elles pérorait avec véhémence dans son patois, et mon compagnon m'apprit que nous allions avoir le spectacle de la *Passion*. La porte s'ouvrit enfin, et les curieux entrèrent deux à deux, sans bruit et sans confusion. Au fond d'une chambre assez propre, sur un lit tendu de rideaux blancs, gisait une femme dont la maigreur et l'état de souffrance ne permettaient pas d'évaluer l'âge. De belles dents et un reste de fraîcheur contrastaient avec les rides, le cercle noir des yeux et les cheveux grisonnants. Les bras écartés et les pieds joints, la patiente se tenait immobile, couchée sur le dos, dans l'attitude du Christ sur la croix. Elle paraissait en extase, l'œil ouvert, mais blanc, la bouche béante, la respiration suspendue, comme dans un accès de catalepsie. Elle avait aux mains et aux pieds quatre blessures affreuses; la chemise, décemment tendue, laissait voir par une ouverture une cinquième blessure au flanc. Bientôt la mauvaise pendule sonna trois heures; aussitôt la patiente se ranima, sa poitrine gonflée rendit un long soupir; elle pencha la tête comme dans la dernière angoisse de la mort, et soit par artifice, soit par un de ces phénomènes rares que la science recueille sans pouvoir les expliquer, il est certain que les cinq plaies se mirent à saigner. Aussitôt les témoins tombèrent à genoux en frémissant; quelques-uns poussaient des sanglots, d'autres criaient du haut de leur tête, et la vieille qui avait déjà péroré récitait les litanies. Je sortis doucement de la chambre en faisant un signe à mon compagnon. Le bossu courut après nous.

— Ne vous retirez pas encore, dit-il, vous perdriez tout le fruit du pèlerinage. Dans un moment, la sainte va se relever. Ses blessures se fermeront, et en vous touchant de la main elle vous guérira de vos maux.

Nous demandâmes au bossu si la sainte lui avait jamais touché l'épaule.

— Très-souvent, répondit-il; sans cela je serais contrefait. Malheureusement je ne puis lui donner que de faibles aumônes, et pour quelques sous on n'obtient pas un grand miracle.

— Eh bien, allez offrir à la patiente cette pièce de deux francs, et tâchez de revenir fait comme Adonis.

Le bossu jeta la pièce de monnaie dans un tronc, et courut chercher les grâces et la beauté du corps. Nous rentrâmes à Inspruck péniblement remués par cette scène horrible. Nous aurions préféré un miracle moins triste; mais en fait de choses surnaturelles on n'a point le choix. Le lendemain. au point du jour, nous reprenions avec joie le chemin de Venise. Nous arrivâmes après l'heure du dîner à Brixen. Les cuisiniers du Tyrol savent préparer en quelques minutes des espèces de crêpes au lait, d'une pâte fort nourrissante et d'un goût agréable. Au moyen de ce met, facile et peu coûteux, on prépare à toute heure un repas substantiel. Lorsque nous arrivâmes à Bassano, je voulus expliquer au chef de cuisine comment on faisait les *pfanekucken;* il nous apporta une omelette, et comme il vit mon désappointement, il s'empressa de nous offrir des becs-figues à la *polenta*. Les prétendus becs-figues ressemblaient fort à de simples moineaux. Je me plaignis que la chair en était amère. Ce reproche éveilla une sourde rumeur dans le fond de la cuisine. Le patron de l'*osteria,* ses oiseaux à la main, arriva suivi du chef et d'un cortége de marmitons, criant comme un aigle, prenant à témoins les assistants de l'excellence de son gibier, invoquant la madone et jurant sur l'honneur qu'il avait nourri et engraissé lui-même ces becs-figues à la brochette.

— Dieu soit loué! dis-je au milieu du vacarme, nous voici donc rentrés en Italie!

XXVIII

PLAISANCE, PARME, MODÈNE

Pavie. — Le poëte Boëce. — La Chartreuse. — Le champ de bataille. — La voie *Emilia*. — Plaisance. — La place *Dei Cavalli*. — Jules Alberoni. — Le dialecte. — Parme. — Les monuments. — Le Corrége. — Le Parmesan. — Reggio. — Modène. — La bibliothèque de la maison d'Este. — Muratori et Tiraboschi. — Le *seau enlevé*.

Il nous faut, à présent, revenir sur nos pas, afin de conduire le lecteur à Bologne par les villes du centre et l'ancienne voie *Emilia*. Comme la malle-poste de Milan à Plaisance ne nous laisserait pas le loisir de nous arrêter, il est mieux de fréter un simple voiturin. En sortant de Milan par la porte *Ticinese*, nous cheminons en plaine le long d'un beau canal, et nous traversons le bourg de Binasco, où Philippe-Marie Visconti fit tuer lâchement la duchesse sa femme. Cette aventure tragique a fourni le sujet d'un opéra italien fort connu, *Beatrice di tenda*. La route et le canal nous mènent jusqu'à Pavie, en passant devant la célèbre chartreuse que nous visiterons tout à l'heure.

Pavie, place de guerre du moyen âge, était si bien munie de remparts et hérissée de travaux de défense, qu'on l'appelait la ville aux cent tours. De la porte San-Vito, par laquelle nous y entrons, elle offre un aspect assez mélancolique. On croirait que les habitants découragés, attendant les armées étrangères, ont renoncé à réparer des désastres sans fin. On y remarque peu de palais vraiment beaux. L'ancien Palais-Ducal, construit par les Visconti, est plutôt une citadelle. Dans l'une de ses deux grosses tours, en 1796, trois cents Français ont tenu en échec, sans artillerie, toute la population de la ville appuyée par quatre mille hommes de troupes régulières.

Dans une autre tour bien plus ancienne avait langui le célèbre Boëce, le dernier des poëtes latins. C'était vers l'année 520. L'Italie entière, occupée par les hordes du Nord, avait vu les rois goths succéder à ses empereurs, et s'estimait heureuse de trouver quelques sentiments humains dans un de ces princes barbares. Théodoric, après avoir détrôné Odoacre, eut l'ambition d'acquérir une autre gloire que celle des armes. Ce soldat, qui ne savait pas même signer son nom, gouverna pendant trente ans avec plus de douceur et rendit de meilleurs décrets que bien des rois lettrés ne l'auraient su faire. Il releva les murs de Rome, conserva les monuments existants et en érigea quantité d'autres, mais d'un style bien différent. Les architectes, soit pour flatter le goût du roi, soit pour obéir à leur propre instinct, s'éloignèrent des traditions du beau et de la simplicité. Le bizarre domina partout. Sur cette terre classique, où restaient encore des modèles comme le temple de la Concorde, le forum de Trajan, le Panthéon, etc., on vit se dresser des flèches élancées, des ogives pointues, des faisceaux de colonnes fines comme des joncs et surmontées de chapiteaux irréguliers, enfin tout un art nouveau, plein de caprices, dont certaines beautés étaient incontestables, mais antipathique au génie italien, comme la nation qui l'avait importé. La face de la Péninsule changea; ses mœurs et sa langue même s'effacèrent. Jamais peuple civilisé n'avait subi plus complétement la loi du plus fort. Rome, soumise à ces barbares qu'elle avait tant méprisés, expiait son orgueil et sa tyrannie.

Théodoric cependant recherchait les hommes de mérite et de talent. Cassiodore rédigeait ces édits sur lesquels le roi goth apposait sa griffe, et le poëte Boëce était comblé de faveurs. *Severinus Boëthius*, connu par son éloquence, son érudition, ses qualités aimables, avait été honoré deux fois des suffrages de ses concitoyens aux élections dérisoires de la dignité de consul, qui existait encore de nom.

> Il traduisit du grec Aristote et Porphyre,
> Dont le roi lui sut gré quoiqu'il ne sût pas lire.

Ce roi devait offrir bientôt à Severin Boëce l'occasion de se rendre immortel. Après trente ans d'un règne doux, intelligent et pacifique, Théodoric sentit se réveiller en lui l'humeur du barbare. Des courtisans de sa race lui peignirent son ami comme un traître et un conspirateur. Sans prendre la peine d'examiner cette accusation ridicule, Théodoric enferma Boëce dans une tour, à Pavie. Pendant ses années de prison, le poëte, avec la force d'âme d'un vieux Romain, demanda à la philosophie le secours que de notre temps Silvio Pellico reçut de la religion. « Il était seul dans l'obscurité de son cachot, lorsqu'une lumière céleste vint l'éclairer. Les muses se présentèrent à lui avec des visages souriants et lui proposèrent de charmer les longues heures de sa captivité; mais les délassements qu'elles pouvaient lui donner convenaient mieux à l'homme heureux et libre qu'à un misérable prisonnier. Une autre figure de femme, plus majestueuse et plus sévère, vint alors lui tendre la main. Elle congédia les muses, s'assit auprès du poëte et lui parla en des termes si élevés et si forts qu'il se sentit au-dessus du malheur. » Tel est le sujet du poëme de Boëce, *De la consolation de la Philosophie*. Théodoric, saisi d'une rage stupide, fit mourir l'auteur dans des supplices affreux, sans réussir à vaincre sa constance. Plus d'une fois encore, nous verrons la faveur des princes devenir fatale aux grands esprits de l'Italie; en acceptant celle d'un roi étranger et barbare, Boëce avait manqué de philosophie et de prudence. Sa fin prouva du moins que ce n'était ni par vanité ni par faiblesse, et si on la compare à celle de Racine, mourant de chagrin pour un froncement de sourcil de Louis XIV, on apprécie mieux le courage du poëte romain. Boëce fut le dernier écrivain de génie de l'ancien monde. Après lui, l'Italie, déjà si malheureuse, eut encore à souffrir des maux plus grands. Les Lombards et les Francs achevèrent de l'écraser; de la mort de Boëce jusqu'à celle de Dante, il faut compter huit siècles entiers de ténèbres et d'ignorance, pendant lesquels la poésie demeura muette.

Pavie, adoptée par les rois lombards pour la capitale de leurs États, ne reçut d'autre embellissement que ses cent tours de grosses pierres. La cathédrale fut commencée du temps des Sforza, sur un plan si vaste qu'il fallut abandonner les travaux; probablement on ne l'achèvera jamais. Une des chapelles contient les cendres de saint Augustin, déposées dans une arche magnifique, dont Vasari a parlé dans ses ouvrages et qu'il attribue à Angelo de Sienne. Cette arche, soutenue par quatre-vingt-quinze statues et ornée de cinquante bas-reliefs, est un des chefs-d'œuvre curieux de l'art au quatorzième siècle. La fameuse chartreuse, commencée en même temps que le dôme de Milan et par les mêmes architectes, n'eut pas à subir les vicissitudes de cette grande cathédrale. Probablement Saturne et Jupiter n'avaient aucun apanage sur les terres des environs de Pavie; la chartreuse, terminée assez promptement, se distingue par l'unité de style qui convient à un monument des premières années de la renaissance. Les quarante-quatre statues de la façade portent bien le cachet du quinzième siècle. Les médaillons et bas-reliefs s'élèvent au nombre de soixante. Sur la grande porte et les fenêtres, des ciselures en arabesques et des figures naïvement gracieuses invitent le passant à faire l'examen des détails. On ne s'en arrache pas sans peine, une fois qu'on s'y est arrêté. Les bas-reliefs sont de Christophe Solari. Dans les quatorze chapelles de l'intérieur on trouve des peintures des Procaccini, du Bourguignon et du Guerchin. Une voûte peinte en bleu et semée d'étoiles d'or produit un effet des plus agréables. Les galeries du cloître n'ont pas moins de mille pas de circonférence; chaque arcade est ornée d'une quantité de fines sculptures, et si un monument de ce genre peut inspirer l'envie de goûter la vie calme du couvent, c'est bien la chartreuse de Pavie. Cependant, je donnerais encore la préférence au petit cloître de Saint-Onuphre, à Rome.

Sous les murs mêmes de cette chartreuse s'étaient logés les Espagnols, le 24 février 1525, au moment où François Ier eut la funeste idée de les venir attaquer, contre l'avis de tous ses plus vieux et ses plus savants capitaines. A peu de distance, dans le village de Mirabello, se trouvait l'autre moitié de l'armée impériale, séparée de celle commandée par le connétable de Bourbon. La tête du camp français, placée entre ces deux divisions, rendait leur jonction impossible. Il n'y avait qu'à demeurer immobile, l'arme au poing. Un courrier du pape Clément VII, arrivé la veille, annonçait au roi de France que les lansquenets de l'empereur n'ayant point reçu leur solde se mutinaient à Pavie, et que dans peu de jours ce serait une débandade générale. Cet avis ne put changer les projets du roi. « La Providence, a dit Martin Du Bellay, avait marqué la destinée de ce prince, et lui seul voulut courir au devant. »

La journée commença bien pour l'armée française. Le sénéchal d'Armagnac, grand maître de l'artillerie, avait pris d'excellentes dispositions. Le duc de Bourbon, fort inquiet de sa situation, voulait à tout prix passer devant nos canons, pour atteindre Mirabello. Les Espagnols défilaient en courant sous le feu, pour aller se mettre à couvert dans un petit vallon : « En sorte, dit Martin Du Bellay, que n'eussiez veu que bras et têtes voler en l'air, à chaque coup de ladite artillerie. » Ce fut la cause de la perte des Français. Le roi, par un mouvement chevaleresque, ne trouva point digne de lui cette façon de détruire une armée à distance, sans donner un coup de lance ni d'épée. Il voulut descendre dans la plaine et en venir aux mains avec les Espagnols. Dès qu'il se fut placé entre les canons et l'ennemi, l'artillerie, obligée de cesser le feu, perdit son avantage et devint inutile. Au lieu de continuer son premier mouvement, le duc de Bourbon commanda aussitôt un changement de front, et pour recevoir les gentilshommes qui s'avançaient dans le dessein de combattre à l'arme blanche, il distribua dans les rangs de sa cavalerie deux mille arquebusiers qui montèrent en croupe derrière les gendarmes. Cette mesure, que La Trémouille remarqua de loin en la signalant comme une déloyauté, assurait aux Espagnols la supériorité des armes; mais il était trop tard pour reculer. Malgré la situation périlleuse où le roi venait de se mettre, la bataille n'était point perdue si un corps de six mille Suisses qui appuyait la gauche des Français et sur lequel on devait naturellement compter, n'eût trahi et pris la fuite sans attendre le premier choc des lansquenets impériaux. La cavalerie française, armée seulement de lances et d'épées, se composait de la fleur de la noblesse; tous ces hommes portaient de grands noms; tous avaient une gloire acquise sur les champs de bataille; c'étaient Chabanne, La Trémouille, Montmorency, le maréchal de Foix, François de Lorraine, Fleuranges, surnommé l'Aventureux, Saint-Pol, Duras, Bussy-d'Amboise, et tant d'autres que la liste en ferait un volume. Malgré les arquebuses, un escadron composé de tels hommes préparait aux Espagnols une rude rencontre. Le duc de Bourbon, qui les connaissait tous, les voyant approcher en bon ordre, le roi en tête, envoya au-devant d'eux, pour amortir la violence du coup, une compagnie de cavaliers commandée par le marquis de Sant'Angelo. Cette compagnie, culbutée, se replia en désordre, et le marquis fut tué de la main même du roi de France. Sans la défection des Suisses, la victoire était au moins incertaine. Mais une fois sa gauche découverte, François Ier se vit attaqué du côté où il se croyait en sûreté. Pendant ce temps-là, les arquebusiers sautant à terre, commencèrent à tirer presque à bout portant sur ces chevaliers qui avaient méprisé l'usage des armes à feu. La phalange héroïque, environnée de toutes parts, fit des efforts de bravoure inouïs, et regarda la mort en face avec des visages si fiers et si terribles qu'elle hésitait à les frapper.

Dans ce moment suprême, on entendait les voix des capitaines espagnols offrant *bon quartier* à ces hommes inébranlables et leur criant de se rendre. Un coup d'épée était la seule réponse, et puis aux détonations des arquebuses un de ces colosses tombait en faisant trembler la terre sous le poids de son corps et de son armure. La Trémouille, debout à côté du roi, reçut quatre balles sans broncher, et il n'eut pas le mauvais goût de dire à son maître : « Sire, pourquoi n'avez-vous pas écouté les conseils de ma vieille expérience ? » Enfin une dernière balle le renversa du haut de son cheval. A deux pas de lui, l'amiral Bonnïvet, abattu par une arquebusade, occupait tant de place avec son grand corps qu'il formait une barrière devant laquelle s'arrêtaient les fantassins espagnols. Plus loin La Palice, droit comme une colonne sur ses étriers, entouré d'ennemis et couvert de blessures, frappait encore et tuait un gendarme impérial chaque fois qu'il levait le bras. Il tomba pourtant à son tour, sous le feu d'un ustensile manié par un obscur soldat, et dans cette lutte impie du courage contre la mécanique, le héros qui avait assisté à trente batailles rangées fut vaincu par un goujat.

C'est ici le lieu de protester contre l'injustice d'un sot proverbe, qui a déversé sur un des plus grands capitaines de notre histoire le ridicule dont se couvrit un rimailleur imbécile en le voulant honorer dans ses vers. Une nation qui serait assez futile ou assez ignorante pour attribuer à La Palice les platitudes d'un méchant couplet, ne ferait tort qu'à elle-même et donnerait aux étrangers une pitoyable opinion de son jugement et de son esprit.

Au milieu de ce carnage, François Ier, resté seul debout, avait tué cinq ennemis. Dans leur empressement à vouloir saisir une si belle proie, les Espagnols se querellaient entre eux à qui l'aurait pour prisonnier. Un coup d'arquebuse abattit le cheval du roi ; il se défendit à pied et tua encore deux hommes. Les Espagnols, ennuyés de cette résistance, allaient peut-être le massacrer, lorsque Pomperant, gentilhomme français attaché au duc de Bourbon et transfuge comme lui, se jeta entre le roi et les officiers impériaux, en leur disant qu'il n'appartenait qu'au seigneur de Lannoy, vice-roi de Naples, de recevoir l'épée de Sa Majesté. Un cercle se forma autour de François Ier, qui avait une blessure à la cuisse. Charles de Lannoy parut enfin, et tout fut perdu, *fors l'honneur*. Au grand dépit de Pescaire et du connétable de Bourbon, Lannoy emmena bien vite son prisonnier à Porto-Fino et s'embarqua pour l'Espagne avec lui.

Lautrec, éloigné par le commandement d'une expédition, apprit que les habitants de Pavie donnaient des fêtes et se réjouissaient du malheur de la France. Il jura d'en tirer vengeance si jamais l'occasion s'en présentait. Deux ans plus tard, Pavie tombait entre ses mains; il l'abandonna pendant huit jours à la fureur des soldats, et depuis elle ne s'est plus relevée. Sortons de cette ville désolée pour aller traverser le Pô sur un pont de bateaux. Nous faisons quelques pas sur la terre de Piémont, et nous entrons dans le duché de Plaisance à Castel-Sangiovanni, saccagé par les Espagnols comme Pavie par les Français. L'ancien château de ce bourg frontière, converti en promenade et en marché, est aujourd'hui environné de beaux arbres. Nous voici sur la voie Emilia, route stratégique tracée par Lépide, et qui a déjà les signes de la grandeur romaine. Après avoir passé le bourg de Rottofredo, nous rencontrons la Trebbia sur les rives de laquelle Sempronius se fit battre par Annibal. Non loin du confluent de cette rivière avec le Pô, est assise Plaisance, qu'on prendrait, au premier coup d'œil, pour une grande place de guerre, à cause de ses bastions, et au second, pour une ville dépeuplée.

Une fois qu'on a franchi l'enceinte et les fossés, Plaisance prend un aspect moins sombre, et l'on comprend que son nom ait pu lui venir du mot *plaire*, comme l'assurent les Italiens. A l'exception du *Corso*, les rues ne sont pas fort larges. La plus belle place est celle *dei Cavalli*, sur laquelle on voit deux statues équestres en bronze des ducs Farnèse, et les façades de trois grands palais. L'un d'eux, le palais *Comunale*, date du treizième siècle. Au-dessous de l'horloge, les phases de la lune sont marquées par un globe tournant. Le palais dit du *Gouverneur*, restauré dans le siècle dernier, est d'un goût moins pur; le troisième, appelé Collége des marchands, ne m'a paru remarquable que par son étendue. Sur la place de la citadelle, que traverse le Corso, se trouve l'immense palais Farnèse, commencé d'après les plans de l'excellent architecte Vignola, mais dont la façade est incomplète. A la fin du seizième siècle et au commencement du dix-septième, il est arrivé souvent que des travaux entrepris sur une échelle trop grande sont restés inachevés. Le palais Farnèse porte, en outre, les traces de dégradations fâcheuses, causées par les guerres étrangères. Cette partie de l'Italie ayant presque toujours été le séjour des quartiers généraux espagnols, c'est sur eux que retombe la responsabilité des actes de vandalisme. A peu de distance de l'ancienne demeure des Farnèse, on voit encore un palais commencé par Marguerite de Médicis, en 1658, et dont un portique élégant fait regretter qu'on ne l'ait point terminé.

Le Corso de Plaisance, que les habitants appellent simplement *Stradone* (grande rue), bordé d'assez beaux édifices, serait un lieu charmant si la foule s'y portait comme au Corso de Rome. Par malheur, cette large voie, qui va de la porte San-Raimondo à la porte San-Lazzaro, ne mène à rien et se trouve reléguée à une extrémité de la ville. C'est un désert splendide, qu'on ne voit point, à moins de l'aller chercher. Les hasards de la promenade vous conduisent plutôt dans la rue des *Orfévres*, où l'on remarque des peintures à fresque sur les façades de plusieurs maisons. Ces coups de pinceaux, qui ont résisté au temps, sont des improvisations de peintres anciens, et on les croit faites à l'occasion de l'entrée triomphale d'un prince. Par cette rue des Orfévres, on arrive à la place du Dôme. La cathédrale de Plaisance, commencée au neuvième siècle et terminée au douzième, est un mélange des styles gothique et mauresque-espagnol. Les signes du zodiaque gravés sous la voûte du portail sont entourés de statuettes, de colonnes de jonc et de lions en granit. A l'intérieur on trouve de belles peintures des Procaccini, des Carrache et du Flamand. Sur une zone d'azur parsemée d'étoiles, comme celle de la Chartreuse de Pavie, Ludovic Carrache a fait voltiger de petits anges pleins de grâce. Un beau David du Guerchin orne la voûte de la coupole.

Saint-Sixte devrait être une des églises d'Italie les plus riches en peintures précieuses. Ce beau temple, élevé par les Bénédictins au commencement du seizième siècle, a possédé un des chefs-d'œuvre de Raphaël. En 1754, les Bénédictins dégénérés imaginèrent de vendre les tableaux achetés par les fondateurs de leur couvent. La fameuse Vierge de Saint-Sixte, dont tout le monde connaît la gravure, passa dans les mains du roi de Pologne, Frédéric-Auguste, pour une somme que les moines trouvèrent sans doute considérable, et qui serait probablement décuplée si on mettait à l'enchère cette toile admirable. C'est à Dresde qu'il faut aller aujourd'hui pour voir la madone de Sainte-Sixte. Il reste pourtant dans cette église quelques beaux ouvrages de Procaccini et de Palma.

Pendant la guerre de la succession d'Espagne, il y avait à Plaisance un enfant du peuple, sonneur de cloches de son état et fils d'un jardinier, mais dévoré d'ambition et résolu à parvenir par tous les moyens possibles, bons ou mauvais, honorables ou honteux. Ce drôle flattait monseigneur l'évêque, qui ne prenait pas garde à lui, et se confondait en salutations devant le duc Farnèse, qui passait sans le regarder. Après la bataille de Luzzara, M. de Vendôme vint dans ce pays, et il n'est sorte de bassesse que le petit sonneur de cloches n'ait faites pour lui plaire. Jules Alberoni, — le lecteur l'aura reconnu, — trouva l'occasion de rendre quelques services. On ne doit pas s'en étonner, car il eût embrassé le métier d'espion et pis encore pour obtenir un moment d'attention. Quelle apparence que le fils d'un jardinier devînt jamais ministre? Il le fut pourtant, et de toutes les Espagnes, avec la protection de madame des Ursins, qu'il ne manqua pas de trahir et de sacrifier. Il n'avait que de l'intrigue, et passa pour un homme de génie. C'était un grand bavard, fourbe et insinuant comme Mazarin, mais vantard et présomptueux, et qui se crut un Ximénès tant qu'il eut du succès. A peine était-il ordonné, quand il demanda le chapeau de cardinal. Après la mort de la première femme de Philippe V, il eut le crédit de faire épouser à ce prince Élisabeth Farnèse, qu'il se vanta de diriger à son gré. Grand fabricateur de projets, Jules Alberoni conçut des plans gigantesques, mais impossibles. Il voulait doubler les forces maritimes de l'Espagne, opposer la Hollande à l'Angleterre dans les deux Indes, expulser ensuite le vainqueur, quel qu'il fût, ruiner le commerce de la France et ramener la puissance espagnole au temps de Charles-Quint. Tout cela était fort beau en spéculation; mais il n'en arriva rien, et la décadence de l'Espagne, commencée avant Alberoni, ne fut pas retardée de dix ans par son ministère.

On parle à Plaisance un dialecte *dur* et disgracieux, proche parent du milanais. La lettre *u*, les diphthongues *on* et *eu* se prononcent à la française, mais avec plus d'exagération. Les terminaisons sonores de l'idiome italien sont supprimées, ce qui change absolument la musique du langage. Par exemple, le mot *aspettando* (en attendant) devient *asptand*, *tanto meglio* (tant mieux) se dit *tant mei*, *capello* (chapeau) se dit *capel;* tous les verbes italiens en *are*, *ere*, *ire*, finissent en *ar*, *er*, *ir*, comme en français. Mais la prononciation de ces mots n'a point la douceur calme de notre idiome; les sons ont quelque chose de rude et d'extrême, qui répugne autant aux oreilles françaises qu'aux romaines ou aux florentines. J'imagine que ce n'est pas seulement au voisinage de Milan qu'il faut attribuer le caractère particulier du dialecte de Plaisance, mais bien au sang gaulois, mêlé probablement à plus forte dose avec le sang italien dans cette ville qu'à Milan même. Est-ce à la physiologie? est-ce à l'histoire? est-ce à l'étude des races et de leurs migrations? est-ce à l'habitude et à l'éducation qu'il faut demander la solution de ce problème difficile des dialectes? L'Italie serait le pays du monde le plus commode pour de telles recherches, à cause de la différence tranchée de ces divers langages, et de l'abondance des documents historiques [1].

De Plaisance à Parme, la voie Émilia ne fait pas un détour. A moitié chemin, sur les bords de l'Arda, on rencontre le bourg de Fiorenzuola, remarquable par trois ou quatre beaux palais. A deux lieues de là, dans la direction de Crémone, est Busseto, berceau de la puissante famille des Palavicini : dans ce château, à présent en ruines, le pape Paul III eut une entrevue avec Charles-Quint, et lui demanda le duché de Milan pour son neveu Octave Farnèse, qui avait épousé une fille naturelle de l'empereur. Suivant son habitude, Charles-Quint témoigna au saint-père toutes sortes de respects, sans lui accorder rien de ce qu'il souhaitait. Le Titien était de la suite de Sa Majesté césarienne; pendant le peu de jours que dura cette rencontre, ce maître expéditif peignit rapidement sur la façade d'un palais la scène de l'entrevue, les portraits des deux souverains et ceux des cardinaux et des grands d'Espagne composant les deux cours. Des maçons ont détruit cet ouvrage. Après avoir passé le joli bourg de San-Donnino, on traverse le Taro sur un pont récemment construit, et on entre ensuite à Parme par la porte Santa-Croce.

Parme, située au confluent de la Baganza et de la Parma, est une des plus anciennes villes de la Péninsule. Lorsque les Romains s'emparèrent du pays des Étrusques, ils la trouvèrent occupée depuis longtemps par une colonie de Gaulois. Elle fut annexée au territoire de la république cent quarante ans avant l'ère chrétienne. Les barbares s'y installèrent à leur tour. Plus tard, dans la guerre des Guelfes et des Gibelins, elle se déclara pour les papes, et fut assiégée par l'empereur Frédéric II, qui ne réussit point à s'en emparer. Parme se donna ensuite aux pontifes, dont elle avait

[1] Nous citerons à la fin du second volume quelques fragments d'un tableau comparatif des divers dialectes de la Péninsule, extraits d'un ouvrage italien fort remarquable : *Corografia dell' Italia*, par M. Zuccagni Orlandini (Florence 1839).

embrassé la cause. Plus tard elle tomba dans les mains des Visconti, des Scaligeri de Vérone, des Sforza; puis les cours de France, d'Espagne et de Rome se la disputèrent. Paul III en fit présent à son fils Louis Farnèse. Le second mariage de Philippe V la rendit à l'Espagne, l'avénement de Napoléon à la France, et les traités de 1815 à l'archiduchesse Marie-Louise.

Aujourd'hui Parme est une ville régulièrement construite, sans trop de symétrie, divisée en quatre parties par la voie Emilia et par la rivière qui se croisent à angle droit. Au centre se trouve une vaste et belle place; les remparts garnis d'arbres ont l'aspect de boulevards extérieurs; la citadelle, à l'ancienne mode, offre un coup d'œil d'autant plus pittoresque qu'elle n'a plus d'importance comme ouvrage de guerre. Le Dôme, le Baptistère, l'Annonciade, l'église de la *Steccata,* San-Giovanni et le Palais-Ducal sont des édifices remarquables au point de vue de l'architecture; mais un grand nom domine tout à Parme, le divin Corrége: on le rencontre à chaque pas dans ces monuments, et il faut bien le faire passer devant les autres. Jetons seulement un regard sur la façade de la cathédrale, élevée au douzième siècle. Le gothique a fait les frais de l'ornementation : ce sont des petites loges ouvertes, des faisceaux de colonnettes, des lions accroupis; à l'intérieur est un beau cénotaphe dédié à Pétrarque, que cette église s'honore d'avoir compté parmi ses diacres. La peinture de l'Assomption du Corrége couvre la voûte de la coupole. Le maître a représenté le paradis entr'ouvert, et l'Éternel recevant la sainte Vierge, qui s'élève vers lui.

Antoine Allegri, né à six lieues de Parme, dans la petite ville de Correggio, se classe parmi les fondateurs de l'école lombarde; mais il n'est en réalité d'aucune école, et ne doit rien qu'à lui-même, puisqu'il n'a point eu de maître et n'a suivi les avis de personne. C'est un de ces génies heureux qui apprennent à peindre comme les oiseaux à voler. Contemporain de Raphaël et de Michel-Ange, il ne connut point ces grands hommes, et se passa d'eux. Qu'auraient-ils pu lui enseigner? Il n'alla ni à Florence, ni à Rome, et n'eut pas besoin de cette émulation jalouse qui empêchait de dormir les peintres de ces deux cours : s'il fût allé leur faire concurrence, il leur aurait causé bien des chagrins. Pendant longtemps cet homme simple ne se douta point qu'il eût du génie; il fallut que des tableaux estimés ailleurs le vinssent trouver à Parme pour qu'il apprît à se connaître lui-même. Lorsqu'on lui montre enfin un ouvrage de ce Raphaël qui faisait tant de bruit, que les papes accablaient de biens et d'honneurs, et dont l'Italie entière raffolait, le modeste Allegri examine attentivement; il cherche par quel côté cette peinture s'élève tant au-dessus de la sienne. Pour la première fois le chef-d'œuvre se trouve en face d'un connaisseur peu touché de ses beautés : le Corrége s'étonne; il s'attendait à quelque chose de prodigieux; il éprouve une espèce de déception : « Quoi ! se dit-il enfin, n'est-ce donc que cela ? Voilà ce qui fait tourner toutes les cervelles à Rome et à Florence ! Mais alors, moi aussi je suis un grand peintre ! » Tel est le véritable sens de cette exclamation : « *Anch' io son pittore !* » A partir de ce moment il sut ce qu'il valait. Cependant ses tableaux, qu'il faudrait aujourd'hui couvrir de billets de banque, il les vendait à des prix trop modiques, et il aurait vécu pauvre, si son père Pellegrino Allegri, qui était négociant, ne l'eût aidé à soutenir sa nombreuse famille.

Le Corrége n'avait que vingt ans lorsque les religieux franciscains de Parme lui demandèrent un tableau de saint François pour le maître-autel de leur église. Au bout de six mois, il leur livra un magnifique ouvrage, qui a pris le même chemin que la Madone de Saint-Sixte, et qu'il faut aller voir aujourd'hui au musée de Dresde. Bientôt après, l'abbesse Jeanne, du monastère de Saint-Paul, appela le Corrége, et lui laissa carte blanche pour le choix des sujets de deux grandes peintures. Il voulait aborder la mythologie; madame l'abbesse lui en donna la permission : le Corrége fit une Junon et une chasse de Diane. Du monastère de Saint-Paul il passa ensuite à l'église de San-Giovanni, et sans manquer à la sainteté du lieu, il trouva le moyen de déployer cette science profonde des *nus* et du raccourci, cette souplesse et cette grâce qui le distinguent entre tous les maîtres; il eût renoncé à peindre plutôt que de s'interdire l'usage de ces qualités. Il fut enfin appelé à décorer le dôme, et il se surpassa lui-même dans sa grande composition de l'Assomption de la Vierge. Pour prix de son tableau de saint Jérôme, il reçut quatre cent livres impériales, plus deux charretées de bois à brûler, plusieurs boisseaux de froment et un porc gras.

Si la mort du Corrége est telle que la raconte Vasari, elle ne fait pas honneur aux Parmesans de ce temps-là. Antoine Allegri laissait sa famille à Correggio. Un jour qu'il était allé vendre à Parme un tableau de chevalet, pour soixante écus, l'acquéreur, craignant peut-être d'avoir fait un mauvais marché, paya en monnaie de cuivre. Le pauvre artiste, pressé de rapporter cette somme à la maison, fit ses six lieues à pied, portant le sac de monnaie sur ses épaules. Il rentra chez lui exténué de fatigue, se mit au lit avec la fièvre, et ne s'en releva pas. Il avait à peine quarante ans. Des critiques ont dit que cette anecdote leur paraissait controuvée, parce que Pellegrino Allegri, père d'Antoine, avait du bien. Mais ce père mourut douze ans après son fils; et quand même il eût été riche rien ne prouve qu'il fût généreux. Le connaît-on? sait-on quel caractère il avait? quelle affection il portait à ce fils qui avait préféré les arts au commerce? Vasari était vivant à cette époque, et recueillait les matériaux de son *Histoire des Peintres*. Pour réfuter l'assertion d'un homme de cette autorité, il faudrait au moins s'appuyer sur quelque fait; or, on ne peut donner d'autre version que la sienne de la mort du Corrége; le récit de Vasari subsistera donc jusqu'à meilleure information, parce qu'il ne blesse point assez la vraisemblance pour tomber de lui-même.

A peine le Corrége eut-il quitté ce monde, que son mérite fut reconnu : on courut après ses ouvrages; on les paya cent fois plus cher qu'il n'aurait fallu pour donner à l'auteur l'aisance, le bonheur et la vie facile si nécessaire au génie. On le proclama le troisième peintre de l'Italie. Ludovic Carrache, qui s'y connaissait, l'estimait le premier, et le prit pour modèle. Le Corrége n'avait point d'élèves, mais il forma bien des maîtres après sa mort. Un seul le comprit, l'observa et suivit ses traces de son vivant : François Mazzola, que nous appelons en France le Parmesan, mais dont le nom italien est *Parmigianino* (petit Parmesan), peut passer pour l'élève d'Antoine Allegri. Il le vit travailler dans l'église de Saint-Jean à Parme, copia plusieurs de ses tableaux, et se pénétra de sa manière. Plus libre et plus heureux que son maître, il alla à Rome, et l'étude des merveilles de cette capitale fortifia son talent gracieux. On disait de lui que l'âme de Raphaël avait passé dans son corps : cette âme apparemment ne voulait pas habiter plus de trente-sept ans la même enveloppe terrestre. François Mazzola mourut au même âge que le peintre des *Stanze*, et après lui, l'âme de Raphaël ne jugea personne digne de sa visite. Le Parmesan, selon Vasari, eut la faiblesse de se livrer à l'alchimie. Il était fort habile graveur. Ses derniers ouvrages sont les peintures de l'église de la *Steccata*, qu'il n'acheva point.

A deux lieues de Parme, par la voie Emilia, nous trouvons la rivière d'Ensa, frontière des deux États de Modène et de Parme. Après avoir passé deux ou trois villages, nous arrivons à Reggio, seconde ville du petit duché de Modène. Comme toutes les anciennes places de guerre de ce pays, Reggio est encore entourée de remparts, et dominée par une citadelle. Les rues en sont larges et bien tracées ; quelques-unes bordées de galeries en arcades. Les églises, en grand nombre pour une ville de quinze mille âmes, contiennent de bonnes peintures : parmi les plus riches paroisses, il faut citer Saint-Jean et Saint-Augustin. Sous le portail du Dôme sont des sculptures naïvement belles, représentant Adam et Ève. Sans doute on trouverait beaucoup à glaner dans les maisons particulières de Reggio; mais nous sommes pressés d'arriver à Modène.

Comme à Plaisance et à Parme, on reconnaîtrait au dialecte modénois le long séjour des Gaulois dans toute cette partie de l'Italie, quand même l'histoire n'en ferait pas mention. Jusqu'à l'époque du triumvirat, ces peuplades guerrières eurent l'audace de résister à la puissance romaine. Brutus, connaissant l'esprit rebelle qui les animait, vint se réfugier à Modène après l'assassinat de César, et il y soutint un siége contre Marc-Antoine. Pendant les temps de barbarie, Modène subit le sort du reste de l'Italie. Au treizième siècle, elle devint l'apanage de la puissante maison d'Este, qui résidait à Ferrare. A la fin du seizième, Alphonse II étant mort sans enfants, institua, par un testament en bonne forme, son cousin César d'Este héritier de son vaste domaine; mais le pape Clément VIII déclara le duché de Ferrare vaquant faute d'héritier direct, et ne vit rien de mieux à faire que de se donner ce duché à lui-même. Cette usurpation, menaçante pour toutes les couronnes ducales d'Italie, ne rencontra pourtant aucune opposition. Les princes amis de la maison d'Este, selon l'expression de Muratori, « n'osèrent lever un doigt pour sa défense. » Le duc César, obligé de céder à la menace d'excommunication et surtout aux vingt-cinq mille hommes de troupes qui envahirent ses États, remit au pape sa bonne ville de Ferrare, et se contenta de Modène et Reggio que le pontife voulut bien lui laisser. Il assista même au triomphe et à la prise de possession de Clément VIII, et baisa la mule de celui qui le dépouillait avec tant d'injustice et de cruauté.

César d'Este s'estima heureux de conserver un petit fragment de son héritage et d'obtenir la permission d'emporter son mobilier. Le déménagement se fit avec une précipitation funeste pour les objets d'art. Cependant la magnifique bibliothèque formée depuis si longtemps par les anciens ducs arriva complète, quoiqu'en désordre, à Modène. Pendant un siècle entier, cent mille volumes précieux demeurèrent entassés pêle-mêle dans les combles du palais. Mais enfin, sous le duc François II, cette collection fut classée, enrichie de manuscrits et d'archives, et installée dans le magnifique local où elle est aujourd'hui. Par un hasard heureux, la bibliothèque de Modène passa dans les mains des deux antiquaires, historiens et littérateurs les plus érudits de l'Italie entière, Muratori et Tiraboschi. Le premier conserva et augmenta pendant cinquante ans le trésor confié à sa garde, et il en tira les matériaux de ses *Annales*, qui sont un puits de science. Le second recueillit beaucoup de manuscrits, et employa aussi les documents à sa disposition pour son excellente histoire de la littérature italienne. Par un juste sentiment de reconnaissance pour la maison d'Este, on appelle encore cette collection *Biblioteca Estense*.

Le dôme de Modène se distingue des autres églises par une pureté de goût extraordinaire pour le temps de son exécution. Construit du onzième au douzième siècle, à l'époque où le gothique régnait partout, ce grand monument semble avoir échappé à une mode exclusive et générale par la volonté de quelque architecte inconnu. L'ogive en est bannie; les frontons attiques et les voûtes à plein ceintre y sont rétablis avec un parti pris évident. Probablement l'artiste avait des idées arrêtées sur les règles du beau, et, se sentant fort de l'étude de l'antique, il eut en se mettant à l'œuvre le courage de ses opinions. Les marbres extérieurs sont taillés de main de maître, et l'on comprend à leur coupe que cet architecte devait avoir dans les veines du sang italien, sans mélange barbare. On ne regrette, en voyant son ouvrage, ni les arceaux en pointe, ni ces arcs-boutants qui ressemblent au squelette d'un animal antédiluvien. Il est fâcheux qu'on ignore le nom de cet homme à qui le sentiment de la renaissance future des arts a passé dans l'esprit, comme un phénomène de seconde vue. Sur un des côtés de l'église, s'élève une vieille tour, haute de plus de deux cents pieds, qu'on appelle la *Ghirlandina,* bien qu'elle n'offre aucune ressemblance avec une guirlande. C'est dans cette tour qu'on gardait ce fameux seau de bois dont l'enlèvement a fourni à Tassoni le sujet d'un poëme héroï-comique, fort goûté au dix-septième siècle. *La Secchia rapita,* moins originale que le *Morgante Maggiore* de Pulci, est cependant une œuvre ingénieuse et plaisante; Voltaire l'a critiquée avec d'autant plus d'injustice et de mauvaise grâce qu'il en a plus d'une fois imité le genre. Les églises de Saint-Pierre et de Saint-Dominique contiennent de belles peintures ; mais les plus remarquables sont au musée du Palais-Ducal, qui renferme, en outre, une excellente collection de médailles. Le jardin de ce palais, ouvert au public, est une charmante promenade.

Toujours en suivant la voie Emilia, on trouve près de Modène un pont jeté sur le Panaro, qui sépare le petit duché des États pontificaux. Après avoir passé trois bourgs sans importance, on entre dans une grande ville entourée et coupée de petits canaux, animée par une population nombreuse et active. Le mouvement, le bruit des carrosses réveillent le voyageur assoupi dans son voiturin. Il met la tête à la portière, et ne voyant que des rues d'assez laide apparence, il se croit encore dans un faubourg; cependant les chevaux s'arrêtent devant l'hôtel de la *Pension suisse,* et on lui apprend qu'il est dans le plus beau quartier de l'illustre cité de Bologne.

XXIX

DE BOLOGNE A ANCONE

Bologne. — La bénédiction de Jules II. — Les trois Carrache. — L'école bolonaise. — Le Francia. — Le martyre de sainte Agnès. — Les Tours penchées. — Le Romagnol. — Les joueurs à la *morra*. — Imola. — Les Borgia. — Faenza. — La faïence. — Forli. — Cesena. — Le Rubicon baptisé. — Rimini. — Les Malatesta. — La tribune de César. — Pesaro. — Giacomo Rossini. — Sinigaglia. — Ancône. — L'arc de triomphe de Trajan. Le Dôme.

Si on ne savait par les historiens latins que Bologne a été l'une des villes principales de l'ancienne Étrurie, on ne s'en douterait guère aujourd'hui. On n'y trouve plus aucun vestige de monuments étrusques, et les souvenirs même de l'empire romain se réduisent à un grand aqueduc et un fragment de temple. Pendant le moyen âge, Bologne prit part aux guerres intestines de l'Italie et pesa souvent dans la balance des événements. Jules II, en montant sur le trône de saint Pierre, y apporta le projet bien arrêté de s'emparer de la Romagne. En 1506, ce pontife guerrier chassa de Bologne Jean Bentivoglio, et alluma ainsi en Italie un feu qui ne s'éteignit pas de longtemps. Nous avons parlé ailleurs de la campagne de Ravenne et de la Sainte-Ligue. A la suite de ces grands événements, la Romagne, souvent occupée par les étrangers, comme la Lombardie, s'estima heureuse de revenir au saint-siége, qui depuis a conservé soigneusement ce beau fleuron de la triple couronne. La célèbre statue de Jules II, donnant aux Bolonais cette bénédiction qui ressemblait à une menace, n'était donc pas un document exact, puisque cette ville, que le pontife bénit d'un air irrité, a voulu faire partie du patrimoine de saint Pierre.

Quel que soit l'avenir réservé à l'Italie, Bologne jouera un rôle important dans la destinée de ce beau pays, à cause du caractère énergique des Romagnols.

Dans l'histoire des arts, Bologne occupe aussi une place considérable. Son école de peinture, arrivée la dernière, a produit un mouvement de recrudescence auquel on ne devait plus s'attendre. Malgré mon envie d'observer autant que possible l'ordre chronologique des faits, l'itinéraire que nous suivons m'oblige à manquer à cette règle. L'origine de l'école bolonaise est d'ailleurs un incident imprévu que la persévérance et la ferme volonté d'un homme ont fait éclore à travers mille obstacles. C'était à la fin du seizième siècle. Milan, Florence et Rome jetaient leurs dernières lueurs. Le goût commençait à se pervertir, et la peinture tombait dans la manière, le faux et la négligence. Venise seule résistait encore à la décadence. Le fils d'un boucher de Bologne se mit en tête de ranimer les arts expirants. Cet homme s'appelait Ludovic Carrache. Il prit quelques leçons de Prosper Fontana, qui se moqua de son peu de facilité, et lui conseilla de retourner à la boutique de son père. Carrache n'en fit rien, et se rendit à Parme, où il étudia longtemps les ouvrages du Corrége. Quand il se crut en état de se présenter chez un grand maître, il partit pour Venise et demanda des leçons au vieux Robusti. Le Tintoret, qui peignait comme en se jouant, prit mauvaise opinion du pauvre Bolonais en le voyant travailler avec des difficultés infinies : « Tu ne feras jamais rien de bon, disait le Tintoret. Pourquoi t'obstiner à peindre si la nature ne t'y invite point? » Et par dérision les jeunes gens de l'atelier appelaient Ludovic Carrache *il bove*. Mais si le Bolonais avait la lenteur du bœuf, il en avait aussi la patience et l'entêtement. Il marchait vers son but d'un pas lourd et tranquille, sans reculer devant les obstacles, sans s'émouvoir des plaisanteries. Il se rendit de Venise à Florence, afin d'y étudier le style pur d'André del Sarto; de là il voulut encore retourner à Parme, et se pénétra davantage de la manière du divin

Corrége. Sûr de lui-même, après tant d'efforts et de méditations, il rentra enfin à Bologne.

Ludovic Carrache avait deux cousins, artisans comme lui, Annibal et Augustin. Le premier exerçait le métier de tailleur; l'autre était joaillier. Il leur raconta tout ce qu'il avait fait depuis cinq ans qu'on ne l'avait vu, et il leur proposa de partager avec eux le fruit de ses études en leur donnant des leçons. Tous deux quittèrent leur profession et se mirent à peindre avec enthousiasme et assiduité. Étrange chose que cette aptitude des Italiens pour les arts! Le tailleur et l'orfévre étaient de grands peintres sans le savoir, et si cet original de Ludovic ne fût venu les débaucher, ils faisaient jusqu'à leur mort, l'un des habits et l'autre des couverts d'argent. Avec des organisations différentes, ces trois hommes s'accordèrent à merveille pour atteindre le même but. Ils donnèrent à leur école le titre ambitieux d'académie, et sur leur porte une inscription annonça au public que les Carrache avaient entrepris de ressusciter la peinture en Italie. La hardiesse de leurs premiers ouvrages souleva contre eux une critique acharnée. La routine et le *phébus*, menacés d'une disgrâce, crièrent à l'hérésie; mais plus les détracteurs mettaient de passion dans leurs attaques, plus les trois Carrache déployaient d'ardeur et d'opiniâtreté. Les jeunes gens désertèrent les autres ateliers, pour venir à l'académie nouvelle. Parmi ces élèves se trouvèrent François Albano, Guido Reni, Bartholomée Cesi et Dominique Zampieri, qui devait bientôt surpasser ses maîtres. De là sortit cette pépinière de grands peintres qui compose l'école bolonaise et qui a rendu à l'Italie un demi-siècle de gloire.

Des trois Carrache, il se trouva que le tailleur d'habits était le plus heureusement doué; moins instruit que son frère Augustin, moins correct et moins appliqué que Ludovic, il avait plus de fougue et de véritable génie. Ses instincts l'auraient peut-être poussé vers le style dangereux de Michel-Ange, si le jugement et les conseils de son cousin ne l'eussent préservé de cet écueil. Annibal Carrache, malgré sa prédilection pour le Corrége, introduisit dans l'école bolonaise cet élément de *réalité* que le Guerchin développa davantage et dont le Dominiquin lui-même a subi l'influence. Annibal avait des systèmes sujets à discussion sur l'ordonnance des compositions, sur le nombre de personnages auxquels il convient de se borner, sur la meilleure manière de les grouper et de présenter l'action. Augustin, plus pénétré du sentiment de l'antiquité, eut de fréquentes querelles avec son frère. Cependant lorsqu'Annibal fut appelé à Rome par le cardinal Farnèse, Augustin l'accompagna et partagea ses travaux. Le Guide et l'Albane vinrent aussi rejoindre leurs maîtres. Cette association produisit le Samson et les Heures du palais Ruspigliosi, le Céphale et la Galathée de la galerie Farnèse, et quantité d'autres belles pages devant lesquelles nous nous arrêterons à Rome. La mort des deux frères Carrache est triste à raconter. L'aîné, Augustin, aussi habile graveur que bon peintre, fut invité à venir décorer le palais du *Giardino*, à Parme. Il en couvrit les murs de fresques admirables, et, comme il ne voulait pas interrompre ses travaux de burin, une maladie causée par la fatigue l'emporta à quarante-trois ans. Au bas de sa dernière fresque inachevée, le duc Farnèse fit mettre une inscription où l'on voit encore les regrets que cette perte a inspirée aux amis des arts.

Annibal ne fut pas plus heureux que son frère. Après huit ans de travaux dans la galerie Farnèse, il pria son cousin et son maître de venir juger son ouvrage. Ludovic fit exprès le voyage de Rome, et confirma par ses éloges le succès commencé par les applaudissements du public. L'auteur satisfait attendit avec confiance le fruit d'une si grande entreprise. Il avait eu trop de délicatesse et de désintéressement pour fixer d'avance le prix de son travail. On ne marchandait point les frères et les neveux des papes, et l'on ne craignait que d'être trop confus de l'excès de leur générosité. Le cardinal Farnèse donna l'ordre à son trésorier de compter au décorateur la somme de huit cents écus. — Cent écus par année! mais non pas par chef-d'œuvre! — Il n'est donc pas content de mon ouvrage? se dit Annibal. — Et, malgré l'assurance de son cousin et de tous les connaisseurs, malgré la conscience qu'il devait avoir de son mérite, il rentra chez lui consterné, humilié, dévoré de chagrin. Sa blessure était si profonde qu'un voyage à Naples ne put pas le guérir. Il en revint comme il était parti avec une maladie de langueur dont il mourut à Rome. Le beau siècle de l'Italie était passé; le grand siècle de la France commençait. Dix ans après la mort d'Annibal Carrache, un jeune homme, absorbé dans la contemplation des peintures de la galerie Farnèse, s'écria tout haut : « Voilà donc ce qui l'a tué! Quel est le peintre amoureux de la gloire qui ne serait heureux de mourir comme lui? » Ce jeune homme s'appelait Nicolas Poussin. Ludovic Carrache, plus prudent que ses cousins, n'écouta pas les paroles dorées du cardinal Farnèse et refusa de quitter Bologne, où ses amis et ses nombreux élèves lui faisaient un cortége dont son amour-propre se contentait. Il enrichit sa ville natale de tous ces beaux ouvrages qui figurent à côté des Dominiquin, des Albane, des Francia.

Bien longtemps avant l'apparition des Carrache, avait existé à Bologne François Raimondi, surnommé le Francia, contemporain de Raphaël et même du Pérugin; mais le Francia est un maître à part qui ne ressemble en rien aux peintres de la recrudescence, et qui par son style pur appartiendrait plutôt à l'école romaine. C'est un double honneur pour Bologne, que de posséder des ouvrages de deux époques si éloignées l'une de l'autre. Dans l'ancien collége de Saint-Ignace, où est aujourd'hui l'Académie des Beaux-Arts, on a eu le bon esprit d'établir un musée de tableaux extraits des couvents et des églises. C'est là qu'on trouve cette Sainte Cécile de Raphaël, qui regarde le ciel avec une expression de piété si touchante, près de Saint Paul appuyé sur son épée et plongé dans la méditation. Selon Vasari, l'arrivée de ce tableau à Bologne aurait causé au Francia tant de jalousie qu'il en serait mort; mais heureusement cette histoire manque de vraisemblance. Non loin de la Sainte Cécile, on voit une des plus grandes pages du Dominiquin : le Martyre de Sainte Agnès. Les gens difficiles peuvent reprocher à ce magnifique ouvrage un peu de lourdeur dans l'ordonnance des groupes; mais quelle expression vraie dans les têtes et les attitudes! Comme les sentiments des personnages sont lisiblement écrits sur leurs visages! On se sent frémir en voyant le geste furieux de ce bourreau qui enfonce le poignard dans le sein virginal d'une enfant de seize ans. Quelle douceur et quelle résignation dans les yeux de la petite sainte! On ne sait plus en sortant du musée si les groupes étaient bien ou mal ordonnés; mais on emporte le souvenir d'une scène terrible, et pendant longtemps le regard de la jeune fille vous poursuit, comme si vous étiez responsable de sa mort. Autour de ces deux morceaux principaux sont d'autres toiles du même maître, empreintes d'un cachet profond de pathétique et de vérité.

Les tableaux du Guerchin représentent ces scènes de la vie réelle, ces femmes coiffées de turbans et vêtues de riches étoffes pour lesquelles ce peintre fécond avait un goût particulier. Souvent il faut de la bonne volonté pour y reconnaître les sujets de l'Ancien ou du Nouveau Testament, mais aujourd'hui je sais plus de gré au Guerchin de m'apprendre comment on s'habillait de son temps que s'il eût cherché une fidélité fort douteuse. L'Albane vous repose de ce fouillis de robes, de manteaux et de plumes, par ses suaves compositions, où les femmes nues, les enfants et les anges se jouent en souriant dans la lumière. Il ne court pas après la soie et le velours; les armes, les panaches et les instruments de musique le touchent peu, les scènes nocturnes pas davantage. Ce qu'il aime, c'est une nymphe bien blanche, un enfant potelé, un groupe de chérubins voltigeant dans un rayon de soleil. A peine s'il admet d'autre étoffe que la gaze, encore la veut-il si transparente qu'elle ne voile pas grand'chose. Les nombreux ouvrages du Guide se divisent en deux parties distinctes, l'une du bon temps où Ludovic Carrache lui donnait des avis, l'autre de l'époque où la vanité, l'inconduite et le jeu avaient amolli son esprit et son pinceau. Nous le retrouverons à Rome dans l'éclat de la jeunesse et du talent.

N'aurai-je pas mauvaise grâce à mal parler d'une ville où sont réunis tant de sujets d'admiration? Il faut pourtant dire la vérité. Bologne n'offre pas aux étrangers ces séductions qui les retiennent à Venise, à Florence, à Rome. Des rues sombres, bordées de galeries basses et mal construites, des monuments d'un caractère indécis, des boutiques obscures enfoncées dans l'ombre des arcades, je ne sais quoi de monotone et d'ennuyeux étalé sur les murs, tout vous invite à plier bagage une fois que vous possédez votre musée par cœur. La tour *degli Asinelli* et l'autre tour penchée, avec leurs faces noires et enfumées, donnent un échantillon de l'aspect de Bologne. C'est partout le même air disgracieux, hormis sur les visages des habitants.

Le Romagnol est aimable, intelligent, d'un caractère résolu et passionné. Sous les dehors d'une gaieté frivole, il déguise les qualités solides du cœur et de l'esprit. Son patriotisme ne s'enferme pas dans les limites étroites d'une enceinte municipale. Ce sentiment, aussi vivace qu'au temps où l'Espagne et la France lui donnaient de graves sujets d'alarme, peut produire de grandes choses, appuyé sur le courage et l'énergie qui distinguent cette race d'origine gauloise. Le peuple de Bologne est moins buveur d'eau que celui des autres villes de la péninsule, et je croirais volontiers que cette nuance dans le régime influe sur son caractère. Il a d'ailleurs les instincts et les goûts du méridional, la loquacité, la galanterie, l'amour du jeu. Il faut voir deux Bolonais jouer à la *morra*, les jambes écartées, les yeux brillants, les muscles tendus, toujours prêts à sauter sur les pauvres *baïocs* qui composent l'enjeu. Quelle rapidité de coup d'œil! quelle pétulance dans le geste! la partie est achevée avant que vous ayez compris ce qui se passe. Le jeu de la *morra* est fort simple. Au lieu de dés ou de cartes, on emploie les cinq doigts que la nature vous a mis au bout du bras. Chacun prononce en même temps à haute voix un nombre, de un à cinq, et ouvre un autre nombre de doigts. Celui qui le premier réussit à dire le nombre que présente la main de son adversaire, gagne un point. Exemple : vous appelez le chiffre quatre en ouvrant trois doigts de la main droite; si votrè adversaire a ouvert quatre doigts, vous avez gagné. Tant que personne n'a deviné le point de son adversaire, on recommence l'épreuve, et cet exercice peut durer un certain temps. L'étranger qui voit pour la première fois ces deux énergumènes, criant du haut de leur tête, comme s'ils allaient se battre et gesticulant à se déboîter les épaules, prendrait les joueurs à la *morra* pour des fous furieux qui se préparent à s'arracher les yeux.

Bologne, située dans le territoire le plus fertile du monde, a l'avantage d'être une ville d'affaires autant que d'arts et de plaisirs. Outre la *mortadelle,* justement appréciée des gastronomes, on y fabrique de belles étoffes, de l'orfévrerie, des fleurs artificielles. Une école de musique et de déclamation, fondée depuis longtemps, fournit aux théâtres beaucoup d'artistes distingués, et les chanteurs des autres villes trouvent à Bologne un public éclairé, prompt à reconnaître le talent et à l'applaudir. L'université, l'une des plus anciennes d'Italie, jouit encore d'un certain éclat, bien que ce ne soit plus le temps où le roi de Danemark venait présider aux examens dans l'église de Saint-Pierre. Ce sont là de véritables mérites sans doute, et si le ciel m'eût fait naître à Bologne, il est probable que j'en serais fier; mais pour nous autres touristes qui ne faisons que passer, la beauté, les charmes extérieurs ont plus de prix que des vertus et de grandes qualités. A moins de voir le monde, de se créer des relations et des amitiés, ce qu'on peut entreprendre en tous pays, on n'a point de raisons de manquer pour Bologne un programme du voyage, et l'on regagne ainsi quelques jours sur les mois que vous a pris Venise.

Lorsque Lépide fit exécuter la voie Émilia, qui traverse l'Italie comme *en sautoir,* parallèlement à la chaîne des Apennins, les expériences de la guerre avaient depuis longtemps indiqué le tracé de cette route stratégique. C'était par ce chemin qu'Asdrubal, probablement sur l'avis de son frère, avait tenté de lui amener un renfort de cinquante mille soldats, qui fut défait sans réussir à rejoindre Annibal. César avait suivi la même voie en se rendant à Rome, avant la bataille de Pharsale. Au moyen de ce détour, on évitait le passage de défilés souvent dangereux aux grandes armées. Faisons comme Asdrubal et prenons le plus long pour marcher sur Rome, puisque tout chemin y mène. La première ville que nous rencontrons après Bologne est celle d'Imola, que Cicéron appelle le *Forum* de Cornélius. Imola était le siége d'un évêché, lorsque César Borgia conçut le projet de s'en emparer par un coup de main. La Providence, pour mieux préparer l'Italie au beau siècle des Médicis, l'a fait précéder du règne des Borgia. Alexandre VI, préoccupé de la fortune de son incestueuse famille, commença par donner le chapeau de cardinal à son fils César; mais ce brigand, peu soucieux des dignités ecclésiastiques, déposa la barrette pour épouser la princesse de Navarre. Il n'y a point, à mon sens, de considération politique qui puisse excuser l'alliance de Louis XII avec cette infâme maison.

César Borgia n'était pas homme à se contenter du duché de Valentinois que le roi de France avait constitué pour lui, et il voulut se créer un domaine à proximité du saint-siége. Avec l'appui des troupes françaises, il prit Imola, Forli, Faenza et Rimini, sur lesquelles il n'avait pas plus de droit que Mandrin, et il les gouverna comme l'aurait pu faire un bandit de profession, confisquant à son profit les biens de ceux qui lui avaient résisté, obligeant par la violence les gens riches à tester en sa faveur, et les empoisonnant pour hériter plus vite. La population d'Imola fut décimée en peu de temps sous son administration expéditive, et le souvenir de ce fléau est si profond qu'on en parle encore, au bout de trois siècles et demi, avec plus d'horreur que de la peste et du choléra. Jules II, dont l'ambition se proposait du moins l'agrandissement du patrimoine de Saint-Pierre, trouva un beau prétexte à dépouiller

César Borgia dans sa façon de gouverner. Le nouveau pontife mit l'usurpateur en prison et lui demanda pour rançon les villes qu'il lui restait encore ; mais ce fut pour les retenir et non pour les rendre, comme il arrive aux objets volés, qui ne retournent jamais à leur légitime propriétaire.

Imola, bien reposée de ses secousses, est à cette heure une petite ville agréable, où l'on arrive en traversant de belles campagnes coupées de bouquets d'arbres et de rideaux de peupliers. Les deux principales églises, et notamment celle des Dominicains, sont couvertes de peintures de Ludovic Carrache, qui a fait un long séjour à Imola. Une de ces anciennes compagnies savantes qui ont rendu tant de services aux lettres italiennes, l'Académie des *Industriosi* d'Imola, s'est illustrée par des travaux historiques et littéraires.

Faenza, qu'on rencontre à trois lieues d'Imola, est construite avec une régularité dont on pourrait s'ennuyer si l'on y demeurait longtemps ; mais, pour le voyageur pressé, la symétrie n'est pas un défaut. Deux grandes rues qui se croisent divisent Faenza en quatre quartiers égaux. La façade de la cathédrale, celles du palais communal et du théâtre, une tour ancienne, d'autres édifices ornés de galeries en arcades, et une belle fontaine, donnent à la place centrale un air de luxe digne d'une capitale. Les curieux trouveront à l'église des *servi* des peintures primitives et sans relief, auxquelles je préfère de beaucoup le tableau du Giorgione qu'on voit au couvent de Saint-Magloire. Mais ce qui a procuré à la ville de Faenza une célébrité universelle, c'est l'industrie qui porte son nom. L'Italie du moyen âge n'employa d'autre vaisselle que celle de la terre de faïence, et ce fut un Italien qui transporta cette industrie à Nevers, d'où elle se répandit en France. Bernard Palissy en avait fait un art que la fabrication de la porcelaine à bon marché finira par détruire entièrement.

A trois petites lieues de Faenza, se trouve Forli, autre ville d'un aspect plaisant, symétriquement bâtie, avec des rues bordées d'arcades, et quelques beaux palais, dont un dessiné par Michel-Ange, du temps où *papa Giulio*, comme on dit en parlant de Jules II, daigna s'emparer du bien volé par les Borgia. Plusieurs maîtres de l'école bolonaise ont travaillé à Forli; leurs ouvrages se voient dans les églises de Saint-Philippe-de-Néri et de la Madone-du-Peuple. Les plus remarquables sont la Conception du Guide et un très-beau Guerchin. Trois autres lieues plus loin que Forli, nous trouvons à Cesena de nouvelles traces de l'école bolonaise. Dans le palais où est né le pape Pie VII, la galerie de tableaux contient un des rares chefs-d'œuvre du Francia, quatre toiles du Guerchin et une Vierge de Sasso-Ferrato de l'école romaine.

En sortant de Cesena, le cocher de votre voiturin ne manquera pas de vous dire : « *Signori, conviene calare.* » Et comme vous ne verrez rien de remarquable sur la route, vous demanderez pourquoi il faut descendre : « C'est, répondra le guide, que nous allons passer le Rubicon. » César n'eut pas grand'peine à franchir cette limite qui séparait la Gaule cisalpine des terres de la république. Une rivière large de douze pieds, qui descend de la montagne voisine, et dont le parcours n'a pas six lieues, pouvait-elle arrêter les cohortes victorieuses des Gaules? Cependant le général hésita devant ce méchant ruisseau. Encore un pas, et il devenait un rebelle aux yeux du sénat, un usurpateur, que le succès ou la défaite devait mener au Capitole, soit pour y recevoir la couronne, soit pour y être précipité de la roche Tarpéienne. Tandis que le visage du général exprimait le doute et l'hésitation, ses talons pressaient les flancs de son cheval pour le faire avancer, comme l'a si ingénieusement représenté Chenavart dans cette grande page qui devait figurer au Panthéon de Paris, si Paris eût donné suite à cette belle idée d'ouvrir un monument aux gloires de tous les pays et de tous les siècles. César passa la petite rivière. Serait-il venu jusque-là si le sort n'en eût été jeté depuis longtemps dans son esprit? Après lui passèrent les vieux centurions, puis les aigles et les cohortes; des institutions de cinq cents ans furent foulées aux pieds, et sur les rives du Styx l'ombre de Brutus se voila le visage, tandis que celle de Tarquin poussait un éclat de rire homérique.

En 1845, nous étions trois personnes ensemble au bord du Rubicon à chercher le point où, à notre gré, César avait dû lancer son cheval, quand un paysan, qui venait de la montagne, s'arrêta pour nous regarder d'un air ironique; et comme il murmurait entre ses dents, nous lui demandâmes ce qu'il avait :

— Voilà déjà deux fois, nous dit-il, que je trouve des seigneurs étrangers en contemplation devant cette *rivierette*. D'où vient cela, Excellences?

— C'est, répondis-je, que cette rivierette porte un nom célèbre.

— Excusez mon ignorance, reprit le paysan, je ne savais pas que le *Pisciatello* fût un ruisseau fameux.

— Comment appelles-tu le Rubicon?

— Pisciatello, Excellence.

Et le cocher du voiturin nous apprit, en effet, que le Rubicon de la république a été baptisé de ce nom grotesque depuis l'ère chrétienne.

Après cinq lieues de route dans un pays accidenté, nous arrivons à Rimini, la ville des Malatesta. L'histoire ne dit rien sur le seigneur de ce nom, qui poignarda sa femme si brutalement. Ce n'est que par les vers de Dante qu'on connaît cette triste aventure. Les Malatesta les plus célèbres, Sigismond et Robert, furent de grands capitaines, et tous deux *condottieri* au service de Venise. Le premier se distingua dans la campagne de Morée, au quinzième siècle; le second battit Alphonse de Naples, et le pape Sixte IV lui fit élever une statue dans l'église de Saint-Pierre de Rome. Pandolphe, fils de Robert, dépouillé par les Borgia, s'en alla mourir à Ferrare. Les habitants de l'antique *Ariminum* étaient aimés du sénat romain pour avoir fourni des subsides à la république pendant la guerre contre Annibal. On voit encore à la porte *Romana* un arc de triomphe élevé en l'honneur d'Auguste. Derrière l'église des capucins sont les restes peu distincts d'une espèce d'amphithéâtre. Quant à cette prétendue tribune qu'on montre sur la place du marché, et du haut de laquelle César aurait harangué ses troupes après le passage du Rubicon, il est impossible de ne point la reconnaître pour un simple piédestal d'obélisque ou de colonne, sur lequel un orateur ne trouverait que bien juste la place nécessaire pour se tenir debout. C'est se moquer des gens que d'appeler cela une tribune, comme l'ont fait les auteurs de l'inscription qu'on y a mise.

Les monuments modernes et les embellissements de la ville sont dus en partie aux Malatesta, et partie au pape Paul V, dont la statue de bronze est élevée sur une des places. Plusieurs belles fontaines versent de l'eau en abondance; la cathédrale, ouvrage du Florentin Alberti, et l'église de San-Giuliano, contiennent des sculptures et des tableaux de prix, entre autres une magnifique toile de Paul Veronèse, représentant le martyre de saint Julien. Nous retrouvons à Rimini la mer Adriatique. Pandolfe Malatesta eut l'idée singulière d'employer les pierres du port à élever une église, d'où il résulta que ce port, déjà endommagé par la retraite des eaux, se dégrada tout à fait. Les débris de l'ancienne tour du phare se trouvent aujourd'hui assez loin du rivage. Cependant la population de Rimini se livre à la pêche et fait un grand commerce de poissons. Près de la porte Saint-Julien, la voie Émilia se réunit à la voie Flaminia. Le point de jonction de ces deux routes est un beau pont construit du temps de Tibère. Passons de l'une sur l'autre, et suivons le bord de la mer pour nous rendre à Pesaro, petite ville située au milieu d'un paysage verdoyant parsemé de bouquets d'oliviers, de figuiers célèbres par l'excellence de leurs fruits et de peupliers d'Italie. Salut à Pesaro! le génie est assez rare aujourd'hui pour qu'on n'oublie pas de lui rendre hommage. Cette petite ville a donné à l'Italie et au monde l'homme à qui notre génération doit ses plaisirs les meilleurs, l'illustre Giacomo Rossini, le seul artiste de notre siècle qui mérite le nom de grand maître. On ferait mieux de chanter plus souvent ses opéras que de lui reprocher le repos auquel lui donne droit l'œuvre immense de sa jeunesse.

A deux lieues de Pesaro, nous traversons le bourg de Fano, près duquel Claudius Néron détruisit l'armée d'Asdrubal. Laissons à notre droite une grande route qui va rejoindre par les montagnes celle de Florence à Rome, et suivons le bord de l'Adriatique jusqu'à Sinigaglia, antique chef-lieu d'une colonie gauloise. C'est dans cette ville que César Borgia réunit un jour à sa table les gouverneurs de Pesaro, de Rimini, de Faenza, les seigneurs les plus puissants de ce pays, et qu'il fit étrangler tous ses convives, — trait d'esprit, que Machiavel a trouvé fort ingénieux.

Le 22 juillet, jour de Sainte-Madeleine, la foire de Sinigaglia attire une foule considérable d'étrangers. Des services extraordinaires de bateaux à vapeur amènent, de Trieste et de Venise, les négociants allemands, dalmates et lombards. Les navires à voiles arrivent de Raguse, de Zara, de Corfou. Des Hongrois, des Croates vêtus de costumes divers, des Albanais en habits rouges, des Turcs de Cattaro, encore coiffés du turban, se promènent sur le port, et viennent échanger les produits de leur pays contre les toiles et les cuirs de la marche d'Ancône, les chanvres de la Polésine, les draps, les soies et l'orfévrerie de la Romagne. Des troupes chantantes ou comiques donnent des représentations, et, pendant les quinze jours que dure la foire, l'étranger trouve à Sinigaglia les ressources, les plaisirs, les occasions de semer son argent que lui offrirait une grande ville. Les messagers galants y exercent leur industrie mystérieuse, et, ne fût-ce que pour prendre note de leurs manéges et de leurs fourberies, écouter leurs mensonges, histoires fabuleuses et chuchotements, il faut engager avec eux une guerre de mystifications, de ruses diplomatiques et de manques de parole. On sera payé de sa patience en apprenant à les bien connaître.

Nous n'avons plus qu'un village à passer, une rivière à traverser, et nous arrivons à Ancône la Dorique, comme l'appelle Juvénal. Les chercheurs d'origine attribuent sa fondation à une émigration de Siciliens, et je pencherais volontiers pour cette opinion, à cause du beau sang des habitants et particulièrement des femmes. Les profils de médaille et le type syracusain se rencontrent à chaque pas. Outre la citadelle, deux promontoires garnis de travaux de défense protégent Ancône à droite et à gauche. A l'entrée du môle se trouve l'arc de triomphe de Trajan, le monument romain le plus parfait de cette partie de l'Italie. Les sculptures, les colonnes cannelées, les chapiteaux et les volutes sont dans un meilleur état que ceux de l'arc de Rimini, et l'inscription dédicatoire existe encore. Le port, construit par l'ordre de Trajan, a peu souffert des ensablements et les bateaux de Trieste y font un service régulier. Ancône eut la gloire de résister à l'armée formidable de Totila. Plus tard, elle fut deux fois saccagée par les Lombards et par les Sarrasins, et cependant le monument dédié au bienfaiteur de la ville a échappé à ces deux désastres. Comme Gênes, Ancône paraît plus belle de loin que de près. Les rues étroites laissent à désirer sous le rapport de l'entretien et de la propreté.

Le dôme, qu'il faut aller chercher un peu loin, est orné de belles colonnes de marbre et d'un portail élégant. Nous retrouvons à l'intérieur quelques peintures intéressantes de Philippe Lippi, le Florentin dont Léonard de Vinci a raconté l'histoire. D'autres peintures moins naïves ornent l'intérieur de Saint-Augustin, dont la porte principale est un chef-d'œuvre de sculpture attribué à Mocrio de Sienne. L'église de Sainte-Pélagie possède un des plus beaux ouvrages du Guerchin, et sur la façade de la Bourse des Marchands on remarque des bas-reliefs pleins d'imagination, faits par un artiste dalmate.

Au lieu de prendre la voie Flaminia, qui nous mènerait promptement à Rome, arrêtons-nous à Ancône et faisons nos adieux au golfe Adriatique. Il est temps d'introduire le lecteur en Toscane.

XXX

LIVOURNE, PISE, FLORENCE

Origine de Livourne. — Les portefaix insolents. — Pise. — La belle fille de la ballade. — Le Dôme. — La Tour penchée. — Galilée. — Le Campo-Santo. — Les touristes vandales. — Le *Tempietto*. — La Tour de la *faim*. — Malédiction de Dante. — Arrivée à Florence. — Coup d'œil général. — Une visite au quatorzième siècle. — Les rues. — Les palais particuliers. — La maison des Portinari. — Dante et Béatrix.

C'est par mer qu'il est bon d'arriver à Livourne, le port le plus riche de toute l'Italie, la seule ville moderne et vraiment commerçante qui s'occupe exclusivement de ses affaires, n'ayant point de passé glorieux et regretté qui puisse l'en distraire. Livourne sortit un jour des ruines de Pise, comme ces boutures qui poussent sur les racines d'un arbre mort. Tant que les navires purent entrer à Porto-Pisano, le commerce ne chercha pas d'autre point pour déposer ses marchandises; mais, dès le seizième siècle, le havre de Pise, encombré par les sables, ne donnait plus accès qu'aux felouques et aux barquettes. Les Médicis, depuis Alexandre jusqu'à Côme III, favorisèrent le développement de Livourne. En quelques années, cette petite baie, flanquée de vieilles tours qu'on regardait de loin sans y aborder, devint un port excellent; les consuls y transportèrent leurs chancelleries. Des Grecs, des Juifs, des Maltais et autres gens de race trafiquante, attirés par la franchise du port, apportèrent leurs capitaux, et composèrent, avec le personnel qui les suivait, une population mêlée, intelligente et peu choisie. La tolérance des grands-ducs leur laissa le libre exercice de leurs religions diverses : on construisit une synagogue et une église grecque non loin des temples catholiques ; de beaux palais sortirent de terre ; des places, des rues régulières, des quartiers neufs s'élevèrent progressivement, à mesure que le commerce se développait. Ce mouvement n'est point encore arrêté. Livourne poursuit son période d'accroissement et de fortune ; mais comme je n'y ai fait d'autre affaire que d'acheter un parapluie, cette transaction ne m'a pas mis à même d'apprécier toute l'importance commerciale de la place.

Au point de vue de l'artiste, Livourne manque d'intérêt, si ce n'est que le peintre de marine y peut trouver un sujet de tableau, et que pendant l'hiver on y chante l'opéra italien. La cathédrale, peu considérable, est ornée de peintures assez belles de Chimenti, élève d'André del Sarto et de Donato Creti, de l'école bolonaise. Livourne est né trop tard pour pouvoir appeler les premiers grands maîtres à l'embellir. Qui sait, d'ailleurs, s'ils auraient répondu à son appel ? Excepté le modeste Corrége, la plupart ne voulaient travailler que pour les princes ; se seraient-ils dérangés pour des marchands cosmopolites ?

On sait que d'un bout à l'autre de la péninsule, la grande question des bagages soulève quantité d'incidents qu'il faut tâcher de prendre gaiement. A Livourne cela n'est pas facile : le *facchino* du port, comme le portefaix d'Avignon, joint à la fourberie une insolence intolérable. Non content d'importuner, il menace, et l'argument du *bastone*, si efficace à Naples, pourrait bien être rétorqué à Livourne par celui de la *coltellata*. Si vous vous emportez jusqu'à vouloir mener votre homme à la police, ses camarades viendront le soutenir de leurs témoignages, et prendront fait et cause pour le voleur. J'ai vu des voyageurs, dont la patience était à bout, se créer de longs ennuis, se remuer la bile, et employer le temps de leur séjour en débats, querelles et démarches, qu'un léger sacrifice leur aurait épargnés. Le conseil de céder est bon à donner de sang-froid ; mais j'avoue qu'une fois en colère, je deviendrais aussi entêté qu'un Anglais.

Sur les places de Livourne, se tenaient, il y a cinq ans, des voiturins toujours prêts à partir pour Pise, qui vous offraient leurs carrosses peu propres, attelés de chevaux mal nourris, dont le fouet ranimait les forces; aujourd'hui un chemin de fer vous mène en une heure aux portes de cette ville éteinte, sur les murs de laquelle notre Vénitien aux épitaphes pourrait écrire ces mots avec son crayon noir : « Depuis quatre cents ans, Pise a cessé de vivre. » Quelle tristesse et quel silence dans ces grandes rues, sur ces vastes places, où la giroflée fleurit dans la jointure des marbres de Carrare ! Partout ailleurs c'est aux barbares et aux étrangers qu'il faut reprocher le vandalisme et les dévastations; Pise seule est morte sous les coups des Italiens. La pire des rivalités, celle qui engendre les haines les plus profondes, est la rivalité du commerce. Comme les Vénètes, les Pisans trafiquaient dans l'archipel et la mer Noire. Plusieurs guerres s'ensuivirent entre les deux républiques, et leurs marines se ruinèrent tour à tour. Bientôt arriva celle de Gênes, plus âpre au gain et plus vindicative que les deux autres. La politique brouilla encore Pise avec Florence. Contre tant d'ennemis elle devait finir par succomber. Deux fois les Florentins et les Génois la saccagèrent comme l'auraient pu faire des Goths ou des Huns. Depuis lors Pise ne s'est plus relevée. Qu'on imagine si l'on peut le degré d'abandon où peut tomber une grande cité, après quatre siècles de décadence continue ! Pise n'est plus qu'un cadavre; mais, comme la jeune fille de la ballade de Uhland, elle reste belle dans son linceul, et morte on l'aime encore.

Sur une place immense se trouvent réunis quatre monuments uniques au monde : le Dôme, le Baptistaire, la Tour penchée et le Campo-Santo. Le premier, orné de quatre cent cinquante colonnes, est un de ces rares ouvrages contemporains du gothique, mais dont l'inspiration venait de l'Orient. C'est à Byzance et en Grèce que l'architecte Bruschetto a cherché ses modèles, et certes, devant ces quatre rangs de colonnes hardiment étagées, et ces riches sculptures, on ne dira pas que l'imagination exige pour se déployer le sacrifice de la simplicité. Les portes de bronze sur lesquelles on voit les scènes de la Passion de Notre-Seigneur sont l'ouvrage de Jean Bologna. Le Baptistaire, plus moderne de trois siècles que la cathédrale, approche du temps de la renaissance ; mais l'architecte a eu le soin d'imiter le style de Bruschetto, en y ajoutant plus de variété dans le dessin. Quant à la célèbre Tour penchée, ou campanile du Dôme, il est hors de doute aujourd'hui que son inclinaison ne doit être attribuée à aucun accident ni affaissement de terrain : la différence de longueur entre les colonnes du sud et celles du nord, et l'examen de la coupe des pierres, prouvent que cette inclinaison est une facétie volontaire de l'architecte.

Le campanile de Pise, dont je ne fais pas grand cas, fut cependant bon à quelque chose. Galilée, pour se livrer à ses expériences sur la gravitation de la terre, avait besoin d'un lieu élevé et comme suspendu dans les airs. Du haut de cette tour, un des plus grands génies des temps modernes surprit le secret du mouvement du monde, — découverte immense, qui allait reculer, en un jour, les bornes de l'esprit humain, si l'inquisition ne se fût empressée de la déclarer hérétique, et d'en obtenir la rétractation solennelle par la persuasion et la torture. Une fois cette rétractation écrite en bonne forme et signée par Galilée, les inquisiteurs purent dormir sur l'une et l'autre oreille : la terre avait cessé de tourner, comme on l'a remarqué depuis.

En pénétrant avec émotion sous les galeries de ce fameux Campo-Santo tant de fois peint, dessiné, décrit et chanté, je me crus dans un vestibule ; j'attendais qu'on ouvrît la porte qui enfermait les fresques de Giotto, des deux Orcagna, et des autres pères de la peinture italienne. Lorsqu'on m'apprit que c'était là tout, je regardai plus attentivement ; les peintures avaient disparu, et les sculptures elles-mêmes étaient dans un état déplorable ; pas une statuette n'avait sa tête sur les épaules, pas une figure qui ne fût mutilée ou décapitée ! Je rougis de le dire : ce ne sont ni les Goths, ni les Lombards, ni les Génois qui ont dévasté le Campo-Santo ; mais les touristes anglais, qu'on a surpris souvent, le marteau à la main, brisant les bras, les têtes et jusqu'aux torses des statuettes, pour emporter à Londres un souvenir de voyage qu'ils montrent sans doute à leurs amis, avec un morceau de lave et un caillou ramassé dans le Forum.

Sur la rive gauche de l'Arno, les regards sont attirés par un monument en miniature, élevé pour recevoir une épine de la vraie croix. Santa-Maria-della-Spina représente, dans des proportions très-petites, le modèle complet d'une église gothique. Ce bijou s'appelle vulgairement le *Tempietto*. Un monument plus sombre, la tour de *la Faim,* éveille avec le souvenir de la mort d'Ugolin, celui de la sublime imprécation de Dante : *Ahi! Pisa!...* « Fi ! Pise ! opprobre de notre belle Italie ! Puisque tes voisins sont trop lents à te punir, puissent les îles de Gorgone et de Caprée venir s'asseoir aux bouches de l'Arno, et refouler ses eaux dans tes murs pour y noyer tous tes enfants ! Quand il serait vrai que le comte Ugolin eût livré tes forteresses, devais-tu attacher ses fils à la même croix que leur père ? Nouvelle Thèbes, tu n'as pas épargné l'âge tendre de l'innocence ! » Cette malédiction prophétique ne s'est que trop bien réalisée. Gorgone et Caprée restèrent à leur place ; mais les voisins de Pise se levèrent, un jour, pour la punir et l'écraser. Le sentiment de la justice ne fut point leur mobile, et ses bourreaux ne valaient pas mieux qu'elle.

Les chemins de fer, en vous transportant, comme par magie, d'un point à un autre, ont le grave défaut de ne pas vous laisser voir le pays. Parcourir l'Italie au fond des tranchées et des tunnels serait un moyen sûr de la connaître mal. Cependant la route de Pise à Florence est une de celles qu'on peut sans regret franchir à grande vitesse. On y perd la jouissance de ce jardin au milieu duquel est assise la ville des fleurs ; mais on répare aisément cette perte au moyen d'une promenade en voiture de louage.

Pour être plus vivement frappé de la physionomie de Florence, un touriste raffiné devrait se faire conduire d'abord sur les hauteurs du jardin Boboli ou sur les bastions du Belvédère. Il aurait ainsi le spectacle exact d'une grande cité du moyen âge. Depuis le temps des premiers Médicis, Florence n'a presque point changé. Les hardies coupoles de Brunellesco, les campaniles de Taddeo Gaddi, sont les indices de la renaissance. Mais à côté de ces monuments gracieux, les lourds palais carrés, crénelés et surmontés de tours à machicoulis, montrent leurs quatre faces rébarbatives, et dominent de cent coudées les humbles maisons des marchands et des bourgeois. Sait-on, en les voyant de loin, si dans leurs épaisses murailles ne sont point encore les turbulents Pazzi, les orgueilleux Salviati, les généreux Médicis, l'honnête et nombreuse famille des Strozzi? Qui nous dit que derrière ces portes de fer, dans ces longues galeries, trente gentilshommes assemblés, tous alliés ou cousins les uns des autres, ne se préparent pas à quelque bonne vengeance, à quelque bon coup de main contre les seigneurs du palais voisin? Je croirais que là-bas, Pierre Soderini est en conférence avec Michel-Ange; peut-être sous les portiques de l'Annonciade, trouverions-nous André del Sarto le pinceau à la main, faisant un chef-d'œuvre que les moines, abusant de sa pauvreté, lui payeront d'un sac de farine.

A Crémone ou à Pavie, ce sont des ruines qui vous rappellent un monde évanoui, une société disparue, tandis qu'à Florence, tout est debout, soigneusement entretenu, meublé, paré comme autrefois. Si vous remarquez un monument incomplet, c'est qu'on ne l'a point encore achevé; cent mille habitants, des chevaux, des carrosses de luxe répandent la vie et le mouvement dans ces rues d'une propreté parfaite, et pavées de larges dalles où le soleil efface en un moment les traces de la pluie. Du haut de notre bastion, nous suivons du regard les circuits de l'Arno. A nos pieds est le Pont-aux-Grâces, qui conduit à Santa-Croce. Plus loin, le *Ponte-Vecchio* encore bordé de ses anciennes boutiques, et qui joint deux des plus anciens quartiers de la ville; au delà, le pont de la Trinité, que les étrangers passent sans cesse pour aller au musée du palais

Pitti. A droite, nous découvrons Sainte-Marie-des-Fleurs, et dans le lointain, San-Lorenzo, les tours de diverses maisons nobles, des monuments publics, que le palais Médicis surpasse en hauteur, à ce point qu'on le prendrait pour une citadelle destinée à contenir la population dans le respect et l'obéissance. Au temps à jamais regrettable où florissaient les factions, la discorde et les guerres civiles, la loi ne permettait qu'aux nobles de créneler leurs maisons et d'y élever une tour. Le petit bourgeois sans défense jouissait du droit imprescriptible d'être souvent pillé. Il prenait sa revanche le jour des élections, en votant pour les bons et en écartant du pouvoir les méchants et les oppresseurs. Il se frottait les mains quand les seigneurs se battaient entre eux, et si l'on criait au meurtre dans la rue, il donnait à sa porte un tour de clef de plus.

Qu'on se figure le chef d'une grande famille du quatorzième siècle sortant le soir de sa forteresse pour faire ses visites. Autour de son cheval se pressent ses fils et ses neveux bardés de fer comme lui. En avant marchent les estafiers l'épée nue par précaution, la torche allumée dans la main gauche pour éclairer le chemin. A la suite du chef vient tout un cortége de parents, de créatures et de serviteurs dévoués, prêts à combattre en cas de mauvaise rencontre ou de guet-apens. Cependant on arrive sans accident à la demeure où l'on veut entrer. Du haut des créneaux, les domestiques en sentinelle, le pot de fer sur la tête et la pique à la main, signalent une troupe armée. Un guichet s'ouvre et l'on demande : *Qui va là!* Ce n'était point assez de répondre son nom, il fallait encore se faire reconnaître. Si le visiteur était un ami, on ouvrait les deux battants et tout le monde entrait; mais pour peu qu'on fût de partis contraires, la porte restait close, et le gardien s'excusait en disant que le patron venait de se mettre au lit. Telles étaient les relations entre gens du beau monde.

Descendons à présent de notre belvédère. Passons le Pont-aux-Grâces et enfonçons-nous dans les rues tortueuses. Ne s'y croirait-on pas au siècle des gonfaloniers? Quand l'art toscan a vu le jour,

Florence était construite; sur ses dalles avait coulé cent fois le sang des Guelfes et des Gibelins, celui des *noirs* et des *blancs*, cent fois le bruit des épées avait éveillé ses enfants endormis. Il s'agissait bien alors d'ornements, de façades à colonnes, d'ordre dorique ou de corinthien, de feuilles d'acanthe, de frontons et d'attiques! Toutes les prévisions étaient pour la guerre, la défense, la sûreté. Il fallait des murailles solides et non pas des sculptures. Le bel art italien vint au monde au milieu du tumulte et des proscriptions, et il se répandit dans toute l'Europe, après avoir couvert de fleurs la forteresse où il était né, sans avoir pu lui ôter son aspect sévère. Quand nous pénétrerons dans l'intérieur de ces châteaux forts, nous y trouverons plus de chefs-d'œuvre qu'il n'a fallu de pierres pour les bâtir; mais procédons par ordre et restons dans la rue.

Voici à Santa-Croce un palais de la renaissance qui fait une heureuse exception. Le dessin de la façade en est attribué à Raphaël. L'ancienne habitation de ces Gondi, qui vinrent en France avec les filles des Médicis, se distingue aussi par ses sculptures. Brunellesco a élevé pour la famille des Pazzi un palais où les prévisions de la guerre civile n'excluent pas le luxe. Le palais de la *Stufa,* orné de belles fresques, est comme une fleur dans un bois de mélèzes. Les autres, plus anciens, dédaignent l'art et ses colifichets. A peine si l'on en trouve un de loin en loin, dont les pierres grises sont taillées en pointes de diamant. Dans la rue *Gibeline*, ôtons notre chapeau devant la maison où demeura Michel-Ange.

Si nous revenons au quai de l'Arno pour passer le Pont-Vieux et entrer dans le quartier de San-Spirito, l'aspect de la ville n'y est pas moins sombre. Excepté les palais Capponi et Torrigiani qui sont du seizième siècle, les autres sont autant de prisons. Dans cette maison a demeuré la mère de Pétrarque. Voici le palais de Guicciardini, l'historien minutieux et prolixe du beau siècle des Médicis. Il a donné son nom à cette rue, dans laquelle est une maison plus simple que la sienne, celle de Nicolo Macchiavelli, l'ennemi du *far niente,* qui brava les douleurs de la question et conspira deux fois pour ne point rester inoccupé. C'est au fond de ce repaire, situé dans le coin le plus obscur de la rue, qu'il écrivit son livre abominable, le bréviaire des scélérats politiques. Si nous repassons sur la rive droite par le pont de la Trinité, pour entrer dans le quartier de Sainte-Marie-Nouvelle, qui est le plus aristocratique, nous y trouvons la même sévérité. Sur la façade grise du palais Strozzi est une pierre de taille longue de quinze pieds qui fait l'admiration des Anglais. Dans ce manoir hermétiquement fermé a demeuré Philippe Strozzi, le Caton de Florence, qui vécut sans reproche et mourut en stoïcien. Le palais Corsini contient le plus bel escalier de toute la ville, et le palais Rosselli la plus belle cheminée. Sur la façade du palais Vecchietti, Jean Bologna a posé une jolie statuette de bronze représentant un satyre. Au palais Mondragone, le grand-duc François rencontra pour la première fois Bianca Capello et tomba dans les filets de cette Vénitienne émancipée. Il faut noter à part le palais Ruccellai, œuvre majestueuse du célèbre Alberti. Au palais Corsi, nous remarquons une de ces terrasses couvertes où l'on recevait autrefois ses visites en été. Dans une habitation plus simple a demeuré Viviani, le disciple de Galilée, et près des vastes jardins situés au delà de l'église se trouve la maison où naquit Améric Vespuce.

Le quartier San-Giovanni contient quelques habitations modernes d'une apparence splendide : le palais Gherardesca, où demeura Léon XI, le palais Visacci, dont la façade est ornée de quinze bustes d'hommes célèbres; le palais Montalvi, dont Donatello a sculpté les armoiries; le palais Pandolfini, dessiné par Raphaël, qui s'entendait en élégance, et le palais Martelli, où le même Donatello a placé sa belle statue de David. Arrêtons-nous devant le palais Salviati, où vivait Béatrix Portinari, la voisine, l'amie d'enfance et la maîtresse de Dante. Près de là devrait s'élever la demeure des Alighieri, avec ses créneaux et sa tourelle; mais les Florentins n'ont pas manqué de piller et de raser de fond en comble la maison du poëte; car cet homme, dont l'Italie est si fière depuis cinq cent cinquante ans, ne fut en butte à la rage et à l'exécration de ses concitoyens que pendant les vingt-cinq années où il s'efforça de mériter leur admiration par son noble caractère autant que par son génie. Une autre maison fut élevée sur la place que la sienne avait occupée, et les deux seuls endroits de Florence où l'on rencontre un souvenir de Dante sont l'habitation de son amie d'enfance et le banc de pierre où il venait s'asseoir.

La maison des Portinari, qui plus tard appartint aux Salviati, est une demeure d'apparence féodale, car les parents de Béatrix étaient nobles comme leurs voisins les Alighieri. *Beatrice* ou *Bice*, dont le petit nom n'a de charme que prononcé à l'italienne, était du même âge que Dante. A cinq ans, les deux enfants jouaient ensemble, et de leurs jeux naquit cet amour que la poésie a rendu immortel. Des commentateurs, qui se plaisent dans l'obscurité, ont nié l'existence de Béatrix et cherché dans cette douce figure une allégorie mystique. Cette fantaisie n'est point éclose dans la tête de Dante. Il a raconté lui-même les amours de son enfance avec trop de précision pour qu'on ait le droit de les traiter de fictions. Il me semble seulement permis d'observer que Dante s'est avisé un peu tard, sinon de la force de son amour, du moins de la grandeur de ses regrets. Béatrix était morte depuis cinq ans lorsqu'il annonça l'intention de parler d'elle « comme on n'avait jamais parlé d'aucune femme. » Dans ses *Canzoni*, on trouve des vers à Béatrix; mais d'autres adressés à des dames inconnues sont plus tendres et plus passionnés. Les deux beaux morceaux sur la maladie et sur la mort de son amie sont le tribut que tout poëte doit payer à une personne qu'il a aimée. D'après le récit de ses premières amours (dans la *Vita nuova*), il aurait été assiégé de pressentiments funestes du vivant même de Béatrix : un songe qu'il décrit lui révèle la mort prochaine de la compagne de son enfance, et, quand arrive ce malheur annoncé, il s'empresse d'épouser

Gemma Donati, qui lui donne six enfants. Plus tard, lorsqu'il se connait bien, lorsqu'il sait que son esprit enclin à la mélancolie peut trouver dans la perte d'une amie l'aliment nécessaire à sa sensibilité poétique, il se reprend d'amour pour Béatrix, et lui voue une fidélité dont la mort et la poésie sont de sûrs garants. Sans offenser la mémoire de ce grand homme, ne peut-on croire que sa muse avait besoin pour s'émouvoir des chagrins, des regrets et des larmes? S'il en est ainsi, la pauvre *Bice* a bien fait de mourir dans l'intérêt de sa gloire. Peut-être, si elle eût vécu, ne connaîtrions-nous pas plus son nom que ceux des autres beautés dont il est parlé dans les *Canzoni*. La douleur et l'amour d'outre-tombe du poëte rappellent cette pensée triste à laquelle notre divin Molière a donné une forme comique pour la mettre dans la bouche de Sganarelle : « Ma femme est morte, je la pleure; si elle était en vie nous nous querellerions. » Ne pouvant se quereller avec Béatrix, Dante fit mauvais ménage avec Gemma Donati.

On a fort discuté pour savoir s'il fallait dire le Dante, selon l'usage employé à l'égard des hommes de génie, ou simplement Dante. Les deux opinions se peuvent soutenir, mais la dernière est la plus raisonnable. Dante n'est que l'abréviation de Durante, nom de baptême du poëte, et il est convenu qu'on ne doit mettre l'article *le* que devant les noms de famille. On dit le Tasse et l'Arioste; on ne dirait point *le Torquato*, ni *le Lodovico*. Cependant il faut remarquer que Durante étant passé de mode comme nom de baptême, pourrait à la rigueur jouir du privilége des noms de famille, et que la gloire du personnage mériterait bien le sacrifice de la coutume. Si donc quelqu'un trouve mieux de l'appeler le Dante, il n'y a pas, ce me semble, grand mal à cela. Dante Alighieri naquit en 1265, dans ce siècle de fer dont les sombres palais de Florence donnent une si juste idée. Il était Guelfe, c'est-à-dire du parti des papes, et non pas Gibelin, comme on l'a faussement écrit. Il assista dans sa jeunesse à deux batailles, où il se conduisit en homme de courage, et il devint ensuite membre du conseil des *priori* de Florence. La faction des Guelfes s'étant subdivisée en deux partis, les *blancs* et les *noirs*, dont il fallait arrêter les querelles par une mesure de rigueur, Dante proposa au conseil d'exiler les chefs des deux camps. Cette proposition impartiale lui attira la haine générale. Les *noirs* l'accusèrent de favoriser leurs adversaires. D'accord avec le pape Boniface VIII, ils appelèrent à Florence Charles de Valois, qui s'y conduisit en tyran. Dante était en ambassade à la cour du saint-père, lorsqu'il apprit que le peuple avait pillé sa maison, et qu'il s'était trouvé parmi ses concitoyens un tribunal pour ordonner la confiscation de ses biens et pour le condamner lui-même à être brûlé vif.

Irrité de tant d'ingratitude, Dante quitta Rome, et se rendit à Arezzo, qui avait conservé sa liberté. Une tentative à main armée, à laquelle il prit part, pour rentrer à Florence, ayant échoué, il se retira d'abord à Padoue, puis à Vérone. Nous l'avons vu dans cette ville, mauvais courtisan chez les princes de la Scala. On croit qu'il fit alors un voyage à Paris. Guido Novello l'attira ensuite à Ravenne, où il mourut de chagrin de n'avoir point réussi dans une ambassade à Venise dont ce seigneur l'avait chargé. Il fut enterré avec la couronne de poëte, comme pour monter au Capitole. Aussitôt les Florentins redemandent son corps, que les habitants de Ravenne ne veulent point rendre. Toutes les villes où il avait demeuré se disputent l'honneur de l'avoir possédé dans le moment où il travaillait à ses trois grands poëmes. Une vive polémique s'engage sur cette question d'un médiocre intérêt. Peu de temps après, la *Divine Comédie* est expliquée dans les chaires publiques à Bologne, à Pise, à Plaisance, à Florence. L'admiration de Dante devient comme une religion. Le poëte a des dévots. On écrit autant sur son livre que sur l'Évangile. Plus de trente commentateurs se font une guerre de fatras d'où il ne sort que deux choses bien solidement prouvées : l'ingratitude et la sottise des hommes.

Dans le cours de cette existence, si tristement remplie par les persécutions, les voyages et l'exil, on ne voit guère de temps pour les amours avec Béatrix. Le souvenir de cette amie était la seule pensée du poëte à laquelle ne vînt se mêler d'autre amertume que celle d'un tendre regret. Ces conditions étaient les plus favorables à la poésie, et c'est peut-être par l'étude et le sentiment profond des règles de l'art que Dante s'est attaché à l'image de cette jeune fille morte. L'expression de sa douleur n'en est que plus belle. Si l'on considère que depuis huit cents ans la poésie restait muette, que la langue italienne bégayait encore, et que Dante a été obligé de la former à son usage, on ne peut nier qu'à lui seul appartient l'honneur d'avoir percé le premier, sans secours et sans guide, les ténèbres de la barbarie. Le bruit de sa renommée, l'impulsion immense et nouvelle qu'il a donnée aux esprits ont plus fait pour la civilisation que les décrets et les bulles des puissants protecteurs des lettres. C'est à l'époque de Dante que commence l'Italie moderne, et nous voici en règle à présent avec l'ordre chronologique.

Selon le portrait écrit par Boccace, Dante avait ce visage aquilin que lui donnent les peintres, le teint olivâtre, la barbe noire, les cheveux épais et crépus. Son attitude était pensive, et il marchait un peu voûté ; ses yeux grands brillaient d'un feu étrange, et dans sa physionomie respiraient la gravité de son esprit et la fierté de son âme. Il cultivait avec plaisir la musique et le dessin, et il avait une fort belle écriture, contrairement aux grands hommes d'aujourd'hui, qui se piquent d'être illisibles. A Vérone, pendant son exil, une femme du peuple dit à sa voisine, en le voyant passer dans la rue : « Cet homme-là va en enfer et en revient quand il lui plaît. On dit qu'il en rapporte des nouvelles de ceux qui sont là-bas. »

— Cela doit être vrai, répondit l'autre commère, car il paraît roussi au feu et noirci par la fumée.

Dante poursuivit son chemin en souriant, et cette impression fantastique sur des imaginations naïves ne parut pas lui déplaire.

Une autre fois, d'après le récit de Franco Sacchetti, il entendit un forgeron chanter ses vers et les estropier en battant l'enclume. Le poëte, indigné, court vers cet homme, lui arrache des mains le marteau, les tenailles, et jette le tout au milieu de la rue. Le forgeron, bien étonné, lui demande la cause de cette colère : « — Je te rends ce que tu me fais, répond Dante; tu gâtes mes vers et moi je brise tes outils. »

Le même Sacchetti raconte qu'un ânier, chantant à plein gosier un passage des *Canzoni*, finissait chaque strophe en criant : *Arri!* et en frappant son âne. Dante, qui passait couvert de la demi-armure que portaient alors les gens de qualité, ôta un de ses brassards de fer, et, appliquant un coup vigoureux sur les épaules de l'ânier, il lui dit : « *Arri!* Voilà pour t'apprendre à allonger mes vers et à les chanter à des ânes. »

Une anecdote fort différente, rapportée par Boccace, a, selon moi, plus de prix. Dante, étant à Sienne, trouve chez un apothicaire un ouvrage rare qu'il cherchait depuis longtemps. Il prend le manuscrit et s'assied devant la porte pour le lire. Une noce passe. On crie, on chante; les instruments de musique font un vacarme qui attire tout le monde aux fenêtres. Dante ne s'aperçoit de rien, n'entend pas le bruit et reste absorbé. Enfin la nuit qui vient le surprendre l'oblige à interrompre sa lecture, et lorsqu'on lui parle de la noce et du tapage, il a peine à croire ce qu'on lui dit. Cette puissance de concentration, qui rappelle les rêveries de La Fontaine, est un des signes auxquels on reconnaît les poëtes.

Peu de gens ont eu le courage de pousser au delà de l'*Enfer* la lecture de la *Divine Comédie*. Les deux dernières parties sont obscures, et les beautés de premier ordre qu'on y rencontre çà et là ne suffisent pas à balancer les peines de leur recherche; mais Dante n'en demeure pas moins le père de la littérature italienne. Il avait la conscience du service qu'il rendait à la langue de son pays. Avant lui cette langue n'était qu'une espèce de patois formé par le mélange du latin avec les divers jargons de trois cent mille barbares dont il avait bien fallu se faire entendre. Dans son ouvrage du *Banquet* (*il Convito*), Dante annonce lui-même que la langue latine n'étant plus connue et pratiquée que d'un très-petit nombre de gens instruits, il s'apprête à employer la langue vulgaire et à la plier toute jeune et faible qu'elle est encore aux exercices de la haute poésie. « C'est ainsi, dit-il ensuite, que je servirai avec abondance à des milliers d'hommes une nourriture solide, ou plutôt, que je remplacerai par un jour nouveau l'ancien jour qui s'éteint. Je rendrai la lumière à l'homme que l'astre antique sur son déclin laisse depuis si longtemps dans les ténèbres. » On ne peut exprimer plus clairement et avec plus de bonheur le sentiment de sa force.

N'étions-nous pas en quête des palais du beau temps de l'art toscan? Terminons ici nos recherches. Nous en oublions sans doute; mais le nombre des exceptions fût-il beaucoup plus considérable, que serait-ce pour une ville où l'on compte plus de huit mille habitations particulières? Décidément, c'est à Gênes qu'il faut aller pour voir des palais florentins. En revanche, les édifices publics et les églises de Florence effacent par leur magnificence et la pureté de leur style ceux de toute l'Italie, Rome seule exceptée. Tandis que les Guelfes et les Gibelins se battaient, se fortifiaient dans leurs châteaux, la religion ne cessait d'appeler les arts à son aide, afin de donner plus d'attrait et de pompe à ses solennités. La maison de Dieu, qui n'avait pas autant que les autres à redouter les assauts et les coups de main, se parait de marbres de Carrare, dont le crayon de Giotto indiquait les formes au ciseau du sculpteur. La poésie, ressuscitée par Dante, faisait honte aux gens de partis de leurs mœurs sanguinaires. Ces mœurs s'adoucirent tout à coup, et ce miracle fut l'œuvre de Cosme de Médicis, qui employa son immense fortune à encourager les lettres et les arts et à embellir sa ville natale. Il eut le bonheur de rencontrer des architectes comme Bunellesco et Michelozzi, des peintres comme Masaccio et Lippi, des sculpteurs comme Donatello et Ghiberti. Plus tard, quand Michel-Ange, partant pour Rome, jeta un dernier regard sur les ouvrages de ces grands maîtres, il leur rendit cet hommage digne d'eux et de lui : « Je vous égalerai ; mais je ne vous surpasserai jamais ! » Et cependant le siècle de Cosme le Vieux n'était encore que l'âge tendre de la nouvelle Athènes. Au siècle suivant, la fièvre se communique de Florence à l'Italie entière. Ce n'est plus par couples qu'il faut compter les hommes de génie, mais par centaines ; et ce n'est plus dans les bornes d'un seul art que chacun d'eux se renferme : la plupart sont des esprits universels ; les savants, les politiques sont poëtes ; les peintres sont architectes et sculpteurs. Michel-Ange fait de charmants sonnets ; Machiavel écrit des comédies ; Pierre Bembo rime comme Pétrarque ; Léonard de Vinci touche à toutes les sciences. On s'égarerait dans une cohue de chefs-d'œuvre si on n'avait soin d'observer la division par écoles. L'examen de tant d'ouvrages deviendrait un imbroglio si on le commençait au hasard. Tâchons donc de nous tracer un itinéraire dans ce dédale merveilleux, et puisque nous cheminons le long des rues, restons-y prudemment quelques instants encore.

XXXI

FLORENCE

La vie à bon marché. — Proverbe italien. — Les bons rapports. — Les fleuristes. — Les portes du Baptistère. — Laurent Ghiberti. — Les marchands de sorbets. — La place du Grand-Duc. — La statue de Persée. — Le David de Michel-Ange. — George Vasari. — L'heure du dîner. — Vins toscans. — Promenade aux *Cascine*. — Les sérénades. — Les étrangers à Florence. — Les animaux d'été. — Épisodes de la vie méridionale. — Une nuit blanche.

Oublions pour un moment les morts illustres, et parlons un peu des vivants. Florence s'est amendée depuis le temps des guerres civiles et des proscriptions. On ne se douterait plus aujourd'hui que le sang a rougi ses dalles si bien lavées. Le plaisir est devenu l'unique affaire des Guelfes et des Gibelins. La musique, le théâtre, les fêtes, la galanterie et la causerie donnent beaucoup d'occupation à la génération présente. On ne voit que des visages animés, des gens qui se saluent de loin en courant où les entraîne le désir ardent de s'amuser, des groupes de jolies femmes jouant de l'éventail et babillant à perdre haleine. On croirait que la ville est toujours en vacance, et que la misère n'y a point d'accès. Vous ne rencontrez point ces figures haves et étiolées par le mauvais air des fabriques, ces pauvres victimes de l'industrie, qui dans nos villes s'épuisent à gagner, par douze heures d'un travail mal sain, le pain qui les fait vivre jusqu'au jour suivant. Ce grand problème de la vie à bon marché, pierre philosophale des temps modernes, et dont la solution s'éloigne à mesure qu'on la poursuit, se trouve, je ne sais comment, résolu à Florence. Il serait absurde de dire qu'il n'y existe pas de population ouvrière. La fabrication des fameux chapeaux de paille d'Italie occupe des milliers de bras; mais ce travail peut se faire à domicile. L'industrie des laines et de la teinture est considérable aussi; mais dans ce climat doux, les besoins de l'ouvrier et par conséquent ses maux sont moins grands que dans le Nord. L'argent que les étrangers apportent de tous les coins de l'Europe dispense beaucoup de monde des fatigues de l'atelier. La véritable industrie de Florence, celle qu'on y exerce avec le plus d'art, consiste à offrir au passant tant d'occasions de se divertir et à si peu de frais qu'il ne puisse plus espérer de trouver ailleurs le même bien-être. *Godere molto e spendere poco* (jouir beaucoup et dépenser peu), ce proverbe est celui qu'on cite le plus souvent à Florence et qu'on pratique le mieux. L'affluence des consommateurs n'exalte pas outre mesure la cupidité des habitants, et cette modération fait la fortune de la ville. C'est ce que les Napolitains ne pourront jamais comprendre.

Quoi de plus simple pourtant que ce raisonnement? — « Si vous dépouillez le voyageur, si vous le volez sans pudeur, si vous le trompez par mille grossiers mensonges, non-seulement il se dégoûtera de Naples et s'en ira porter son argent à Florence, mais, revenu dans son pays, il engagera ses amis à ne point aller chez des fripons et des fourbes; tandis que si vous savez vous contenter d'un bénéfice honnête, vous retiendrez longtemps le voyageur et vous en verrez accourir d'autres. » A cela le Napolitain répondrait: — « Je ne sais pas prévoir le bonheur de si loin. Aujourd'hui est à nous, et demain appartient à Dieu. Ce seigneur étranger me tombe entre les mains et je le laisserais partir dans l'espoir d'un bénéfice futur et incertain! Pas si sot, ma foi! l'occasion de voler n'aurait qu'à ne plus revenir. Profitons de l'aubaine, et nous verrons après. »

Outre la vie à bon marché, vous trouvez encore à Florence le charme inappréciable des bons rapports. Un ton brusque, une mine maussade ou revêche, sont choses inconnues. L'air gracieux, empressé, sympathique, est l'assaisonnement obligé de toute rencontre fortuite, de toute relation d'affaire ou de plaisir. Chacun, autour de vous, semble avoir à cœur de vous épargner un ennui, de vous laisser un bon souvenir et de vous rendre le séjour de Florence plus agréable. Si vous tirez un cigare de votre poche, quelqu'un vous offre du feu, et s'enfuit enchanté de vous avoir rendu service. Lorsqu'on voit passer dans la rue un distrait préoccupé de quelque fâcheuse affaire, les sourcils froncés, parlant bas et gesticulant d'un air inquiet, au lieu de rire à ses dépens, on le regarde avec intérêt, et l'on dit en haussant les épaules : — « Le pauvre homme ! il faut qu'il ait bien du chagrin pour rêver ainsi en plein jour. » Le gouvernement lui-même se pique de tolérance et d'urbanité; vous n'avez point à vos trousses cette police ombrageuse, qui, dans tant d'autres villes d'Italie, vous observe pas à pas, vous interroge et vous chicane, comme si vous apportiez dans votre bagage la révolution ou le choléra. Les journaux de tous les pays sont sur les tables des cafés, et les garçons ne se croient point obligés de cacher la *Presse* dans leur poche.

Faut-il tracer le programme d'une journée de flânerie à Florence? Le matin, en sortant de chez vous pour déjeuner, vous allez soit à la place du Dôme, soit à la *Trattoria*, située dans une rue voisine, à moins que vous ne préfériez l'établissement à la mode parmi les étrangers, qui est le café Doney. A peine serez-vous installé devant une table que la fleuriste vous présentera un bouquet, accompagné d'un sourire aussi gracieux que si vous étiez un ancien ami. N'allez pas tirer votre bourse et payer le bouquet; ce serait détruire tout le charme du sourire. D'ailleurs, la fleuriste n'a pas le temps de recevoir votre argent. C'est l'heure de sa distribution et non pas des affaires. Elle est déjà loin, prodiguant à d'autres ce qu'elle vous a donné. Elle est jeune et jolie, — cela va sans dire, — peut-être sage; mais certainement douce et bonne fille : — sans cela, passerait-elle sa vie à faire de petits cadeaux? Cette première impression vous dispose à la bonne humeur. La modicité incroyable du prix de votre déjeuner ne nuira pas à votre satisfaction. La place de Sainte-Marie-des-Fleurs est un excellent endroit pour y fumer paisiblement votre cigare. Asseyez-vous sur le banc consacré par Dante. Le grand poëte s'y connaissait. Ce banc, situé sur la droite de l'église, se trouve au point le plus favorable pour bien jouir du coup d'œil. On n'y remarque pas le seul défaut de ce bel édifice, qui est la façade inachevée. On le regarde de profil, du côté où se trouve le campanile de Giotto, dont les sculptures et les marbres noirs et blancs ressemblent à ces tours carrées que les enfants construisent avec des dominos. De là vous verrez encore le monument octogone du Baptistère, le chef-d'œuvre de Florence, et vous ne quitterez pas la place sans vous arrêter devant les portes de Ghiberti, que Michel-Ange appelait les portes du paradis. Vous y resterez longtemps à étudier toutes ces scènes de l'Ancien et du Nouveau Testament. On ne s'arrache plus de cet *album* de bronze une fois qu'on s'y est enfoncé : il a coûté quarante mille florins à la ville, et à l'auteur vingt ans de travail.

C'était un gentil maître que ce Ghiberti. Les arts commençaient à peine à renaître, et cependant on connut que le nombre des artistes était déjà considérable, lorsqu'on mit ces portes au concours. Cosme l'Ancien voulait un ouvrage parfait. Brunellesco et Donatello, ses amis et ses protégés, ne manquèrent pas de se présenter, et l'on pensait qu'un des deux obtiendrait la commande. Cependant des sculpteurs accoururent de Milan, de Pise et d'autres villes moins importantes. Une commission de trente-quatre membres, choisis parmi les orfévres, les peintres, les architectes et autres personnes exerçant des arts libéraux, fut chargée d'examiner le concours, dont le sujet était le Sacrifice d'Abraham. Il y eut une grande agitation dans la ville au moment où les concurrents exposèrent leurs compositions. Un des ouvrages éclipsa tous les autres; c'était celui d'un inconnu, d'un jeune homme de vingt-deux ans, Laurent Ghiberti. En ce temps-là les commissions n'étaient point circonvenues par des coteries et des influences. La protection d'un député ignorant ne servait à rien, et on aimait trop réellement les arts pour user son crédit en faveur des gens sans

talent. Ghiberti eut le prix, non-seulement par jugement de la commission, mais de l'avis même de Brunellesco et de Donatello, qui s'empressèrent de louer leur vainqueur et de faire amitié avec lui.

Quand vous aurez consacré à ce charmant ouvrage le temps qu'il mérite, et apprécié une à une ces figures de bronze si délicates et si harmonieusement groupées, vous entrerez dans quelque musée. Deux heures par jour ne seront pas trop pour l'étude et le classement des tableaux. Au bout d'un mois vous pouvez espérer de commencer à voir clair au milieu de tant de chefs-d'œuvre accumulés en trois endroits : le palais Pitti, le palais Médicis et l'Académie des Beaux-Arts. Tandis que vous aurez voyagé le long de ces vastes galeries, séparé les ouvrages des premiers temps de ceux du grand siècle et des autres plus modernes, choisi les morceaux de prédilection auxquels vous voulez revenir plusieurs fois, la matinée aura fort avancé. La ville aura changé d'aspect, et les rues seront plus animées. Les dames et les dandys commenceront à paraître. Si vous aimez à voir passer de jolis visages, mettez-vous en faction sur quelque grande place. Bientôt, à l'heure de la chaleur, les marchands de sorbets dresseront leurs boutiques surchargées d'ornements. Le sentiment du goût se retrouve jusque dans l'arrangement de leurs ustensiles et de leurs vases, dans leurs guirlandes et leurs chapelets de citrons, dans leurs pyramides de fruits, leurs oriflammes de papier, leurs torsades de feuillage. Viendrait-on se rafraîchir pour deux sous si l'étalage n'attirait le chaland par le cliquetis des couleurs, la bigarrure et la profusion des embellissements? Tout cela ne suffit point encore; l'éloquence, les artifices de langage et les provocations habiles du marchand séduisent et entraînent les femmes et les enfants. Il faut n'avoir pas huit centimes dans sa poche pour se refuser les délices d'une glace à la pêche ou au limon, offerte avec verve et servie prestement. Les discours et frais d'esprit du préparateur ne se payent pas. On vous les sert gratis.

Pour peu que le cœur vous en dise, n'ayez point de fausse honte, et mangez le sorbet en plein air, sans vous embarrasser des passants. Fussiez-vous millionnaire, et connu pour tel, personne assurément ne s'avisera de vous critiquer. A Florence, plus encore que dans le reste de l'Italie, chacun fait ce qui lui convient. Si quelqu'un vous regarde, nulle pensée maligne ne lui viendra dans l'esprit, et l'on se dira : « Ce seigneur millionnaire désire savoir quel goût ont les sorbets à deux sous. » Tirez votre piécette et savourez comme si l'objet sortait de l'office de Tortoni. Le marchand n'attendra pas que vous lui demandiez sa marchandise. Son regard vigilant et rapide observe de loin tous les passants. Il guette le consommateur, il le devine et le prévient. Dirigez-vous seulement du côté de sa boutique, il a déjà surpris sur vos lèvres un désir sensuel. Le sorbet est servi; quand vous approchez du reposoir, ce que vous souhaitez se dresse à deux pouces de votre visage. Paraissez-vous satisfait de ce régal à bon marché? un second sorbet se glisse entre vos doigts, et si votre intention n'est pas de le manger, c'est alors qu'il faut parlementer avec le Démosthène enjôleur. Pour vous tirer de ses filets, vous payerez les deux sorbets et vous donnerez le second à quelque enfant aux yeux pétillants d'intelligence et de gourmandise, qui vous aura contemplé d'un air d'envie. Si le régal vous plaît médiocrement, vous en corrigerez le goût en prenant dans un café la glace aristocratique pour une pièce de quarante-deux centimes, ou la demi-glace pour la bagatelle d'un *madonnino*.

Le plus bel endroit de tout Florence, celui où jamais on ne se lasse de rôder et de tuer le temps, c'est à mon gré la place du Grand-Duc. Comme à Venise, sur la *Piazzetta*, on n'a autour de soi que des objets de luxe; mais il manque un fond au tableau : le lointain de la lagune et de ses îles. Depuis le temps où Philippe Lippi, enfermé par son bienfaiteur, se révolta contre ce tyran généreux et s'enfuit de sa prison par une fenêtre, les descendants de Cosme de Médicis ont ajouté à la forteresse des constructions d'agrément, et entre autres ces belles galeries qui font le bonheur du passant et son refuge dans les temps de pluie. Sous ces arcades sont des groupes et des statues. Vous y jouissez du Persée de Benvenuto Cellini, comme s'il vous appartenait. L'histoire des péripéties et accidents de la fonte du Persée, racontée par l'auteur lui-même, est trop connue pour que nous la répétions ici. Cette statue n'est point colossale, comme on pourrait le croire. Même en la regardant de très-près, elle ne paraît pas dépasser de beaucoup la grandeur naturelle; tout ce qu'elle offre d'idéal vient de la perfection des formes, de la noblesse de l'attitude, et du geste simple et majestueux que fait le bras du personnage en présentant la tête de Méduse.

Des trois arcades ouvertes sur la place, on voit devant soi la fontaine surmontée de son grand Neptune, et sous les murs du palais le fameux David de Michel-Ange, dont le bras fut rompu, un jour d'émeute et d'assaut, par les pierres et les meubles que les assiégés jetaient du haut des créneaux. Au moment où ce malheur arriva, un jeune homme, qui regardait de loin la bataille, s'élança au milieu de la mêlée pour recueillir, au risque de sa vie, les morceaux de ce marbre précieux, et il les mit en lieu de sûreté pour les rapporter quand la guerre civile fut apaisée. Ce jeune homme était George Vasari. Le David de Michel-Ange, aujourd'hui restauré, a ainsi échappé à la mutilation. Les Florentins font grand cas de la statue voisine, de Bandinelli, qui représente Hercule; mais je ne partage point leur enthousiasme, et j'y vois autant de différence avec le David et le Persée qu'entre le jour et la nuit. Ce même Vasari est précisément l'artiste auquel on doit les belles galeries qui environnent le Palais-Vieux, car celui-là était un des esprits universels du bon temps : architecte, peintre et sculpteur à la fois, il eut encore le bonheur de vivre plus longtemps que la plupart des hommes de génie de son siècle, et il écrivit leurs biographies avant de mourir. Le musée de Paris possède plusieurs tableaux de George Vasari, entre autres une *Annonciation,* où l'on reconnaît un élève d'André del Sarto.

L'heure du dîner est souvent en Italie un moment difficile à passer pour les gens délicats. A Venise on mange à peu de frais, mais la cuisine est fort négligée, et les ragoûts à l'huile et au fromage ne conviennent pas à tous les estomacs. A Naples, il faut se résigner à vivre mal, à Rome médiocrement. Florence seule réunit les deux avantages de la bonne chère et du bon marché. Tout le monde n'est pas indifférent à ces détails peu métaphysiques; l'excellente table des hôtels, l'abondance des mets et la cuisine à la française entrent pour quelque chose dans l'affluence des étrangers. Quant aux vins toscans, dont les crus sont variés et nombreux, je me ferais scrupule de les recommander à quiconque a goûté des vins de France. C'est toujours cette boisson noire et âcre dont l'eau ne triomphe qu'à forte dose. Défiez-vous du vin blanc mêlé avec une liqueur cuite et fermentée qui le rend capiteux et malsain. Les vins les moins mauvais sont ceux de San-Stefano et de Val-di-Sovara. Le seul, à mon goût, qu'on puisse boire sans le baptiser est le vin rouge du *Valdarno supérieur*. Les Florentins lui font beaucoup d'honneur en l'appelant *rosée de rubis;* mais s'il ne mérite pas ce nom poétique, il se rapproche du moins, par sa transparence et sa légèreté, des vins de Beaujolais, et s'il vous porte un peu à la tête, la promenade du soir suffira pour en dissiper les fumées.

Depuis le moment où l'on sort de table jusqu'à une heure fort avancée de la nuit, on ne fait plus que se divertir, et, pour trouver le plaisir, il n'y a qu'à suivre le monde, comme on disait jadis à la foire Saint-Laurent. Un entrain remarquable anime toute la ville. Vous en pouvez observer les premiers symptômes en vous plaçant en embuscade près du pont de la Trinité, à l'endroit où passent les promeneurs qui se rendent aux *Cascine*. Les fleuristes, parées de leurs atours, coiffées du chapeau de paille d'Italie, s'installent au coin du quai, avec leurs offrandes préparées d'avance. Tout équipage de luxe où se trouve une dame reçoit un gros bouquet lancé avec l'adresse que donne la grande habitude de cet

exercice. Un signe de tête accuse réception du présent, sans que l'équipage s'arrête; la créance est suffisamment établie. Le simple piéton reçoit, selon la saison, une rose entourée de violettes, un œillet ou un camélia, qu'il met à sa boutonnière. Un jour arrive où l'on veut payer ses dettes à la fleuriste, non pas sur la présentation d'un mémoire; la somme que vous devez est indéterminée. Votre tour est venu de faire un cadeau, et que ce soit un napoléon ou une demi-piastre, la marchande vous remercie avec la même grâce et continue de vous servir avec le même zèle. Il y a dix ans, une de ces fleuristes eut des aventures romanesques dont on jasa; mais sa vie a été écrite, et nous aurons assez d'autres histoires à raconter.

En suivant le quai, *lungo l'Arno,* comme on dit, nous arrivons aux *Cascine,* qui sont les Champs-Élysées de Florence, mais des Champs-Élysées où les promeneurs se connaissent, s'abordent et se parlent. Lorsqu'une calèche s'arrête, les hommes s'en approchent, se groupent autour de la voiture pour causer, et les dames reçoivent ainsi leurs visites. Cela compte pour un devoir rendu. L'étranger qui connaît une seule personne peut se faire présenter aux autres en un instant, et obtenir ainsi ses entrées dans tous les salons de la ville. La société de Florence n'est pas assez nombreuse pour se diviser en beaucoup de coteries. Cinq ou six maîtresses de maison restent chez elles le soir à tour de rôle, et tout le monde y vient, en sorte qu'une charmante intimité s'établit promptement. On pourrait affirmer, avec un peu d'exagération, que les Florentins sont en minorité. Le pilote chargé de vous conduire vous proposera quelque chose comme le programme suivant :

— Ce soir, je vous mènerai chez madame *** (et il vous dira un nom écossais); vous y verrez madame *** (nom russe). Demain, c'est le jour de madame la marquise de las *** (nom espagnol); on y fera de la musique, et vous entendrez le prince *** (nom polonais). Je vous y présenterai au duc de *** (nom français) et à la comtesse *** (nom allemand). Milady *** (nom anglais) vous invitera sans doute à ses soirées. Vous serez naturellement admis à faire votre cour à son amie, madame *** (nom portugais).

Souvent la dame qui porte le nom russe est une Française; la Viennoise est de la cour d'Espagne, et l'Espagnole s'appelle milady. Mais ce monde, composé d'éléments hétérogènes, adopte les mœurs douces du pays, les usages d'un commerce facile, aimable et sans morgue. C'est, à peu de chose près, le régime des eaux minérales, avec cette différence qu'on n'avale point de boisson sulfureuse, ferrugineuse ou alcalisée.

Quand l'heure du théâtre approche, on revient des *Cascine,* et l'on se donne rendez-vous dans la jolie salle de la *Pergola.* Comme le même opéra se chante vingt fois de suite, la musique est ce qu'on écoute le moins, sauf deux ou trois morceaux préférés, pour lesquels on fait silence. Le spectacle terminé, la *prima sera* est finie, et la *seconde soirée* commence. Celle-ci peut durer jusqu'au jour. S'il y a bal quelque part, on s'y retrouve encore. A défaut d'un bal, la causerie et les rafraîchissements vous sont offerts dans les maisons ouvertes, les unes à certains jours, les autres tous les soirs. Lorsqu'on se sépare, ce n'est pas toujours pour rentrer chez soi. On rôde encore dans les cafés, et on y organise des sérénades. Deux guitares, un violon, un cor ou quelque autre instrument sont bientôt réunis pour accompagner les voix. L'un propose les ariettes qu'il chante le mieux, l'autre cherche un second pour le duo dont il sait une partie. On règle l'ordre des morceaux et celui de l'itinéraire. La troupe se rend ensuite sous la fenêtre d'une dame et chante son répertoire, pour aller plus loin sous la fenêtre d'une autre personne, en remorquant une foule de passants, qui saisissent avec empressement l'occasion de veiller. J'ai suivi plusieurs fois, jusqu'à trois heures du matin, une de ces troupes d'amateurs, composée des talents les plus aimés des salons de Paris. Ils apprirent aux Florentins à apprécier la *Sérénade* de Schubert, les nocturnes des compositeurs français, et les *boleros* du duc de Feltre.

Le monde de Florence est une espèce d'association entre gens de tous les pays, pour vivre entre eux à l'italienne. Rien n'est plus vite fait que de se plier aux traditions du plaisir et de la vraie liberté. Une Anglaise accepte volontiers un sigisbée; une Française n'a pas peur d'une douzaine de cavaliers servants, et se retranche derrière ce prétexte sans réplique : c'est l'usage de Florence. L'étrangère qui n'a qu'une année, un hiver à passer dans ce pays privilégié, ne perd pas le temps à faire son apprentissage. En trois jours, elle devient aussi bonne Florentine que si elle était née dans la rue *Guicciardini*. Pour prendre des notes sur les mœurs italiennes, vous pouvez observer attentivement une petite comtesse de Vienne ou une belle dame nouvellement arrivée de Varsovie. Pendant mon séjour à Florence, on y parlait encore d'une histoire de l'hiver précédent, qui avait fait quelque bruit et dont les personnages étaient les uns Florentins, et les autres étrangers. Ce chapitre de la chronique mondaine avait failli tourner au tragique, et l'on se félicitait encore de son heureux dénoûment. Il s'agit d'une aventure impossible partout ailleurs qu'à Florence; voici dans quelles circonstances; j'en écoutai le récit :

Nous autres touristes célibataires, qui n'avons personne pour nous tenir compagnie à la maison, nous attachons beaucoup d'importance au choix d'un appartement. La jouissance d'une belle vue est nécessaire à notre bonne humeur. Mieux vaut demeurer en face d'un beau palais que dans ce palais même, d'où l'on verrait peut-être une bicoque. Cette condition ne se rencontre pas toujours à Florence. On y trouve aisément des logements commodes, mais dans quelque rue étroite vis-à-vis de lourdes maisons en pierres grises dont l'aspect vous étouffe et engendre des idées noires. J'avais réussi à éviter cet inconvénient en louant *deux chambres unies*, comme on dit, sur la belle place de Sainte-Marie-Nouvelle, près de cette église, embellie tour à tour par tant de grands maîtres, et à laquelle Michel-Ange disait, dans son langage pittoresque : « Saint-Pierre de Rome est ma femme légitime; mais toi, tu seras toujours ma maîtresse. » Pendant la première nuit que je passai dans cet appartement, une odeur étrange et nauséabonde envahit toute la maison, et ne se dissipa qu'au matin. — C'était dans le plus fort des chaleurs de l'été. — Le lendemain, je passai la soirée chez madame la comtesse O... Les fenêtres étaient ouvertes, et on se promenait sur la terrasse, de plain-pied avec le salon. Tout à coup un jeune homme, appuyé sur une caisse d'oranger, poussa un cri douloureux en retirant sa main; un scorpion l'avait piqué. On s'empressa de mettre sur la blessure une huile préparée à cet usage, et qui, appliquée à temps, réduit l'effet du venin aux proportions d'une piqûre de guêpe, en sorte que l'accident n'eut pas de suite grave; mais les dames, effrayées, voulurent qu'on cherchât l'animal. On apporta les lampes du salon sur la terrasse, et l'on donna la chasse au scorpion. Un domestique finit par le découvrir sous un pot de fleurs et le tua d'un coup de pied.

En rentrant, vers minuit, à Sainte-Marie-Nouvelle, je m'étais installé sur mon vieux canapé, devant une table, pour écrire des lettres, lorsqu'un léger bruit, semblable à un froissement de feuilles sèches, se fit entendre de plusieurs côtés à la fois, sous les meubles, et ensuite au milieu de la chambre. Je me levai pour chercher la cause de ce bruit, et j'aperçus autour de moi un cercle d'animaux noirs d'une agilité prodigieuse, et qui ressemblaient assez au scorpion de la terrasse. A mesure que j'avançais avec la lumière, ces animaux s'enfuyaient pour se cacher dans l'ombre. Je parvins à en frapper trois ou quatre à coups de serviette, et je reconnus cette bête immonde qu'on appelle *cafard* à Marseille, et *scarafone* en Italie. Après avoir bien examiné les cadavres, je les rejetai à terre; aussitôt la bande des cafards se rua sur les morts, et leur rendit les derniers devoirs en les dévorant avec une avidité féroce. Ce sont là de petits épisodes de la vie méridionale, dont il ne faut pas se faire des monstres. On découvrit le lendemain que les cafards venaient de la maison voisine, par le conduit d'un évier, et un maçon me débarrassa de leur visite. Cependant ce spectacle déplaisant m'avait mis en fuite. Je m'étais rendu au café pour y écrire mes lettres, et j'y trouvai des flâneurs nocturnes disposés à tuer le temps avec moi jusqu'au point du jour. Nous demandâmes des cigares, beaucoup de sorbets et du café à la glace. On peut se dire bien des choses en une nuit. L'heure était favorable aux récits et aux confidences. Un de mes compagnons, homme du monde, qui connaissait tout le personnel de la société de Florence, me mit au courant des propos du jour, et puis, en remontant jusqu'à l'hiver précédent, il en vint à me raconter une anecdote plus intéressante. Le narrateur ne se piquait pas de concision et de sobriété. J'eus le loisir d'observer combien nous étions loin du siècle de Boccace; mais nous avions du temps à perdre, et l'abondance de biens ne nuit pas à qui cherche des détails de mœurs. Cette histoire trouvera sa place, un jour, dans le volume que nous nous proposons de publier sur l'Italie méridionale et la Sicile, et nous tâcherons de la débarrasser de ses fioritures inutiles.

FIN.

ERRATUM.

Page 200, ligne 5 de la note, au lieu de : *Bibliothèque de l'Observatoire*, lisez : *Bibliothèque de l'Institut*.

TABLE DES CHAPITRES.

VIII.

IX.

X.

XI.

XII.

XIII. DE GÊNES A CHIAVARI.

XIV. DE CHIAVARI A SARZANE.

XV. MILAN.

TABLE GÉOGRAPHIQUE

FIN DE LA TABLE GÉOGRAPHIQUE.

Imprimerie de Gustave Gratiot, 30, rue Mazarine.

www.ingramcontent.com/pod-product-compliance
Lightning Source LLC
LaVergne TN
LVHW011251110826
845149LV00001B/100

* 9 7 8 2 0 1 2 7 7 8 1 1 5 *